行政學
公部門之管理

Managing the Public Sector, 9e

Grover Starling　原著

陳志瑋　譯

U0139067

CENGAGE
Learning®

Andover • Melbourne • Mexico City • Stamford, CT • Toronto • Hong Kong • New Delhi • Seoul • Singapore • Tokyo

行政學：公部門之管理 / Grover Starling 原著；陳志
　瑋譯. -- 二版. -- 臺北市：新加坡商聖智學習，
　2015.04
　　面；公分
　譯自：Managing the Public Sector, 9th ed.
　ISBN 978-986-5632-10-6 (平裝)

　　1. 公共行政

572.9   104000755

行政學 ： 公部門之管理

© 2015 Cengage Learning Asia Pte. Ltd.
Original: Managing the Public Sector, 9e
　　By Grover Starling
　　ISBN: 9780495833192
　　©2011 Wadsworth, Cengage Learning
　　All rights reserved.

　　1 2 3 4 5 6 7 8 9 2 0 1 9 8 7 6 5

出 版 商　　新加坡商聖智學習亞洲私人有限公司台灣分公司
　　　　　　10349 臺北市鄭州路 87 號 9 樓之 1
　　　　　　http://www.cengage.tw
　　　　　　電話：(02) 2558-0569　　　傳眞：(02) 2558-0360
原　　著　　Grover Starling
譯　　者　　陳志瑋
企劃編輯　　邱筱薇
執行編輯　　曾怡蓉
印務管理　　吳東霖
總 經 銷　　五南圖書出版股份有限公司
　　　　　　臺北市大安區 106 和平東路二段 339 號 4 樓
　　　　　　電話：(02) 2705-5066　傳眞 ：(02) 2706-6100
　　　　　　臺中市駐區辦公室　　　臺中市中區中山路 6 號
　　　　　　電話：(04) 2223-0891　傳眞：(04) 2223-3549
　　　　　　高雄市駐區辦公室　　　高雄市新興區中山一路 290 號
　　　　　　電話：(07) 2358-702　傳眞 ：(07) 2350-236
　　　　　　劃撥帳號：01068953
　　　　　　戶名：五南圖書出版股份有限公司
　　　　　　網址：http://www.wunan.com.tw
　　　　　　電子郵件：wunan@wunan.com.tw
　　　　　　法律顧問：林勝安律師事務所　林勝安律師
定　　價　　新臺幣 650 元
出版日期　　西元 2015 年 4 月　二版一刷

ISBN 978-986-5632-10-6

(15SMS0)

譯者序

　　本書前一中譯本自出版以來，轉瞬之間已超過六年。出版社本希望等原著第10版問世後再予隨之改譯再版，但在瞭解短期之內不會改版後，即請筆者著手進行本次的改譯計畫。

　　誠如作者 Starling 所說，他希望本書各章節都維持緊密而整合的內涵，且能提供更新的案例和佐證。因此，讀者可以看到本書除繼續根據他提出的公共行政流程（參見圖 1.2），做為全書架構外，各章首個案和結尾個案都有大幅度更動。第 12 章章首個案因無法取得授權，故由譯者自行就該章主題，利用 2014 年柯文哲當選台北市長所帶來的開放政府熱潮，撰寫成具有本土意涵的章首個案。

　　此外，本版本在許多地方都加入了 2008 年歐巴馬當選美國總統之後的最新發展，但由於若干資料仍有時間落差，因此譯者以註解方式說明已不符現實的部分。

　　在翻譯體例上，前個版本一律不翻譯原文姓名或城市名稱，但譯者考量許多譯名在台灣都有約定俗成的中文。因此，譯者以增加閱讀流暢度做為主觀標準，除認為無翻譯成中文必要性的若干學者姓名外，其餘盡量以中文譯名呈現。

　　本書前一版本的譯者有洪聖斐、郭寶蓮與陳孟豪三位，他們都學有專精且譯筆生動，譯者是在他們努力的基礎上，根據新版原文再加以增刪改譯，因此他們的貢獻仍然不容抹煞。

　　此外，新加坡商聖智學習的 Melody 和 Amber 等諸多同仁，為本次改譯而非常細心地進行許多比對與校正工作，在此特別致謝。

　　雖然譯者和出版社同仁在全書改版過程中，都戰戰兢兢力求完美，但舛錯失誤仍在所難免，故懇請學術先進與各界專家不吝斧正，並在此由衷表示謝忱。

陳志瑋　謹識

2015 年 3 月 5 日元宵

Contents

目　錄

AP Photo/The White House, Eric Draper

公共行政的本質

The Nature of Public Administration

關鍵字

現在做了什麼？

　　經過 21 個月的選戰，歐巴馬（Barak Obama）於 2008 年 11 月 4 日當選美國總統，現在他和他的團隊要管理政府了。當 Adlai Stevenson 在 1952 年接受民主黨總統提名時，他說道：「比贏得選舉更重要的事情，莫過於治理這個國家。這是政黨的試煉──尖銳且是最後的試煉。當喧囂終止，當樂手離開而燈光昏暗，責任就實實在在出現了。」當選結果公布後，歐巴馬有 77 天可以建立他的政府團隊。2009年 1 月 20 日就職日下午之後，他的手下就要開始在白宮應接各種電話。歐巴馬能否將他帶到選戰活動中的相同管理才能，也帶去交接呢？

　　歐巴馬的交接成員深受過去兩次交接的影響──1992 年的柯林頓（Bill Clinton）和 1980 年的雷根（Ronald Reagan）。他們下定決心要避免柯林頓團隊犯下太慢起跑的錯誤，相反地，他們想追隨雷根的模式，而且要快馬加鞭就戰鬥位置。

　　基本上，總統當選後的交接期必須面對三項任務，第一項任務是決定政策目標的優先順序──哪些事情要從上任第一天開始推動，哪些事情要列為長程目標。第二項任務是決定如何決策，也就是制定白宮的決策程序，並平衡效率和創造力。其中一項設計是由圍繞著總統的顧問團，形成一種「輪軸」系統，這種安排方式和小羅斯福（Franklin Roosevelt）總統密切相關。另一種設計是金字塔，基本上是一種由艾森豪（Dwight Eisenhower）總統辨認採用的系統，因為他瞭解如何製造出一個由幕僚長居於最上方來為他辦事的層級體制。另外還有一種設計，屬於扁平而非尖銳塔頂的金字塔，這樣可以讓幕僚長在上層有一群夥伴，從而讓來自底層人們的想法和資訊，可以更自由地流向總統。

　　總統當選後的第三項任務就是任命幕僚。在 200 萬名聯邦文官中，總統只能任命 3,000 名，但其中有些任命案是至關重大的。依循著雷根的做法，歐巴馬團隊想在感恩節以前完成幕僚任命，聖誕節以前完成內閣任命。

　　2008 年至 2009 年的總統交接，可說是自林肯（Abraham Lincoln）總統以來最困難的任務。儘管歐巴馬不用面對內戰，但他卻接收了一堆經濟爛攤子。小羅斯福總統也面臨巨大的經濟挑戰，但誠如 Paul C. Light 指出，當時國家沒有戰爭，聯邦政府的規模也小得多，而且交接期還多了六個星期。總結來看，歐巴馬成功與否將取決於兩項因素：維持政治支持以完成任務，以及在交接期打下堅實的管理基礎。

　　總統在制定政策目標時，可能會犯下何種錯誤？白宮這三種決策程序的設計方式，各有哪些優缺點？任命白宮幕僚和內閣成員時，應該有哪些判斷標準？總統應

該對他任命的官員下達哪些最初指令？如果你是一位被任命的官員，你在白宮橢圓形辦公室參加總統的首次法定會議時，要做好哪些準備？

資料來源：Thomas H. Stanton, "Improving the Managerial Capacity of the Federal Government: A Public Administration Agenda for the Next President," *Public Administration Review* (November/December 2008): 1027–36; Shailagh Murray and Carol D. Leonning, *Washington Post* (December 3, 2008); *The Economist* (November 15, 2008); Michael D. Watkins, "Obama's First 90 Days," *Harvard Business Review* (June 2009), 34–35; Paul C. Light, "Analysis," *Washington Post* (November 5, 2008); Stephen Hess, *What Do We Do Now? A Workbook for the President-Elect* (Washington, DC: Brookings, 2008).

傳統上，公共行政被當成政府的執行面，它是為了實現民選官員政策的所有活動，以及為了研訂這些政策的某些活動之總和。正如前面引述 Stevenson 所顯示的，公共行政乃是最後競選承諾和當選慶功宴結束後的所有一切，包括政府的手段與目的。

如今的公共行政或許是政治學門中最重要的一個領域，原因是美國人民——實際上是世界上大部分的人們——想要較少的政府但較多的治理；而且總歸來說，**治理（governance）**只是**公共行政（public administration）**的另一種說法。那麼什麼是治理？它是政府權威的行使，或更精確而言，它乃是行使該權威的體系和方法。這兩個名詞之間若有任何差異，那就是治理的範圍比公共行政稍微廣了一點。治理包含了公共行政的傳統領域，而本章就是從較廣義的脈絡來進行介紹。

因此，當我們看到一個政府機關（例如，環境保護署）提供財貨和服務（例如，乾淨空氣）給人民時，治理的概念顯示我們不應只關心該機關的組織結構、政策指令、財務和運作流程。同樣重要的問題還包括為了提供乾淨空氣，而和其他機關、私人企業、非營利組織所需的多層次網絡關係；容許這套網絡關係運作的規範、價值與規則；以及設置這個機關的政治過程——有一天它或許會改變對該機關的授權。[1]

本書也會廣義地將公共行政界定為彙整各種資源並依此處理政治社群所面對之各項問題的過程。本章的目標就是讓這項定義更為清晰，同時也會說明為何不做狹義的界定。

前幾節要從誰是公共行政人員、他們在哪裡工作，以及他們做哪些事情等問題著手，以帶領讀者認識公共行政。最後，要討論公共行政為何重要，以及這個研究領域從十八世紀末葉至今的演進過程，來做為本章的總結。

誰是公共行政人員？

時間是早上 8 點 46 分，當紐約市交通局局長 Iris Weinshall 正在書桌前忙著處理公文時，她聽到一陣噪音。[2] 此時，第一架噴射客機正撞上紐約世貿中心，她聞聲放下手邊工作，跑向最近的窗口，只看見世貿大樓起火燃燒，於是立即拿起電話通知幾位副主管，要他們儘量清出大街的通路，讓消防隊員順利抵達。緊接著第二架客機又撞上了世貿大樓，她瞭解這是比地方交通更嚴重的問題。

很快地，她取出曼哈頓區市街圖，數了一下從世貿大樓北塔至 Stuyvesant 高地之間有幾條街，她的女兒 Jessica 在那裡的小學上課。一共有 4 條大街的距離，這位交通局長現在試著估算世貿大樓的高度及一個街區的平均寬度，以便瞭解萬一世貿大樓垮了下來，是不是會撞擊她女兒的學校。她真想親自跑去學校找女兒，但是沒辦法，因為她此時身負管理重任，有許多部屬正等著她的指揮派遣。

Weinshall 派出所有手下，並命令他們穿上黃色緊急背心，儘快管制道路交通，讓所有車輛離開曼哈頓下城區。令人難以置信地，她的一位部屬居然找到了 Jessica，Jessica 當時正跟著同學們在街上跑，於是那位官員一手將 Jessica 抱起來，帶她到 Weinshall 的辦公室。

當第二棟大樓倒塌下來時，Weinshall 辦公室的電力中斷了，就連電話也沒辦法使用。於是她帶領著部屬們及女兒一同坐上公務廂型車，轉移到曼哈頓區上城附近的臨時交通局指揮中心。在這裡，她一直工作到晚上 11 點，然後叫來司機送她回家，換掉沾滿泥灰的衣服，以便參加市長主持的深夜緊急會議。當車子準備走上一座大橋時——這時所有的橋都已經關閉——一位警官靠過來說道：「水下安全人員尚未能檢查出橋墩有無炸彈。」Weinshall 感謝警官的說明，並請司機加速上橋，她的車子以時速 100 英哩的速度過橋，事後她回憶說道：「當時的感覺好像是車子拚命衝過一顆就要爆炸的炸彈旁似的。」

15 天後，Weinshall 正在參加市長主持的早餐會報，大家都擠在 92 號碼頭的一間小房間裡開會，桌上堆著一盤盤的培根和香腸。那天早上其中一項議題，是關於解決曼哈頓區下城的交通壅塞問題。交通壅塞已經成了紐約市民的可怕夢魘，主要的原因包括：第一，荷蘭隧道（Holland Tunnel）管制，僅供運送重型機具至世貿大樓爆炸中心點的車輛使用，一般車輛不得進入；第二，進入曼哈頓區的各個交通要道入口處，都採取更嚴格的安全檢查措施；第三，通往世貿大樓的鐵路損壞，無法提供大眾運輸服務。亂成一團的交通，使得進行緊急救援任務的車輛，根本不得其門而入。

該怎麼辦？在這樣的情況下，Weinshall 立即提議，凡是早上進入曼哈頓區的

汽車，只有一個人的車輛即不准入城。儘管世貿大樓被攻擊，但是市長的幕僚們仍然熱烈地爭論著。**3**

副市長 Tony Coles：我十分懷疑高承載（high occupancy vehicle, HOV）的可行性，我們可以利用其他辦法來減少交通流量，如鼓勵大家多搭乘火車與地鐵列車。

顧問 Larry Levy：禁止所有車輛入城，就是「不歡迎任何人來訪」的意思。

市警局局長 Bernie Kerik：限制入城會傳達出一個混淆的訊息，我們一方面希望市民能回到曼哈頓城內，一切生活回歸正常，卻又要求他們除非是高承載的汽車，否則不得回來。

副市長（負責行動執行）Joe Lhotta：你一定是住在市郊的高級地段，不瞭解此地的悲慘情況，你的看法離事實相去太遠。交通壅塞的程度已經塞到了 Suffolk 郡，就連州政府派來的國民兵部隊幾乎都被成千上萬的汽車所耽誤，這些汽車多到後視鏡成排成列——每 30 秒鐘就有一部汽車進城。以下是交通局長 Iris 告訴我的數據：今天從上午 6 點到正午，有 65% 的汽車都只有一個人在車上。

副市長（負責經濟發展）John Dyson：（轉頭向著 Lhotta）如果真的實施高乘載管制，將會扼殺紐約市的經濟發展。

Lhotta：但是地鐵的使用率下降，我們只看見汽車的使用量一直增加。

Dyson：想想看為什麼。人們對於東京地鐵的沙林毒劑攻擊事件記憶猶新，要消除人們心中的恐懼不是那麼容易。

Coles：禁止汽車進城確實是一種倒退的做法，我們應該從引導誘因及其他方面著手，如果只是一味地禁止汽車入城，將會對外傳達出錯誤的訊息。

市長　朱利安尼：我們大家在過去兩週來的認真努力，對外傳達出紐約市正漸漸回歸正常的訊息，也幾乎讓人誤以為現在已脫離了緊急狀況。然而事實是，總統即將出兵阿富汗，一旦戰爭開打，紐約市的橋梁和隧道很可能成為恐怖份子直接攻擊的目標。因此，管制汽車進入市區，讓較少的車輛在市區活動，將更有助於我們的反恐行動成效。

規劃委員會主席 Joe Rose：我們也可採取其他的權宜措施，如在尖峰時段進城時可提高收費，其他時段則降低收費。

Lhotta：當然，還有其他的方法可以進城，我們可以改善渡輪的運輸，也可以讓水道航運嘉惠非有心的第三人。

朱利安尼：世上沒有十全十美的解決方案，如果不做進城管制，紐約市區必然

壅塞不堪，沒有人會想要進城。如果實施進城管制，還是會讓一部分的人不願進城，交通壅塞的情況可能依然存在。我們先聽完 Iris 的報告後，大家再做評估如何？我想試試她的辦法，先試行一週再看看。我認為，提醒大家紐約市還未脫離危險，應該不會太糟——畢竟紐約市仍處於緊急狀態。

紐約市的困境可能是一個特別情況，但交通局長 Iris Weinshall 和市長朱利安尼並非唯一要處理平日的不確定性和危機的公共行政人員。美國各個公共組織的管理者每天都必須做好準備，應付各種突如其來的不確定性和危機事件，不論是重要政府官員的失蹤，或嚴重如恐怖攻擊、颶風災害或地震等。

對於公共行政人員以及他們所做事情的刻板印象，通常都是錯誤的。Charles T. Goodsell 問道：「他們是否戴著綠色遮光眼罩？成天坐在辦公桌前整理公文？……或他們只是指揮別人和制定規約？……或者他們是帝國建造者？……或者他們只是將不喜歡的政策故意毀棄？」以下是他的回答：

對於他們是否只是戴著綠色遮光眼罩的這種特別問題，答案是否定的。他們不是戴著颶風式戰鬥機飛行員的墨鏡，而是戴著消防隊的頭盔、州國民兵軍隊的毛氈帽、神經外科手術用的放大眼鏡、密閉式防毒偵檢頭盔，以及一般人戴的棒球帽等。

此外，大部分的政府官員都沒有成天坐在辦公桌前，就算真的坐在辦公桌前，他們也是只對著辦公室的電腦作業，而不只是整理公文而已。如果有電話打進辦公室找他們，他們可能正在辦公室的某處與同事討論事務，或是不在辦公室裡，而是外出去找社區負責人協商事務。一位重要的官員，其工作的場所可能連一張辦公桌都沒有。有的可能只是一間吵雜的教室、一座安靜的博物館、一間榮民醫院的病房、到疑似兒童虐待案件的家中訪查、跨越邊界至墨西哥、位於伊拉克的重建工作地點，或是在州際公路上擠滿汽車駕駛人的地方取締超速。[4]

根據 2009 年美國統計摘要（*the Statistical Abstract of the United States 2009*），美國有將近 2,170 萬人民受僱為各級政府的員工，以下嘗試對這些人的生活稍做介紹。[5]

● 2004 年開頭的前幾個星期，對於 Orlando Figueroa 而言是重大的考驗，他是美國太空總署（NASA）火星探險計畫（Mars Exploration Program）的主持人，火

星探險火箭必須從地球出發飛航 6 個月才能抵達火星，然後放出登陸偵察車準備進行只有 18 天的科學勘察工作。然而，第一部這種六輪式遙控偵察車（six-wheeled rover）卻在登上火星之後，無法連絡上地球的控制中心。控制中心的工程人員經過 2 天不眠不休的辛勞，終於在第二部偵察車登陸火星前幾個小時，找出第一部偵察車的軟體問題並予以改善。於是兩部如高爾夫球車大小的偵察車終於能順利執行任務。幾天後，Figueroa 鬆了一口氣地表示：「現在我的兩個小寶貝都很健康，正在進行它們的初步偵察工作，而且可以相互配合。」

➲ Barbara Turner 在 1980 年代初期在美國駐埃及代表處的國際開發署（U.S. Agency of International Development）展開她在這個機構的工作，負責協助當地人民以新方法協助對抗兒童疾病。其後，她轉往前蘇聯，教育當地人民有關自由市場與財產私有的理念。近年來，她協助推動全球開發聯盟（Global Development Alliance）的工作，督導運用 5 億美元的 AIDS 資金，以及私人企業贊助的 25 億美元的資源。

➲ Alan Estevez 是美國國防部的一位助理副部長，負責協助軍方後勤人員瞭解所有採購物品的正確存放位置及狀況。就術語而言，應該稱之為「供應鏈整合」（supply chain integration），重點是：Estevez 必須確實讓作戰部隊的每個人，在正確的時機擁有正確的裝備——不多不少。

➲ Teri Takai 是密西根州的資訊長，負責將州政府各行政單位的技術組、室，整合成一個集中化的組織，並展開可為州的納稅義務人省下 1 億美元的規劃案。

➲ 明尼波里斯市 Hennepin 郡地方法院的院長 Kevin Burke，提出了一項將法院法官的審判過程錄影的做法，請涉案人在個人官司訟案完結之後接受 5 分鐘訪問，以瞭解他們對於處理過程是否滿意。對於不滿意的意見，Burke 會以書面指示要求當事法官改進其缺失。

➲ 在 1990 年代，加州政府健保局前任主管 Kenneth Kizer，被指派負責擴展地區退伍軍人醫院的健康照護體系。多年來，該體系提供的次級照護，遭到退伍軍人團體及政府稽查員的諸多詬病，Oliver Stone 更在電影「七月四日誕生」（Born on the Fourth of July）中直言指責其歧視照護。然而，經過幾十年的努力至今，此一體系已經脫胎換骨，且照護的功效已然超過老人醫療照護（Medicare）與民間醫療計畫。現在院本部的電腦能夠監控評估退伍軍人醫院院區內的每一處地點，以利改善照護上的缺失。Kizer 不僅引入高科技的突破性做法來進行重大變革，對於退伍軍人醫院的許多既有作業文化也做了許多的改進。新引入的觀念注重病人的人身安全，並且要求工作倫理，對執行照護病人的過程與程序進行反覆的檢查。

　　當然，每個人對於上述的這些故事都有自己不同的觀點，但作者要在此提出一個觀察結論。上述各個官員，彰顯了公共行政必須以強烈意願去服務群眾、解決困難。儘管政府的職責依然是確保自來水乾淨衛生可飲用、無住屋者能有庇護的地方等等，但是社會安全的工作重點在於確保人民能夠適時地得到關心、讓每個人的公民權獲得保障，以及小學三年級以上的孩子都能學會閱讀，當然今日的挑戰遠較幾十年前複雜得多。此外，要對抗 AIDS 的蔓延，以及計畫打擊其他一系列的潛在傳染疾病，政府的責任包括必須清除有毒廢棄物、保持飛航安全、嚇阻內線交易、制止恐怖主義（須知：恐怖份子只要成功一次就能造成嚴重損害，然而，美國國土安全部的責任卻是要嚴防每一次恐怖威脅，不容稍有疏忽）、抑制不斷攀升的醫療照護成本、促使市場保持競爭性、打擊毒品氾濫、支援尖端科技如人類基因體計畫（Human Genome Project，一項解開人類細胞基因密碼的跨世紀工程）的發展。

　　今日與未來的公共行政如要有一番推陳出新的作為，必須整合具體、經過實際驗證的管理技巧，以全新的方式推展，注重人性化的接觸，保持高度彈性，具有政治敏感度。總之，一個成功的政府計畫，絕非一蹴可幾，而是經過審慎努力及認真管理才能成就的。

公共行政人員在哪裡工作？

　　最短的回答是「政府」。但我們需要更精確的說法，到目前為止，作者已概略地談了「政府」與「非營利部門」（nonprofit sector），但尚未予以個別定義清楚。然而，如果能夠清楚知道公共行政人員在哪裡推動他們的工作，我們就能夠清楚明白政府的意義，以及政府與非營利部門、私部門之間的不同。首先，從政府的組織架構來探討，如各部會、局署、委員會及政府法人團體等。然後，轉而對非營利部門的組織架構，再來看看這些非營利部門與政府的差異之處。再來，就是比較公部門與私部門（企業）之間的差異。最後，讓我們來瞭解一下前述三個領域的各自獨立性。

公部門：政府

政府的積木式組織架構　美國政府組織中的兩大因素，讓其組織趨於複雜，那就是其三權分立的政府架構（即行政、立法和司法三權），以及三級制的政府層級（即聯邦、州和地方三級政府）。由於州及地方政府的組織架構近似中央政府的組織，因此在這裡以探討後者為主，見圖 1.1 所示。

　　聯邦政府最相近的形態是，它們有包含國防部、衛生與人力服務部等機關在內的 14 個行政部會。各部會首長也是總統的內閣閣員，直接向總統負責。各部

圖 1.1　政府、非營利組織和私人企業的比較

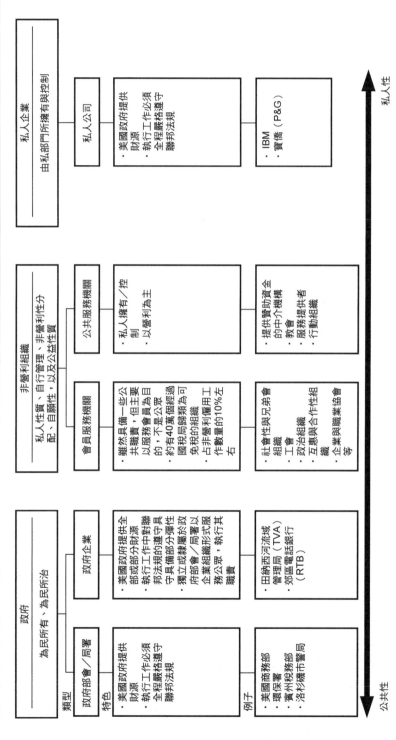

對於今日的公共行政，有一個重要的問題是：何謂「公共」？以往「公共」就是指「政府」，沒什麼好爭論的。時至今日，學者們已能瞭解公共行政其實包括政府、以及與政府有合約關係或與政府合作的組織及機構等，以執行政府的工作。然而，遠樣的區分仍然有些模糊地帶。上圖右邊的組織難然是以營利為主，也能服務大眾。相反地，非營利組織有時也能創造其自身的收入來源，看起來像是營利企業，「非營利」醫院就是一個例子。

會的管轄權責，視所屬機構執行中央指令的範圍而定。事實上，有些個別機構可能比一個部會整體擁有更多政治影響力。例如，聯邦調查局（Federal Bureau of Investigation, FBI）雖然隸屬於司法部，然而在工作執行面上，卻像是一個獨立機關。

除了行政部門的各部會及其所屬機構之外，尚有許多的**獨立行政機構（independent executive agency）**，其工作的執行獨立於行政部門之外，但一般都直接向總統負責。例如，環保署（The Environmental Protection Agency, EPA）與中小企業局（Small Business Administration）如同獨立部會，以彰顯其重要性。另外，其他如聯邦貿易委員會（Federal Trade Commission）、聯邦能源管理委員會（Federal Energy Regulatory Commission）及其他委員會等是**獨立管制委員會（independent regulatory commission）**組織，雖然不具行政功能，然依其各委員會的屬性，分別獨立管理政府的經濟事務。委員會的成員一經總統任命後，立即掌管該委員會所管轄範圍內的一切法規之適用與制定，連總統都無法過問。

公營事業（government corporation）的特性，在杜魯門（Truman）總統1948年的預算咨文中已予清楚說明，雖然並未成為明文法規，但執行公共行政的專業人員都經常引用杜魯門總統的關於公營事業的講法。根據杜魯門總統的講法，以企業的組織形式來執行下列所述政府計畫，是十分恰當的做法：

➲ 具備企業化本質。
➲ 可有收入來源，能夠自給自足。
➲ 可進行許多與大眾之間的商業型態交易。
➲ 比客戶型的國會撥款基金許可（customary type congressional funding ordinarily permits）需要更大的彈性。

在各項公營事業組織中，以聯邦存款保險公司（Federal Deposit Insurance Corporation）最富盛名，該法人組織負責提供銀行儲蓄保險。其次是田納西河流域管理局（Tennessee Valley Authority, TVA），負責生產及銷售電力。

政府的規模　美國有 270 萬聯邦公務員，但由於歐巴馬總統設定 2010 會計年度要擴大聯邦公務人力，因此有人認為這樣的數字低估了聯邦政府的規模。實際上，270 萬再加上任何歐巴馬增加的人數，還是偏離事實。原因是：一份 2006 年的研究估計「隱藏」的聯邦約聘僱人員和接受補貼人員就占了 1,050 萬個工作。[6]所以倘若我們用前面兩個數字再加上現役軍人（280 萬人）和郵政人員（772,000

人），那麼聯邦政府的真實規模至少就有 1,680 萬人。現在，如果再加入 1,900 萬名全美國各州及地方政府的公務員，則可以說整個國家政府組織內的工作人員總額是 3,580 萬人，將近全美國勞動總人口的五分之一。當然，這是保守估計的數據，因為它並未包括那些透過契約與補助金方式而為各級政府工作的人員，而這些人員所從事的工作，從執行航管到擔任動物管理員都有。

公部門：非營利性

什麼是非營利組織？　類似圖 1.1 所顯示的這些**非營利組織（nonprofit organization）**，是以慈善目的而設立，且經國稅局（Internal Revenue Services, IRS）歸類認可為具有特殊免稅地位的組織。非營利組織是由美國各州授予特許權，同時也可能給予財產、銷售、使用與所得等稅收減免。因此，非營利組織可以創造利潤（或「盈餘」），但是不能分配這些利潤。組織內的一切資產必須只能基於免稅權利上的目的而運用。

　　營利與非營利組織之間有一些重要的區別基礎，即一個非營利組織沒有所有權人，也沒有私人股東。此外，非營利組織是由一個董事會或信託委員會來管理，而當中的董事會或委員會成員都不可收取任何來自組織的利益——不論是直接或間接。這些董事會或委員會須有長程規劃與一般性政策。最後，所有的非營利性組織必須有明確陳述的使命與宗旨（見第 5 章），而國稅局不允許這類組織有任何悖離其慈善宗旨的其他無關活動。

　　但是，這些特性仍無法充分掌握非營利組織的本質，在《美國非營利組織現狀》（*The State of Nonprofits in America*）一書中，Lester M. Salamon 主張非營利組織是「價值觀的捍衛者」（value guardians）。因為，這些組織讓一個重要的價值觀得到具體實現，即強調個人基於公共利益而出發的一種全國性價值。於是，這些組織以制度化的形式，表現出兩個似乎矛盾的原則，然而此二原則都是美國國家特質的要素：那就是**個人主義（individualism）**原則——主張人民應該有以切身利益為出發點的行為自由；以及**團結（solidarity）**原則——主張人民固然應該有責任照顧切身利益，但是也應該照顧朋友、他人甚至自己所處的社區與團體。藉著將上述兩大原則融合為一，非營利組織正好就是此兩原則的落實化形式，讓個人的良性作為不僅未違背追求切身利益的目標，更能同時促進其他人的福祉。[7]

非營利組織的基本區分　如圖 1.1 所示，非營利組織包含兩類型組織：其一為以會員為主的會員服務組織，其二為以大眾為主的公共服務組織。**會員服務組織（member-serving organization）**雖然仍具服務公眾的目的，但主要以提供組織會員的福利為宗旨，而非一般大眾。這類型的組織，包括社會團體、俱樂部、企業與

職業協會（如商會、美國銀行協會、地方酒吧協會及工會等）、互惠與合作性組織
（如農人合作與互助壽險協會），以及政治性組織（如政黨、政治行動委員會等）
等。

第二種非營利性組織是**公共服務組織（public-serving organization）**，其
存在純以大眾福利為主，而不是組織內部成員。**非政府組織（nongovernmental
organization, NGO）**就是此一類型的非營利性組織。公共服務組織以多種不同的組
織型態存在，以實踐服務大眾的宗旨——如提供衛生保健與教育服務、贊助文化或
宗教活動、提倡正當目標或主張、幫助貧困人民，以及資助其他非營利組織等。

當然，公共服務與會員服務的非營利組織，兩者間的區分並不明確。具體而
言，前者主要是照顧大眾的福祉，後者則是照顧其組織內成員的福祉。大體上，多
數公共服務組織有一個相同的目標——那就是不斷變動的人群——這區分了其與會
員服務組織之間的最大不同。知名的管理理論家彼得・杜拉克（Peter F. Drucker）
稱之為「改變人的制度」（human-change institutions），在他的著作中這樣寫道：
「醫院的產出是痊癒的病人，教會的產出是改變了的生命，救世軍（Salvation
Army）——一個接觸、救助全世界最窮困人類而不問其族群、信仰的組織——的
產出是讓流浪漢變成公民，而女童軍組織的產出是讓女孩子脫胎換骨，成為一位有
價值觀、有知識技能而且尊重自己的成熟女人。」[8]

衡量非營利組織的規模　非營利組織的數量將近有 160 萬個，並且貢獻了 8% 的國
內生產毛額。過去 25 年來，非營利部門年平均就業成長率為 2.5%，高於營利企業
（1.8%）和政府（1.6%）。非營利組織的員工合計超過 1,250 萬人，占全美就業人
口的 9.5%。換句話說，每 12 名美國人，就有 1 位是為非營利組織工作。儘管這些
數據已能彰顯出非營利部門的規模和範圍，但如果沒有考慮到這個部門的另外兩
項關鍵要素——自願精神（volunteerism）和慈善捐款金額，就無法窺知其全貌。
2005 年時，有 29% 的美國人透過正式的組織和個人、企業、基金會等，一共捐助
了 2,600 億美元給非營利組織。[9]

單看這樣的數據，其實掩蓋了非營利組織理念背後豐富而多樣的議題。想想
看下面的其中少數例子：為了減緩飢餓情況，有「美國第二個哈佛」（America's
Second Harvest）和「分享我們的力量」（Share Our Strength）；為培養青年領袖，
有「城市之年」（City Year）*和「美國青年培養組織」（YouthBuild USA）；
為了環境，有「捍衛環境組織」（Environment Defense）；為了科學教育，有
「科學探索博物館」（Exploratorium）；為了居住，有「仁人家園」（Habitat for

---

* 譯者按：該組織在 2008 年已更名為「餵養美國」（Feeding America）。

Humanity）；為了教育改革，有「為美國而教」（Teach for America）。（美國華盛頓特區首任學校總監李洋姬（Michelle Rhee），也是第 2 章開場個案的主人翁，就是出身自「為美國而教」。）

私部門

儘管非營利組織的數量已深具規模，但近年來面臨了來自私部門（又稱營利組織）的壓力。怎麼會如此呢？簡單的答案是，私人公司也漸漸加入社會服務性，這些工作在傳統上是非營利組織所從事的領域。

或許，非營利組織感受到的第一個震撼波，是 1996 年 9 月 15 日《紐約時報》（*New York Times*）所報導，洛克希德馬丁公司（Lockheed Martin，國防武器製造廠）與安德生顧問公司（Anderson Consulting）分別準備競標，爭取德州的福利管理作業企劃案，總值達 5 億 6,300 萬美元。自此以後，非營利組織不再是自動符合資格可提供美國社會服務——或說是最合格——的組織。除了洛克希德馬丁公司的競標例子，以下為營利組織接手社會服務工作的例子。[10]

- ➲ 美國職業介紹公司（America Work）是一家介紹工作的專業公司，以契約（外包）方式，協助各地方政府為人民介紹職業工作，包括紐約市。
- ➲ 兒童全面服務（Children's Comprehensive Services），服務遭遇危險的兒童，是營利組織當中成長最快、發展最廣的。
- ➲ Maximum 資訊管理系統，對數百個聯邦、州與地方性的人民服務機構，提供資訊管理的諮詢服務，在 18 個地區進行以工代賑（welfare-to-work）計畫。
- ➲ 國際青年服務公司（Youth Services International），由 Jiffy Lube 公司的企業家 W. James Hindman 所創立，以協助被判刑的年輕人為宗旨。

雖然上述的三大領域——私人企業、非營利組織及政府——在提供社會服務方面可能類似，但是私人企業的管理與公共單位的管理則大不相同。以下四方面可以明顯區分兩者的最大不同點：即結構、誘因、背景與目的。

結構不同　關於企業行政與公共行政最基本差異點，即是公共行政的責任較模糊不清。換言之，政府單位並不會對任何個人或單一機構，給予完全的政策執行權責。我們只能期望，來自遙遠仙女座大星雲的外星人，不會降落在華府，要求見國家的元首。那真是令人難堪。

由於權責的模糊性，聯邦政府機構的主管對其各自的預算額度高低，無權主導進行調整。相反地，預算必須向上呈報至部會首長，各部會首長再向上呈報給管理

與預算局（Office of Management and Budget），接著再呈交到總統，總統再送至國會。整個程序看起來頗為複雜。

　　整個預算的決策過程冗長，很難對新的問題與機會做出即時因應——更別提長程規劃了。不像產業界的單位主管，政府機關的主管官員既無權力任用或解聘人員（當然還有其他的不如之處）。最後一點，就是公共行政人員所推動的任何計畫案，必須送請立法機關、市議會或管理委員會等分享決策。

誘因不同　另外一個基本的不同，可能讀者自己都曾經碰到過。因為公部門組織的財務支援，大部分不是來自於他們的服務對象，因此其誘因是令資源提供者滿意。事實上，有些政府機關甚至不把額外的客戶視為機會，而是看成對資源的額外負擔。相形之下，私人企業能夠在市場存續發展，其關鍵在於開發與留住客戶，這就是為何麥當勞（McDonald's）的工作人員會比教育程度較好、待遇較高的移民歸化署（Immigration and Naturalization Service）官員更有禮貌。

背景不同　公共行政大致可形容為魚缸裡的企業管理。媒體與大眾皆認為，他們有權知曉公共機構內部到底在做些什麼事，而資訊自由法（Freedom of Information Act）則確保他們於法有據地去瞭解。現在引述一位由企業界人士轉任政府官員的話，他這樣說道：「在擔任公職中，讓我最驚訝是政府飽受資訊爆料的操弄之苦，政府的公務人員利用媒體與國會來達到其個人目的，而不是誠實面對所要處理的問題並認真解決。我所認知的是，當我所下的決定對某人不利時，那位人士在 1 小時內隨即以電話向國會與媒體告狀。」[11] 在下一章，你會瞭解許多外部因素對公共行政人員的影響。

　　另外一個不同背景因素是任期問題。在聯邦政府裡面，平均每 4 年就要全面更換一次主導政策的執政團隊。而在兩次大選的期間，助理部長的任期平均不到 2 年。相較之下，私人企業的管理者通常待在自己的工作職位上較久，因此能夠維持管理上的連貫性。

目的不同　公共組織與私人組織都利用資源（投入），以生產貨品或提供服務（產出）。然而，公部門組織的產出很難加以量化。至於憲法條文也僅僅敘述道：國會應提供「國防安全與一般福祉」；而總統則須就「其所認為必要而權宜的處置措施」下達指導。

　　由於缺乏單一而廣泛的績效衡量方法（例如利潤），使得政府很難像私人企業一樣，將重大決策權賦予下級管理者。尤有甚者，沒有這種績效衡量的方法，一旦面臨兩個備選投資方案時，即無法做出比較。例如，有一筆 1,000 萬美元的預算，

究竟是要用於癌症檢驗計畫呢，還是用於學校的營養午餐計畫？多少輛的主力戰車價值等於一艘導彈巡防艦？為了拯救鯨魚，是否應該禁止愛斯基摩人獵殺鯨魚，雖然我們都知道愛斯基摩人的文化與鯨魚密切相關？如果全國的車速限制能夠降至時速 20 英哩，相信各種公路上的車禍傷亡人數將可完全消弭。防止 3 萬條生命的傷亡，是否比額外增加幾百萬個小時的行車時間更值得？關於此，研修公共行政的學生們很容易想到一個問題，即「我們拿什麼作標準來衡量？」別太洩氣，我們會在以後幾章裡，看到衡量公部門表現的方法——我們應該要更認真、更仔細一點看。

　　總之，私人企業的管理者以追求利潤來展現其工作能力與表現，而公共行政人員則關切公共福祉——即凡與大眾有關的利益。從另一個觀點來看，私人企業以組織型態尋求其員工與公司股東的福祉，而公共組織則是追求其組織以外的人民的福祉。圖 1.1 中那些以追求人民福祉為其關注焦點的組織，基本上也可以歸類為公共行政人員。

上述三大領域的相互倚賴性

　　到目前為止，我們試著將「在政府裡工作的公共行政人員」依據部門的差異性來釐清——特別是公部門與私部門之間。在此總結中，有一點也不容忽視，即上述三個領域之間的相互倚賴性。雖然公部門必須倚賴企業界提供資源（特別是透過契約所獲得的資金收益與一些活動的工作績效），反過來也是一樣。想想看這個例子：加州是美國最富有的一州，而這不僅是因為加州的工廠多、農作物產豐富及許多富人群聚於此。如果不是政府的積極努力，加州不會有今日的成就。雖然天然物產富饒，加州在公共投資上面的建設也高居各州之冠。沒有注入幾十億美元資金於灌溉系統的建設，農作物的收成不會豐盛。如果沒有積極發展學術，挹注大量資金，則不會有後來欣欣向榮的加州大學、農業企業、矽谷及其他高科技工業。總之，由於公部門在許多工作職掌上發揮重要的功能，使得私人企業得以健全發展。

　　反之，其餘兩個領域所推動的工作，對政府機關任務的執行也十分重要。在後面的幾章裡，可看見公部門經由激勵私部門與非營利組織來推動若干的工作，以達成公共福利的目的。而政府可提供的最簡單而直接的激勵辦法，就是前面提到過的——契約。

　　有些時候，這三個領域必須彼此合作才能推動工作。只要想一想生化恐怖主義與 SARS 這種新型病毒型疾病一旦結合的雙重威脅。此種威脅反映出政府在因應對策方面十分迫切需要一種革新性治療做法。然而，生化科技界並不十分願意對這方面的基本研究投入資金，而寧願將其資金挹注至末端的製藥發展上面。因此，由於生化恐怖主義威脅以及無法治癒的傳染性疾病的出現，反倒造就了政府（提供新

資金者）、獨立實驗室、學術界與工業界間的彼此合作關係。Andrew S. Fauci 在國家衛生研究院（National Institutes of Health）這樣說道：「成功的合作夥伴連結是及時趕上對付這些毒性強烈的傳染病毒的一種途徑，以便將各個研究領域密切銜接起來，開發出有效的良藥。這其中，只有將政府資金、學術界研究及知名生化科技產業三者匯集在一起，才能應付前面所提到的威脅。三者之中，沒有一方能獨自辦到。」[12]

公共行政人員如何進行管理？

　　前面剛剛談完公共行政管理與私人企業管理之間有四個不同之處，即結構、誘因、背景及目的。本節將從另一方面來探討兩部門管理者在推動其工作上的重要相似處。這不容易，正如圖 1.1 所示，沒有任何兩個組織是相同者，也同樣沒有任何兩個管理工作是相同的。惟研究學者們經過多年的努力，終於發展出一套特別的分類法則來描述管理者的工作。在本節中，將探討公共行政人員的技能與角色。

管理的技能

　　一個公共組織管理者的工作十分複雜，當研讀完本書後，將會發現這樣一位管理者需要具備許多技能。雖然有些管理理論學者提出了許多的技能清單，但是關於管理任何一個公部門組織的必要技能可以歸納成以下三個範疇：即公共管理、方案管理及資源管理三者。圖 1.2 提供一個關於這些技能的概述圖示，並且說明本書與這些技能的相關性。

政治管理　1989 年 10 月 17 日傍晚時分，一個大地震襲擊加州北部，摧毀或嚴重損毀了數條高速公路。18 個月後，只有舊金山海灣大橋（San Francisco Bay Bridge）完全修復。為何有如此嚴重的延誤？毫無疑問地，修補損壞的公路結構並非什麼重大工程挑戰，那麼如此嚴重的延誤，套用政治術語來說：就是沒有人能展現高度的管理技能，有效動員政治的支持與資源，並使之付諸實際行動。此外，由於高速公路奧克蘭段的持續關閉，造成每年額外的燃料與運輸成本（例如，因為交通延誤所造成）高達 2,300 萬美元。

　　運輸成本是一回事，生死攸關又是另外一回事。當然，人民一旦發現其生命處於危險中，便會產生政治的意志去行動。然而，只要讀過 Randy Shilts 所寫的《世紀的哭泣：政治、人民及 AIDS》（*The Band Played On: Politics, People and the AIDS Epidemic*）就知道是怎麼回事。1981 年 7 月，傳染病學上的證據讓許多醫界人士認為，這種所謂的同性戀癌症（gay cancer）是一種具傳染性的疾病，透過兩人之間的性接觸與輸血而傳染。9 個月後，Don Franscis 在疾病防治中心（Centers

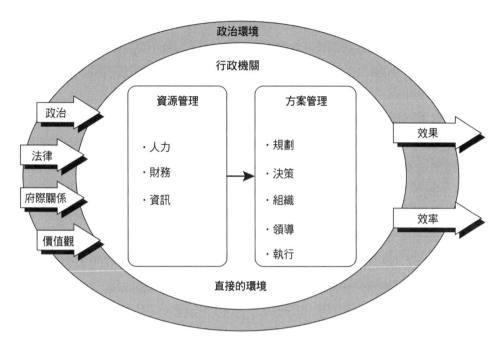

圖 1.2　公共行政的過程

for Disease Control, CDC）呼籲提高血庫的防護警戒措施。到了1984 年底，儘管公共衛生的負責官員們認同 AIDS 能透過輸血傳染，卻未能採取全面性的輸血篩檢手段。Shilts 寫道：「估計已有 12,000 位美國人經由輸血感染了AIDS，只因疾病防治中心未能有效地要求輸血業界，採取防護措施以預防疾病的傳染。『還要死多少人？』早在 1983 年初，Franscis 即問過各血庫單位的人員這一個問題。現在答案很清楚：可能是幾千人。」**13**

　　這樣的境況該如何解釋？同樣的，答案是因為缺乏有效的政治管理。或更確切地說，這是指疾病防治中心的人員與血庫單位負責人員，都缺少充分的政治技術。關於血庫和紅十字會等相關組織，Shilts 寫道：「和媒體打交道的幾年經驗。他們一樣有著和華府當權者交手的經驗，尤其是政府衛生部門的官員……。血庫產業所培植出來的盟友，精於利用語言來讓這些風險看起來微不足道，而且還集中所有資源來解決與拖延可能傷害這個產業的政策。」與此同時，疾病防治中心的科學家和流行病學專家「認為如果資料能被強而有力地提出來，那麼事實將勝於雄辯。但他們一開始的影響力不足，使得他們在這場改變 AIDS 政策的戰役上，無法取得優勢。**14**

　　前面兩個例子說明，公共行政人員應該要瞭解政治制度與程序。很不幸地，光瞭解這些政治方面的知識還不夠，優秀的行政人員還必須具備政治技能，以便分析

與瞭解政治、社會及經濟方面的發展趨勢；評估行政作為的結果；說服他人、達成共識以推展本身組織的目標。如果政府裡的高素質人員不能全力以赴地推動社會服務的工作，這對整個社會而言將是重大損失。基於這樣的理由，第 2 章將會就行政的政治面來探討。

　　第 2 章透過檢視公共行政人員在政治環境中的各種重要影響力，引導讀者瞭解第一篇的其餘三章。其中，有兩種影響力十分重要，無法以一章的篇幅說明清楚，必須再增加一章加以闡釋。第一個主要的影響力是府際關係（intergove-rnmental relations, IGR），即華府的聯邦政府與 50 州的州政府之間、以及數千種其他行政區（如州－州、州－地方、地方－地方等）之間的關係。這些關係的重要性不要被過度強調，誠如一位經驗豐富的公共行政人員說道：「即使過了 200 年，我們還是無法找到解決辦法，來清楚區分三級政府（聯邦、州、地方）之間的工作。結果總是重疊性的問題，會產生工作從屬混淆不清及工作重複等問題。通常是，某一級政府管理者的努力目標，必須由另一級政府配合才能落實。……然而，問題是該級政府想要達成的目標，往往不是另一級政府的努力目標，或者是無力配合。於是，大家努力的結果並不如所期望達到的目標。就像俗諺有云：『世事難料。』」[15] 例如，1996 年的國家福利改革授權各州制定各自的福利計畫，以運用聯邦基金。該法規迫使州政府的官員改變其工作重點，從原來決定誰可以享受福利與簽發救濟金的方式，變成僱用人民與提供工作。惟這樣的聯邦福利法規要落實，有賴各級地方政府福利計畫管理者的配合改變，否則便無法得到落實。

　　第二個政治環境中的主要影響力是人民——或確切地說，是社會對治理的價值觀與期望。既然公共行政人員有權力去做管理方面的改變，以滿足社會價值觀上的期望，則本書第 4 章以探討倫理道德（價值觀的研究）為重點。在該章中，將會出現許多高難度的問題，如：公共行政人員如何處理個人價值觀與公共政策相左的問題？公共行政人員何時應該負起責任？而最困難的一個問題是：德行有沒有其限度？

方案管理　除了要成為優秀的政治管理者外，公共行政人員還要做好方案管理者的角色。要瞭解計畫為何之前，我們必須先瞭解公共政策的本質。公共政策是就幾項決策做出抉擇，以處理犯罪、國家安全、經濟成長、收入的維持、教育、健康照護、能源或環境等。例如，1978 年的空氣清淨法（Clean Air Act of 1978）與 1972 年的聯邦水污染防治法修正案（Federal Water Pollution Control Act Amendments of 1972），為美國的環境政策提供了法源。雖然與政策的精神相近，惟計畫更具專業性與工作推展的重點。比如說，福利政策是一個廣泛性、一般性的概念，但涵蓋了下列的主要方案：

⊃ 老年人、遺族、身心障礙者保險（Old Age, Survivors, and Disability Insurance, OASDI）：提供給付予退休者、身心障礙者或家庭中的遺族。

⊃ 老人醫療照護（Medicare）：由聯邦政府提撥，以補貼退休者、身心障礙者的部分醫院醫療費用，這是屬於社會安全保險的範圍，由雇主與員工的薪資稅繳付。

⊃ 失業保險（unemployment insurance）：按週給付給停職與失業勞工，各州自行訂定給付的額度與要求標準。

⊃ 貧困家庭臨時救助（Temporary Assistance for Needy Families, TANF）：對於有子女的貧困家庭給予救助。

⊃ 補充安全收入（Supplemental Security Income, SSI）：對收入低於一定標準以下的老年人、視障者或身心障礙者提供現金給付。

⊃ 補充營養援助計畫（Supplemental Nutrition Assistance Program）（2008 年以前就是所謂的食物券）：對收入低於一定水準的人民提供抵用券（voucher），讓他們可購買民生用品。

⊃ 醫療救助（Medicaid）：凡接受貧困家庭臨時救助（TANF）與補充安全收入（SSI）者，補助其醫療費用。

⊃ 公共住宅救助（public housing assistance）。

　　當然，上述各項方案都要有人管理與執行。例如支票必須（準時）按月送達受補貼的退休人員，按月繳納的薪資稅也必須繳入老人醫療照護的信託基金，接受臨時補助者必須幫助他們找到工作（及維持住工作），接受補充營養援助和醫療補助（Medicaid）計畫者，必須確認符合補助資格等等。這些負責上述各項福利計畫的公共行政人員，當然要能熟練地做好管理，既要有效率也要有效果。

　　效率（efficiency）是以最少的成本或努力來達到最大的成果，因為公共行政的資源往往十分有限（如人力、財力及裝備等），因此如何對資源做最經濟有效利用，是公共行政人員不容忽視的重要課題。從這個觀點來看，效率指的就是「把事情做對」（do things right）——也就是不浪費公共資源。然而，人民期望公共行政人員的不只是能夠有效率而已，在治理上更要能看見實際效果——也就是要有實際行動解決社區的問題，或至少讓問題有一定程度的改善（這裡的社區指的是任何團體——從鄰里、村落、城市、地區、國家乃至「全球社會」等皆屬之）。至於**效果（effectiveness）**指的是「做對的事情」（doing the right things）—— 即所從事的活動有助於政府機關目標的達成。總之，治理不僅是要達成目標（有效果），而且要儘可能注重效率。一個成功的方案管理，通常是既能看見高度效果也能看見高度效率，兩者缺一不可。反之，不良的方案管理則通常是既不講求效率也沒有效果可言

——或者是雖然看見了效果，卻無效率可言（如「浪擲公帑在一個問題上」）。

　　一個既有效果又有效率的方案管理，必須充分具備下列五種傳統的管理功能：規劃、決策、組織、領導與執行，這些功能將在第二篇詳細討論。這裡僅就每一個功能簡單說明。**規劃（planning）**的定義是組織想要達成的目標，以及如何去達成。第 5 章將說明公共行政人員如何設定目標，以利逐步實行，以及下達任務決策與分派資源，以達成任務。同時將指出，缺乏規劃或不良的規劃，會傷害政府機構的執行力。

　　與規劃密切相關的是，確認出問題與機會、產生備選方案，以及決定採用何種備選方案的程序。這個程序就稱之為**決策（decision making）**，也是第 6 章的探討重點。能掌握解決棘手問題的竅門，就具備了優秀行政人員的一個特徵。

　　組織（organizing）是規劃與決策的下一步，也是第 7 章要探討的主題。組織反映出一個機構如何實現其方案目標的努力；此涉及分派任務（即「我們必須要做的事情」），以及將任務分割與分派至各相關單位（如各部會、各處、各局、各組、各辦公室等）。

　　第 8 章將探討第四個基本管理功能，也就是對組織裡員工發揮領導才能。**領導（leading）**是運用個人領導影響力，將公務員認真工作的態度激發起來，以達成方案目標。其要旨是將目標讓組織裡的全體工作人員充分瞭解，沒有疑慮，以便讓大家能夠全力以赴，發揮高水準的工作表現。在研究公共行政時，讓人感到十分振奮的一點是，我們可以看到眾多公共行政人員展現了各自的優秀領導。接下來各章，將會看見這些行政人員，讓「治理不好」的城市步入正軌，讓新成立的組織發展茁壯，讓士氣低落的組織重新振奮起來，以及發展出大膽而創新的做法來解決存在社會裡的陳年老問題。

　　最後一個基本的管理功能是**執行（implementing）**，讓組織的全體工作人員的活動受到適當的督導、監控以及適度的調整，以確保目標不偏離正軌，是使計畫成功的重要關鍵。因此，計畫的執行是第 9 章的討論重點。

資源管理　一位有才能的行政人員如何能夠讓其負責的公共政策，得以完善構建並順利執行，關鍵在資源管理；因此，本章一開始便將公共行政定義為「將資源彙整起來的程序」。第三篇（第 10 至 12 章）將探討的重點聚集於此一重要主題，當然是再恰當不過了。

　　第 10 章以探討人力資源為主，經濟學家提到部分產業是資本密集的，也就是說，他們需要大量投資於廠房與設備。然而，因為公共行政的組織是以人為導向，例如警察部門預算的五分之四是人員的薪資。因此，一個組織的表現良窳在於其人

員是否有卓越的表現。正確的計畫、結構與程序固然是十分重要的因素，但是導致計畫成功的能力則主要來自於人——他們有技術、紀律、動機及聰明才智。如何領導這些人員，讓他們的才智得到充分發揮，就是最高的行政表現；關鍵就是人，人讓一切得以實現。

　　第 11 章探討政府預算的編列與執行，充足的資金流動是公共行政力量的來源，因為政府組織推動的各項活動很少是屬於志工性質，很少有不花錢而推動的工作。當然，本章也會討論公共行政人員如何向各方面爭取財政資源（如賦稅）。

　　第 12 章探討資訊管理，有些人認為資訊是二十一世紀最重要的資源。只要看過去 20 年來，相較於人力與財政，資訊的重要性與日俱增，就沒有理由認為其在公部門與私部門的重要性會降低。

管理角色

　　前面已經探討了公共行政人員所需具備的技術，現在來探討他們的角色。**管理角色（management roles）**一詞，指的是管理行為上的特別分類。正如同一般社會大眾，每個人都有其要扮演的角色如學生、兄弟姊妹、員工或志工等，管理者也有其一定的角色要扮演。知名管理研究學者明茲柏格（Henry Mintzberg）發展出一套區分方法，定義及闡釋管理者做的事，他發展出十類不同卻又彼此密切相關的角色。後續的追蹤研究以不同型態的組織、以及某一組織中的不同層級來檢驗 Mintzberg 角色區分法的效度。[16] 檢驗的結果，證明此一角色區分法有一定的價值，因為不論是公共組織私人企業機構或非營利組織，那些管理者的角色大致相似。

　　明茲柏格將管理者的角色區分成三大類：即處理人際關係的角色（如精神領袖、領導人及連絡協調者等）；處理資訊傳播的角色（如監控者、傳播者及發言人等）；以及處理決策的角色（如企業家、處理騷動者、資源配置者及談判者等）。（見表 1.1）在我們更仔細觀察這些角色之前，有必要再多做說明。正如明茲柏格自己最近提到的，這份角色清單無法對管理提供一套整合性的描述。此外，「當管理者從事管理時，他們的角色差異就變成一種枝微末節的事情。換言之，或許概念上要區別這些角色很容易，但不代表我們一定可以從行為層面進行區別。[17]

人際關係的角色　這類人員的角色多具有管理者的正式權威，經常處理與組織內全體成員及其他相關人員的關係。**精神領袖（figurehead role）**負責處理政府部會或組織的典禮、儀式與象徵性的活動，如果認為這些活動多由國王、皇后及特任全權大使等人去主持，那就大錯特錯了。當管理者在迎接來訪賓客、出席頒獎、簽發文件時，他們就在執行這類的角色。雖然這些工作可能有一部分看起來像是例行公事，然而管理者所扮演的精神領袖角色，有時可能是具極大影響力的角色。例如，

表 1.1　十種管理者的角色	
類別	活動
監督者	搜尋與接收資訊，瀏覽期刊和報告，維持人際接觸。
傳播者	傳遞資訊給其他組織的成員，寄發備忘錄和報告，打電話。
發言人	透過演說、報告與備忘錄，將資訊傳送給組織外的人員。
精神領袖	執行儀式性和象徵性的任務。
領導者	引導與激勵部屬；對部屬進行訓練、諮商與溝通。
聯絡人	透過電子郵件、電話與書面資料，來維持組織內外資訊的連結關係
企業家	提出改善方案，辨識新點子，將點子的責任委交他人。
風波處理者	在爭執或危機時採取矯正行動，解決部屬之間的衝突，適應危機。
資源配置者	決定如何使用組織資源；時程、預算、設定優先順序。
協調者	代表所屬部門和外來團體進行協商。

資料來源：修改自Henry Mintzberg, *The Nature of Managerial Work* (New York: Harper & Row, 1973), 92–93。

前紐約市市長朱利安尼在其所出版的《領導》（*Leadership*）一書中，有一章的主題討論喪禮和婚禮。

世貿中心遭到恐怖攻擊之後，我參加了那些在工作崗位上為紐約市犧牲的

洛杉磯市市長 Antonio Villaraigosa，如同前紐約市市長朱利安尼，認真扮演精神領袖的角色。

英雄們的喪禮。我在那兒不只是要讓人們重視這些犧牲生命的英雄們，同時希望激起迴響，讓人們也重視那些尚在崗位上堅持奮鬥的英雄們。這是學自家父的一個寶貴經驗，他以協助那些最需要幫助的人們來證明自己的真實意義。當我還是一個小孩子時，父親經常帶著我到守靈與喪禮的場合，我漸漸能體會到此舉所帶給鄰居、朋友們的意義。父親以其堅毅的特質教導我一個真正的人生教訓，那就是：婚禮可以自由參加，但是喪禮一定要出席。[18]

洛杉磯市市長 Antonio Villaraigosa 是另一任深諳精神領袖角色重要性的市長。

他看起來好像可以同一時間無所不在：在 Watts 發送玩具給小孩；在 Westside 的猶太兄弟會（B'nai B'rith）＊午宴上致詞；在市中心與一群企業主管相聚；在西—英雙語電視台亮相；主持大大小小的經濟發展計畫發表會；發放第八區抵用券（vouchers）給弱勢家庭；巡迴各個警局與消防局並會見他們的長官；即使是廣大市區的偏僻角落，一樣出現在社區遊行與街坊裝飾聖誕樹的派對上。[19]

在明茲柏格的體系裡，**領導人角色（leader role）**十分重要，必須能夠影響及指導他人。這些都是人們歸納管理者在推展其工作時，必須負起的責任，因為組織賦予領導人一定的權力，讓工作人員各盡其分。管理者為了要發揮權力上賦予的影響力，必須能夠充分發揮其領導行為。領導人的角色包含激發工作人員的動機、鼓舞士氣、調合個人的需求，使其能配合執行組織的目標。

除了激發下屬的動機、鼓舞士氣以及調合各個人的需求使能配合執行組織的目標之外，領導人角色也必須介入進用與訓練人員的工作。國家衛生研究院的主任 Elias Zerhouni 回憶說道，當他擔任 John Hopkins 醫學院的系主任時，曾經聽取一位教授的建議：「記著，沒有人會注意貴系預算足不足夠，或貴系的人員是否準時報到，大家只會注意到你所進用人員的素質」。[20]

要成為一位好的領導人應該具備些什麼條件呢？於 1975 年從阿爾及利亞來到美國的 Zerhouni 博士，在擔任國家衛生研究院主任的第一年時，回答了這個問題：

　　我認為有三件事要具備，首先，你的心胸要寬大，因為如果你的心胸不夠寬大，你將不可能去領導他人。當然，寬大的心胸也代表了幾件事，即有一顆熱情的心，你自己要對一些核心價值堅信不移。

＊ 譯者按：猶太兄弟會（B'nai B'rith）全名為國際猶太兄弟會（B'nai B'rith International），是全世界最古老的猶太人互助組織。

其次，要有擔當去堅持自己的主張，就是要為自己所認定的想法挺身而出，並且對認定的重要想法敢於承擔風險。其三，是要有頭腦，雖然人們都認為聰明是一項必要前提，但我不以為然，我倒是認為寬大的心胸與有擔當的勇氣遠比聰明更為重要。[21]

過度注重領導人角色，有可能顯示對**連絡協調者角色（liaison role）**的不夠重視。連絡協調者指的是，管理者處理垂直隸屬指揮鏈之外的組織與個人的關係。這個角色受到忽略實在令人匪夷所思，因為研究顯示，管理者花在同儕與組織外其他人身上的時間，與花在部屬與上司的時間一樣多。公共行政人員應扮演好連絡協調者的角色：

在維吉尼亞州的諾福克市（Norfolk），市經理 Regina Williams 把附近轄區內的幾位同仁集合起來討論，主題是關於諾福克警局的手槍射程問題。由於 Williams 女士知道該地區的其他警局也有射程的需求問題，於是她提議大家可以統一該地區的警用手槍射程。《治理》（Governing）雜誌（該份雜誌將 Regina Williams 選入 2003 年公務員年度人物）曾經作如下的報導：「在 4 年的諾福克市經理任期中，Williams 女士最基本的工作，就是做好政府與選區選民連繫工作——包含鄰里、教育機構、各市民組織及民間企業單位等——以推展諾福市、甚至是整個 Tidewater 地區市政工作的政策與計畫名義為之。」[22]

資訊的角色　雖然人際關係的範圍寬廣，但管理者則是組織單位的神經中樞。Richard Neustadt 在一篇關於總統權力的經典研究中指出，雖然小羅斯福總統未必對華府發生的一切事情瞭若指掌，但是他可能比任何一位部屬都更瞭解狀況：

羅斯福總統掌握的資訊蒐集技術要訣就是透過競爭方式。「他可能會叫你進來，」羅斯福總統的一位幕僚助手這樣告訴我：「然後他會要求你去瞭解某一件複雜的事情，於是你就很認真地去找答案，幾天後帶著費了好一番工夫所找到的事實真相來回報。然而，你卻發現原來總統早已知道一切，甚至還包括一些你不知道的部分。當然，總統從哪裡獲得其消息來源是不會告訴你的，但如果這種情形連續發生在你身上一、兩次，你就要知道自己的資訊蒐集真是遜斃了！」[23]

或者我們可以看看邱吉爾（Winston Churchill）以 36 歲的年紀就當上第一海軍

大臣的例子。他如旋風般四處蒐集資訊：

在住家兼辦公室的海軍大臣艦艇上，他主導海軍戰術和戰力的所有細節。他看似同時間無所不在，不是調查、詰問，就是在學習。從炮術到士兵士氣，他無不關心。他對戰機深感著迷，而且立刻就嗅出戰機對戰爭所發揮的效用。他花費幾百個小時學習如何飛行。他躡手躡腳跑到狹窄的砲塔區並學習如何操作它們。他通常會從低階軍官和二等水兵那裡吸收資訊和意見，而繞過或詰問他們的長官，這些做法成為他的行為習慣。邱吉爾對他們展現出來的尊重態度，以及他從他們身上贏回愈來愈多的尊敬，使他成為一位最受歡迎的長官。[24]

遺憾地，並非所有的美國總統和國防部長都具備像邱吉爾一樣的好奇心。

正如小羅斯福和邱吉爾所提醒我們的，**監控者角色（monitor role）**是關於資訊環境的探查，多方面向同事與下屬詢問求證，分析正確的報告，也設法掌握閒言閒語、謠傳及臆測等資訊。很少有人像 Sally K. Ride 一樣十分敏銳地正視這個角色的價值，她是美國第一位女太空人。當 2003 年 2 月發生哥倫比亞號太空梭（Columbia）爆炸的悲劇事件之後，Ride 被詢問到她對該次任務管制團隊主管 Linda Ham 的看法。災難發生之前，有幾位工程師提出建議，要求 Ham 請國防部以間諜衛星拍攝幾張太空梭的照片，以便能評估外掛燃料箱冒出泡沫而碰撞機翼的影響。那時，Ham 因為沒辦法找到提出這個意見的人，因而忽略了這個要命的問題。Ride 認為這樣的做法不好，她解釋說道：

身為美國太空總署的主管官員，應該要對任何缺失問題追根究柢，你一定要一問再問。如果你認為一個問題的徵兆已經出現了，就要打破砂鍋追查到底。我認為，當時的問題關鍵不是誰問了那個問題？身為任務管制團隊的主管官員，應該問的是冒出的泡沫碰撞機翼可能會產生什麼後果？並且立刻告訴我答案。

當時的任務管制並沒有做到這樣的追根究柢，也就是一發現問題顯露徵兆，就要緊追不捨、絕不鬆手，直到瞭解這一個問題是什麼，有什麼意涵或影響為止。哥倫比亞號太空梭災難事件發生之前，就沒有這樣去追根究柢追查問題。各級主管官員、任務管制團隊、任務評估室竟然沒有一個人去緊抓住這個問題不放，直到找出答案為止。相反地，當時這個要命的問題竟然無人聞問。他們自認為已經有了答案，自認為泡沫應該不會出什麼大問題，而且他們認為別人不會同意自己的不同看法。[25]

　　管理者用不同的方法進行監督。由於 Villaraigosa 決心要改革市政運作，他每個月定期與 44 位一般管理者開會——他們有些人已經有好多年沒有和市長開過會，以確保他們確實遵從他的指示。相對地，歐巴馬則決定不舉行太多會議，因為他覺得這會占用總統太多時間。根據歐巴馬的新聞秘書 Robert Gibbs 所言，歐巴馬的作風是順路到一個助理的辦公室就像一個停不下來的人，到處遊走於白宮的廊道，或在走道就攔住一位助理問道：「我們上次談的事情進行如何了？」Robert Gibbs 說：「最糟的不是有個答案。」當問到結果如何時，Robert Gibbs 回答：「他會露出失望的表情，這時候你最好是快把答案找出來。」[26]

　　一位優秀的管理者不僅要接收資訊，還要適時把意見傳遞出去。因此，處理資訊的**傳播者角色（disseminator role）**要將特許的資訊——從組織外或下屬接收的資訊——直接傳給有需要的人。Denise Johnson 是這方面的佼佼者，她是疾病防治中心的部門副主管。在一個國際性共同努力打擊小兒麻痺症計畫的核心中，根據 Johnson 女士給同事的印象，她是讓這個計畫能夠順利推展的黏合劑。她通常一早就待在亞特蘭大市的辦公室裡，接聽來自世界衛生組織（World Health Organization）、聯合國兒童基金會（UNICEF）及疾病防治中心工作人員的電話。「我想每一位工作人員，不論是在海外或亞特蘭大市，都能感覺到他們無論任何時間，都可以找得到 Denise，並且能夠得到她的充分支持來解決自己的問題。」一位疾病防治中心的小兒麻痺症防治團隊的行動主任說道。[27]

　　到目前為止，我們已經探討了優秀管理者在資訊管理方面的兩種角色：向組織外蒐集資訊（監控者角色），以及將資訊傳播至組織內的其他人（傳播者角色）。現在要談第三種關於資訊管理方面的角色，各位可能已經想到了，就是將資訊傳播至外界人士——也就是社會大眾。透過**發言人的角色（spokesperson role）**，管理者將組織的計畫、行動與結果等資訊向外界說明。疾病防治中心的主管官員提供了我們絕佳的例子，讓我們看到一位公共行政人員如何勝任這樣的角色。

　　疾病防治中心曾被認為對疾病災情的反應緩慢，「一切事情都等到星期一再說」似乎成為大家的印象。但是當 Julie Gerberding 於 2002 年成為該中心主任以後，大家的印象便從此改觀了。在不到一年裡，她連續召開了 17 次的記者招待會，並且多次到國會列席提出說明。於是，她成為史上第一位曝光率最高的疾病防治中心主任，耐心地向社會大眾說明如何防治許多的重大疾病威脅，如西尼羅河病毒（West Nile Virus）、天花及 SARS 等流行疾病。

決策的角色　　資訊只是達到目的（決策）的一種手段。在這裡，我們又看見了管理者在扮演核心角色，因為只有管理者有能力讓整個組織投向一個新的努力方向。管理者必須做出決策，公共行政人員必須做出決策，選擇一個正確的方案來執行。

　　企業家（entrepreneur）的角色涉及啟動變革的作為。根據一項對若干位具創新性的管理者的分析報告，這份報告是過去 20 年來，從 30 個成功的公共方案與組織中，總結那些具有創新發展性的管理者的一份報告，Martin A. Levin 與 Mary Bryna Sanger 兩人提出總結說道，這些公部門的企業家之所以被歸類為卓越的企業家，是因為「他們願意去廣泛地瞭解、學習有關推展工作的其他途徑、環境，以達到他們的目標；當然，他們既不會陷入企業文化的陳年積習，也不會因襲制度上的老舊傳統，而失去創新發展性。」更明確地說，Levin 與 Sanger 指出，這些公共組織的企業家具有四大特質。第一，找出他們所在組織、機構裡的弱點或散漫性，然後調整自己的因應做法，賦予自己新的個人使命。第二，他們都是機會主義者，能夠善加運用手邊的資源或可能的機會（也就是說，他們都是最會把握時機者）。第三，他們「都願意去承擔風險，比較傾向於忽略與有意貶低官僚體系與政治上的障礙。」第四，他們會避開小心謹慎的穩妥做法，這是多數公部門主管的習慣，而強調行動——重視劍及履及的實踐，絕不拖延，並且會檢視結果。**[28]**

　　近年來政府中最知名的一位創新者就是現任洛杉磯警局局長 William Bratton。當他在 1990 年代末期擔任紐約市警局局長時，有兩件創舉為人津津樂道：(1) 情報分析警務會議（Compstat meetings）[*]，會議中不僅分析犯罪並分享戰術與資訊，而且幫助選區隊長（precinct captains）[†] 對於減少鄰里街頭的犯罪情況負責；(2)「破窗」（broken windows）或「生活品質」（quality of life）警務，這個觀念是指若能打擊低層次的犯罪和注意社會失序的徵兆，會帶來的間接好處就是幫助指認犯罪，且能降低民眾的恐懼感。這兩項作為如今普遍實施於全國的警察部門。

　　漸漸地，非營利部門的管理者也扮演起企業家的角色，在這之前，他們普遍都忽略其重要性。David Burstein 在其著作《如何改變世界：社會企業家與新觀念力量》（*How to Change the World: Social Entrepreneurs and the Power of New Ideas*）中寫道：「過去 10 年來，我們社會裡發展出來的社會企業家人數遠高於恐怖份子的人數，當然你是不會從新聞媒體上看得出來的。」**[29]** 然而，不像德蕾莎（Teresa）修女的仁愛傳教修女會（Missionaries of Charity），那些團體的組成人員既不是理想主義的夢想者，也不是只做善事的人；他們是真正現實世界裡的企業家。因為，他們能夠善於把資源整合起來，設立組織、機構，以最有成效與效率的方式運作，運用最好的管理來執行任務、使命，他們對工作人員的要求不是同情心，而是要看到他們的成果。

---

[*] 譯者按：Compstat 是 "COMPlaint STATistics" 的縮寫字，透過蒐集各種統計資訊（例如犯罪狀況的地理區位資訊）做為警務管理工具，以達到減少犯罪的目標。

[†] 譯者按：選區隊長或稱選區主席（precinct chariman）或選區委員會長官（precinct committee officer），負責領導政黨最基層的組織，乃是聯繫美國政黨和選民的最基本橋梁。

FARJANA K. GODHULY/AFP/Getty Images

亞努斯這位社會企業家的世界級領袖，成立的銀行放款 5 億美元給 500 萬名全世界最貧窮的人們。諾貝爾委員會（Nobel committee）表示，頒發 2006 年諾貝爾和平獎給他，是因為他「戮力為底層創造出經濟與社會利益」。圖片顯示他與女兒共享這個榮耀時刻。

　　一個例子就是孟加拉的亞努斯（Muhammad Yunus）及他所創立的 Grameen 銀行，透過貸放數百萬筆小額貸款給無擔保品的民眾，這個機構開創了新的銀行型態。這個銀行甚至展開一項名為「艱苦人計畫」（Struggling Members Program），以服務 55,000 名乞丐。在亞努斯的努力下，Grameen 銀行將微型信貸的理念散播到所有的開發中國家。

　　雖然企業家自動自發創造改變，但扮演**風波處理者（disturbance handler）**角色的管理者，則必須處理多數超過他們控制範圍的事件，例如示威、預算赤字、天災或人為災害、醜聞等等。有時候這些壓力來自管理者的部門或下屬之間的彼此衝突。下面就是一個典型的案例：

　　身為 1943 至 1945 年的盟軍統帥，艾森豪（Dwight D. Eisenhower）將軍曾花費相當多的功夫與時間，去斡旋、調解英國的蒙哥馬利（Field Marshal Montgomery）元帥與美國的巴頓（Patton）將軍兩人間的爭執。毫無疑問地，艾森豪將軍寧可將時間花在對付德軍上面，也不想浪費在安撫兩位將軍的爭強好勝上面。但是，艾森豪將軍之所以成為一位卓越的盟軍統帥，就是因為他那處理騷動的能力，化解盟軍高級將領間的爭執與衝突，讓來自世界各個同盟國家的軍隊（如美、英等國）能夠合作無間，在歐洲大陸的戰場上並肩作戰。

　　另一個決策者的角色是**資源配置者（resource allocator）**，然而最重要的是，可能就是管理者自己的時間分配利用了。當然，管理者必須能夠分派人員（誰去負責哪個計畫）、裝備（將裝備配發給誰）、金錢（分發多少金額給誰）等。讓我們思考一下美國五角大廈和聯邦調查局的高階官員如何決定如何配置資金：

⊃ 雖然 F-22 戰鬥機的經費只占五角大廈年度總預算的一小部分，但 2009 年對此戰機的爭論，卻象徵著國防部長 Robert Gates 的更大企圖，是想將優先順序從美國陸軍再平衡（rebalance）為平叛行動，並遠離傳統戰爭。Gates 堅決反對購買更多高性能戰鬥機，他說因為這些戰鬥機和目前在伊拉克及阿富汗衝突的關聯性不大。

⊃ 聯邦調查局將調查工作分類在不同的計畫中，例如國內恐怖主義、組織犯罪／毒品、暴力犯罪、白領犯罪、民權等等。負責每一項計畫的聯邦調查局官員向主計處（Finance Division）提出年度資源需求。主計處接著審查每一項需求，以確保這些項目都符合聯邦調查局的策略計畫，再將這些需求編入預算後向司法部長（Attorney General）提出。司法部長批准後，這份預算必須獲得管理與預算局（the Office of Management and Budget）和司法管理處（Justice Management Division）同意。國會接著和聯邦調查局主管討論預算書，依據狀況予以修正或增補。再來是聯邦調查局資源管理暨配置辦公室（Resources Management and Allocation Office）為每項計畫設定經費標準。這個辦公室會和各計畫主管官員合作討論，以配置總部和 56 個分處的計畫人員配置標準。最後，這項配置方案會呈請局長核定。（有關聯邦調查局的更多討論，請參見本章的結束個案。有關更多聯邦預算過程的介紹，請參見第 11 章）。

　　密西根州州長 Jennifer Granholm 示範了一位優秀領導人該如何扮演多重角色。當她於 2003 年接任州長一職時，馬上必須面對一項 40 億美元的預算赤字，於是她向密西根州的人民請益，請教大家關於如何分配有限資源。Granholm 女士走遍全州各市郡，舉辦了 15 場市鎮會議，聽取關於第一筆州經費應該用於哪裡，以及第一個應該刪減的預算從何處著手的意見。同時，她採用電子投票裝置來讓公民表達何種服務應該留下來和刪除。這樣一來，必須優先推動的計畫就非常清楚了：幼稚園至高三學生的教育，老年人、懷孕婦女、孩童、身心障礙人士的健康照護經費都不能少。後來，這些優先需求的意見，成為 Granholm 州長的正式預算計畫，並呈送立法機關審查，然後簽署執行成為法規。[30]

　　談判者角色（negotiator role）是透過各種正式的談判、協商、討價還價，以

爭取對其組織之任務執行最有利的結果。例如，管理者會見且非正式地與各種人協商——包括向某供應商詢問為何交貨延遲、向某公司詢問關於環保標準的問題、向工會詢問關於勞工的辛勞與委屈、向企業界及市民代表們詢問關於興建中央圖書館的設計問題，或向社區與少數族群詢問關於遊行的路線問題。第 3 章會在府際關係的脈絡下，繼續討論有關談判的問題。

究竟為什麼需要公共行政？

只有無政府主義者會否定國防與司法體系。或者，以經濟學家亞當‧斯密（Adam Smith）的語調回答，政府有責任「保護社會免於受到其他獨立社會的暴力與侵略」，而且有責任「儘可能保護社會裡的每一位成員，使其免於受到其他成員的不正義或壓迫行為。」

當然，公共行政人員從事的活動範圍，遠超出服兵役、做出判斷和制定政策。那麼，其他活動與行為有何準據呢？在回應此一問題之前，讓我們先弄清楚基本的觀點。就產出充足的財貨與服務而言，再沒有任何經濟活動制度比自由市場更好。但是，社會對經濟體系的需求不單單只是原料的輸出而已；社會更希望能夠做到公平而有效率。簡單地說，這個事實恰好解釋了政府的「其他活動」（other activities）。

雖然亞當‧斯密認為在自由市場裡，以個人利益出發的動機，將有助於促成公共福祉，但是他也深知私部門（企業）有時也可能出現損及公共利益之舉。因此，他也曾經寫下這幾句名言：「相同行業的人士很少會聚在一起，即使是娛樂或消遣都很少碰面，但如果是為了陰謀取得各自企業的私利而不顧公共利益時，則另當別論。」例如，企業界人士可能會同意結盟形成獨占，或抵制商業競爭。在這樣的情形中，有些人會說自由市場好像「失靈」（failed），而且市場應有的良好經濟效率也好像不見了。此時，社會大眾百分之百希望政府能夠介入干預。

效率並不是唯一有助於社會福祉的因素。因為即便是市場的活動十分有效率——能夠產出豐富的財貨與服務——然而在分配這些財貨、服務及酬勞給社會成員時，就可能出現不公平的情形。怎樣會造成不公平的分配情況發生呢？先把理論擺在一邊，從我們的目的上來看，可以主張一個民主社會能夠做到社會分配的公平化——也就是說，透過民選官員而達到社會分配的公平化。[31]

總之，政府行為的準據有兩層意義：首先，是讓前面提到失靈的市場重新恢復其效率；其次，是讓市場上的財貨、服務及酬勞能夠更公平地分配給社會裡的成員。下列討論將以第一個關於政府作為的準據為主，並提出兩點理由來解釋為何市場會失靈：即成本的外部性及公共財。[32]

一個經常被提到的市場失靈情況，牽涉到私人行動的「外溢效應」（spillover）或外部成本。在任何時間裡，如果一個人的行動需要其他人付出成本，卻又未獲他人的同意，即稱之為**外部性（externality）**。也就是說，一個人採取了某項作為便須付出個人成本，但又把部分成本轉移至他人身上。比如說一座家禽處理廠的一年營運成本是 100 萬美元，而年收入是 120 萬美元，我們可以說這座家禽工廠的年營運利潤是 20 萬美元。但是，在市場真是如此運作嗎？如果工廠負責人將這些家禽的排泄物排入河中，則對那些利用河流的人（如在河中游泳與釣魚的人）而言，就是轉移了部分成本到這些人身上。於是，為了處理這樣的情況，政府會提出獎勵辦法或罰則，來讓那些製造排泄物的人去徹底「清除自己製造的垃圾」。

一個最常聽到關於政府行為的論點，是自由市場無法提供足夠的**公共財（public goods）**。公共財甚多，可以包括公共衛生計畫、教育、研究與發展、警方的保護等。所有這些公共財至少有一個共同點，就是很難將那些享有公共財的益處卻未付出分文的人排除。同一個社區裡的每一個人，或多或少都會享受到這個社區所提供的利益，如有成效的公共衛生計畫、受過良好教育的鄰居、好的公路、先進科技以及清新空氣等。當然，在自由市場中，上述許多好處也是可以提供的：如只要付費私人醫生就能醫治傳染病、孩童只要繳付學費就能上私立學校、私人公司也能建立研發能量、人民也可自行聘請保全人員來保護生命與財產安全等。但重點是，市場傾向於不供應公共財。

理由很簡單，因為私人公司發覺提供上述公共財的利潤不太高。這是因為當人們發現，不論付費或不付費都可享用公共財時，大部分的人都不會去付費。「公共財的生產者想向那些享用者收取使用費，就好像是一位麵包師傅飛經一座城市上空，將一條條土司丟向人們，然後再挨家挨戶地去向那些撿拾土司的人們索討土司費用一樣難。」[33] 在這種情況下，政府不是自行提供公共財，就是鼓勵其他人（如透過補貼等）提供公共財。

公共行政何時成為一門學科？

公共行政已經存在很長一段時間了。西元前 2680 年構想設計並建造埃及古夫大金字塔（Great Pyramid of Cheops）的人就是一位優秀的公共行政人員，也是這位冷靜的宮廷大臣 Joseph 建議為埃及法老王規劃一個因應七年饑荒的政策。至於在美國，到 1887 年時，一位年輕的政治科學家威爾遜（Woodrow Wilson）提出了一篇知名的論文〈行政的研究〉（the Study of Administration）之後，公共行政從此才成為一門學科。然後，經過了 40 多年，Leonard White 出版《行政學導論》（*An*

Introduction to the Study of Administration），才有了第一本教材。換言之，雖然公共行政的實務早在幾千年前就已經有人實踐了，但是直到 1920 年代，美國的大學裡才開始有系統地授課。更讓人覺得奇怪地，美國大學將公共行政看成是一門學科，比歐洲各大學晚得多。

　　至於美國的公共行政為何開始生根發展？要找出答案，我們必須回溯至 1787 年的制憲會議（the Constitutional Convention of 1787）。從當時的制憲，可以看出公共行政成為一門學科的源起，我們可以從以下三個方面（或學派）來探討這一門學科的主要關切重點為何。為了方便起見，也為了交代一下歷史，每一個學派都有一位總統做為代表人物：即麥迪遜（James Madison）、威爾遜（Woodrow Wilson）和小羅斯福（Franklin Roosevelt）。雖然這三位總統分別處於不同時代，而且代表三種截然不同的派別，但是對於引導大家瞭解美國公共行政學的理論與實務卻非常重要。

麥迪遜學派

　　一般而言，美國開國先賢所採的公共行政途徑都屬於麥迪遜學派。和麥迪遜（1751–1836）一樣，大部分開國先賢關心的是政府的權力太大——尤其是行政權。他們認為法律是抑制政府權力的最佳方式。當然，他們的看法有一定的支持者，當時大多數的美國人，就像今天一樣，都有一個相同根深蒂固的心理恐懼，那就是一個能夠快速做出決定性作為的政府，也很容易出現不合正義的作為。於是，大家同意法律——不是人民——應該超乎一切之上，而且此一概念從 1787 年一直延續至今。圖 1.3 說明了此三學派的延續性及歷史進展。

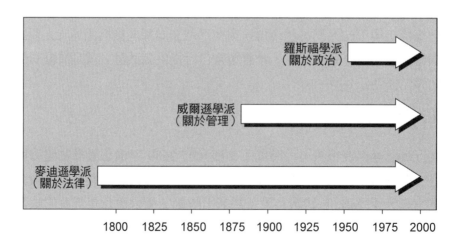

圖 1.3　美國公共政策各學派及其發展史

1787 年：在《聯邦主義論文集第 51 號》（*Federalist No. 51*），麥迪遜寫道：「在建構政府組織時，既要有人去管理政府，也要去管理人，而當中就出現了一個極大的難題：要先讓政府有能力去管理人民；而這個政府也必須能夠受到控制。」

1803 年：Marshall 大法官在「Marbury 控告 Madison」一案的意見書中指出，憲法是「至高無上的法律，絕不可以一般手段變更」。而且，只有「司法機構才最有資格與責任」來指出最根本的法律意義。

1835 年：法國政治家與作家托克維爾（Alexis de Tocqueville）驚奇地觀察到，美國在公共行政方面連最基本的程度都付之闕如。

　　公共行政只是口頭說說，也很傳統。沒有人在乎之前曾經發生過的事情；既沒有人去做系統化研究，也沒有人去彙整文件檔案，更沒有人去把公文案卷整理歸納，這些事情原本都不是太難的工作。**34**

1844 年：Ralph Waldo Emerson 在其〈政治〉一文中說道：「政府干預愈少愈好。」

1882 年：最高法院在「美國控告 Lee」案中提出警告：「沒有人可以凌駕於法律之上，而且沒有一位執法官員可以有豁免權去違反其所制定的法律，政府中的每一位官員從最高階至最低階，都必須接受法律的約束，都必須遵守法律。」

1926 年：大法官 Louis Brandeis 在「Myers 控告美國」案的不同意見書中說道：「權力分立與制衡的原則、學理在 1787 年的制憲大會中即獲採行，其宗旨不是為了要促進政府的效率，而是為了防止權力遭到獨斷行使。因此，其目的不是在防止政府內的摩擦、爭執，而是透過不能避免的制衡運作，確保美國政府中的三權得以各自分立，以保障人民免於遭受獨裁、專制政府之害。」

1983 年：最高法院首席大法官 Warren Burger 在「移民歸化署控告 Jagdish Rai Chadha」案時寫道：

　　毫無疑問地，制憲大會的紀錄、當時的相關論述文章及辯論都清楚說明一件事實，那就是有關政府架構的某些價值觀更高於效率性……，憲法裡面並沒有提供支持基礎……，說明在遵行憲法的明確標準時，如果碰上累贅與延擱，就可以不遵行該憲法標準。

2001 年 9 月：美國公民自由聯盟（American Civil Liberties Union）與眾議院內一些最保守的共和黨黨員組成盟友，共同反對司法部長提出的放寬政府在電話監聽與調

查工具行使方面所受限制的法案，該法案的提出是為了要更有效地打擊恐怖份子。

　　政府與壓迫者、政府與浪費、政府與累贅愚蠢：這些就像是同義詞存在於今日一般美國人的心裡，也是 1787 年時美國人心裡的想法，並代表麥迪遜學派關於公共行政的觀點。因此，當初該學派的肇始成員們在費城所致力奮鬥的目標，就是要政府的行政作為盡量延緩、更趨審慎，並且能夠受到控制與制衡。這些麥迪遜學派的人相信麥迪遜的說法是：「相當費心於架構政府的內部組織，以便讓政府各相關機構，因相對的關係，而更能各得其所。」然而，他們精心建構的政府卻是一個相當危險的弱勢國家行政組織。隨著時代進步的需求（如大型企業的出現、科技的快速變革等），以及不斷升高的世界相關威脅危及國內人民的生命安全，促使美國有識之士不得不重新檢討政府公權力的發展方向。於是，第二個關於美國公共行政的學派應運而生。

威爾遜學派

　　威爾遜在 1887 年時曾經提出一篇著名的論文，後來成為美國當代行政學方面具有代表性的濫觴。威爾遜教授指出一個大家都感到好奇的事實，他認為雖然政治學早在 2200 年前就有了實踐，但是一直到了十九世紀的行政組織——政府中最明顯的機構——才真正為大家所注意，他說道：「公共行政就是作用中的政府，而人們可能非常自然地會期待發現，這種作用中的政府已經受到大家的注意，也引起政治學者很早就開始進行系統化思想的審視。」然而，這不是問題的重點，因為麥迪遜學派的人士重視的是，政府組織的建構、國家的定位、主權的本質、民主制度與君王制度的差異，以及其他崇高而抽象的原則等。但是威爾遜認為，由於現代社會的規模增加與日趨複雜的發展，設立一門行政學已經成為必要。威爾遜認為現在時機已經成熟，應該要讓政府政策的執行更具企業化的精神。因而，「所謂的行政學就是一門企業學，既不是急就章，也已經超越了政治的爭鬥。」

　　漸漸地，許多有識之士開始支持威爾遜關於公共行政的觀點。例如，素有「美國行政之父」美稱的 Frank Goodnow，以及另一位行政學的早期代表性權威人士 William F. Willoughby，兩人都認同將政府的功能區分為兩方面：即政治決策（political decision）與行政執行（administration execution）。在 Frank Goodnow 的《政治與行政》（*Politics and Administration*, 1900）一書中，他強調政府由兩種特別的功能組成，就在他的書名上已經開宗明義地點明。政治是關於政策或國家意志的表現，而行政則是上述政策的付諸實踐。此中的最重要意義，是行政不同於政治，而且行政優於政治。1927 年時，Willoughby 出版了第二本關於行政學的書

《公共行政的原則》（*Principles of Public Administration*）。從書名上，我們知道：行政科學的原則是存在的，只要公共行政人員能夠好好運用，他們就會成為這方面的專家。

　　這裡我們要談到兩位對公共行政概念造成影響的人物，這兩位人物原來的主要興趣是在產業而非政府。一位是費堯（Henri Fayol），他的職業生涯都在一家法國採礦公司裡度過。另一位泰勒（Frederick Taylor）是美國人，他從一個培植菁英的兒童學校輟學，因而沒能按家族的期望進入哈佛大學就讀，卻進入費城的一家蒸氣管路製造工廠當學徒。巧合的是，這兩人的人生與威爾遜總統的人生有若干重疊。試想一下，威爾遜總統與泰勒都出生在 1856 年，而威爾遜總統則是在 1924 年逝世——剛好比費堯早一年。

　　為了要瞭解威爾遜學派的內涵，讓我們進一步瞭解上述兩位傑出卻被忽視的管理大師。

費堯的理念：行政是一種程序　當費堯開始他的採礦生涯時，偌大的一家法國採礦公司已經是負債累累、財務困頓；但是，到了 1918 年當他在常務董事的職務上退休時，公司卻呈現欣欣向榮的氣象。費堯的成功，可以歸功於他將行政視為一種程序，然後讓一群專業人員發揮各自長才去做好管理的工作。舉例而言，理論上要做好採礦工作的管理，相關主管人員就必須去充分瞭解冶礦相關的工程知識；而這正是費堯個人的背景寫照。同理，要做好軍隊的管理工作，相關的主管人員就必須去充分學習軍事戰略，以此類推。費堯提出完全相反的看法：他認為好的行政作為——不論是什麼背景——都涉及一種程序，而這一程序涵蓋了若干共同的做法、步驟。於是，他提出了十四項管理原則——這正是最基本的管理法則，既是學校裡的最好授課教材，也適用於各類型組織之中。以下是費堯的其中八點原則：**35**

1. **分工**：由於專業的分工，使得員工能以更有效率的方式增加產能。
2. **權威**：管理者須能下達指令，權威賦予他們這項權利。不過，伴隨權威的就是相對的責任。
3. **指揮統一**：每位員工都應該只聽從一位主管人員的指揮、命令。
4. **指導統一**：整個組織必須有一個單一行動計畫，以引導每一位主管人員和員工。
5. **分層負責**：從最高的管理層至最低階人員，形成一個分層負責的體系。
6. **有條不紊**：人與裝備都必須在對的時間點放在對的地方。
7. **激發高度動機**：讓員工參與制定計畫，能激發他們高度的執行力。
8. **注重團隊精神**：促進團隊精神能營造組織內的和諧與認同感。

麥迪遜是否曾經想到過上述的觀念──即以採礦公司的理念來運作一個政府──恐怕只能去猜一猜了。大家都知道上述費堯提出的觀念，對美國各界的影響力是十分深遠的。因而，費堯得到「行政學派創始之父」的稱號，他是第一位從組織最高層管理人檢視至最低階員工的管理大師；把管理看成是一個程序；把此程序細分成合理的分項；以及列出一系列原則將組織內的人員以最有效的方式運用──然後，構成了管理教育的要目。

另一位美國公共行政的先驅是 Luther H. Gulick（1892-1992），他很有系統地將費堯的管理概念與原則，彙整成一個簡單的縮寫字 POSDCORB，也就是提醒我們，一位管理者必須做到計畫（plan）、組織（organize）、用人（staff）、指揮（direct）、協調（coordinate）、報告（report）、預算（budget）。雖然現代各學派的人士對於 POSDCORB 概念（當然管理方面的重要原則還有許多沒有提到）提到的因素，仍多持保留看法，但是 POSDCORB 對於政府贊助的訓練計畫仍具有影響力。

泰勒的理念：一種最好的方案　1856 年泰勒出生於美國費城的一個富有家庭，習慣上，這樣出身的男性不需要工作，自小家人即安排去接受最好的教育，並赴歐洲旅遊幾年以增廣見聞。但是在 18 歲那一年，泰勒做了一個人生的重要決定，後來永遠改變人們的工作方式：他自 Exeter 貴族學校輟學，跑去費城的一家蒸氣管路製造工廠當學徒。

泰勒如何改變了勞工的工作方式呢？簡言之，「泰勒主義」（Taylorism）就是把手工生產（craft work）轉變成生產線生產（assembly work），這是開啟機器時代自動化的先驅。當然，批評者認為他的工作方式把人變成了機器人、用時鐘與碼錶取代人為判斷，以及剝奪了人的尊嚴等。真的是這樣嗎？彼得‧杜拉克寫道：

> 史上沒有一位思想家有泰勒這樣大的影響力，而且很少有人受到如此故意地曲解與不斷地反面引述……。部分原因是因為當時泰勒的理念受到忽略，而大多數人都鄙視勞工工作，特別是學術界人士更是如此。當然，鏟砂的工作──泰勒最著名的分析──並不是一位「受過教育的人」有興趣去瞭解的事情，更不用說是認識到其理念的重大意義。更明白一點地說，泰勒的名聲因為他將所學的知識運用到工作的研究改進上面，反而受到貶抑。[36]

很重要的一點是，泰勒強調工人們在他的「科學化管理」技術應用中受到

較大的重視，而不是公司老闆。此外，關於工作方式的改良研究，當然要向工人請教。

　　泰勒在寫作時，最有力且受尊敬的幾個工會都在政府擁有的武器工廠與造船廠裡，而這些工廠幾乎生產全部美國和平時期的武器裝備。要成為這些工廠聯盟的成員，你必須是員工的親戚或子女。

　　　這些工廠可以提供 5 到 7 年的學徒實習時間，但是沒有系統化的訓練或工作有關的研究。工會不讓你寫下任何筆記……。而且，工會要求成員保守秘密，並不得對非工會的會員外洩任何消息。就泰勒所提出的概念，認為工作能夠加以研究、分析，並分解成一系列的簡單而重複的動作，每一個動作都要正確、按精準的時間以及正確的工具去做，恰好是對工會既有傳統做法的一種正面挑戰。工會當然會群起詆毀、中傷泰勒他們甚至成功地說服美國國會禁止泰勒將其「任務研究」（task study）方法試用於政府的武器生產工廠及造船廠，這個禁令直到第二次世界大戰以後才解除。**37**

　　效率的概念之於生產力——即用相同的資源生產較多的產品——在費堯與泰勒提出他們的理念時，還沒有人注意到。相對於先前引述的 Chadha 判決案中，Berger 大法官所希望傳達的意圖，早期建構小政府的人士們並未想到這種效率。對他們而言，效率就像是 Chaucer 所指出的——「產生立即的成效」。

　　自工業革命後，效率的意義也改變了。當科技專家試驗了幾種不同的引擎設計之後，一個新的關注焦點於焉出現：我們如何增加產出之於資源投資的比例，這個比例就是大家今天耳熟能詳的效率。於是，自 1780 年至 1887 年，機器提高了產能至數倍以上，相反的，1887 年時的工人生產力，卻與古希臘或文藝復興時期佛羅倫斯的工人生產力相差無幾。回想一下，這種相對停滯性工人生產力的理由並不難推知。不像技術，**工作本身並沒有被系統化地研究**。在費堯與泰勒以前，沒有人想到將知識運用到工作之上。當費堯的管理原則與泰勒的生產線理念在 1900 年代早期受到採用時，所有先進國家的經濟市場因此得以提高產能至數倍以上。而且，這種對經濟成長的爆炸性影響，是公共行政很難忽略的。

　　在後面幾章裡，會談到費堯與泰勒兩人有關分析與評估方面的缺失，以及過於倚賴由上而下的官僚體系（top-down bureaucracy），且過於貶低工人動機的因素。但是這些批評不能掩蓋這個事實——1887 年由威爾遜提倡的管理觀念，且由費堯和泰勒協助落實，這對於瞭解公共行政極為重要。事實上，隨著 1939 年美國公共行政學會（American Society for Public Administration）成立，管理途徑就已經被體

制化了。該學會在其網站上宣示：「我們是提升政府效能的提倡者；善意與專業主義的代理人；最佳的民主新聞（democratic journalism）出版者；進步理論與實務的代言人，以及全球公民主義的提供者。我們相信，藉由擁抱新理念以及處理重大的公共服務議題，就可以同時在地方與全球層次帶來改變，我們可以提升全世界的生活品質」。有關美國公共行政學會的更多訊息，或想瞭解學會對公部門的作用，請造訪 www.aspanet.org。

羅斯福學派

在第二次世界大戰以後，不論是威爾遜學派、麥迪遜學派或兩派的融合體，似乎都沒辦法充分掌握新的行政實務發展。一位年輕的政治學者發表了知名的論述，將許多當時公共行政學所遺漏的實務觀點加以闡明清楚。1947 年，Robert Dahl 在耶魯大學撰文指出一個關於威爾遜學派的大問題：就是假設政治與行政兩者是尖銳分立的。

Dahl 在此二分法上的論點上並不孤單，Fritz Morstein-Marx 在《公共行政的要素》（*The Elements of Public Administration*, 1946）一書中，就曾指出行政人員的工作涉及政策的制定、自由裁量權的行使以及一般的政治程序。1947 年，Dwight Waldo 也站在相同的立場提出主張：「其不同之處並不是全然在於政治行政上面；只是因為嚴謹的分離主義的精神所致。就某種程度而言，這是一種落實。就某種意義而言，這其中流動著一種力量與安全的感覺。也就是說，一種關於程序與行政學的感覺已然成熟了，而且，不再需要從政治胚芽中將其隔絕開來。行政是可以考慮將其融入政治的領域中，也就是政策決策的領域中。」[38]

除了 Dahl、Morstein-Marx 及 Waldo 之外，另外 4 位學者也駁斥**政治與行政分立（politics-administration dichotomy）**：他們分別是 David E. Lilienthal（1944）、Paul Appleby（1945）、Philip Selznick（1949）及 Norton Long（1949）等幾位人士。

⊃ 基於其擔任田納西河流域管理局（Tennessee Valley Authority, TVA）局長的經驗，Lilienthal 總結地說，政府的規劃程序很明顯的是一種政治企業化，而在民主的社會裡，規劃應該是政治性的。想要瞭解其緣由，只需研究一下鹹海。蘇聯為了要提高棉花的產量，其規劃官員卻製造出二十世紀最大單一灌溉系統的災難。他們在兩條大河上建造水壩，這兩條河原是流向世界第四大湖泊，最後他們讓這個湖泊變成了一個如同愛爾蘭般大小的鹹田。不用說，蘇聯官員在建造水壩之前，是不會徵詢當地居民意見的。

- Appleby 堅定地反對威爾遜學派所堅持的觀點，不贊同政府能以企業化的方式來運作。「從廣義而言，政府的功能與立場至少在三方面是可以互補的，這區別了政府與其他的不同之處：範圍、影響力及思考的幅度；公共課責；政治性格。」**39**

- 在檢視過 Lilienthal 於 1930 年代使用的程序以爭取各界支持 TVA 計畫之後，Selznick 創造了一個名詞**吸納（co-optation）**。這個名詞代表一個組織的政治策略，就是在規劃時，將外界因素納入及涵蓋於規劃程序中，以免威脅到組織自身與其任務。因為一般的情況是，局外人本就喜好大聲批評、論斷，但如果被納入程序之中，就沒有那麼多批評了。

- Long 強調名望與外觀的重要性，有時必須犧牲下屬以達此目的。光靠權威與財力，往往並不一定能夠讓工作順利完成。還需要一些其他因素，如「認真評估出複雜而變動的全部影響因素是傾向於何處……以之做為權力行使的依據。」Long 接著指出：

　　很顯然，美國的政治體系無法產生足夠的權力將政治與行政分離開來，即便是部分分離也不可能。下屬無法在正式的指揮體系中，充分運用政治力來完成其工作。自然，他們必須協調政府組織內的其他單位，以盡量爭取其他的可用資源做為支援與補充，否則就只好承受失敗、挫折的窘境。……行政理性要求一切目標與願景的訂定，必須相稱於實際評估的權力地位與能力。**40**

　　因此，到了 1940 年代末期，第三個關於公共行政的學派於焉成形。我們稱其為羅斯福學派的理由有二。第一個理由，是這個學派的大多數支持人士都在羅斯福總統的政府中服務，也正因為他們都曾參與推動新政（New Deal）及經歷了第二次世界大戰，因而其相關論述著作廣受重視。因此，當 Dahl 提出將政治與行政分離是無意義的，大家都知道他的意思。

　　第二個理由，很少有總統能夠那麼善用政治手段來達成其行政目的。在 2004 年的一本傳記中，Conrad Black 認為羅斯福總統的目標看起來好像總是溫和的，「他的手腕技巧雖然不見血，但比起希特勒、史達林的冷酷無情、狡猾與譏諷，卻不見得好過多少。」羅斯福總統「不是個令人欽佩的人，或許……不如其仰慕者原來所認定的。但是，就運用其冷酷或甚至無道德的政治天分以達到所想達到的目的而言，他卻是一位不折不扣的政治天才，連他的廣大支持者都十分讚嘆。」**41** Black 對於羅斯福在拯救西方文明的功業上給予極高評價——雖然，這份肯定應該與英國首相邱吉爾及俄國士兵一同分享。此外，他在另一方面也給予羅斯福很高的

評價，就是羅斯福致力於恢復美國人對政府的信心的努力上面，使一般人認為政府「是積極促進公平社會的推動者」。Black 強調指出，由於羅斯福在運用美國政治體系：選民、國會以及行政部門方面的卓越政治才能，使得上述情況發展都能夠實現（雖然他的手腕技巧總是那麼令人難以捉摸）。

　　Black 並不是第一位提到羅斯福以其卓越政治才能將政治與行政揉合得相得益彰的傳記作者。James MacGregor Burns 就比 Black 更早提出以下觀察心得：

　　　　他在從政後期深深體會出政治是一種讓一切變為可能的藝術。他從叔叔 Ted（Theodore Roosevelt）處獲得一個珍貴的告誡，那就是光把事情做好仍不夠，還必須具備精明與勇敢。他對於馬基維利（Machiavelli）當年向其主公獻策的智慧與忠告有深刻的體認，那就是有時要英勇行動，有時要審慎行動——也就是既要像獅子，也要像狐狸。[42]

　　上述說明已經十分清楚闡明當代的公共行政。也就是說，只有法理上的權力、充足的財政資源、熟記 POSDCORB 以及最新的管理知識等還不夠。公部門要成功，所有公共行政人員都要能夠掌握政治技巧。

 ## 總結觀察

　　本書選取的學派觀點或許有人不以為然。這不是壞事，因為彙整一門學科的發展本就有許多方法。此外，每個學派本就包含許多主張論述與引申意涵。例如，在廣義的威爾遜學派裡，不僅包含了泰勒的科學化管理概念，而且也包含了其他重要的管理理論，例如組織行為和新公共管理，都強調公務人員採取行動以改善政府績效（後面會有更多關於這些理論的敘述）。顯然地，美國公共行政演化發展的分類與選取，原本就可以有不同方式。

　　當然也不是如圖 1.3 所指出的，演化發展已經到了盡頭。新的觀點如全球化可能正在出現。[43] 事實上，今天美國和其他國家所面臨的跨國界挑戰的數量，顯示公共行政人員愈來愈需要具備全球思維，但繼續進行在地行動。這些挑戰包括更佳的財政整合；環境污染與自然資源耗損；氣候變遷與過度漁撈；AIDS 及其流行；全球性的犯罪，特別是毒品、武器與人口販賣；以及非法兩用技術（也就是，某項產品技術也可以被用來發展大規模毀滅性武器）。可以這麼說：無論一個國家的公共行政人員再厲害，也沒有一個國家能單獨處理這些問題。

本 章 重 點

　　本章為往後各章提出重要的場景。到現在為止，本章已對公共行政及治理賦予定義。本章也從具體層面（如 Iris Weinshall）及概括層面（依組織層級來分類）探討何謂公共行政人員。此外，本章既檢視了公共行政人員的工作地點，也觀察了他們如何落實公共行政的管理。從討論某些部門的缺失上，反面印證公共行政的必要性。最後，本章也回顧了一下美國自華盛頓總統以來，在公共行政方面的發展。以下是本章的重點摘錄：

1. 傳統上，公共行政被認為偏重政府的執行面。事實上，公共行政應該涵蓋官員執行其政策的全部活動，以及制定政策的相關活動。廣義地說，公共行政是將資源彙整並用於解決公共政治組織面臨的挑戰與難題的程序。最後的分析是指出治理就是公共行政的另一種說法。治理就是政府權力的行使，更精確地說，就是行使權力的體系與方法。如果說，兩個名詞之間要有什麼差異的話，那就是：治理比公共行政更為廣義。

2. 公共行政人員想要達成的目標，主要是倚賴效率以及非營利組織的回應。也就是說，非營利組織的回應，對公共行政的成效而言十分重要。

3. 一位有成效的企業家──不論是公共還是私人方面──應該採取的步驟包括：傾聽客戶的聲音、找出資源與資產所在、決定自己從事何種工作與事業、激發員工的潛能和建立價值觀等。

4. 公共行政人員的一種分類方式是依據組織層級：民選官員，如總統、州長、市長；政治任命人員；常任文官。

5. 大家所熟悉的美國聯邦政府組織包含了 15 個行政部會，在這些行政部會之下，還有無數的獨立行政機構獨立運作，通常直接向總統報告。然而，還有一種組織是獨立的管制委員會。最後，公營事業在下列方面是執行政府計畫的最適當機構：(1) 具有主要的企業本質；(2) 有收入來源而達到自給自足；(3) 可進行許多與大眾之間的商業交易；以及 (4) 相較於國會在撥發經費時需要比一般情況具備更大彈性。

6. 非營利組織之設立目的是以慈善為宗旨，經國稅局認可為具有特殊免稅地位的組織。美國各州均賦予非營利組織享有一些特許權利，而且非營利組織可以創造利潤（或「盈餘」），但是不能分配這些利潤。組織內的一切資產必須只能基於免稅權利上的目的而運用。

7. 非營利部門包含兩種類型：會員服務組織及公共服務組織。後者的存在是以服

務大眾為主，而非組織內的成員；非政府組織就是公共服務組織的一種。

8. 雖然三大領域——政府、非營利組織及私人企業——在提供社會服務方面可能類似，但是私部門的管理與公部門的管理並不相同。兩者最大的不同有以下四項：結構、誘因、背景與目的。

9. 管理任何一個公部門組織的必要技能可以歸納成以下三個範疇：公共管理、方案管理及資源管理。

10. 公共行政人員在方案管理的技能，是要確保組織的活動能以既有效率又有效果的方式執行。效率指的是以最少成本或努力來達到最大成果，因此效率指的就是「把事情做對」——也就是不可浪費公共資源。至於效果指的是「做對的事情」——即所從事的活動有助於政府機構目標的達成。一個既有效果又有效率的方案管理，必須充分具備下列五種傳統的管理功能：即規劃、決策、組織、領導與執行。

11. 明茲柏格將十種管理者的角色區分成三種主要的類別：即處理人際關係的角色（如精神領袖、領導人及連絡協調者等）；處理資訊傳布的角色（如監控者、傳播者及發言人等）；以及處理決策作為的角色（如企業家、處理騷動者、資源配置者及談判者等）。

12. 雖然亞當‧斯密認為在自由市場裡，以個人利益出發的動機，將有助於公共福祉，但是他也深知私部門（即企業）有時也可能有損及公共利益之舉。一個經常被提到的市場失靈情況牽涉到「溢出」或私人企業行為的外部成本。如果一個人的行動需要其他人付出成本，卻又未獲他人的同意，即稱為外部成本（一種「外部性」）。一個最常聽到關於政府行為的論點，是自由市場無法提供足夠的公共財。公共財甚多，可以包括公共衛生計畫、教育、研究與發展、警方的保護等。由於很難將那些享有公共財的益處卻未付出分文的人排除開來，因此市場傾向於不提供公共財。

13. 一般而言，麥迪遜學派是公共行政的肇始人，正如同麥迪遜，這些學者所關心的是政府的權力太大——尤其是行政的權力。他們認為法律是抑制政府權力的最佳方式。

14. 1887 年，威爾遜曾發表一篇著名的論文，後來成為美國當代行政學具有代表性的濫觴。威爾遜認為，由於現代社會的規模增加與日趨複雜的發展，設立一門行政學的時機已經成為必要。威爾遜認為，現在時機已經成熟，應該要讓政府政策的執行更具企業化的精神。因而，「所謂的行政學就是一門企業學，既不是急就章，也已經超越了政治的爭鬥。」

15. 在第二次世界大戰以後，不論是威爾遜學派、麥迪遜學派或兩派的融合體，似

乎都沒辦法充分掌握新的行政實務發展。一個關於威爾遜學派的大問題：就是假設政治與行政兩者是尖銳分立的。

問題與應用

1. 你認為在今日市與郡的管理者所面臨的問題中，從現在起到 2020 年間，哪些會獲得改善、哪些會更趨惡化？試說明原因。

2. Iris Weinshall 代表十種管理角色中的哪一個？

3. 你認為私部門在提供社會服務方面可能會有什麼潛在問題？另外，私部門提供社會服務的優點有哪些？

4. 就管理功能的規劃、組織、領導及管制等方面，你認為彼此有無相似的地方？你認為彼此有無相關性——就是說，管理者能夠勝任其中的一種角色，也能夠勝任其他三種角色？

5. 你可以舉出媒體的報導，說明公部門與私部門、非營利部門成功合作的案例嗎？

6. 一位大學教授告訴學生：「公共行政課程的目的，是教導學生關於公共行政的學問，而不是教導他們如何成為管理者。」你同意或不同意這個看法？試討論之。

7. 當一個人循行政體系逐層向上發展時，在管理技術與管理角色上面會有什麼改變？管理者如何獲得新的技術？

我 的 最 愛

www.gpo.gov　大家不要懷疑，美國政府是世界上最大的公文製造者。每年，美國政府製造了無以計數的公文，每一件公文都有其各自的收文對象與特別意義。這是美國政府印務局（Government Printing Office, GPO）的責任，既要印製、也要妥善歸檔。由於這些公文數量極大，GPO 的處理人員必須有效地將其分類。

www.census.gov　美國人口普查局（U.S. Census Bureau）的工作是蒐集美國的人口普查與經濟統計資料，相關資料均可公開，只要上人口普查局的網站即可查得。這是一個十分有趣的網站，讀者可以發現許多有趣的統計資料，也可參考 www.fedstats.gov。

www.fedworld.gov　FedWorld 是一個由國家技術資訊局（National Technical Information Service, NTIS）提供服務支援的機構，它隸屬於美國商務部（U.S.

Department of Commerce），其設立宗旨是提供一個諮詢平台，讓人方便查閱及獲得想要的資訊。

www.governing.com　本網站可補充紙本的《治理》雜誌，《治理》雜誌主要在報導各州與地方的公共行政事務，本網站有紙本雜誌所沒有的延伸討論。

www.oecd.org/puma　這是經濟合作暨開發組織（譯者按：原文為 Organization for Economic and Cultural Development，正確名稱應為 Organization for Economic Co-operation and Development）的網站，該組織總部設於巴黎，除了提供公部門的統計資料外，還提供一切關於公民、倫理與貪腐、人力資源管理、管理改革和策略性決策等資訊，觀點具國際化。

www.pfdf.org　是非營利管理的彼得‧杜拉克基金會的網址，該組織設在紐約市，其宗旨在鼓勵有效管理，以認同全國各社區組織所推展的工作，來鼓勵有效管理的推展，其工作具體而務實。

www.nonprofits.org　網際網路非營利性中心（Internet Nonprofit Center）的資料庫保存管理超過百萬筆的非營利組織資料。本網站可連結許多非營利組織的網頁。

註　釋

1. Laurence E. Lynn, Jr., Carolyn J. Heinrich, and C. J. Hill. "The Empirical Study of Governance." Paper presented at the Workshop on Models and Methods, University of Arizona, Tucson, 1999. 亦參見 Carolyn J. Heinrich and Laurence E. Lynn, Jr. (eds.), *Governance and Performance: New Perspectives* (Washington, DC: Georgetown University Press, 2000).

2. Iris Weinshall的人物側寫主要根據 Steven Brill, *After: The Rebuilding and Defending of America in the September 12 Era* (New York: Simon & Schuster, 2003), 8–10, 138–40.

3. 改編自 Rudolph W. Giuliani, *Leadership* (New York: Hyperion, 2002), 146–9.

4. Charlese T. Goodsell, *The Case for Bureaucracy: A Public Administration Polemic* (Washington, DC: CQ Press, 2004), 84.

5. 前三個故事取自 Beth Dickey, "2005 Service to America Medals," *Government Executive* (October 1, 2005)；接下來兩個故事取自 "Public Officals of the Year," *Governing* (November 2005)；最後一個故事取自"Transformation of the US Veterans Health Administrative," US News and World Report (July 8, 2005).

6. Congressional Research Service, *The Federal Workforce: Characteristics and Trends*, RL 34685 (September 30, 2008).

7. Lester M. Salamon (ed.), *The State of Nonprofit America* (Washington, DC: Brookings, 2002), 11.

8. Peter F. Drucker, *The New Realities* (New York: Harper & Row, 1989), 198–99.

9. Leslie R. Crutchfield and Heather McLeod Grant, *Forces for Good: The Six Practices of High-Impact Nonprofits* (San Francisco: Wiley, 2008), 2, 4, 20–21.

10. William P. Ryan, "The New Landscape for Nonprofits," *Harvard Business Review* (January–February 1999).

11. W. Michael Blumenthal, 引自 *Fortune* (January 29, 1979).

12. 引自 Lawrence M. Fisher, "The New Architecture of Biomedical Research," *Strategy and Business* (Winter 2004): 60.

13. Randy Shilts, *And the Band Played On: Politics, People, and the AIDS Epidemic* (New York: St. Martin Press, 1987), 579.

14. Jeffrey Pfeffer, *Managing with Power: Politics and Influence in Organizations* (Boston: Harvard Business School Press, 1992), 6.

15. Gordon Chase, *Bromides for Public Managers*, Case N16-84-586 (Cambridge, MA: Kennedy School of Government, 1984).

16. Henry Mintzberg, *The Nature of Managerial Work* (New York: Harper & Row, 1973). 後續的研究請參見 A. W. Lau and C. M. Pavett, "The Nature of Managerial Work: A Comparison of Public and Private Sector Managers," *Group and Organization Studies* (December 1980): 453–66; M. W. McCall, Jr. and C. A. Segrist, *In Pursuit of the Manager Job: Building on Mintzberg,*

Technical Report No. 14 (Greensboro, NC: Center for Creative Leadership, 1980); C. M. Pavett and A. W. Lau, "Managerial Work: The Influence of Hierarchical Level and Functional Specialty," *Academy of Management Journal* (March 1983): 170–77; A. I. Kraut et al., "The he Role of the Manager: What Really Important in Different Management Jobs ," *Academy of Management Executive* (November 1989): 286–93; and M. J. Martinko and W. L. Gardner,, "The Structured Observation of Managerial Work: A Replication and Synthesis," *Journal of Management Studies* (May 1990): 330–57. 欲瞭解公共行政人員如何整合 Mintzberg 提出的各種角色，請參見 Mark H. Moore, *Creating Public Value: Strategic Management in Government* (Cambridge, MA: Harvard University Press, 1995) and Barry Bozeman and Jeffrey P. Straussman, *Public Management Strategies: Guidelines for Managerial Effectiveness* (San Francisco: Jossey-Bass, 1991).

17. Henry Mintzberg, *Managing* (San Francisco: Berrett-Koehler, 2009), 91.

18. Giuliani，如前所述，頁 256。

19. Bob Gurwitt, "Mayor in the Middle," *Governing* (February 2007): 30.

20. 引自 *The New York Times* (July 12, 2003).

21. 前揭註。

22. *Governing* (November 2003): 26.

23. Richard D. Neustadt, *Presidential Power and the Modern Presidents* (New York: Free Press), 153–54.

24. John McCain, "Extraordinary Foresight Made Winston Churchill Great," *Daily Telegraph* (March 20, 2008).

25. *The New York Times* (August 26, 2003).

26. Elizabeth Drew, "The Thirty Days of Barack Obama," *New York Review* (March 26, 2009): 10.

27. 引自 special section "Stories of Service," *Atlantic* (January–February 2003).

28. Martin A. Levin and Mary Byrna Sanger, *Making Government Work* (San Francisco: Jossey-Bass, 1994), 151, 167. 最近兩本有關企業行為與公共行政的著作，都有相似的結論。請參見 John D. Donahue (ed.), *Making Washington Work: Tales of Innovation in the Federal Government* (Washington, DC: Brookings, 1999) and Richard N. Haass, *The Bureaucratic Entrepreneur: How to Be Effective in Any Unruly Organization* (Washington, DC: Brookings, 1999).

29. David Burnstein, *How to Change the World: Social Entrepreneurs and the Power of New Ideas* (New York: Oxford, 2004), 281.

30. *Governing* (January 2006).

31. 對於此理論的論辯，有兩本傑出的現代著作，請參見 John A. Rawls, *A Theory of Justice* (Cambridge, MA: Harvard University Press, 1971)及 Robert Nozick, *Anarchy, State, and Utopia* (New York: Basic Books, 1974).

32. 一本標準的經濟學教科書，至少會舉出三種其他市場失靈的例子：資訊不對稱、不完全競爭以及交易成本。

33. Richard McKenzie and Gordon Tullock, *Modern Political Economy* (New York: McGraw-Hill, 1978), 342.

34. Alexis de Tocqueville, *Democracy in America*, trans. Harvey C. Mansfield (Chicago: University of Chicago Press, 2000), 75.

35. 相關的原則已一再廣泛引用。如欲進一步研讀費堯的論述，請參見 Edward Brech, *The Principles and Practice of Management* (London: Longman, 1975); Stuart Crainer, *Financial Times Handbook of Management* (Upper Saddle River, NJ: Prentice Hall, 2001); and Derek S. Pugh and David J. Hickson, *Great Writers on Organization* (Thousand Oaks, CA: Sage, 1989).

36. Peter F. Drucker, "The Rise of the Knowledge Society," *Wilson Quarterly* (Spring 1993): 61.

37. 前揭註。

38. Dwight Waldo, *Administrative State* (New York: Ronald Press, 1948).

39. Paul Appleby, *Big Democracy* (New York: Knopf, 1945).

40. Norton E. Long, "Power and Administration," *Public Administration Review* (Autumn 1949): 257–64.

41. Conrad Black, *Franklin Delano Roosevelt: Champion of Freedom* (London: Weidenfeld & Nicolson, 2004).

42. James MacGregor Burns, *Roosevelt: The Lion and the Fox* (New York: Harcourt, 1956).

43. 例如，請參見 Joseph S. Nye and John D. Donahue (eds.), *Governance in a Globalizing World* (Cambridge, MA: Brookings, 2000), 1–38.

個案 1.1 　聯邦調查局
Federal Bureau of Investigation

　　雖然聯邦調查局隸屬於美國司法部（Department of Justice），且局長要向美國司法部長（Attorney General）報告，但該局認為自己更像是直達層峰的半獨立機關，而不像是一般內閣部會下的官僚機關。無論如何，FBI 比任何其他行政機關更吸引美國人民的注意，至少對好萊塢而言更是如此。我們對很多電影片段如數家珍：在 1935 年出品的《執法鐵漢》（"G" Men），James Cagney 因好友被幫派份子殺害而加入 FBI。Jodie Foster 在 1991 年出品的《沉默的羔羊》（Silence of the Lambs）中，試圖解開精神疾病的犯罪難題。在 2007 年出品的《雙面特勤》（Breach）中，野心勃勃的 FBI 探員 Ryan Phillippe，受命一項不討好的任務，要去接近一位販賣情報給俄羅斯人的退休探員，希望獲取他的信任。更晚近還有一部 2009 年出品的《頭號公敵》（Public Enemies），劇情描述 Johnny Depp 飾演的銀行大盜 John Dillinger，以及 Christian Bale 飾演的 FBI 探員 Melvin Purvis 這兩位傳奇對頭的故事。在 FBI 年輕局長 J. Edgar Hoover（由 Billy Crudup 飾演）的指導下，Purvis 終於獵捕到這位美國頭號要犯。

　　除了追求破案和預防犯罪的任務外，FBI 也扮演聯邦情治系統的關鍵角色。這個系統包括 15 或 16 個「主要的」情報機構，例如中央情報局（Central Intelligence Agency, CIA）和國家安全局（National Security Agency, NSA），再加上十餘個其他負責情報與安全的機關、附屬機關及下屬單位。此一龐雜系統的名義上領導者是國家情報總監（Director of National Intelligence），或被稱為「情報沙皇」（intelligence czar）。FBI 如何調和犯罪調查和國家安全這兩項核心功能，對公共行政領域來說，正好提供了一個引人入勝的智慧挑戰。

歷史

✪ J. Edgar Hoover 的遺緒（1924–72）

　　FBI 一開始是老羅斯福（Theodore Roosevelt）總統時代的司法部長，在 1908 年所創立的特別探員機構，稱為「調查局」（Bureau of Investigation, BOI）。1935 年，BOI 改制為 FBI，當時的局長 Hoover 也就成為新成立的 FBI 首任局長，並連續擔任局長職位至 1972 年。由於他自 1924 年起就擔任 BOI 局長，所以他的在職期間可謂空前絕後。

　　Hoover 於 1924 年成為 BOI 局長後，即致力推動組織變革，以提升組織的紀律與責任感。當時 BOI 有四個職掌混淆不清的部門，他於是設置了六個不同功能的部門。Hoover 堅持，探員們的晉升必須根據其個人的實際工作成就與表現。為了確保人員對組織規章與程序的完全遵守，他設置一個督察處（Inspection Division）。他讓局裡的工作標準化，例如每位探員都使用相同形式的表格。不同於前任局長的貪腐標準，Hoover 告訴他的探員們，即使是最表面的不當行為也須避免。

他強調兩個觀念來激勵他的探員們：以身在菁英組織中的成員為榮，並且要對失敗存戒懼之心。

Hoover 推動組織變革，強化紀律，並且引入一系列高瞻遠矚的作為，採用最新科技及其他防制犯罪的先進技術，如建立全國性的指紋檔案、於 1932 年設立犯罪實驗室，以及於 1935 年創辦國家警察學院（Notional Police Academy）等。他於 1967 年設立國家犯罪資料中心（National Crime Information Center），採用電腦化設備建立犯罪資料、犯罪人姓名，以及車輛、槍械、有價證券和其他所有物的失竊清單，可藉由一串數字辨認，以利執法機關利用。不過，這是他最後一次的創新。

在 Hoover 的任期中，FBI 發展出一種不講究嚴格合法性的行動文化：竊聽、破門而入，還有其他為了蒐集情報所採取的可疑行動。Hoover 還保有大量會對美國重要政治人物帶來傷害的私人情資檔案，而且當 Hoover 想要達成他的政治和法律目的時，他會毫不猶豫地使用這些資訊。儘管後來繼任的局長已經減少很多這類秘密活動，但由於害怕遭到報復，國會繼續讓 FBI 保留某參議員所謂的「緊箍咒」，畢竟誰知道這些檔案還記錄了什麼呢？

✪ Louis Freeh （1993–2001）

時光快速來到 1980 年代，當時打擊非法毒品已成為 FBI 的首要任務。例如，「披薩聯通」（Pizza Connection）案揭露的是黑手黨老大利用披薩店配送毒品和洗錢的精密計畫。主導這件案子的調查員 Louis Freeh 因而受到

廣泛的讚揚，最後並成為 FBI 自 Hoover 以來的第四任局長（另有幾位任期不長的代理局長）。

當恐怖份子在 1993 年以炸彈攻擊紐約世界貿易中心時，Freeh 認為這是一種「起床號」。他創設了一個反恐處，並安排資深的 FBI 和 CIA 反恐官員進行工作輪調。1998 年 FBI 的五年計畫宣告國家安全（也包括反恐怖主義）將成為最優先任務。但是到了 2000 年，FBI 只有大約 24% 的探員被指派進行反恐和反情報任務，且他們大部分都從事反情報任務。與此同時，有大約 28% 的探員負責白領犯罪調查，另外 25% 負責組織犯罪與毒品，以及 23% 的探員從事暴力犯罪的調查。

✪ Robert Mueller （2001 年迄今）[*]

在 911 事件的前一週，小布希（George W. Bush）總統提名 Robert Mueller 接任美國聯邦調查局第六任局長。他上任後沒幾個月即進行組織重整，並且拔擢幾位自己的親信。他致力於強化 FBI 在科技與分析的能力，具體行動包括：

- 任命 Bob Dies 擔任科技長（chief technology officer），直接向局長負責。
- 設置策略規劃室（Office of Strategic Planning），以利 FBI 提早準備及早規劃因應新威脅，而不是等待事情發生才做回應。
- 設立新的安全處（Security Division），以避免 Robert Hanssen 案再次發生（Robert

---

[*] 譯者按：Robert Mueller 擔任 FBI 局長直到 2013 年 9 月 4 日，其後由 James B. Comey 接任局長。

Hanssen 將重要文件賣給蘇聯）。

- 增設執法協調室（Office Enforcement Coordination），以改善與州和地方官員之間的連繫關係。
- 指示進行一項分析與資料探勘（data mining）的訓練計畫（如 Muller 所言：「FBI 的工作就在於資訊。」）

但是歷任局長除了行動之外，也要懂得反應。2002 年 5 月，明利波里斯（Minneapolis）分局的法律顧問 Colleen M. Rowley，向 Mueller 呈上一封長達 13 頁單行距的抱怨信。她表示，總部不斷阻撓她轄下探員申請搜索狀，這些探員希望申請搜索狀以搜查 Zacharias Moussaoui 的電腦硬碟資料，申請的時機恰好就是 911 恐怖攻擊事件的前幾週。此外，在 2001 年的夏天，當明利波里斯分局接觸中情局，希望他們幫助評估嫌犯是否為恐怖份子時，卻遭到 FBI 總部的斥責。柯林頓政府的司法部官員指出，這種情況正好反映了一個長久存在的事實，就是兩大組織要一起合作的困難度。然而，布希政府的司法部對此有不同解釋：柯林頓政府的司法部在情報與犯罪調查之間建了一道牆，這道牆削弱了反恐探員與犯罪調查人員分享情資的能力。

Mueller 也必須處理「鳳凰城備忘錄」（Phoenix memo）。在 Rowley 提出證詞的前一個月，另一個故事也揭露出來：鳳凰城的一位調查員 Kenneth J. William 於 2001 年 7 月撰寫一份備忘錄，敦促對美國的民航學校進行大規模調查，因為他認為有多位可能與賓拉登（Osama bin Laden）有關聯的中東人士，正在亞利桑納州的飛行學校受訓。總部拒絕了他的

提案，Mueller 局長解釋是因為資源不足而予以延擱，但是其他的官員認為：是因為擔心進行擴大調查會引起國會有關種族歧視的批評。

基於 Rowley 信函、鳳凰城備忘錄的教訓，Mueller 於是指示各分局可以各自進行反恐調查而不需經過總部同意。另外，為了強化 FBI 的制度化知識，Mueller 在調查局總部設立了「空中小組」（flying squads），以協調恐怖主義偵查活動。同時，他也協調中情局派出 25 名分析專家協助 FBI 建立分析系統，以及另外再派出 50 名 CIA 官員至調查局的各反恐任務小組提供協助。

業務線

今天的 FBI 有點像是一家大型服務公司，經營著幾條主要的「業務線」（lines of business），以下清單扼要重述了一些已提過的業務，並介紹一些新的業務，對 FBI 而言一共有 10 條主要的業務線：

1. **情報活動：**建立一個企業化的情報體系，將 FBI 探員適當地布建於各單位，以面對當前與新興國家安全與犯罪的威脅。
2. **反恐怖主義：**保護美國免於遭受恐怖份子攻擊。恐怖主義是美國所面臨最重大的國家安全威脅，而 FBI 的反恐目標十分明確，就是要在恐怖攻擊發動之前，必須預防、瓦解及擊敗他們的攻擊。
3. **反情報：**保護美國免於遭受外國情報活動與間諜活動。美國境內的外國情報威脅較諸以往更見複雜：它不僅來自傳統的外國情報組織，更有來自非傳統、非國家的行動者，以分散式組織的方式進行活動。

4. **虛擬空間**：防護美國免於遭受電腦控制的攻擊，以及防治高科技犯罪活動。為打擊美國或危害美國利益，而使用電腦工具和運用能力的人員數量不斷上升，使得美國面臨的虛擬威脅也在快速增加。

5. **公共貪腐**：減少公共貪腐對美國傷害的程度。公共貪腐對各級政府的信譽構成單一最大的威脅。有些案件會被大眾矚目，例如 2008 年 12 月 9 日清晨 6 點鐘的時候，有一位 FBI 探員拜訪伊利諾州州長 Rod Blagojevich 位於芝加哥北方的家，通報他即將遭到逮捕。其他貪腐案件沒那麼受到注目，但嚴重性也不遑多讓。如果負責國門把關、核發簽證和其他身分證明文件的官員們貪腐，無疑是對潛在的恐怖份子與其他罪犯大開美國門戶。執法官員從事或支持販毒事業的情況嚴重增加，業已威脅了美國街頭的安全。

6. **公民權利**：防止美國聯邦憲法保障的公民權利遭受侵害。聯邦關於刑法和民權法之訂定，旨在防止人民受到仇恨犯罪的侵害，以免妨礙諸如投票、享用公共收容設施及居住權利等受保障的活動。

7. **跨國／全國性犯罪事業**：降低跨國與全國性犯罪事業對美國的影響。由於過去 10 年地緣政治與技術變遷的影響，使得這些事業在全球蔓延，預計它們對美國的影響也會增加。

8. **白領階級犯罪**：降低重大白領階級犯罪的程度。根據《紐約時報》報導，截至 2008 年，FBI 努力找尋足夠的探員和資源，以調查不法行為（例如抵押詐欺）和美國經濟危機的連帶關係。911 攻擊後，調查局為了擴大扮演國家安全角色，大幅減少犯罪調查的人力，而將超過 1,800 個探員（相當於總人力三分之一）從犯罪調查計畫調到恐怖主義與情報任務上。

9. **重大暴力犯罪**：降低重大暴力犯罪的程度。儘管 1990 年代中期以來，暴力犯罪率已經普遍下降，但這種犯罪型態仍持續侵蝕著美國的城市。

10. **夥伴關係**：提升對於各級政府與外國執法單位的支援。FBI 其中一項重要任務，就是在刑事司法服務的合作夥伴中擔任領導角色。隨著全球化，以及犯罪和恐怖主義合流，今日此一任務尤其重要。

組織結構

　　為了完成這 10 條業務線，調查局以不同的方式進行組織與重組。但有一項特徵維持不變，也就是總部（大約有 1 萬個人員）和分局（大約有 18,000 個人員）的區別。讓我們簡單說明一下這兩個部門，就從人數較多，且有些人形容是 FBI 心臟與靈魂所在的分局個別探員談起。

　　FBI 透過 56 個分局（field offices）執行調查工作。或許局裡最好的工作是「地區站長」（district manager），也就是分局的特別探員主管（special agent in charge, SAC）。幾乎所有都是來自犯罪調查處，而不是反情報處。SAC 的職位之所以讓人稱羨，是因為其地位的名聲，以及享有獨立於華府總部之外的某些自主性。的確，總部要設定優先順序，要梳理累積了好幾年來自其「董事會」──白宮和

幾個國會委員會對 FBI 擁有指導權——的指令。在此架構下，SAC 在它們的地區擁有若干自由權，可以選擇要去對付哪些問題。

除了 56 個分局，FBI 還設置了 45 個海外辦公室，稱為「司法代表辦公室」（Legal Attaché Office）或「司法代表室」（Legats），可以支援全世界的調查與行動任務。

總部提供了許多集中式服務，從最近一次的組織編組來看，總部由五個部門構成，每個部門由一位執行助理處長（executive assistant director）擔任主管。這五個部門分別是：

- 國家安全（National Security）
- 犯罪、虛擬空間、反應與服務（Criminal, Cyber, Response, and Services）
- 人力資源（Human Resources）
- 科技（Science and Technology）（FBI 受到盛讚的技術實驗室就隸屬於這個部門）
- 資訊與技術（Information and Technology）（FBI 沒那麼受到高度肯定的資訊技術，就是位於這個部門）

兩項核心職掌

前面的介紹中說過，FBI 執行兩項廣大任務：國家安全和犯罪調查。顯然，這兩項任務對照的是上述組織中的前兩個部門。這兩項職掌有何區別？正如 William J. Vizzard 所解釋的：

> 資訊篩選就像是大海撈針般需要巨大耐心。事實上，許多情報個案最後可能只是將資訊傳遞到其他機構讓他們採取行動。由於啟動一項調查的門檻低於犯罪案件，即使是指揮對恐怖分子嫌犯或關係人的調查，結果可能也不會是逮捕與起訴，而是切斷金援、禁止入國許可，或撤銷外國人居留權。

在這些案件中，有罪或無辜的界線可能仍模糊不清，即使是那些最熟知調查內情的人也是如此。此外，探員也可能被要求，即使是結案數年後的個案也禁止談論。

相對地，犯罪調查的成功標準就是起訴，帶來的是重要的結果。例如前面提到的「披薩關聯」案，Freeh 成功定罪了 18 項，因而替自己的高升鋪下坦途。

犯罪調查與國家安全都是具備許多共同技巧的職掌，但組織文化的差異如此巨大，以致他們可能需要各不相同的組織結構。有些人認為美國應該具備像英國一樣的結構設計，也就是主要的國內情報單位 M15，和該國主要的全國性執法機關蘇格蘭場（Scotland Yard），在運作上彼此分開。

個案問題

1. 身為一位調查局局長，你認為何種管理技巧——政治管理、方案管理或資源管理——最重要？
2. 舉出本個案與麥迪遜學派、威爾遜學派及羅斯福學派間的關聯性。你認為採用哪一個學派，對瞭解調查局長與調查局所面對的情況更有助益？
3. FBI 應否同時肩負犯罪調查和國內情蒐的責任？

4. 策略規劃的基礎是一種長期的預測。你認為哪些將會是 FBI 全球性行動的「推力」——也就是那些直接或間接改變未來威脅環境的因素？在這些變化中，可能對 FBI 的行動造成什麼影響？你認為有哪些「震撼」會對 FBI 產生最大的衝擊？你認為哪些事件或趨勢最可能與可不能發生？

5. 試搜尋 FBI 的網站（www.fbi.gov）。在 FBI 工作與在一般企業界工作有何差異？

個案參考文獻：Williams, J. Vizzard, "The FBI, Hundred-Year Retrospective," *Public Administration Review* (November/December 2008): 1079–1086; Eric Lichtblau et al., "FBI Struggling to Handle Wave of Finance Cases," The New York Times (October 19, 2008); *National Academy of Public Administration, Transforming the FBI: Progress and Challenges* (Washington, DC: National Academy of Public Administration, 2005); Rhodri Jeffreys-Jones, *The FBI: A History* (New Haven, CT: Yale University Press, 2007); Louis J. Freeh, *My FBI* (New York: St. Martin's, 2005); Ronald Kessler, *The Bureau: The Secret History of the FBI* (New York: St. Martin's, 2003); Gerald Posner, *Why America Slept: The Failure to Prevent 9/11* (New York: Random House, 2003); Eric Schmitt, "F.B.I. Agents' Role Is Transformed by Terror Fight," *The New York Times* (August 19, 2009).

第一篇　政治管理

The Washington Post/Contributor

行政的政治－法律環境

The Political-Legal Environment of Administration

關鍵字

logrolling 互助

"neg reg" 磋商性的法規制定

nonlegislative rule 非立法性法規

notice-and-comment rulemaking 公告與評論法規
方式

Office of Management and Budget (OMB) 管理與
預算局

oversight 監督

persuasion 說服

policy 政策

policymaking process 決策過程

policy statement 政策陳述

political force field 政治力場

professionalism 專業主義

program operations 方案運作

prospective rules 指導性法規

public relations 公共關係

ripeness 成熟性

rulemaking 法規制定

stakeholders 利害關係人

standing 立場

substantial evidence standard 實體證據標準

subsystem politics 次體系政治

sunset laws 落日法

sunshine laws 陽光法

variable-sum game 變數和賽局

zero-sum game 零和賽局

總監李洋姬

　　華盛頓特區市長芬堤（Adrian Fenty）和過去一樣，對政治較不感興趣，而較重視結果的政治（politics of results）。2007 年 1 月一就任市長，他就致力於改善這個城市的學校，而此乃他們在美國所有問題中，表現最糟糕的項目之一。2007 年時，根據全國教育進展評估（the National Assessment of Educational Progress）報告顯示，華盛頓特區的數學項目在 11 個都市學校中敬陪末座，閱讀項目排名倒數第二。這個數據對窮困學生和少數種族團體的成員而言格外真實。一個來自華府低收入家庭的黑人孩童進入幼兒園 2 年後，若和另一位條件相當的紐約市兒童相比，前者會落後四個年級之多。不令人意外的是，這樣的系統會不斷流失學生：目前估計總學生人數有 46,000 名，比起 1960 年整整少了一半以上。然而，華府的學校問題還不只出現在教室上。儘管特區挹注 10 億美元的預算到這個系統，以每位學童平均支出而言佔全美第三高，但許多錢都流向虛胖的官僚體制，而他們只會陷入雜亂的文書檔案、不斷付款給離退員工的同時卻搞丟給現任教師的薪資支票、讓新教科書和設備堆在倉庫中朽壞，甚至連一份準確的學籍統計資料都付之闕如。

　　由於有這些問題存在，芬堤發現他改革學校的第一步必須要大膽。的確。2007年 7 月，他聘請李洋姬（Michelle Rhee）擔任華府特區公立學校體系的第一任總監

（chancellor）。她以 38 歲的年紀，就在這個以黑人占多數的城市，成為第一位韓裔美籍的總監。不僅如此，她在美國公立教育體系中也是個爭議人物，因為她並非傳統教育體制下出身的產物，且她心儀的是非傳統的改革機制，例如特許學校、抵用券和「不讓任何孩童落後法」（No Child Left Behind Act）。根據《大西洋月刊》（*The Atlantic*）報導，Clay Risen 形容她是：

> 一位工作狂，這種樣子通常可以在顧問公司和醫學院看到，她會早上六點起床，直到半夜才闔眼休息。她很少會埋首於文件堆，通常在會議場合上露面而不使用事務機，用高中辯論選手般的快速語調講話，而且伴隨著使用像「爛透了」（crappy）和「太棒了」（awesome）之類的字眼。在報紙和公開場合上，李洋姬令人留下熱情和充滿才華，又帶著隨和而睿智的印象。

當芬堤第一次因為這份工作而接觸李洋姬時，她覺得自己是個「變革促進者」（change agent），加上她覺得華盛頓特區是像她這種人的職場墳墓，所以不願意接受這份工作。學校委員會太有權力了，而且又太被工會及特殊利益團體所宰制，以致別人沒有太多機會可以關閉學校和重新談判合約。但當市長解釋他第二步要怎麼做的時候，她改變心意了。就像紐約市長彭博（Michael Bloomberg）在 2002 年所做的一樣，他也會從學校委員會手裡取回控制權，然後他會提供李洋姬所需的政治保護傘，讓她盡情進行學校的改造。於是，芬堤成功實現了 2008 年 7 月的接管行動。

第三步就是開始進行變革，李洋姬明快地裁掉 98 位中央辦公室員工、24 位校長、22 位助理校長、250 位教師和 500 位教學助理。她同時宣布要關閉 23 間低度利用的學校，並展開另外 26 所學校的改造計畫（加起來占大約三分之一的學校）。

這些行動並非沒有根據，像李洋姬這樣的教育改革家有受到研究的影響。這些研究指出：比起班級規模、學校資源或其他因素而言，偉大的教師對學生的學習更是重要。有一項研究顯示，如果黑人兒童可以連續四年從老師那裡得到最佳四分之一的學科表現，他們的成就落差就會消失。因此，李洋姬主張教師們應該減少若干的工作保障以換取賺更多錢的機會——最多可以超過全美公立學校教師平均薪資的兩倍。但老師們擔心他們的績效難以衡量，擔心他們會遭能力不足的校長打分數，也擔心原本承諾的獎金後來會無以為繼。事實證明談判是很困難的。

李洋姬的批評者認為：她的教育理論是那些麻木不仁的非營利組織，為貧困而弱勢的少數團體（白老鼠）所發展出來的；她裁併學校的做法導致行政上和安全上

的問題（特別是當來自對立社區的學生們彼此衝撞在一起時）；還有認為她的裁員過當。但最重要的，她的批評者指控她的改革方案對他們的社區而言，實在太殘酷無情了。

例如他們指出，當李洋姬從其他家長那裡聽說她兩位女兒所就讀學校的校長 Martha Guzman 漠不關心其他教師和家長的意見時，就出狀況了。雖然 Guzman 受到很多西班牙裔家長（一種角色範型）的歡迎，而且大部分的學術標竿也都有達成，但總監在 2008 年 5 月寄給她一封信，沒有給任何理由就表示不再和她續約。Guzman 接受了合約終止，但數十位西班牙裔家長無法認同，並提出種族主義和階級主義的責難。

市議會也收到針對總監的投訴，正如一位市議員告訴她，「無論妳和市長是否希望置身於政治場域之外，妳都無法如願，因為家長也是選民，所以全美國的教育都是具政治性的。」

李洋姬反駁道：「我想，本市過去做法的部分問題，就是基於政治因素而做出錯誤決定，他們只是在安撫和滿足大人們的需求，卻不顧兒童的最佳利益。」

請評斷李洋姬做為一位變革促進者，妳（你）會提供她什麼短期建議和長期建議呢？

資料來源：Clay Risen, *"The Lightning Rod,"* *The Atlantic* (November 2008); Nicholas D. Kristuf, *"Education's Ground Zero,"* *The New York Times* (March 22, 2009); Amanda Ripley, *"Rhee Tackles Classroom Change,"* *Time* (November 26, 2008).

今日的行政人員不能忽視其機關的政治環境。首先，他們需參與公共政策的制定與執行，而政策決定又深深地影響著資源分配，因此，在政策方面的參與使得行政人員無法避免不涉及政治。本章前半部，將檢視公共行政人員與其組織在政策此過程中所扮演的角色。

公共政策的制定與執行不會憑空發生，只要回顧一下圖 1.2 就知道了。因此，本章將闡述這些相關的決策過程是在一種政治力場中醞釀產生。本章後半部，則將探討該領域的主要構成部分，特別強調法庭的部分。

然而，只對政治—法律的環境有所認知與瞭解並不夠，如果公共行政人員希望在工作上能有成效，他們需培養政治層面上的能力。Norton Long 以強而有力的語氣說道：「行政的命脈（lifeblood）是權力，其成就、延續、增長、浪費與損失都是重要的課題，是行政人員絕不能疏忽大意的。」[1] 本章最後兩節將討論此一引起爭論的說法之意涵。

公共行政與決策過程

誠如第 1 章所定義，**公共政策（public policy）**是一個有目的之行動，是政府解決問題的依據。更具體地說，公共政策涉及若干條法律——如 1990 年的空氣清淨法（Clean Air Act of 1990）——涵蓋廣且影響深。在制定政策的程序上，或許略有所聞，行政首長即主要立法者，因為大部分的主要政策——大約占過去 20 年來主要政策的八成——都由此職位產生。再進一步說，國會議員提出的法案，必須先經相關次級委員會討論，然後再經上一級委員會討論，最後送總統簽署生效。這就是全部程序的簡要說明。

前述**決策過程（policymaking process）**的解釋並沒有錯，但卻也產生一些誤導。首先，行政人員不斷地參與此過程。各行政首長幾乎不曾從規劃人員提出的議題與解決方案中做出決定，而這些規劃人員大都是介於一、二級政務官員與常任文官之間的官員。

其次，實際上行政決策往往牽涉到政策。例如，對武器系統的選擇、興建新的高速公路、發展太陽能計畫或支持農業產品的價位等，都可能受到行政人員所影響。總之，**行政機關對公共政策的制定與執行皆具有影響力**。這個事實十分重要，而至少有一位政治學者提出，應對公共行政在政策決策上重新賦予定義的見解：「公共行政是社會有組織、有目的之互動，在法律內，有系統地制定與運用政府機關的政策。」[2] 雖未就此定義詳加闡釋，本章仍希望至少對涉及政策的制定與執行作詳細說明。在進行特寫說明之前，本書希望帶領讀者能對決策過程有更寬廣的瞭解——因為其中所涵蓋並非只是制定與執行而已。

決策過程：簡明概述

關於決策過程的模型如圖 2.1，可分成七個階段。當然，在實務上執行並未如此清楚區分。應注意各階段間均有雙向的分別指示箭頭，此結構說明其程序可反覆進行——也就是說，各階段可自行重複。

第一階段是問題認定，利益團體與個人——通常指的是「政策企業家」（policy entrepreneurs）——找出社會中一些有問題的情況。例如，美國社會持續存在著貧窮問題，但直到 Michael Harrington 於 1963 年出版《另一種美國》（*The Other America*）後，一些經濟情況才被認定是政策性的問題。又如 DDT 這類殺蟲劑一向被認為是現代化學工業的驚異成果，但直到 Rachel Carson 於 1962 年出版《寂靜的春天》（*Silent Spring*）之後，大家才有了不同的看法。以上例子說明：問題不會自己出現，必須有人發現並加以認定。

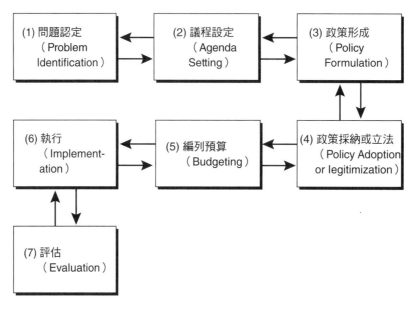

圖 2.1 決策過程的階段

　　然而，即便少數人指出問題所在，也不表示一個公共政策會因而產生。該問題必須被列入政府的政策議程裡，才有可能落實到政策面。這需要媒體的注意力及大眾認知到「有些事必須去做」，以促成之。當上述兩方面的影響力達到相當程度時，問題即進入政府決策者的議程中。事實上，要讓問題進入決策的議程中說起來容易做起來難，因為：(1) 總有許多問題喧鬧著以引起決策者的注意；以及 (2) 議程項目有限，不能納入過多的問題。

　　下一個階段裡，決策者開始面對問題，探討該如何做？也就是，民選官員與行政機關——大多數的專業官僚人員所在之處——開始發展一個系統化的策略或行動計畫，以解決問題或至少讓問題縮小。政治學者稱此階段為政策形成階段。

　　第四、五階段裡的多數行動發生於立法機關中。制定完成的政策，必須經過國會的同意，此程序可能特別充滿爭議。儘管如此，由於人民的代表可以就政策提案的優點來辯論，並透過多數決來通過，使該政策獲得正當性。由於政策具備正當性，即使反對人士也可能予以支持，這就是整套過程的做法。

　　以立法程序來說，此即政策獲得合法授權。第五階段是撥款（appropriation），換言之，一旦政策獲得採納，立法機關就必須提供經費，以利完成目標。

　　當有了預算之後，行動轉回到行政機關或負責執行政策的政府單位。

　　第七階段是最後一個階段，是關於決策過程的評估，此處的核心問題是：政策目標能夠涵蓋與達成到什麼程度？在檢視此問題的答案後，會有各種可能情況的結

果，從檢討改進問題的若干因素、缺失，甚至全然終結整個政策。

現在，你已經有了一個大致的概念，接下來將進一步檢視政策形成與執行階段，以及公共行政在各階段所扮演的角色。

政策形成

雖然行政部門制定公共政策的推手是各政務官，而事務官則負責提供各式各樣的新觀念。在某些情況，一個政府機關會力求發揮其功能以涵蓋某些利益團體的需求，也就是能夠代表一些特定的服務對象（如農人、卡車運輸業者、銀行家等）。因此，政策提案希望能夠進一步服務這些利益團體。

當然，情況並非都是如此。例如，美國太空總署（NASA）曾經提出登陸月球的政策。「但在政策指導上幾乎面臨政治的真空狀態，只能以既有的務實科技做為基礎，選擇最合理的太空飛行發展方案。直到甘迺迪（Kennedy）總統決定推動登月任務做為國家目標之後的兩年，NASA 的計畫官員才真正視登月任務為其努力的目標。」然而，即使甘迺迪總統在 1961 年未有政策性決定，NASA 仍會朝著登月的目標一步步邁進。[3]

政府機關有時也會參與政策的制定，例如，他們向立法機關提出對現有法律的修正案。事實上，大部分現代法律的制定——可能是最主要的部分——都是由行政機關提出。這並不奇怪，因為這些機關最接近實際行動，因此最能看到法律的瑕疵與缺失。事實上，立法機關也期待那些真正接觸問題的人能提出改進意見。

但是，官僚體系通常中止的政策遠多於所形成的政策，這是件壞事嗎？一位華府的貼身觀察家認為未必如此：

> 做為一個實體，官僚體系並不見得有充足的配備與資源去制定大格局的政策規劃，就像是木匠、水電工等之於建築師一樣。但要建築師親手蓋一棟房子，其結果恐怕會是個大災難……。政府機制各部分功能若想有效運作，需要各單位高度穩定的運作、協調配合無間，以及充分認識新政策、法規及程序對受到衝擊的公眾之影響。[4]

政策執行

第 9 章會從管理角度探討執行程序，但此處將從政治的觀點討論。明確一點地說，在此將察看行政部門於執行程序中所做的決定，從長期而言如何影響政策。

在執行政策時，行政人員是在進行以下四種活動：即方案運作、法規制定、調查及裁決。後三種活動構成所謂的**行政程序**（**administrative process**）。此行政程

序涉及行政機關的行政法，與涉及法院的行政法之**司法程序**（**judicial process**）不同。以下所討論多與行政程序有關。

方案運作　政府機關的每日**方案運作**（**program operations**），並未直接與法規制定、裁決及執法等有關。這些機關只是管制計畫的執行，如分發補助金或提供服務、提供貸款、提供保險計畫、興建水壩、撲滅國家公園的火災、改進低收入家庭之殘障孩童的教育機會等。惟這些機關在其權責內做的有關計畫執行方面的決定，長期下來卻有助於政策的落實。事實上，法令規章上使用的語言多半較為一般性，事實上，一些行政人員獲得的立法授權便相當廣泛──授權至相關主管機關，以利其制定「合理」的政策，保障公眾健康或消除「不公平」的貿易行為等。（何謂合理的？不公平的？）

法規制定　行政的**法規制定**（**rulemaking**）是要建立**指導性法規**（**prospective rules**）。這意味著，關於私人團體權益的一般適用性與未來成效的機關聲明，其效力等同法律效力。

　　依據 1946 年公布施行的**聯邦行政程序法**（**Administrative Procedures Act, APA**）的要求，政府機關所提出的法規制定公告，必須向《聯邦政府公報》（*Federal Register*）登記，參見圖 2.2。《聯邦政府公報》每 5 天公布一次政府相關法規，包括最新的總統命令、政府機關採用的法規以及許多官方公告等。公布的項目包含甚廣，從不同車款之里程檢測結果，至一份關於密西西比州野生動物保育主管獲得聯邦政府同意「捕捉及遷移（該州）鱷魚」至「更適宜的地點」。

　　各行政機關也制定各自的**解釋性法規**（**interpretive rules**），這些法規對公眾並無法律約束力，但說明一個政府機關計畫如何解釋與執行其法律權限。例如，公平就業機會委員會（Equal Employment Opportunity Commission）定期公布解釋性法規，以做為執行的指導方針，說明該委員會計畫如何解釋與運用某些法令的條款，如美國身心障礙者法（Americans with Disabilities Act）。在制定解釋性法規時，各機關均需遵守聯邦行政程序法的要求。

　　最普遍使用的法規制定程序為**公告與評論法規制定**（**notice-and-comment rulemaking**），此程序涉及三個基本步驟：(1) 公布需制定的法規，(2) 進行評論階段，(3) 最後成為法規。

1. 公布要制定的法規。前已述及，當聯邦政府的某一機關決定制定法規時，該機關須向《聯邦政府公報》公告說明所要制定的法規，公報中載明在何處與何時進行制定該法規、該機關的合法制定法規權限（通常指的是法規制定權），以及該法

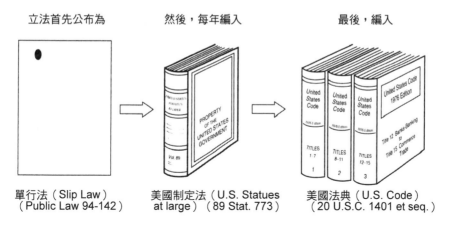

立法首先公布為　　　　然後，每年編入　　　　　最後，編入

單行法（Slip Law）　　　美國制定法（U.S. Statues　　美國法典（U.S. Code）
（Public Law 94-142）　　　at large）（89 Stat. 773）　　（20 U.S.C. 1401 et seq.）

立法是由聯邦機關以規則（rules）及法規（regulations）來執行。

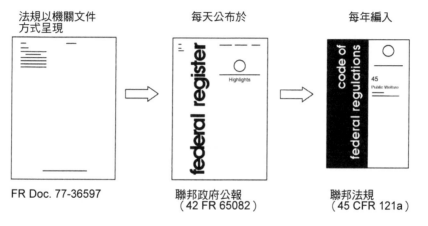

法規以機關文件　　　　　每天公布於　　　　　　　每年編入
方式呈現

FR Doc. 77-36597　　　　聯邦政府公報　　　　　　聯邦法規
　　　　　　　　　　　　（42 FR 65082）　　　　　（45 CFR 121a）

圖 2.2　立法與法規的並行法典彙集

規的內容條款與主要宗旨。

2. **評論階段。**當提出法規制定公告後，並執行法規的制定作為，該政府機關必須保留一段合理的書面評論時間。其目的是讓相關利益團體各自表達對該法規的觀點，以便影響該機關的政策。評論可採書面方式，但如有聽證會，亦可接受口頭說明。例如，一個涉及環保署（Environmental Protection Agency, EPA）的典型聽證會，環保署官員先討論城市碳氫化合物排放的限制，論辯範圍可能涵蓋從爭議性議題（如汽油的配給量、限制小汽車的行車等）至一般性議題（如建立汽車共乘制方案、於各加油站設置車輛排放廢氣回收系統等）。不論何種情況，該政府機關最後必須總結出一項合理方案。

　　該政府機關並不需回應每個評論，但對於與提案法規直接相關的重大評論，則必須回應。回應時，該政府機關可以修改其提案制定的法規，也可做出解釋，提出公開說明附上最後定案的法規，解釋為何法規未做修改。在某些情況中，特

別是在特殊情況下使用較不正式的程序時，政府機關在評論階段結束後仍可接受評論。當評論階段結束後，該政府機關應對所有的評論予以彙整「歸納建檔」，以利審查。

3. **最後成為法規**。當該政府機關完成審查之後，便提出法規的完成草案，並提報至《聯邦政府公報》。請參閱圖 2.2，該制定的法規將與其他各聯邦政府行政機關所制定的法規合編，稱為《聯邦法規》（*Code of Federal Regulations, CFR*）。定案的法規均具法律效力——除非遭法院推翻。

法規制定是一種全國持續性的活動，涉及 100 個以上的政府機關。這些法規集合起來即是政策的延伸。法規制定涵蓋修改既有政策及採納新的政策：例如，當農業部（Department of Agriculture）制定殺蟲劑的標籤說明實施規定時，之後食品藥物管理局（Food and Drug Administration, FDA）制定殺蟲劑殘留於植物上的安全範圍，然後內政部（Department of the Interior）制定殺蟲劑毒性對魚類與家禽類的不同標準。

調查 行政機關對其管轄範圍內的實體進行調查。其中一種調查方式，是發生在法規制定的程序進行中，其目的為了要獲得關於個人、公司或企業的資訊。進行這種調查的目的，是要確保制定的法規能夠考量到相關因素，而不是專制及善變的。法規一經定案後，政府機關指揮調查以監控這些法規是否確實遵守。當獲報有市民違反規定，便啟動典型的機關調查。

許多政府機關蒐集資訊，都是到現場進行調查。為了找到具體的違規證據，調查官員會親自去調查辦公室、工廠或其他的私人企業設施。行政調查與檢驗包括許多行動，如地下煤礦的安全檢查、商業設備與車輛的安全檢查、工廠排放廢氣環保檢測等。政府機關也可要求公司或個人提交某些文件或紀錄，以進行檢查。

正常情形是企業會遵守政府機關的要求，配合檢查設施或公司的紀錄，因為與政府權責管轄機關保持良好關係符合公司的利益。在某些情況下，當公司認為政府機關的要求不合理，並且可能危害公司利益，公司也會拒絕服從該項要求。在這樣的情況下，政府機關會申請傳票（subpoena）或搜索狀（search warrant）。

裁決 在完成對可疑違規事件者的調查後，政府機關即可採取行政手段懲治違反規定的個人或組織。大部分的行政懲治手段，在早期階段即已透過協調、談判方式達成和解，並未實際做出裁決。談判的進行視各政府機關而定，有時只需簡單的會談即可，有時則需透過一系列的非正式會議。不論談判的方式如何進行，其目的皆為

改正問題以達到政府機關的要求為止，避免政府機關祭出額外的處置措施。

　　若雙方未能達成和解，則政府機關將對可疑的法規違犯者提出控告。例如，當環保署發現某一家工廠污染地下水的行為違及聯邦的污染法律，環保署便對該工廠提出控告，希望能讓該工廠改正錯誤以符合聯邦政府的規定。受到控告的工廠，可對環保署的控告提出解釋答覆，以為回應。如果兩方面未達成和解，則本案件將舉行類似審判形式的聽證會，由一位行政法官（administrative law judge, ALJ）主持。

　　行政法官將主持聽證會，並有權要求相關人員宣誓、提出證詞，對問題做出裁定，並根據事實證據做出裁決。雖然，行政法官為政府機關起訴案件，惟依法需保持公正不偏的裁決法官立場。

　　對於行政法官而言，自然受到多項限制以確保其立場的公正，以做出公平的處置。例如，行政程序法（APA）要求行政法官必須超然於政府機關的調查與起訴官員之列，另外行政程序法也要求行政法官不得與訴訟各造（如環保署、工廠）有私下接觸。最後，行政程序法的條款也保護行政法官免受政府機關的懲罰行動，除非該機關的行動於法有據。

　　各政府機關的聽證程序有所不同。一般而言，行政機關有權決定採用何種類型的聽證程序。最常見的情形是，雙方的爭議透過非正式的裁決處置，而得以解決。例如，雙方與各自律師在行政法官主持下，利用一間會議室，即可進行談判以促成和解。

　　相對地，正式的裁決聽證會類似一個審判過程。在進行聽證會之前，兩造可准許進行各自的蒐證行動（如索取文件資料或其他資訊的部分）。進行聽證會時，相關當事人可提出證詞，提供其他證據，並且交互質詢證人。正式審判與行政機關聽證會兩者之間最大的差別是，後者可接受更多的資訊，包含傳聞證據（二手資訊）都可在行政聽證會中提出做為證據。

　　在聽證會後，行政法官將針對目標案件發出一份最初命令或裁定。此時當事雙方均可向提出控告的政府機關之上一級管轄單位（理事會或委員會）提出上訴。惟當事人任何一方對上訴至委員會的裁定不滿意時，仍可向聯邦上訴法院（federal court of appeals）再提上訴。但若當事人雙方皆未提出上訴，則行政法官的命令便成為該行政機關的最後依據。若委員會與聯邦上訴法院均駁回該案的審查，則行政法官的決定便成定案。惟當事人任一方提出上訴，則以委員會之裁決或（如繼續上訴至聯邦上訴法院）聯邦上訴法院之裁決為最後定案。

　　總而言之，當行政機關執行其政策時，難免會發生政府機關與人民之間的爭議。而**裁決（adjudication）**是一個準司法程序（quasi-judicial process），由政府機關推動，以確保——憲法保障下——每一個國民都不被剝奪「未經正當法律程序的

其生命、自由或財產。」因此，行政程序法的條款就是讓上述的價值陳述落實，並且保障每一位國民的權益，使其不會遭到任一政府機關的「專斷性與隨意性」行為的侵害。這裡所提到的「人」包括公司，當遭到政府機關不當行為控告並提出懲處行動時，當事人有權要求與該政府機關舉行聽證會，這是被告要求一個公正聽證的絕對權益。

關於行政程序的簡要解說模型

在探討過行政程序中的三個重要行動（法規制定、調查及裁決）後，提供一個簡要的解說模型，更有助讓大家瞭解相關性。[5] 圖 2.3 即涵蓋各角色與機關彼此在行政司法體系中的關係。政府每一個機關在處理行政法相關問題時，方式不盡相同，但該圖所顯示的基本行動路線圖則大致相同。

路線從圖 2.3 的右下角開始啟動，從此處起由單次或重複申請者向整個體系提出要求。這些申請者的角色包括：單次申請者（single-shot players）是指個人，個人很少與政府機關打交道。相關的例子如：向退伍軍人事務部（Department of Veterans Affairs）或社會安全局（Social Security Administration）申請補助金的個人，這些人通常沒有法律顧問，希望能夠很快獲得答覆，但對於所申請的機關與計

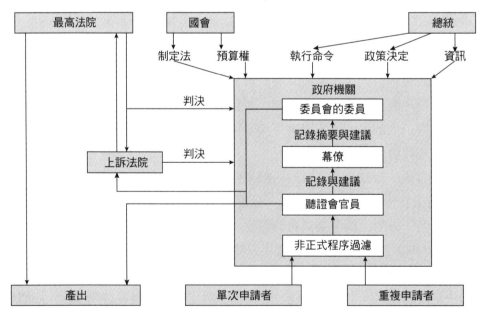

資料來源：Philip J. Cooper, *Public Law and Public Administration, 4E,* p. 15. (c) 2007 Wadsworth, a part of Cengage Learning, Inc. Reproduced by permission. HYPERLINK "http://www.cengage.com/permission" www.cengage.com/permission

圖 2.3 行政程序的簡要模型

畫所知有限。

　　另一方面，重複申請者（repeat players）則是必須長期與某一政府機關打交道的組織（如藥品公司與製造商等）。他們通常都聘用法律顧問為代表，並且有充足財力與技術資源可以運用。因此，這些民間企業可以有很大的彈性與政府機關往來。

　　單次申請者與重複申請者都可向上述體系提出申請要求。就前者而言，其申請多半十分簡單，只需打電話到退伍軍人事務部即可，詢問其申請教育補助金的申請進度如何。至於重複申請者可能會提出許多次申請要求。不論何種申請要求，都需先經過非正式程序過濾（informal process filter），因為提出的申請要求不見得合於正式法律行動。

　　如果「申請人」與政府機關無法達成和解，情形將會如何？通常，在申請需求更多資訊的案例中，第一個步驟是考慮派遣一位行政法官主持及審查聽證會。這位行政法官會先整理出一份紀錄，其中包括若干文件、書面意見陳述、甚至是證詞的譯文等；同時，瞭解問題的真相；以及做出初步的結論當成應變的考量因素。如果需要上訴，將會是行政上訴，由機關內其他官員進行審查。在法規制定的程序中，行政法官所整理的紀錄上呈至機關的主管官員，以便做出定案，決定是否公布實施爭議中的法規，以及決定其內容格式。由於需要的裁決甚多，而且十分複雜，這些決策主管官員便相當需要機關幕僚人員的協助。

　　政府機關決策的某種形態審查，可從法院中獲得，但有關司法審查的範圍與性

"Isn't it about time we issued some new guidelines for something?"

評論：此處所描述一個漫不經心、冷漠的世界，似乎與圖 2.2 描繪的忙碌體系顯得格格不入。你認為哪一個才更接近公共行政世界的真實境況？

質，則受到相當多限制（後面會討論這些限制）。如果案件涉及重要的法律問題，則可能會有在司法體系內上訴的情況，並導向（雖然這樣的情形十分少見）美國最高法院的聽審會。更可能的情況是，最終結果產出自委員或聽證官。結果會以不同的形式呈現，例如申請案意見書、執照、服務、規則、津貼、處罰、勸導單、路線和費用。無論結果如何，有一件事是肯定的：總會有贏家和輸家。

如圖 2.3，國會與總統也對行政司法體系具影響力。國會是負責建立、賦予權限、核撥資金及執行國家層級監督之責的機關，其功能正如各州立法機關。制定法至關重要，因其界定並限制各政府機關的功能權限。任何超出制定法賦予的權限，則依法定義為非法行為，稱為**越權行為**（ultra vires）。雖然，美國憲法並未規定或賦予政府各行政機關任何權限，但是政府各機關的權限，則依據國會權限的憲法第一條第八款中規定分別賦予。〔憲法中的本款規定──有時稱為彈性條款（elastic clause）──讓國會有機會制定一切「必要且適當的」法律以執行其職權。〕

行政部門除了具有一般的政策制定與管理功能外，並對各機關下達特別政策指令。例如，政府文件機密等級分類的法規可溯自小羅斯福至布希（George W. Bush）的各任總統所簽發的**行政命令**（executive order）。又如柯林頓總統以其行政命令對墨西哥政府提供財政擔保，以助其度過金融危機、阻擋對罷工工人的替補，並推動其政府各方面的「組織再造」方案（詳見第 7 章）。

公共行政與政治影響力

如上所述，圖 2.1 呈現的模型對政策決策過程做了具體而簡要的說明，惟有一重點未能提出說明，即該模型充分受制於**政治力場**（political force field）。

政治力場的概念，對圖中的各階段不斷產生影響。試想一下，一位被孤立的行政官員（如圖 2.4）是被哪些政治力場所圍繞呢？如圖所示，箭頭從這位行政人員指向某些個人與機關，結果就像豪豬的刺一般，提供政治力場的二維圖示。我們以箭頭附加輻射線條向外延展來說明「拉力」對該行政官員的影響。

物理上稱這樣的拉力線構型為力量線（lines of force），說明了行政人員的政治力場，並以各線條的粗細與箭頭數量顯示一個特別場域的強度。

那麼，哪些人存在於這位行政人員的政治力場中呢？當然，各政府機關的情況都不盡相同，本章提供的政治力場圖只是一般性的情況。就聯邦政府的機關而言，「三大」人物就是：政務官（political appointee）、立法機關及法院。在進一步討論這三者之前，先來看圖 2.4 裡的相關人物、機關。

在圖的最下方，可見部屬與機關內的其他人，許多人對政府組織裡的生活抱持著懷疑態度。辦公室政治──既不是諷刺、欺瞞、操弄，也不是投機取巧的世界

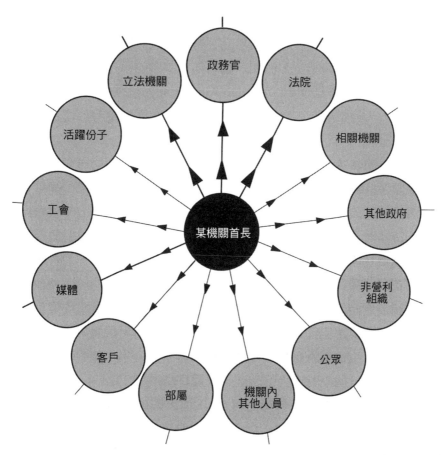

從公共行政人員向外輻射出去的各條直線，每一條都代表一條拉力線，也代表著例行的政治影響環境。向外延伸的線沒有盡頭，顯示各拉力線仍能繼續向外延伸。例如，政務官之外，可能還有行政首長或董事會等；而國會之外，就是選民；而地區法院之外，則有最高法院；而部屬之外，還有其他部屬（因為政府機關的每一位人員都認為自己依法是相關政令推動的一份子，不能置身事外）；而客戶之外，還有利益團體或同業公會，依此類推。

圖 2.4 圍繞著一位公共行政人員的政治力場

──已讓政治手腕技巧的正面觀點沾上污點。然而，政府機關內有人能夠提出一個計畫並得到機關內大家的認同與接受，但有的人卻無法做到，其間的差異關鍵並非誰的計畫比較佳，而是誰更具政治手腕技巧。

接下來依順時鐘方向討論**客戶（clients）**。高層行政人員對於有支配力的利益團體（或代表的客戶）並不敢輕易得罪，尤其以聯邦管制機關最能印證此一真理。誠如一位司法部的副助理檢察長所言：「管理者與被管理者之間發展著一種難以置信的戀情。」結果正如批評者所言，政府機關經常對獨占性商業行為放水或對之妥協、轉而支持，並且對高價位的商品，從天然瓦斯到電話費等給予核准。反之，就

管理者的觀點而言，他們認為自己的行為恰當，並未受到不當的影響力，並強調如果不這麼做，就會被那些受管理者所孤立。每一個政府機關都有其擁護的民間企業協助（特別是在爭取預算時），例如，國防部有其國防承包商、環保署有峰巒俱樂部（Sierra Club）、海外援助局（Foreign Aid Agency）有婦女選民聯盟（League of Women Voters）、勞工部有工會、聯邦通訊委員會有廣播電台、住宅及都市發展部有全國城市聯盟等。

還有就是新聞媒體，Martin Linsky 在一份關於媒體影響的研究報告中總結，凡是能夠與媒體保持較佳關係者，通常在工作表現上都能比較出色。簡言之，能夠處理好對媒體關係的政府機關，在管理上會較順利。[6] Linsky 提出一項意見調查研究資料，以支持其理論的佐證基礎，這份涵蓋層面廣泛的問卷資料對象是自雷根總統以來，擔任連續五任美國總統的助理部長（含）以上的官員。他們普遍認同一個看法，把時間花在接觸新聞媒體上是一種正面的有效投資，有助於順利執行他們的工作，絕非是種浪費時間。其中 97% 的意見認同新聞媒體對聯邦政策有其影響力且影響十分深遠。四位助理部長中有三位提到，會試著運用媒體來報導他們的政策及相關活動，此外，也會透過媒體獲得關於政策方面的資訊。整體大約有一半左右的官員每週至少會花五個小時以上的時間與媒體打交道。

雖然，美國工會的會員人數降至 8.5%，但美國政府員工在工會的會員人數卻始終保持穩定的 38% 左右。第 10 章將再探討政府員工參與的工會，對政府的影響力會隨著管轄區域及專業的不同，而有顯著變化。在城市工業化的各州中、以及大城市中，政府的工會扮演著重要的決策角色；但工業化較低的地區，類似的影響力則相對較低。迄今，美國社會共有三個著名且具影響力的政府工會，以及許多次要的工會聯盟，他們都會為政府員工的權益力爭——雖然未必能涵蓋每個人；這三大知名而具影響力的工會是：美國州郡市員工聯盟（American Federation of State, County and Municipal Employees, AFSCME）、美國政府員工聯盟（American Federation of Government Employees, AFGE）；以及美國教師聯盟（American Federation of Teachers, AFT）。

在美國，沒有一個組織能躲過示威抗議等行動主義團體（activist groups）的壓力。他們最常採用的手法是聯合抵制。近二十年，相信大家都曾目睹到他們的聯合抵制活動，力爭各議題的相關權益如墮胎、同性戀權益、動物權益、勞工權益及種族權益等。大規模政治動機的抵制活動，往往會造成美國一個州或一座大城市數百萬美元的損失，如此一來，必將影響原有的一些大型定期會議及觀光人數。此外，另一種最簡易的戰術就是：提起法律訴訟。典型的程序是由權益促進團體，如美國公民自由聯盟（ACLU）或法律扶助律師（legal aid attorneys），代表受到委屈的個

人或團體提起法律訴訟，聲稱聯邦或州的法規侵犯他們的公民權益。面對此挑戰，政府機關通常會有兩種方案可選擇，其一，設法與提出訴訟的原告達成和解，指出政府將採取特別行動以解決問題；其二，進行法律訴訟，惟需承受較多的風險。

　　在談及公共行政人員所處環境的三大項目（立法機關、政務官和法院）之前，還有四類實體要提：相關機關（cognate agencies）、其他政府機關或管轄機關、非營利組織和公眾。

　　每一個政府機關或組織，通常都會與一個或多個單位關係較為密切。例如，警察局與消防局或許在城市裡是獨立的機關，但彼此又關係密切（兩者都會對緊急事件做出反應），而且相互之間頗為類似（兩機關的成員都有其各自的制服與階級）。至於政府如何因應問題——如污染、地區經濟發展、勞動力發展等——前面提到的相關機關似乎可以說明，在處理某個問題上，通常很少只有一個政府機關涉入。其他相關機關有時也會就某些計畫而有其各自力爭的立場，如：土地開發管理局（Bureau of Reclamation）對工兵署（Army Corps of Engineers）、聯邦儲備委員會（Federal Reserve Board）對財政部（Treasury Department）、空軍對海軍、土壤保護局（Soil Conservation Service）對農業推展局（Agriculture Extension Service）等。在基因工程的新時代裡，國家衛生研究院（National Institutes of Health, NIH）、環保署、農業部、食品藥物管理局，以及白宮的相關單位，都會為了各自的職責與立場而有所爭執。

　　各機關的權限與任務是否會互相重疊，造成許多政府機關間的衝突與爭執呢？由於政府機關傾向於保守而不妥協的立場，因此最好的結果是浪費時間與金錢，最糟的情形則是讓處理重要問題的政策陷入困境。實際的相關因素可能還有更多，不只是經濟與效率的問題而已，因此不可驟下斷語。難道這樣的任務重疊性，不是正好提供一個瞭解不同觀點與接觸不同利益的途徑嗎？難道這樣的不同政府機關管理與資訊蒐集的任務重疊性，不是提供一個備用支援與矯正錯誤、不良判斷的力量嗎？美國在 2002 年設置國土安全部（Department of Homeland Security）之後，是否變得更安全？在 2004 年將所有情報活動經由國家情報總監（Director of National Intelligence, DNI）統一管制之後，美國在結合各工作站方面是否做得更好？[7]

　　政府機關首長不只要與**其他政府機關（other governments）**打交道，還要與其他政府往來——如郡、大都會、城鎮等將近 40,000 個美國各級政府。這些各級政府在政治力場的重要性不能被過分強調，第 3 章將再進一步探討，並除了少數一些計畫，例如在社會安全體系的管理上，聯邦政府並不直接執行國內公眾服務的行動。事實上，美國在大部分全國性計畫的執行上，必須分由聯邦、各州及地方等各級政府執行。關於提供公眾服務的安排，反映了美國聯邦制度的精神，在此制度

下，各級政府均有其各自的權限與職責，分層負責、逐級授權。也免不了會發生各級政府基於各自立場而產生的爭執、歧見。

第 1 章曾討論過**非營利組織（NPOs）**的管理與治理，例如，在2005年卡崔娜颶風風災之後，有兩大重要的非營利組織出面提供協助，連聯邦、州、地方等各級政府都不得不與之協調，即救世軍（Salvation Army）與美國紅十字會（Red Cross）。在密西西比州的一些貧困地區及大部分的近墨西哥灣區域，救世軍快速的災難救助行動引起相當多掌聲。另外，美國紅十字會對於風災地區許多災民的救濟行動，反映出政府的災難救助行動過於遲緩。[8]

最後一種「中等規模」的角色也值得一提。難以理解又富於變化，有時往往是最具影響力的角色，那就是人民。美國總統林肯曾簡短地說：「公眾意見在這個國家就代表一切。」從最深的意義上來說，公共行政及所有的政府都以民意為依歸。而若一位行政人員能夠做到充分傳達政策或適當運用其影響力，則亦有助於促成其施政目標的順利執行。那麼，這將如何做呢？此即**公共關係（public relations）**的重點，所謂公共關係是一種管理的功能，能夠評估公眾的態度，認識組織政策之於公眾利益的意義，然後執行行動計畫贏得大眾的瞭解與接納。第 12 章將會討論一位政府機關的主管人員如何運用公共關係傳達其政策，並發揮建設性的影響力去爭取人民的支持與認同。

政務官的關係

聯邦政府各部會首長為總統任命的政務官，他們與各自掌管部會裡的高階事務官密切合作，以推行政令、政策。身為常任的專業人員，不論是誰進駐白宮當主人，事務官都會敬業地履行其職責。這兩類高階行政主管——政治任命官員與專業官員——構成聯邦政府的領導階層。以人數來論，聯邦政府中有將近 1 萬名高階行政主管，其中 3,000 名為政務官、而 7,000 名為事務官。另外，在 3,000 名政務官當中，有 600 人必須經過參議院同意，其餘政務官由總統逕行任命即可。（而各州州長的任命權限就較小。）

經過近三十年的演進，聯邦政府的政務官人數「增加」許多。因為政府的層級增加，因此各階層所需的政務人員也隨之增多。然而，政府層級增加卻讓其中上至下層間的相關主管人員的應負責任減弱。總統與上級政務官或許未必看得見政府的底層，然而這一層面卻能增加公共行政人員的行政自由度，以便視實際需要推動或不推動其公共政策。[9]

儘管大多數優質政務官能夠勝任其所任命的職位，但並非所有政務官都如此。2005 年卡崔娜颶風侵襲路易斯安納州及密西西比州後的幾天，Michael Brown 即

「辭去」其聯邦危機管理局（Federal Emergency Management Agency, FEMA）局長的職務，媒體報導 Michael Brown 之前的職務是國際阿拉伯馬協會（International Arabian Horse Association）會長。一項由 David E. Lewis 在普林斯頓大學（Princeton University）所做的研究報告指出，Michael Brown 代表一個極端的例證，說明不適任的局外人領導政府機關的問題。如果以小布希政府的計畫評等工具（Program Assessment Rating Tool）來打分數，對聯邦政府在執行其計畫上打 1 到 100 的分數。Lewis 發現，事務官擔任政府機關首長的分數，比政務官的分數平均高出 5 分到 6 分。他指出，雖然一般而言，政務官比事務官擁有較好的教育程度，且具有多方面的管理經歷，但這些事務官長久在自己任職的政府機關服務，並且比政務官待在相同機關裡的時間更長。此外，政務官多半會選擇其他政務官做為諮詢顧問，而非以這些事務官做為諮詢顧問。根據研究指出，Brown 任內的聯邦危機管理局就是一種特別的「受政務官影響」（appointee-laden）管理結構。**10**

緊張關係的本質　基於若干理由，民選官員任命的政務官和其所領導的常任文官之間，彼此存在著緊張關係。第一，政府機關會與國會的次級委員會和外部利益團體間形成聯盟關係；此舉有助於政府機關尋求較為獨立的政策方向。本章會再探討這種聯盟關係。第二，如果總統與其政務官為了政策目的，能夠在對政府機關的管理上重疊，則其推動政令的途徑自然也會有交疊情況。例如，總統為了實現某一政策目標，有時被迫節省某些政府機關的開支，甚至進行組織重整──這兩種手段都會讓政府機關感到相當挫折。第三，政府機關一般傾向於保守而抗拒改變，這是因為傳統上緊密地與政策連結的緣故，以及職業性官僚習性使然。最後，政務官一般的任期多半僅 18 個月而已。

　　毫無疑問地，歷屆總統無論是運用自己的幕僚或新設機關來獲致成效的期待，漸漸地都會面臨龐大官僚體制的羈絆。甘迺迪總統瞭解要轉化一個長久受到傳統拘絆的政府機關，使之成為一個能夠提供資訊與具有決策機制的體系，是一項十分困難的工作。甘迺迪總統覺得國務院如同虛設一般，卻又不知道裡面在做些什麼事。他曾語帶抱怨地說：「該死，Bundy（總統的一位顧問）與我在白宮裡一天就能搞定的事，國務院卻要花 6 個月的時間。」他還提到，給國務院的指示好像石沉大海一樣。**11**

　　當然，總統與其政務官並非完全無助。總統除了能夠充分引起公眾的注意力之外，也能夠任用重要的政府官員，簡言之，總統掌管著**管理與預算局（Office of Management and Budget, OMB）**。OMB 是白宮辦公室下最大的機構，擁有兩方面的功能：第一個功能是編製政府預算，整個預算流程將在第 11 章中詳加說明；第

二個功能是過濾各政府機關提出的各項法規提案，即立法**適法性清查（legislative clearance）**。各政府機關提出的法規提案必須先經 OMB 的審查過濾，以確保政府政策與執政目標的連貫性。

　　近年來，管理與預算局考慮增設第三個功能：即協調與評估政府的各項計畫。第 9 章將會討論到部分有關各級政府採用的管理技巧，以進行其有效的優質行政管理。

在政治力場下生存：經營與政治老闆的關係　本章主旨指出，公共行政的內涵遠比處理政府機關內部事務更為重要。對於那些能有效管理機關內部運作的行政人員而言，或許不能順利因應如圖 2.3 中外在因素的挑戰。本章將舉出一些有用的方法、策略，來協助因應這些重要的外在因素。政務首長遠較其他官員重要，是公共行政人員順利推動其工作的關鍵人物。政務首長的支持，對達成機關目標與使命而言至關重要。以下列舉七個途徑來爭取政治老闆，或任何類似人物的支持：

1. 盡力瞭解老闆的施政目標為何、有何問題、以及面臨哪些壓力。機靈地爭取詢問老闆的機會，以驗證自己之假設符合所需。此外，由於老闆的施政優先順序與關注重點經常改變，因此要勤於連繫。

2. 要讓老闆充分瞭解你的才能，及你的部屬所專注的工作重點，並確實瞭解老闆對你到底有多少信賴。

3. 設法讓老闆個人誠心盡力參與你推動的計畫。

4. 調整自己的工作模式，以呼應老闆所喜歡的作業方式。例如，有些老闆喜歡你提供他書面資料報告，以便自行閱讀與研究；最好親自呈送報告與資料，這樣可有機會立即回答問題。

5. 讓老闆適時掌握與瞭解工作進度與狀況，勤於送上例行報告，並讓他知道可能會有的問題——很少老闆喜歡不愉快的意外訊息。

6. 除了要保持有效的老闆與部屬關係之外，最好努力經營企業上的「友誼關係」。在既有的工作接觸之外，最好再增加其他溝通管道。如果老闆喜歡你，他會信任你，把你看成是他團隊中的一份子。絕不要公然批評老闆，應分享、肯定老闆的努力與成就。

7. 最好與老闆的首席幕僚保持良好關係，如果他是一位很有才幹的人，便是最好的盟友。但如果他不是，他仍掌控老闆的重要資源，並清楚老闆的動向與想法，最好不要輕易與他作對。

立法機關的關係

　　一位傑出的美國政府學者寫道:「欲瞭解行政部門的組織,首先必須瞭解國會的組織與文化,以及國會在行政決策上的高度涉入。」[12] 國會對政府機關行使正式職權的其中一項重要方法,便是本章稍早討論過的設定政策。由於國會的權限有其分割性,因而聯邦政府機關在管理推動其政策計畫上也有其分割性。也就是說,有關社會福利計畫上的混淆特性,可追溯至國會為其源頭──特別是國會各功能委員會與撥款委員會之間的衝突,國會議員發起他們自己喜愛的法案,而不管個別機關之間的職掌權限,為了迎合選民而傾向於通過太多的提案,但趕流行的行為似乎頗受大眾歡迎,其代價就是更多必要而未必合乎潮流的計畫提案。[13]

法律的廣泛影響　　有些國會政策對政府機關的運作有深遠的影響,例如 1966 年的**資訊自由法(Freedom of Information Act, FOIA)**、落日法及陽光法等都是最重要的明證。根據資訊自由法,任何人都有權向政府機關申請索取資訊,若遭到拒絕可向聯邦法院提出訴求。

　　由科羅拉多州所率先提議的**落日法(sunset laws)**,規定一個機關於特定年限之後(大約 7 或 10 年),將會自動裁撤或自行解制,除非該州立法機關通過法律延長其時效。落日法在許多州都已制定,但聯邦層級的落日法還未通過立法。

　　另一個改革為**陽光法(sunshine laws)**,規定政府的正式業務會議必須向大眾公開。聯邦政府的 1977 年陽光法(Federal Government's Sunshine Act of 1977)要求所有的獨立管制委員會都必須進一步公告其會議。陽光法的通過,是為了終止惡名昭彰的煙霧瀰漫密室會議,讓社會大眾「完全知悉實際關於聯邦政府決策過程的資訊。」誠如最高法院法官 Benjamin Cardozo(1870-1938)所言,陽光是最好的殺菌劑。該法要求 50 多個聯邦委員會、理事會、企業以及機關等,必須「公開其會議,不可關起門來解決。」

　　雖然推動提升政府對其選區選民資訊獲得的便利性,能夠讓政府機關在決策上的論理基礎提供更佳洞見,但它也會產生不可欲的結果,特別是在大學的決策。大多數政府機關在進行公開會議之前,寧可花較長時間謹慎思考與準備,避免在公開場合的真正辯論。例如,大家都會傾向於小心翼翼地以書面方式將目標議題上的各自立場表達清楚,以利決策促成。委員也會透過其特別助理相互傳達資訊;先舉行關門會議以模擬正式公開會議的可能情況,並委派幕僚參與政策決策。[14] 不幸的是,陽光法的通過反而減少健全的討論與辯論,畢竟誰願意在滿室記者的公開場合下表現出不確定性(表達暫時和不完全確定的觀點)與沒有原則(扮演魔鬼代言人)的形象?

監督與撥款　2000 年 6 月 21 日，對能源部長 Bill Richardson 而言，實在是很不好過。那天早上他出席參議院國防委員會的聽證會，很快就變成如坐針氈。這些國會議員難以置信 Los Alamos 與能源部官員的說詞，他們在作證時表示，並沒有任何規定要求實驗室員工不能簽字借出高機密等級的硬碟資料，或甚至攜帶出去。

　　民主黨籍的 Richardson 在聽證會中遭到兩黨議員的輪番抨擊，共和黨議員詢問其辭職的請求，而一位資深民主黨議員則認為 Richardson 有蔑視上週參院聽證會之嫌，因為他那次並未到場就硬碟資料失蹤的問題提出解釋。讓 Richardson 感到如坐針氈的聽證會，無疑地正是 Robert C. Byrd 及其他參議員所行使的國會**監督**（**oversight**）權力。最好的情形是，國會監督必須保持經常而有系統地監督行政部門的施政表現——即政府的計畫推動成效如何，以及政令法規是否誠實地、有效率地、以及忠實地認真執行。然而大體而言，監督工作並未真正做到經常性，而且也並未徹底。其理由則是政治性的：總是有跑不完的拜訪選區選民的政治行程，以及通過新法案總是收到較多的滿意度與肯定。反之，過於強硬的監督只會在國會同仁間或對有力的利益團體樹立太多敵人。

　　然而，有些國會議員卻帶著復仇的心態行使監督權力，前任參議員 William Proxmire 是一位著名的官僚監督人，他鎖定的浪費公帑目標中包括：超音速運輸機計畫採購案、聯邦政府高級轎禮車採購案、以及國家科學基金補助款等。每個月，按例他都會頒發金羊毛獎（Golden Fleece Award）給他認為最浪費納稅義務人的錢之官員。有一次他的金羊毛獎就給了美國心理衛生研究院（National Institute for Mental Health），理由是他們把公帑用於贊助一項關於為何木球隊員、曲棍球迷及行人會微笑的研究。另一次金羊毛獎則給了商業部的經濟發展局（Commerce Department Economic Development Administration），因為他們提供一筆 20 萬美元的贊助款給印第安納州的 Bedford 市，為了建造一座石灰石埃及金字塔模型。一些金羊毛獎的受獎人無疑是罪有應得，但是其他受獎人則顯示出對科學的忽視。例如，一項關於澳洲蟾蜍交配習慣的研究，可能會在國會殿堂引起哄堂大笑，但是醫學研究人士都知道關於基因的研究方面，青蛙與人在生育缺陷上其實具有關聯性。

　　國會監督功能因**政府審計署**（**Government Accountability Office, GAO**）的成立而強化許多，這個辦公室於 1921 年成立，原先是國會的一個監督作業幕僚臂膀，最初目的只是稽核政府支出。基於此理由，最早成立時稱為審計總署（General Accounting Office）。自 1950 年起，GAO 加入管理稽核工作，這些稽核工作具有政策導向，希望找出各政府機關做決策與推動政令的基礎所在。

　　對於國會監督的批評者認為，這只會導向微觀管理（micromanagement），而且會增加成本負擔。例如，農業部即無法研究出究竟將幾個森林服務地區辦公室

（Forest Service regional offices）簡併在一起，是否真的能夠節省開支。而國防部甚至無法關閉州裡的一個設施廠庫，因為有兩位參議員說如果真的關閉就要刪除國防經費。就連退伍軍人事務局也需國會的同意，才能進行影響到三人、或更多人的人事調整。[15]

　　國會或美國其他立法機關用來控制行政機關的另一個手段，即撥款程序。Harold Seidman 很簡潔地以下列幾句話道出「荷包權」（power of purse）對於公共行政人員的真正意義：

> 　　做為盟友，政府各機關與國會各委員會通常站在同一陣線對抗國會的「第三院」（third house of Congress）：即各撥款委員會（appropriations committees）。一般而言，行政部門的主管官員們對於國會委員會聽證會上的融洽氣氛，受到相當的禮遇與尊重，都感覺十分受用。但若要面對負責撥款的各次級委員會，多半會盡量閃避，因為這些次級委員會的主席們招呼政府官員的方式，比起頑固的特區律師對待被告席上的罪犯，也不會好到哪裡去。
>
> 　　撥款委員會的行動有時連總統的命令都可以否決，或連國會自己通過的法律都可使其無效。因此，撥款「附加條款」（rider）經常被用於此一目的上。例如，撥款法案的附加條款改變了政府關於學校校車與墮胎等的法規及政策。此外，許多附加條款也約束行政細節，如陸戰隊人員訓練時間的縮減、海軍直升機飛行員訓練計畫的合併，以及關於環保影響陳述的例外情況等。[16]

在政治力場下生存：影響立法者　行政人員其實可運用一些影響力，去拉攏、改變國會各委員會、州立法機關委員會，以及市議會的立場。其中之一即出席聽證會提出證詞，以下意見可讓證詞更有效用：

- ➲ 讓證詞的內容、陳述及格調能夠適合你的個性。證詞力求簡單、清爽、犀利、口語化，以及自然。最後呈現的畫面，應該像是你與某位好朋友的對談。
- ➲ 充分準備。尚未做好萬全準備前，千萬別提出證詞。牢記自己的準備資料生動地敘述。
- ➲ 注意聽眾的反應。在座聽眾就是聽證會的主角，為了聽你的證詞而來。因此，瞭解有哪些人在聽眾席上非常重要。大多數的聽證會中有五種聽眾：召開聽證會的委員會議員、新聞媒體人員、委員會的幕僚助理、其他希望參與的相關人員，以及等候提出證詞的人士。其中，委員會議員及媒體人員最重要——卻未必對你作證的領域有充分瞭解。必須瞭解這個事實，勿提出太技術面的陳述。

⊃ 準備兩種證詞資料——一份較詳細、一份較精簡。多半聽證會裡的情形是，委員
會的主席打斷你的談話，並且說道：「由於時間有限，請你簡短說明。」

⊃ 虛心向有經驗的人或專家請教。

⊃ 要有說服力。一般聽眾的心理傾向可分成三類型：即站在你這邊的人、反對你的
人，以及尚未有想法的人。因此，最好的因應策略是設法爭取那些尚未決定的
人，因為想要改變心裡已有定見的人是十分困難的事。

⊃ 記住：作證不僅是念自己的證詞而已，而是傳達自己的想法。**17**

　　行政人員也可採取一對一的方式，對各級立法議員發揮影響力。假設一位行政
人員希望爭取議員的支持，哪些因素會影響議員在投票時投下贊同票呢？第一個因
素是議員會想知道你計畫的成效為何。第二個因素是政治的觀點，即他投下的一票
對爭取下次的連任有無意義？對保持自己在立法機關的影響力有無意義？是否會讓
自己付出在其他計畫上失去支持的代價？第三個因素是關於程序方面的問題，議員
都不希望違反其立法機關的「遊戲規則」。例如，議員傾向於在委員會認真而密集
討論，並做出總結意見之後，才會決定其立場。最後一個因素，忠誠度與友誼的要
求將會影響一位議員的投票傾向。

司法上的關係

　　要分析法院與行政機關之間的複雜關係，最好從以下三個寬廣面向思考：第一
個面向是行政責任（administrative responsibility）——法院的職責是確保公共行政
人員的行動能夠負責任、公正而誠實。第二個面向，就是關於公共行政人員會受到
法院影響的重要領域，此涉及政府員工，因為最高法院曾就政府主管官員對其下屬
人員的監督與組織運作的權限，做出若干限制。第三個必須瞭解關於法院與政府機
關之間複雜關係的面向，即行政法（administrative law）——定義權限、限制及行
政機關程序的法律。由於有關行政職責與人力資源管理是第 4 章及第 10 章的內容
重點，因此，這裡將只專注討論行政法。

　　在審查行政機關的決定時，法院會考慮下列幾個問題類型：

1. 在相關法律約束下，該機關是否逾越權限？

2. 接受審查的機關所引用的適用法律，能否為其行動提出適當解釋？

3. 該機關是否違反了任何憲法條款？

4. 該機關是否遵守法律的程序要求？

5. 該機關是否專斷、漫不經心或任意妄為？

6. 該機關做出的結論是否有具體的證據支持？

　　很可惜的是，以上的一般性問題無法將法院角色在公共行政的真實性說明清楚。因此，下面舉出幾個特別行政行動的案例，每個案例都有一個相同之處——法院發現這些機關的行動不合法：[18]

➲ 為了尋求更合理的預算編列，防止弊端與錯誤情事發生，康乃狄克州與賓夕凡尼亞州公布了一項為期一年的居住要求規定，做為領取福利金的合法條件之一。

➲ 在德州，一位保安官解僱了一名員工，因為這名員工聽到刺殺雷根總統的消息後說道：「殺啊，如果他們要再刺殺他，我希望他們會成功。」

➲ 經過若干年後，一個密西西比州的小鎮，將經濟發展與公共建設都集中於一個商業特區及鄰近地區。

➲ 在德拉瓦州，一位交通巡邏警官在沒有特殊的理由，而只是執行公務職責的情況下，攔下一部汽車，檢查並登記駕駛人的駕駛執照。

➲ 在喬治亞州的一個城市，幾位交通巡邏警官遭到撤職，理由是因為他們將警察制服上的美國國旗拔去，以表達對人民群眾抗議有警察具種族偏見行為的支持。

➲ 在克里夫蘭郡，一位學校的安全警衛遭到解職，理由是因為他未提出關於自己曾經承認犯下某項重大罪狀的報告。

➲ 直到 1970 年代，芝加哥市及附近的 Cook 郡仍沿襲著一個陳年陋規，即解職反對黨的公職人員。

➲ 在聯邦層級，國會將立法權授予行政部門的某個機關，隨後試圖透過立法否決權來進行控制。

➲ 根據 1985 年 Gramm-Rudman-Hollings 預算赤字刪減法案，將預算刪減權限賦予審計總署的首長，也就是審計長（Comptroller-General）（現在的英文機關名稱改為 "Governmental Accountability Office"）。

　　公共行政人員如何降低自己立於法律錯誤面的機會？除了密切與律師相處（不可能的事）或申請進入法律學院就讀（幾乎一樣糟）之外，是否有其他的可能辦法？當然是有的。

預防訴訟的發生　以下是四種經過長時間考驗的方法，可防止因浪費公帑、延誤政令及爭論而興訟的情事發生：[19]

1. **建立檔案書面資料**。當沒有書面協議或確認信函時，特別需注意有哪位律師提到「建立檔案書面資料」一事。因為這涉及必須準備「檔案文件」——含手寫的筆記重點或專門的備忘錄等，是自己寫下來並存成檔案的資料，其用意是為了讓自己以後參考方便。可以把這些筆記重點或備忘錄看成是一種關於口頭協議、答允事項，以及其他重要行政溝通對話的即時倒帶。就像足球迷要靠錄影帶來看「到底」比賽是如何進行，同樣地，法官與陪審團也會在多年後參閱當初整理的筆記或備忘錄。記住：如果不能舉出證據，便不能說事情發生過。對於工作上每一分鐘所發生的事情，行政人員應隨時提醒自己：若以後需要證明此一事件的發生，自己可提出何種證據？

2. **採用可以協助自己行為合法的程序**。更精確地說，即採用嚴謹的、機械式及最新的模式與程序，可協助自己及部屬說及做對的事，而不必每次都要花時間去思考、看清楚或詢問關於法律的問題等。不用瞭解錯綜複雜的法律問題與理論，大多數的時間，只需依據作業程序照做即可——至於原因為何並無關係。去做就是了！

3. **在問題未發生前讓法務人員事先參與**。為了要讓法律顧問能夠更有效的協助自己，應該適當地發揮其角色，而不是僅做些設計表格式樣，或提供關於問題的看法、建議而已。避免興訟（引起訴訟）就是將隱而不顯的問題縮小化，這些問題有時可能會讓人措手不及，更糟的是，你可能不清楚這些問題，直到事情一發不可收拾為止。有法務人員的介入便截然不同。

4. **教育你的部屬**。公共行政人員所瞭解關於法律上的問題，也要傳達到整個組織，許多組織都忽略了這一點。因為，能夠接觸到律師的高階管理者皆屬於高知識份子，但是底下的最基層員工卻未必具有高階管理者所瞭解的知識，以便能夠幫助他們看出問題；或以高階主管的觀點、立場來看相關的問題，並能夠看出問題所在。這些基層員工並不能識別出危險的警訊，也不會意識到需要建檔、整理文件資料的意義。簡言之，就法律的觀點而言，他們具有不切實際的樂觀想法，而不是健康的悲觀想法。

行政法：本質　另一個方法可避免知道太少的危險、及避免知道太多的混淆，就是掌握「必須瞭解」（need to know）的法律重點。這種必須瞭解的要訣對於掌握法律重點特別有用，其方法即 90-10 法則：所掌握的 10% 的法律重點知識，涵蓋了90% 的問題所在，而這 10% 的法律重點知識正代表大量務實、具預防性，以及立即可用的資訊。以下為一定要瞭解的重點，一旦你掌握與瞭解這些關鍵性資訊，就立刻站在降低潛在威脅的制高點上，所投入的努力立即有了回報。

　　試思考出現於下面方塊中之八個概念，這只是關於 10% 必須知道的大綱要點。

行政法的核心概念

1. 司法尊重（judicial deference）　　5. 司法審查（judicial review）
2. 授權（delegation）　　　　　　　　6. 立法否決（legislative veto）
3. 法規類型（types of rule）　　　　　7. 偏袒一方的溝通（ex parte communications）
4. 正當程序（due process）　　　　　　8. 磋商性的法規制定（negotiated rulemaking）

　　1.司法尊重。究竟法官對行政決策可表現出多少的**司法尊重（judicial deference）**程度？最高法院曾就此問題提出一個標準，即在「Chevron U.S.A 公司控告 NDRC」案（1984）的判決。本案是挑戰環保署的「污染泡」（bubble）政策，這個計畫旨在降低工廠設置污染管制措施的成本。此一計畫是否合法，在於政府機關對空氣清淨法中的一個名詞「固定污染源」（stationary source）的定義，這個名詞是指整座生產工廠，而不是工廠裡的個別裝備。法院對該政策計畫給予確認，並提出一項兩階段審查方式，要求審查法院在對政府機關的法規制定進行審查時必須去遵守。第一個階段，判定國會是否精確地處理有爭議的問題，若否，則法院必須「對國會所清楚表達的意圖給予有效的判定」。然而，如果法規經證明為「對特定議題沉默或語意模糊」，則第二個階段判定該政府機關的答覆是否「准許」──或如法院的用詞「一個合理的說明」。換言之，不論法規維持其語意模糊至何種程度，法院應該認定國會已賦予政府機關一個任務，以合理的方式自行填補缺口。

　　讓我們思考一個近期關於 Chevron 一案的重要引用案例：即「FDA 控告 Brown 及 Williamson 菸草公司」案（2000）：

• 食品藥物管理局（FDA）曾宣稱其對菸草產品有管轄權，因為尼古丁是一種「藥物」，而香菸則是藥物傳送裝置（drug delivery device）。在應用 Chevron 案例的第一階段，法院裁定 FDA 無權管制菸草。針對所有的爭論說法，法院只接受一種論點，即 FDA 有權禁用不安全的藥物，但是菸草產品絕不可能安全。因此，如果尼古丁被認為是藥物，FDA 就必須取締菸草產品。但是，國會顯然不曾認真思考實施全面禁用菸草的管制，我們從許多國會的法規（如香菸上的標示法）即可看出國會仍然支持菸草產品的銷售。此外，法院會以自己的常識判斷做為裁定的基礎──即如果國會默許 FDA 擁

有此大的權力來禁用菸草產品，這簡直是無法想像。

2.授權。憲法（第一條第一款）將所有與立法相關的權力賦予國會，但不曾提及政府機關的法規制定權限。但自美國建國以來，最高法院即裁定容許國會**授權（delegation）**其某些立法權限至政府機關的官員身上——但有一個著名例外案例。在 1930 年代，由於經濟大蕭條使國會以史無前例的規模將其立法權授予行政部門。但最高法院也分別於 1935 年駁回國會的兩個授權提案。第一個是關於「巴拿馬煉油廠公司控告 Ryan」案，這個案例挑戰美國於 1933 年頒布的國家工業復興法（National Industrial Recovery Act of 1933），該法讓總統有權禁止跨州的石油產品商業行為。另一個案例是「Schechter 家禽公司控告美國政府」案，此案例同樣挑戰國家工業復興法案，該法同樣讓總統有權通過關於家禽業方面的公平競爭法規（codes of fair competition）。上述兩大案例，各有其對應的目標問題，因此，分別被稱為「熱油」（hot oil）與「病雞」（sick chicken）案例。

自 1935 年以後，最高法院即不曾駁回任何關於國會授權的提案。如果國會建立了全國性的基本法制政策，而只將「填補缺口」的任務交給行政機關，那麼授予立法權便是合憲的。例如，空氣清淨法要求環保署制定一個環境空氣品質標準，「依據行政人員的判斷……以及提出一個符合安全標準的充分範圍，是維護公眾健康的必要條件。」這些敘述顯然並未對環保局提供任何實質的指導，標準應訂在哪裡，更具體地說，就是柴油引擎排出某些特殊物質的標準應該在哪裡。但就最高法院的觀點，該法規已提供足夠理解的原則，此原則來自於「必要條件」（requisite）這個名詞上，也就是說，其意義不可高於或低於保護公眾健康的必須標準，這個標準需有一個符合安全的充分範圍。[20]

總之，法院賦予國會寬廣的自由範圍去授權，只要國會能夠提出充分的標準或制定可理解的原則，讓被授權者能據以遵循而行使相關的權限。然而，當涉及個人自由時——相對於財產利益——則授權的陳述必須更具體且清楚。

3.立法性法規與非立法性法規。在對這兩個名詞下定義之前，先整理一下近期的一些歷史發展。在上一代裡，關於行政法的最重要發展是立法部門逐漸倚重政府機關進行法規制定——而不是逐案裁定——做為國會制定政策的途徑。這樣的趨勢發展，尚有更多的敘述。第一，政府機關進行法規制定，可讓具有多重性的議題能在單一措施下得到處理。一般性明白敘述的法規，可立即要求相關公司與個人遵守。相對地，對於判決前例的範圍有時難下定義，因為往往要就某一特殊的案例而定。

第二，法規制定能確實保護個人的權益。當一位公共行政人員依其權限行使自

由裁量的決策權，在寬廣的法規標準之內逐案進行決策時，公平性可能會受到損害。但如果這位行政人員進行法規制定，則凡是受到該法規管理的個人，可更具體而精確地被告知其行為的容許範圍。此外，法規是公平的，因為法規具全面性，沒有一個人或公司可以例外地得到特殊待遇。第三，法規制定時，必須通告受影響的所有個人、組織或機關，讓他們知道法規政令即將改變，然後該政府機關才正式清楚表達立場。第四，法規皆以因應未來為主，而不是為了要追溯過去，因此很少會讓相關個人、組織或機關失望。第五，法規制定程序目的是為了要爭取公眾的支持，以改善法規的品質與增加正當性。

除了上述法規在法院裁決方面的優點之外，從一個政府機關的觀點上看，起草制定一項一般性法規，其實比裁定一個特殊案例更困難。誠如前面曾經討論，行政程序法（APA）將一些行政方面的「瑣事」強加於政府機關之上。例如，行政程序法要求政府機關必須向聯邦政府公報提出關於制定法規的通告、引述其合法權限、考慮採納的內容、書面列舉相關法規及公布法規等。

除了上述行政負擔之外，法規制定還可能產生一些政治問題，因為一體通用的法規可能引發那些受到反面影響的個人、組織或機關群起反對。一個裁決的個案會孤立當事人——通常是因為其行為有問題——使其受到制裁，但是一體通用的法規會讓整個相關企業一起回應政治行動。基於上述行政負擔及政治現實面，行政人員在推動其政令時就會想要走後門——故意地或不經意地。他們如何做呢？這就是為何需要立法性法規與非立法性法規的原因。事實上，行政程序法建立三個不同類型的法規：立法性法規（有時指為實質法規）、解釋性法規，以及政策聲明。

如果法規制定是依據立法部門授予的法規制定權限，就屬於**立法性法規（legislative rule）**，而如果該法規是在授權範圍內，則其**約束力與制定法殊無二**致。解釋性法規與政策陳述都是**非立法性法規（nonlegislative rules）**，**解釋性法規（interpretive rule）**之所以不同於立法性法規，是因為前者旨在陳述某一項現有法律所律定的政府機關觀點，而不是改變任何人的法律權利。**政策聲明（policy statements）**則是提出一個方式，讓政府機關得以行使裁量權。

現在，可以回答前面曾提出的問題，行政人員們在推動其政令時如何走後門？行政程序法第 553 款（Section 553 of APA）讓解釋性法規與政策陳述可免除其關於通告、聽證等律定事項。因此，你可能已經猜到，一些法律的訴訟案件，指控政府機關原先提出看似屬於解釋性法規與政策陳述的法規，實則卻是不折不扣的立法性法規——具有國會準立法權所賦予的法律全部效力。[21]

4.正當程序。除了前面提及逐漸增多對政府機關制定法規的倚賴之外，另一個近年來關於行政法方面的重要發展，即和**正當程序（due process）**使用有關的成本

與負擔，已日漸受到關切。

何謂正當程序？根據美國憲法的第五條及第十四條修正案，保障每個人應受到適當合法的法律程序對待的權利，後來簡稱為「正當程序」。根據第五條修正案規定，「未經正當法律程序，沒有人可以被……剝奪生命、自由、或財產。」根據第十四條修正案，也應用了相同原則。這兩項正當程序條款規定政府在有關個人生命、自由與財產的權利上，必須根據既定法律適當行動。

那麼，什麼程度的程序才算正當？在「Goldberg 控告 Kelly」案（1970）中，正當程序即不可在未給予完全證據之第一次聽證會後就停止發放人民的福利金。法院認為福利金的給予就像是「財產」一樣，而不是「慰勞金」。但是，事隔 6 年之後，在「Matthews 控告 Eldridge」案中，最高法院大幅改變關於擴大正當程序保護的立場。如今的訴訟當事人必須面對法官所要求的清楚說明事項，在比以前更狹窄的自由與財產的保護解釋範圍內，必須特別清楚地指出其所聲稱的合法權益。此外，他們也必須舉證為何需要更多不同的裁定程序，方可讓政府機關在進行查證的程序中補正缺失。是否社會安全局真有必要在刪去 Eldridge 的身心障礙福利補助金之前，並且已握有關於 Eldridge 的就醫紀錄，而為 Eldridge 與其律師舉行一個聽證會嗎？Powell 大法官對此提出了法院的答覆：

> 對於決定正當程序是否需要關於先前一些行政決策的保護條款，經濟成本本身不是一個控制性的影響因素。當然，基於保護有限的國庫與行政資源的理由，因關係到政府及公眾的利益，此點因素不應受到忽視。因此，如果有許多證據確認政府機關的行動於法有據，則對於個人及社會的額外保護程序效益，是可以經濟成本的因素做為否決理由。非常重要地，保護那些經初步行政程序審查為不值得受到正當程序保障的人，如此所需付出的經濟成本，最終還是得取自那些值得受到正當程序保障者的口袋。因為政府任何一個特別的社會福利計畫，所需支應的可用資金並非沒有限制。總結之，在終止發放身心障礙福利補助金之前，不需舉行一個有證據的聽證會，而現行的行政程序完全符合正當程序。

5.司法審查。法院檢驗政府三大部門（行政、立法、司法）的行動與決策是否遵循聯邦憲法，此作為稱為**司法審查（judicial review）**。聯邦及州法院都可行使司法審查權，惟美國最高法院是聯邦層級最終裁定是否遵守美國憲法的機關。雖然憲法對於所要審查的主題保持沉默，但在 1803 年時，最高法院立下了一個司法審查的判例，首次在「Marbury 控告 Madison」一案中，宣告國會通過的一項法律違憲。

　　但個人如需對法院提出聲請以挑戰政府的決定，則其必須**適格（standing）**提出司法審查。根據此一立場理論，要求個人在提出法律訴訟時，必須有個人利益牽涉在該案中。關於立場理論的憲法法源在第三條第二款中，其中條文將聯邦司法權限制「個案」與「爭議性」之上。美國的司法程序是一個對立系統，讓訴訟當事人雙方各自蒐集並提供所需的資料，以利法院做出健全的判決。

　　另一個關於司法審查的障礙是**成熟性（ripeness）**，所謂成熟性就是與成熟的程度有關——即案件是否充分成熟到必須經法院聽審的程度。例如，在「Abbott Labs 控告 Gardner」案（1967）中，食品藥物管理局的一項法規要求，藥品公司必須在其產品標籤上附加若干資料，但是 Abbott 公司的律師認為，此一要求超出食品藥物管理局的權限；然而食品藥物管理局表示，本案尚不到交由法院審查的程度，因為該法規尚未付諸執行。不過，法院卻認為此案已經到了成熟程度，一旦依法規付諸執行則原告將會承受重大損害。

　　除了上述兩個障礙門檻——即適格性與成熟性——之外，仍有許多案件進入法庭。現在要探討的是決定法院與行政機關的一個最重要議題：*法院對政府機關權限下的替代判斷權之程度*。本項議題指的是司法審查的「範圍」或「標準」。在眾多的審查標準中，有兩種標準最常被採用：實體證據標準及專斷隨意性標準。實體證據標準（substantial evidence standard）指的是「一種理性思維能夠接受的有關證據，並且足夠支持結論。」[22] 因此，此種實體證據標準不准法院代替政府機關權限下的判斷權。就算是法院不認同政府機關提出的事實發現，但仍必須確認其所發現的事實，只要這些事實合理。當然，法庭審查時必須檢視「全部的紀錄資料」——雙方當事人的紀錄資料。也就是說，只是檢視有利於政府機關結論的證據是不夠的。

　　現在，探討司法審查的**專斷隨意性標準（arbitrary and capricious standard）**，根據聯邦之行政程序法，法院必須「將不符法律的，以及經發現是專斷、隨意、濫用裁量權、未遵循法律的政府機關的行動、事實發現及結論等情況，擺在一旁擱置。」（前面提到的三種名詞——專斷、隨意、濫用裁量權——意義皆相同。）

　　關於本項議題的代表性案例就是「Citizens to Preserve Overtone Park 控告 Vole」案（1971），最高法院指出審查有關裁量權使用的法官，必須進行「實質性詰問」（substantial inquiry）。雖然政府機關的決定是依據一個「符合法規的假定」（presumption of regularity），但是該假定不可限制查探與深入審查。其一，法院必須確定裁量行動，是否合於立法機關委派授權政府機關的裁量範圍。其二，法院必須確定政府機關的決定已考量過全部相關因素。也就是說，政府機關在做出決定之前，必須考量全部相關因素，而非不相關的因素。即便政府機關在其裁量權的

行使上完全合法，並已考量全部正確的因素，法院仍然可能逆轉政府機關的決定，如果認為政府的決定不合理，或是該政府機關犯下「明顯的判斷錯誤」。最後，法院還必須審查政府機關是否遵循所有的適當程序，以行使其裁量權。例如，如果裁量權的行使是法規制定程序中的一部分，則法院即可確定政府機關是否確實遵循法律。

以下是一個關於專斷、隨意標準的運用案例：

- 在 1977 年，國家公路交通安全局（National Highway Traffic Safety Administration, NHTSA）公布一項法規，要求所有在 1982 年 9 月以後生產的汽車，都要加裝安全氣囊及自動座椅安全帶。後來此一法規提上了法院進行審查。然而，1981 年國家公路交通安全局卻撤銷了該法規，理由是發現此種被動性限制裝備可輕易分解，而且也無法期望座椅安全帶的使用量會增加到讓新生產的裝備符合成本效益之地步。但是，最高法院認為政府撤回法規的行動既專斷又隨意。[23]

6. 立法否決權（legislative veto）。 由於憲法允許，總統有權否決或拒絕國會通過的法案，所以國會也嘗試建立自己的否決權。在 1970 年代，國會曾經相當程度地行使否決權，否決許多行政機關的法規，例如，在「移民歸化署控告 Chadha」案（1983）中，眾議院即駁回司法部長所簽署的一項關於暫緩執行遣送出境的命令。在本案，最高法院判決國會中只有一個議院的否決權違憲，因其不符合政府權力分立制衡原則。法院認為，在人民的法定權益面臨被侵犯的案件中，必須國會兩院一致支持通過法案，或是通過一個聯合決議案並經總統簽署。簡言之，此一立法否決權違反了憲法程序要求的完整性。

7. 偏袒一方的溝通（ex parte communication）。 如果一項正式的政府機關裁定要做到像審判一樣公平，則相關當事人應該知道有哪些證據可能會對自己不利，並且經由交叉檢驗與反證證據來爭取對自己最有利的辯護。然而，前述這些權益也可能輕易地失去效用，決策人員可自由地看到紀錄以外的事實，其相對當事人卻看不到或沒有機會做出相關回應。因此，行政程序法禁止任何「政府機關以外的關心人士」涉入法規制定，或故意讓「有關程序進行的偏袒溝通」洩漏予法規制定官員知悉。此外，同樣的限制禁令也適用於政府機關的決策官員（ex parte 指「只偏袒一方」）。

對某些觀察者而言，白宮官員廣泛地參與法規制定，有機會打探到偏袒一方的溝通內容，即便最謹慎的官員也難免會接觸到。特別是資訊與管制事務局（Office of Information and Regulatory Affairs, OIRA）的私下會議——以審查提案法規之成本效益及是否與總統的政策相連貫——與負責法規制定的政府機關官員之間，即冒著可能會破壞必要行政程序上的公平性與公開性之風險。

　　當偏袒一方的溝通情事發生時，行政程序法會要求將相關情況列入公共紀錄。最後，是否決定做出懲處則與司法裁量有關，以下是關於利益團體的知名例證：

- 「專業航空管制員控告 FLRA」案（1982），此案引發聯邦勞工關係署（Federal Labor Relations Authority）採取處置讓航空管制員工會（union of air traffic controllers）失去合法性，因為該工會非法發起會員罷工反對政府。有證據顯示，一位有名的工會領導人私下會晤聯邦勞工關係署的成員，希望他不要取消工會的合法文件。雖然，法院認定此一私下會晤為非法，但並未駁回聯邦勞工關係署的命令，認為此種談話十分簡短，工會領導人並未做出威脅或承諾，而這席談話也未對判決結果產生影響。[24]

　　8. 磋商性的法規制定（negotiated rulemaking）。**"neg reg"** 是另一個機制讓利益團體可以藉此影響行政決策。1990 年公布的聯邦磋商性法規制定法（Negotiated Rulemaking Act of 1990），可做為行政程序法有關非正式法規制定的補充條款。實際詳情如下：

　　　　傳統上，當一個政府機關公布某些法規時，總會提供一段時間讓公眾提出評論。這些「評論」像是向某人投擲棒球一樣，各單位的政府機關發言人負責一一回應，此種方式通常會讓訴訟案件向後推延。磋商性的法規制定將未來會受法規影響的各相關代表人召集在一起，此時法規尚未公布施行。透過一位推動人，讓各相關代表人努力磋商出一個法規共識。這樣的磋商方式可讓相關代表避開公眾的注意，好好傾聽彼此的不同意見，並且凝聚出一個大家都能接受的有創意性解決方案。這樣的磋商方式，比較不正式，卻更具教育性、更見成效，而不是築起高牆讓彼此永遠達不到共識。[25]

　　在討論過圍繞著公共行政人員的政治力場之後，現在再來探討這些公共行政人員將如何因應。

❓ 政治策略如何輔助管理策略

　　還有誰沒聽過這則競選名言：「將政府交回到懂得金錢意涵的人手上，他會善

盡職責，並且他也瞭解企業的做事方式。」然而，在治理一座大城市上，許多企業的做事方式，並不見得都適用於政治上的實務。請大家思考以下兩個例子：

- 中央市（Center City）利用市區學校的若干運動場及公園，設置許多休閒娛樂設施。這些設施有的深受喜愛，總是可以看見被頻繁地使用；但有些設施則乏人問津。從管理的角度來看，那些很少人使用的休閒娛樂設施應該關閉，然而，這樣一來卻讓鄰近想要使用的居民沒有休閒娛樂設施可用。休閒娛樂設施應盡量方便大家利用，結果所有的設施仍然保持開放。

- 中央市需要一個適合二十一世紀新穎而現代化的機場，但是聯邦政府及相關各家航空公司一致認為，最好的機場地點應該是位在隔著河岸的另一州。由於機場興建將會提供許多相關的工作機會，區域的經濟也隨之提升，中央市的稅收也相對增加。但是，中央市的利益團體（工會與企業界）都希望新機場的合約與工作機會屬於他們這一州。因此，不管中央市是否有合適的土地、資金來興建機場，這些利益團體都要阻擋機場蓋在別州的土地上。在這樣的例子裡，一位優秀的管理者是否會取消此一投資計畫，只因為一部分的工人或分包者獲得利益，其他人卻沒有？然而，沒有一個人是贏家。政治的現實面迫使政府領導人不得不做出反對將機場蓋在別州的決定。

我們在此得到一個教訓是，並非來自私部門的人士就不能勝任公部門工作，而是他們雖有企業界的管理長才，還要能懂得政治的藝術。

要達到政治目標，公共行政人員需要政治策略來輔助管理策略。理由顯而易見，誠如前面兩個案例所顯示的，公共主管官員必須親自對人民負起責任，而他或她對這些人民並沒有直接的管轄權。企業主管習慣下達立即執行性的命令，強調下屬的服從性，但此做法未必能在政治性的環境同樣發揮得淋漓盡致。你不能以這樣的方式讓政府運作——至少不能在民主的國家裡。立法者、市議員以及選民都堅持要知道，公共主管官員採取某項行動的理由。民主國家運作政府，不是靠命令與服從，而是靠說服、妥協與取得同意。雖然在企業界也需要說服、妥協與取得同意等特質，但這些並非企業成功的要件。對政府機關而言，所謂成功就是有能力聚集一群不同的人，為一個有意義的目標共同努力，並能克服背後許多想要把他們分開來的力量；如果不能克服，政府機關就會陷入一個二流的平庸組織，只顧著政府體系的內鬥、充滿著本位政治觀念，以及惡毒的政治鬥爭。

如圖 2.5 所示，對於一位公共行政人員而言，政治策略與管理策略兩者的關係十分密切。例如，一個政府機關在追求施政計畫目標的行動上，往往會產生政治問

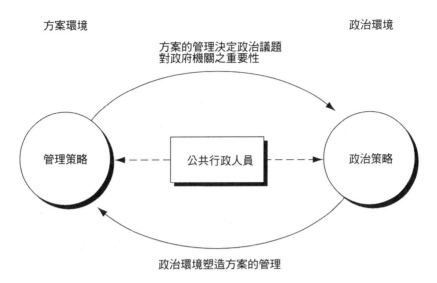

方案環境　　　　　　　　　　　　　　　　　　　　政治環境

方案的管理決定政治議題
對政府機關之重要性

管理策略　　　　　　公共行政人員　　　　　　政治策略

政治環境塑造方案的管理

圖 2.5　管理策略與政治策略的互動性

題，並引發其他行動而影響政治環境。試想一下，在第一個案例中，一位政府法規制定官員做出決定，在兩個利益團體之間轉移財富（就是企業界與消費者）。政府機關藉著相關法規的執行而產生的成本與利益，影響這兩個利益團體。而利益團體則透過下次選舉的選票，去「支持」或反對政府的法規制定官員，以此判定這位法規制定官員的決定是好或壞。至於立法部門，則於解讀選票的支持傾向後，透過預算、監督與法案制定等手段影響政府機關的施政。

　　或者想一想開場個案中的李洋姬，市長才剛選她去帶領一項可能對整個華盛頓特區中僵固而膨脹的學區帶來激烈衝擊的變革計畫。進行這種具政治敏感性的任務，需要深思熟慮的政治策略，不過案例中沒有證據顯示李洋姬具備此條件。儘管每一項政治策略都需要細膩地適應特定的環境，但以下所列的一般議題，可能是她想要去處理的：

⊃ 我需要採取何種對策，以便在適當的時機創造出正確的公開性？

⊃ 潛在的衝突來源何在？如何化解這些衝突？

⊃ 我如何避免受到學校委員會和市議員的疏遠？

⊃ 我不想要什麼樣的助理人員？（答案是：對政治反應遲鈍的人。）

⊃ 我如何面對批評者，甚至那些人可能是特殊利益團體的代理人？（答案是：運用說服、耐心和談判技巧。）

⊃ 我應該將哪些人放在資訊圈？

⊃ 我的行動應該多快，以及我應該優先處理哪些事？

➲ 我如何利用市長的政治勢力？

　　無論李洋姬對教育議題的熱情和發展政策的技巧如何，除非她想通前面的議題，而且發展出一套政治策略，否則她的管理策略就可能失敗。

政治能力

　　前面已討論過，行政人員直接涉及政策決策過程。此外，日常處理的事務迫使行政人員必須面對各方面交錯的政治影響力量，來源包括頂頭上司（如國會與總統）、客戶群、其他政府機關、其他層級的政府，以及媒體等。這些影響力量的數量愈多，公共行政人員就必須花費更多時間與精力去因應權力導向的行為。

　　接下來要談的，既不是關於現實政治（realpolitik）的論點，也不是政治藝術的啟示——前者顯然不適當，而後者又太冒昧。在這裡，只是希望總結一些關於良好行政的基本政治概念。所謂良好的行政，即能夠動員一切的支持，讓施政計畫順利執行，簡言之，就是讓事情順利推動與完成。「在行政的世界裡，再沒有更悲慘的景況是，一個政府機關與一項施政計畫擁有法定的生命，受到行政命令的護衛，獲得法院的加持支撐，卻遭到癱瘓的打擊，再被剝奪其權力。對敵人而言是一個遭輕視的對手，但對朋友而言則是絕望的對象。」[26]

　　這些概念為何如此攸關良好的行政？請再回想一下，前述的中央市的案例。如果市長決定將機場蓋在河的另一邊，也就是隔壁州，那她的基本政治考量會涉及到哪些方面？第一點，她可能必須考慮一下自己的實力有多少——或以政治語言來說，就是她的影響力——來決定是否值得一試？假設她的確擁有足夠的政治影響力，那麼接下來可能要問自己：我的目標是否值得我投入這些政治資本？

　　瞭解第二個問題的真正意義十分重要。比如說，雖然 Larry 有足夠的財力可以買下 Lamborghini，但他並非必須一定要買下它。Larry 是否可將他的有限資金運用在其他的投資上？他可以保留多少資金做為應急之用？

　　假設中央市的市長比 Larry 有更好的地位，而且她認為她有政治資本可以運用，其代價（即盟友的失去、支持者的質疑等）又不太高。那麼，現在她必須擬定一些特別的策略與戰術，以便達成她的目標。總之，一位行政官員必須想清楚以下四個政治問題：資源、成本、利害關係人，及策略。

資源

　　本質上，一位行政人員之政治資源會表現在以下三種類型上的其中一種：外在支持、專業主義及個人權力。因此，一位謹慎的行政人員會在評估過每一項之後，才決定是否採取重大的政治行動。

外在支持　政府權力的持久來源之一就是**次體系政治（subsystem politics）**，或稱**鐵三角（iron triangles）**。政府機關會尋求與國會的各委員會及利益團體結盟，相關的例證甚多，如農業委員會（agriculture committee）、美國農場局聯盟（American Farm Bureau Federation）、政府農業部底下的機關等；各次級委員會如印地安人事務次級委員會、美國印地安人事務協會，以及印地安人局等；眾院農業委員會、製糖業、政府農業部底下的糖業處；以此類推。結盟後的立即結果是，政府機關的上級主管對其監督放鬆許多。

　　Hugh Heclo 指出，現在的鐵三角體系被一個非定型的**議題網絡（issues networks）**體系所覆蓋。[27] 政府的決策有許多人士參與，而這些參與人士各有其技術政策專業，為了某些議題被拉到一塊，有的人是理智性的參與、有的人是情緒性的參與，並非實質的利益驅使。因此──不同的模式適用不同的政策，當然，如果有人想要瞭解健保方面的政策，應該以 Heclo 模式較能提供豐富的實質內容，而不是鐵三角體系。

　　在評估自己實力的同時，行政人員也應該評估其支持者的實力。但光從規模大小的角度去評估是不夠的；選區選民的散布與團結情況也是一件十分重要的事情。例如，內政部長的優勢因為戶外休閒局（Bureau of Outdoor Recreation）的設立而獲得提升，此舉使得內政部長的支持基礎從西部各州擴展至東北部的大城市。同理，州立大學體系希望儘可能在州裡各參議員選區之內多設立一些分校。至於團結性的重要，試想一下，一個大規模但結構鬆散之消費者走上街頭的運動，比起一個小規模但組織緊密的全國步槍協會（National Rifle Association），哪一個更有影響力？

專業主義　政府機關權力的第二個來源是**專業主義（professionalism）**。專業可定義為在一合理而明確的職業領域之內，完成了較高級的教育──至少需至學士學位──並且能夠終身投入該行業。[28] 當社會日趨技術導向之專業化及支配性，政府機關自然需要更多人力投入各種專業分工的工作之上。其結果有兩層意義。

　　專業人士在政府機關內居於較佳的地位，動員相關的外在專業組織提供支持。事實上，這樣的互動安排具有雙向互惠性，因為每一項專業都希望在政府機關內適當地占有一席之地──如醫學專業在食品藥物管理局內。

　　另一個專業性結果是，在政府機關內，專業人士希望形成一個菁英團體，並希望能夠實質掌控機關內的運作。至少有以下三個元素是形成此種權力的基礎，其專業性甚至超越頂頭上司的政治管控：

⊃ 對一個問題的全神貫注。

● 將功能、議題或問題予以細分，進行專業分工，便能產生專家。
● 對於資訊的壟斷管控。

個人權力的基礎　到目前為止，本章已檢視行政人員與利益團體及專業菁英團隊有關的政治資源。接下來，要探討行政人員自行營造的政治資源。

如果說領導是一種程序，讓某個人能成功地影響其他人，則權力即為其手段。多年來，人類行為的學者歸納出八種**個人權力的基礎（bases of individual power）**如下：

1. **強制權力（coercive power）** 來自於領導人以其能力威脅懲處或祭出處罰。這種實力倚靠兩個因素。第一，領導人可控制的懲處實質性，是令出必行、或者只是虛晃一招；第二，在其他人的評估下，領導人必要時極有可能會祭出懲處（即派給不想要的工作、責難或撤職等）。

2. **連結權力（connection power）** 來自於領導人以其個人的人際網絡，能夠連結到政府機關內部或外部的重要人物而產生。行政主管受助理所影響，可歸諸「親近法則」：一般而言，當做成一個決策時，在場的人自然比不在場的人掌控較多權力。行政主管官員的助理可歸類為此類，因為他們就在行政主管身邊。根據 Robert Caro 的觀察，在詹森（Lyndon Johnson）總統的政治天分中，有一項關鍵要素就是他有辦法和有力人士之間建立關係：

> 他對此不遺餘力。在他當選參議員之後，甚至還沒宣誓就任，只因為他聽說有個叫做 Bobby Baker 的 21 歲休息室職員知道議會的「眉眉角角」（where the bodies were buried），於是就跑去找他。他想問 Baker 什麼事呢？不是參議院的規則為何，而是誰擁有權力。Bobby Baker 告訴詹森，整個參議院只有一個人擁有此權力，那就是 Richard Russell。這或許是詹森就任參議員第一年所獲取的最重要情報。那麼詹森在參議院的第一個行動是什麼呢？就是在議場內站起來發言──不是為了支持某項法案，而是為了向 Richard Russell 靠攏。[29]

根據 Caro 所述，詹森其他政治天分的要素很值得一書：「絕對現實主義，他從他人臉上觀察事實的能力──即使是非常令人不快的事實。」「他找出共同點的能力，」還有他「察言觀色」的能力。更多有關詹森的手法，請參閱第 100 頁。

3. **專家權力（expert power）** 來自於領導人具有某些領域上特別知識、專業與技

能而建立的聲譽。遊說人員（lobbyists）致力於維繫國會議員對他們的信任，並瞭解這種專業性權力比強制權力、連結權力更見其功效。美國聯邦調查局局長 Louis Freeh 自法學院畢業加入 FBI 時，便曾使用過專家權力。他的職業生涯從紐約市曼哈頓的一個分局做起，由於自己的努力，他讓自己成為唯一一位完全瞭解恐嚇勒索影響與貪腐組織法（Racketeer Influenced and Corrupt Organizations Act）精巧內容的探員，此法直到今日仍提供調查局建立反恐嚇勒索案例，做為打擊組織性犯罪的主要工具。通常新的調查局探員在同僚的幫助下，到銀行調閱可疑嫌犯的資金往來紀錄，或進行調查。但 Freeh 則坐在辦公桌前，規劃對付組織性犯罪的下一個可能行動，整合所有的情資，他所進行的工作，旁人通常要花 10 年才能弄出成果。

4. **信賴感權力（dependence power）** 來自於一般人對於領導人的認知，認為此領導人可以倚靠，可幫助或保護我們。領導人如何建立這種被信賴感，必須靠自己尋找或得到資源（即做出某些決定的權力、可接觸到一些重量級的人物等），而這些資源對於其他人的工作極具意義。試想一下這個案例，Stephen E. Reynolds 擔任新墨西哥州工程師這個平凡頭銜達 34 年之久，但身為這個沙漠州的水源主管，他名列整個洛磯山地區最有權力的公務員之一。他決定誰可以使用水源——以及在哪裡、如何使用——在這個平均年降雨量僅有 15 英吋的地區。

5. **義務性權力（obligation power）** 來自於領導人的作為，他的施政對人民有利，而受惠的人民覺得有義務回饋。而領導人的努力，正好用來建立他可倚賴的真正友誼。

6. **合法性權力（legitimate power）** 伴隨著領導人的現有職位而來。近年來，許多關於美國總統的教材都設法強調一個理論，即總統的權力基礎來自於說服力。也可以說，具有說服力的能力對權力有極大的影響；這並不會判定對權力的使用，也設下限制。或許要瞭解總統權力的關鍵在於「匯聚在憲法上所賦予的權限之上，即總統基於憲法建設的相關法規及解釋，為了要解決國家面臨的危機與重大問題，可以單獨宣布其施政作為。」[30] 雖然說服力是十分重要的工具，它仍有極限。要發揮說服力，你必須要有時間，還要有聽眾，但有時兩者都缺少。

7. **認同感權力（referent power）** 是其他人對領導人的認同感，當一位領導人受到大家的喜愛、景仰、或尊敬時，認同感便容易建立。「管理者可利用如下方式營造權力，透過各種方法，以人們對自己的理想化觀點來表現自己並爭取他們的認同感。採用他人會尊敬的方式表現自己。依照員工所希望的行動，讓大家看得到，並在各種演講中涵蓋對政府機關的目標、價值觀及想法。」[31] 知名的黑人民權領袖金恩（Martin Luther King Jr.）曾發表一篇著名演講：「我有一個夢想」

（I Have a Dream），這篇演講稿深深地打動聽眾心裡對於他的夢想之認同感。

8. **獎勵權力（reward power）** 來自於領導人能讓追隨者相信，只要遵從領導人的期望去努力，就會有回報、晉升、認同，以及其他方面的獎勵。這裡就有一個戲劇性的獎勵權力與認同感權力結合的案例：1944 年初，巴頓（George Patton）將軍有一次問部屬一個問題，將如何回答日後兒孫們問到自己在二次大戰中做了什麼事，然後巴頓將軍提示，你可以說你當時人在國內鏟挖糞便肥料——或說跟隨巴頓將軍的第三軍團橫掃歐洲大陸。

根據 John Kotter 的意見，他認為能夠成功行使權力的管理者多半具有一些相同特質，他們對行使自己的權力非常敏感（即使其他人認為是合法的行使），對於「權力的義務」也一樣。結果是，他們瞭解何時、何地，以及與何人一起行使不同類型的權力，而不會倚賴任何一種單一類型的權力。

他們會利用一切資源增加自己的權力，實際上，他們是對權力做投資。例如：「在要求某人提出回報自己兩個重要恩惠之下，管理者可讓他的某一項工程建設計畫提早一天完工。此一要求也許讓管理者對他付出極大的義務型權力成本。但相對地，這位管理者在其組織部屬的眼裡，卻大為提升其身為工程計畫負責人的專業能力。」[32] 也就是說，當一位領導人的權力愈大時，跟隨者愈多。根據 Likert 與 Tannenbaum 的研究指出，當一個政府機關在各種不同層次上都有可觀的權力時，通常比較能夠發揮成效，而其機關內的成員也有較高的滿意度。[33]

成本

實際上，每一項重要的行政作為都有一個間接成本。一位曾經獲得普立茲獎的媒體工作者 David Halberstam 描述以下發生在甘迺迪總統年代的事件：

在 1962 年，國防部長 McNamara 衝進白宮，提出準備關閉海軍基地以省下數百萬美元經費的預算構想。所有統計數據都寫得很清楚，只要關閉這個基地便可省下這些預算，而關閉那個基地則可省下那些預算。所有的基地都應廢棄，所有的基地都是浪費公帑。每一個基地都要花費國防預算的幾分之幾，但是甘迺迪打斷他並說道：「Bob，當你關閉了布魯克林的海軍造船廠，意味著有 26,000 名勞工準備失業，並且走上街頭，你最好把這個成本也算一下。這必定會使我們付出一些代價，而他們會對我失望、埋怨，因此我們最好把這個成本也算進去。」[34]

　　Paul H. Appleby 提出四個重要問題，這是每一位行政人員在做出重大決定之前，最好先問一下自己：誰會高興？如何高興？誰會生氣？以及如何生氣？

　　由於每一項行政作為都有政治成本，行政人員有可能負債。如果他們尋求高層援助，結果可能是這些高層會要求回報，譬如希望某局、署在其他行政計畫上或局、署的決策上做出回報。就算是總統也難免有類似的赤字狀況，Richard Neustadt [35] 曾經暗示，當年杜魯門總統將麥克阿瑟（MacArthur）將軍自韓國戰場前線撤職時，他已經「耗盡了自己的信用點數」；因此，隔年當鋼鐵工人罷工時，杜魯門總統再也無法獲得國會、法院、或一般大眾的支持。

利害關係人

　　圖 2.4 描述一個政府機關在政治力場中可能面臨的各種力量，雖然各機關面臨的情況不盡相同，但圖 2.4 幾乎涵蓋大部分的公部門組織。但某些個人、團體及組織的影響拉力，則只針對特定類型的政府機關及特定類型的政府決策。若將這些人與團體看成是**利害關係人（stakeholders）**較有助於大家的認知，因為政府機關的決策與行動對他們有重大的影響。也就是說，政府機關的一個決策會影響一群利害關係人，而同一政府機關的另一個決策則會影響另一群利害關係人。這完全要看利害關係人認為其被侵犯的利益有多少，以較通俗的話來說，就是誰的公牛被別人的公牛用角牴傷了。

　　現在讓我們來看一家大型市立醫院中，關於這些利害關係人的分析。首先，必須先找出究竟有哪些人是利害關係人，這步驟並不像聽起來那麼容易。通常，行政人員感到非常驚訝的是當他們推動一個施政計畫後，才知道哪些是主要的反對者。當利害關係人與其關係能被確認後，醫院的相關行政人員必須自問兩個關鍵問題：第一，對我們的醫院而言，這些利害關係人在各種重要議題上所持的立場為何？第二，每一位利害關係人的實力如何？或許大部分都支持你的施政作為，但只要其中一、二位具重量級影響的人物反對你，那麼你必須修改自己的施政計畫——或者甚至要全部放棄。

　　很顯然，要確認每一位利害關係人的影響力如何，需要你的主觀判斷、認定。前面曾經提到的關於資源與成本方面的探討，相信可以提供大家一個有用的引導。

策略

　　高層行政人員可擬定一套範圍廣泛的策略，來因應政府機關的政治環境。所有行政人員皆有把握地認為可主動或自然參與這些策略。若忽視這些策略，就是忽

略了大部分的每日行政工作。基於此目的，以下將依三大寬廣方向探討：即 (1) 合作，(2) 競爭，及 (3) 衝突。

合作　合作（cooperation）是基於一個觀念，即兩個團體有相容性共同目標，任何一方不需向對方完全讓步。這樣的結果，大家都是贏家，當然有一方贏得多些，一方少些。以賽局理論來說，合作策略即參與雙方皆從事於一個**變數和賽局**（**variable-sum game**），在此賽局中雙方都是贏家。

合作策略有多種類型，**說服力**（**persuasion**）就是其中一種，Neustadt 指出其要旨為：向某人闡明，並瞭解你希望他們去做的事，也正是他們所認定的份內職責，而且符合他們自己的利益。[36] 或是如艾森豪總統的一位幕僚所言：「人們……（在國會裡）不是做他們可能喜歡做的事情，而是做他們認為必須做的事情，對他們而言像是符合自己利益的事情。」然而，最無爭論性的說服大師就是詹森。

詹森的「處理方式」

George Tames/The New York Times/Redux Pictures

在《參議院的大師》（*Master of the Senate*）一書中，Robert A. Caro 描述參議院多數黨領袖詹森如何運用他的說服力，來通過 1957 年的民權法：

> 他用他的故事，而且他用他的笑話，他用他的承諾，用他的威脅，將參議員逼到牆角，或讓他們陷在自己的座椅上。他以手臂挽住他們的肩膀，伸出手指指向他們的胸前，抓住他們西裝上的翻領，看著他們的手，注視著他們的眼睛，傾聽他們說些什麼或他們所沒有說的：「一位當前最偉大的一對一推銷員」──試著推銷他的最大商品，再沒有比這更努力的推銷了。

資料來源：Robert A. Caro, *Master of the Senate* (New York: Vintage Books, 2002), 959–960.

合作策略的另一種類型就是**交涉**（**bargaining**）——即當事人達成協議，以交換財貨、服務或其他資源等。例如，許多大學會以贊助人姓名替該校的會館、禮堂來命名，以爭取贊助人的捐款。又如，檢察長下的反托拉斯部門與企業簽下同意法令，承諾在公司做出第一次認罪前，不採取懲處行動。此外，下一章也會討論到聯邦、州及地方各級政府都會互相交涉，以利推動整個聯邦體系的運作。

關於交涉的更精確的分析，則應以兩大技巧區分。第一，**妥協**（**compromise**），妥協是對一個單一、獨立的議題所做的交涉結果，而這種交涉通常只有一個結果。例如，政府用人的僱用與晉升標準、政府官員在市區貧民窟的時數要求、環境與能源需求之間的權衡取捨、以及失業者的職前訓練計畫類型等。顯而易見地，妥協在美國的政治制度中普遍被認為具有正面價值，但有時會導致可笑的結果。洛杉磯市市長 Antonio Villaraigosa（參見第 1 章）在小地方妥協，以獲取更大目標的支持，例如市中心再開發。當市中心首屈一指的飯店老闆為了阻撓一項新建會議中心飯店計畫，於是威脅提告要市府停止補助該計畫時，市長的處理方式是：同意這位老闆可將三分之一的飯店房間改裝成利潤高的出租公寓，以交換他緩和攻勢。然後當飯店員工抱怨這項行動會害他們失去工作時，他同意推動其他市中心飯店成立工會。

雖然美國民主奠基於妥協之上，例如開國先賢讓人口較少的州同樣擁有兩位參議員，來將他們拉進聯邦，但這種做法也可能帶來可笑的結果。1961 年國防研發工程局長必須協調海軍與空軍，以決定開發一新型戰機供海、空軍共同使用，海軍要求的機翼長度必須是 56 英呎，而空軍則要求 90 英呎，結果呢？不用說當然是 73 英呎。

第二個交涉技巧是**互助**（**logrolling**），通常涉及不只一個議題。要做到互助需各相關交涉者對不同利益的支持彼此相互回饋，例如，關於福利工作的專案小組原有一些施政計畫，但為了回報一位極具影響力的州長顧問，便將專案小組的一個計畫轉移給該顧問執行。或如勞工部的一位高層行政人員對財政部的代表做出某些讓步，因為他指望在日後獲得某種回報。Charles Lindblom 貼切地指出：「他儲存了一堆友善以備日後取用。」[37]

除了說服與交涉談判之外，**聯盟**（**coalition**）也算是合作的一種類型。聯盟即兩個或多個組織為了某一特定目的而結合。最好的例證是 Mohole 計畫，該計畫擬開發一種新技術，讓下錨鑽井船能鑽透地底外層殼。[38] 原來的科研團隊希望新技術能發揮科學方面之應用價值，承包商的目標顯然是希望固守工程應用之價值。至於總統的科技辦公室方面，則關心計畫成功或失敗所導致的國際分歧與聲望下跌，而

國家科學院（National Academy）的領導人則希望確保科技聲望不致受損，免除爭議。最後，國家科學基金會（National Science Foundation）致力於推動此一地球科學的重要計畫，同時，並支持推動其他領域的科研計畫。相同的是，今日的美國太空總署、空軍及承包商也相互結盟，共同為推動太空梭計畫而努力。

建立聯盟的藝術有何不凡之處？優秀的行政人員都知道（有時，不是每一次），明確性（clarity）是不可或缺的；換句話說，若要對某一項政府的議案形成聯盟勢力，則相關組織對此一議案必須儘可能地瞭解清楚。例如，國家衛生研究院即因提供一個含混模糊的機關名稱，而遭到改名。隸屬於國家衛生研究院的國家微生物學研究所（National Microbiological Institutes）於 1955 年，更名為國家敏感性及傳染性疾病研究所（National Institute of Allergy and Infectious Diseases），從此不再讓人覺得殘缺不全，因為「從來沒有一個人是因為微生物學而死亡」。[39]

建立聯盟的盟友都瞭解其中一項好處，即將自己機關的提案，與其他機關的目標及政治權威連結。例如，1953 年提倡發展核能飛機的人士，十分成功地將其提案與國防高優先需求連結在一起。同樣地，詹森總統借用聯盟策略，以聯邦補助款對公立學校補助的政策，與自己的反貧窮計畫連結，因而促成 1965 年通過小學及中學教育法（Elementary and Secondary Education Act of 1965）。另外，第 1 章中曾提及的國際太空站計畫，後來幾乎完全不受各方面的「打擊」影響，因為該計畫日後演變為跨國企業，並成為冷戰後美俄關係的一個重要試金石。

競爭　前面都在探討各種合作可能採用之類型，現在要討論策略的第二個類型：**競爭（competition）**。競爭的定義，是兩個或多個團體之間的鬥爭，由第三個團體出面幹旋。通常在競爭情況中，兩個競爭對手的一方，其實與失敗的一方相差無幾。最普遍的例證是，一項計畫由某個政府機關轉移至另一個政府機關接手。賽局理論稱這樣的競爭情況為**零和賽局（zero-sum game）**。換言之，如果你把交易互動中的贏分和失分加總起來，其結果總是零分，因為你每一次的贏分仍需涵蓋失分的情況。以另一個名詞形容這樣的賽局結果即「贏—輸（win-lose）」。在下一章裡，我們將察看一位高明的談判者，如何嘗試避免面臨此局面，並朝向「雙贏」的結果發展，在這樣的結果裡，贏分和失分的總和是正數。因此，各方談判之後的結果都比談判之前的情況更佳。

一位行政人員如何改善零和的情況？雖可選擇的方案仍有許多，試想下面的例子——掌握先機、與對手競合。在 1960 年代早期，一個關於海、空軍的武器建案趨勢已漸明朗化，國防部長希望選定一種新的機型，只要做些修改便能既適合海軍也適合空軍使用。這種新機型可能以空軍的 TFX 計畫為基礎，或以海軍的 F-4 計

畫為基礎。在此情形下，空軍立即展開宣傳攻勢，並成功強調其新型戰機的優異彈性，而同時又展現了該型戰機能夠符合空軍本身特定需求的優點。**40**

　　行政人員有時會與對手尋求一種競合。在第 1 章裡，我們曾經提到**吸納（co-optation）**，也就是刻意地延攬參與者，以此為手段尋求公眾支持政府機關提出的施政計畫案。Selznick 在對田納西河流域管理局（TVA）的研究中，指出當初推動此建案時，便設法將社區裡可能反對本計畫的力量與地區團體，皆延攬納入，使之共同參與推動計畫決策過程。**40** 此外，提供利多的政府合約，也是政府機關尋求國會立法諸公支持的一個非常有效而富彈性的手段。同樣地，某些政府機關會藉著任命科學家為該單位的顧問委員會，及提供研究援助款等方式，尋求科學界人士的支持。

衝突　雖然本質上合作與競爭都具和平性，受到正式法規及不成文限制的約束，但**衝突（conflict）**則不然，因當事人所追求的目標並不相容。我們來看一個關於甘迺迪總統與美國鋼鐵業界的事件。在 1962 年 4 月 10 日星期二當天，甘迺迪總統意外地記起在訪客行事曆中，包括下午 5 點 45 分要接見美國鋼鐵主席 Roger Blough。Blough 主席拜訪總統之目的為遞交一份有關每噸鋼售價將調高 6 美元的新聞稿。總統感到大吃一驚，覺得自己全力對抗通貨膨脹，似乎前功盡棄。總之，他覺得受到愚弄。他坐在沙發上獨自沉思，旁邊是一張搖椅，他想到可從工人身上得到助力，以確保鋼鐵價格不上漲。雖然，總統在鋼鐵業領域裡可運用的籌碼似乎不多，但他不願在毫無抵抗下接受這種既成事實（fait accompli）。他的主要策略就是分而治之及各個擊破；更清楚地說，他先從芝加哥市的內陸鋼鐵公司（Inland Steel Company of Chicago）著手，取得同意不跟隨美國鋼鐵的漲價步調。總統也採取其他步驟，簡言之，便是說服 Kefauver 參議員及司法部開始對鋼鐵業的活動進行調查，利用記者會左右公眾意見，以及藉由準備取消若干國防契約來進行暗示性的威脅。

　　72 小時內，Blough 主席在總統尚未迎頭痛擊之前便投降了。這個插曲顯示，做為一位行政首長應有能力「發揮及運用自己的一切潛能與手邊掌控或能夠借得的一切工具，防阻對自己所要推行的施政計畫、對自己的聲望、對自己負責單位的任何破壞。」**42**

　　衝突當然也發生在較低階層，結果並未都是政府占上風。媒體工作者 Tom Wolfe 生動地描述，貧民窟的青年及好戰份子如何恐嚇市政官員與地方上的經濟機會辦公室。Wolfe 稱其做法為「嗆聲」（mau-mauing）。Wolfe 敘述有位選民 Chaser，幾乎對各階層人員都在「嗆聲」：

　　於是 Chaser 會說：「現在當我們到了那裡，我希望你們到前面去，並且盯著對方看而不發一語。你只要瞪著眼看，不管他說什麼。他將試著要你認同他，並說道：『這樣對嗎？』及『你瞭解我的意思嗎？』。他希望你說對或點頭……，看……那就是他的心理戰。但你不要說任何話，你只要瞪著眼看他……，看……便會有其他弟兄起身走到他後面的講台上，好像這裡已沒有多餘的空間，或像他們聚集在他四周。然後，你的兄弟都站在他身後，你只能讓他那樣……。他心裡想著：『噢，上帝！那些壞貓就在我面前，他們全都圍繞著我，他們也在我身後。我被包圍了。』那使他們感到震驚。」[43]

　　時機與忍耐也十分重要，例如在鋼鐵價格方面的衝突例子上，甘迺迪總統意識到，他必須以快刀斬亂麻的方式採取處置措施，並在一堆鋼鐵公司發動示威嚇壞美國鋼鐵且漲價之前。但採用壓力有其限度──必須要知道何時踩煞車，不可過度使用。Benjamin Disraeli 認可此一因素的內涵，他說道：「除了要瞭解何時掌握優勢之外，生命中最重要的一件事便是懂得何時放棄優勢。」

　　然而，衝突的情況下並不需要進行密室政治（backroom politics）。衝突可以在率直而有尊嚴的情形下獲得解決。的確，即便最高形式的衝突──戰爭──人們仍可有因應的選擇方案。以下是一封邱吉爾（Winston Churchill）首相致日本大使的信函，便點出此一重點：

閣下：

　　在 12 月 7 日晚上，大英帝國的國王陛下政府知悉，日本軍隊在未提出宣戰或遞送有條件宣戰的最後通牒等警告，入侵馬來半島的海岸，並轟炸新加坡及香港。

　　鑒於此一未經挑釁而無理的侵略行動，明目張膽地違反國際法，特別是第三次海牙公約第一條中有關開放敵意的條文，日本與英國為當事國。因此，國王陛下的駐日大使受命通報日本帝國政府，以大英帝國的英國國王陛下政府之名義，宣布兩國處於戰爭狀態。

　　謹榮幸提出此通報函件，

致閣下
您謙卑的僕人
邱吉爾

　　邱吉爾對此提出解釋：「有些人不認同這種拘泥禮節的形式，但當你要殺一個人時，對他禮貌並不會多花你一毛錢。」

本章重點

　　本章之要旨在於檢視一位公共行政人員因所處環境的政治力量，使其工作的推展受到若干限制──即使他想做到有效率與有成效。然而，如果適當加以控管，則這些力量也可受到緩和、消除、或甚至轉變這位公共行政人員的輔助優勢。以下是本章的重點摘錄：

1. 政府機關遵循以推動施政計畫的管理策略，與政治策略相關。對於一項施政計畫的管理，決定了政治議題對政府機關的重要性。反之，政治環境亦塑造對於施政計畫的管理。

2. 公共行政人員不斷地參與決策過程，各行政首長幾乎不曾從規劃人員提出的議題與解決方案中做出決定，而這些規劃人員大都是介於一、二級政務官員與常任文官之間的官員。

3. 在執行政策時，行政人員是在進行以下四種活動：即方案運作、法規制定、調查及裁決。後三種活動構成所謂的行政程序。此行政程序涉及行政機關的行政法，與涉及法院的行政法之司法程序不同。

4. 行政方面的法規制定是要建立指導性法規──即該機關的指導法，說明該機關在執行政策時，關於私人團體權益的適用性與未來成效。其效力等同法律效力。

5. 依據 1946 年公布施行的行政程序法的要求，政府機關所提出的法規制定公告，必須向聯邦政府公報登記。

6. 各行政機關也制定各自的解釋性法規，這些法規對公眾並無法律約束力，但說明一個政府機關計畫如何解釋與執行其法律上的權限。

7. 最普遍使用的法規制定程序為公告與評論法規制定作為方式，此程序涉及三個基本步驟：(1) 公布需制定的法規，(2) 進行評論階段，(3) 最後成為法規。

8. 在完成對可疑的法規違犯者的調查行動後，政府機關即可採取行政手段懲治違反規定的個人或私人機關。大部分的行政懲治手段，在早期階段即已透過協調、談判方式達成和解，並未實際做出裁決手段。若雙方未能達成和解，則政府機關將會對可疑的法規違犯者提出控告，行政法官將主持聽審，並有權要求相關人員宣誓、提出證詞，對問題做出裁定，並根據事實證據做出裁決。裁決

是一個準司法程序，由政府機關推動，以確保在憲法的保障下，「未經正當的法律程序」每個國民都不能被剝奪「其生命、自由與財產」。

9. 對於立法者而言，想要讓政府機關完全服從並不容易，政府機關在執行其政策時，有時與立法者的想法不同，而他們的懲處手段如預算制裁、聽證會等也不能要政府機關收回既已制定的政策。

10. 一些國會的政策對政府機關的運作具有深遠的影響拉力，例如 1966 年資訊自由法、落日法、陽光法等都是主要例證。

11. 國會的監督必須保持經常而有系統地監督行政部門的施政表現——即政府的計畫推動成效如何，以及政令法規是否誠實地、有效率地、以及忠實地認真執行。然而大體而言，監督的工作並未真正做到經常性，而且也並未做得徹底。國會監督功能因政府審計署（GAO）的成立而強化許多。國會或其他民意機關控制政府機關的另一個手段即撥款程序。

12. 基於若干理由，政務官與事務官之間彼此存在著緊張關係，這些政府官員多半是負有帶頭推動政令的官員。理由之一，政府機關與國會的次級委員和外部利益團體間會形成聯盟關係。理由之二，如果總統與其政務官為了政策目的，能夠在對政府機關的管理上重疊，則其推動政令的途徑自然也會有交疊情況。理由之三，政府機關一般傾向於保守而抗拒改變，這是因為傳統上緊密地與政策連結的緣故，以及常任文官的專業取向使然。最後一點，政務官一般的任期多半僅 18 個月而已。

13. 總統與其政務官並非完全無助。總統除了能夠充分引起公眾的注意力之外，也能夠任用重要的政府官員，而且總統還掌管管理與預算局（OMB）。OMB 是白宮辦公室所屬最大的單位，擁有兩方面的功能：第一個功能是編製政府預算，第二個功能是過濾各政府機關提出的各項法規提案。所謂過濾各政府機關提出的各項法規提案（立法適法性清查），即各政府機關提出的法規提案必須先經總統的 OMB 審查過濾，以確保政府政策與執政目標的連貫性。

14. 要分析法院與行政機關之間的複雜關係，最好從以下三個面向思考：第一個面向是行政責任——法院的職責是確保公共行政人員的行動能夠負責任、公正而誠實。第二個面向，就是影響公共行政人員的管理，因為最高法院曾就政府主管官員對其下屬人員的監督與組織運作的權限自由度，做出若干限制的決定。第三個是行政法——定義權限、限制及行政機關程序的法律。

15. 在審查行政機關的決定時，法院會考慮下列幾個問題類型：(1) 在相關法律約束下，這個政府機關是否逾越權限；(2) 這個接受審查的政府機關所引用的適用法律，能否為其行動提出適當解釋；(3) 這個政府機關是否違反了任何憲法

條款；(4) 這個政府機關是否遵守法律的程序要求；(5) 這個政府機關是否專斷、漫不經心或任意妄為；(6) 這個政府機關做出的結論是否有具體的證據支持。

16. 除了國會、政務官、法院之外，其他圍繞在行政人員四周的重要政治影響力，還包括客戶、相關機關、媒體、行動主義者及公眾（「人民」）等。

17. 一位行政人員的政治資源會表現在以下三種類型的其中一種：外在支持、專業主義及個人權力。一位謹慎的行政官員會在評估過每一項之後，才決定是否採取重大的政治行動。政府權力的持久來源之一就是次體系政治現象，或稱鐵三角。政府機關會尋求與國會的各委員會及利益團體結盟。專業人士在政府機關內居於較佳的地位，動員相關的外在專業組織提供支持。

18. 如果說領導是一種程序，讓某個人能成功地影響其他人，則權力即為其手段。多年來，人類行為的學者歸納出八種個人權力的基礎如下：強制權力、連結權力、專家權力、信賴感權力、義務性權力、合法性權力、認同感性權力、獎勵權力。

19. 圖 2.4 描述一個政府機關在政治環境中的各種力量，雖然各機關面臨的情況不盡相同，但圖 2.4 幾乎涵蓋大部分的可能影響拉力，對於任何一個公共組織大抵都適用。但某些個人、團體及組織的影響拉力，則只針對特定類型的組織及決策。若將這些人與團體看成是利害關係人較有助於大家的認知，因為政府機關的決策與行動對他們有重大的影響。當利害關係人與其關係能被確認後，相關行政人員必須自問兩個關鍵性的問題：第一，對機關而言，這些人在各種重要議題上所持的立場為何？第二，每一位利害關係人的實力如何？

20. 高層行政人員可擬定許多策略，來因應機關的政治環境。這些策略可大致分為：合作、競爭，及衝突。

問題與應用

1. 很典型地，公共管理者一項區別的特質，就是他們必須依賴其他許多人的活動才能完成自己的工作。不同於醫生、數學家或棒球投手較直接地依賴自己的天賦資質與努力，公共管理者可或多或少依賴圖 2.1 及圖 2.4 中所舉的各方人士、團體或機關。這些依存關係與公共管理者的工作息息相關且不可分割，因而要順利推展工作必須營造政治優勢，這對工作推展非常重要。

一位南加州大學的管理學教授 Kathleen Kelly Reardon 即主張，精明於政治並不代表不道德或狡詐。相反地，這涉及專心傾聽與參酌他人意見，然後做

出能夠涵蓋每個人目標的決定。在《全都關於政治》（*It's All about Politics*）（New York: Doubleday, 2005）一書（譯者按：原書名應為 "It's All Politics"，此處應為作者誤植）中，Kathleen Kelly Reardon 指出某些方法可以營造政治優勢，每一種方法都對應下列三個問題：這個陳述對我的意義為何？我對於該陳述有多少程度的贊同（或不贊同）？以及有何例證可從知名領袖的書面資料或我自己的經驗中佐證，以支持該陳述？以下是 Kathleen Kelly Reardon 的陳述：

- 政治直覺並非千里眼，而是不可思議的專注力，留意其他人所說的與他們如何去做。
- 要發展對政治優勢利益的認同性，應從關注其他人開始，注意他們說了些什麼及他們的想法與感覺如何。
- 由於有經驗的政治人物花了許多時間學習與累積豐富的體驗，在面對意外的情況時很少盲從，當所參加的敏感性討論出現了差錯時，他們都會先想一下，並且問自己該說些什麼。
- 在培養政治智慧的各種重要手腕上，最重要的是能以他人的角度去看事情。
- 最具高明手腕的政治人物會顯露出對他人所言的強烈注意力，他們不會將自己的觀點強加於他人身上，反而是透過高明的互動，讓他人覺得這位政治人物的觀點對於他們的看法很有助益。
- 我們每一個人對於自己所受到的對待方式都至少有 75% 的責任，因為對於他人對我們的看法及認為我們如何皆可有發揮影響力的選擇，也有義務去瞭解為什麼。
- 能夠解讀各層面人物的意思是一件高難度的工作，但這就是從二流候補角色一躍而成為一流明星所必須付出的努力與所具有的資質。
- 你不必「能言善道」，你只需能夠與某人溝通。
- 如果你被貼上標籤，最好瞭解此標籤代表的涵義，因為你個人的名聲並不完全由他人營造，而是在於你自己巧妙地推波助瀾。
- 能夠向他人學習、傾聽他人的故事，以及瞭解技術知識如何與實務性、評估性知識相互融合，即是一種不可或缺的政治能力。
- 最好少用恫嚇威脅，應該學習牙醫的方法：只需修補蛀牙的洞，而不要碰觸到神經。
- 政治上的勇者瞭解一個非常重要的事實真理：達成目標通常並不如落實這個目標上所用的方法重要。他們深知一個至理名言，即打贏一場戰役並非都是贏得戰爭的途徑。

- 沒有政治的指南針，你可能很容易跌入政治性的行為方式，以及違背自己真正相信的道理。

- 關於工作有一點要記住：任何看起來太過私人的問題很可能就是那樣。

2. 一些高層行政人員抱持一個看法，即他們應該歡迎國會委員會或議員的合法監督。你認為何以一位公共行政人員會有這樣的看法？

3. 「賣票與脅迫（vote trading and arm twisting）在一些小型議題上有效，卻不夠顯著到成為全國性的焦點議題。但當你已引起全國性的注意時，這是行不通的。」你同意或不同意？請舉出一些最近的例子來佐證。

4. 重繪圖 2.4，把醫院的行政人員置於中心位置。你認為圖形該如何描繪，若將多國公司的執行長置於中心位置？若將普林斯頓大學的校長置於中心位置？若將國際性環保團體綠色和平組織（Greenpeace）置於中心位置？請具體描繪。

5. 即便是「沒有權力」的人能有什麼權力？（請回顧 Chaser 和他的「嗆聲」技巧。）

6. 一所美國大學的校長在任職初期遭受批評，認為她拒絕對她工作上的政治環境妥協與瞭解。她的答覆十分乾脆：「我不是政治人物，而且我反對在這個學校裡關於職務上的政治事務。在工作上，是否順利推展校務在乎實質，不是形式，也不用擺姿態。我希望代表一個不同的觀點：客觀性、不同於政治的原則。我對抗著社會上許多來攀高結貴的形式和虛假。」你看出這位校長有何種問題嗎？請盡量具體說明。

7. 下面的各項意見調查，提供一個機會評估你自己的政治手腕技巧。請閱讀每一項調查意見的陳述，然後圈選號碼（1 到 5），以適當表達你的贊同程度。每一選項中，1 代表贊同的程度最弱，5 則代表贊同的程度最強。

我研究如何建立權力，並且運用在工作上。	1 2 3 4 5
我採取建立我自己對他人信用的措施，而不是假定我的工作會幫我建立。	1 2 3 4 5
就某些特定類型的知識而言，我試著讓自己成為大家有疑難時會來求助的人。	1 2 3 4 5
我很有辦法能讓大家在為我工作或與我工作時，覺得愉快。	1 2 3 4 5
我會透過一些話與方法，傳達權力上的自信感。	1 2 3 4 5
我避免炫耀權力。	1 2 3 4 5
我會運用智慧慎選戰場。	1 2 3 4 5

我 的 最 愛

www.house.gov　美國眾議院圖書館是一個極佳的政府贊助之網站資料資源，該網站提供所有未決的立法全文及國會聽證紀錄。

www.c-span.org　你可以很舒服地從自己的桌上型電腦裡，透過網路看見美國政府的即時運作動態。C-SPAN 是一個公共有線電視頻道，為美國有線電視業界共同出資設置。設立目的在於讓所有美國人能透過電視頻道，看見美國眾議院、參議院，以及其他公共論壇所發生的動態消息。（C-SPAN一詞代表 Cable-Satellite Public Affairs Network。）

www.apsanet.org　美國政治學學會（American Political Science Association）是一個主要的專業團體平台，提供研究美國及世界政治、政府，以及公共政策的人士使用。

註 釋

1. Norton Long, "Power and Administration," *Public Administration Review* (Autumn 1949): 257.

2. William W. Boyer, *Bureaucracy on Trial: Policy Making by Government Agencies* (Indianapolis, IN: Bobbs-Merrill, 1964).

3. William H. Lambright, *Governing Science and Technology* (New York: Oxford University Press, 1976).

4. Harold Seidman, *Politics, Position, and Power: The Dynamics of Federal Organization* (New York: Oxford, 1998), 76.

5. 這裡的討論大量參考自 Philip J. Cooper, *Public Law and Public Administration* (Itasca, IL: Peacock Press, 2000), 14–18.

6. Martin Linsky, *Impact: How the Press Affects Federal Policy Making* (New York: Norton, 1986).

7. 國土安全部前檢察總長 Clark Kent Ervin 認為最後一個問題的答案為否。請參見 *Open Target: When America Is Vulnerable to Attack* (New York: Macmillan, 2006).

8. 參見 Chad Therune, "Along Battered Gulf, Katrina Aid Stirs Unintended Rivalry," *Wall Street Journal* (September 29, 2005).

9. 參見 Paul Light, *Thickening Government: Federal Hierarchy and Diffusion of Accountability* (Washington, DC: Brookings, 1995).

10. David E. Lewis, "Political Appointees, Bureau Chiefs, and Federal Management Performance," *Woodrow Wilson School of Public Affairs and International Affairs Policy Brief* (October 2003).

11. Arthur M. Schlesinger, *A Thousand Days* (Boston: Houghton Mifflin, 1965), 406.

12. Seidman，如前所述，頁 28。

13. Eliot Richardson, "The Maze of Social Programs," *Washington Post* (January 21, 1973).

14. *Wall Street Journal* (September 25, 1986).

15. James O. Wilson, *Bureaucracy* (New York: Basic Books, 1989), 241–44.

16. Seidman，如前所述，頁 38。

17. Arch Lustberg, *Testifying with Impact* (Washington, DC: Chamber of Commerce, 1983).

18. David H. Rosenbloom and James D. Carroll, *Toward Constitutional Competence: A Casebook for Public Administrators* (Englewood Cliffs, NJ: Prentice Hall, 1990).

19. Michael G. Trachtman, *What Every Executive Better Know about the Law* (New York: Simon & Schuster, 1987).

20. Daniel Hall, *Administrative Law: Bureaucracy in a Democracy* (Upper Saddle River, NJ: Prentice Hall, 2001), 99.

21. 例如，在「Morton 控告 Ruiz」案（1974）中，法院逆轉了印地安人事務局的一個決策，該決策拒絕提供聯邦協助計畫之補助款給印地安人。依據印地安人事務局的印地安人事務作業準則（Indian Affairs Manual）規定，該局拒絕對非居住於保留區的印地安人申請發放補助款，而且內政部長認為所謂的居住限制是該機關對「Synder 法」的解釋。

但法院裁定印地安事務局的決定雖然符合補助款發放限制，但在未經過專案小組做出決定之前不能執行該限制；也就是說，印地安人事務局必須公布一項依法有效的法規，並通報《聯邦政府公報》，然後才能據此執行刪除對那些不符資格的印地安人之補助款。除了解釋性法規之外，另一種免除外於行政程序法之正常法規制定程序的動作為政策聲明。1988 年「McLouth 鋼鐵產品公司控告 Thomas」案，華盛頓特區的巡迴法院認可該公司的控訴，環保局採用某一型的電腦即構成了實質性（立法性）法規的條件，必須透過正式的法規制定程序進行該計畫。依據資源保護與復原法（Resource Conservation and Recovery Act），採用哪一型電腦即表示環保局將選定哪些公司做為法規制定的目標。

22. *Consolidated Edison Co. v. NLRB,* 305 V.S. 197, 229 (1938).

23. *Motor Vehicle Manufacturers Association v. State Farm Mutual Insurance Co.* (1983).

24. Ernest Gellhorn and Ronald M. Levin, *Administrative Law and Process* (St. Paul, MN: West, 1997), 268.

25. Russel M. Linden, *Seamless Government* (San Francisco: Jossey-Bass, 1994), 264–65.

26. Pete Correll, CEO of Georgia Pacific and chairman of Atlanta Committee for Progress, 引用自 *U.S. News and World Report* (10/31/2005): 80.

27. Hugh M. Heclo, "Issue Networks and Executive Establishment,"in Anthony King, ed., *The New American Political System* (Washington, DC: American Enterprise Institute, 1978).

28. Frederick Mosher, *Democracy and the Public Service* (New York: Oxford, 1968), 106.

29. "Lessons in Power: A Conversation with Historian Robert A. Caro," *Harvard Business Review* (April 2006): 47–52.

30. R. M. Pious, *The American Presidency* (New York: Basic Books, 1979).

31. John P. Kotter, "Power, Dependence and Effective Management," *Harvard Business Review* (July–August 1977): 131.

32. 前揭註，頁 136。

33. R. Likert, *New Patterns of Management* (New York: McGraw-Hill; 1961); S. Tannenbaum, ed., *Control in Organizations* (New York: McGraw-Hill, 1968).

34. David Halberstam, *The Best and the Brightest* (Greenwich, CT: Fawcett Crest Books, 1969).

35. Richard D. Neustadt, *Presidential Power and the Modern Presidents: The Politics of Leadership from Roosevelt to Reagan* (New York: Free Press, 1990), 31.

36. 前揭註，頁 46。

37. Charles E. Lindblom, *The Policy Making Process* (Englewood Cliffs, NJ: Prentice Hall, 1968), 96.

38. David S. Greenberg, *The Politics of Pure Science* (New York: New American Library, 1967), Ch. 9.

39. Seidman，如前所述，頁 24。

40. R. F. Coulam, "The Importance of the Beginning: Defense Doctrine and the Development of the F-111 Fighter-Bomber," *Public Policy* (Winter 1975).

41. Phillip Selznick, *TVA and the Grassroots* (New York: Harper & Row, 1949).

42. Theodore C. *Sorenson, Kennedy* (New York: Harper & Row, 1965), 516.

43. Tom Wolfe, *Radical Chic and Mau-Mauing the Flak Catchers* (New York: Farrar, Straus, and Giroux, 1970), 22–23.

44. Winston S. *Churchill, Memoirs* (Boston: Houghton Mifflin, 1959), 508.

個案 2.1
君王論
The Prince

偉大的政治思想家通常會對某些特定歷史發展片段，留下片紙隻字的個人獨到見解，且其高深的哲理不僅是當世的真知灼見，即便百世以後也是不變的真理。馬基維利（Niccolo Machiavelli）就是鳳毛麟角的一位大思想家。他所撰寫一部曠世鉅著《君王論》（*The Prince*）最初問世的時間是 1532 年，也就是在他辭世前五年。這本書讓他成為當今世上最具爭議性、又耐人尋味的一位現實政治理論家。沒有一位人物在探討政治的需求要件上，像馬基維利的冷酷而一針見血。他在關於適當運用權力的思想上，總是讓其他的大思想家深受啟發。

馬基維利出身自一個貧困沒落的望族家族，後來進入翡冷翠共和國（Florentine republic）擔任公職，並迅速爬升到重要職位。「那是一個非常重要的位置，」Michael A. Ledeen 在其所著之書《馬基維利對當代領導的影響》（*Machiavelli on Modern Leadership*）中寫道：「這個工作既像是今天美國白宮總統幕僚長的地位，又兼有特使的身分，且偶爾肩負軍事指揮的重責。一直到該共和國於 1512 年傾覆之前，馬基維利不只是參與高層的政策會議，足跡並踏遍歐陸各國，向各任教皇及各國王公傳達訊息，談妥條約及其他協定，組訓武裝民兵，甚至指揮他們參加作戰。」[1] 這些經驗讓他有機會旁觀義大利的政治。由於馬基維利曾參與非常高層的決策圈，因而能夠觀察到這些位居高層封閉區域內的人

物的動態，並且將他對相關政治人物的行動與人格特質之敏銳觀察，撰寫成報告，並呈報給翡冷翠的各位主事者知悉。以下是摘錄自馬基維利這本鉅著（由 26 章構成經典之作）的部分段落。

*　*　*

第十五章
一些讓一般人們，尤其是王公會受到讚頌或責難的事

對一位王公而言，對待其臣民與朋友應該有一些行為準則，此重點已有多人闡述。然而，我的本意是寫下我的觀點提供他人參考，希望能讓他人瞭解而有所助益。我認為應該將事實的真理闡明才較恰當，而不是去揣測、想像真理；因為許多人心中所想像的共和國（republics）與公侯國（principalities），事實上並不存在、也未曾見過。因為時至今日，一個人如何活著與應該如何活著之間相去太遠，所以對於忽略去做應該做的事的人而言，早晚會因此導致滅亡，而非長居其位。其理由是，如果希望依照其地位上的道德規範來行動，不久就會碰上欲毀滅他的力量存在於諸多邪惡之中。

因此，對於想要保有權位的王公而言，必須瞭解如何使壞，而且能夠善加運用。或許並非出於需要，對於王公而言，宜把不切實際的放諸一旁，專注於實際事務。我認為所有的人當被論斷時，尤其是高高在上的王公們，其人

格特質不是受到特別的推崇，就是受到特別的貶抑。所以，一個人不是被看成寬大的人，就是被看成吝嗇的人；不是慷慨大方的人，就是貪婪的人；不是殘酷的人，就是富同情心的人；不是有信念的人，就是沒有信念的人；不是軟弱而膽小的人，就是勇敢而無畏的人；不是和藹可親的人，就是傲慢的人；不是好色的人，就是重貞潔的人；不是忠厚篤實的人，就是狡猾的人；不是難相處的人，就是容易相處的人；不是莊重的人，就是輕浮的人；不是有宗教信仰的人，就是無宗教信仰的人；以此類推。我瞭解每個人都會同意一位王公如果表現出上述所謂好的人格特質便應受到讚頌；但是，這些王公的人品並不會全部被人看見，事實上也不可能具有上述全然好的品質，因為這就是人性。因此，王公們最好謹慎地避免那些對其不當行為的批判責難，因為這可能會讓他丟了國家的王位；而且也儘可能地讓他遠離很難除去的不當行為。然而，這不太可能做到，王公可能很少會猶豫放棄自己的不當行為。且王公也不需過於擔心因不當行為所招致的惡劣名聲而讓自己過得太辛苦，因為沒有了這些不當行為，反而讓他在治理國家時十分地辛苦。如果對每一件事情都過於謹慎，王公會發現如果所有道德都去遵守，最後難免王位不保；然而，有些行為雖然看來不道德，但卻能為他帶來安全，也為國家帶來繁榮。

第十七章
殘忍、寬厚，以及讓人愛戴是否比讓人畏懼來得好

現在要談其他方面的人格特質，我要說每一位王公都應該希望被人認為是仁慈的人，而不是殘忍的人。但是，他應該謹慎，不要誤用了其仁慈心。Cesare Borgia 被認為是一位殘忍的王公，但由於他的殘忍，使得 Romagna 得以和解，復歸統一的局面，並且恢復和平及宣誓效忠。而如果能給予一個比較正面的說法，Cesare Borgia 應可算是比翡冷翠人民更為仁慈的人，因為翡冷翠人民為了避免一個殘忍的名聲，卻讓 Pistoia 遭到毀滅。所以做為一位王公，只要能確保其臣民的團結與效忠，又何須太在意他人對其殘忍的咒罵。因為，Cesare Borgia 只需立下幾個殘忍的案例，便達到仁慈的功效，這比起那些過於仁慈的王公，坐視國內騷亂不安，甚至殺人、強盜事件紛起強得多。上述的不安、騷亂、殺人與強盜等情況影響及於全國人民，而 Cesare Borgia 只要制裁某些作亂者，就能讓國家回歸於安定、團結、秩序井然的局面。

但採取行動時不宜急躁，也不宜輕率採信，更不能表現害怕，而要審慎而人性化地採取穩健行動，這樣的做法既有信心也不會輕率，更不會因不信任感而讓人民無法忍受。

到了這裡，一個問題來了：做為一位王公是要讓人愛戴勝於讓人畏懼呢？還是讓人畏懼勝於讓人愛戴？答案可能最好兼具，但一個人同時具有這兩種情況十分困難，在只能保有一種情況下，應該是讓人畏懼比較穩妥，當你想要讓人既畏懼又愛戴時，可能會兩者皆無。我之所以這樣說，是因為一般而言人性多傾向不會感恩、善變、虛假、膽怯、貪婪等，而只要你站穩立場，穩固地位，則人們就會自動向你靠攏，任你擺布；他們會向你表示願意為你捐軀、獻出財產、生命、甚至是小孩等，前面曾經提及，只要這些不是馬上要兌現的要求都可

給予。但如果真的碰上被迫要兌現時，人們很可能轉過來反對你了。如果一位王公真的全然相信這些承諾，而未注意採取適當的預防，則距離自己的覆滅就不遠了。其原因在於，倚靠支付報酬而得來的友誼，不是因為偉大、高貴的情操，這些並不穩固，且在危及時刻根本不能信賴。一般人對於冒犯一位受愛戴的人很少會感到良心不安，但是冒犯一位讓人畏懼的人則不然。因為，愛戴是基於一種義務的連結，很容易因為人性卑劣本性的利益衝突而打破；對懲罰的畏懼心理，卻能長保你的王位不墜。

然而，一位王公應該要用下列方式激起恐懼：如果他不能贏得愛戴，則一定要避免累積仇怨；因為一位王公雖因臣民的恐懼而長保其權位，另一個主要原因是沒有人對他有怨懟。只要能夠放棄對人民、臣下的財富及女人的占有，就能遠離他們的怨懟、仇恨。然而，當王公必須制裁某人而奪其生命時，最好能夠於法有據，理由明顯。此外，最重要是千萬不要奪取此人的半點財產。因為，人們可能很快便忘記父親的死亡，但是很難忘記家傳產業被奪取（這家傳產業可能是自其父親或祖先遺留下來的家產）。此外，找藉口侵占他人財產的人是永遠不會感到知足的，一旦開始以搶劫為生就會一直找藉口搶奪別人的東西。反之，要制裁他人生命不是一件容易的事，一方面必須要有充分的理由，而且此人生命一旦被奪走後不久便被遺忘。擁有一支軍隊的王公及掌控了相當龐大軍力的君王，不必太在意殘忍的罵名，因為沒有殘忍的手段，他們連能否掌控軍隊都成問題，甚至王位都不保。

關於 Hannibal 的諸多偉大功績，特別舉出其中一個非凡的才能：即他能夠領導一支非常龐大的軍隊，這支軍隊由許多不同的民族組成，他帶領他們在國外的土地上行軍作戰，卻不曾發生軍隊內或對領導人不服的情事，這是他運氣好？或運氣不好呢？事實上，這是因為他不人性的殘忍作風，然而又由於他那不分種族或地域性的價值觀，使他的部隊既尊敬又畏懼。最重要的是，如果沒有殘忍作風，則其他方面的優點不可能讓部隊達到團結一致、戰力堅強的地步。有些短視的學者僅只是推崇 Hannibal 某些方面的優點與功勳，卻批判他在鞏固軍隊方面的最重要領導特質。關於這一點，從 Scipio 的案例中可以獲得證明，他是一位在該時代且人類有歷史以來的一位傑出人物，但他所帶領的軍隊卻在西班牙叛變；這是因為他太縱容部下，讓他們的行徑漸漸脫離了軍紀容許的限度。

現在再回到是否應該畏懼或愛戴的問題上，總結而論：人們依照自己的意志去愛戴王公，但畏懼王公是因為王公的意志。一位明智的君王，應該建立自己能夠掌控的地位，而非讓自己的地位由他人所掌控；他只需避免引發前面所提到的仇怨。

第十八章
王公應該有信念的一條大道

每個人皆承認，如果一位王公能夠保持信念、生活行為高尚而不耍機巧，他便會受到讚揚。然而，實際的經驗是那些做出一番偉大功勳的君王對信念並不執著，知道如何運用心機掌控聰明人，而且終能讓那些聽話的人遵從。

這裡有兩種途徑讓人能夠發揮其支配力，其一是依靠法律，另一種依靠蠻力；當然第一種途徑適用於人類，而第二種只存在於動物、

野獸的世界。但由於第一種途徑往往無法有效地遂行統御，有時需要第二種途徑的輔助。因此，做為一位王公既要瞭解如何讓自己像個人一樣發揮統御力，也要瞭解如何讓自己像野獸一樣地發揮支配力。上古的傳說裡，曾有比喻性的說法教導王公如何遂行他們的統御，如希臘神話裡 Achilles 及其他諸王，皆由 Centaur Chiron 所養育，Centaur Chiron 以他的方式訓練、教養他們長大，意即他們有一位既是人又是野獸（半人半獸）的老師。所以，一位王公應要瞭解如何活用兩方面的性格特質，兩者缺一都會危及王位。

因此，一位王公在不得已必須發揮野獸的人格特質時，最好兼具狐狸與獅子兩種性格；因為獅子很難逃出陷阱的獵捕，然而狐狸則很難躲過狼的追捕。所以，最好是既要有狐狸的性格特質來逃脫陷阱的獵捕，又要有獅子的性格特質來嚇跑狼。單單具有獅子性格特質的人，並不瞭解自己究竟是什麼。也就是說，一位高明的君王不會，也不應該堅持遵守承諾，當對這樣的堅持已經陷自己於有害無益的境地時。此外當初讓自己做出承諾的理由已不存在。當然，若人性都是完美無瑕的，上述概念便無沒有存在的必要，但人性本惡，並不會一直對王公的信念不變，做為一位王公實在沒有必要對他們始終信守自己的承諾。而且，一位王公永遠有許多好理由去打破自己的承諾。關於這點，當代的例證不勝枚舉，例如許多簽署的條約、協定終歸無效，然而那些不信守承諾的王公並不會發生什麼事。最懂得善用狐狸性格特質的王公，常能無往不利。

然而，瞭解這兩種特質之外，需懂得偽裝，要裝得很像，還要隱藏得很好。人們多半

單純，只要你嘗試欺騙，總會有人受騙上當。

因此，一位王公實在無需具備前面所列舉的全部良好品格，但卻要偽裝成好像你全部擁有。而且若一位王公具有前述的全部良好品格，並持續遵守他們的要求，此舉反而對其王位有害無益，但若只是裝出你有這些良好品格，反倒非常有益。因為當你表現出你有仁慈心、信念、人性化、宗教信仰、正直等優良人品，其實你心裡覺得十分委屈，但你會很清楚如果一旦必須做出轉變時，反面的特質會是如何。

而且你必須瞭解一點，對於一位王公而言，特別是一位新接王位的王公，要做到成為一位受人尊敬的人之行為舉止並不太可能，大部分都是被迫做出的行為表現，而為了保全王位、存續國家，他們不得不違反承諾、背棄友誼、違背人性，以及背離宗教。因此，他需有一個隨時可因應變化的心，跟隨著時勢轉變與命運之神的趨勢而轉變立場。前面曾經指出，不要遠離自己好的特質，如果你可以避開的話，但假如被迫不得不如此時，也要知道該如何著手。

第二十五章
命運之神能夠影響人類哪些事情，以及該如何抗拒祂

對我而言，並不難知悉有多少人已經有且仍持續抱持這樣的想法，人類的命運是在命運之神與全能之神的掌控之下，因而人類以其卑微的小智慧無法去改變其命運，甚至沒有人會願意推波助瀾。結果是，他們寧願相信，與其徒勞無功於其上，不如讓機會、命運控制。有時，沉思一下，還頗贊同他們的觀點。當然，

在不特別強調人類自由意志的優點之下，相信命運之神的確對於人類的行動占有一半的影響力，而留下的另外一半讓我們人類自行努力，或許比一半還少一些。

　　我將命運之神比擬成一條狂暴的河流，當河流氾濫時便淹沒兩岸的平原，掃落樹木與建築物，並帶走土壤等；每一樣東西都在其面前飄飛起來，每一件事情都屈服於暴力之下，而完全無法抵擋、抗拒祂。即便其狂暴個性如此，人類卻沒有方法可以利用，像是當天氣和煦、風和日麗時，人們嘗試建立藩籬、擋水堤防等，以便河水再度氾濫時，能引入運河之中，使河水不再到處氾濫，並不再那麼危險。然而當命運之神發怒時，人們卻全無任何有效的系統化性力量防阻、抗拒。如果想要引導祂，祂完全清楚哪裡沒有藩籬、擋水堤防，卻往該處衝撞，什麼都擋不住祂。

　　所以，一位王公今天也許很高興地安然在位，但明天很可能便被推翻，事前卻一點變化跡象都看不出來。當然，首先要說的是，其實前面已經說了很多原因，即如果一位王公只會倚賴命運之神，則當其運氣轉變時其王位便不保。而且，我認為一位成功的君王，是一位能夠掌握機勢主導自己行動的人。反之，則不會是一位成功的君王。因為一般普遍情形是，當他們奔向屬於自己的榮耀與財富之目的地時，先前總有許多方法與手段：有人謹慎小心，有人是急性子，有人採用暴力，有人較工於心計，有人很有耐心，有人急躁等。雖然每人的方法不盡相同，但最後總是有人能到達目的地。有時，我們會看到兩個小心謹慎的人在為其目標而努力，結果卻是一位成功，而另一位失敗。同樣地，有時是兩種不同類型的人奔向

其目標而努力時，一位雖然小心謹慎但終究抵達目的地，另一位雖是個急性子卻也抵達目的地。以上有一個關鍵，即他們中間的成功者皆能掌握機勢，伺機而動。上述所舉的兩個例子說明，兩個不同性格類型的人都能達到相同的成功，以及兩個相同性格類型的人卻是一位成功而一位失敗。

　　個人榮枯的變化也與此密切相關，如果一個人雖有耐心且小心謹慎，但由於機勢剛好能配合上他的作風，則其在位為政仍可算是成功，也可以說仍受到命運之神眷顧。但若時機與條件改變，他卻未適時改變自己的行事方針，以因應變局，則他可能難免失敗而遭遇不測。然而，人往往無法周詳地顧慮如何讓自己因應一切的變化，其中一個原因是人的本性不易改變；另一個原因是長久依循一個成功的行事方針，很難說服自己是到改弦更張而做出改變的時候。因此，對於一位謹慎小心的人而言，當必須做出重大冒險性改變時，往往不知如何執行，也就得不到命運之神的再度眷顧了。

　　總而言之，命運之神的性情是善變的，但是一般人的行事作風與習性則傾向於守成不變，當這兩者一致時，我們可以說這位仁兄很成功。但若這兩者有了衝突，則這位仁兄便命運多舛。依我的觀點，我認為人最好勇於冒險，而非處處謹慎小心，因為命運之神就像女人一樣，如果你想要一直擁有她，就要敢於反抗、苛待她，她比較喜愛敢於大膽冒險的人，不是那些平淡工作、生活無趣的人。因此，命運之神就像女人一樣，喜愛年輕人，因為年輕人敢於冒險、有衝勁，並且敢於挑釁祂。

個案問題

1. 馬基維利提倡的主要觀點為何？你能從現實生活中舉出案例人物嗎？不一定是公共行政方面，其他如企業界、軍隊、運動界、宗教界等。
2. 你對於馬基維利的觀點贊同或反對？
3. 試著討論下面的陳述：「人類本性不易改變，上位者尤然，成功與生存才是重點，很少有時間想到仁慈。對於過去原始資料的認真研究，可以讓我們在面對今天與明天的挑戰上，做出睿智的決定。因為大家都容易犯前人所犯下的相同錯誤，所以也應該嘗試效法以往英雄人物的成功之道。」

資料來源：修改自 http://www.gutenberg.net/etext98/tprnc11.txt. 某些段落經過刪除或改寫。

Lisa F.Young/© 2009, used under license of Shutterstock.com

府際關係

Intergovernmental Relations

關鍵字

adverse selection theory　逆選擇理論

application or project grant　特案申請或專案補助款

block grants　綜合補助款

categorical grant　類別補助款

cooperative federalism　合作式聯邦主義

council-manager form　議會－經理型

council of governments (COG)　跨政府議會

creative federalism　開創式聯邦主義

devolution　權力轉移

Dillon's rule　狄倫法則

dual federalism　雙元聯邦主義

extradition　引渡

federalism　聯邦主義

formula grant　公式補助款

full faith and credit clause　十足信用條款

goal congruency　目標調和性

grants-in-aid　補助

home rule　自治規則

imminent domain　土地徵用權

information costs　資訊成本

intergovernmental relations (IGR)　府際關係

interstate compacts　州際協定

layer cake model of federalism　夾心蛋糕型聯邦主義

marble cake model of federalism　大理石蛋糕型聯邦主義

mayor-council form　市長－議會型

metropolitan statistical area (MSA)　都會型統計區　　new new federalism　新新聯邦主義
域　　　　　　　　　　　　　　　　　　　　　　　principal-agent model　委託人－代理人模型
moral hazard　道德危險　　　　　　　　　　　　　revenue sharing　稅收分享
negotiation　談判　　　　　　　　　　　　　　　　unfunded mandates　無資金補助
new federalism　新聯邦主義

超級市長

　　希臘古詩有謂：狐狸多聞，但刺蝟知道的是一件大事。如果古詩是對的，那麼 Jerry Abramson 就是一隻刺蝟。1985 年 Abramson 首度當選肯塔基州路易維爾市市長，其後又連任兩次，Abramson 知道如果這個城市要繁榮，就必須學習與附近其他行政區合作。1960 年至 2000 年之間，路易維爾的人口數從 391,000 人降低到 256,000 人，工廠大量裁減工作人力，且中產階級白人也搬至郊區和更遠的地方。布魯金斯（Brookings）的一份報告描繪的是一幅不太好看的圖像：

　　　　路易維爾和 Jefferson 郡附近地區，被分割為政治上隔離，且彼此保持著敵意的被包圍區域———一塊是由愈來愈貧窮的黑人所居住的高稅負核心都市；一塊是相對富裕的東邊郊區，一座座小城市的發展更像是有殼蝸牛協會，不像個大都會區；還有一塊是一大群沒有組成工會的藍領成員，居住在靠近南方和西南方區域，那是個公共服務匱乏、道路不足、排水設施不良以及充滿怨氣的地方。所有這些區域都隔著一條俄亥俄河（Ohio River），也就是肯塔基和印第安那州的界河，和北方鄰近的大都會區進一步區隔，且彼此還互相看不順眼。從其他每個方位來看，他們都被肯塔基州那些抗拒變革的鄉間小郡包圍著。

　　所以在 2003 年，路易維爾和 Jefferson 郡的周圍地區合併，這大部分要感謝 Abramson 和 Jefferson 郡的郡長 Harvey Sloane。Abramson 輕易地贏得新「路易維爾自治市」最高工作，獲得的管轄面積是原來路易維爾市的六倍大，包含的人口數是原城市 1985 年時代的兩倍。《經濟學人》（*The Economist*）報導，他負責的「不僅是從舊橡膠工廠到新潮的 Butchertown 所涵蓋的都市區，而且還包括郊區的分區與農場。」

　　在這個新的市－郡合併政府中，Abramson 致力於：

⮑ 建立一座「公園城市」，以公私合夥方式增加 4,000 畝的郊區公園綠地。

⮑ 改善公共安全，增加警力並開展一項新的社區網絡以供緊急報案。

⮑ 利用像是新的臨河地帶、遊憩區域擴大、博物館廣場（Museum Plaza）高樓、穆罕默德・阿里中心（Muhammad Ali Center）、新的旅館等更多計畫，以進行市中心活化。

⮑ 藉由吸引和創造新工作，還有在生命科學領域的提案，使路易維爾的經濟保持強勁。

⮑ 將公共住宅計畫轉型為混合所得式的社區。

⮑ 建立以社區為範圍的新型緊急醫療服務系統（Emergency Medical Service），來改善公共衛生，並展開由社區夥伴參與的健康家園運動（Healthy Hometown Movement），希望減少高比率的肥胖症、糖尿病、心臟病和癌症。

⮑ 削減 10% 的政府規模，但同時要改善基本服務的品質。

在大路易維爾市以外的地方，Abramson 的影響力與日俱增，向北跨過俄亥俄河到印第安那州南邊，而和路易維爾自治市共享著經濟前景。事實上，大路易維爾公司，也就是該市的商會，幫助類似 Geek Squad 這種電腦裝備服務的公司搬到城外地區，這種做法是覺得一家公司如果緊鄰一個郡，例如芝加哥或亞特蘭大，會比位於郡裡面更好。對於一個想成為物流中心的城市而言，大路易維爾公司也處理其中一個大問題，也就是連結路易維爾和印第安納之間老舊、擁擠的大橋。大路易維爾公司聯合在南印第安那的商會，希望推銷兩座新橋的計畫，並開始思考是否，以及如何和南印第安納的新工業園區分享利潤。

除了建立大路易維爾市還有大路易維爾公司的工作，這個區域的經濟發展，還有第三個要素應該提到。肯塔基州雷厲風行地執行教育改革，包括大力贊助路易維爾大學（University of Louisville）的擴大研究，以及一項強調將研究產出的知識加以商業化的「新經濟」。

為何全國有這麼多市長要和鄰近地區結盟？哪些因素造成這些結盟（更別提合併了）如此難以達成呢？

資料來源：Edward Bennett and Carolyn Gatz, *Louisville, Kentucky: A Restoring Prosperity Case Study* (Washington, DC: Brookings, 2008); www.louisville.gov/mayor/biography; "The Rise of the Super-Mayor," *The Economist* (March 8, 2008); Carolyn Gatz, "Job Sprawl Could Weaken Louisville," *Courier-Journal* (May 17, 2009); Conor Dougherty, "Localities Facing Merger Push," *Wall Street Journal* (March 5, 2009); www.citymayor.com/mayors/louisville-mayor.

　　第 2 章提出，公共行政人員發現自己（不論好壞）處於政治力場之中。現在做個歸納，第 2 章主要在呈現出一個簡單的政治環境模型，而一位政府機關主管處於這樣的環境中有其必須採取的作為（見圖 2.4）。在此模型中，圍繞在政府機關首長四周者，有立法單位、政治老闆、法院、其他機關、其他政府、客戶、非營利組織、新聞媒體、部屬及工會等。

　　本章則深入探討政治力場中的一組關係：即介於一個政府機構與其他各級政府之間的關係。那麼，這一組關係裡究竟有哪些呢？首先，就是介於幾十個聯邦機關與 50 個州政府之間的關係。其次，就是州政府與地方政府之間的關係。各位知道，美國究竟有多少個地方政府嗎？以下是來自於《2009 美國統計摘要》（*Statistical Abstract of the United States 2009*）的最新統計數據：

郡（Counties）	3,033
市（Municipalitis）	19,492
城、鎮（Townships and towns）	16,519
總計	39,044

以上的統計數據說明，每個州政府平均要處理與 781 個地方政府之間的關係（即 39,044 除以 50）。

　　府際關係的範圍實際上不只是如此，除了郡、市、城鎮之外，其他還有 13,051 個學區與 37,381 個特區。後者依據州或地方法律，僅能提供一種或少數幾種指定的公共服務──如自來水或下水道、自然資源管理、消防、提供國宅、圖書館與教育服務，或健康照護等。各個特區或公共事業機構是當前兩個發展最快的地方政府形式，自 1952 年以來即成長了三倍的數量。此外，其他形式的地方政府數量則大致沒有變化，而由於一些合併的發展，學區的數量已經減少到 1952 年的五分之一。

　　府際關係對於方案管理的重要性不言可喻，除了一些少數如社會安全體系的行政等之外，聯邦政府通常不會直接提供國內的公共服務。換言之，國內的全國性施政計畫，是透過一系列的繁複架構安排去執行，此種安排架構涵蓋了聯邦政府、州政府及地方政府。此種提供公共服務的體系，反映了美國的聯邦體系下，責任劃分至聯邦及各級地方政府，各自依其層級承擔相關責任，並因此擁有個別法律與財政方面的權限。

　　基於上述各級政府間關係的數量、重要性、以及這些關係的複雜性，我們將以整章的篇幅來討論府際關係，且應會十分直接。首先，本章將對府際關係與聯邦主

義兩者加以區分。其次,將檢視府際體系的發展,並特別強調全國性政府與州政府間的關係。從聯邦－州關係的發展背景,切入經濟面探討,再從經濟上的論理回頭討論聯邦政府在整個體系中的角色。然後,再轉而探討其間的重要關係:即州－州(州際)、州－地方、以及地方－地方(地方間)等關係。最後,本章將討論府際體系對公共行政的意涵。

聯邦主義與府際關係的比較

有人認為,府際關係只是另一個聯邦主義的名詞而已,這樣說法並不精確。

那麼,什麼是**聯邦主義(federalism)**呢?以最正式的意義來說,聯邦制度(如美國、加拿大、瑞士、德國等)與統一化、中央化的制度(如法國、英國等)正好相對。聯邦制度將權力分成中央政府與地區政府(如州、省、州郡、及地方等);每一個政府,不論是中央或地方,在其管轄權責區域之內都擁有法定的最高管理權限。因此,美國的聯邦政府負責對外事務、管理州際商業活動,以及制定有關移民與歸化相關法規。但是,憲法也將一些權力保留給各州:如對於選舉、地方政府,以及公共衛生、安全及道德等的管理。儘管有些權力由各級政府分享——如收稅、公共福利的花費、對於犯罪的認定與懲治等——但是傳統的聯邦主義或**「夾心蛋糕」型聯邦主義("layer cake" model of federalism)**的精神在於,凡屬於某一層級政府功能者,由該級政府管轄,並應明確其職責權限,各級政府皆具有其各自的獨立性。此一關於聯邦主義的觀點,主張三級政府——全國性、州及地方——皆各自獨立,就像是一塊三層蛋糕,一層貼在另一層之上。

但是 Morton Grodzins 與 Daniel J. Elazar 並不接受這種聯邦主義的模型,他們提出一種**大理石蛋糕型聯邦主義(marble cake model of federalism)**。[1] 根據 Grodzins 與 Elazar 的看法,當各級政府在同一區域運作、面對相同的客戶對象且施政的目標相近時,用功能的區別既不實際也不受歡迎。此一觀點認為各級政府間的合作關係,將會促成彼此的行動相互交疊混合,就像是一塊黑白混合打糊的蛋糕,當中有大理石的條狀紋路外觀一樣。

當然,上面模型的說法對真實世界的情況過於簡化,而夾心蛋糕與大理石蛋糕的說法又過於籠統。有關各級政府是如何協調合作以處理同一方案範疇,需要更精確的分析說明。也就是說,聯邦制度中的行政人員彼此間的關係為何?我們應該試著瞭解,有許多的政府涉入其間,這遠比聯邦主義的概念所指出的更多。

此外,模型中的聯邦主義都有一個主要缺陷,就是只談到了國家－州與州際關係,但是卻忽略了國家－地方、州－地方、國家－州－地方、以及地方間關係。對照之下,**府際關係(intergovernmental relations, IGR)**是「涵蓋了做為研究的相

關目標，即所有美國政府體系中各機構、單位的一切排列與組合關係。」[2]

聯邦－州關係：歷史的觀點

　　談論府際體系的演進可能會觸怒在華盛頓的官僚們，因為這個城市有全國性的支配感且自視甚高，似乎永遠都在引領潮流。聯邦－州的長遠發展關係很可能讓記者感到厭煩而無趣，因為他們習慣於追隨最新消息，而不是有關國家、州、地方政府和機關的冗長歷史沿革。然而，各州的關係對聯邦政府而言，卻是美國憲法制度上的主要問題。威爾遜寫道：「根據任一世代的見解，因為這是一個成長的問題，而且國家政經發展每一個新的後續階段，都會提供一個新的範疇，然後它又成為一個新的問題。」威爾遜的見解真是一針見血，在本節的討論內容裡，各位將會瞭解到自十九世紀以來，府際關係已經有了極大的改變。這種改變，當然與政府在美國社會裡的全面成長有密切的關係。當公共行政人員在日常生活中扮演的角色愈來愈重要之際，我們不難想見聯邦制度下的各級政府關係，將會更趨緊密，也會更見複雜化。

雙元聯邦主義（1789–1933 年）

　　雙元聯邦主義（**dual federalism**）的概念很簡單：即聯邦政府與各州政府的功能與責任是分開且區隔的。例如在十九世紀前半期，當經濟發展上需要補貼或免稅時，一般多是找各州政府想辦法，但是想要保護國內商品免受廉價進口貨的競爭威脅時，則會找聯邦政府想辦法解決。

　　概略地說，這樣的年代一直延續到 1930 年代的新政（New Deal）實施，但是有些聯邦政府與州政府間的合作關係，則很早就存在於一些政府施政方案中，如興建鐵路與銀行的發展等，其存在年代甚至早於小羅斯福總統主政的年代。但是，一直到新政實施以後，才正式認定聯邦政府與州政府是彼此相輔相成、成敗一體的密切關係，以推動、解決難題。

合作式聯邦主義（1933–1960 年）

　　1930 年代大蕭條時期，導致府際關係有幾項新且重大的改變。例如，1935 年的社會安全法（Social Security Act of 1935）要求准予對州及地方的失業、福利計畫提供補助款，又如 1937 年的住宅法（Housing Act of 1937）是聯邦政府首次介入地方公共住屋計畫的例子。另外，田納西河流域管理局（Tennessee Valley Authority, TVA）於 1933 年設立，職掌開發田納西河及利用隨之產生的相關貢獻，如促進電力、水利灌溉、氾濫控管、航運等。

在**合作式聯邦主義**（**cooperative Federalism**）的年代裡，府際關係變得更集中於華府，且聯邦發行的貨幣日趨重要。毫無疑問地，自有聯邦政府以來，即不斷對各州提供金錢支助；事實上，**補助**（**grants-in-aid**）最早是用來抵付各州在美國獨立戰爭年代的積欠債款。然而，在 1800 年代早期，此種補助款是聯邦政府用於特定目的之補助款。這種**類別補助款**（**categorical grants**）──有時如此稱呼──要求補助款係經由特定方式使用於特定計畫上（換言之，「有附帶條件」）。

開創式聯邦主義（1960–1968 年）

如果說聯邦政府大量提供州及地方政府的補助款始於小羅斯福總統在 1933 年推行新政時，可以很公道地說，最昂貴的補助款即詹森總統推行的大社會政策（Great Society, 1963–1968）年代。補助款所涵蓋的計畫數量以驚人幅度成長──從 1961 年 50 個計畫成長到詹森卸任時的 420 個計畫。這些計畫包括立法上的重大代表性法案──如醫療救助、小學及中學教育法（Elementary and Secondary Education Act）、以及模範城市計畫（Model Cities program）等──還有一些較小規模的計畫案，以因應補助少數族群選民的經濟需求。聯邦對州及地方的補助款在此時又增加了一倍──從 1962 會計年度的 79 億美元增至 1966 會計年度的 130 億美元。詹森把他的施政計畫稱為「開創式」（creative）聯邦主義。雖然有些學者並不同意詹森的看法，因為所謂的開創性、卓越見解及想像力等，只是來自當中的幾個計畫而已，但沒有人質疑詹森確實推動許多新的類別補助款計畫。

開創式聯邦主義（**creative federalism**）的出現對府際體系的發展構成了轉捩點，理由如下幾點：

- 聯邦政府對於州及地方行政人員的日常生活，扮演日趨重要的存在力量，尤其是向人民提供政府服務之事，因此引發了一些實務性、發人深省的問題。華府所制定的每一個計畫案需在各州或各地方的幾十個、幾百個或幾千個地點實施時，是否都能夠順利推動？
- 府際體系變得日趨難以管控。現今聯邦政府的行政人員，必須管控一大堆個別且日趨複雜的計畫，協調許多的政府單位，而且還要監督愈來愈大筆的經費支出。
- 由於州長、市長，以及其他的州與地方市政官員對於府際補助款愈來愈看重，使得開創式聯邦主義得以盛行，讓他們培養出一群各自選區的支持群眾，在必要時配合展開遊說活動。類似活動可以是個別的，也可以是集體的遊說，透過許多組織安排推動。想要瞭解全美超過 140 個以上的遊說組織團體，可連結如下網址：www.governing.com/govlinks。其中，五大最具影響力的組織為：

1. 全國城市聯盟（National League of Cities, NLC）：www.nlc.org
2. 美國市長會議（United States Conference of Mayors, USCM）：www.usmayors. org/uscm
3. 全國州議會大會（National Conference of State Legislatures, NCSL）：www.ncsl. org
4. 全國郡協會（National Association of Counties, NACo）：www.naco.org
5. 全國州長協會（National Governors Association, NGA）：www.nga.org

‣ 州長與市長抱怨類別補助款之使用限制，因為這些補助款都限制用途，以致於州無法變更聯邦補助款以符合地方所需。一位市長如果想要興建公園，可能發現所爭取到的補助款只能用於都市更新計畫，且限定用於夷平幾條街的建築物。

‣ 由於補助款多半直接由負責聯邦計畫的機關所掌控，州長與市長發現他們擁有較少的權力。

新聯邦主義（1968–1980 年）

　　尼克森（Richard M. Nixon）總統於 1968 年入主白宮，認同上述五種的政治現實，並提出新政策來改善這種府際關係。他稱之為「新聯邦主義」。在落實**新聯邦主義（new federalism）**政策的效力方面，尼克森總統提出**稅收分享（revenue sharing）**的辦法，透過這樣的改善方案使得各州及地方能夠在實際運用資金上，幾乎沒有限制。此外，尼克森總統還提議將現有的某些類別補助款計畫合併，成為一種目的更為廣泛的**綜合補助款（block grants）**，以因應特定政策範圍的需求，如教育等，僅保留相對較少的使用限制。（綜合補助款的概念早在 1960 年代就已實際運用，當時是用於衛生領域。）

　　到現在為止，本節介紹了兩種類型的補助款，在繼續下面的介紹之前，先溫習各類補助款的作用。

1. **類別補助款（categorical grants）**是具特定目的類別，如食物券〔現在稱為補充營養協助計畫（Supplemental Nutrition Assistance Program）〕是為了補助窮困人民、以及營建運輸與衛生系統補助款等。這種補助款通常會要求州及地方也提撥部分款項，來「填補」聯邦補助款的一部分。類別補助款可循一定的程序提出申請，或提出特別申請。**公式補助款（formula grants）**適用於每一個人或單位，只要符合其申請之特定範疇的法定條件即可提出申請，例如盲人補助款等。另一種類別補助款是**特案申請補助款（application grants）**或**專案補助款（project grants）**，針對特定的目的且申請程序較為複雜。例如，國家科學基金會提供補

助金予大學與研發機關，以支持科學家的工作；或是對州及地方提供補助款，以支持某些訓練及研發計畫等。雖然，類別補助款的可動支項目計畫多達數百個，但其中的 20 幾個計畫（含醫療救助等）所動用的補助款，即占去類別補助款的總補助款一半。

2. **綜合補助款（block grants）** 對於各州所提供的補助事項有較寬廣的解釋，而且附帶條件的限制非常少。因此，各州可自行運用此一類型的補助款。例如，1974 年制定的住宅暨社區發展綜合補助款（Housing and Community Development Block Grants），可提供各州及地方相關資金，在一般發展目的之下自由運用；另外，1996 年制定的待援家庭的暫時救助（Temporary Assistance to Needy Families）計畫，可提供各州相關資金，並自行設計與執行社會福利計畫。

　　總之，尼克森總統所提出的稅收分享與綜合補助款兩項政策，是希望給予國家的次級政府更多的決策自由權與責任，盡量縮減華府的政策管控。同時，尼克森政府增加了各州與地方政府稅收，以方便他們「做事」。

新新聯邦主義（1980–1993 年）

　　自雷根總統於 1981 年宣示就職，即昭告國家最高行政首長致力縮減聯邦政府的規模及建立府際體系的時機來到，以給予各州及地方政府更多重要的地位。特別之處在於雷根希望再回歸到雙元聯邦主義的形式，減少已經奉行了近 50 年的合作式聯邦主義的理念。此外，雷根還希望讓渡一些聯邦的責任，轉移到次級政府上。雖然雷根適當地轉移了一些聯邦權到次級政府身上，但是州長及地方官員卻發現他們的工作推展變得較為困難，主要的理由有二——款項無著落及推動相關的法規沒有資金補助。於是在 1980 年代裡，**「新新聯邦主義」（new new federalism）** 時代因而興起，少了前一個新聯邦主義的色彩，而更多新新聯邦主義的特色。

　　國家優先事務的改變、減稅，以及日漸攀升的赤字等問題，迫使聯邦決策者刪減對各州及地方政府的資金挹注。從數字上即可看出其差異，1980 年聯邦政府提供各州及地方的補助款，占各州及地方政府年度支出的 40% 左右。到了 1985 年，這個比例降至 30%，並且持續降低，最後 1990 年降至 25%。

　　另一個檢視 1980 年代所發生的重大轉變之方法，是觀察聯邦政府挹注各州之資金占聯邦政府年度總支出的百分比為何。在 1980 年，聯邦挹注至各州的補助款占年度總支出的 15.5% 這個比例到了 1990 年減少到只有 10.8%。然而，在老布希總統主政期間，聯邦政府挹注的資金又上升到 31% 左右，而在柯林頓總統及小布希總統的主政期間，均維持這個比例不變。

　　除了款項不足的問題之外，還有一個**無資金補助**（**unfunded mandates**）的問題。以上問題主要是在處理衛生、安全及教育等問題。例如，科羅拉多州的奧羅拉市必須清除數千個街道邊欄，以便適合輪椅的行進——為了遵循美國身心障礙者法（Americans with Disabilities Act）的要求。關於拆除街道邊欄的費用，平均每一根需要花費 1,500 美元——而奧羅拉市必須自行尋找資金來源以解決這個問題。雖然，雷根總統誓言要給予各州及地方多一些彈性與權限，但華府所制定的若干法規卻沒有資金挹注。的確如此，現行政府的行政法規中，有四分之一以上為聯邦政府所制定，並優先於州及地方的法規——由聯邦政府制定的標準及要求各州遵照執行——且都是在雷根總統任內所制定。

　　此外，聯邦法院也制定未附帶資金補助的命令給各州，這些命令多半與監獄興建與管理有關。這些法院命令經常需要各州花費資金，以符合法官設定的標準。

權力轉移？（1993–2008 年）

　　與雷根總統相同，柯林頓總統就職後也致力於縮減華府的權力，希望與各州政府合作。柯林頓曾擔任州長，他特別關注到州－聯邦的關係。因此，自1994年入主白宮至卸任為止，他致力爭取國會共和黨的配合，共同通過了若干政策，轉移或開發部分權力予各州。

　　就政府的觀點而言，所謂的**權力轉移**（**devolution**）一詞（源自於拉丁文的 devolutus，意思是旋轉、下拉之意），是指將權力或管轄權從中央政府轉移至州或地方政府。有關衛生、社會福利、犯罪等全國性問題的解決方式，可從各州的經驗中總結得到——「各州是民主的最佳實驗地。」例如，近年來各州推動一系列的教育革新：包括對教師論功計酬、教師的各種資格證照考試、高中教育的最低限度競爭能力標準、以及學生參加課外活動的合格評分標準等。相形之下，聯邦政府的小學及中學教育法及相關子法則提出嚴密的規範，挹注數十億美元的補助經費，而低收入戶子女的各種教育計畫，通常未能完全落實此目標。

　　一項經常被引述的權力轉移例證，即柯林頓政府於 1996 年公布施行的社會福利改革法，此法以個人責任暨工作機會調和法（Personal Responsibility and Work Opportunity Reconciliation Act）代替基本社會福利計畫。此法顧名思義具有兩個立法宗旨，即：(1) 個人應對自己負更多責任，(2) 工作是公共救助的目標，不是社會福利。此外，本法的執行權責全部轉移至各州。此後，聯邦政府將綜合補助款的權責轉移至各州，由各州自行依其權限取得與運用。本法有許多相關的衍生子法介於聯邦－州的關係之間。這種將社會福利的權力轉移至各州的做法，可做為今後依循的試金石。如果各州在制定社會福利計畫上，能夠更趨順利而青出於藍，則聯邦政

府今後將可釋出更多權力至各州政府。

　　柯林頓總統也致力於取得國會的支持，以處理若干麻煩的無資金補助法規。在1995 年，國會通過並經柯林頓簽署的一項法律，規定法案若要在州和地方政府施行無資金補助或超過 5,000 萬美元的計畫，兩院應各自以多數決通過。然而，所有反歧視法律——以及大部分要求州和地方政府採取各種行動以交換聯邦持續給予資金的法律——即可免於這項程序的要求。問題關鍵在於本法讓聯邦機關可先判斷其提出的法規是否具「經濟重要效益」（economically significant）。自本法通過施行後，三年之間聯邦政府僅制定施行三項相關法規。

　　雖然小布希的出身背景與柯林頓相近，他也是來自南方的一位州長，但與柯林頓不同處在於，柯林頓對聯邦權力的轉移著重特定的領域，小布希則著重於下授基本權力至各州——可稱為「以州為中心的聯邦主義」。柯林頓總統採取將法規的執行權限授權至各州政府機關，但堅持聯邦政府機關負責制定全國性的標準，如保持空氣與水潔淨、消費者與勞工安全等國家標準。相對地，小布希總統上任後幾個月，即頒布新的行政命令，讓聯邦政府的官員更難於否決各州的決策。

　　然而，小布希政府在推動以州為中心的聯邦主義理念上，也造成了若干混淆，相關例證如下：

- ⊃ 雖然一方面在國內政策，特別是管制性政策上推動下授權力至各州的努力，卻強調總統的權力及國家的武裝部隊應予強化。
- ⊃ 雖然他支持各州應各自負責制定及執行社會福利改革政策，卻干預公共教育，要求地方體系須進行強制性的全國測驗。
- ⊃ 他反對多數州長所提有關要求各州自行管制電力分配的政策，小布希總統的理由是各州管制的效率不彰。
- ⊃ 他不同意多數州長所提議，要求增撥關於國土安全的補助款。

歐巴馬和各州、各市（2009 年－　）

　　各州和各市可以從歐巴馬政府和新國會那裡期待什麼呢？很多，因為歐巴馬政府認同穩定經濟的最有效方式，就是透過對各州和地方政府大量的援助。2009年復甦法（The Recovery Act of 2009）預計幾年內會耗資 7,870 億美元，其中大約2,800 億美元是由各州和地方政府負責執行。在 2009 會計年度，估計 490 億美元中的百分之九十，將提供各州和地方政府用在衛生、交通和教育計畫上。在這些類別中，三項最大型的計畫的金額都有增加：醫療救助（Medicaid）的補助金、高速公路基礎建設投資基金，以及州財政穩定基金（the State Fiscal Stabilization Fund），

AP Photo/Alex Brandon, File

這些補助幫助了各州填補他們的預算缺口。**3**

　　經濟刺激方案的意義，除了歐巴馬政府將修正或回復很多州不喜歡的政策之外，「不讓任何孩童落後」的教育法案，也不太可能再用現在的方式存在下去。環境和能源政策的改變很可能更大，例如，為了二氧化碳排放而已和華府奮戰多年的那些州，很有機會發現他們的對手現在變成他們的上級了。

　　最大的改變或許不在於聯邦政府和各州之間的關係，而是聯邦政府與各市的關係。過去四十年來，美國的「都市政策」意味著處理窮人的問題。但歐巴馬和他的首席都市顧問 Valerie Jarrett，都希望聯邦的都市政策改變為更多不同的內涵：一種可以幫助市及其所屬區域成為美國經濟成長機構的工具。正如歐巴馬在 2008 年6 月告訴一群市長：「我們也需要停止將我們的市看做問題，而開始將它們視為解方。因為健全的市構築了健全的區，健全的區乃是強大美國的基礎。」Jarrett 也表達了類似的觀點：「我們要帶來改變。我們了解市才是我們國家的經濟引擎。」**4** 重要的是，歐巴馬設置了一個白宮辦公室，負責擬定與推動都市政策。

　　我們不用對這些改變感到訝異，因為歐巴馬是美國近百年來首位來自大都市的總統。確切地說，當代其他總統是在他們人生不同時期居住於城市，但在歐巴馬之前，沒有一位曾真正在大都市落地生根。歐巴馬成長於檀香山，到洛杉磯及曼哈頓上大學，並且幾乎所有的工作生涯都在芝加哥度過。

Alan Greenblatt 解釋歐巴馬所抱持的都市取向有什麼樣的重要性：

> 歐巴馬打從心底接受市長和其他地方官員的說法，亦即都會區是一國的主要經濟動力來源，故應該視為資產而非問題。過去十年來不僅許多中心都市（central cities）歷經了城區復甦和人口成長，而且都會區還對全國經濟活動做出高比例的貢獻，即使在經濟衰退時期亦復如此。**5**

換言之，都市政策不只和貧窮有關，而且它涉及了對核心都市及其郊區的經濟投資，使美國可以在這個愈來愈由知識驅動的全球經濟中，繼續保持著經濟競爭力。

大部分的州和地方政府領導者，或許相當歡迎和聯邦政府之間維持協力而非對立關係所顯示之意義。然而，也許不要期望太高，因為談到府際關係時，最安全的假定就是，事情不會總按照雙方的期待在進行的。

前瞻發展

二十一世紀初期真的是聯邦制度權力轉移的時機嗎？下列觀點摘自 1996 年通過的社會福利改革政策，以及一系列關於提高各州權限的最高法院判決（如下列討論）。此觀點雖較為簡化，但改變則持續進行著就像美國的聯邦主義一樣分權與集權同時演進。為求釐清真正的發展真相，本章將檢視兩種領域的動向：即最高法院的憲法解釋，以及聯邦政府在政策與方案的日常工作。

最高法院　雖然最近的判決並未完全推翻有關 McCulloch 與 Gibbons 的判決，卻對府際關係有日漸強化的影響。以下將從四個方面探討這些判決：(1) 商事條款；(2) 第十條修正案；(3) 第十一條修正案；以及 (4) 土地徵用權。

商事條款（The Commerce Clause）　根據憲法第一條第八款所敘述，聯邦政府有權制定相關法規管制各州的商業活動。1995 年有一件廣為人知的案例，即「美國控告 Lopez」案，最高法院依據商事條款裁定，國會在通過 1990 年無槍枝校區法（Gun-Free School Zones Act）時逾越了憲法的權限。最高法院的判決文指出，國會通過關於限定距離任一所學校的 1,000 英呎範圍內不得擁有槍枝的法律違憲，因為此一法律牽涉到對「與商業無關或任何一種經濟企業類型」的區域之管理行為。此一判例創下首次在六年內最高法院依據商事條款對聯邦政府設定限制的範例。

在 2000 年的「美國控告 Morrison」案中，最高法院依據商事條款判定國會通過的 1994 年暴力對待婦女法（Violence Against Women Act of 1994），逾越了憲法

的權限。最高法院裁定本法的一個關鍵條文無效，其中規定聯邦可以矯正性別引發的暴力行為（如強暴）。首席大法官 Rehnquist 指出「憲法要求釐清何者為聯邦的權責、何者為州的權責。」（各州也可制定此種法律。）

　　正當某些人認為正在見證一個清楚的集權趨勢，在 2005 年，最高法院以六票對三票通過一項判決，即依據商事條款，認可國會就大麻在非商業生產及醫療用途上，可超越各地方的相關法律，當時加州及若干州已經制定這些相關法律。因為，在「Gonzalez 控告 Raich」案中，即嘗試阻擋聯邦執行反毒品法來否決在加州醫療用大麻的使用者。

第十條修正案（The Tenth Amendment）　　根據憲法第十條修正案，說明憲法並未授權給聯邦政府，也沒有禁止，而應保留至各州政府。在 1992 年「紐約州控告美國」案中，最高法院主張：要求紐約州依據聯邦法規處理低階放射性廢棄物的做法，並不符合憲法第十條修正案。根據最高法院的判決文，認為聯邦政府的法規「引用」條款不適當，要求各州接收自己的垃圾或根據國會要求規定垃圾的管理，此一作為超越了國會的權力。雖然國會可以制定關於處理這些垃圾法的法規，卻不能要求各州政府成為其代理人，以執行聯邦政府的法規。

　　1997 年時，最高法院因審理「Printz 控告美國」案，再次面對憲法第十條修正案。該案中，最高法院駁回聯邦政府關於 1993 年的 Brady 手槍暴力預防法（Brady Handgun Violence Prevention Act of 1993）提案，該法要求州政府官員清查準備購買手槍者的身分背景。最高法院裁定，聯邦政府「既不可以公布要求各州處理特定的問題，也不可以命令各州官員……管理或執行聯邦政府管制性計畫」。因此，最高法院判定該項法案違反「各州主權分立的基本原則」，而這正是「憲法在結構上保障的自由」。

第十一條修正案（The Eleventh Amendment）　　根據憲法第十一條修正案，本條文保護一州免於受其他州公民或外國政府的法律訴訟，並確保該州權力的行使。如法院所做的解釋，本修正案旨在確保各州政府之間不要相互進行法律訴訟，即使違反了聯邦法律所給予的權利——除非相關各州同意進行法律訴訟。例如，在 1999 年的「Alden 控告緬因州」案中，法院裁定緬因州的政府員工不得控告州政府違反聯邦法規有關加班費的規定。根據法院的判決文，認定該州免受法律訴訟是「屬於基本的主權觀點」。同樣的情形，發生在 2000 年「Kimel 控告佛羅里達校務委員會（Florida Board of Regents）」案中，最高法院依據第十一條修正案，判決州立大學員工不得援引聯邦法令禁止年齡歧視的規定，而對州政府提出訴訟。雖然私人企業機關的員工仍受該聯邦法規保護，但州政府員工則不在該法規保護之列。

最高法院與聯邦－州的關係
早期

立國者定義了聯邦主義，而最高法院詳加闡釋。對建立治理的最高階全國聲音，再沒有比 1819 年「McCulloch 控告馬里蘭州」案更為重要。為了增加州政府的稅收，馬里蘭州政府決定對美國銀行設於該州的分行徵稅。但當州政府的收稅官員要求美國銀行在巴爾的摩分行繳稅時，該分行財務部人員 James McCulloch 拒絕繳稅。全國的法院於是面臨兩個問題：(1) 關於銀行的設立從未列舉為國會的權責管轄範圍，設立銀行是否違憲？(2) 各州是否有權向聯邦政府收稅？

最高法院首席大法官 Marshall 瞭解憲法從未授權予聯邦政府以管轄銀行的設置，但他解釋道，第一條中「必要而適當」的條款，廣泛地涵蓋且經憲法特別列舉授權。經由他的解釋，認定銀行的設置屬於國會必要而適當的管轄權力。因此，首席大法官 Marshall 裁定馬里蘭州政府沒有權力對全國性銀行徵稅。他解釋，徵稅的權責也包括要求裁撤的權責，他認為根據憲法第六條的條文規定，州政府徵稅的法律違憲且無效。

有關 McCulloch 的判決案後來被運用於廣義的憲法解釋上，以利聯邦政府應用最高法律的適用彈性，因應時代變化的新問題。在本案中，首席大法官 Marshall 做出令人難忘的判決敘述，之後經常被引述對聯邦政府憲法權限的擴大解釋：即「這是⋯⋯一部我們不斷進行闡釋的憲法，我們期望憲法繼續延續至未來幾個世紀，並且能夠適用於解決各種人民事務上的危機」。

5 年之後，在「Gibbons 控告 Ogden」案中，首席大法官 Marshall 在法庭上再一次堅定相同的判決立場。在此案中，涉及一位輪船駕駛員 Aaron Ogden 的身分問題，Aaron Ogden 擁有紐約市的船舶駕駛執照，負責駕駛一艘往來於紐約市與紐澤西州之間水域的唯一渡輪。一位競爭者 Thomas Gibbons 則提出訴訟，認為只有國會才有權力規範州際間的水域。

毫無疑問地，首席大法官 Marshall 的法庭完全同意。雖然憲法委付國會有關商業活動的管轄權，但有關委付的範圍需要進一步闡明。首席大法官 Marshall 對「商業活動」給予廣義解釋，並認定有關商業活動的管轄權力已然完整，除非憲法另有特別舉述，無需加上任何限制。

Gibbons 的案子定讞後，即為以後的聯邦政府在制定關於運輸、通訊、買賣，以及製造的法規上，奠定良好的基礎。例如，二十世紀時，法院即依商事條款裁定，國會有權對一位私自生產一些小麥自用的農人罰款，因為這位農人違反農業部設定的額度。只要舉出一、兩個代表性的案例，即足以證明在國會的管理權限下，不容許有其他違規的經濟活動發生。

2002 年時，法院更進一步擴大解釋各州主權豁免範圍及於私人的法律訴訟上。Clarence Thomas 大法官在「聯邦航海委員會控告南加州港口局」一案撰寫多數意見書時，判決該案為「具有對國家憲法藍圖加以定義的重要作用。」Clarence Thomas 大法官接著說道：當他們批准聯邦憲法時，「各州並不同意只讓自己成為聯邦政府的附屬物」。

由於確保各州主權的多數決，僅是五票對四票的微小差距，總統依其權限所提名的大法官將會是決定因素之一（可能就是決定性因素），以決定未來聯邦－州關係的軌道。

土地徵用權（Eminent Domain）　2005 年時，最高法院大力提升各地政府處理公民財產的權力。在「Kelo 控告新倫敦郡」案中，最高法院以五票對四票，判決地方政府基於發展經濟可收回人民房產與企業——即使是違反人民的意志。大約百分之七十的美國人擁有自用住宅，這個數據有助於解釋為何這項判決受到廣泛的責難。位在康乃狄克州的新倫敦郡（New London），當地居民向地方政府抗爭，提出訴訟以爭回他們遭政府強制徵收的土地財產。因為依據**土地徵用權（eminent domain）**，政府基於明確的公共運用目的，如興建公路或學校等，可以強制徵收人民的財產。但這些居民主張，政府不應強制徵收他們的土地財產，去興建類似大賣場、旅館綜合商區等計畫，以增加地方稅收。

乍看之下，Kelo 的訴訟案似乎明顯地有利於市政府。即私人房產可由政府強制徵收，或由私人發展企業者強行購得，以開發當地增加政府稅收。法院明確指出，地方政府依法可推動經濟發展的計畫——特別是改善地方上落後區域——且不因少數幾位土地財產擁有人的反對而受阻。但法院處於政治的真空期未能做出裁定。根據正義協會（Institute for Justice）* 表示，自 Kelo 案以來，有 43 個州已更留心於修法保障私有財產，至於聯邦雖提出縮減土地徵用權的法案，但未獲通過。[6]

政策與方案　那些主張權力轉移者，認為 1996 年的社會福利改革就是「證據」。但那些認為聯邦體系要求集權的人，也有其支持「證據」：例如，2001 年的不讓任何孩子落後法（No Child Left Behind Act of 2001）即屬聯邦制定的法律，要求各州及地方政府肩負長達 200 年的相關教育責任。至於那些認為權力制衡已偏向華府的人，提醒我們有關國會持續拒絕對所堅持通過的特殊教育與國土安全等相關計畫提供補助款。而且，有關聯邦－州共同分擔管理的醫療救助方案，已經導致若干州

---

* 譯者按：正義協會成立於 1991 年，是一個維護民權的非營利律師事務所。

瀕臨破產邊緣。

　　某些聯邦主義的專家認為，美國的聯邦制度已經演化到某一個地步，即國會奪回各州希望自己掌握的議題控制權。例如，Paul Posner 即舉出近年來國會增加許多通過的法案，以取代各州的法律，特別是在衛生、環保、運輸及公共安全等議題。根據 Paul Posner 的意見，在 1970 年以前，10 年之內只有 40 件經國會通過而取代各州法規的法律案件。但自 1970 年以後至今，國會所通過以取代各州法規的法律卻大約呈三倍的成長。[7]

　　然而，也許有人會說這些國會取代法律的增加，是因為各州政府變得愈來愈活躍的緣故。當國會在 1990 年代未能通過有關健康照護方面一項有意義的法案時大致就是解決將近 4,600 萬美國人的健康保險難題於是許多州即自行制定。例如，麻州（Massachusetts）州議會於 2006 年通過一項法律，強迫推行該州人民參加健康保險。這就像每一位開車的人都會為其車輛投保，每個人也必須為自己的身體投保。當華府呈現政治兩極化的意見分歧時，各州主導議題以制定各自的實用性法規的相同模式便一再上演，與華府政策意見相左的議題，如幹細胞研究、墮胎、移民、最低工資、水銀排放等。[8]

　　其中一個更有力的主張反對集權論點，即是司法部長的積極主義。Alan Ehrenhalt 在其論述中寫道，事關各州官員者，就是「自從第一次重要勝利以後的幾年裡──即將近 40 幾個州與幾家大菸草公司達成一項關於數 10 億美元的法律和解方案──司法部長總是站在各已知的法律最前線積極行動；他就有關二氧化碳排放限制的做法瑕疵提出控告；他對相互補助款的使用與保險公司採取法律行動；以及他起訴藥品公司非法銷售未經醫師開立處方的藥品（毒品）等。」[9]

🔵 聯邦－州關係：經濟的觀點

　　到目前為止，本章已循歷史的觀點探討了聯邦－州之關係。然而歷史學家、政治學者及研究憲法的律師，並非唯一能就聯邦－州之關係的本質提出真知灼見的人士。在這一節，我們要聽聽經濟學家在《1996 年總統經濟報告》（*Economic Report of the President, 1996*）中的說法。

　　有人主張聯邦政府除了國防事務之外，其餘都不該管。畢竟，各州及地方最能調整其施政計畫，以符合各自人民的需求與喜好，而且各州間的競爭能夠促進效率與革新，就如同私人企業之間的關係一樣。然而，此觀點忽略了聯邦在許多領域上所能達成的更大效用。根據憲法所列舉並賦予聯邦政府的權力，

說明當時國家的創建者即使在國家的草創初期，也已體認出聯邦政府廣泛介入各級政府事務的重要優點。美國的雄厚經濟力量，有部分原因是立足於國內的廣大市場，這個市場不但能在沒有人為貿易阻礙的環境下促進自由的商業活動，而且接受國家制定的標準，並享有全國性運輸與通訊系統的便利性。

經濟學者也設法找出一些通用性原則，以闡釋不同政府層級之間的「合理」責任分工。他們至少整理出下列四種論點，做為聯邦行動的正當理由。

一致性的需求

雖然州政府有實際需要推動多樣化的施政計畫，但有一些計畫卻需要一致的政府行動才會有更佳的成效，這說明了對於聯邦層級推手的必要性。標準與規章的一致性能提升效率。例如，有了統一化的州際商業活動相關法規，可確保美國雄厚的經濟實力：即廣大的國內市場。如果各州以各自的法規規範經濟活動，則全國性市場必遭分割，阻礙各製造商發展成全國性的經濟規模。同樣地，全國通行的最低安全淨收入保障法規可以保障每一位美國人，無論身居何處皆享有一定的社會福利，並避免因對無效益家計活動的錯誤估算，而影響相對應有之福利。

直接的外溢效應

某一州所採取或未採取的行動，有時會影響其他州的居民。該州居民可能願意忍受其地下水遭到污染的情況，但這受到污染的地下水會越過州界，且傷害其他州的居民。各州所推動的行動，有時會無心地嘉惠其他州居民。例如，某一州成功的學校教育改革會帶動其他州跟隨效法，也改革他們的教育制度；某些州致力於打擊傳染疾病，也會嘉惠暫住居民的健康。同樣地，當各州投資於各自的教育，因而造成州內人民的收入增加，也增加了州政府的稅收：而聯邦政府也得到某些報償，因為聯邦政府徵收的高收入對象也增加了聯邦的稅收。當某一州的政策影響到其他州的居民，不論是好或壞，該州的政府並無太高的意願提供適當的公共服務，因為非本州居民絕不會是該州政府決策的重要考慮因素。

政策引導的流動效應

人民與公司可以在各州間依自己意願移動的自由，會促進各州政府間的競爭。雖然這種競爭可促進政府的效率，但也增加各州在推行值得做的政策上之困難度。例如，由福利政策引導的人民移居行為，將促使各州將其福利補助措施減少到原來應該提供的水準之下。同樣地，各州在工作上的競爭，將因而縮

減其對失業者的保險給付金額。

資源的不平等

　　比較窮或正處於短暫經濟不景氣的州，其稅收相對較少，卻反而需提供更多公共服務，以照顧有需要的本州人民。很顯然，這時只有聯邦政府能在各州之間轉移資源。聯邦政府的適當介入不僅可重新分配資源以幫助較窮的州，而且來自聯邦政府所挹注的財政援助，也能夠在經濟不景氣時期協助穩定地區的經濟。這些援助可透過以下的幾種方式進行：直接挹注現款資金、對低收入戶提供各式補助、對低稅收的州及地方政府提供補助款、對相關州及地方政府的補助計畫注入資金以照顧有需要的人民，以及直接對窮困社區提供公共服務等。有關聯邦政府對各州及地方轉移資源的做法，就其理論與實際面皆比一般認知更為複雜。

　　這些論點對於聯邦政府並不會自相矛盾，有時因為彼此的互動關係，反而凸顯了聯邦政府在政策推動上的必要性。例如，當國家安全標準有其需求時，也可能自行發展，這是否不是出於一種外溢效應？各州可以認同一系列的自願性標準（voluntary standards），並挑選當中對該州有益與成本低的標準遵行。當然，如果這麼做將忽略可能加諸於其他人的成本。比如說，某一州可能採用比較寬鬆的汽車安全規定，但是當該州的汽車行駛至其他州時，其他州就必須承受該州的部分成本。這樣的情形下，就需要聯邦政府制定統一的國家標準，以防止外溢效應。[10]

其他關於府際體系的重要關係

　　本章的前三節都在探討聯邦政府與 50 州之間的關係，而府際關係還包括州－州（州際之間）關係、州－地方關係、以及地方－地方（地方間）關係等。現在來探討這些重要關係。

州－州關係

　　州際關係有些由憲法章程所制定，有些則由實用性需求發展而來。

憲法的觀點　憲法上與州際關係特別有關的條款計有三條：其一，**十足信用條款**（**full faith and credit clause**）（憲法第四條第一款）要求各州的法庭需執行其他州法庭的民事判決，接受其公開的紀錄與審判在該州一樣具有效力。惟憲法並未要求各州執行其他州的刑事法規；因此，如某一州執行其他州的刑事法，將會出現憲法上的爭議。本條款特別適用於執行司法和解案與法院的判決。

當麻州成為第一個允許同性伴侶結婚的州時，2004 年 5 月 17 日的全國性辯論會即探討十足信用條款。雖然，許多書面報導敘述都在關切其他州應如何看待這樣的婚姻，真正的法律難題則是關於同性婚姻的離婚應如何處理。由於聯邦法規並未限制各州不能承認其他州所認可的同性婚姻，因此就能認可他們訴請離婚。即使是反對同性婚姻的 39 州也可能想認可此種婚姻，因為不如此做可能就有麻煩出現。如果他們拒絕認同此種婚姻，反而會讓同性婚姻較異性戀者更緊密地在一起。[11]

憲法第四條第一款規定，當一個人被某一州判處有罪卻逃往他州，該名罪犯所在之州可將其押送回原判處有罪之州的主管機關拘捕官員，此程序稱為**引渡**（**extradition**）。

其二，根據憲法第四條第二款，各州必須保障在本州之其他州民所享有相同的特權與豁免權，包含法律的保護、從事和平性質的工作權利、進出法院之相關法定權益、免遭歧視性的徵稅等。基於本條款，各州不得對其居民施加不合理的居住要求──即限制新近移居至該州，且成為該州公民的美國公民權（rights of American citizens）。

其三，根據憲法第一條第十款，同意各州可簽署**州際協定**（**interstate compacts**）或協議（須經國會同意）。1934 年的刑事案件協議（Crime Compact of 1934）允許假釋官進行州際合作，而無需太多繁瑣程序，現已適用於所有的州。其他例子也可包括一些缺乏足夠設施的州，與其他州簽署協議，以協助提供職業教育訓練、社會福利、預防肺結核、醫治心理疾病等問題。

當各州官員跨越州界，以致力於聯手處理關於運輸、能源、污染、水資源及捕魚權利等問題時，相關的協定即不斷地簽署生效。在 1900 年前，總計有 24 項生效，至今則已有 170 項。

紐約州與紐澤西州港務局（Port Authority of New York and New Jersey）是州際協定下其中一項最知名、最大規模的州際機關。該局於 1921 年成立，以發展、運作海港區域的一切設施。現在，該局也負責興建及管理橋樑、海底隧道、隧道兩端的進出管理設施及機場等。

實用的觀點　各州進行合作（必須合作）以共同處理許多議題。例如，少數高速公路到了各州邊界即中斷，所以各州必須協調興建各自州內的路段。同樣地，蚊子的飛行路徑很少會有邊界，所以各州必須協調共同控制蟲害。

有時候，各州聯手合作不是因為他們必須如此，而是因為這樣可以節省經費。請看以下例子：

夏威夷州選定套用亞利桑納州的醫療系統來照護管理該州的病人，而非建立一套自己的系統。即亞利桑納州運作的醫療系統，不僅用於照護管理該州的病人，也用於夏威夷州的病人。這是一套精密複雜且預先付費式的大型醫療照護管理資訊系統。此系統的電腦主機設備設置於亞利桑納州的管理部，由同一套作業管理者在亞利桑納州負責管理。雖然，夏威夷州的照護管理要求標準不見得與亞利桑納州相同，但亞利桑納州可以提高該系統的功能，使能支援夏威夷州的需求。有關醫師、醫院及投遞病歷服務等資料，都由位於亞利桑納州的系統進行管理，相關資料儲存於該資料庫中。[12]

一個關於促進各州合作的重要途徑是採用一致的法律。關於這方面的知名例證是通用商業法條例（Uniform Commercial Code, UCC），該法於 1952 年由全國州法統一委員會大會（National Conference of Commissioners on Uniform State Laws, NCCVSL）與美國法律研究院（American Law Institute）共同制定。所有的 50 州皆採行此一通用商業法條例。本條例為一套統一又富彈性的規範法規，旨在管理各州間的商業活動。本條例確保每一位從事商業活動的個人，與他人簽署的合約一旦生效，就將付諸執行。

另一個促進州際合作的途徑是建立地區性的委員會。在聯邦政府的支持下，許多州之間先後建立了區域性的委員會：如阿帕拉契區域委員會（Appalachian Regional Commission）、北方大草原區域委員會（Northern Great Plains Regional Commission）以及三角洲區域局（Delta Regional Authority）等。

其中一項合作行動，也是國家的第一種此類型的合作，是小布希總統任內決定不再對會造成溫室效應的氣體設置管理標準。在 2005 年時，北方各州的政府官員同意一起行動，讓火力發電廠的廢氣排放標準維持在當前水準，到了 2020 年時下降 10%。雖然，任何排放廢氣的減低都是一項區域合作的非凡成就，但環保人士認為此舉最重要的影響，是為其他州建立了一個很好的合作先例。

最後還有一項州際協力的方法應該提一下：*以物易物*（bartering）。有些以物易物系統隨時都有必要，因為這可以削減政府的規模、節省成本，以及彼此共享服務。但直到 2008–2009 衰退迫使各州有難同當，才出現迫切的政治理由需要以物易物。例如，讓我們看看明尼蘇達和威斯康辛州如何同舟共濟：

明尼蘇達州正在找哪裡有便宜的微小碧古魚（walleye fish），那是一種存在於該州某些湖中的非常小型鱒魚，而威斯康辛州的垂釣湖則需要更多長形小魚。於是這兩個鄰州決定分享魚類——威斯康辛的小鱒魚交換明尼蘇達的小

魚，另外還有數百項交易品，包括警用子彈、受刑人伙食、橋梁檢查卡車，還有手語翻譯者。[13]

州－地方關係

當地方政府對聯邦政府的財政援助變得較不倚賴時，地方政府在國內政策方面將倚賴的重心轉移到州政府身上。於是，各州在一些聯邦政府不能提供補助款的部分漸漸取代了其地位，負責籌集相關補助款以提供地方政府，使得許多觀察府際體系發展的人士普遍感到各州的地位似乎正在「活躍著」。在 2000 年時，地方政府獲自州政府的補助款達 3,270 億美元，而獲自聯邦政府的補助款僅 2,920 億美元。

補助款不是唯一連結州與地方之關係。其他如警察人員、消防人員、公共衛生及地方性機關等，都與地方政府關係密切，值得一提的是，前述功能與機關都是在州的法律規範下運作。各州州議會與法院認可各城市採行州的法律以符合地方需要，但各城市仍應接受所屬州的管轄。此原則於 1868 年由著名的**狄倫法則**（**Dillon's rule**）中確定。當時，愛荷華州的法官狄倫（John F. Dillon）判決州議會凌駕於市之上。他認為，州議會能夠「掃除所有市的存在」——但市無法阻止。

當然，州政府不可能掃除市的存在。相反的，州政府給予各市更多的權力與自治權。其中是讓各市更趨於獨立性即**自治規則**（**home rule**）。實質上，自治規則是一種賦予政府地方單位的權限——主要為市——以推動其工作僅受立法部門或行政部門最低限度的控制。自治規則意味著，地方行政當局有權制定與採行當中適用的章節，並逕行加以修改，可引用其他相關的法規，也可做出具法律效力的行政決策。各州自治規則不盡相同，但都給予其下轄市相關的自由權限。大部分自治規則有關條款都會融入各州的州憲法中，這些條款都有相同的精神，即確保州議會所通過的法規不會干預各市的事務、財產及政府行政，除非該法規具有全州性的效用。換言之，州所制定的法規不可針對特定的市要求其遵行。

雖然，有些州政府設置一些部門專司協調州與地方事務，但有關市與州之間的行政事務處理多半依據實際的功能性需要。因此，州的教育部門督導下轄各個學區的教育活動，及州的衛生部門督導下轄各地方衛生機關的相關活動。

州政府有許多的技巧來執行督導。其一，可以要求地方社區提出報告，如果出現問題（如債務過多等），可以儘快上報州政府及早採取因應辦法；其二，如同聯邦政府一樣，州政府的相關機關可以對下轄地方政府提供建議、資訊等；其三，州政府可提供較大的預算、更專業化的設備與人力，對下轄地方政府提供技術協助。最後，如果所有的方法都無效時，州政府還可運用其強制權力（coercive power）。例如，可提供或扣留對某些補助、要求遵行規範等（如排放未經處理的地下水至溪

流中必須遵照相關規定）；公布行政命令（如制定自來水淨化的標準）；扣留補助款；需要州政府相關機關的行動之前應申請獲准；以及任命或解除某些地方政府官員。

　　州政府官員吵著要求鬆綁無資金補助法規，但他們多半是把華府轉嫁給他們的，再轉嫁給地方政府。過去十餘年來，都是聯邦強加諸其法規於各州，並要求其遵行，現在政治人物與行政人員開始注意州與地方之間的緊張關係。例如，南卡羅來納州至今制定了 695 條的行政性與立法性法規——有些制定於 1842 年。這些相關法規施加於地方市鎮上累積的影響力，雖然尚未到毀滅性的程度，但卻是十分惱人的。

地方－地方關係

市　市雖然各市的組織有些許差異，但大部分的市政組織有兩種基本型態：一為市長－議會型；另一種為議會－經理型。**市長－議會型（mayor-council form）**是標準美國政府制度，分為民選立法機關（市議會）及行政首長（市長），見圖 3.1(A)。市議會一般有 5 至 9 名議員，除非是在很大的城市（如芝加哥），則有 50 位議員。

　　至於**議會－經理型（council-manager form）**是屬於十分特別的美國政府型態，請參考圖 3.1(B)。這是美國各級政府中最接近議會制度（parliamentary system）者，這種政府組織也像議會制度政府一樣，沒有獨立的行政部門。市政首長由立法部門（市議會）派任，也就是市經理。但是，不同於議會制度下的政府之處是，市經理並非政治領袖。相反地，市經理比較像專業訓練的經營管理者，並且以專家、非黨派的身分主導市政推行。大家不妨將上述兩種政府組織型態看成是一個連續體的兩個端點（如下圖），市民嘗試在兩個端點的政府型態中，採用適合他們的政府型態（如當中的點 A、B、C 等）。

<pre>
                              A   B   C
市長－議會型 ◄─────────┼──────┼──────┼─────► 議會－經理型
</pre>

　　如果大家試著體會，就會欽佩此成功的市政府組織，不難理解為何城市居民可能希望，市政府組織架構能呈現如上連續體的右端架構。首先，一個有效率的組織架構：公司的組織架構以完成工作目標為最高優先，只容許最低限度浪費的付出與資源。其次，高層管理者能負責任。理想上，最高行政官員必須為施政表現與結果負責。但一個市政組織並不同於一個私人公司，一位行政首長可以僱用一位專業的管理者或行政長（chief administrative officer, CAO），以替換工作成效不彰的政務

A.市長－議會型

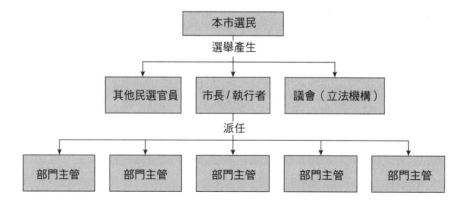

B.議會－經理型

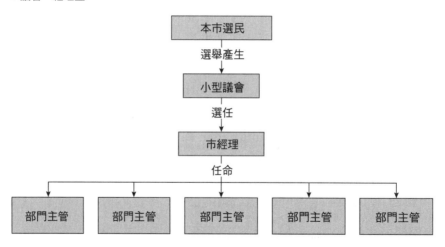

圖 3.1 市政府的組織型態

官，超然於黨派施政上。缺點是此市政組織架構缺少高能見度的政治領袖之相關益處。如今的情形是，缺乏一位既有權力又有影響力的公眾人物，做出困難的決策並付諸實行。

於是，有些城市可能會選擇連續體的左端架構。市民選出一位能力好的市長並選出他們心裡面所想的領導人。此市政組織架構也有其缺點，即任用親信的管理特性，而且決策作為會受到政治性的干預。因此，處於上述連續體兩端的市政組織架構，會想適當截取另一端市政組織的一些特質，使其政府組織架構在實質上移動到A、B 或 C 點的位置上。

從一個完全的議會－經理型的政府移動到 C 點位置會如何？原先市政首長由小型市議會選出，現在則改由市民直接選出。而原先市政首長沒有否決權，現在

則有。以往市民選出每一位市議會的成員——換句話說，是經由全市的選擇而產生——現在改為選出自己所在區域的市議會成員即可。此改變結果是選出的議員會更關心選區的政治與經濟利益，而非全市的最佳利益。

那麼，從一個完全的市長－議會型的政府向右移動到 A 點位置又會如何？原先由各區市民選出議會代表的方式，現在可能是選出某些議員。而且，原先市政府沒有行政長，現在則有。原先市議會可以有助理，現在則沒有。原先市長兼任行政長的角色，現在則可自行僱用或解聘行政長，而無需議會同意。

有關上述的分析，可舉出 H. George Frederickson 及其同僚的近期研究成果，做為實證上的支持。此處不擬周詳討論，但舉出相關論點如下：

1. 在 1900 年時，美國所有市皆為市長－議會型。

2. 「在二十世紀時期，當議會－經理型出現時，被認為是一種新觀念，一種革新的型態。然而，現在這樣的型態在美國已經存在 100 年了，已非新穎的觀念……。議會－經理型出現是為了解決貪腐、無效率、以及管理等方面的問題，而也的確做到。現在……這些改良型的議會－經理型市政組織，開始將注意力轉往經濟發展、政治的反應敏感度、政治的領導藝術與負責任性，以及公平性。」

3. 在二十世紀前半期，市長－議會型與議會－經理型的市政組織型態很容易區分描述彼此的差異。但從 1950 年代起，前述兩型態的市政府組織開始一種穩定漸進的相互調適發展。「但這些城市的型態仍被合法地分類為市長－議會型或議會－經理型的架構，而這樣的分類往往掩蓋個別的實際政府組織細節。」

4. 到了 1920 年代晚期，一些議會－經理型的架構開始向 C 點位置移動。

5. 「從 1950 年代起，議會－經理型政府的一些最具特色優點，如專業的行政官員、優良市民服務方式等，也廣受市長－議會型政府的採行。同時，市長－議會型政府的一些最具特色的優點如市長直選、各區選出部分或全部的市議員等，也廣受議會－經理型政府的採行。

6. 總結，在過去的 50 年間，愈來愈多的市長－議會型政府採行一些議會－經理型政府最具特色的優點，以提升行政效率。而且，越來越多的議會－經理型政府採行一些市長－議會型政府最具特色的優點，以提升其政治的反應敏感度。「現在，很少城市仍維持市長－議會型或議會－經理型的明確組織型態，大部分的城市政府架構已很難加以明確的區分出屬於何種政府的組織型態，漸漸呈現出新發展的型態或混合式的地方政府型態。」[14] B 點代表那樣的混合模式。

郡與特區　郡與市的不同點在於，郡並非基於居民的意志而創立。州政府自行

創設郡，以延伸州政府的政治管轄力。郡有時被稱為「無形的政府」（invisible governments）。新聞媒體多半會刻意忽略郡的存在——而大部分公民也都忽略郡所提供的功能。（郡政府的職責包含區域劃分、制定法規、衛生、醫院、公園、休閒、公路、公共安全、司法、以及保存紀錄資料等。郡也負責管理機場營運、橋梁、自來水供應、以及下水道系統等。）郡的規模——即便是相當大的郡——未必引起廣大公眾的注意力。例如，洛杉磯市一個 1,000 萬人口的郡，是全國人口最多的地方行政區。全美除了 8 個州的人口超越該郡之外，其於各州的人口都不及。就土地面積而言，該郡比起德拉瓦州與羅德島州的總土地面積還大。然而，即便該郡的居民也常常弄不清楚誰是郡長，以及誰是洛杉磯市議會的議員。這位列居全美最具權力的公共官員之一的郡長，大部分時間卻像是個沒沒無聞的官員。

雖然，新聞媒體與大多數選民持續忽略郡的存在，事實卻是郡對於美國政府而言，已逐年扮演愈來愈重要的角色。正當各州政府、聯邦政府都已撤回如健保、貧困補助、刑事司法等的補助款之際，是各——郡遠多於州、市——致力於填補這一大塊的缺口。

鎮（towns）不可與「小鎮」（town）混為一談，鎮其實是城市的同義詞，它是十分獨特的政府體制。在緬因州、麻州、新罕布什州、佛蒙特州及康乃狄克州，所謂的鎮單位是一種結合市與郡角色的政府。因此，一個新英格蘭地區的鎮，通常包括一個或多個都市型屯墾區，以及附近的市郊鄉村地區。很顯然，在新英格蘭地區郡的角色並不太重要。

城（townships）的運作方式與郡頗為相似。城存在的地方——通常在郡裡面有幾十個城——以類似郡的運作方式運作，也發揮郡的功能。在印第安納州、伊利諾州、堪薩斯州、密西根州、明尼蘇達州、紐澤西州、紐約州、俄亥俄州、賓州及威斯康辛州中，皆有無數的城。

特區的行政單位通常是由委員（commissioners）來管理，這些委員可能是選舉產生，也可以由其他政府單位的民選政務官委派任命。美國最大幾個特區計有：紐約州與紐澤西州港務局、鹽河計畫區（Salt River Project District, Arizona）、華盛頓公共電力供應系統（Washington Public Power Supply System）、華盛頓特區都會捷運局（Washington DC Metropolitan Area Rapid Transit Authority）、芝加哥捷運局（Chicago Transit Authority）、麻州海灣運輸局（Massachusetts Bay Transportation Authority）、南加州捷運局（Southern California Rapid Transit）、南賓夕凡尼亞州捷運局（Southern Pennsylvania Transit Authority）、南加州都會水利區（Southern California Metropolitan Water District）等。各特區都有一個重要特性，即特區從地理與政府的管理邊界切割出來。有時特區甚至從州的邊界切割出來。例如，一個都

會捷運特區可以提供公共汽車的服務，範圍涵蓋至數十個市及好幾個郡。

分裂、合作與競爭　以下的故事發生於幾十年前——而且都是真實故事。在聽多了令人印象深刻的政府改革報導之後，Frederick Gardiner 自己選上了多倫多市市長，接著一群來自匹茲堡市的地方市政領袖邀請 Frederick Gardiner 與他們在匹茲堡市共進晚餐，席間他們問 Frederick Gardiner 為何能夠在治理多倫多市上有這麼多績效。Gardiner 市長回答說，只要完成一次一切都好辦：即把許多小型、無效率的地方自治政府整合起來，合併成為一個能夠涵蓋各方面市政功能的都會型政府組織結構。當 Gardiner 市長正在說話時，坐在餐桌前排的客人發現有一小的物品掠過他們頭上，朝 Gardiner 市長飛去。原來，是當時坐在後面來自 Allegheny 郡的自治市長、議員、警察主管在朝 Gardiner 市長丟擲晚餐的菜捲等食物，反對他關於合併的提議。[15]

不難瞭解為什麼他們這麼生氣，因為匹茲堡市與鄰近的阿利根尼（Allegheny）郡正是全美地方政府中，最沒有集中控制力、也沒有效率的拼湊政府所在地。其130 多萬的郡居民散居在 130 多處自治市內，其中大多數管轄區內的人口不足 1 萬人。但每一個自治市卻都有其各自的市長、議會以及辛苦維持的警力、公共服務設施、街道清潔及其他服務等。今日，大家都會同意當天倒楣的 Gardiner 市長有關治理多倫多市的理念：即一個大城市需要整合其下轄的郊區鄉間的政府力量，以求生存發展。

雖然阿利根尼郡的案例可能太過極端，但地方政府的力量分散並非只有阿利根尼郡才存在。而且，這好幾千個小市、小鎮的管理當局每當面臨問題時，都傾向於優先關心自己的切身利益。結果是各自為政，不會針對區域性的需求而彼此合作及有效規劃。

傳統上，地區性關於因應特定政策領域的合作例如，運輸、自來水供應及下水道等多採行特區的組織型態。但一些特區組織架構的功能發揮有其限度，且彼此合作的成效也只能到達某種程度。那麼，有什麼更好的辦法能促進都會區的各式公共服務合作呢？對於新手上路的市政首長，地方政府可採取跨地方服務的合作架構或協議，以對其市民提供服務。基本上，有下列三種架構：[16]

1. **府際服務協定（intergovernmental service agreements）**：由一個政府付費給另一個政府，由該政府提供服務予付費政府的市民，大多數最受歡迎的協定與受刑人、以及關於老人及公共衛生的計畫有關。

2. **聯合服務協定（joint service agreements）**：由兩個或兩個以上的政府達成協

議，共同執行計畫、提供資金、以及共同提供服務，以照顧協議下各參與政府的市民，這些政府協議的重點領域多半為圖書館、公共安全通訊等。

3. **府際服務轉移（intergovernmental service transfers）**：一個政府當局將某一項職責固定（永遠地）轉移至另一個政府、私人公司、或非營利組織等，大多數最歡迎的轉移項目為公共工程、公共事業、衛生與社會福利等。

　　在國家的許多地區，由幾個政府合組一個議會即**跨政府議會（council of governments**，通常縮寫為 COG）**，由各地方政府派遣代表的官員會召開會議，討論彼此關心的問題，共同規劃，以及共同採取行動。這些合作性架構旨在落實地區的共同努力，以解決地方發展、運輸、污染及其他問題等，這些皆會影響整個地區的問題。這種跨政府議會通常是控制力薄弱、缺乏資金、工作人員不足、且缺乏真正的立法或徵稅權力。然而，也有一些區域發展出超地方性的制度性架構，有如具全功能的區域政府。例如，西雅圖、邁阿密、明尼波里斯－聖保羅（Minneapolis-St. Paul）等都有各自的都會型議會，其設置目的即為了發揮上述功能。更進一步說，明尼波里斯－聖保羅的都會型議會，負責提供地區的公共汽車服務、下水道與自來水的服務、設置一個地區性住宅發展局、以及對地區的公園與步道提供資金與規劃——這些服務項目都跨越了傳統地方政府的地理性與政策性範圍。

　　然而，上述關於地區性合作的制度多屬特例性質，並非一般性的情況。也就是說，美國人不太有興趣促進區域性合作，以矯正因都會性的分割而造成不平等與協調合作之問題。一般而言，美國缺乏一種歐洲明顯具有的區域規劃之深遠傳統。試想一下，英國市政規劃員如何防止倫敦的過度擴張：他們用「綠帶」（green belt）環繞著倫敦市——指定這一區域保留其鄉間原貌並不准進一步開發。當此區域的人口成長過多時，便由計畫好的「新鎮」（new towns）吸收，並與中央城市維持一定距離。其結果就會形成一種城市與鄉間混合的都會型區域，而避免了美國式的都市蔓延（American-style urban sprawl）。[17]

　　全球性發展趨勢可能對美國引以為豪的都市區，如匹茲堡市有其決定性的影響。Neal Peirce 主張「城市型國家」（citi-states）或大型都會區，如新加坡或西雅圖，都日漸增加推動全球經濟發展的影響力。[18] 因此，每一個地區性經濟都必須定義各自的獲利利基（profitable niche），而其下轄的各個地方政府與領導人都必須密切合作以達成此一目標。這樣的工作涉及管理及治理區域性之體系、區域性運輸及環保規劃、大城市與市郊的財政平等、以及如 Peirce 所說的走向一個多元文化的未來。

這也涉及重新思考何謂一個城市的理念。就官方目的而言，像是對聯邦補助款的運用分配。管理與預算局（OMB）對都會型區域有一個正式的定義，即稱之為**都會統計區域（metropolitan statistical areas, MSA）**，且定義即是一或多個郡，下轄至少有一個 5 萬人或以上的城市。相鄰各郡只要具有都會特性且在社會與經濟兩個層面上可涵蓋一個中央城市的範圍內，就可劃入一個都會統計區域。以匹茲堡都會統計區域為例，就包含了阿利根尼郡、阿姆斯壯（Armstrong）郡、比弗（Beaver）郡、巴特勒（Butler）郡、菲葉特（Fayette）郡、華盛頓（Washington）郡，及韋斯特莫蘭（Westmoreland）郡等。

來自維吉尼亞理工學院（Virginia Tech）的 Robert Lang 與 Dawn Dhavale 兩位學者，提倡聯邦政府應採用一個較都會統計區域有更寬廣涵蓋面的組織架構，才能掌握區域性經濟與社會的現實面。因此，他們為美國鑑定出 10 個稱為巨型都市（megalopolises）的城市，其功能類似巨大城市（giant cities）。此巨型都市可由許多特徵加以定義和落實。如財貨、服務及人民的流動——這些正是一個企業的各分公司構成要素，也正是相關企業和工業所在地或發源地——扮演著重要角色。而當中最主要的基礎建設即州際高速公路。例如，一個巨型都市可透過 I–35 州際高速公路，將堪薩斯市、奧克拉荷馬市、達拉斯市、奧斯汀市，以及聖安東尼奧（San Antonio）市等連結在一起。同樣地，I–85、I–81 等州際高速公路把夏洛特（Charlotte）市、亞特蘭大（Atlanta）市、羅里（Raleigh）市連結成一個巨型都市。全美第二大的巨型都市是中西部（Midwest），從匹茲堡市一直延伸到芝加哥市，見圖 3.2。

Lang、Dhavale 與 Peirce 主張，巨型都市是全球經濟中的新競爭性單位。紐約市區域規劃協會（Regional Planning Association in New York City）會長 Robert Yaro 曾經說道：「以美國當今的基礎建設體系而言，其容量已不敷使用，我們需要建構更多具有匯聚性及思維的架構，以求突破。而我們的競爭對手歐洲、日本正朝此方面努力。」[19]

管理的意涵

除了上一章所談到的政治技巧及第二篇會談到的計畫管理技巧，還需要哪些才能有效管理府際關係？本節將介紹兩種額外的工具：代理理論（agency theory）與談判（negotiating）。雖然，此處所討論的工具內涵主要是關於府際關係，但應當瞭解這兩個工具在公共行政上可應用得非常廣泛。

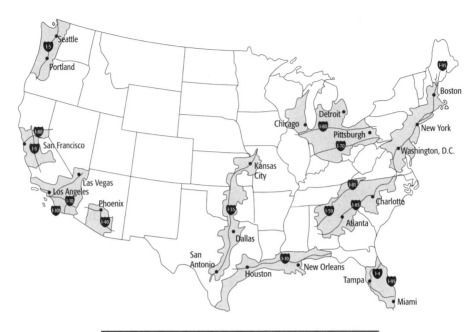

巨型都市區域	2000 年人口
西北部區（Northeast）	49,182,941
中西部區（Midwest）	39,489,865
南方區（Southland, includes Los angeles）	20,962,590
匹德蒙區（Piedmont, Atlanta）	18,391,495
I-35 走廊區（I-35 Corridor）	14,465,638
半島區（Peninsula）	12,837,903
北卡區（NorCal）	11,568,172
海灣岸區（Gulf Coast）	11,533,241
卡斯卡達區（Cascada, Seattle）	7,115,710
太陽谷區（Valley of the Sun, Phoenix）	4,095,622
各巨型都市總計	189,643,177
全美總人口	281,421,906

資料來源：Robert E. Lang and Dawn Dhavale, *Beyond Megalopolis: Exploring America New "Megapolitan" Geography*, Metropolitan Institute Census Report Series (July 2005), 14 and 15.

圖 3.2　巨型都市與州際關係

委託人－代理人理論

　　經濟學家已經發展出一種適合對管理跨組織環境做分析的分析架構：即**委託人－代理人模型（principal-agent model）**。基本上，此一模型透過分析展現其中關係，一方當事人即委託人，在考慮與另一方（即代理人）進行一種契約式的協定，代理人將選取適當行動以達成委託人所期望的成果。例如，雇主（即委託人）尋求獲得一位受僱人（即代理人）的技術，以執行本組織的任務。又如，政府機關

（委託人）僱用另一個組織（代理人），以協助執行委託人的目標。其他機關關係的例子，包括醫生－病人、經紀人－投資人、律師－客戶、政治人物－公民、政治人物－行政人員等。顯然地，委託人需要代理人的理由不勝枚舉，他們可能因為缺乏代理人有的必要知識或合法資格；或因為要執行的任務太大或太複雜，而無法獨自去做。

逆選擇與道德危險　儘管有許多必須倚賴代理人的理由，委託人仍需面對下列兩個問題：

- 逆選擇。試想一下這個例子，一個政府的某局進行一項計畫工作的招標，要求完成的工作需具有獨立性與創意性。雖然該局希望能吸引到具高水準與進取心的公司來執行，但該局的高層行政人員無法知道參與競標的公司內部真正的專業知識資源與工作習慣。因此，他們必須找出一些大致的指標做為參考基礎，如文憑及之前工作經驗等，然後以此方式宣布政府願意以某一價格水準提供予符合上述參考指標資格的得標公司。「實際上，價格是一種統計的平均值，反映生產力指標的估計值，以及各符合要求的公司之生產力差異。」[20] 換言之，一家公司的實際產能水準，可能高於（或低於）所提供的價格。如果某公司真正符合高水準，則會認為政府提出的代理權價格偏低；反之，如果一家公司的品質水準較差，但仍符合代理權需求，則會覺得所提供的價格挺吸引人。當然，符合高標準的代理人將會另覓高就，爭取「更好的」工作，於是代理權的分類不是要做得更精細慎重，就是單純地「設立」在高層級。這樣的結果，使那些支持**逆選擇理論**（**adverse selection theory**）的人士認為，委託人會傾向於讓品質水準略低的代理人得標。

- 道德危險。當合約簽署之後，機關會面臨另一個問題，即這個公司的實際作為無法完全被觀察。由於委託人無法知道一家代理人公司的生產力到底是何程度，所以仍必須依靠代替的指標：如報告的品質、時效、勤勉性，以及前瞻性等。這樣的結果是，導致代理人費盡心力以符合這些代替性的指標，而不是致力於落實合約載明的抽象性目標。例如，一個城市（即委託人）欲請一個公司（即代理人）協助矯治毒癮犯者，雖然此項計畫的真正目標是希望把嚴重毒癮犯者矯治成沒有毒癮的良好公民，但用於審查是否得標的公司效能，是該公司「一個月可矯治多少人」。結果，一家代理人公司為了爭取得標，想辦法讓每月參加矯治的人數增加（當中可能有些毒癮犯者只是在休閒娛樂時才使用），並且把療程縮短。再者，代理人公司把某些安逸或逃避的行為當做治療有起色的績效，因為他們知

道這些不充分的成果不會被察覺。畢竟，一個城市簽有合約的代理人公司甚多，而且散居在各地，政府不太可能對每一個合約地點都派出一位官員全時監控。這就是一個典型的**道德危險（moral hazard）**的問題，屬於一種合約簽署後的投機主義，其產生原因是只注意效率的成果行為是不自由地觀測。所以有這樣行為的人，為了追求自己的利益，卻犧牲他人的利益。總之，所謂道德危險即「合約之下的無效率工作行為」。有趣的是，此一名詞最早出現在保險業，意即投保者會有改變其行為的傾向而導致向保險公司大筆求償。例如，有了保險之後會讓人們鬆懈一些可避免或減少損失的預防措施。

代理理論的原則　那麼，委託人有沒有可能設計一個誘因架構，以引導代理人朝向委託人的期望目標而努力？答案是「關鍵在於發展出一套監控系統，以引導代理人儘量透露出私人保管的資訊。」[21] 在有關委託人－代理人關係的各類討論文獻中，提出了若干概念解釋何以不同的關係需要不同的監控與誘因型態，而且何以這樣的監控與誘因架構存在著。有些概念不言可喻，但往往被忽略其意涵：[22]

1. 當進行監控的成本太高時，便傾向於減少監控，或僅監控比較差的品質部分。
2. 當委託人與代理人之間的利益或價值觀有分歧時，行政管理的困難就變得十分嚴重。

有些概念較不明顯，或不同於一般的主觀認知，但不減少其重要性：

3. 理想上，代理人的資訊與行動應同樣受到監控。然而，在真實世界裡，愈來愈多的有限度監控——有指標性的產出——較易於實施。
4. 大量價值（例如聲望或資產）可能因不良的行為而喪失，而這對良好行為就是個強大誘因。
5. 在所有的優點之中，長期關係可以逐漸產生價值，有助於「實施」，並讓有限度的監控更見成效。
6. 在大多數情況中，委託人與代理人都要共同分享機關成本減少或是機關產出增加的利益。例如，如果州政府委託的承包商發現有較為省錢的做法來提供某些相同的服務，則節省下來的利益應由承包商與政府分享。因此，委託人（州政府）與代理人（承包商）就有一個共同的利益，定義監控及誘因架構，讓所產出的成果儘可能達到無成本的資訊監控程度。

例證 美國的官僚機構已經演變成相當龐大的數量,而且變化繁多,讓研究學者在歸納時並不容易。Kettl 提出一個方法,即採用代理理論,以利進一步瞭解美國行政行為的多樣性。[23]

機關行為的改變基於兩個因素:資訊成本與目標調和。試想一下聯邦航空管理局(Federal Aviation Administration, FAA)的空中交通管制人員,這些航管人員與合作性客戶(飛航班機駕駛人員)保持密切合作。因為飛航人員在避免交通紊亂上有切身利益,所以雙方的**目標調和性(goal congruency)**,也就是兩方當事人共同努力達成一個目標的程度極高。又由於雷達與電腦能準確地觀察天空上的狀況,因此航管人員的**資訊成本(information costs)**十分低。前述案例可涵蓋在圖 3.3 的第一象限內。一般而言,具有高度目標調和性的計畫較少出現問題,或許基於此種理由,政府多半直接管理這種計畫。

然而,並非所有聯邦航空管理局的計畫在第一象限中都能順利推展。例如航空安全規則就是一個案例。聯邦航空管理局負責管理與查核各家航空公司的空中航班機隊,以瞭解飛航安全的維護與運作上面有沒有問題,聯邦航空管理局發現此一工作與空中交通管制人員的工作截然不同,不論是目標的調和性還是資訊成本。鑒於查核人力不足,無法針對每一架民用的飛航班機進行檢查,只能隨機抽樣檢查,以及間接查證民航業者是否遵守聯邦航空管理局的大量相關法規。因為就國內最具競爭性的航空業而言,民航業者經常會想辦法減少花費及縮減航班飛機的停飛時間,

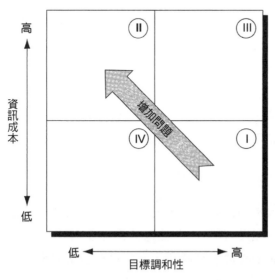

資料來源:修改自 Donald F. Kettl, "The Perils—and Prospects—of Public Administration," *Public Administration Review* (July-August 1990): 416.

圖 3.3 資訊與目標造成方案的變異

如此一來，則民間業者與政府之間的目標調和性相當低，使得此種規範性計畫會出現在第二象限。

圖 3.3 同時也提供一個深度的見解，以呈現補助款與合約間的管理困難。資訊成本與前述兩者相關的行動關聯性頗高。政府如何能清楚瞭解承包商是否符合需求──要真正的符合？政府又如何能在維持低資訊成本下掌握承包商每日的例行工作情況？目標調和性很少能在協議上做到恰當而順理成章，但透過協商性的協議，也可做到高度目標調和性。因此，補助款與合約兩者出現在第三象限中。

類似老人醫療照護與社會福利等方案，涉及政府對個人的補助款項，個人未相對性地提供財貨或服務做為回報，因此出現在第四象限中。這些轉移性計畫占聯邦政府年度花費的 36%。

資訊成本在這些計畫上相對較低，「在美國衛生與人力服務部（U.S. Department of Health and Human Services）中，透過老人醫療照護方案，官員知道有多少錢是要花在不同醫療服務上，因為他們很清楚自己在對誰開出補助款的支票，而且是屬於哪些補助項目。在負責寄出支票的衛生與人力服務部及收到支票的兌現者之間，很少需要再做協調。」[24] 但就目標調和性而言，並非如此。轉移性計畫的主管官員，必須知道收到支票者是否按照政府的目標在使用款項。

那麼，委託人－代理人的概念性架構如何應用到聯邦主義上？無疑地，各州就是委託人，因為州政府具有政治正當性，並且對聯邦政府授予權限。由於各州批准憲法──始於一則公文：「吾人身為美國的人民……茲制定與創立這部憲法。」然而，聯邦政府也可以是委託人，例如聯邦福利法即將權限轉回到各州政府，各州政府就像是代理人。[25]

談判

就像代理理論一樣，談判對於致力處理府際關係的公共行政人員，是一項極有價值的工具。試想關於下面這個案例，此為關於一位聯邦政府官員負責提高麻州療養院防火安全的案例：

> 他正設法讓州的機關落實對防火安全進行檢查的權責。而他的努力卻必須跨越組織及管轄權限上的界限。由於他無法接觸到傳統直接管理的工具與制度，因此他無法與州的機關有所接觸；州的機關能提出預算以因應執行程序的需求；或提供獎勵辦法，或提供懲罰，以及運用其他可影響所屬政府人員的工作發展與升遷的辦法。簡言之，如果他想要透過讓他們「同意」去落實安全檢查工作，操控那些不同意的州政府人員之能力非常有限。然而，這位聯邦官員

的頂頭上司（政務官及直屬長官）卻要他為此負一切成敗責任。也就是說，一旦這種聯邦提供補助款設置的療養院發生了任何災難，就會有一大堆人要他負責，包括國會議員、受害者、一般大眾、各新聞媒體，甚至是法院。[26]

就像代理理論一樣，談判是府際關係之外的一項相關性作為，請回憶一下第 1 章提到的，找出談判者是所有管理者所必須扮演的十種基本角色之一。例如，管理者可能必須與頂頭上司談判爭取資源、與同僚們協商解決彼此歧見，或解決下屬之間的衝突等。透過談判的途徑，可以讓行政主管省下時間與金錢。當事人雙方對於可控制的衝突解決過程會比較滿意，而且談判下的和解也有較高的執行率。一般的主張是，談判出一個可以接受的和解方案，會比進行冗長的官司訴訟或走向戰爭來得更好。

那麼，什麼是**談判（negotiations）**？它是一個程序，由兩個或多個當事人，大家各有偏好，但必須共同做出一個決定，並且有一致的協議。然而，許多人不把談判看成一個程序，而是一個事件——在談判桌上討價還價或互相交易。惟要成為一位有效的談判高手，就必須改變上述思維。基本上，談判程序包含三個行動作

「我們首先要試著談判。」

為：即談判準備（preparing）、調查（probing）與提出建議（proposing）。

談判準備　談判最重要的層面是在談判人員見面前的部分。雖然大部分的人知道準備工作非常重要，但都不知道如何以有效的方式做準備。有缺失的準備工作並非因為缺少動機；而是，關鍵在於談判人員不知道該問什麼正確問題。在準備階段中，較為重要該去思考的問題如下：

1. **有哪些先例？** 一位經驗豐富的談判人員曾經說道，如果你不知道相似的情況過去曾經發生過，「你就無法引述或引用，也沒辦法從中學習，以增加自己立場的正當性與可信度。瞭解以往發生過的相似交手經驗，可以協助你架構此次的談判。但不要只注意單一先例，如只注意有利自己立場的一個先例，應多熟悉幾個對方可能會採用的先例。」[27]

2. **有哪些議題與方案選項？** 來自 Kellogg 管理研究所的 Leigh L. Thompson 曾經寫道：

> 許多談判人員都犯了一個錯誤，就是針對一個情況只會找出一個議題去談判。通常是，關於錢的問題（例如，在銷售一棟房屋時，售價似乎是談判的中心議題；同樣地，在工作上的談判，薪資可能是關鍵議題。）這就大錯特錯了，談判時僅聚焦於一個議題上是不對的，因為在大多數的真實談判情況中，其實是有多個利益攸關的議題。藉著辨識出其他議題，有助於增加談判的價值。例如，在購買汽車時，付款條件、頭期款、貸款協議、或保固等都是可談判的議題。談判人員應花時間激盪一下腦力，把單一談判議題設法切割成多項議題。將談判議題攪亂成若干個議題，會違反理性原則，因為人們通常力求把情況簡化成單純性的議題。然而，談判人員應設法增加多些議題讓單一性議題更趨於複雜。
>
> 一旦談判人員辨識出要進行談判的議題，最好對個別議題擬出若干行動方案選項。在購買一部新汽車時，付款條件可以細分為頭期款所占的百分比例、或貸款利息所占的百分比例；一項貸款協議可涉及幾個月或幾年的繳款期限等選項，以利購車者做選擇等。在辨識出議題及可選擇方案後，談判人員即可設計出一個矩陣式架構，將辨識出的議題列於縱列，而可選擇方案置於橫行。[28]

3. **有哪些利益？** 在眾多有價值的建議之中，也有來自哈佛談判方案（Harvard

Negotiation Project）的 Roger Fisher 與 William Ury 所提出的看法：「讓對手同意」（Getting to Yes），其中「應注重利多因素，而不是立場」。[29] 如果你被限制在立場中，你可能會忽略其他能夠幫你達成願望的方法。有一個例證是 1978 年的以色列與埃及之間的大衛營條約（Camp David Treaty）。以、埃兩國長期為了劃分兩國邊界的問題處於僵局中，因為以色列希望保留西奈半島（Sinai Peninsula），而埃及則要求必須歸還全部半島。當解決方案兼顧雙方各自關心的切身利益後，終於讓雙方所接受。以色列所關切的是安全問題：不希望埃及部署任何坦克車於半島中；埃及則關切領土主權：因為西奈半島遠自法老王時代就是埃及的領土。於是，雙方達成協議簽署條約將西奈半島歸還埃及，但半島的大部分地區劃入非軍事區。

4. **有哪些截止期限——對我及他人？**事先瞭解你自己實際的截止期限，將有助於知道自己有多少寬裕的時間，以便鞏固自己的立場。同樣地，能夠瞭解對手的實際截止期限，也可以讓自己先占優勢，或讓自己能先一步爭取其他方面的利益。截止期限也就是壓力點（pressure points）。一位實務的談判人員 Herb Cohen 寫道：

> 如果沒有關於截止期限的認知，採取行動的誘因將會微渺，多半會嘗試調解與妥協。
>
> 很準確地，大部分的人都瞭解立法部門，從議會到國會都一樣，他們都是直到休會前才通過大部分的法案與撥款。
>
> 要求一位管理者或秘書人員悠閒地完成一份報告時，他們會什麼時候完成？即使是最有責任心的人，都會耽擱一下，先去處理急需完成的工作。
>
> 如果這樣還不能說服？不妨叫你的小孩有時間時清理一下自己的房間，然後看看他們何時會去做？[30]

5. **參與談判者有何優點與弱點？**Ronald M. Shapiro 是一位運動界的談判人員，他認為幾乎每一位談判人員都會過度高估自己的弱點，而高估對手的優點。因此，他建議應試著誠實地列出自己與對手的各自優點與弱點。「問問你自己」他寫道，「如果你自己的脆弱處在對手看來是弱點，或你自己對此也甚為敏感。這種感覺同樣適用於自己的優點，此時你要給自己正面的加分。評估對手時要以分析，而不是情緒性的眼光。真正的優點是正確瞭解自己的優點與弱點。」[31]

6. 你的 BATNA 是什麼？ 一位談判人員需要找出最佳的選項方案，以談出一個協議。這非常重要，因此 Fisher 與 Ury 研究出一個縮寫字：BATNA（Best Alternative to a Negotiated Agreement，即談判出的協議是最佳的選項方案）。BATNA 可為你設定一個臨界點，到達此點時你必須離開談判桌。就實務面而言，這意味著你可接受任何比你的 BATNA 更佳的條件，而拒絕比你的 BATNA 更差的條件。令人驚訝的是，談判人員大多未能做到兩方面的分析計算。

所謂的 BATNA 並不是努力的目標，而是艱困的現實和外在因素有時迫使你接受的一種東西。一個共同問題是：談判人員多不願意承認自己的真正 BATNA 是什麼；他們會陷於一廂情願的想法與不實際的樂觀之中。最佳的準備手段，即不斷地設法改進自己的 BATNA。在西北大學任教的兩位學者 Max H. Bazerman 與 Margaret A. Neale 提出一個策略來呼應上述做法：即跟隨著「墜入愛河」規則，適用於大多數的談判情況。

要想知道如何應用此規則，試想以下的情況。某位友人看到一棟房子標價 249,000 美元，表示願以 222,000 美元購買，而賣屋者表示願意降至 237,000 美元來成交。於是，該友人希望聽聽你的建議該怎麼辦，但這種情況對你而言屬於一個無勝出的局面（no-win situation）。如果你的建議導致購價高於該友人所希望的價錢，那麼他或她會對你的專業知識印象不佳；如果你的建議導致房子賣給了別人，那麼他或她可能會責怪你。所以，你有什麼建議可以提供給你的友人？以下是 Bazerman 與 Neale 所提供的答案：

> 我們認為他或她已違反最重要的購屋規則（或進行任何其他的重要交易，而不要只選擇該項交易）：「同時愛上三位，而不是一位。」要做一個掌握充分資訊的決定，首先購屋者必須知道如果不買時會怎樣。下一個選擇方案有多好？如果購屋人只想要擁有這棟房子，則談判地位是十分薄弱的。
>
> 如果你只愛上一棟房子（或車子、公司等），則限制了你清楚而理智地思考自己的最佳選擇方案，並在談判時讓自己失去了競爭優勢。如果你有其他選擇方案，最好冒著失去成交第一棟房子的風險，等對方做出讓步。你的其他選擇方案強化了你的談判地位。[32]

7. 對手的 BATNA 是什麼？ Lisa Bingham 提供如下的描述：

> 你的對手是否為一個小供應商，而你的機關是他的主要合約對象？假

如這個供應商需要維持與你的機關之長久合作關係，那麼他的 BATNA 在談判中無法讓他占有優勢。但是，如果對手是一個主要的業界大盤商，擁有相當多資源，那麼他會認為其 BATNA 可讓他在談判中擁有相當的優勢（例如，透過一個冗長的官司訴訟延緩執行新的環保或安全技術）。所以，儘可能蒐集資訊，以利對手屈服，如果必須進行官司訴訟能居於有利地位，也才知道該何應付對手的資源。另外，也可透過懲罰性制裁或起訴有關負責人違法的手段設法減弱對手的 BATNA。有時，一個當事人的 BATNA 實在是乏善可陳，他只好透過談判看能否爭取什麼。例如，一個重刑犯在犯罪現場遭逮捕，他不是面臨遭起訴的處分，就是認罪協商而成為州的污點證人。如果這位罪犯不想長久待在監獄牢房，那麼認罪協商也許是唯一合理選擇。[33]

調查　熟練的談判人員都是好的聽眾，很會發問、言詞直截了當，少防衛性，並會注意自己的用詞避免刺激談判對手（如表達「大方的提議」、「價格公平」、或「合理的安排」等用詞）。換言之，他們希望建立一種開放性、可信任的氣氛，以利達成雙贏的和解方案。

「當你發問時，」Shapiro 告訴我們：「接著驚奇的事情發生了：你獲得答案。」他接著說道：「大部分的人都不問問題，認為這是顯示自己弱點的行為，似乎自己應該什麼都知道。而且他們也不願去探索對手的關鍵資訊，即對手到底是什麼。」於是 Shapiro 建議向對手問直接的問題，如：你究竟想要什麼？你為何要採取這樣的立場？你的短期目標是什麼？你的長期計畫是什麼？他甚至提議問一些看起來與談判像是不相關的問題，如你住哪裡？你在哪裡上學？你不工作時在做什麼？對手的答覆可提供一些蛛絲馬跡，以瞭解對手的想法、行為及感覺。[34]

一項關於談判前的調查是：針對問題因應，而不是個人。專注於談判的議題，而不是對手的個人人格。當談判陷入困境時，不要攻擊對手。請記住，你只是因為不同意對手的理念或立場，並非對手本人。因此，Fisher 與 Ury 將這種概念總結為：將問題與人加以區隔。

提出建議　關於一方應否先提出談判建議或鼓勵對方也相對提出，專家的意見並不同。在任何談判中，通常最早提出來的建議——不論是哪一方提出——多半是底線。也就是說，最早提出的建議比較極端、理想化，也應該這樣看待。記住，當你在最終要提出建議的內容品質，要和你在準備與調查階段時相同。例如，如果你考慮到兼容並蓄的利益且尋求的新方案有助於增進雙方好處——換言之，你提出多項選擇方案——更增添達成較佳協議的機會。

　　這讓我們回到提出談判建議的基本困境上。現在的進程是否走向雙贏局面，可讓參與談判的各方離去時都覺得滿意，而非還維持著剛開始各方談判人員坐下時的狀態？或者，這樣的談判進程像是在切一塊蛋糕──我的如果較大塊，那你的必定較小塊？哈佛大學學者 David A. Lax 與 James K. Sebenius 提出對於這種僵局的看法，他們認為這不是一種雙贏（win-win）或贏－輸（win-lose）賽局的選擇（就像上面提出的），而是一種在「創造價值」與「主張價值」兩者間的選擇。

　　價值的創造者傾向於相信，在各種情況下，成功的談判人員必須具創造力與合作精神，以提出一項能讓各方都有斬獲的協議，這當然比毫無達成任何協議好得多。有些人士認為這就是以雙贏賽局的談判來取代贏－輸的賽局。除了應該要做到資訊共享與誠實對談之外，創造價值（creating value）能激發創造力及提出巧妙的提案，也能在各種談判技巧與態度方面占有優勢。各方當事人應把談判看成解決一個共同的問題；也可找時間共同會商，激發彼此的腦力，共同研擬具開創性的解決方案。

　　另一方面，主張價值論者則把促進雙方利益看成是天真而弱智。對他們而言，談判就是一種艱難、冷酷的協議。他們認為，談判的目標就是要對方相信，對方所想要你的東西多過你所想要對方的東西；此外，你有的是無盡的時間，而對方卻深受截止期限的壓力。所以，為了要「贏」得談判──而讓對方「輸」──你必須一開始即拉高姿態，然後慢慢讓步，並特別加以誇大自己所讓出的價值，盡量把對方讓步的價值輕描淡寫，隱藏自己的資訊，強力推銷有利於己的和解原則，只對其做出承諾，並且耐心等待對方中計。[35]

　　要瞭解以上兩種談判（即創造價值與主張價值）的差異性，只需看大多數美國人所熟悉的購買新車談判程序就會知道。在帶領各位體驗此一例證時，不要忘了，相同的經驗教訓也可適用於任何一位公共行政人員，在做出其組織採購案的決策情況。首先，讓我們先來看主張價值式的談判途徑，或稱贏－輸談判方式：

　　經銷商剛開始都會提出各種誘人的「標價」（sticker price），而買方都會設法殺價，這跟他或她對於自己的研究功課做得好不好、深不深、認不認真有關。買賣雙方輪流調整自己的立場，逐步向對方的立場移動。這種談判頗像在切割一塊固定大小的蛋糕（在此案例中，各方在談判中的關鍵，是經銷商能夠從這次銷售中獲利多少），因為一方當事人的讓步等於另一方當事人的獲益。而每一方當事人的 BATNA 都會讓買賣不成交，買方可以找另一個經銷商，而賣方也可銷售給下一位買主。[36]

現在，讓我們來看如果買賣雙方採取創造價值式的談判途徑，或稱雙贏式的談判途徑，會是怎樣的情況：

> 雙方會討論一些下列的議題，如經銷商的成本、推銷員希望達到每月銷售額度或每次銷售的利潤賺取目標、買方的購買能力、年度的車輛銷售利潤、你對特別車款的需求，以及其他許多關於買賣各方在隱藏各自利益之目標準據。雙方會注重利益的所得，不會在意自己的立場，大家都會試著發現把餅做大的其他方法。例如，顧客是否可向朋友推薦？這位顧客是否很快又要購買另一部新車？（政府機關可提供許多生意機會給經銷商。）顧客的意見是否會影響經銷商在當地社區的聲譽？顧客是否能為經銷商做些免費廣告？[37]

因此，上述兩類談判途徑雖截然不同，但是公共行政人員是否只能從中選取一種？他們可能會問要達到雙贏的結局有多少機會。如果參與談判的各方能夠接受有協議的結局，認為這比沒有協議好得多，那麼創造價值式的談判途徑適用於他們身上。而且，如果一位公共行政人員未來還是必須與相同的人共同工作——這正是公共行政的實際情況——那麼採用主張價值式的談判途徑，對他而言將是非常危險的策略，因為他會招徠怨怒與不信任。所以，一位素有愛操弄且利己心重之惡名在外的行政人員，會發現建立人際關係網絡與鞏固的團隊簡直比登天還難，這兩種因素正是一個單位有成效的必要條件。

Robert Axelrod 在其深具影響力的著作《行為的演進》（*The Evolution of Behavior*）中，指出當談判人員彼此需要協同合作一段時期時，他們會採取一種「有條件的開放」策略。這種策略讓一方談判人員先試行開放及合作的行為模式，當對方也跟著如此做時，則會繼續保持。然而，當對方改採敵對立場時，則原先採取開放立場的談判人員也跟著採取敵對立場，直到對方再改變回合作立場。Axelrod 的這種採取既友善又原諒的策略，其實就是一種古老法則：「人家怎麼對待你，就怎麼對待人家」的新闡釋應用。在 Axelrod 的驗證研究中，他發現這種有條件的開放策略，比任何最冷血的敵對策略都來得有效。[38]

當公共行政人員選定一種談判策略，當然會有其他顧慮之處：如何做才符合道德？談判人員通常都會故意逾越立場，但再沒有比欺騙的行為更易被普遍譴責。這將導入一個對身為談判人員的公共行政人員而言是極度困難的問題：如何做才符合倫理與公義？下一章將就此一問題深入探討。

本章重點

本章重點在於聚焦於幾千種政府關係，這些關係存在於構成聯邦體系的龐大行政區域中。在本章，說明了制度如發展成形、其經濟的意涵為何、處在其中的公共行政人員為何仍能推動其工作等問題。雖然有人認為現在應該是聯邦制度分權的時候，但是本章提出的觀點則比較複雜：改變是同時發生，但是改變的方向則呈現相對性——即集權與分權同時發生。以下是本章的重點摘錄：

1. 美國聯邦制度與統一化、集中化的制度（如法國、英國等）正好相對。聯邦制度將權力分成中央政府與地區政府；每一個政府，不論是中央或地方，在其管轄權責區域之內都擁有法定的最高管理權限。

2. 儘管有些權力由各級政府分享——如稅收、公共福利的花費、犯罪的認定與懲治等——但是傳統上的聯邦主義或夾心蛋糕型聯邦主義的精神在於，凡事務屬於某一層級政府功能者，由該級政府管轄，並應明確其職責權限，各級政府皆具有其各自的獨立性。有些學者們並不接受這種聯邦主義的模型，他們提出一種大理石蛋糕型聯邦主義觀點。此一觀點認為各級政府間的合作關係，將會促成彼此的行動相互交疊。

3. 聯邦主義中所描述的模型都有一個主要缺陷，就是只談到了國家－州與州際間的關係，但是卻忽略了國家－地方、州－地方、國家－州－地方，以及地方間的關係。對照之下，府際關係涵蓋了做為研究的相關目標，即所有美國政府體系中各機構、單位的一切排列與組合關係。

4. 美國的聯邦－州間的關係可分成六個階段：雙元聯邦主義（1789–1933 年）、合作式聯邦主義（1933–1960 年）、開創式聯邦主義（1960–1968 年）、新聯邦主義（1968–1980 年）、新新聯邦主義（1980–1993 年）、權力轉移（1993年至今）。

5. 由於各州長、各市長，以及其他的州和地方市政官員對於府際援助款愈來愈看重，使得開創式聯邦主義得以發展盛行，讓他們得以培養出一群各自選區的支持群眾，在必要時配合展開遊說活動。

6. 類別補助款可循一定的申請程序提出申請，或提出特別申請。公式補助款適用於個人或單位，只要符合其申請之特定範疇的法定條件即可提出申請，例如盲人補助款等。特案申請補助款或專案補助款係針對特定目的，惟申請程序較為複雜。相對之下，綜合補助款對於各州所提供的補助事項有比較寬廣的解釋，而且附帶條件的限制非常少。

7. 聯邦政府先是給予後又取回，無資金補助的法規形同加重了各州及地方政府的經濟負擔，而沒有適當提供足量撥款以支應其開銷。

8. 在 1980 年時聯邦政府提供各州及地方的補助款，占了各州及地方政府年度支出的 40% 左右，到了 1990 年時降到 25%。在老布希總統主政期間，聯邦政府挹注的資金又上升到 31% 左右，並且在柯林頓和小布希的主政期間均維持這個比例不變。

9. 就政府的觀點而言，權力轉移是指將權力或管轄權從中央政府轉移至州或地方政府。一項經常被引述的權力轉移例證，是 1996 年公布施行的社會福利改革立法，此立法是以個人責任暨工作機會調和法取代基本社會福利計畫。聯邦政府將綜合補助款的權責轉移至各州，由各州自行依其權限取得與運用。這種將社會福利方面的權力轉移至各州的做法，可以做為今後依循的試金石。

10. 除了提出一些大膽的施政理念如開創式聯邦主義、新聯邦主義、新新聯邦主義、以及權力轉移等，美國總統可在以下三個途徑影響未來的府際關係：地區辦公室、網路商業活動、任命最高法院大法官。

11. 自從 1990 年代起，最高法院即 (1) 透過商事條款掌控聯邦政府的權力；(2) 透過憲法第十條修正案增加各州政府的權力；(3) 對憲法第十一條修正案給予新生命。

12. 經濟學者設法找出一些通用原則，以闡釋不同政府層級之間的合理責任分工。至少，他們整理出下列四種論點，做為聯邦行動的正當理由：一致性的需求、直接的外溢效應、政策引導的流動效應及資源的不平等。

13. 憲法上與州際關係特別有關的條款計有三條：其一，憲法第四條第一款，本條款要求各州法庭應執行其他州法庭的民事判決，接受其公開的記錄與審判，在該州一樣具有效力。其二，根據憲法第四條第二款，各州必須保障在本州之其他州民所享有的相同特權與豁免權。其三，根據憲法第一條第十款，同意各州可簽署州際協定。

14. 各州的州議會與法院認可各城市採行州的法律以符合地方的需要，但是各市仍須接受所屬之州的管轄，這個原則就是著名的狄倫法則。自治規則是最重要的一項賦予各市獨立權限的代表。本質上，自治規則是一種賦予政府地方單位的權限——主要為市——以推動其工作而僅受到立法部門或行政部門最低限度的控制。

15. 雖然各市的組織存有些許差異，大部分的市政組織有兩種基本型態：一種為市長－議會型；另一種為議會－經理型。

16. 州政府自行創設郡，以延伸州政府的政治管轄權。郡政府的職責包含區域劃

分、制定法規、衛生、醫院、公園、休閒、公路、公共安全、司法，以及保存記錄資料等。

17. 鎮是十分獨特的政府建構。在緬因州、麻州、新罕布什州、佛蒙特州及康乃狄克州等，所謂的鎮是一種結合市與郡的政府。城的運作方式與郡的運作頗為相近，城存在的地方——通常是在郡裡面有幾十個城鎮——以類似郡的運作方式運作，也發揮郡的功能。特區的行政單位通常是由委員來管理，這些委員可能是選舉產生，也可以由其他政府單位的民選政務官任命。

18. 經濟學家發展出一種分析架構，非常適合用於分析府際關係的工作：即委託人－代理人模型。基本上，此一模型透過分析來解析各種關係，一方當事人即委託人，在考慮與另一方（即代理人）進行一種契約式的協定，代理人將選取適當行動以達成委託人所期望的成果。儘管有許多必須倚賴代理人的理由，委託人仍需面對下列的兩個問題：逆選擇與道德危險。

19. 談判是一個程序，由兩個或多個當事人，大家各有偏好，但必須共同做出一個決定，並且有一致的協議。基本上，談判程序包含三個行動：即談判準備、調查與提出建議。

20. 在準備階段中，需處理的較重要問題如下：有哪些先例？有哪些議題與方案選項？有哪些利益？有哪些截止期限——對我及對方？參與談判者各有何優點與弱點？我的 BATNA 是什麼？對手的 BATNA 是什麼？

21. 以下是一個關於提出談判條件建議的基本困境：現在的進程是否走向雙贏情況，可以讓參與談判各方離去時都覺得滿意，而不是還維持著原來各方坐下談判時的狀態？或者，這樣的談判進程像是在切割一個派餅——我的如果較大塊，那你的那塊就會比較小？

問題與應用

1. 美國一些重要的社會與經濟革新作為，都是先在州的層級進行小規模實驗。例如，早在美國憲法第十九條修正案通過的 50 年前，懷俄明州即已同意女性有投票權。你能舉出其他的例子嗎？有哪些是目前由州所實驗的案例，而未來有可能會被聯邦政府所採行？

2. 對於企業界經理認為華府的權力是朝向集中化的趨勢，而非轉移至 50 個州，你的看法如何？

3. 某重要大學一位受敬重的學者利用週末時間，在自己家中的地下實驗室研究出某種極具潛在價值的發明。她認為她的發明可能會改變當前工業界的發展方

向，於是向其院長提出請求，希望能獲得一間免費的實驗室空間，以便將其創新發明做到完美。然而，院長直率地告訴她，根據學校的政策清楚地說明，任何一位在職教員所發明的東西都屬學校所有。她當然不願意把自己的發明轉讓出去，那麼她應該如何和院長進行談判？

4. 美國聯邦制度的分裂性與重複性導致協調與人事的高成本。你會贊成或反對進行大規模簡併嗎？請說明你贊成或反對的理由。

5. 「美國聯邦主義當初發展時便刻意模糊化，在政府的制度趨於模糊，而任何的改變也朝向模糊。」試討論之。

我的最愛

lcweb.loc.gov/Global/state/stategov　美國國會圖書館建立之初，希望當作美國國會的一個立法性圖書館。然而，時至今日，該圖書館已經成長到能夠涵蓋所有和資訊相關的活動，含州政府主題索引網頁。該圖書館也提供對州及地方政府的資料索引。

www.icma.org　國際城市管理協會是一個專業組織，由市、郡、鎮、及其他地方政府的行政首長所參與，主要目標包含透過專業性管理提升都會政府的品質、透過資訊服務發展新的管理方面的觀念與做法。

www.nlc.org

www.btg.com/uscm

www.ncsl.org

www.naco.org

www.nga.org

以上是五個關於州與地方政府的最大的遊說組織團體網站：即全國城市聯盟（National League of Cities）、美國市長大會（United States Conference of Mayors）、全國州議會大會（National Conference of State Legislatures）、全國郡協會（National Association of Counties），以及全國州長協會（National Governors Association）。這些組織所主張的遠超出州及地方政府所關注的：如他們促進府際關係合作、提供技術協助及資訊分享等。

www.kellogg.nwu.edu/research/des_res/

www.PON.harvard.edu

西北大學的 Kellogg 管理學院及哈佛法學院，可提供包羅廣泛的談判與衝突解決方面的案例、模擬、賽局推演、角色扮演，以及練習教材等。最早的兩大談判教材

聚集地點，其一為西北大學的爭端解決中心（Dispute Resolution Center），其辦公室設於 Kellogg 管理學院中，但由法學院、文理學院共同贊助，並與芝加哥的其他學院有連繫關係。其二為哈佛法學院中的談判計畫室（Program of Negotiation, PON）。

註 釋

1. Morton M. Grodzins and Daniel J. Elazar, *The American System* (Chicago: Rand McNally, 1966).

2. Dwight Wright, *Understanding Intergovernmental Relations* (Monterey, CA: Brooks/Cole, 1982).

3. *Recovery Act: As Initial Implementation Unfolds in States and Localities, Continued Attention to Accountability Issues Is Essential,* GAO-09-63IT, April 23, 2009.

4. 引自 Alan Greenblatt "Obama and the Cities," *Governing* (April 2, 2009): 24.

5. 前揭註。

6. 請參閱 Jeff Benedict, *Little Pink Houses: A True Story of Defiance and Courage* (New York: Grand Central, 2008).

7. Alan Ehrenhart, "States' Not-so-Dire Straits," *Governing* (March 2005): 6.

8. 請參閱 Deborah Solomon, "State Leaders Take Charge of Agenda amid Washington Gridlock," *Wall Street Journal* (February 25, 2006).

9. Ehrenhalt，如前所述，頁 8。

10. 這部分引自 *Economic Report of the President, 1996* (Washington, DC: U.S. Government Printing Office, 1996), 110–113.

11. *Economist* (April 3, 2004): 34.

12. *Governing* (August 2001): 44.

13. Monica Davey, "Trading Fish and Ammunition, States Team Up to Save Money," *The New York Times* (May 23, 2009).

14. H. George Frederickson, Gary Alan Johnson, and Curtis Wood, "The Changing Structure of American Cities: A Study of the Diffusion of Innovation," *Public Administration Review* (May/June 2004): 322–23.

15. Alan Ehrenhart, "Cooperate or Die," *Governing* (September 1995).

16. Nicholas Henry, *Public Administration and Public Affairs* (Upper Saddle River, NJ: Prentice Hall, 2001) , 384.

17. Peter Hall, *Urban and Regional Planning* (London: Routledge, 2002).

18. Neil R. Peirce, *Citistates: How Urban America Can Compete in a Competitive World.* (Arlington, VA: Seven Locks Press, 1992).

19. *Governing* (August 2005): 68.

20. Terry M. Moe, "The New Economics of Organizations," *American Journal of Political Science,* 20 (1984): 754.

21. 前揭註，頁 756。

22. John W. Pralt and Richard J. Zeckhauser, *Principals and Agents: The Structure of Business* (Boston: Harvard Business School Press, 1985), 5–6.

23. Donald F. Kettl, "The Perils-and Prospects-of Public Administration," *Public Administration*

Review (July–August 1990).

24. 前揭註，頁 415。

25. John Chubb analyzes U.S. federalism in principal–agent terms explicitly and only treats the federal government as the principal vis-à-vis the states. See "The Political Economy of Federalism," *American Political Science Review* 79 (1985): 994.

26. David A. Lax and James K. Sebenius, *The Manager as Negotiator* (New York: Free Press, 1986), 315.

27. Ronald M. Shapiro and Mark A. Jankowski, *The Power of Nice* (New York: Wiley, 2001), 98.

28. Leigh Thompson, *The Mind and Heart of the Negotiator* (Upper Saddle River, NJ: Prentice Hall, 2001), 15.

29. Roger Fisher and William Ury, *Getting to Yes* (New York: Penguin, 1983), 11.

30. Herb Cohen, *Negotiate This!* (New York: Time Warner, 2003), 176.

31. Shapiro and Jankowski, op. cit., 99.

32. Max H. Bazerman and Margaret A. Neale, *Negotiating Rationally* (New York: Simon & Schuster, 1992), 69.

33. Lisa B. Bingham, "Negotiating for the Public Good" in James L. Perry, ed., *Handbook of Public Administration* (San Francisco: Jossey-Bass, 1996), 652.

34. Shapiro and Jankowski，如前所述，頁 68。

35. Bazerman and Neale，如前所述，頁 30–32。

36. Bingham，如前所述，頁 654。

37. 前揭註。

38. Robert Axelrod, *Evolution of Cooperation* (New York: Basic Books, 1984).

卡崔娜颶風造成的毀損
The Katrina Breakdown

2005 年 8 月 29 日，卡崔娜颶風眼登陸路易斯安那州的 Buras 附近，以中心最大風速每小時 140 英哩的暴風威力橫掃墨西哥灣沿岸，造成重大災難。颶風威力達到四級登陸後緩慢移動，挾帶著強大的破壞力，沿路經過路易斯安那州南方、密西西比州及阿拉巴馬州等低窪地區，見下圖。

專家早就提出警告，指出紐奧良市（New Orleans）有面臨洪水氾濫的危險，因為該市低於海平面，形似碗狀，四周以土堤防汛，北方阻擋 Pontchartrain 湖的湖水倒灌，南邊及西邊則防堵密西西比河水的倒灌。事實上，在 2004 年夏季，數百名地區及聯邦的政府官員曾在 Baton Rouge 市做過一次因應大型

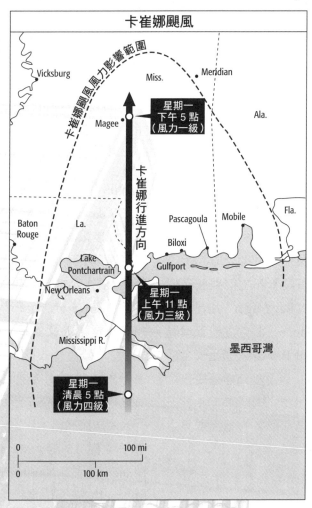

資料來源：National Hurricane Center

風災水患的精密模擬演練，當時模擬的颶風 Hurricane Pam 讓紐奧良市陷入水深達 10 英呎 的洪水氾濫中。模擬演練之後的報告，特別指出運輸會是一個主要問題。

這個模擬演練顯示出令人倉惶失措的準確性。卡崔娜颶風破壞了土堤的防汛作用後，造成紐奧良市 80% 的地區浸泡在水中，所有的公共設施如電力、自來水、地下水、運輸及通訊等系統全部遭到破壞。卡崔娜也夷平了密西西比州的 Gulfport 港與 Biloxi 城，淹沒了阿拉巴馬州的 Mobile 市，其餘遭殃的大小城鎮範圍幾乎與英國全國面積一樣。有將近 10 萬名的紐奧良市居民無家可歸，境況悲慘，處境危險，亟待救援與撤離。

過去 75 年來，卡崔娜是侵襲美國當中最具致命性的颶風，經確定的死亡人數高達 1,200 人，占路易斯安那州傷亡人數的 80%，而主要地區就在紐奧良市區。這也是美國歷史上最重大的一次自然災害，造成美國第 35 大的紐奧良市有四分之三的住宅遭到破壞或全毀。

由於聯邦、州、地方等各級政府協調不利，導致大家質疑美國在應付災變能力上是否已準備好，同時也質疑聯邦主義到底有何效用。紐奧良市市長 C. Ray Nagin、路易斯安那州州長 Kathleen Blanco、聯邦危機管理局（FEMA）局長 Michael Brown 及國土安全部部長 Michael Chertoff，以及小布希總統，全都遭到點名痛批，指責他們沒能盡職防治此一超級颶風的來襲。在思考眾多的批評意見之前，讓我們來重新回顧這個案例。

時間線

✪ 2005 年 8 月 27 日星期六

凌晨 5 點： 卡崔娜颶風在墨西哥灣距密西西比河下游三角州地帶東南方 435 英哩處向前緩慢移動，風力正在逐漸增強中，此時的移動速度為每小時 7 英哩。

上午 10 點： 聯邦危機管理局局長 Michael Brown 出現在 CNN 電視新聞採訪上，呼籲路易斯安那州東南地帶的居民儘快撤離，到達安全的內陸地區。

下午 5 點： 密西西比州州長 Kathleen Blanco 及 紐奧良市市長 C. Ray Nagin 聯袂召開記者會，警告居民防範風暴即將侵襲。同時，C. Ray Nagin 市長發布紐奧良市進入緊急狀態。

晚上 7 點 25 分到 8 點： 國家颶風預報中心主任 Max Mayfield 分別以電話通報阿拉巴馬州、路易斯安那州及密西西比州相關政府官員，警告即將來襲的暴風威力驚人。

✪ 2005 年 8 月 28 日星期日

上午 7 點： 墨西哥灣沿岸居民清晨驚醒收聽颶風新聞播報，此時卡崔娜威力已達五級，風力強度達每小時 160 英哩，颶風眼距離陸地尚有 250 英哩，前進速度為每小時 12 英哩。

上午 9 點 25 分： 小布希總統電話指示 Blanco 州長，建議她及 Nagin 市長下令強制撤離居民。

上午 9 點 30 分： 強烈颶風已逼近並將於 15 小時之內登陸，Nagin 市長於是下令紐奧良市進行強制居民撤離。

下午 4 點 15 分： Mayfield 向小布希總統、Blanco 州長、Nagin 市長及國土安全部部長 Michael Chertoff 進行電子簡報，提出警告說

明，卡崔娜颶風挾其強大威力，將會帶來嚴重
破壞與水患。同時，Blanco 州長呼籲聯邦政
府各相關首長，重視這即將來襲的颶風可能造
成之可怕災難，她表示：「我們希望能夠召集
一切力量來因應這次事件，希望能從本州、本
地區、甚至全國尋求一切協助。」

晚上 10 點 30 分：最後一批於紐奧良市巨蛋避
難的人被找到，並獲准留置其中。約有 8,000
至 9,000 位市民安置於臨時收容所，有 600 人
則在臨時醫護站接受醫治。州政府調遣 500 名
國民兵部隊負責維護公共安全事宜。

✪ 2005 年 8 月 29 日星期一

上午 6 點 10 分：卡崔娜的颶風眼在路易斯安
那州的 Buras 附近登陸。

上午 6 點 30 分：Buras 被淹入水中。

上午 7 點 50 分：一股強大風暴捲起的巨浪淹
至，頓時讓 St. Bernard Parish 及紐奧良市東邊
附近地區全被洪水氾濫成災，估計水深高達
10–15 英呎。

上午 10 點 30 分：小布希總統宣布路易斯安那
州、密西西比州及阿拉巴馬州為緊急災區。

上午 11 點：Blanco 州長下令讓 1,000 名聯邦
危機管理局的人員進駐海灣沿岸，並要求他們
兩天內抵達。

晚上 8 點：Blanco 州長因卡崔娜風災的破壞
向小布希總統請求協助，她說：「總統先生，
我們需要你的協助，我們需要你可以動用的一
切力量。」

晚上 9 點 27 分：聯邦危機管理局官員向
Chertoff 部長的幕僚長提報第一手的風災受損
情況報告，指出紐奧良市四周的防汛土堤已經
破了好多缺口，而紐奧良市全市大部分地區一
片氾濫。

晚上 9 點 30 分：小布希總統就寢，沒有針對
卡崔娜造成的災難或 Blanco 州長的請求協助
作出任何回應行動。

✪ 2005 年 8 月 30 日星期二

上午 7 點：在聖地牙哥市，小布希總統的幕僚
告知卡崔娜對海灣沿岸造成的嚴重損害情況，
並建議總統結束其 6 天的休假行程。小布希總
統同意。

上午 9 點：Chertoff 部長飛抵亞特蘭大市，準
備參加一個關於禽流感的防治會議。

上午 10 點：在第 17 街的運河缺口已經擴展至
200 英呎，紐奧良市區內到處傳出劫掠行為。

上午 10 點 53 分：Nagin 市長宣布強制市民撤
離市區，並要求警力配合執行撤離行動。

晚上 7 點：Chertoff 部長將卡崔娜的破壞定位
為「全國性重大事件」。

✪ 2005 年 8 月 31 日星期三

上午 10 點：Blanco 州長與聯邦危機管理局共
同發布聲明，說明已擬定計畫撤出尚滯留於市
區的市民，將其撤至休士頓市的 Astrodome 安
置地點。小布希總統搭乘空軍一號專機低飛視
察海灣沿岸的受災情況。Russell Honore 中將
受命擔任國防部設立之災難救援中心的任務部
隊指揮官。

下午 12 點 15 分：小布希總統的政治顧問 Karl
Rove 向 Blanco 州長提議，由聯邦接手紐奧良
市的市民撤退行動。

下午 2 點 20 分：Blanco 州長電話答覆小布希
總統，告知聯邦沒有必要接管撤退行動與國民
兵部隊。

下午 3 點：小布希總統在白宮召開一個任務會
議，研商如何改善對風災破壞的因應救援做
法。

下午 4 點 11 分：小布希總統向全國發表演說，這是自卡崔娜颶風肆虐後的第一次對國人講話。

晚上 7 點：紐奧良市宣布戒嚴，Nagin 市長要求警方停下手邊的救援工作，全力對付劫掠的不法分子，劫掠行徑在市區正四處蔓延。

✪ 2005 年 9 月 1 日星期四

上午 7 點：在一次廣播電台的訪問中，Chertoff 部長表示關於仍有市民受困於紐奧良市會議中心（Convention Center）是一種「謠言」，他表示：「事實上，我未曾看見過任何關於還有幾千人受困於會議中心，而且沒有食物吃和也沒有水喝的事。」

✪ 2005 年 9 月 2 日星期五

上午 6 點 20 分：紐奧良市緊急作業中心負責人發言表達他的無力感，他說道：「這真是國家之恥，聯邦危機管理局的人員已在這裡三天了，但卻雜亂無章，沒有統一的指揮與管制。我們可以對海外受到大海嘯肆虐的難民送出大量救援物資，卻對紐奧良市的救援束手無策。」

早上 10 點 35 分：在視察海灣沿岸受災地區時，小布希總統稱許 Blanco 州長的努力成效，他說：「Blanco，妳處理得很好！」

下午 4 點：小布希總統在空軍一號專機上接見 Blanco 州長、Nagin 市長等人。會談中，激動的 Nagin 市長請求總統與州長能設法讓當地部署的軍方人員接受統一的指揮號令。事後，總統私下問州長一個敏感性的問題：「她是要放棄對地方警力與來自全國 29 個州 13,000 名國民兵部隊的指揮權嗎？」

晚上 11 點 20 分：小布希總統的幕僚長 Andrew Card 送一份傳真電文給 Blanco 州長，說明州長只需在所附信函上簽署即可，該函件要求聯邦政府接管對路易斯安那州各救援單位的管制權，包含對國民兵部隊的督導。

✪ 2005 年 9 月 3 日星期六

上午 7 點 56 分：Blanco 州長回覆總統電文，拒絕聯邦所要求的接管指揮權一事。

上午 8 點：小布希總統下令部署 7,000 名現役部隊赴海灣沿岸災區，三天內抵達。

上午 9 點 30 分：Blanco 州長宣布幾百萬個陸軍口糧與水壺已經送達災區。

中午 12 點：多輛大型公共汽車行駛至會議中心將滯留的市民們接送至別處安全舒適的地點。

議題探討

自 8 月 27 日至 9 月 3 日之間發生的事件，可以看成是一種正面性的發展：災難管理（基於卡崔娜的經驗，美國政府是否能夠更有效地因應另一次的大型恐怖攻擊？）、組織理論（聯邦危機管理局是否早該獨立出來？）、或領導藝術（Giulian 或 Eisenhower 會怎麼做？）。但我們希望從府際關係的角度檢視這次事件。基於有限的目的，下列各個議題似乎頗有關聯。

Nagin 市長是否有因應計畫？ 儘管各方面似乎都呈現負面的情況，但是紐奧良市有一個應變計畫。2000 年時，市政官員與多位顧問共同研擬一本 14 頁的小冊子稱之為「紐奧良市全面應變管理計畫」。該計畫提供許多清楚的指導，但這位原是 Cox Communications 經理，後來於 2002 年選上市長的 Nagin 卻顯然忽略了。計畫中建議應根據高可能性氾濫的地

點設置若干大型「疏散區」，雖然計畫中有提到仍需做進一步的研究以擬定這些撤離區，但從未研擬出。紐奧良市在此次卡崔娜風災中完全沒有遵照計畫行動，也沒有遵照聯邦政府的指導綱要行動。因此，Brink 寫道：

> 顯然，並未看重這個緊急管理計畫，即便這計畫就在市政廳網站上可輕易讀取……Nagin 市長卻對之遲疑，一副困惑的樣子。這個計畫可是當代紐奧良市政治思想的代表作，是一個集體智慧的努力成果，並參考 1965 年 Betsy 颶風的經驗教訓。這計畫指示，要求當遭遇嚴峻颶風來襲時，必須在來襲的 72 小時前，「通知紐奧良市的 10 萬餘名市民（大部分都沒有交通工具）」即時撤離市區。此外，Nagin 市長也未遵照聯邦危機管理局的指導綱要行動，要求市政府應「協調各學校，借用他們的校車與駕駛人來支援撤離的工作。」

任何一種災難發生前，地方政府的首要責任，應優先撤走醫院、療養院，以及需要特別照顧的人群。除了一些非正式的計畫考慮透過教會與鄰近地區交通工具來疏運人員，當卡崔娜颶風來襲時，市府單位其實毫無任何解決方案以因應危機。

聯邦政府的補助款到哪裡去了？　2003 年時，聯邦政府曾給予一筆 700 萬美元的補助款至紐奧良市，以利建立通訊系統，與地區內最可能會先面臨災難的地點充分連線。然而，當卡崔娜來襲時，警方、消防隊及市長所使用的無線電通訊裝備的電池大多故障。衛星通訊電話裝備無法充電，而且地線電話與手機的電池也大多耗盡。就因為如此，當卡崔娜來襲時，市長和其緊急應變小組當時是處於與外界隔絕的情況。

這都不應該發生。例如，緊急應變官員雖散布在佛羅里達州各地，卻可透過衛星連線立即通話，而且州政府與地方政府的線路應該保持暢通。在德州，火腿族的通話裝備可在Austin 市的地下緊急避難掩體設施中使用，並有幾位高科技的技術專家在旁協助。

主要的問題是，為何聯邦撥款用於補助紐奧良市的防汛土堤，被挪用至加寬通航船隻的河道上？Brink 寫道：

> 多年來，政府都把款項用於改善第 17 街運河河道上，至於防汛土堤的修補或維修工作則多半被忽略。令人驚訝的是，竟然沒人負責監督防汛土堤的修繕工作。而各個單位都插手於系統的修繕款上，然而這修繕款本應用於維修防洪土堤，多年來卻讓一些貪婪之輩轉用於其他方面。……例如，在卡崔娜來襲的前幾個月，一筆 427,000 美元的修繕款，本應用於修補防洪閘門，卻因官僚體系而延誤。負責監督的特區土堤防汛委員會也未苛責，大家都樂見增建一些公園，建造碼頭，以及投資於水上賭場……。

「我們需要你一切可以動用的力量」　這是Blanco 州長在卡崔娜颶風來襲時所告訴總統的話，她於 2003 年選上州長。問題是她向聯邦政府提出的需求援助，是否確實有效地因應這個天災，恐怕連她自己也並不清楚。除了Nagin 市長外，Blanco 州長應是居於最能準確知道需要什麼援助與何時可以得到援助的人。

但是直到星期四，她才提出具體需求：4 萬名部隊（這個數字她說是憑空而來的）、都市搜救隊、兩棲人員運輸車、機動停屍間、載水拖車、住屋、通訊裝備等。根據《時代雜誌》（Time）的報導，州政府官員承認 Blanco 州長對聯邦政府有過多不切實際的期待，她認為聯邦政府無所不知、無所不在、而且能力超強，結果並不盡然。

接通總統電話　星期三早上 Blanco 州長嘗試打電話給總統，告訴他期待中的聯邦援助資源尚未到達。白宮幕僚回應此電話說總統不方便接聽電話。後來，州長參加一些活動後，她回到辦公室試著再打電話給總統，但經過一陣等待後，電話轉至府際事務辦公室。當天整個早上，Blanco 的確有接到來自總統代理人的電話，包含赴緬因州度假的幕僚長 Andrew Card。據州長的印象，Card 並未非常肯定地答應協助，他只表示他相信可以協助她。

FEMA 局長 Brown 的做法　小布希總統於 2003 年任命 Brown 為聯邦危機管理局局長，之前他是一位律師，而且都是副手。他之所以進入聯邦緊急應變管理局，全是因為老友 Joseph Allbaugh 的帶領，Joseph Allbaugh 此時是聯邦危機管理局局長。在進入聯邦危機管理局之前，Michael Brown 僅做過國際阿拉伯馬協會會長而已。

現在，他已在職三年，他的機關經常收到來自各組織、行政區或個人的無盡要求醫療裝備的需求、漂白劑、洗淨物品、發電機、屍袋、預防接種、帳篷、船舶等。這個階段，Brown 局長的職責是「復原」的工作，要儘可能的小心而準確。否則，聯邦危機管理局會面臨法律訴訟的危險、引起分配方面的糾紛，以

及各式各樣的麻煩等。《時代雜誌》報導指出，國外回應華府的緊急求助，表達願意提供救援物資以為協助，卻被告知「等幾天，直到聯邦危機管理局找出要如何處理這些物資的方法時」。佛羅里達的水上飛機業者抱怨，他們有龐大的機隊可進行救援工作，可是聯邦危機管理局卻不讓他們進入紐奧良市去救援。Brown 局長卻說出如下維護其機關的說法：「援助必須做好協調使其能被有效運用。」

Brown 的老闆　在星期一晚上 7 點時，Brown 接到一通從紐奧良市 FEMA 辦公室打來的緊急電話，此時這通電話打來讓人頭腦清醒；這是第一次，Brown 局長完全瞭解情況的重點。由於相信 Blanco 州長「沒能發揮正常功能」，於是，Brown 打電話給他的上司國土安全部部長 Michael Chertoff，表示要提供協助。這是頭一次兩人整天都在講話。

八個月前，小布希總統任命美國上訴法院法官 Michael Chertoff 接任國土安全部部長一職，這是聯邦政府中第二大的機關，正在不規則地擴大其組織。2001 年時，Michael Chertoff 當時擔任司法部的刑事部門主管，他協助政府落實因應 911 恐怖攻擊的防範措施。現在，身為國土安全部部長則負責主導重大災難的因應——無論是國際恐怖攻擊、天災或公共設施倒塌。直到 Chertoff 將卡崔娜造成的災難定位為「全國性重大事件」，並且任命某人（即聯邦危機管理局局長 Michael Brown）做為「聯邦政府主要負責人」後，救援行動才開始進行。沒有這樣的任命，Brown 可能無法合法地主導一切救援活動、對地方及州政府的官員下達命令，以及督導國民兵部隊和現役軍隊人員。不幸地，就紐奧良市的人民而言，

Brown 及媒體無法說服其老闆 Cheroff 相信當地災情極其嚴重。Brown 曾經嘗試讓 Cheroff 的身邊幕僚也幫忙說服其老闆，以便直接向總統提出請求，但難以接觸到白宮。

一份政府審計總署的報告指出，由於 Cheroff 的延遲回應使影響十分重大：「國土安全部部長於 8 月 30 日（當天登陸）將卡崔娜颶風的侵襲定位成「全國性重大事件」。然而，Cheroff 卻沒有將卡崔娜定位為災難性風暴，若依據國家應變防治計畫相關條款，將可啟動更趨積極的救援行動。……在沒有即時、決定性的行動以及明確的領導責任與義務，各指揮體系於是互不協調、各類程序紊亂、而且造成混淆。

給小布希總統的 DVD　星期五一早，小布希總統即登上空軍一號專機，飛到阿拉巴馬州的 Mobile 市，開始視察災區情況，由於白宮幕僚不知道總統是否清楚災區情況，於是準備了一張 DVD 光碟，錄製災區新聞報導讓總統在三小時的航程中先行瞭解狀況。

「我不知道這是誰的問題」　在小布希總統到訪災區的前一天，Nagin 市長曾說：「我不知道這是誰的問題，我不知道這是否為州長的問題，也不知道這是否為總統問題，但總要有人出面上飛機去視察，並且現在就坐下來弄清楚。」

第二天稍晚，小布希總統邀請 Blanco 州長及 Nagin 市長登上空軍一號專機，飛機停於紐奧良市的機場，然後 Nagin 說：「總統先生、州長女士，兩位必須趕快進入狀況，因為缺乏協調，紐奧良市的人們正持續傷亡中。」

對卡崔娜和聯邦主義的三個觀點

不令人意外地，這場美國有史以來最嚴重的自然災害創造出許多學術論文。本節簡單歸納了三篇最近的論文，它們提供不同的解釋，分析了哪裡出問題、哪裡做對，以及還有哪些事該做。

（1）杜蘭（Tulane）大學憲法學教授 Stephen M. Griffin，於〈在它再次殺人前停止聯邦主義〉（Stop Federalism before It Kills Again）這篇文章中，主張聯邦政府在很多領域可能需要變得更指導性。雖然我們將許多注意力都放在卡崔娜登陸之後的反應和復原，Griffin 在卡崔娜之前就已開始探究聯邦主義的角色。聯邦政府為何補助建造堤防後，又將計畫中的不同項目交給四個目標彼此牴觸的本地包商去處理呢？為何它幫助出資購買通訊技術，卻不要求各州和地方政府開發彼此相容的通訊技術？根據 Griffin 的說法，一般的答案是認為如同對州權，聯邦主義也是一種對地方主義的承諾。正如 Chertoff 在很多場合所說的，在正常情況下，災難管理「儘可能由地理上、組織上和行政區域上的最基層來執行。」相反地，Griffin 認為對卡崔娜的反應失靈，暴露出美國憲政體系下少數結構性缺失的其中一項：缺乏一套可資協調地方、州和聯邦政府的機制。

有趣的是，聯邦對自然災害——定義上是指幾乎超過州和地方政府處理能力之外的事件——的反應，乃是相當晚近的現象。事實上，數十年來一再發生的災害，例如 1927 年密西西比河（Mississippi River）河水暴漲氾濫，讓聯邦官員相信聯邦政府在紓解自然災害的影響上，也有需要扮演的角色。美國歷史上的許多

情況，顯示自然災害的受難者都是自己的事。Griffin 寫道：「聯邦體系存在到今天，是我們的體系，而不是建國世代的體系。我們這個還活著的世代，創造了它而且還持續著改變它。小布希政府時代的最佳例子就是不讓任何孩童落後法，這項立法首度將聯邦的手伸入教育領域，而這在過去是被普遍認為應該保留給州的。」

(2) 維吉尼亞大學（University of Virginia）退休榮譽教授 Martha Derthick 認為，「政府對卡崔娜的回應，不是常被描繪的只有失敗，其實它混合了成功和失敗。成功之處在於它建構了府際合作的基礎，例如大紐奧良地區在颶風登陸前，大致上成功地進行疏散、不同州都動員了國民兵，還有美國海岸巡防隊（U.S. Coast Guard）及路易斯安那野生動物與漁業部（Department of Wildlife and Fisheries）的搜救行動。」失敗的地方包括紐奧良未能限制其成長、缺乏防洪計畫，以及當地政治對防洪的影響。

更重要地，Derthick 認為「不要傷害第一個反應者，對他們的倚賴乃是難以避免之事。事實上，假如恐怖分子成功攻擊華府的話，他們可能是全國唯一發揮功能的合法政府。請繼續用傳統的方式來思索聯邦主義，透過合作做為力量的來源。

(3) 波士頓學院（Boston College）的 Marc Landy 稱卡崔娜為「巨災」，並認為這種事件對聯邦主義造成了一項特別嚴苛的試驗，因為他們需要速度、效率、決斷和有效的協調。面對這樣的事件，他繼續指出，聯邦主義的主要優勢在於它更大的彈性、回應力和動員互助的能力。「它想必獲益於各級政府和公民自己都

擁有的獨特美德。這些美德彌補了它素來的複雜與冗餘。個人責任和睦鄰關懷的例子，就是政府干預的更佳替代物。」

顯然地，Landy 將聯邦主義概念化為四個層面的組合：三個層級的政府加上公民領域。關於後者，很值得讓我們回想起托克維爾在十九世紀初所發現的：「政府無法趕上公民透過非正式合作或自願團體所擁有的能量和謀略。」

Landy 發現了在紐奧良市公民失靈的最悲慘例子，以及密西西比的成功所帶來特別具有啟發性的例子。Landy 沒有美化前者：

> 媒體給我們的印象，顯現那些沒有逃出紐奧良的人們都是因為無能為力，無論是他們無車可用或身有殘疾。即使從媒體報導的配合畫面來看，滿街到處都是遭棄車輛，這個印象依然根深蒂固。有一份國會報告證實畫面比文字更可信，該報告指出：超過 25 萬輛汽車在颶風期間仍停留在市內，而且有很多車輛被發現停在許多人死亡的車道上。該報告譴責路易斯安那州州長和紐奧良市市長，因為他們太晚發布緊急疏散令，還有那些不完全疏散的個人也要「分擔責任」。使用「分擔」這個動詞，顯示報告撰寫人多麼不情願承認，不是所有壞事的發生都是政府的錯。無論再怎麼晚發布緊急疏散令，只要還有充裕時間可以離開，擁有汽車者沒有在收到命令後立刻疏散，就不只是「分擔」責任，而是應該直接加以譴責才對。如果卡崔娜風災實際上有一項，甚至是全部的主要死因，是由於不服從強制疏散令的話，那麼卡崔娜的問題就完全要用另外一種眼光來

看。這時應該歸咎的對象，也就從各級政府的疏失轉為民眾自己的行為了。

個案問題

1. 妳（你）認為這三個觀點中，何者最具有說服力？何者最不具有說服力？理由何在？

2. 許多的爭論焦點，多集中於因應卡崔娜颶風來襲時，各級政府（地方、州、聯邦）的責任分權問題。如果，聯邦政府的角色扮演更趨積極——比如說，將所有救援活動全納入正規陸軍指揮體系的管轄之下——這違反聯邦主義精神、憲法特定條款與特定的法律（如 1878 年的 the Posse Comitatus 法，該法限制軍隊參與執法工作），除了賦予聯邦政府更具權力的角色之外，還有無其他合法選項方案？

3. 不談本案提到的哲學與法理議題，有哪些關於管理或效率的辯論，是主張或反對一個更集權的因應方式，更有助於應付大型國家天災如卡崔娜颶風？為何不能設立一個聯邦的消防部門？如果聯邦政府對各州或城市表示，它不再提供任何協助以因應災難事件，你認為這將會如何？

4. 在何種程度上，卡崔娜颶風是與聯邦主義有關；而在何種程度上，它又與故事中的角色有關？

個案參考文獻：Marc Landy, "Mega-Disasters and Federalism," *Public Administration Review* (December, 2008): S186–S198; Stephen M. Griffin, "Stop Federalism Before It Kills Again," *St. John's Journal of Legal Commentary* (Spring, 2007); Martha Derthick, "Where Federalism Didn't Fail," *Public Administration Review* (December 2007: 36–47; Douglas Brinkley, *The Big Deluge: Katrina,* New Orleans, and the Mississippi Gulf Coast (New York: HarperCollins, 2006); U. S. General Accounting Office, *Preliminary Observations Regarding Preparedness and Response to Hurricanes Katrina and Rita* (Washington, DC: GPO, February 1, 2006); Christopher Swope and Zach Patton, "In Disasters Wake," *Governing* (November 2005); "Four Places Where the System Broke Down," *Time* (September 19, 2005); "How Bush Blew It," *Newsweek* (September 19, 2005); David Brown, "Live by Rules, Die by the Rules," *Washington Post National Edition* (October 9, 2005); Spencer S. Hsu, "Chertoff, After the Storm," *Washington Post National Edition* (November 21, 2005); *The Wall Street Journal* (September 1, 2005) and (September 6, 2005); *New York Times* (September 2, 2005); *Economist* (September 3, 2005).

Andizej Tokarski

行政責任與倫理

Administrative Responsibility and Ethics

關鍵字

accountability　課責

Administrative Procedures Act (APA)　行政程序法

administrative responsibility　行政責任

categorical imperative　定言令式

competence　能力

due process　正當程序

ethics　倫理

external controls　外部控制

flexibility　彈性

four Ps [of a marketing program]　[行銷方案的] 4P

golden mean　中庸之道

inspector general (IG)　檢察長

internal controls　內部控制

malfeasance　瀆職

market segmentation　市場區隔

misfeasance　過失

new public management　新公共管理

nonfeasance　未履行職務

official immunity　官員豁免

ombudsman　監察使

professional codes　專業規範

public interest　公共利益

representative bureaucracy　代表性官僚

responsiveness　回應性

rights ethic　權利倫理

sovereign immunity　主權豁免

utilitarian ethic　功利主義式倫理

whistle-blower　弊端舉發者

食品藥物管理局任務小組

　　食品藥物管理局（The Food and Drug Administration, FDA）是全美最具歷史也最受尊敬的消費者保護機關。簡單來說，食品藥物局的任務就是要協助安全而有效的產品能夠及時上市，並且在產品使用後繼續監督其安全性，以促進民眾健康。

　　食品藥物局每年預計要監管 1.5 兆美元的食品、藥物、疫苗、醫療裝置、血液和組織、放射性機器、動物飼料與藥物、手機、營養補充品、生技與基因療法，而且在 911 事件後，還要揭露任何透過食物傳播為手段的恐怖主義陰謀。但該機關的年度經費只有 20 億美元，相當於維吉尼亞州 Fairfax 郡的公立學校支出金額而已。再者，儘管民眾愈來愈關心中國製藥物的安全性，在 714 家製造藥物給美國消費者的工廠中，食藥局 2008 年的現場查驗員只能對其中 13 家進行查驗。

　　食藥局的藥物審查預算有超過一半來自產業界；5 年內，這個比例預計將增至70%。這筆稱為使用者付費（user fees）的每年 4 億美元費用，原本目的是希望加快新藥申請上市的核定速度，而且可以節省納稅人荷包。但某些批評者認為這將破壞民眾對食品藥物管理局獨立性的信心，而且也對攸關性命的決策帶來時間壓力。

　　假定妳（你）受命到一個任務小組要負責審查「食品藥物管理局相關臨床試驗之良好臨床實務準則」（Guidelines on Good Clinical Practice in FDA-Related Clinical Trials）。為了測試有展望性新藥的有效性，現行規定要求藥廠必須進行兩個群體的試驗。第一個群體稱為實驗組（treatment group），由至少 300 名具備藥物所希望治療的條件者構成，例如高血壓。第二個群體稱為控制組（control group），由另外 300 名儘可能在年齡、性別、重大特徵等方面都和第一組相仿的人員所構成，當然也包括具備藥物所希望治療的條件。第一組接受新藥，而第二組則接受安慰劑（placebo）。在為期一年的試驗結束時，再測量每一組的進展狀況。倘若第一組的進展比第二組更具備統計上的顯著差異性，而且沒有嚴重副作用出現，那麼新藥就獲得核准。

　　在一場小組會議中，有一位備受敬重的同仁發言指出：「我是全心贊成科學方法的，但我們如何真正用我們的良心來決定哪些人要死亡？我覺得我們應該要做的是幫助人們，而不是殺了他們。」

　　妳（你）感到有點疑惑，於是請同仁再說明清楚。

　　「好的，」他繼續說道：「假設某公司有個神奇的人帶來一種可以有效降低膽固醇的新藥。動物的藥物試驗顯示這個藥物不但安全，而且比其他現有藥物更加有效。再假設現在有位 70 歲的女性，就叫她露西好了，她的膽固醇指數使她瀕臨心

臟病的危險。露西正在照顧患有癌症的丈夫，但在這項試驗中，她只有 50% 的機會可以獲得新藥。看來我們必須有更好的方法，才能進行臨床試驗並促進健康。」

公共行政的其中一項重大挑戰，便是確保類似食品藥物管理局這樣的政府機關，能夠和民眾的願望一致。大致上，民選和連任的立法者和行政首長可以確保這樣的一致性。然而，面對二十一世紀的複雜性，政府看起來不可能避免大量授權給非民選文官，讓他們可以運用裁量權。在一篇著名的 1940 年論文中，Carl J. Friedrich 主張公共行政人員自己對公共利益的關心，往往是確保行政行動回應選民需求的唯一方法。但 Herman Finer 反駁此一論點：為了維護回應性，公共行政人員應該接受來自立法人員的嚴格控制。他寫道：「無論什麼時代的政治和行政史，都毫無懸念的顯示一旦缺乏外部的懲罰性控制，遲早都會出現濫權行為。」妳（你）認為誰的立場更具說服力呢？

妳（你）如何回應這位「受敬重的同仁」對於運用控制組所提出的反對意見呢？在闡述答案時，妳（你）會應用哪些原則？食品藥物管理局可能還面對其他哪些倫理議題？妳（你）是否會以和處理控制組議題一樣的方式，並應用相同的原則來面對這些議題嗎？如果妳（你）無法想到任何其他的倫理兩難，試試看這個：儘管 60% 的美國人反對複製食品，食品藥物管理局在 2006 年規定，複製動物所產出的奶製品和肉類，應允許其在商店上架。

資料來源：Philip J. Hilts, *Protecting America's Health: The FDA, Business, and One Hundred Years of Regulation* (New York: Alfred E. Knopf, 2003).

我們在第 3 章中曾經檢討過，各機關之間的關係如何讓原本就已經很複雜的政治管理核心功能益加複雜。該章所探討皆屬較具體的問題，諸如綜合補助款、無資金補助的法令和行政區等等。我們在這一章裡將討論在本質上比較抽象的問題，但這些問題也對政治管理有所影響。其中一項便是行政單位為了要運作而仰賴的社會價值體系。

價值（value）是人們想要擁有或享受的物品或關係。很明顯的，我們無法（也還好不需要）去考慮美國社會整體的複雜價值，在這裡只有和行政有關的價值才是我們討論的重點。那麼這些價值又是什麼呢？大部分的美國人都同意，政府應具備回應性、彈性、公平性、課責、誠信且具能力。在本章中，「責任」（responsibility）一詞是代表上述價值的統稱，也是人們想要在政府中看到的特質。

我們將從三個部分切入。首先，本章將探討價值與公共行政之間的關聯，以及

責任的理念在公共行政的文獻中，代表著什麼。所謂的理念意味著這個概念不存在於現實世界，只存在人們的腦海中，這代表完美是現實中無法達成的。所以，這是**行政責任（administrative responsibility）**的理念，是我們需要努力達成的目標。

但要朝向此目標邁進，仍有許多難處。麥迪遜以及開國元勳就很清楚這一點。由於人性的緣故，行政責任不是那麼單純就會自然產生的。麥迪遜在《聯邦主義論文集》（*Federalist Paper*）第 51 號文中，解釋此種加以保護、培養的需求：

> 如果人類是天使，政府就沒有存在的必要。如果天使能夠治理人類，政府也就不需要外部控制。由於政府的結構是讓人來管理人，最大的困難是：必須先讓政府有能力控制那些接受治理的人，接著必須要求政府自我管控。依賴人民無疑是政府控制的基本辦法；但過去的經驗所給的教訓是，預防性防範措施是有必要的。

論及天使不用治理的這個假定，第二部分則是檢討各種（正式與非正式的）「預防性防範措施」（auxiliary precautions）。唯有如此，才能確保公共行政不會和行政責任的理念落差太大。其中一項方法是倫理分析，將會在本章最後一節討論。

雖然本章主旨和本書其他部分相較之下，顯得略為抽象，但其重要性卻絲毫不低於其他篇章。正好相反：公共政策暨行政學系的研究生，在評比他們認為關係未來成敗最重要的技巧時，穩居第一位的是保持良好的倫理標準。見表 4.1。

Stephen Maynard-Moody 與 Michael Musheno 近期的一份實證研究，進一步確認倫理對日常公共行政的重要性，也透露出倫理的概念經常遭到忽略。他們發現對那些基層官員——諸如警察、教師、或是職業復健諮詢師——真正具有影響力的，不是機關的規定，而是個人的道德判斷。這兩位研究者發現，「這種市民－客戶關係的道德判斷，在基層決策過程中隨處可見。」[1]

行政責任的理念

以下六個項目儘管不算窮盡行政責任一詞的全部意涵，但已經可以涵蓋絕大部分。這些價值是：回應性（responsiveness）、公平性（fairness）、彈性（flexibility）、誠信（honesty）、課責（accountability）、以及能力（competence）。由於每一個部分都缺一不可，我們可將這些價值想像成一串鎖鏈。

技能	百分比*				
	政府			私部門	非營利部門
	聯邦	州	地方		
保持倫理標準	**81**	**75**	**84**	**81**	**89**
領導他人	70	62	75	75	76
處理衝突	52	54	67	64	66
管理資訊及通訊科技	57	54	67	64	66
影響決策者	56	54	55	57	54
管理革新和變遷	52	53	55	57	57
進行政策分析	64	69	61	41	55
預算及公共財政	56	54	64	45	46
管理多元的工作人力	50	39	43	40	42
分析和影響民意	36	34	35	35	42
募款並創造額外盈餘	17	21	19	34	51
管理媒體關係	25	23	29	27	31
撰擬規範及法令	37	35	23	22	22

表 4.1　可獲致成功的重要技能，以目前的工作區分

*n＝117（聯邦）、167（州立）、109（地方）；n＝275（私部門）、166（非營利部門）。

資料來源：Paul C. Light, *The New Public Service* (Washington, DC: Brookings, 1999), 110.

回應性

　　回應性（responsiveness） 一詞指的是，當大眾要求改變政策的時候，主管機關能夠立即處理。而政府做的不只是對大眾的需求有所反應而已，有時候也必須率先提出問題的解決方式，甚至是對問題加以定義。

回應的程度　在私部門中，我們很容易就可以瞭解人們所欲為何：透過市場活動——亦即透過人們的消費——顯示出他們覺得有價值的東西。在公部門中，各機關的資金通常是由立法機關提撥稅額，所以較難有上述的回饋。一個具有回應性的政府，必須透過其他程序決定其偏好。

　　民意調查是一項很重要的管理工具。舉例來說，一個城市可以利用民調來檢驗

不同轄區內居民對於犯罪的態度。如果某個轄區顯示出他們對於暴力的恐懼下降，但對於公共侵擾的問題更添憂心，該轄區的分局長便該加強掃蕩街上的毒品窩和街頭滯留罪等問題。

其他詢問想法和回饋的方式，還包括「市鎮會議」（town meeting）或是組織嚴密且有錄影紀錄的焦點團體（focus group）——焦點團體經常被用在顧客行銷及政治選舉的研究中。其成功的關鍵在於一位有效能的主席，這位主席必須要與群體進行訪談，並促進整體的會議進行。

政府機關長久以來都使用這種策略獲得訊息、鼓勵民眾參與。林務局、工兵署以及環保署常定期召開公共會議和公聽會，以瞭解各項計畫和提案的訊息以及大眾的反應。芝加哥福利委員會還為黑人社群領袖規劃了「傾聽」的節目，以聽取民眾的指導和他們對計畫過程的反應。從他們的經驗中我們學習到一件事，如果要瞭解一個社群的意見，不但需要儘早開始，也要時常進行，如此政府機關才能對市民的利益有所回應。

身為一位成功商務領袖，彭博一直很執著於回應顧客的需求。因此，在他就任紐約市市長一個月後（參見圖片），他即設置了 311 專線，供市民舉報各種包括噪音、污染乃至電線垂落等所有大小問題。更重要地，市長因此有更佳管道可以獲知選民的關心所在。在第一任四年的運作下，311 專線接到將近 5,000 萬通電話（紐約人對提出抱怨是不會客氣的）。《商業週刊》（*Business Week*）舉了一個例子：

　　Heather Schwartz 是個常撥打 311 專線的 30 歲研究生，她說她去年打電話舉報北曼哈頓一個地鐵站的塗鴉後，就成了一個超級粉絲。不到幾天牆面就被重新粉刷。每當塗鴉藝術家回來，當局就會將他們的手工創作再次粉刷。最後，這些藝術破壞者終於放棄。如今 Schwartz 每天會為了電梯安檢或隨地丟垃圾等大小瑣事撥打 311 專線。「我為此感到激動，它讓城市變得專業了！」她如此表示。[2]

要設計一個成熟的顧客導向計畫，我們可以很容易提出把**行銷 4P（four P's of marketing）**——產品（product）、價格（price）、推廣（promotion）與通路（placement）。以下各節將討論幾項與上述概念相關的公部門決策。

產品　顧客對任何產品或服務的態度，取決於他們對產品／服務特性的評價。例如，一位高中生在考慮是否要進某間大學，他會衡量幾項特性：花費、學校離家遠近、有幾個朋友也進同一間大學等等。當然，每位學生對每項特性的衡量（或評

彭博市長讓市政廳可以「看透透」。所有會議室都設有玻璃窗，讓每個人都能看到裡面。他和他幕僚的辦公桌就位於一間大辦公室之內而無任何隔間，以利更好、更快的溝通。

估）都有不同，他們認為大學皆應具有這些特徵。

同樣的，市民對於大眾運輸所持的態度，也依據這幾項特性來評估。我們甚至可將這種評估的方式用公式來表達：

整體態度＝（對大眾運輸速度所持的信念）×（速度的重要性）＋
　　　　　（對大眾運輸安全所持的信念）×（安全的重要性）＋
　　　　　（對大眾運輸乾淨所持的信念）×（乾淨的重要性）＋
　　　　　（對大眾運輸節省所持的信念）×（經濟的重要性）

這種模式該如何幫助大學校長、城市交通部門的主管、或醫院行政人員呢（醫院行政人員總是發現，自家的醫生一直在介紹病人到其他醫院）？他們會告訴行政人員讓顧客對他們「產品」態度改變的原因。例如，大學行政人員可能過度重視足球賽獲勝的隊伍，但是全國的排名並不會影響到申請的學生——這也正是行政人員的想法。

價格　美國太空總署（NASA）如果要幫私人公司運送貨物至太空，應該要收取多少費用呢？為什麼電力公司提供電力還要收取費用？高速公路為何要設立收費站？在眾多的訂價策略裡，公部門會採用的策略可能是*免運輸費*（no-fare price）

（例如，讓民眾搭乘巴士而不是駕駛汽車）、利潤最大化價格（銷售慈善舞會的門票）、成本外加的價格（如博物館附設的禮品部）、變動價格（如在尖峰時期提高電費的價格）、差別價格（如對於外州學生收取較高學費）以及成本恢復價格（如收取「合理」的過路費）。例如 1996 年時，紐約州立大學開始在部分校區施行離峰價格收費，於晚間、週末、夏季上課，和上人數未額滿課程的學生所繳納的學費較低。

推廣　要推廣一項服務，機關必須先與群眾進行溝通。和價格政策一樣，我們可以採取幾項策略。廣告可能是我們第一個想到的，但其實廣告的效益言過其實。不過，聯邦政府可是全國前 20 名的廣告主，政府投注在廣告上的費用足可比擬可口可樂或是寶僑（P&G）這種商業巨擘。

　　市場區隔會有幫助。例如，明尼蘇達州的一間小型私立大學，就可以設計三種手冊給可能入學的學生，而不是只有一種。對於西部來的學生，手冊的內容可著重於冬季運動；針對東部來的學生，手冊則強調教學的卓越；至於本州學生，手冊內容則列出進入公立大學、而非區域大學的資訊。（有關市場區隔的更多說明，請參閱 186 頁。）

　　在德州，公路與公共運輸局發起「別讓德州變髒」的反亂丟垃圾活動一年後，州際公路的垃圾量減少了 29%，其他州施行這種計畫也只減少 10%。德州的成功關鍵在於有一份研究顯示出，有 70% 的亂丟垃圾是由 25 歲以下的人所造成的，且大部分為男性。因此電視廣告就直接將目標鎖定在年輕男性，這些人原本會用最簡單的方法丟棄漢堡包裝紙和啤酒罐——直接扔出窗外。

通路　在成本許可的範圍內，公部門應該要試著讓群眾以最容易的方式取得產品或服務。醫院和醫療社群可透過有線電視或預錄的廣播，讓大眾能夠得到有用的資訊。血庫可以在社區內設立站點以獲得更多的捐血。還可以讓志工駕駛自己的車，發送補助的餐點給弱勢或是年長的族群。大學也可以設立分校，提供電腦訓練課程，或利用衛星通訊連結至較偏遠的地區。

公平性

　　要確保公民的案件能夠有機會浮上檯面，他們的聲音能夠被公平正義聽見，政府機關得依循**正當程序（due process）**的原則。正當程序的概念在憲法修正案第五條針對聯邦法院，以及第十四條法案針對州法院中都有規定，這個概念顯示：沒有任何一個公民可以「在未經正當法律程序的狀況下，被剝奪生命、自由和財產。」簡而言之，這可以確保政府受到法律掌管，而不是在沒有公開聽審的狀況下，便任

人武斷宣告罪狀。

雖然正當程序原只適用於刑法，但之後此概念又延伸到行政領域內。第 2 章中有提到，1946 年的行政程序法是行政裁量權（administrative discretion）的主要限制。各機關必須處理自己管轄範圍內的事務，替所有受裁決影響的民眾召開公聽會，也必須事先通知公聽會舉辦的事宜，同時允許任何有興趣旁聽的人出席。公聽會的官員必須公正無私，對於要決定的事務不能摻雜個人利益，而且要依據具體證據做出決定。針對發布的命令，他們必須提出確切相關事實的法律判決，而受到該命令影響的人士，也有權請求諮商和上訴。這就是正當程序在程序上的意義。

彈性

在 James Jones 的小說《亂世忠魂》（*From Here to Eternity*）中，美軍在珍珠港受到日軍突襲，故事的英雄 Sergeant Warden 中士立即跑到軍械庫拿武器，但卻在軍械庫門口受到另一名中士攔阻，該名中士大聲地表示（背後還有隆隆的日軍轟炸聲），如果沒有長官簽署的書面要求，不能夠給他彈藥。這種官僚僵化的現象絕非杜撰，此案例在現實生活中也都碰過，並對此感到灰心。翻開每天的報紙，我們往往會看到有幾個人，被官僚體系的僵化搞得灰頭土臉。

Philip K. Howard 在他的暢銷書《常識之死》（*The Death of Common Sense*）[3]中提到，對於必須執法和容忍規範的人們，法令已不具作用。但他認為，這個問題根源在於一項雖崇高但卻受到誤導的原則，也就是「合理」可以透過事先預設各種環境，再給予統一的規範達成。Howard 認為，這些深植在現代機關──如職業安全暨衛生管理局（OSHA）以及環境保護署（EPA）──的規則，都帶有泯滅常識的反效果。

以賓州的 Glen-Gery 磚場為例。職業安全暨衛生管理局不檢驗工作場所真正的危險，反而設立了一連串統一規範，要求工廠填寫數百張表格，並堅持要貫徹法律執行。工廠已經因為欄杆只有 40 英吋，不達法定的 42 英吋而遭開罰，在浪費這麼多精神之後，職業安全暨衛生管理局仍找不出真正置工人於險境的原因。Howard 寫道：「好像政府要保障的工人安全，反而被所有用來保護的規範模糊焦點。我們需要一個專注在目標和結果的體制，而不是充斥著規則和程序。」

很明顯的，在政策規劃和執行的階段，如果要達成目標，行政人員不應忽略個別團體、地方的聲音，或是情勢的差異。在聯邦政府體系的美國，此規則是透過某種特別力量實施（如第 3 章所討論）。

說到美國是泱泱大國，容納了多元的文化，大概是最陳腔濫調的言論，但聯邦行政人員卻不能忽略這一點。如果聯邦機關建議立法，政府就必須注意到國會中不

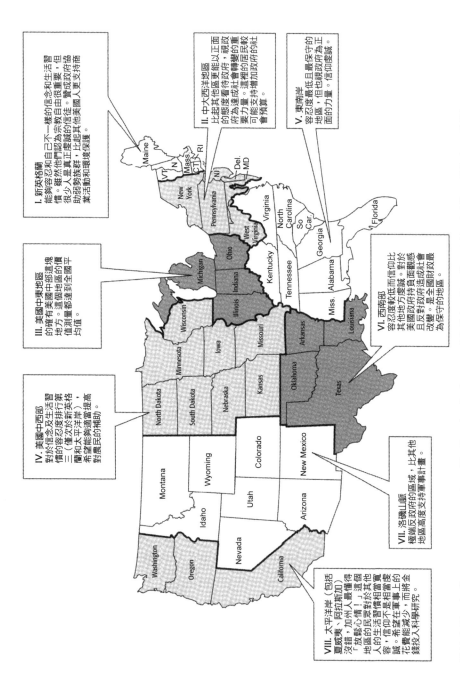

I. 新英格蘭
能夠容忍自己一樣的信念和生活習慣。雖然他們認為宗教自由度重要，但很少人是真正虔誠的信徒。贊成政府協助弱勢族群，比起其他區對美國人更支持協業活動和環境保護。

II. 中大西洋地區
比起其他地區更能看待政府，視政府的態度度會轉變雙的居民較要力量。這裡支持增加政府的重為為勤。可能支持國會預算。

V. 東南岸
容忍度最低且最保守的地區，但也視政府為正面的力量。信仰虔誠。

III. 美國中東地區
的確有美國中部這塊地方。這個地區的價值測量都達至全國平均值。

VI. 西南部
容忍度軟低而仰比其他地方虔誠。對於美國政府持負面觀感且反對政府改變。改變。是全國財政最為保守的地區。

IV. 美國中西部
對於信念及生活習慣的容忍度排行第三（僅次於新英格蘭和太平洋岸），希望能夠適當提高對農民的補助。

VII. 洛磯山脈
極端反政府的區域，比其他地區高度支持軍事事重。

VIII. 太平洋岸（包括夏威夷、阿拉斯加）
「放鬆心情！」這個地區的民眾對於其他人的生活習慣相當寬容，希望在軍事上的誠，信仰不是最重要。花費能減少，而將金錢投入科學研究。

資料來源：根據 Gallup Organization, *The People, the Press and Politics* (Reading, MA: Addison-Wesley, 1987).

圖 4.1　美國的政治和個人態度

同區域的聲音。倘若立法通過，那麼政策施行時政府必須特別注意同州內不同的索求者（claimant）。幾年前由蓋洛普組織進行的一份調查結果，顯示出部分的區域差異（見圖 4.1）。這樣的區域差異可解釋為何不實行單一經濟和社會計畫的華盛頓（就好像許多的車牌），有時候會導致大規模的資源分配不均。

彈性（flexibility）是各個政府階層都要尋求的價值。例如，警長也許會主張提升社區警力，但又認為只有依據每個社區的需求設計才可能實現。

但是彈性或是客製化——目前只是個追尋的目標。在大部分的情況下，要讓每一個人得到與眾不同的待遇，不只太過昂貴也不切實際。另一方面，以同一種方式對待所有公民或顧客，也許可以達到規模經濟，但會忽略社會的多元性，而且也許還代表著政府提供的服務永遠滿足不了所有人。以下三個圖便解釋了上述的難處。

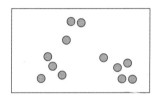 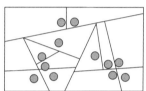 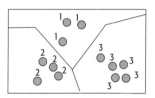

左邊的圖是一個假設的「市場」（或轄區），裡頭包含了有共同需求的 12 個人，因此不需做任何的區隔。中間的圖情況則相反：政府機關視市場內這 12 個成員彼此不同。但少數的機關會對個別成員進行研究，再給予每個成員他們所需的服務。不過，政府通常會採取較大的分組方式，再以大的區塊處理所需。所以，政府可以一次處理各個區塊，或是只針對其中少數進行處理。在右邊的圖上，政府機關就採取這種方式，並以收入的等級作為**市場區隔（market segmentation）**的基礎。

一個旨在幫助遊民的非營利組織要如何區隔「市場」呢？顯然地，先區別市場的主要區塊，可以讓這個非營利組織更符合供需原則，也可以找出顧客服務的需求。以下就以洛杉磯非營利的福利機關 Weingart 中心為例，來探討他們處理問題的方式。

包括「一無所有者」（have-nots）階級的區塊——那些因為經濟衰退或是家庭危機而暫時偏離軌道的美國工作階層。這群人只需要相對較少的協助，就能夠支撐自己和家庭的生活。該中心對於這群人的策略是「給予他們立即的援助，避免他們在情感上或經濟上失能，而落入『無能力』（can-nots）的群組。」「無能力」群組包括精神病變、毒品或酒精上癮、健康狀況差、或教育程度低的人。該中心對這群人的短期策略，是將他們與現有的福利制度計畫做連結，如此這些人就能過著還算自給自足的生活。中心的目標是要防止他們變成完全失能的族群。

最後是非常引人注目的族群「無意願」（will-nots）。由於受到經年累月的精

神疾病及街頭生活影響，這群人經常感到焦慮，也無法從事任何工作，而且他們也只願意接受有限的協助。中心主任解釋：「雖然我們不應該放棄這個群群，但我們的時間和資源應該優先投資在那些還有能力、也有意願幫助自己的遊民。」[4]

當然，除了用收入或是 Weingart 中心的三種分類之外，還有很多可分類的依據。最重要可分成三個類別：地理（依區域、行政區大小、氣候等等）、人口（依年齡、性別、種族等等）、以及心理圖像（使用率、尋求福利、生活模式等等）。若政府忽略這些政策規劃與執行的複雜面，他們通常會無法貫徹實行彈性的標準，回應性也因此低落。

誠信

誠信何以重要 答案很簡單：誠實可以帶來信任，而信任愈多，社會運作愈好。福山（Francis Fukuyama）寫道：「從簡約生活中我們可學習到最重要的一課，國家福祉及競爭的能力，會受到一個單一、普遍的文化特徵制約：那就是社會所固有的信任等級。」[5]為什麼會這樣呢？

> 如果一同在公司工作的人們能信任彼此，因為他們都依據共同的倫理規範做事，那麼做生意的成本會降低，且由於高度的信任讓更多的社會關係浮現，這樣的社會更可以進行組織內的革新。所以熱愛社交的美國人，在十九世紀和二十世紀初期率先發展出現代的合作關係，好比日本人在二十世紀時，就開始探討組織網絡的可能性。

> 相對地，不信任彼此的人們最終只能在正式的規範下合作，他們必須經過協調、同意、辯論，以及執行，有時候還必須透過強制的手段。這種代替信任的法律機器，也包含了經濟學家所謂的「交易成本」。換句話說，如果社會裡充斥著不信任感，將會讓所有形式的經濟活動增加額外的稅賦，一種高度信任的社會不需要負擔的稅賦。[6]

Sissela Bok 在《欺騙：公共與私生活中的道德選擇》（*Lying: Moral Choice in Public and Private Life*）一書中，也以類似的比喻講述這個道理：「信任好比我們呼吸的空氣和飲用的水，都是必須提供的社會物資。如果信任受到傷害，整個社會都會蒙受損失；而當信任蕩然無存時，社會也將崩解。」[7]

政府尤其需要信任，因為很多政府活動都需要來自各界的大力合作。

公共官員為何要欺騙 原因之一是試著隱瞞不良的表現。前面這個句子的重點在於

「試著」，因為這種意圖幾乎遲早都會失敗。

公共官員會欺騙的另一個原因是自大。Bok 寫道：「有能力的人會撒謊，他們相信自己比一般人還要瞭解危急的是哪個部分。通常，他們認為其他容易被騙的人缺乏判斷力，或是在瞭解真相後，會選擇用錯誤的方式回應。」[8]

第三個謊言正是好萊塢演員 Jack Nicholson 的台詞，他在電影《軍官與魔鬼》（*A Few Good Men*）飾演的 Nathan 上校，在面對軍事檢察官指控時，合理化自己說謊的理由如下：「說出真相你會受不了！孩子，我們生活的世界需要有人手持武器保衛邊疆，誰來保衛？你嗎？」Bok 用以下的話來解釋上面的想法：

> 有時候，管理者也能瞭解在某些特定環境會讓人覺得不舒服、甚至是感到痛苦，以至於無法理性的處理事情。他們可能會認為，他們的國家正在為一項重要的長期挑戰做準備，像是戰爭、傳染病、或是即將面臨的短缺問題。但是管理者也會害怕公民只能處理短期的危機。在這種時候，欺騙似乎成了政府領導人達成目的之唯一手段。[9]

請注意，最後兩項欺騙的理由和第一項不同。第一項是為了要隱瞞不良的表現，這個理由似乎帶給人一種無能的感覺。相對來說，後面兩項是為了大眾的利益，這些理由又似乎是出自於一種優越感。這其中的界線在於：「如果普通人和我一樣聰明、有遠見、又勇敢，他們也會同意我的做法。但是因為他們和我不一樣，所以欺騙也是為了他們好。」

這種想法產生兩種問題。首先，這種現象顯示出一種滑坡謬誤（slippery slope），利用這種理由來處理重大議題的政府官員，一段時間之後就會開始把這種理由拿去應付所有的問題。撒謊變成他們習以為常的一種標準作業程序。

第二，仔細觀察「欺騙是為了民眾好」這種想法，用 Bok 的話來說，就是一種「用公眾利益掩飾私人利益」的做法。她舉出一項例子：詹森總統在 1964 年把自己塑造成和平候選人，卻把對手塑造成不負責任的主戰派。但是詹森總統原先就計畫選舉結束後開戰，而後來也真的如此。詹森總統的理由是，選前他根本沒有時間向美國人解釋為何開戰有其必要。Bok 認為真正的原因，根本就是詹森總統不願意和任何會危害他選舉的事情沾上邊：

> 詹森總統因此拒絕讓選民知道是否會答應在越南開戰……這種欺騙衝擊到民主政府的本質。可以讓當權者凌駕或使人們賦有的權利無效，讓人民無法於重要的選舉中，在充分的瞭解狀況下投票。為了人民而欺騙選民，是民主政體

中一項自我矛盾的概念，除非真有同意欺騙的概念。[10]

　　最後，有關公眾人物私生活的事情又如何呢？這種事情裡一定程度的欺騙是否能夠合理解釋呢？Bok 對於保留特定資訊和欺騙提出一項重要的區別。「有關他們的婚姻、子女，以及他們對其他人的意見（個人的計畫及背後的動機），他們有權希望不公開。在這種情況下，拒絕透露是合情合理；但是有權保留訊息，並不代表有權欺騙大眾。在這種情況下，欺騙大眾是另當別論的惡劣行徑。」[11]

該做些什麼事？　　難怪有些場合會需要欺騙。幾乎沒有歷史學家或是倫理學家，會認為艾森豪將軍應該主動告知記者諾曼第登陸的時間和地點。或者是說，如果政府計畫要讓貨幣貶值，新聞卻將這件事情在公布前先透露出來，就可能造成投機者不當的獲利。又或者，城市的新政策是要利用便裝警車來逮捕超速駕駛人。

　　Bok 建議在這些情況下，我們應該要對這種型態的欺騙加以討論，並事先由公民選出的官員授權，這就是他所謂的「同意欺騙」。「只有可以事先公開討論並獲得同意的欺騙，才可以在民主政體中站得住腳。」[12]

　　如果某人被逮到公然欺騙，我們又應該做些什麼呢？水門案過後，每個人都應該要學到一點教訓——永遠也別犯這個錯誤。尼克森總統並未在 1972 年 6 月 17 日，直接下令闖入民主黨的全國總部並進行竊聽。但他卻有意無意地讓選舉團隊知道該這麼做：持續的秘密狀態、傾向於走後門的操作、過度擔心媒體和政界的批評。當非法侵入的新聞被報導出來，他應該要盡力將真相公諸於世，這就是水門案給我們的教訓。的確，對於尼克森來說，短期內會很混亂也很不愉快——但他的總統任期也會持續下去。然而他卻隱瞞事實，後來在水門飯店被逮捕，也因此劃下他政治生涯的句點。但是，政治領袖總是一再忘記，遮遮掩掩的行為是多麼具有毀滅性。

貪腐　　當然，誠信不只是把真相說出來而已。如果底特律的社工從某內城的青年獎學金計畫裡竊取資金，這就是不誠實。如果紐澤西州的警官強迫駕駛人給他 100 美元過路費，那就是不誠實。這兩種行為，實際上都是**瀆職（malfeasance）**，但瀆職是比偷竊還嚴重的行為。瀆職是官員做了憲法或法律明令禁止的行為，或是違反大眾所接受的道德標準。如果警察沒有搜索狀就強行進入民宅，那也算是瀆職。

　　瀆職應區分成過失和未履行職務兩種（字根 feasance 代表某種行為的履行，例如職責）。**過失（misfeasance）**是指未正當執行法律規定的職責，這牽涉到一個機關應行使任務下的行政活動，但卻違反了憲法的標準或是公眾利益。如果邊界巡防員 Ignacio Ramos 和 Jose Alonso Compean 射殺了一個拒捕的走私毒品犯，卻把彈

殼撿走而不向上級報告，這就構成了過失。根據起訴他們的美國控方律師的陳述：「美國的最高法院已經裁決，他們侵害了死者受憲法修正案第十條所保障權利，如果不知道對方身分也不知道對方是否持有武器，便不能在對方逃跑時於背後開槍。」逃回墨西哥的走私犯後來證實並非美國的公民。

2006 年 10 月，Ramos 和 Compean 分別被判處 11 年和 12 年的有期徒刑。許多觀察者對此判決感到不解，因為有另外兩名邊界巡防員，涉及移民走私集團案件，從墨西哥非法偷渡數以千計的民眾到美國，但在同一個月只被判了 6 年。相對來說，Ramos 和 Compean 只是追逐載著 800 磅大麻的箱型車，還以為對方是持槍的走私犯。由於行為偏差的邊界巡防員參與犯罪集團（瀆職）面臨較短刑期，Ramos 和 Compean 為了阻止犯罪行為（過失）卻面臨較長刑期，參眾兩院的共和及民主黨籍議員，都承諾要在 2006 年 11 月選舉後舉辦聽證會。最後，小布希總統在 2009 年 1 月 19 日特赦了他們的罪刑。[*]

未履行職務（nonfeasance） 是指官員未能夠執行所需的責任。如果聯邦航空管理局有份報告指出某一架飛機不安全，但卻沒有對此採取行動，這就構成了未履行職務。

課責

課責（accountability） 的另一個同義字是「可負責性」（answerability）。政府機關必須能夠為其他人或是除本身以外事情負責。如果事情出了差錯，必須要有人承擔責任。很不幸地，我們常聽到的指控往往是政府不要臉，因此要釐清責任歸屬也很困難。

1982 年 6 月 14 日，英國軍隊從阿根廷手中重新奪回福克蘭群島後，英國外務大臣 Carrington 勳爵就向柴契爾（Margaret Thatcher）夫人的保守黨政府遞出辭呈。他這麼做是因為不管在外交或情報上，英國都未能預測到阿根廷的侵略會使國家損失慘重。雖然重新奪回福克蘭群島對於柴契爾政權（以及英國的士氣）有政治的加分作用，但民眾認為 Carrington 勳爵的做法妥當，也就沒有加以挽留。

1983 年 10 月 23 日，黎巴嫩貝魯特機場的美國海軍軍營遭受轟炸，其後發生的事件正好與 Carrington 辭職形成了一個有趣的對比。雖然轟炸會讓美國在該區域的利益大幅滑落，但沒有人因此辭職下台，沒有人受到管訓，也沒有人遭到開除。雷根總統表示，沒有人應該受到懲處，因為他說：「我應該要負責」。2000 年 10 月，恐怖份子乘著載滿炸藥的小船，駛向正在葉門愛丁港補充油料的美國戰艦，之

---

[*] 譯者按：該日為小布希總統任期的最後一天。

後也沒有人受到懲處。該次爆炸讓 17 名美國水手罹難，但這不像 911 攻擊事件，要預測或預防這兩次攻擊都不需要特別嚴密的防護措施。

到了 2004 年底，大部分知悉內情的觀察人士都一致同意，戰後的伊拉克重建計畫漏洞百出，但沒有人為此負責。[13] 雖然事實上，策劃戰爭的倫斯斐（Donald Rumsfeld）已於 2006 年 11 月辭職，當時的副總統還稱他為「史上最偉大的國防部長」。2 年後，當美國的金融體系瀕臨崩潰時，沒有一位國會議員或政府官員上電視承認他們就是放任房地美（Freddie）和房利美（Fannie）〔聯邦住房抵押貸款公司（Federal Home Loan Mortgage Corp.）和聯邦國民抵押貸款協會（Federal National Mortgage Association]）〕無限制支配抵押債券的人。

幸運的是，美國人不用跑到英國去找政府的課責。想想 2008 年時，發生了一架海軍陸戰隊戰機墜毀於聖地牙哥，造成韓裔移民家庭的四個成員罹難。為何戰機會失事墜毀陸地？海軍自己展開了一項調查，當結果公布時，助理聯隊長表示墜毀乃「明顯無法避免」，而結果是「一連串錯誤決定」造成。12 名海陸官兵遭到懲戒，有 4 位包括中隊指揮官在內的高級軍官，則遭到解職。基本上，他們的軍旅生涯算是結束了。飛行員在委員會審查其未來時遭到禁足。居民們告訴記者說他們被報告嚇一跳。「海軍沒有試著隱瞞或逃避。他們承擔了後果，」有位鄰居如此說。下頁提供晚近另一個承擔責任而非傷害監督的例子。

能力

現在讓我們來認識一位名叫 Fred 的人。他已經習慣群眾一直改變的要求；他不把群眾當做數字對待，而是一個獨立的個體；他瞭解法律而且也遵守法律；對自己的行為完全負責，也讓機關主管完全掌握他的一舉一動；他的正直和坦率早就聲名遠播。

但很遺憾的是，Fred 並不是行政責任的完美典範。他的行政工作相當倉促也不夠謹慎，而這些工作品質也顯得不太在乎結果。他僅遵從著每天 8 小時，一天 480 分鐘的上班時間，他也從未參與志工或是展現任何的主動意願。除此之外，Fred 不曉得該如何有效地運用他的資源——他總是超過預算，在他的工作單位中也往往達不到表現標的。他的「滿意」考績結果讓他感到滿意，雖然通常這種評等常有灌水之嫌，這實在是不應該。他期待著退休的到來。簡單來說，他的**能力**（competence）讓人感到質疑，大眾不會願意讓無賴替他們服務，也不會想找個沒有辦事能力的人。這樣一來就很清楚了，行政責任的概念有多種面向。

不只概念具有多重面向，行政責任本身也充斥著許多矛盾之處。要在公共行政

AP Photo/White House Photo

照片顯示 2009 年 5 月空軍一號（Air Force One）翱翔於自由女神像上空，這架飛機花了納稅人 328,835 美元進行一次未公開宣布的低空飛行，而引發許多紐約人的恐慌。核准該次飛行的白宮軍事辦公室（White House Military Office）主任，因此被迫辭職。

部門提升公平性、誠信以及課責的態度，可能會和回應性、彈性及能力的理想互相違背。而在今日，這種矛盾的現象似乎更為劇烈。

　　因為美國人現在對於公部門績效的要求愈來愈高，於是在部分地區就出現了一種新的公共行政模式，用以取代傳統的模式。多倫多大學的 Sanford Borins 把這種**新公共管理（new public management）**稱為「重新塑造公共行政的規範，內容包含數項互相關聯的元素」。他認為「這個新的典範不能夠用幾句話就帶過，更別說是一句標語」。不過，他也指出，它包括下列五項關鍵概念：

1. 政府應該要提供民眾所重視的高品質服務。

2. 應提升公共管理者的自主能力，特別是要能夠脫離中央機關的控制。

3. 各機關和個人應該要根據達成目標的程度予以評價和獎勵。

4. 應提供管理者必要的人力以及技術資源，才能確保優異的表現。

5. 公部門管理者必須要重視競爭價值，並應對於公私部門的服務界線持開放的態度。[14]

★ 新公共管理及 Moore 的難題

新公共管理者使用了一套可能會進一步摧毀大眾信心的管理方式，為了要改善績效，公共管理者需要彈性、解除管制，以及授權賦能。在現今複雜的政策環境下要有成果，公共管理者需要高度投入、精力、甚至是大刀闊斧的精神。最初的新公共管理不只是企業管理，員工要膽大無畏，力爭上游，爭取機會、不論成敗都願意公開接受責任，對於貶低你或是警告你要謹慎的人則是不屑一顧。

新公共管理的評論家 Donald Savoie 強調：「公共管理和公共行政不同。管理不像傳統的公共行政語言，讓人想起規則、規範和昏昏欲睡的決策過程，『管理』這兩個字代表的是果決以及一種活潑的思考方式，也是一種行動的動力。」但民眾還不確定我們能否信任這樣的政府企業家。

以上都造成 Mark Moore 所謂「有趣的難題」：一方面，因為個人領導和責任似乎是成功革新的關鍵，這兩點都應該要受到重視。另一方面，通常伴隨個人領導而來的自大和暴躁的風格，會造成內部的敵意和懷疑。要在企業及政府中都有成功的革新，需要「願意採取主動態度，樂於承擔責任、不張揚自己的貢獻，且能夠承認他人的功勞。」不過，Moore 又指出：「公部門的執行階層又必須盡力保持謙遜

的態度」，以免他們「又引發媒體的關注和反感。」這就造成 Moore 的難題：「大眾預期的公部門管理風格，是如果管理階層真的致力其中，那結果一定會沒有效率。」

不採取主動態度的公共管理者，不會造就太多的成果，因此也會破壞大眾對政府的信心。身為領袖的公共管理者也許可以創造出一點成果，但因為他們的行事風格，仍可能破壞大眾的信心。辛辛那提大學的 James Stever 寫道：「從大眾懷疑的眼光來審視，企業模式永遠沒有辦法在公部門實行。公部門可能會嫉妒、甚至崇拜企業，但是企業家的行為可以被接受，是因為民眾不會期盼企業家為了大眾的利益而扮演守護者的角色。」

有三位具有企業精神的人士，特別可以拿來說明 Moore 的難題：海軍上將 Hyman Rickover[*] 倡導海洋核電；J. Edgar Hoover 將聯邦調查局建立成一個高效率的犯罪偵查組織；以及 Robert Moses，他在 1934 到 1960 年間於紐約市公園委員會服務。這三位都創建了大型的公共機關，也達成了很重要的成果——這些甚至都是其他人沒有想過的。Lewis 指出，為了達成這個目標，這三位都達到了「某種程度的自主性以及彈性，這是大眾無法相信政府公共官員能夠達到的。」而且他們透

---

[*] 譯者按：Hyman Rickover 被視為「核能海軍之父」（Father of the Nuclear Navy）。

過「緩衝和尋找自主的策略」，並達成「看似合乎常理、甚至有時候愛國的表現。」他的結論是，要成為公共企業家有兩個步驟，第一是「創造政治的防護罩」，第二則是持續的「爭取自主」。不過 Rickover、Hoover 和 Moses 等人達成目標的方法，我們現在認為顯然是不合乎民主的。

美國人要如何解決 Moore 的難題？

我們是要讓公共管理者變得像企業家，能夠積極地行使、保護他們的裁量權，並在過程中創造出高績效機關，締造佳績？還是我們希望公共管理者勤勉不懈地遵守所有的規則和規範，即便這代表著政府難有成就？

資料來源：Robert D. Behn, *Rethinking Democratic Accountability* (Washington, DC: Brookings, 2001), 99-100. 文字稍微經過編輯。

但問題就在這裡。Borins 用來改善公部門績效的五項關鍵概念，讓公平性、誠信、以及課責等價值出現更多問題。

外部以及內部控制

有很多已被採行的方法，可以用來確保回應性、公平性、彈性、誠信、課責，以及能力。圖 4.2 可以幫助區別並分析這些方法。

這個框架將方法區分成四個主要的類別：正式外部、正式內部、非正式外部與

	外　部	內　部
正　式	・司法 ・監察使 ・立法	・機關首長／檢察總長 ・弊端舉發者
非正式	・公民參與 ・利益團體代表* ・媒體*	・專業規範 ・代表性官僚 ・公共利益 ・倫理分析

* 已於第 2 章討論過。

圖 4.2　分析控制政府機關的架構

非正式內部。正式與非正式的區別往往不是很容易區分，但大致如下所述：正式的關係在憲法中有很明確的敘述；非正式的關係則無。**外部控制（external controls）**是指控制的來源在行政部門外，**內部控制（internal controls）**則是在行政部門內。

因為第 2 章中已討論過三項控制的方法，也就是媒體、立法和利益團體，本節將著重在其餘九項。

司法

再論行政程序　第 2 章詳細探討了行政程序的模型。因為一般的程序和司法審查（judicial review）制度，都是為了避免政府機關不負責任的行為，所以我們應該簡短地看一下這些過程。

有很多人會對政府機關提出要求，這些要求都必須先通過一項非正式的審核過程。這個步驟會在正式的公聽會之前舉行，其目的是要儘可能先以經濟、彈性的方式來解決問題。這裡的問題可能不過是透過電話即可回覆（「我的社會安全支票在哪裡？」「我不懂為何你說我少繳 735 美元的稅金？」）或牽涉到比較大的問題。（「我們可以和奇異公司（General Electric）合併嗎？」「我們的安全系統計畫書是否可行？」）即使是這些比較複雜的議題，也可以透過友善的態度協商解決。

為了要讓**行政程序法（Administrative Procedure Act, APA）**的正式聽證會規定發揮效果，政府機關的授權法規就必須具備這項規定。如果法規在這一點規定不清，法院會調閱過去的紀錄（也就是國會議員的想法），當然還要確保憲法的正當程序能夠居支配地位。有時候法院會贊同交給行政管轄權，有時候則會以公平為優先考量，將視情況而定。

在需要更正式程序的案件裡，行政法官通常會審查證據，再依據案件本質做出初步結論。如果需要上訴，通常是移交行政訴訟，紀錄則是由其他機關的官員檢驗，最後會達成一項決議。這項決議關乎索賠、津貼、執照、規則、利率、路線或是制裁（因為不遵守法律）。這些實際上都是行政機關的功能，他們對於相關各方都有著不小的影響。

結束行政程序後，就可以在法院尋求某種形式的機關決議審查。如果案件中有重要的法律問題，將有可能上訴到最高法院。如果機關的行為包含了濫用裁量權、僭越規範或是憲法主權、不恰當的訴訟、或是無事實根據的行為，法院可以先行擱置。不過，行政程序不是機關和管理者唯一到法庭的途徑，另一個方法就是透過承擔法律責任。

透過承擔責任來課責　這一種類型的控制手段，和稍早探討司法審查的方法不同。那些解決之道只能夠反轉、修正以及強迫機關的行動，而且也不涵蓋政府造成損失

的金錢賠償。

　　一開始，我們可以先考慮對政府造成傷害的行為。受行政活動波及的人們，通常會從政府那邊尋求傷害的補償，做為彌補損失之用。這種做法通常需要法規依據，否則他們可能就會因為**主權豁免（sovereign immunity）**的陳舊政策而失敗——也就是說，在政府沒有同意的前提下，人民是不能控告政府的。聯邦政府總能擁有主權豁免；憲法第十一條修正案賦予各州擁有類似的主權豁免權（然而，地方政府就缺乏大部分免於法院程序的保護）Holmes 大法官解釋了這一原理：「一個主權可以免受訴訟之紛擾，這並非因為什麼正式的概念或是古老的理論，而是從邏輯上和實務的角度來看，我們沒有任何法律上的權利，去對抗創制法律、又提供我們權利的政權。」

　　允許政府被控告的是 1946 年的聯邦侵權與索賠法（Federal Tort and Claims Act, FTCA）。該法讓侵權的索賠得以獲得補償〔侵權（tort）一詞的來源是法文，代表「錯誤」。在法律上，更精確的說，侵權是違反民法義務的行為。當某人不遵守這些責任、且傷害到他人時，就構成了侵權。〕如果政府和個人一樣，在類似情況下犯了侵權，那不論情節輕重，聯邦侵權與索賠法通常會讓政府承擔責任。在聯邦侵

因為政府未加以妥善照料，導致兩艘滿載硝酸氨的船隻於 1947 年 4 月 16 日在德州的德克薩斯市船塢爆炸。火勢蔓延到整個鎮與鄰近地區。然而，1953 年「Dalehite控告U.S.」案的結果，最高法庭判決政府不必負責，因為政府官員是在執行「裁量權」（discretionary function）。

權與索賠法通過之前，如果市民因為政府疏失而蒙受損失，他們根本無法控告政府求償。為了維護主權豁免的原則，聯邦侵權與索賠法列出了侵權責任的幾項例外。聯邦侵權與索賠法另一個維護主權豁免的方式，就是當主責官員正在行使「裁量權」時，無論是否濫用裁量權均禁止提起訴訟。這種做法是為了防止有人利用侵權為理由，以司法途徑「二度質疑」政策中的立法與行政決策。請參見照片。

　　如果訴訟當事人要從公共行政人員的口袋中求取賠償，主權豁免並不構成障礙，因為該原則應用的對象是政府單位。但是，另一個相關原則——**官員豁免**（**official immunity**）可能會構成訴訟障礙。這一項歷史悠久的規則，讓聯邦的員工可以豁免於任何在其職責界線「外邊緣」內的普通法侵權責任。[15] 本規則的原理在於，公共官員應該要能自由依據大眾利益的概念做出決策，而不用擔心如果公眾在過程中受到傷害，可能會造成的金錢損失。

　　除了因工作職位而享有絕對豁免權的官員——如總統、總統助手、法官、檢察官、以及行政法官——一般政府官員並不享有造成傷害的絕對豁免權。如果他們違反了當局的法規限制，或是違反了當局的憲法規定，他們可以被起訴。例如，聯邦監獄的官員如果對犯人施以嚴酷或不尋常的酷刑，那麼根據憲法修正案第八條，該名官員必須承擔法律責任。如「Harlow 控告 Fitzgerald」案（1982）中，法院指出，重點在於被告是否違反了「常人就能瞭解的法律或憲法權利」。而且也因為要通過 Harlow 案的考驗相當嚴格，成功以憲法侵權起訴聯邦官員的案件相當罕見，而且未來也可能會是如此。

司法控制的重要性　可以說，近年來行政機關受到的掌控逐年成長，且大部分都是發生在法院裡。但是這也逐漸地拓展到監獄行政（牢房的大小以及每間牢房的囚犯數）、教育政策（校車的路線以及課程內容），以及科技領域，如車輛安全標準和資源管理。舉例來說，最高法院就裁決，聯邦傳播委員會不能允許有線電視作業員自由使用部分的廣播設備，也不允許證券交易委員會控制私人的退休金計畫。

　　但是法院的權力並不限於聯邦機關。獨立主權的州政府和獨立的學區也會受到影響。在阿拉巴馬州，美國的地方法官事實上就協助了該州的運作。他幫忙管理監獄、精神病院、公路巡邏，以及其他州屬機關的營運。在波士頓的學區，另一位聯邦法官也協助處理一些枝微末節的事情，像是某一間學校的禮堂是否需要加蓋屋頂這類瑣事。

　　若不論上述的這些例子，司法在公共行政中扮演的角色，應該要詳細地加以解說。首先，法院的責任是實事求是，亦即法院只能夠減緩或懲罰那些已成事實的錯誤行為。第二，最高法院和其個別成員通常會選擇支持聯邦機關，而不會去反對他

們。換句話說，研究顯示出，如果個人想要在法院中對抗政府機關，機會將相當渺茫。

第三點可能也是最基本的一點，法院真的需要決定一個機關是否「無法考慮所有相關因素」，或是在規定要怎麼貼花生醬標籤時「濫用其裁量權」嗎？雖然專家對此意見分歧，但讓我們先假設答案是否定的。有些人主張，勞動的區分，應該是讓人民的代表去監督這些事情，法院就可以專注於督察負責該事件的官員。假設政府機關受到了政治上的控制，法官就可以著重於他們原本保護權利法案的工作，至於 Skippy 花生醬裡的氫化植物油問題，就讓其他人去擔心了。

監察使

假設監理處不小心將你和你哥哥的駕照照片互相貼錯，當你向辦事員解釋這個狀況時，他的回答卻是「嘿！真抱歉，但你要不要就放著不管，把這張駕照放在家裡？」你則堅持：「我不要他的照片在我的駕照上。」但辦事員只是笑笑，就繼續做他的事。

遇到類似錯誤和辦事員這種無關痛癢的態度時，要怎麼處理呢？在面對龐大的政府部門時，這些問題我們偶爾都會碰到。其中一項方法就是透過監察使，這個方法在北歐、英國、以及加拿大（一省除外）都有實施。美國有阿拉斯加、亞利桑那、夏威夷、愛荷華和內布拉斯加，在州的層級設置監察使，還有幾個城市也有設置。在聯邦層級，則有國稅署、環保署和商務部在某些計畫中運用監察使。**監察使**（**ombudsman**）由政府指派，有權和出現爭議的處理人員進行對談，並檢查他們的記錄，接著再給予建議，利用「合理勸說」來達成修補嫌隙的作用。

為撰寫該主題的專書而與超過 30 位來自海內外監察使訪談的過程中，Sam Zagoria 發現，大部分監察使的調查結果都會被全盤採納，要不然也會有一部分會被採納。[16] 通常監察使會發現，有超過一半的案件裡，民眾的抱怨是沒有任何理由的，而監察使可以協助釐清公務員遭受的騷擾，免除不必要的爭議。至少，民眾都可以很輕易地找到管道保護自己的權益，甚至如果民眾的抱怨無法成立的話，監察使還有第二個選擇，就是協助他接受這個不快樂的結果。

弊端舉發者法律

Ralph Nader 是**弊端舉發者**（**whistle-blower**）一詞的創始人，他用這個詞來描繪揭發其他員工非法、不道德或是不合法行為的員工。尼克森當權時，最有名的弊端舉發者是國防部的一名雇員 Ernest Fitzgerald，當時國防部宣稱正在替空軍建造一架運輸機，但成本金額卻遠超過國會能夠撥出的金額，而實際上這架飛機根本沒有這個價值。

　　過去幾年來最有名的政府弊端舉發者也許是 Colleen Rowley，這位美國聯邦調查局幹員寫了一封慷慨激昂的抗議信給 Robert Mueller 局長，進而掀起關於政府管理的批評風暴。（請參閱第一章的個案 1.1。）2002 年，《時代雜誌》選中她以及另外兩位弊端舉發者，做為年度人物。〔另外兩位之一為恩隆（Enron）集團副總裁Sharon Watkins，她寫了一封信給董事長 Kenneth Lay，警告公司的記帳方法不當；另一位是 Cynthia Cooper，她告知世界通訊的董事會，在該公司含糊的記帳方式下，掩蓋了 38 億美元的損失。〕

　　任職於聯邦調查局明尼亞波里市分局的律師 Rowley，在一本機密的十三頁備忘錄中批評她最愛的分局。根據《時代雜誌》的說法，Rowley 視她的備忘錄「並非責備，但卻是一種挽救的行為，這不是向當權者吐實，因為 Rowley 這樣的人分不出這樣的差別，真相就是權力」。**17**

　　Rowley 的真相為何？總括而言，聯邦調查局的官僚體制抑制了革新，讓調查員只能案牘勞形，而受到處罰的探員試圖從聯邦調查局總部當守門員的職務往上爬升。但她最關注的是，自己從分局回報總部要重視 Zacarias Moussaoui 的案件，卻一再被忽略。這一位摩洛哥裔法國公民說著一口不流利的英文，並報名參加當地的飛行訓練學校，意圖駕駛 747 客機。

　　Rowley 費時十六小時完成了她的備忘錄，她也意識到自己會需要一些保護，畢竟這將引發一定的衝擊，為了自身安全，她在最後還附註了兩行文句尋求聯邦弊端舉發者的保護。在當時，她並不瞭解那是什麼——也不知道法規提供了聯邦調查局員工一個微弱的庇護。隔天，她在華盛頓將她的備忘錄交給了 Mueller 和其他兩位在參議院情報委員會的參議員助理。兩天後，她在明尼亞波里分局的電話響起：是 CNN 新聞網的來電，Rowley 現在就如同《時代雜誌》所說的「公眾的良知」。兩個禮拜後，她被傳喚回華盛頓出庭應訊。

　　這是國會第一次在 1978 年的文官改革法提出後，對弊端舉發者提供的法定保障，在第 10 章中會有詳細的討論。除此之外，這個法是為了鼓勵揭露詐欺、浪費或濫用所提供為保護員工、前員工或任何揭發真相的人被報復所訂定。

　　在法律通過的幾年內，國會發現這部法律在鼓勵聯邦員工舉發弊端上，只產生些微的影響，且並沒有真正保護員工免於遭受報復。因此，國會在 1989 年頒布了弊端舉發者保護法，為了加強且改善弊端舉發者的保障。本法設立了一個獨立的機關：特別檢察官辦公室（Office of Special Counsel, OSC），負責保護聯邦員工，特別是弊端舉發者免於遭受不當的人身攻擊。特別檢察官辦公室也負責偵詢弊端舉發員工所受報復情況的申訴，當報復行為被發現，開始實施矯正及懲戒的動作。其他在 1989 年法裡的改變包括減輕員工要證明因為舉發案件而受到報復行為，以

及員工透過特別檢察官辦公室若未能獲得救濟，得以向功績制保護委員會（Merit Systems Protection Board）求助。想要得到更多特別檢察官辦公室相關資訊，請參觀以下網站：www.osc.gov。

機關首長

機關中行政首長的個人形象，可以讓別人瞭解他心目中何種行為是負責、何種又是不負責。以下例子裡，某市經理發現一名值夜班員工用市政府電腦系統玩占星術，這位市經理就把財政局長找來：

> Fiona，我想妳應該不知道發生了什麼事，但是這件事在妳的部門裡發生了。坦白說，我覺得他在偷懶，這對妳而言也不好。不過，我們市政府的電腦是由納稅人給付的，而這些占星程式花時間又花錢，必須立刻停止。我要妳將那位年輕人停職，直到他的薪資和他浪費我們的時間和金錢打平為止。接著，算算那些占星程式浪費了這個市多少錢。把有占星過的清單列出一份給我，因為我要寄帳單給他們。聽著……我不用辦公室的影印機印自己的東西——這根本就不對。[18]

在上面的例子中，市經理清楚地展現了他對違反職業道德的反對立場。用市政府的時間和電腦設備來玩占星術是不對的，沒什麼好談。市經理對此不斷追蹤，直到員工把錯誤改正，並達到別人要求的標準。

除了在機關單位中建立一個良好的工作倫理氣氛，行政人員也可以採取幾項比較實際的行動，以確保適當的行為表現：

➲ 招募背景經過清查的人員。
➲ 設立培訓計畫，培養正確的行為操守。
➲ 定期評估部屬的表現。
➲ 積極並隨機調查機關中任何錯誤行為的指控。

要達成最後一項工作，有一些行政人員會仰賴內部調查人員，通常他們稱為**檢察長（inspectors general, IGs）**。1978 年，國會替聯邦政府創立了檢察團隊，大部分檢察的工作都與定期的審計政府的計畫有關，這樣就可以找出數十億的資金浪費和濫用。由於檢察長會將審計結果送交國會，而國會通常又比機關首長對此更為支持，檢察長也因此在執行機關中造成些許摩擦。這個方法也可以套用在城市的**警察**

部門或是任何有貪腐問題的單位。

公民參與

William F. Buckley Jr. 寫說，他寧可委任劍橋地區電話名錄前 100 名人士來做管理，也不願讓哈佛大學的教師來做時，他只是陳述將公民納入公共決策的背後基礎哲學。其他觀察家認為公民身為政府的顧客，自然比政府官員更能回應大眾的需求。這可能只是個試驗性的提議，人民無法改變的一些情況，與政府部門的最低道德表現及可信度有關。基於這些理由，我們並不意外看到各級政府機關試著促進公民參與管理過程。

最普遍的制度化公民參與形式，包括由公民委員會擔任諮詢團體，公民團體在某特定政策領域中擔任治理團體，以及成為鄉里政府的一部分，在許多政策領域都負有直接責任。

在這裡提到的諮詢團體，意指超過 1,200 個理事會、委員會，這在聯邦行政部門，及其區域或地區分部，以及在地方政府單位都可發現其有在。這些諮詢委員會需要超過 2 萬人的投入，包含的議題更是應有盡有——從總統在能源研發顧問團，到農業發展委員會在豬瘟病情的控管皆有之。地方政府設置諮詢委員討論的範圍，則是從社區規劃和警力重組，到大眾運輸及空氣污染等相關議題都有。

專業規範

專業規範（professional codes）的作用可以追溯到西波拉提斯誓言（Hippocratic Oath），此誓言做為醫療行為指南已有超過兩千年的歷史。除了醫療人員之外，律師也可以說是跟專業規範有著最密切的關係。（很有趣的是，除了一些例外，水門案的被告都是律師。）

一些原因可以說明為什麼專業規範有著如此有限的效用，首先，行政人員的活動範圍很少僅限於自己的專業；不可避免地，問題會出現在專業規範的內容之外。相同地，行政人員也常會發現他／她的規範會和其他忠誠對象衝突（像是特定的顧客或者地理區域、政治領袖、社會階層或團體）。

第二個限制專業規範原因則是源於這些指南的用詞，如果太過廣泛，做為一個行為指南就會沒有作用，但如果行為指南太過具體，可能會變得太冗長、太精細，以致無法在日常運作中發揮功效。接下來的四個原則會讓我們瞭解何謂「太過廣泛」，是採用美國公共行政協會的行為規範所列出的十二條原則其中四項：

◌ 無條件行使我們依法擁有的裁量權以促進公共利益。

⊃ 在所有的公共活動中展現最高標準的個人誠信、真摯、誠實和堅毅，以激發大眾
　對公共體制的信心和信任……

⊃ 以正面態度和接近我們的組織及營運職責，並建設性地支持開放的溝通、創見、
　奉獻和同理心。

⊃ 不從公職服務當中，謀取個人不當利益……

代表性官僚

　　代表性官僚（representative bureaucracy）概括的說，就是一個代表自己所屬
社會成分的公務員——即每個團體在政府中占的百分比大約等於這團體在全人口數
的百分比。這個理論在於某些團體聘請的人增加，這個團體的態度就能在官僚體系
中增加其代表性。換言之，代表性官僚試圖以婦女及少數團體在公共服務中的代表
性來控制官僚體系的力量。但是這樣一個代表能在一個官僚體系裡引導出一個活躍
的團體利益代表嗎？我們來看看 Jose Martinez 的案件，一個跟美國聯邦邊界巡警一
起工作的幹員，在一個涼爽的加州夜裡，在十小時輪班的其中三小時，他接到一通
電話：一群墨西哥人試圖偷渡邊界時被捕。幾分鐘後，他指揮他們到一輛遮蓋式的
接濟卡車後頭，帶他們到局裡做後續工作，並準備遣送他們回墨西哥。「給我一個
機會吧，長官。」其中一人用西班牙文這樣請求著，這種懇求在一般的非法移民中
很常見，但對 Martinez 這種自己父親也是非法移民第一代的墨裔美國官員來說，這
句話更顯沉重。

　　「他們叫我們叛徒。」Martinez 說，「他們說：『你怎麼能這樣對我們？我們
就像你的父母一樣。就像你幾年前來到這裡一樣！』」他如此回應道：「我不是針
對你，我只是做我的工作罷了。」[19]

　　很諷刺的，墨西哥裔占邊界巡警一般成員的 30%，比其他聯邦機關都還多。有
些人——包含了非法移民本身和他們的律師——希望邊界巡警能夠成為一個代表性
官僚體系且改變巡警文化，讓這個組織能夠更有同理心也更仁慈。結果，墨裔美籍
探員對此事都表示堅定。的確，他們在警力單位的出現並沒有減少移民對探員的傷
害抱怨。「我的看法是，一邊帶著警徽，另一邊帶著誠摯的心。」Martinez 這樣解
釋。

　　Martinez 的故事雖然令人難忘，但對於是否有條件使得何種少數族裔官
僚較無法提供積極代表性的問題，則不見得能提供一個客觀的答案。然而，
最近由 Wilkins 和 Williams 所做的研究發現，由於組織社會化（organizational
socialization）的緣故，黑人警官的出現和種族貌相歸類（racial profiling）的增加有
關。[20]

那麼，我們如何解釋種族代表性和實質代表性之間的微弱關聯性？Anthony Downs 認為，「官員……在做決策時，沒有很強烈的誘因去使用代表性的價值。他們在尋找代表性目標上的壓力，跟找尋自己目標或他們部門的目標比起來根本是微乎其微……面臨改選的官員也同樣沒有，因為他們要對其政策提出解釋或給予合理化。這種缺乏任何強制性的機制，進一步降低了行政官員根據代表性原則來採取其行為的可能性。」[21] 可能會有其他的解釋出現：官員可能缺乏職權讓他們有所作為；正式的組織懲罰和同儕團體的壓力可能會減少公務員在一些種族團體面前展現同情（一個「獨善其身的人」）；且就「適當的種族觀點」而論，也會因此存在一些不確定性。[22]

公共利益

基於專業規範和代表性官僚所下的限制，是一種內部非正式的行政責任途徑，因此有些人提出**公共利益（public interest）**的概念，來引導做出行政決策。根據這個觀點，行政人員必須依據一些社區整體或者國家的最佳利益來做決策，而非依據小型自利團體的狹窄利益。

要清楚分辨公共利益不是一件容易的事。對這類主題有著清晰思路的思想家 Walter Lippmann 提出最好的解答：

> 為了要分辨什麼是公共利益，沒有必要在一個想像的公投上玩弄任何的概念。我們不能知道我們在五年內會怎麼思考，因此就如同身在搖籃的嬰兒不會知道在投票所會怎麼想一樣。然而如同我們今天觀察到的，他們的利益也在公共利益內。我們必須相信活生生的成人們分享著相同的公共利益。然而，對他們來說，公共利益常是和他們的私人及特殊利益相混合，也常有所出入。我們可以說，公共利益只有在人們清楚看見、理性思考、無私和善的行為之下，才會做的選擇。[23]

但是，即使公務員能清楚、理性且客觀的看待，這樣真的就夠了嗎？那怎麼從品質上來分辨集合的私人利益（例如：公共民意調查）和真實的共同關懷？又要如何分辨不同的「大眾」：長期理性的大眾對上短暫熱情激昂的大眾？

然而，許多人把這個概念看作是一個實用的框架，做為行政和每日政策訂定行為的參照。操作性的問題應該是，何種舉動最能使國家福祉得到廣泛的思索？的確，美國公共行政學會在倫理規範（1994 年修訂版本）裡的首要原則是：「服務群眾，更勝於服務自己。美國公共行政學會（ASPA）成員都忠誠的執行任何職權

來促進公共利益。」

 **倫理分析**

　　倫理（ethics）是哲學的一環，和道德上的好與壞、對與錯有關。傳統上，倫理所承擔的工作就是對價值加以分析。什麼是價值？簡單地說，就是一個人認為具有重要性的事物，也就是一個人要做攸關道德的決定時——用來衡量的標準。從人類的行為切入，價值可以分為有兩種型態：目的價值，這關乎一個人想要往何處去；以及行為價值，則關乎如何到達目的地。[24] 你會如何排列以下左右兩個表單上這些價值的優先順序？哪些價值對你來說是最重要的？哪些又是最不重要的？

目的價值
- 一種舒適的生活（富裕的生活）
- 刺激的生活
- 成就感
- 和平的世界
- 美好的世界
- 公平
- 安全
- 自由（獨立、有自由的選擇）
- 喜樂（滿足）
- 愉悅（一個歡樂、悠閒的生活）
- 自我肯定（自尊）
- 社會認同（受尊重、景仰）
- 真摯的友情（親近的友誼）
- 智慧
- 雄心壯志（努力工作、有抱負）

行為價值
- 雍容大度（心胸開闊）
- 精明幹練（能幹、有效率）
- 令人愉悅（輕鬆愉快、高興的）
- 乾淨（清潔、整齊）
- 英勇的
- 品德高尚
- 誠實（真摯、真誠）
- 富想像力（大膽、有創意）
- 自力更生
- 自省
- 邏輯性（始終如一、理性）
- 深情的（深富情感、溫柔）
- 盡忠職守
- 客氣有禮（謙恭、行為端正）
- 有責任感（可信任、可靠）
- 自律

為何要研究倫理？

　　研究倫理是有一些實際理由的。首先，這樣的研究可以幫助公共行政人員更快速做出決策。在面對一個具價值爭議的決策時，一個能夠深思熟慮並且釐清個人價值的人，不會因為手足無措而浪費時間。此種人的反應會較為迅速、確實。

　　第二個理由是在做決策時，可以引導出更強而有力的一致性。具備這種能力的行政人員，在他們部屬的眼中是公平的；他們會避免對員工做出不公平的對待。

　　第三，倫理研究可以顯示出一個決策的價值面，若非如此該決策將會看似不帶有任何價值判斷。舉例來說，想像一個與美國郵政總局的匯票運作有關的直接決

策。原始的問題是，郵局要如何讓匯票服務更有利潤？但同時另一個可能會被提出的問題是：他們是否應該不計任何方法來獲取更多利潤？在第二個問題背後，是認知到使用匯票的人主要為低收入的美國人民，他們沒有支票帳戶。

第四，倫理研究能幫助公共行政人員做出更深思的判斷──這些判斷能經得起公開檢驗。大體而言，美國人在談論價值時會感到困窘，彷彿談論這種事並非「有血有肉的真人」該做的事。然而大眾和媒體可是持續喧鬧著一些我們不想去碰觸的特質（榮譽、進取心、正義、誠實、憐憫、雅量、職責、善行，諸如此類）。當個人偏離了道德規範，在行政管理的世界中獨斷獨行的時候，就會隨便編織一堆站不住腳的論點，而這種行為的危險性明顯可見，人人都必須加以注意。

第五個原因──最強而有力，也是最明顯的原因──解決倫理兩難困境是公共行政人員工作中最重要的一部分──如同他們所說：「這是該領域不可分割的一部分。」下列各種常見的倫理問題，無論對公部門或私部門的管理者而言，都是必須嚴肅面對的：

1. 藥物、酒精濫用（你應該採取絕不容忍的政策嗎？）
2. 員工的偷竊行為（案情輕重是否有差異？）
3. 利益衝突
4. 捏造、扭曲或者隱瞞訊息
5. 濫用公款
6. 誤用組織資產
7. 環境污染（沒錯，政府也會造成污染）
8. 掠人之美，將他人的功勞或想法變成自己的業績
9. 獲得過度的禮物及款待
10. 贈與過度的禮物及款待
11. 給予大眾或者上司錯誤或使誤解的說明
12. 收受回扣
13. 提供朋友「方便」和使用政治上的影響力

以下有更多公共管理者必須面對的倫理相關疑問範例：

1. 在所屬機關中，遇到什麼瓶頸時應站出來舉發弊端？你對組織的忠誠度與對於想要維繫公共利益的心意，兩者之間的分寸要如何拿捏？
2. 如果弊端舉發者的主要動機顯然是想要交換一些利益，或是為了報復（例如，沒

有獲得升遷或者足夠的關注），該如何處置？

3. 當你發現一位向來表現可圈可點，現齡 58 歲的員工，其履歷表上的年齡或教育程度造假時，你該怎麼做？

4. 所有的決策都該開誠布公嗎？可以對高加索或亞洲男性歧視到什麼地步而又符合矯正歧視措施的目的？

5. 管制機關的員工在離職後，是否可到其原本所管制的業界工作？

6. 對這工作來說，如果有衣著標準的話，怎樣的衣著算是合宜的（打領帶？莫霍克族（Mohawks）印地安人的傳統服裝，或是短褲等等）？

7. 員工是否要通過測謊？在中央情報局或護理之家工作的人是否需要呢？

8. 你要何時及如何開除一個表現差強人意的職員？行政人員要如何處置部屬的辦公室戀情，特別是其中一方甚至雙方都各有婚姻的狀況下該如何？

研究倫理的四個途徑

在上述條列的狀況之下，行政人員在做出一個決策時，或多或少要有條理地思考這個決策背後的倫理意涵——他必須有一個途徑和一套語言來評估在道德上該做出怎樣的抉擇。礙於篇幅，本書無法像哲學家一樣將各式各樣的道德逐一分析深究；僅能夠概略簡述四種較重要的觀點，分別是：功利主義式倫理、對形式原則的義務、權利倫理，以及亞里斯多德倫理。

功利主義式倫理　邊沁（Jeremy Bentham, 1748–1832）認為所有的理論，包括倫理學的理論，必然根據經驗上的事實得來。在對人文的研究方面，這樣的事實一定是由歡愉原則高居首位——也就是說，人類行為的動機是：對愉悅的渴望，以及對苦痛的厭惡。邊沁的創新之處在於，他主張快樂主義（hedonism）不必然是自我本位的；它也可以是社會性的。也就是說，一個人可以（應該）在其他人歡愉的名義下被激勵而有所做為，如同自己的歡愉一樣。這個想法就是**功利主義式倫理**（**utilitarian ethic**）的核心基礎，也是邊沁在十七世紀後期所發展出的理論。簡言之，邊沁聲稱「大多數人的最大福祉，就是衡量是非黑白的標準。」

除了少數特例之外，功利主義並不受企業管理者垂青，但是在公共行政人員當中，卻獲得相當程度的歡迎，並認為這種倫理具有「社會利益功能。」請注意，這個方式並不採相對多數主義，因為它所要測量的，是每個人對某一選項的支持或反對之**強度**。為了瞭解其操作，讓我們想像某一個 20 人的小社區，必須在計畫 A 和計畫 B 中做一抉擇。其中 12 人可能會被動的表示支持計畫 A；而另一方面，有 8 個人則是強烈的反對計畫 A。計畫 B 的選擇情況則完全相反，有 12 個人稍嫌反對，另外 8 個人強烈支持。為了這小社區的最大值幸福，功利主義式倫理會偏向採

用計畫 B——即使這計畫未獲得大多數人的支持。

Michael Walzer 將功利主義視為計量式道德（body count morality）不是沒有原因的：

> 　　當不可避免要做出決策時，他們必須冷靜、堅毅、不感情用事，設法依據抽象個體的事實或假定的偏好來處理。他們所採用的標準必須是明確的——實用的歡愉、金錢、生活——這些特質的概念能夠轉為量化，所以最終的決策就會如加減法般的清楚明白，因此，再一次的，沒有任何談論道德的空間。[25]

　　其他的難題也都是顯而易見的。從傳統價值觀的角度出發，將功利主義途徑套用在個人的倫理問題，似乎有些不切實際；也沒有什麼合理的解釋可以說明，為什麼一個人在做個人的決定時，應該選擇利他主義的準則。另一個難題則是牽涉到平等性的問題。例如，這些功利主義的準則要如何提供未來世代的利益呢？

　　也許功利主義最大的缺點，是「把最差的留給最少數人」這個問題。換言之，功利主義的邏輯可能導致決策時為了提升整個社群的福祉，無情地剝削並犧牲少數人的利益。

　　事實上，堅守邊沁功利主義理念的彌爾（John Stuart Mill, 1806–1873），起初也發現了一些有關這個觀點的疑慮。當邊沁表示：如果歡愉是一樣時，撲克牌遊戲與詩歌是一樣好的；彌爾則指出，當一個不滿足的蘇格拉底，總比當一隻吃得肥胖的豬來得好。這句話可能會讓動物權益保護人士感到不悅，但這只是個辛辣的批評罷了。

　　功利主義可否不要這麼理論性，讓其背後的一般性廣義套用在實際管理層面的決策上？答案是肯定的。一個人總是可以依據自我及社會的狀態，寫下對一個決策的贊成和反對意見。心理學家 Irving L. Janis 和 Leon Mann 利用這種簡單的想法，進一步加以深化，提出以下的這個平衡表，用以分析一個行動的倫理面向[26]：

	正面期望 （＋）	負面期望 （－）
對個人的得（＋）與失（－）		
對他人的得（＋）與失（－）		
自我肯定（＋）或自我否定（－）		
社會肯定（＋）或社會否定（－）		

　　在分析得失時，管理者的權重可能比其他人更有份量（例如：＋＋＋或－－－）。同樣重要的，是要確定已找出所有相關的團體。當所有項目都填完後，決

策者可以開始刪去在左右欄中等重的項目。最後，可清楚的看出正面期望是否比負面期望來得重要。這樣的表格在做選擇時都該有所準備。

對形式原則的義務　功利主義看重的是決策的結果，康德（Immanuel Kant, 1724–1804）及其追隨者則認為，判斷一件行為是對或錯的標準，端視這個行為是否接近某一或某些形式原則而定。康德發現，所有合乎道德的決定，最終都該根據一個原則：你所採取的行動，若極大化後可以成為約束每一個人的一般法則，那就去做。因為這個原則不容拿來做實驗，但卻可以從純粹、可實踐的理性成功推論出來，康德稱他這套原則為**定言令式（categorical imperative）**。康德對謊言採取絕對主義的立場；他找不出任何正當理由來合理化謊言。用他的話說：「一句謊言，是對人性尊嚴的一種廢棄，或毀壞。」康德的原則如同教堂的鐘一般，規律地運作，並且把我們喚回到道德的源頭。但也許康德是個過了頭的絕對主義者——比方說，在二次世界大戰期間，有一些基督徒為了庇護猶太人，而對登門盤查的蓋世太保說謊，打發他們離開。康德如果活在那個時代，應該會排斥這些說了謊的基督徒。

康德的定言令式並未包辦形式原則的全貌。早在 2500 多年前，「第一要緊的就是，不要明知故犯地做出傷害人的事」（primum non nocere），就是 Hippocratic 誓言中提出最首要的專業責任。我們更不應漠視另一個黃金規則：己所不欲，勿施於人。

康德的定言令式，提出單一而統一的原則做為判斷對錯的標準；相反的，其他與這個途徑相呼應的倫理理論，則提出數種需要遵守的規則和原則：守承諾、利益回饋、顧及他人的感受等等。這些理論最主要的問題很明顯，如果許多行為規範所蘊藏的規則一樣有數目限制，那麼其中可能會充斥著矛盾和漏洞。

權利倫理　權利保障人民免於遭受侵害，並賦予他們重要的自由。由於對中古世紀以來的宗教迫害的反彈，一種強而有力的哲學運動在啟蒙時代興起，這股運動界定出**自然權利**，或者說是從人類天性的研究中，藉由理性就可以推斷出來的權利。從那個時代起，許多「自然」權利都被賦予法律地位，甚至成為法定權利。今日西方國家被廣為接受且保護的基本人權，包括生命權；表意（言論自由）、良知（人們不該被強迫去做他們認為是錯的事）、宗教信仰和隱私等個人自由；免於受到專制、不當的警力行為或是不平等的法律適用；以及包括投票和遊說在內的各種政治自由。

權利必然意味著義務。因為個人享有權利，其他人則有明確的義務來加以尊重。例如，管理者不應該允許不安全機器的運作，因為這會剝奪了員工在安全工作場所工作的權利。此一權利是基於保障個人免於因他人忽略而造成傷害的自然權利

而來。（當然，普通法和職業安全衛生法也都建立此一權利。）

　　金恩博士在 1963 年於伯明罕市監獄（Birmingham City Jail）寫了一封著名的書信，其中運用了**權利倫理（rights ethics）**來向一些對他有所批評的人解釋為何他要從事非暴力抵抗，而不是在法庭上持續進行這種對種族融合問題的戰爭。

　　　你表達出一種強烈的焦慮，擔心我們有違法的意圖。這種擔憂當然不無道理。由於我們如此殷勤地敦促人們要遵守最高法院在 1954 年的判決，禁止在公立學校非法進行種族隔離，若說我們會有意識地違犯法律，當然會是一件既奇怪又令人困惑的事。也許有人會問：「你怎麼可以主張違反某些法律卻又同時遵守其他法律？」答案就是，事實上我們有兩種法律：公正的法律和不公正的法律。我同意聖奧古斯汀（Saint Augustine）所說的「不公正的法律根本就不是法律。」

　　　現在，這兩者之間有何差別呢？該如何判定一部法律是公正的，還是不公正的呢？一部公正的法律雖是人制定的規範，卻與道德法和上天的法則相吻合。不公正的法律則會和道德法失衡。套用聖阿奎納（Saint Thomas Aquinas）的說法，不公正的法律是不根據永恆且自然的法則所制定的人類法。任何提升人類品格的法則就是公正的。任何詆毀人類品格的法則就是不公正的。所有的種族隔離法律都是不公正的，因為種族隔離扭曲了靈魂且損壞品格。這種法律授予種族隔離者一種錯誤的優越感，而使得被隔離者感到錯誤的自卑感。依照偉大的猶太思想家 Martin Buber 的見解，種族隔離以人與動物（「我——牠」）的關係取代了人與人之間（「我——你」）的關係，結果產生將人貶抑為物的狀態。所以種族隔離不只是在政治面、經濟面和社會面站不住腳，在道德面也是一種錯誤且罪孽深重。[27]

　　與權利倫理有關的問題之一是，權利有時會被錯誤地擴大為自私的要求，甚至是特權。權利不是絕對的，而它們的限制也難以界定。舉例來說，每個人都有生命權，但工廠將致癌物質排放於環境中，使人每天暴露於死亡的危險之中，絕對的生命權必須要求終止大量的生產活動。各種人權，好比說生命權，的確會因為謀求整體的公共福祉等強迫性因素而受到限制。這也就是為什麼從德州的亞馬利羅（Amarillo）到同屬德州的艾爾帕索（El Paso）之間的速限，不會是每小時 20 英哩的原因。

亞里斯多德倫理　許多人，甚至包含為數不少的功利主義者在內，都滿意於採取任何正派的社會都會要求的基本原則——不可殺人、不可偷竊、不可虐童、不可傷害你的同類等等——來做為道德生活的定義。如果沒有壞人，那還有什麼好說的？

　　亞里斯多德可不這麼想。他最關心的不是去分析一個人在何種情境中會做出正確的決定。他所關心的，毋寧是人性的卓越。亞里斯多德所理解的道德生活，關乎一個人的志向，以及在個人的私人生活及專業領域中，去嘗試從事那些讓我們人類撥動心弦和贏得景仰的事物。亞里斯多德的基本哲學原則，就是人類自我實踐的人性卓越思想。

　　對男人和女人來說，什麼才是美好的生活？亞里斯多德提出一個詞彙「eudemonia」。跟許多古希臘文一樣，這個詞彙很難用現代語言翻譯出來，概略的說就是：恩惠、喜悅、富足。這是一種生活很舒適，事情也很順利的狀態；而不是歡愉或愉快的意思。通常我們會在現代心理學家所稱的「巔峰表現」的情況下，體驗到這種心境。這種情境可以是一場體育競賽、商業場合或者任何盡心盡力的情境；最重要的是一切看起來都很完美。其結果不該只是在競賽中獲勝，或者是達成商業協議，同時也是一種愉快、歡喜且滿足的感覺。

　　假設有人採納亞里斯多德的論點，也就是眾人所追尋找就是「eudemonia」這種幸福的狀態，接著問題就來了：我們要如何獲得此狀態？亞里斯多德提出兩件具有深度重要性的事。首先，實際上要直接獲得幸福是不可能的——一直以來，這都是個天上掉下的禮物。第二，為了要獲得幸福，我們必須實踐以下四種美德：

- 勇敢
- 節制
- 謹慎
- 公正

讓我們更仔細的檢驗這四種美德，然後思考在現代社會所面對的情境中，要如何加以推廣及調適。

美德　要想瞭解亞里斯多德如何看待勇敢和節制，就必須先介紹其**中庸之道（golden mean）**的概念。舉例來說，當一個人在面對危急的時刻，可能有過度的表現——也就是顯露出過多的懼怕，此乃懦弱；或者可能會有冷漠的表現，而絲毫沒有畏懼的心態，此乃魯莽。或者此人也可以遵循中庸之道，表現出適度的戒慎恐懼，而這就是勇敢。

亞里斯多德將勇敢列為美德，因為這是一個社群想要生存下來所不可或缺的要素，也是倫理的極致體現。如果有人說他很注重個人、原則與理想，但是不願意為這些事冒險，那麼其他人就該質疑此人口口聲聲所說的到底是否真切。一個有真心關懷卻沒有能力冒險的人，應當知道自己無論是對人或對己，都是儒夫。[28]

跟勇敢一樣，節制也是需要中庸之道才能真正理解的美德。要去享受一個特定的愉悅活動，一個人可能會表現過頭，這就是貪念和放縱。根據亞里斯多德的說法，走火入魔的嘗試在每天生活中找尋刺激末梢神經的事，並不會、也不可能帶來幸福；事實上，因為這樣走火入魔而自毀前途的男女屢見不鮮。

一個人也可以不參與別人生活中的樂趣而表現得冷漠，這就是節制。亞里斯多德並不鼓勵每個人有節制的沉浸於所有的生活樂趣之中。反之，他只不過是預言現代心理學所認同的：生活需要平衡（一直工作而不玩樂，讓 Jack 變成無趣的男孩），而過多的自我否定也可能會帶來精神疾病。

第三種美德是公正，所注重的是人我之間的關係；也就是說，我們要公平的對待他人。對公正的一般定義所下的最好註解，莫過於 Justinian（483-565）所指出的：以一種固定而無休止的意志，給予每個人所應得之份。

亞里斯多德將勇敢、節制和公正稱為道德上的美德，且認為這些美德最容易透過仿效、體現和習慣而獲致。他所認定的第四種美德──謹慎（prudence）──是一種道德，也是一種智能上的美德，是透過繼承和教育而獲致。我們在這裡再一次面對翻譯的難題，因為實在很難將這個字的精髓表現出來。我們很容易將謹慎與簡約（thrift）聯想在一起，後者具有小心計算個人利益的意涵。但對亞里斯多德來說，謹慎意指實用的智能──也就是瞭解在特定情境中，當如何運用一般的原則。這是一種在行為中展現出個人謹守各種美德的能力。更明確地說，智慧的體現就是能夠在特定且明確的情境中，融入普世的道德及政治信條，且知道在什麼時候該做什麼事情。亞里斯多德曾說，贈與金錢很容易，但知道要在什麼時間，以什麼樣的態度給什麼人，這樣的知識是一個人擁有智慧體現的記號。因此，謹慎是所有美德的基石。

重新發現亞里斯多德　亞里斯多德的四個美德係源自他所觀察到，雅典人在培理克里斯統治的黃金時期（age of Pericles, 495–429 B.C.）所呈現出來最好且最光明的一面。但當時的美德，與中世紀的男女──或者是今天的行政人員所認定的美德有所不同。

基督教會確實在亞里斯多德的四個美德上，另外添加了三個自己的教義：忠信、盼望和仁愛（意指愛心）──藉此將亞里斯多德原先為雅典男性公民設計的一

套框架，加以普世化與人性化。忠信，很明顯地具有神學的意涵，但是在現代，我們可以很容易以非宗教性的語彙「承諾」（commitment）來替代。在政府和企業研究——尤其是在從事新的冒險上——的相關文獻中，承諾的重要性極其實在。我們再次發現，亞里斯多德是領先群雄的。盼望，是一種道德上的美德，現代的研究也發現，盼望有助於維繫世人對美好生活的追求——儘管一位心理學教授並不這麼認為。**29**

至於「愛」在倫理學系統中扮演角色為何，我們可能要暫時轉向一個非西方哲學家：

- 孔子深切的注重一種特定的美德——「仁」。仁是善意或人類的善心。《論語》（*Analects*）記載，「樊遲問仁，子曰：愛人」（此即「仁者愛人」的典故出處：〈顏淵篇〉）。真正能愛別人的人，無論男女，就是能執行其社會義務的人。根據《論語》的記載，孔子也說過，仁之體現，在於能顧及他人：「夫仁者，己欲立而立人；己欲達而達人」（〈雍也篇〉）。仁還有個方法論，這種方法可以發現人所希望和不希望發生在他們自己身上的事物。後世的大儒（孟子）稱這種方法稱為「規矩」——換言之，以自己做標準來規範自己的行為。這方法在於讓自己將心比心，自問從別人的角度來看，是否會喜歡或不喜歡這樣的做法。「不可以把你上司不受歡迎的處事態度加諸於你的部屬。也不可以將你部屬讓你不喜悅的應對方式加諸於你上司。」**30**

如今，我們可以用三種不同方式來實踐亞里斯多德的倫理。第一種方式是，培養他所提倡的四種美德，期盼藉此得到幸福；第二種方式是，採取聖湯瑪斯（St. Thomas）中世紀神父所「更新過」的普世版本；第三種方式，是將他的倫理學的外殼去除——方法論，不是其內容——並建構出一套你個人的版本。這也就是以勵志演講專家與作家 Anthony Robbins 建議世人去做的。

Robbins 建議，先將你個人的價值從最重要到最不重要條列出來，他的原始表單將會出現在表 4.2 左側。接著，研究那些價值並且提出一些關鍵性的問題：(1) 我需要什麼樣的價值，以建立我最終的命運，使我能儘可能惕勵自己成為最好的人，在我的人生中產生最大的影響？(2) 我還需要增加哪些價值？(3) 為了要成就我最終的命運，哪些價值是我可以從清單中劃掉的？最後的步驟是對所有的價值逐一加以評估，問問自己，這些價值的優先順序能帶給你什麼利益？表 4.2 同時也顯示出 Robbins 的新清單。

表 4.2　亞里斯多德的倫理：一種現代的運用	
Anthony Robbins 原始表單 朝向價值的作為	**Anthony Robbins 的新表單 朝向價值的作為**
熱情	健康／活力
愛	愛／溫暖
自由	智慧
貢獻	歡樂
有能力	誠實
成長	熱情
成就／功績	感恩
幸福	樂趣／幸福
樂趣	創造差異
健康	學習／成長
創造力	實現
	成為頂尖
	投資
	貢獻
	創造力

資料來源：Anthony Robbins, *Awaken the Giant Within* (New York: Summit Books, 1991), 373 and 377.

　　哈佛大學的倫理學講師 Ken Winston，在對「民主治理實踐者之道德能力」下定義時，有異曲同工之妙。特別的是，他注重於人類的五種「一般特質」，這些特質不一定是人格特性，毋寧是公務員在執行他們的義務時所會展現的特質。Winston 的五種美德如下：

1. **對公共利益的忠誠**。「幾乎所有官員受到任用時，都要經過一套程序，藉此向特定的個人或選民承擔其合法的義務。同時，這些官員有義務拓展他們的視野，越過這些既有的關係，看到並思考公共福祉。一個優秀實踐者最重要的要求是，使少數觀點和整體觀點相互調和的能力。」

2. **謙恭的義務**。「一個好的實踐者……有著所作所為須和公眾良知一致的義務。有良知的民主官員的決定基礎，建立於一般公民都認同的信仰和準則上──或者可能是深思熟慮過後的作為。」

3. **以負責任者的身分來尊重公民**。「當實踐者的投入是重要的，過程就會是互動的。權力在於實踐者促進公民自律的能力。一個好的實踐者是傾向於任何具可實行性的引導，而非指導性的領導，可加強公民對有效機關的運行。」

4. **精通社會結構**。「我相信制度性技術的美德是成為良好實踐者的一種特質……好

的實踐者有辨識一個問題的適當狀況之技巧，如果狀況是被瞭解的，會以從公民中獲得的關係形式來引導。制度性設計是道德的法規。任何特定的決定結構引領我們做出正確的行為。」

5. **謹慎**。Winston 在這裡用的是純粹的亞里斯多德式思想：「在典型的思想中，謹慎是最根本的政治美德：在治理中展現行為的智慧。」[31]

倫理分析的方法論

　　當管理者處於必須做出倫理決定的情境時，會發生的一種危險就是他們可能會先選擇滿足自己利益的行動方針，然後搜尋多樣的倫理系統來找出最能印證行動方針的那一個。

　　圖 4.3 呈現的是一種做出攸關倫理的決策時，較為合宜的方式。想像你陷於一個倫理上的兩難，不知如何抉擇時，思考輕重緩急對你來說是很重要的。你的核心價值是什麼？（回想在第 205 頁的那兩個清單）在這樣的狀況中，和你相關的群體

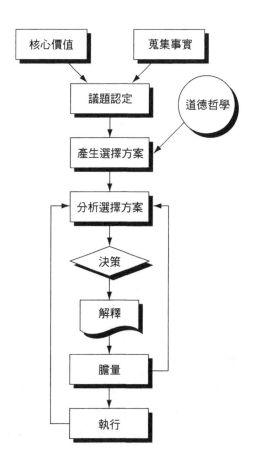

圖 4.3　倫理分析的過程

認為一個正直的人將做出何種決定？

　　另一個重要的事件是注重這個情境的事實。事件是如何發生的？有什麼是行政人員應該知道，而且是跟此一情境相關的事實？由於資料蒐集用說的比做得還容易，這時就該試圖在進行決策前儘可能組合可得的資料。

　　我們之中有很多人以不經思考的方式回覆倫理問題，在危急關頭，沒有清楚的確定問題就直接跳到結論，且隨機地採取解決方法。一旦事實被揭發、道德考量得到辨識而選擇產生，我們可以用之前所討論過的四個倫理方法來分析各個選項──功利主義式倫理、對形式原則的義務、權利倫理以及亞里斯多德倫理。同時也必須仰賴過去的經驗，在相似的狀況下，什麼方式會成功而什麼方式又會失敗？做出決定後，有些行政人員會認為將選擇發展出一套邏輯、系統化的解釋是很有幫助的。

　　這些步驟強調的是理性，但也不要拋棄直覺。如果你的直覺一直困擾著你，也許這是有事要發生的警訊，也許你信任的朋友或者導師可以幫助你發現你的憂慮來源。Harlan Cleveland 是一個擁有非常豐富經驗的公共執行者。在他採取行動前，他自問的問題不是「我會不會遭受批評？」（畢竟，在公部門的管理，答案通常是肯定的。）而是「如果這個行動是在大眾監督之下進行，我還會認為我該這樣做嗎？而我又該怎麼做呢？」[32]

　　最後一個階段必須做出決策。有別於道德哲學的學生，管理者必須執行他們的決定。

總結觀察

　　愛默生（Ralph Waldo Emerson）說：「品格比智能重要。」這是什麼意思？哈佛大學心理學教授 Robert Coles 認為自己知道答案。數年前，他有一位學生名叫 Marian，靠著替同學打掃房間賺取學費。在她看來，那些在大學入學測驗（SAT）拿高分的學生，都已經忘記了「請」這個字的意義。他們對她很粗魯，甚至很殘酷。在受到一個年輕人無禮的挑逗後，Marian 又氣又急地來找 Coles 教授說，她要從哈佛大學休學，回到位於美國中西部的老家。她問教授：「我上了所有的心理學課程，在課堂上我們討論過什麼是真實的、什麼是重要的、什麼是美善的。那你要如何教導人們變得良善？」[33]

　　在這種情境中，書籍與課堂討論是可以幫得上忙，但 Coles 教授認為，我們最終應該注意的是著名心理學家 Henry James 的建議。當 James 的姪子問他，這一輩子該做些什麼事的時候，James 回答這位年輕人說：「人生中有三件重要大事。第一是要良善；第二是要良善；第三還是要良善。」對 Coles 來說，這幾句話的關鍵

字便是「是要」（to be）──這樣的堅持是要找到使人最終變得良善的根基。如何做到呢？

　　首先要打從心底抱持著追求良善的心志，持續投入全副精神、勇往直前、不斷向前行，協助我們所要幫助者、讓我們對他人以及自我與人際之間的道德想望來指引我們前進的方向；奉獻身心來服務他人，儘管彼此間免不了會有爭論與不愉快的時期，這種奉獻的精神，就是使一個人成為良善的旅程之核心。[34]

本章重點

　　我們在本章學習到行政責任的理念等價值，以及（麥迪遜所說的）數種應該要落實的「輔助性防範措施」（auxiliary precautions）。本章的重點如下：

1. 公共政策暨行政學系的研究生，在評比他們認為關係未來成敗最重要的技巧時，穩居第一位的是保持良好的倫理標準。

2. 行政責任這個概念中，最重要的價值分別是：回應性、公平性、彈性、誠信、課責性，以及能力。

3. 回應性是指一個組織對大眾有關政策變遷的要求，能快速地默默跟從。要設計出一套全備的顧客導向方案，一個很方便的作法是依循 4P：產品（product）、價格（price）、推廣（promotion）與通路（placement）。

4. 為了確保公民有機會表達他們的個案需求，並且受到公平的聆聽，政府機關必須遵循正當程序原則。但是公平不僅止於程序，也在乎產生實質結果。當前，為了要保護個人的權利與財產，並對行政部門的裁量權加以制衡，各級法院比以前更加重視對行政機關的決策邏輯加以檢視。

5. 誠信帶來信任。一個社會中，令人信任的領域愈廣，則這個社會的功能愈佳。

6. 公務員之所以會欺騙，有幾個原因。其一是企圖掩蓋績效不彰的事實，這種情形來自無能力的感覺。這也可能是來自一種優越感。其背後的理由是：「如果普通人和我一樣聰明、有遠見、又勇敢，他們也會同意我的做法。但是因為他們和我不一樣，所以欺騙也是為了他們好。」這種想法有兩個問題：第一，這個想法犯了邏輯上的「滑坡謬誤」（slippery slope）；第二，如果仔細觀察就會發現，這種想法其實是一種「用公共利益掩飾私人利益」的做法。Bok 舉例指出，民選官員會在某些情境中，預先辯論並得到授權，來進行某種欺騙行為。

7. 瀆職是官員做了憲法或法律明令禁止，或道德上不許可的行為。過失是指未正

當執行法律規定的職責。未履行職務是指官員未能夠執行所需的責任。

8. 新公共管理典範包括了下列五項重要的觀念：(1) 政府應該提供民眾所重視的高品質服務；(2) 應提升公共管理者的自主能力；(3) 各機關和個人應該要根據達成標的的程度予以評價和獎勵；(4) 應提供管理者必要的人力以及技術資源，才能確保優異的表現；(5) 公部門管理者必須重視競爭的價值，並應對於公私部門之間的服務界線抱持開放態度。

9. 確保行政責任的各種措施，可以分為四個主要的類別：正式外部、正式內部、非正式外部，以及非正式內部。

10. 受到行政作為所傷害的個人，經常會尋求補償。這樣的努力需要有法律依據，否則往往會遇到「主權豁免」原則的阻礙——這個原則保障政府在自己未同意前不受法院審判。讓人民得以向法院控告政府的一項重大政策為 1946 年的聯邦侵權與索賠法，該法使人民得以要求對政府侵權加以索賠。「侵權」（tort）這個詞源自法文，意思是「錯誤」。在法律上，講得更精確些，意指違反民法所規定的義務。

11. 如果訴訟當事人要從公共行政人員的口袋中求取損失補償，主權豁免不是障礙，但另一相關原則「官員豁免」卻可能構成障礙。這一項歷史悠久的原則，意指聯邦員工可以豁免於任何在他職責界線「外邊緣」內的普通法侵權責任。

12. 功利主義式的倫理認定大多數人的最大福祉，就是判斷是非對錯的標準。

13. 康德發現，所有合乎道德的決定，最終都該根據一個原則：你所採取的行動，若極大化後可以成為約束每一個人的一般法則，那就去做——因為這個原則不容拿來做實驗，但卻可以從純粹、可實踐的理性成功地推論出來——康德乃稱他這套原則為定言令式。

14. 一種強而有力的哲學性運動在啟蒙時代興起，界定出自然權利，或者說是從人類天性的研究中，藉由理性就可以推斷出來的權利。在今日的西方國家被廣為接受且保護的基本人權，包括生命權；表意（言論自由）、良知（人們不該被強迫去做他們認為是錯的事）、宗教信仰和隱私等個人自由；免於受到專制、不當警力行為或是不平等的法律適用；以及包括投票和遊說在內的各種政治自由。

15. 亞里斯多德最關心的，不是人們在哪些情境中可以做出最正確的判斷。他最關心的，毋寧是人類的卓越性如何得以發揮。

16. 任何倫理分析的過程或方法論，無疑是高度反覆與個人化的。曾經有人建議，進行倫理分析時，應考慮的重點有：核心價值、蒐集事實、議題認定、產生選擇方案、分析選擇方案、決策、解釋、膽量、執行，以及回饋。

問題與應用

1. 假設有一個名叫 Derek 的高三學生，有問題都會來找你諮商。儘管你大他很多歲，卻也愈來愈欣賞這位前景看好的年輕人。Derek 雖然家境清寒，卻很用功唸書，成績也不錯。今天 Derek 又來請教你。他解釋說，他的一個朋友透過非法手段取得大學入學考試的答案，賣給幾位同學，也免費奉送他一份。他在入學考時也用了這份答案，現在他的入學申請已經被某一所明星大學所接受。想像這位年輕人就坐在你對面，在場只有你們兩人。做為一個朋友與知己，你會對他說些什麼？

2. 本書第 206–207 頁條列 21 種事件。你會如何使用倫理分析來決定在哪一種事件要採取哪些行動最為合宜？試解釋之。

3. 位於辛辛納堤（Cincinnati）的漢彌爾頓郡（Hamilton County）郡法庭的書記官 Jim Cissell 認為，現在該把法庭紀錄上網公告了。這些文件本來就已經是公開任人閱覽的，也早已作成電子檔。除了把這些公開的電子檔文件放在網際網路上，還可以放在哪裡供人閱覽？請討論之。

4. 科羅拉多州布爾德（Boulder）總圖書館的管理者 Priscilla Hudson 認為，圖書館是一個大型的社會均衡器——每個人，無論其經濟社會或政治背景，都可以來這裡學習。她與許多的圖書館員一樣，都反對美國愛國者法（U.S. PATRIOT Act）中，授權當局去調閱人民從圖書館借閱或從書店中購買書籍的紀錄。試討論之。

5. 假定你是美國南佛羅里達大學（University of South Florida）的招生部主任。校長為了執行貴校的「行銷策略」，並且想要招到好學生，要求你讓貴校看起來是「全美最競爭的名校之一」。怎麼做呢？很簡單，只要砍掉排名墊底的 6% 的學生，全校平均大學入學測驗（SAT）的成績就會拉高將近 40%。你會如何回應？

6. 美國中西部某一州的青少年矯正部門認為，該州的一些男校大多不足以發揮青少年矯正的功能，甚至已經成為危險的淵藪。因此，該部門研擬在該州的森林蓋一座少年感化院。這樣的地點可提供優美的環境、與塵囂隔絕，使接受感化教育的青少年得以從事一些建設性的工作。很不幸的，一些持保守立場的團體發動激烈抗爭，並且發起運動來強迫州長和州矯正部門改變他們的決策。在此同時，感化院現址所在的社區也組成委員會，要爭取讓該院留在原址不要搬遷。假定你是該矯正部門的公關主任，你會提出哪些建議？

7. 假定你手下一名經驗老到、評價甚高、可以說是值得信賴的員工向你坦承，她

一直都從錢櫃裡拿一些錢出來私用，每次「借用」的金額都不超過 100 美元；在她有能力償還這筆錢之前，她都會寫一些假收據來掩蓋這些少掉的金額。你會怎麼處理？

8. 假定你是一個私人義工組織的董事會成員，貴組織在國際賑災與協助災害善後處理領域中扮演關鍵性、舉足輕重的角色。貴組織一開始只有 23 人，後來成功轉型，成為世界最大、最成功的非政府組織（NGO）之一，在 44 個開發中國家提供服務。這都要歸功於貴組織現年 52 歲的創辦人 John Drake 的帶領。Drake 已婚，但強而有力的證據指出，他跟組織內外許多女性都有婚外情。儘管董事會已經再三警告他要懸崖勒馬，今天一份全國性報紙的生活版還是登出他的照片。在這張照片中，一位妙齡女子挽著他的手臂──而這位女子卻非他的夫人。董事會現在該如何處置？

9. 絕大多數的人都會贊同本書第 206–207 頁，其中所條列的每一個目的價值與每一種行為價值。問題在於，要追求某一價值的極大化，我們往往必須犧牲其他價值。請使用一個具體的例子，來說明個人可能必須做的取捨類型。

10. 請使用本章所提出的一些議題，來討論以下摘錄自傑佛遜（Thomas Jefferson）的論述。「把一個有關道德的個案拿去請教一名農夫和一名教授。前者也能做出很好的判斷，並且往往優於後者的判斷；因為前者不會受到一些人為規則引入歧途。」你能否接受他的見解？接受或不接受的程度為何？

我的最愛

www.usoge.gov　讀者可以從政府倫理局（Office of Government Ethics）的首頁看到該部門所提供的相關服務資訊。這有助於讀者理解美國行政部門的倫理專案，以及這個專案對於聯邦公務員與一般大眾的影響。其使命「不僅要防範並解決利益衝突，提供聯邦公務員的倫理水準，也要強化大眾對政府的信心，使他們相信政府執行業務時是公正無私並且在道德上經得起檢驗。」

www.iit.edu/departments/csep　美國伊利諾理工學院（Illinois Institute of Technology）的職場倫理學研究中心圖書館的首頁，其目的在滿足對職場倫理的研究與實踐感到興趣者的教育與研究需求。這個網站提供許多超連結，方便讀者造訪其他專注討論職場倫理的網站。

www.whistleblower.org　非營利的政府課責專案（Government Accountability Project）設立於 1977 年，其目的在提升對弊端舉發者的保護。其網站提供許多關於揭弊、政府錯誤作為與官員的不當行為等有價值的資訊。

www.jiethics.org　這是 Josephson 倫理研究所（Josephson Institute of Ethics）的網站。你可以在此找到許多有趣的調查資料。

www.depaul.edu/ethics　這個網站提供有關倫理學相關的超連結，以及其他企業倫理的資料。

www.scu.edu/ethics　這個網站提供相當豐富的倫理學資料庫。

www.publicintegrity.org　公共誠信中心（Center for Public Integrity）的使命是將有關公共服務、政府課責，以及與倫理相關議題的調查和分析發現，透過書籍、報告與通訊等方式提供給美國大眾參考。

ww.puaf.umd.edu/IPPP/　馬里蘭大學（University of Maryland）哲學與公共政策研究所於 1976 年設立，現在隸屬該校公共事務學院。該所的宗旨是要進行研擬公共政策背後的概念性與規範性問題之研究。這樣的研究是由政府內外的哲學家、政策制定者、分析家與其他專家通力合作所進行。

註 釋

1. Stephen Maynard-Moody and Michael Musheno, *Cops, Teachers, Counselors: Stories from the Frontlines of Public Service* (Ann Arbor: University of Michigan Press, 2003), 93.

2. Tom Lowry, "The CEO Mayor," *Business Week* (June 25, 2007).

3. Philip K. Howard, *The Death of Common Sense* (New York: Random House, 1995).

4. Maxene Johnston, "Non-Traditional Tools Get Results with Traditional Problems." Remarks at the Foundation for American Communication Symposium, Scottsdale, AZ, January 24, 1990.

5. Francis Fukuyama, *Trust: The Social Virtues and the Creation of Prosperity* (New York: Free Press, 1995), 7.

6. 前揭註，頁 27–28。

7. Sissella Bok, *Lying: Moral Choice in Public and Private Life* (New York: Vintage Books, 1998), xxx.

8. 前揭註，頁 168。

9. 前揭註。

10. 前揭註，頁 172–73。

11. 前揭註，頁 176。

12. 前揭註，頁 181。

13. 參閱 Michael G. Gordon and Bernard E. Trainer, *COBRA II: The Inside Story of the Invasion and Occupation of Iraq* (New York: Pantheon Books, 2006).

14. Sandford Borins, *Innovating with Integrity: How Local Heroes Are Transforming American Government* (Washington, DC: Georgetown University Press, 1998), 9.

15. *Barr v. Matteo*, 360 U.S. 564 (1959).

16. Sam Zagoria, *The Ombudsman* (Arlington, VA: Seven Locks Press, 1988).

17. *Time* (December 30, 2002, and January 6, 2003).

18. D. T. Austern et al., *Maintaining Municipal Integrity* (Washington, DC: U.S. Department of Justice, 1978).

19. 摘錄自 Majorie Valburn, "Border Patrol Ranks Swell with Hispanics," *The Wall Street Journal* (October 22, 1998).

20. Vicky M. Wilkins and Brian N. Williams, "Black or Blue: Racial Profiling and Representative Bureaucracy," *Public Administration Review* (July/August 2008) : 654–64.

21. Anthony Downs, *Inside Bureaucracy* (Boston: Little, Brown, 1967), 233.

22. F. Thompson, "Types of Representative Bureaucracy and Their Linkage" in R. T. Golembienski et al., eds.: *Public Administration* (Chicago: Rand McNally, 1976), 589–90.

23. Walter Lippmann, *The Public Philosophy* (Boston: Little, Brown, 1955), 42.

24. Michael Rokeach, *The Nature of Human Values* (New York: Free Press, 1973).

25. Michael Walzer, "Teaching Morality" *New Republic* (July 10, 1978) : 10–12.

26. Irving L. Janis and Leon Mann, *Decision Making* (New York: Free Press, 1977).

27. 這封信的全文詳 James M. Washington, ed., *The Essential Writings and Speeches of Martin Luther King, Jr.* (San Francisco: HarperCollins, 1986), 289–302.

28. Alasdair MacIntyre, *After Virtue* (South Bend, IN: University of Notre Dame Press, 1981).

29. 近期有關樂天主義與長壽之間的關聯之相關研究，以下 Mary Duenwald 這篇文章有相當完善整理，"Power of Positive Thinking Extends, It Seems, to Aging," *New York Times* (November 12, 2002).

30. Fung Yu-Lan, *A Short History of Chinese Philosophy* (New York: Macmillian), 44.

31. Kenneth Winston, "Moral Competence in the Practice of Democratic Governance" in John D. Donahue and Joseph H. Nye Jr., eds., *For the People: Can We Fix the Public Service?* (Washington, DC: Brookings, 2003), 169–87.

32. Harlan Cleveland, "How Do you Get Everybody in on the Act and Still Get Some Action?" *Public Management* (June 1975) : 214.

33. Robert Coles, *The Moral Intelligence of Children* (New York: Random House, 1997).

34. 前揭註。

個案 4.1　為所應為
Doing The Right Thing

任何與怪獸搏鬥的人都要知道一件事，就是在搏鬥過程中他自己不能變成怪獸。

尼采（Frederick Nietzsche）

　　Leon Panetta 受命領導中情局真是個令人意外的選擇，因為他主要的聲望來自他非常專精於國內政策，包括曾經擔任眾議院預算委員會（House Budget Committee）主席、柯林頓總統的預算主任，還有後來擔任總統幕僚長。雖然有些同事說 Panetta 或許「堅守剛正不阿的原則」沒錯，但讓他獲得中情局的工作的主因，確實來自他正直和廉潔的名聲，更甚於他對錯綜複雜之國家安全議題的嫻熟。

　　2009 年 5 月，Panetta 發現自己遭到國人而非外敵的批判，而且保守派和自由派都有。從右派來看，前副總統錢尼（Dick Cheney）指控歐巴馬政府，對於已獲小布希政府批准，但現在卻禁止強化審訊那些恐怖主義嫌犯的做法，「讓美國民眾更不安全」。從左派來看，人權運動家和若干民主黨國會議員要求展開某種調查——一位特別檢察官、一項國會調查和一個真相委員會——以確認布希政府律師團所宣稱的，911 事件之後可以使用水刑[*]（waterboarding）和其他嚴厲審訊手段，這些作為是否應予起訴。這些自由派團體對於 Panetta 向歐巴馬提出不要進行這類調查的建議，特別感到驚駭莫名。

　　身為中情局局長，Panetta 知道這對局裡來說是一項敏感的議題。批評者相信，中情局自 911 事件之後就已失去其道德風範。2007 年，當一份機密的紅十字會報告公開後，已經無人懷疑中情局曾施加身心酷刑於那些恐怖主義嫌犯了。官員們以扭曲身體的姿勢鎖銬囚犯數星期，他們的鏈條通到天花板，囚犯們只包著尿布，不斷誘發他們的恐懼感，而且還被捉著頭撞牆，結果至少有 3 名囚犯死亡。

　　還有更多壞消息等著中情局：歐巴馬總統所公布那些令人不安的政府機密文件，描述有位囚犯在一個月之內就遭到 183 次水刑的對待。一個世紀以來，美國早就認定水刑是一項嚴重罪刑，且最近和 1983 年一樣，均對此罪處以十年有期徒刑。事實上，備忘錄授權審訊者對囚犯施加酷刑的做法，由於明顯違反國際法及美國法律，以致有些授權實施酷刑的備忘錄，後來被布希自己的司法部律師撤銷。酷刑本身就是一項重罪，有時甚至被視為一種死罪。美國 1994 年簽署的禁止酷刑公約（The Convention Against Torture），規定政府必須起訴所有的酷刑行為，如果沒有做到的話，就會被認為是違背國際法。

　　雖然 Panetta 可能反對調查，但這不代表他小看酷刑的嚴重性。他擔任局長的第一項行動，就是要求中情局的檢察長確認是否有任何正職員工可能因酷刑或相關罪刑而遭到起訴。檢察長向他保證，布希政府時代曾從事涉及超

---

[*] 譯者按：水刑是指將囚犯在木板上，臉部用布或紙蓋上，由施虐者向囚犯的臉上噴水的一種酷刑。

過法律界線行為的官員，如今都已不在局裡任職。Panetta 的立場因此得以和歐巴馬保持一致，而歐巴馬也承諾過，任何在布希政府時代按照法律顧問行事的中情局官員，均可免受起訴之責。為長遠之計，Panetta 曾嘗試建立一個最先進的審訊單位，由全國最頂尖的中情局、聯邦調查局人員和軍官組成，而且要聽從社會科學家、語言學家及其他學者的諮詢意見。Panetta 懷疑自己是否做得夠多，司法部長對中情局的調查行動，有可能帶來起訴的結果，對此他應該抗拒或表示歡迎呢？還有對於可能賦予目擊者免訴權的「真相委員會」（truth commission），他應該抗拒還是歡迎呢？就在他為了某些調查的正反意見而陷入思索時，他的選擇明顯愈來愈引不起別人興趣。以下是反對進行任何調查的主張：

- 如果 Panetta 不反對調查，他就不會被看成局裡人想跟隨的那種長官。
- 對那些認為他們只是依法行事的中情局官員而言，起訴是不公平的事。人們不應該為了履行他們認定的職責而遭到懲罰。
- 調查行動會被看成歐巴馬政府對錢尼與小布希的秋後算帳之舉。這種印象會產生嚴重的政治後遺症，也就是流失獨立支持者的風險。
- 起訴官員會對未來的美國公務員帶來寒蟬效應。無論是基於勇氣或莽撞，以後不太有人再提出日後可能被認定非法的大膽提案。文字紀錄是一種有用的智識活動，也是優秀決策的根本所在，但面臨起訴的威脅，以後將有爭議事務認真寫成備忘錄的做法，愈來愈會成為例外而非常規。最重要地，美國國家安全將會弱化。

- 調查和起訴都需要時間，而且導致中情局、整個國家、民選及政治任命官員的焦點，從更重要的事務轉移到這裡來。當美國面臨焦頭爛額的各種國際問題時，調查和審判只會大量分散注意力而已。
- 調查無疑將導致更多嚴重影響美國國際形象的備忘錄和照片被公布出來。這些資料會在盟友之間引發反美情緒，更因此提供恐怖組織一個超棒的徵才工具。
- 要清楚列出事物的精確因果關係，本是不可能的事。當然，政府最高層的一連串行動，提供了允許濫用酷刑的條件，但沒有證據顯示高層決策人士有意讓這種嚴重情況發生。況且，只知道審訊計畫卻沒有實際操控權的高層官員，又該怎麼看待呢？正如一位前中情局官員所說的，「你不能把整個局都毀掉。」

贊成調查的人士主張如下：

- 不進行調查的話，會讓人留下歐巴馬政府試圖掩蓋某些事實的印象。
- 美國民眾需要完整的監督，特別是當它攸關專業醫務人員的時候。被公布的司法部備忘錄包含許多中情局醫務人員參與強制審訊的資料，他們到底是設計的人、合法化的人、執行的人，還是什麼呢？他們的參與可能是美國有史以來最嚴重的醫療倫理醜聞之一。
- 中情局官員辯稱他們有司法部提供的法律保護，他們是在履行職務，但這種說法站不住腳。好幾次都有一些勇敢的人員，反對並離開濫用權力與酷刑的治安行列，正如一位聯邦調查局的助

理局長，告訴一位反對強化審訊技巧（enhanced techniques）的特工：「我們不做這些。」那位幹員之後就被聯邦調查局局長 Robert Mueller 調離審訊單位。在國防部，《陸軍戰場手冊人員情報蒐集作業》（*Army Field Manual for Human Intelligence Collector Operations*）以具體文字明令禁止凌虐或殘酷、不人道和羞辱的對待（例如，不准水刑）。

- 有些法律學者認為不做某些事並不容易。儘管如同前面所述，有事實顯示遭到中情局人員審訊的 3 位囚犯因遭此待遇而死亡，但涉及酷刑計畫的中情局官員都沒有因而遭提起刑事訴訟。然而，遭起訴判決有罪並入監服刑的美國人，只有 10 名低階人員，因為他們拍攝而且還出現在 Abu Ghraib 監獄虐俘照片中。

- 前副總統錢尼曾說過美國必須使用酷刑，因為它很有效。充其量這只是一個不合邏輯的說法：一項罪刑不成為罪刑，只因為它管用？畢竟，恐怖主義也可以很管用。這種說法不但不合邏輯，而且充滿謬誤。

根據聯邦調查局和陸軍的審訊專家表示，人們為了停止被刑求，什麼話都願意說。

- 獨立委員會在政治上不受青睞的說法，並非抗拒它的好理由。Jeffrey Rosen 寫道：「小布希的酷刑政策，是第二次世界大戰時拘留日裔美人以來，最嚴重違背美國價值的事件。當歐巴馬第一時間公布了那些備忘錄之後，一項保密的參議院情報委員會調查，就違背了歐巴馬所要求的透明原則。在這個時點上，只有一個完整真相委員會型態的調查工作，才有辦法讓小布希的律師們澄清，他們並未共謀違法，同時又可讓民眾去唾罵真正的虐囚政策創造者和教唆人，也就是那些決策者……。一個獨立委員會或許在政治上令人感到困窘……，但至少它提供這個國家所需要的課責。」

個案問題

身為一個正直和廉潔的人，Panetta 想要為所應為。在贊成和反對進一步調查的雙方說法中，你會贊成哪一方？

個案參考文獻：James P. Pfiffner, "Torture and Public Policy," *Public Integrity* (Fall 2005), 313–329; Richard N. Haass, "The Interrogation Memos and the Law," *The Wall Street Journal*, May 1, 2009; Ali Soufan, "My Tortured Decision," *The New York Times*, April 23, 2009; Philip Gourevitch, "Interrogating Torture," *The New Yorker*, May 11, 2009, 33–34; Mark Danner, "The Red Cross Torture Report: What It Means," *New York Review of Books*, April 30, 2009; Jeffrey Rosen, "Truth or Dare," New Republic, May 20, 2009; Jane Mayer, "The Secret History," *The New Yorker*, June 22, 2009.

第二篇　方案管理

Mary Evans Picture Library/Everett Collection

規劃

Planning

關鍵字

羅賓漢

　　在他起義反抗諾丁漢大郡長的第二年春天的某個早晨，羅賓漢（Rabin Hood）在雪伍德森林中散步。他邊走邊思考整場戰役的進展、他手下部隊的部屬、他的反對動機，以及他所面對的選擇。

　　對郡長的反抗，始於他個人的奮戰。這是從羅賓漢與郡長和其管理的衝突爆發開來。但是，僅靠單槍匹馬，他能做到的很有限。因此，他找尋盟友，就是那些滿懷憂慮並帶有強烈正義感的男士們。後來他接納所有來投奔他的人，並沒有問太多問題。他相信，人多就有力量。

　　第一年主要是花在將這群人──因為與郡長為敵而結合在一起，在達成他們的目的之前，願意過著被視為不法之徒的生活的一群人──鍛鍊成一支有紀律的幫派。這個幫派的組織很簡單。羅賓漢高高在上，負責做出所有的重大決定；特定任務則指派給他的副手。史卡烈負責情報與偵察，他主要的工作是掌握郡長人馬的一舉一動。同時，他也蒐集有錢人和修道院院長的旅行計畫。小約翰負責訓練人手，他要看到眾人的武藝達到最高境界。史卡羅負責管理財務：分派贓物、賄賂官員、把細軟變現、找合適的地點藏匿多餘的財物。最後，米勒的兒子馬屈則負責一項艱難的任務：供應糧食或必需品給這個日漸龐大的幫派。

　　這個日漸龐大的幫派讓羅賓漢感到滿意，卻也帶來一些煩惱。他的快樂幫（Merry Men）名聲愈來愈響亮，乃至有更多的新人湧入。但是幫眾的人數所代表的食物需求，已經超過森林所能供給的了。打劫的遊戲已經嚇到一些有錢人不敢送上門來，而食物又得用車子從外面的村莊運來。幫眾一直都是一起搭帳棚而居，但是過去一小群人時代的小聚落，現在卻變成遠遠就可以偵測到的巨大露營區。紀律也變得難以維繫。羅賓漢自問：「為什麼？這些日子以來，我管理的這群人中有一大半我不認識。」

　　雖然幫眾增加了，他們主要的收入財源卻減少了。旅人，特別是有錢人，對這座森林退避三舍。要繞過這座森林對他們來講既花錢又不方便，但卻好過他們的財貨被羅賓漢的人馬充公。羅賓漢因此要思考怎樣把他過去的政策修改成一套收取定額過路費的方式。

　　羅賓漢的副手對這個想法相當排斥，他們引以為傲的是快樂幫的銘言：「劫富濟貧」。他們爭論說，窮人和城裡的人，是他們的主要支持者，也是情報來源。如果他們被過路費給激怒了，他們可能會捨棄快樂幫，轉而求助於郡長。

　　羅賓漢懷疑他們到底還能用過去這種方法支撐多久？郡長愈來愈強大，他有

錢、有兵馬、有裝備。時日一久，他終將能夠鎮壓羅賓漢一票人等。郡長早晚會看出他們的弱點，並且在方法上打垮他們。羅賓漢覺得他必須趁早了結這場戰爭。問題是，要怎樣做到？

羅賓漢知道，殺掉或俘擄郡長的機會很渺茫。而且，殺掉郡長可能滿足他手下人馬復仇的渴望，卻沒有辦法從根本解決這個問題。要讓郡長被撤換也是不可能的，那傢伙結交了宮廷的一些權貴。從另外一個角度思考，羅賓漢這樣想，如果這個郡總是動盪不安，該上繳給朝廷的稅金也收不齊，郡長可能會失寵。可是再更進一步思考，羅賓漢推論，狡猾的郡長可能會藉著動亂來得到增援。會讓郡長失寵還是讓他得到增援，端視攝政的約翰親王心情而定。這個親王以充滿惡習、反覆無常和難以預測聞名。他在民間很不受歡迎，大家都希望參加十字軍東征而被敵軍俘擄的理查王能趕快回來。約翰親王也活在恐懼中，害怕貴族們日漸對他的權力感到厭惡。已經有許多貴族在籌措贖金準備到奧地利把獅心王理查贖回來，他們也不斷地要求羅賓漢加入，交換條件是將來大赦快樂幫。這是個很危險的提案。據地為王的幫派行為是一回事，官方的陰謀是另一回事。約翰親王是以睚眥必報出名的。這一局如果賭輸了，約翰親王會親自出馬，確保所有涉案人等都被打垮才甘心。

晚餐的號角把羅賓漢從他的沉思中喚醒。空中有烤鹿肉的味道。事情都還沒有解決或定案。羅賓漢下定決心，在明天的行動之後，他要把這些問題放在第一順位。

羅賓漢最重要的問題為何？這些問題彼此間有何相關？它們如何發生？羅賓漢應該採取哪些短期和長期作為？

規劃（planning）是方案管理的根本，而政府成功通常是規劃成功的同義詞。因此，以規劃做為本書第二篇的開始，應該算是頗為適當的安排。

正如我們稍後會解釋的，規劃的意涵包含的層面很廣，遠超出本章所能涵蓋的範圍。的確，本書第 2 章所探討過的決策過程中，有相當多的內容也適用於規劃之中，本章則採用一種較為廣泛的解釋：細論一個組織要如何達成其目標的方法。

規劃的本質是要看清未來所會面對的機會以及相關的威脅，並以現在所做的決策來開拓這些機會或對抗這些威脅。因此，在這樣的界定下，若說規劃形塑了公共行政所有的領域，殆非誇大其詞的說法。規劃決定了政府責任的界限、資源的配置與費用的分配、分工，以及公共監督的程度。我們若說當前的許多問題——諸如空

氣污染、水污染、自然資源被剝削、都市生活品質下降——與我們沒有能力有效地擬定計畫有關，亦非誇大其詞。

　　本章要描述幾個與規劃有關的重要觀念，而其中目的與計畫備受重視，因為那就是規劃的起點。其次，我們要描述一些計畫類型與計畫模式。如果規劃的主要成分是要看清未來所要面對的機會與威脅，那麼擬定計畫的人就必須要做預測。本章第三節要探索可以用來達成這些任務的工具。第四節思考擬定計畫時所會面對的障礙，以及公共行政官員要如何加以克服。最後一節會較深入探討策略管理這種特別的規劃類型，並說明如何將其應用在今日的政府中。

目的與計畫概覽

一些有用的定義

　　由於本書的要旨是致力於思想的整合，而非使之更加支離破碎，因此規劃將被視為人類情境中處處可見的一般性過程。本章一開始對規劃所下的定義，也反映出這種一般性途徑。**規劃（planning）**就是對於一個組織要如何達成其所想要的目標所做的推理。其本質在於要看清未來的機會與威脅，並以現在所做的決策來開拓這些機會或對抗這些威脅。

　　要真正掌握到此一過程的變化，當然有必要瞭解其中的結構。比如說，何謂計畫？一個計畫與政策有何不同？與方案又有何不同？針對我們的宗旨，一項**政策（policy）**是一種聲明，陳述其所要達成的各個目的（goals），以及每一個目的之相對重要性。一項政策包了一至多個**計畫（plan）**，而每一個計畫，則進一步明確指明其所要達成的目標（objectives）。為了要執行一個計畫而擬定的整套具體行動（actions），則稱之為**方案（program）**。這些概念的關係詳見圖 5.1。

　　我們也許可以用一個簡單的例子來釐清這些精簡的詞彙。假定某位市長所設定的政策目的之中，包含要提升市民的人身安全，並且要改進市民的居住品質。市長也許會接著宣布一個政策，前述這兩個目的之優先順序會比其他目的更為優先。一個用來落實這個政策的計畫可能詳細定出降低本市暴力犯罪與交通事故死亡率25%，以及提供 10,000 戶房舍等具體目標。接下來，一套方案可以詳細說明達成這些具體目標的行動，比方說：增添 1,000 名警力，以及提供由市政府支持的長期貸款給建商。[1] 政策、計畫以及方案三個詞彙的決定性差異，是其涵蓋性的層次不同。正如我們在第 2 章以及在此處的圖 5.1 所提，政策這個詞彙應該被保留做為一個較高層次的意圖（intention）與方向的陳述。

　　這些詞彙上的規定絕非吹毛求疵；而是為了幫助我們做出更好的決策。讓我們

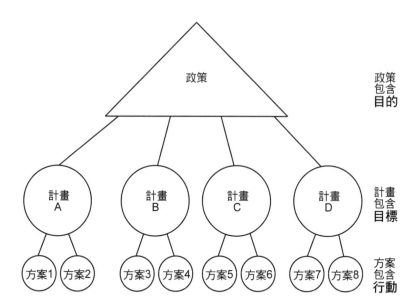

圖 5.1　公共政策的結構：一個理想化的概覽

看一下原因為何。如果政策沒有與戰術性（tactical）與操作性（operational）的問題明確地加以區分，後者就會取代前者。根據記者 David Halberstam 的報導，在越戰期間，美國的決策高層拒絕接受在政策層面做決策的必要。他們試圖延緩做這樣的決策，想要藉此拖延一些時間。這些決策者「都是一些功能性、操作性、戰術性的人，而不是真正的知識份子。戰術性的人所思考的是有哪些選項（options），而知識份子比較不會這樣做；知識份子思考的是歷史的潮流。」[2]

已故美國參議員 Daniel P. Moynihan，在進入參議院之前曾經在三位美國總統底下的行政部門服務。他指稱，美國政府結構中一件比較重要的事情是，有太多的公共政策被定義為方案，而不是真正的政策。方案途徑的問題在於，它只處理了整個體系中的一個部分；在另一方面，政策所尋求的是要對整個體系做回應：

> 政策的觀念並非新鮮事。我們長期以來已經對於外交政策的觀念，包含國防政策的觀念習以為常。美國國會自 1946 年通過一個就業與收入政策，此一政策或多或少明顯的是基於一套與就業、收入複雜交錯相互糾結的「大理論」。然而我們的行為方式與此相斥：似乎只有遭逢重大危機、極大危難，才會喚起人們這麼做。過去的例子似乎也是如此。我相信，無論如何，一個學習的過程也在持續之中。漸漸地，負責公共事務的人士知道整個系統的政策的觀念是值得嚮往的，也是必要的。[3]

還有一個詞彙必須加以界定：**策略（strategy）**。這可以被定義為將組織的目的、政策、計畫以及方案整合為一個具有凝聚力的整體。一個規劃妥當的策略可以幫助大眾與非營利組織做特定的資源分配與調整。這種做法應該基於兩件事：(1) 組織的國際競爭力與缺點；以及 (2) 組織環境中任何被預期的變遷。**4**

一個組織的策略也解釋了其行動會如何對社會產生更好的影響。正如沒有私人公司可以成功地滿足每一個人，同樣的，有太多的政府機關與非營利組織必須做出關鍵性的選擇：要做什麼，不要做什麼！讓我們看看自然保育協會（The Nature Conservancy, TNC），這是世界上最大的保護組織之一，並且有明確及一貫的策略：

自然保育協會從 1951 年成立以來，即有一個明確的使命：「維護代表生態多樣性的動植物及其棲息地。」自然保育協會為了達成此一使命，購置並撥發許多土地。它不像其他環保組織大力提倡保育工作。購置土地的金錢，來自個人的捐款。這些捐款人將受保育的土地視為重要的有價產品，他們也是自然保育協會特別重視的標的對象。這個組織將他們的訴求對準愛好戶外活動並期待能加以保存的人士——他們也在找尋達成明確成果的團體。他們欣賞自然保育協會以私部門的技術來達成其目標。自然保育協會以舊式的方法來保護環境：買下來。自然保育協會不去做的，也刻意迴避的，就是變得倚賴政府的資助。因此，自然保育協會很靈巧地讓自己不去與其他組織競爭政府部門的援助，而是以私人組織、私人籌資的方式，利用自由市場機制來爭取資金。**5**

目的從何而來？

這個問題的答案，端視我們所要談的是以下三個部門的哪一個。如果我們所談的是私部門中的一個大企業，那麼答案就是董事會。〔然而，實際上卻要看董事會到底有多積極。如果董事會懶散——比方說恩隆公司（Enron）——目的設定就變成公司管理高層的地盤。〕

在公部門中，目的是由公共政策所決定，這可能是經過立法程序，並且由行政首長簽署成為法案來加以確定；或是藉由法院的重要判例而確定。舉例而言，環保署（EPA）儘管可能有相當大的餘地來發展其計畫與方案，但他們的（政策）目的主要還是源自幾個主要法規：

➲ 空氣清淨法（Clean Air Act）
➲ 水源潔淨法（Clean Water Act）

➡ 聯邦殺蟲劑、殺真菌劑與滅鼠劑法（Federal Insecticide, Fungicide, and Rodenticide Act）

➡ 安全飲水法（Safe Drinking Water Act）

➡ 資源保護與復育法（Resource Conservation and Recovery Act）

➡ 有毒物質控制法（Toxic Substance Control Act）

➡ 綜合環境回應、賠償與責任法（超級基金）（Comprehensive Environmental Response, Compensation, and Liability Act; the Superfund）

➡ 緊急規劃與社區知的權利法（Emergency Planning and Community Right-to-Know Act）

如果我們所談的是非營利部門，答案也會不一樣。一般而言，目的是由董事們所決定的。一個非營利組織董事會的主要責任是，決定組織的宗旨、設定政策來達成這些目的；簡短地說，要確保組織章程與規則被遵行。董事們每年要擬定組織的大政方針、參與長程規劃，以建立組織未來的大方向。非營利組織要如何具體地決定他們的宗旨與目的？讓我們參考美國女童軍（Girl Scouts of America, GSA）的例子：

女童軍一開始便問自己：我們的事業是什麼？我們的顧客是誰？顧客又認為什麼事情是有價值的？最後，女童軍婉拒了一些積極的婦運團體，以及其他希望女童軍幫忙挨家挨戶募款的團體所提供的援助，因為這與他們至高無上的使命不相容。他們的宗旨是：「幫助一個女孩成為一個良好的公民，並且發揮其最佳潛能。」明確擬定了這些宗旨後，女童軍追求以下的目的：(1) 建立 300 個地方分權、獨立經營的地區議會；(2) 吸引並留住少女的興趣；(3) 促進機會平等，將童軍訓練推廣到少數族裔、低收入地區，並且印製雙語教材；(4) 強調年輕的楷模，徵召年輕的女企業家擔任義工；(5) 積極參與教育工作，聚焦於吸毒、未婚懷孕以及虐童等議題。

非營利組織的董事們還有一些責任也值得一提。首先，要建立會計政策、編列預算、控制財務。其次，要藉由直接的財務分配與投入募款活動，供應組織活動充分的資源。第三，要挑選出執行長、評價其工作品質，必要時並停止其職務。第四，要發展並維繫與整個社群之間的溝通。

瞭解董事們的責任包含哪些內容很重要，瞭解他們的責任不包含哪些也一樣重要。董事們不應介入組織每天日常的運作（微觀管理）、職員進用（聘請執行長則

為例外），或者未與職員諮商即對方案的細節作決策。換言之，戰術性或運作性問題不太是董事們可以合法介入的空間；政策與目的才是董事們該管的。正如我們稍早所提到的，要談的組織類型不同，其組織目的產生的方式也就不同。

規劃的類型與模式

一旦目的確定後，管理者要在他們所遭遇的情況中，選擇一個最合適的規劃途徑。成功規劃的關鍵是，面對變動的環境能夠保持彈性與適應力。管理者可以選擇的規劃途徑有很多。其中，最受歡迎的莫過於理性規劃模式、邏輯漸進主義、都市與區域規劃、權變規劃，以及危機管理規劃。

理性規劃模式

理性規劃過程（rational planning process）較為人所熟悉，也發展得比較完整，為理解規劃過程提供一個有意義且有系統的架構。根據理性規劃模式，規劃者在採取以下五個相關步驟時，是以理性進行：

第一步：找出待處理的問題或可資利用的機會。

第二步：設計出可供選擇的解決方案或行動路線，並預測每一方案或路線所會帶來的後果。

第三步：將這些選項交叉比較，並選擇比較讓人樂意承擔後果的選項。

第四步：發展一套行動計畫來落實所選擇的方案，此計畫應當包含預算、進度、管理措施等等。

第五步：藉由反饋（feedback）與檢查，使計畫維持在當前基礎上。

雖然這些步驟看起來是分開、按部就班的進行，但在實際運作上，卻是一個循環的過程。比方說，評估程序已經開始進入問題與機會認定的過程，卻也同時影響不同解決方案的設計。同樣的，在設計階段就必須將問題解決的執行做為約束並列入考慮。基於這樣的原因，最好不要將這個模式視為一系列的步驟，而應將之視為一個動態且反覆的過程。

此一模式的優點　如果不要太過僵化地遵循，理性規劃模式可以幫助公共行政人員避免一些重大錯誤。理性規劃模式能提醒行政人員的第一件事，就是要將崇高的目的轉化為具體行動。目的如果僅止於嘴上說說，將永遠不會達成。

理性規劃模式的第二個優點是，幫助我們確保優先順序會被設定，並且被遵

行。如果不集中心力於優先順序上，力量將被稀釋到許多不同的目標上，被浪費在一些收益甚低的地方。舉例而言，美國國會針對前聯邦調查局（FBI）局長 J. Edgar Hoover 的調查報告，結論中便指出，外界批評 Hoover 將 FBI 的資源虛擲在偷車、搶銀行等芝麻綠豆小案中是一種浪費，這些指責是很中肯的。FBI 的做法使他們在進行預算報告時所做的各種圖表顯得很醒目，但對於打擊犯罪卻沒有多少實質上的功效。

理性規劃模式第三件能做的事是提醒行政人員，結構是依據策略而發展的──也就是說，唯有先確認目的，才會出現一個有效率的組織。組織中的各個結構並非都一樣適合達成特定的目的。

第四個優點也同樣重要，理性規劃模式提醒行政人員，在進行大規模的方案之前，隨時都需要去分析、實驗和評估什麼因素才行得通。

第五，理性規劃模式彰顯出規劃過程中，反饋扮演著不可或缺且持續不斷的角色。唯有當一個組織能夠持續不斷地藉由反饋來學習時，其表現才會有所進步，並且知道何時要捨棄那些已經無法產生正面結果的方案和活動。

第六，理性規劃模式提醒行政人員要定期審視環境中出現的新威脅與新機會──也就是說，理性規劃模式的體系強迫負責運作的行政人員要擴大他們的時間範圍，以更大、更動態的框架來看待自己的工作。季辛吉（Henry Kissinger）對於這種強迫機制的必要性提出說明：「對於一個人所處環境的分析，更勝於去思考此人的前進方向。在國家機器中服務，成為一個比單純去界定我們的企圖更為吸引人的職業。」[6]

第七，理性規劃模式因為要求對目的、可供選擇的方案，以及資源分配等內容的溝通有嚴苛的要求，有助於創造出一個資訊網絡。如果沒有理性規劃模式的要求，相關機構很可能不會呈現出這樣的資訊網絡。

此一模式的缺點　儘管理性規劃模式有上述優點，我們也有必要權衡其缺點。讓我們從理性規劃模式的主張開始談起：此一模式主張行政部門應該明確宣告其目的。然而，研究卻發現，有效的行政部門經常採取截然不同的做法。何故？James Bryan Quinn 指出如下三種原因：

➲ 因為告訴部屬某些議題與替代方案已終止，使得目的宣言集中且凍結了整個組織。
➲ 明確宣示目的後，會提供一種焦點，排斥其他零散的反對意見，避免它們整合起來。當一個小鎮宣示其土地使用政策時，我們便常會看到這種情形。這也解釋

了，為何總統們經常會對於他們特定預算的裁減儘可能地保持模糊、儘可能拖愈久愈好。

➲ 一旦高層行政人員宣示他們的目的之後，這些目的就很難加以改變；這些人員的自我以及那些支持相關方案的人，會將個人認同建築在這些目的上。要改變一個目的，等於承認自己的錯誤。因此，政府會頑固地推動一些不合時宜的軍事、能源與社會方案。[7]

至少有一些目的必須要明確——特別是當一個人想要對過去以來的習慣進行挑戰或大幅度的改變。但產生特定的目的時，需要非常小心。為何要如此小心？Quinn寫道：「有效的策略目的，不僅只是提供一個基礎來設定方向、維繫自由、士氣以及即時找到企業裡的問題而已。當組織裡所有人都將這些目的真誠地內化為自己的目的時，設定有效目的之好處才會達到極致。」[8]

理性規劃模式的第二個缺點是，它建立在可疑的假定上——說得明白點，也就是這個模式假定規劃者可以清楚而深入地看見未來發生的事。事實上，有太多不可預見的問題與事件，會打亂一個機構發展出來的新方向。雖然許多沮喪的美國人曾經希望能有一個更明確、更有強制力的能源政策，邏輯卻指明依照現有的資訊，大規模的資源投入應該越晚做越好。如果今天美國要開始「走向太陽能」，這意味著美國要建立一個至少與汽車工業同等規模的太陽能工業。但從現在到 2020 年，有太多社會、政治、經濟和技術的不確定因素隱而未現，所以邏輯上，應該採取漸進式、步步為營的途徑。[9]

理性規劃模式的第三個缺點是，它沒有辦法說明組織內外的政治。事實上，人們可以論稱，有些規劃的決策是政治領導者之間議價遊戲的結果。雖然這與第 2 章的論點不盡相符，我們常被提醒要去注意的是，政治與行政並不容易區分。也有論者以為，某些規劃決策與其說是理性分析，毋寧說是規律的行為模式所產生的結果才更為妥適。行政人員遭逢問題時，往往不是去規劃一個新的策略，而是簡單地以組織的標準作業程序（standard operating procedure, SOP）來調適。[10]

理性規劃模式第四個、也是最後一個缺點是，不容易加以界定。殘酷地說，理性規劃模式對於政策規劃過程中主觀性與質性要素所扮演的角色打了折扣。此模式的看法認為，規劃過程是步步為營的，這卻與有血有肉的行政人員親身經歷的觀察結果並不一致。也許下面這段引述自一位有實際經驗的管理者的談話，比較容易讓我們捕捉到進行規劃的實際面貌：

我開始與一群具有豐富背景知識的人對話。……我蒐集文章，並且與人討

論如何在華府這個特定領域中將事情做好。我從各個合理的管道蒐集資料。我開始廣泛地與公司內外人士進行諮商。在這個過程之中，最後形成一種模式，就好像是一起玩拼圖一樣。一開始，一個途徑的模糊綱要就有點像是拼圖中船隻的帆。忽然間，整個拼圖開始明朗。你會覺得很納悶，為什麼沒有一開始就看清楚整個布局。而一旦整個規劃變得具體，就不難去解釋給其他人聽。**11**

邏輯漸進主義

對研究公共行政的人而言，接下來的挑戰是很容易理解的：要如何善用理性規劃模式的優點，還能迴避其缺點呢？Quinn ——先前我們學到他對理性規劃模式的保留意見——建議採取一種可能的解決方案，它是理性規劃模式與漸進主義的綜合體。

但是在我們討論 Quinn 的模式之前，最好先對**漸進主義（incrementalism）**加以定義。本質上，漸進主義是一種保守（採取低風險）且實際（在政治上是權宜便利）的決策模式。這種思維鼓勵決策者面對挑戰時要採取小幅度——也就是漸進——的步伐。漸進主義者注意到，決策過程中，行政人員的典型反應是從既有政策出發，於是他們也建議只對現狀（status quo）做最小幅度的修正。

漸進主義的缺點是很明顯的——有些人說是「含混不清」。在面臨需要採取大動作的情境時，這種思維可能會讓人顯得反應遲鈍。當需要勇敢地做大幅調整時，這種思維可能讓人謹慎過頭。讓我們想想林肯在 1862 年向美國國會提出的咨文：「人們在過去寧靜時光中所信奉的教義，在當前風暴中是無法帶領我們的。這個時刻充滿困難，而我們必須站起來面對它。我們所面對的是新挑戰，所以我們的想法也要更新。我們必須自救，唯有如此才能拯救我們的國家。」這就不是漸進主義的語言。

簡言之，政策需要具有目的性、政治敏銳性，也要是積極的。然而，在此同時，政策所需要面對的不確定性，也遠高於理性規劃模式的支持者所願意承認的。**邏輯漸進主義（logical incrementalism）**這種決策模式的基本假定是，在邏輯上行政人員從廣泛的概念到做出特定的承諾，都是具有彈性及實驗性的，如圖 5.2 所示。

儘可能晚點說明這些特定的承諾，可以將不確定性的範圍加以限縮，並且容許行政人員獲取最佳資訊的益處。Quinn 解釋說：

對大企業而言，最有效率的策略是組織從一系列部分（漸進的）承諾中，反覆地進行探索未來、實驗與學習的過程中，一步一步形成的；而不是藉由全

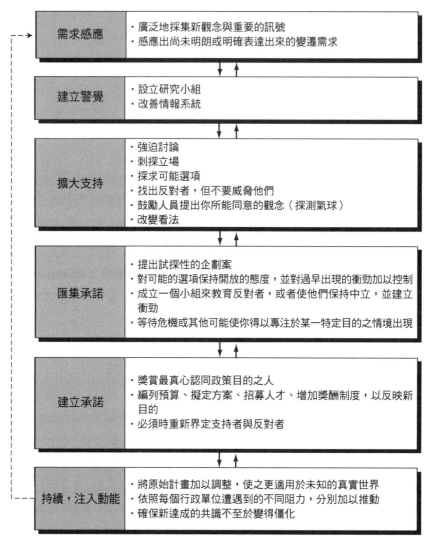

管理者要在組織中成功地推動任何具有意義的改變，此一過程既耗時又複雜，絕對不像理性規劃模式所說的步驟 1-2-3 那麼簡單。一個最成功的改變，需要經歷許多複雜而重疊的階段，藉此創造出一種急迫感、組成強而有力的團隊指揮整個過程、建構出適當的願景、廣泛地溝通此一願景、做出有效的短期成果，來建立其可信度並回應批評者，同時建構衝勁，並以這些衝勁來面對明天的問題。

圖 5.2　邏輯漸進規劃模式

球整體策略的規劃來產生。優秀的管理者對這種程序很瞭解，也有意識地介入其間。他們善用此一過程來取得決策所需的更佳資訊，並建立成功策略所立基的心理認同。這樣的過程是邏輯的、也是漸進的。這樣的邏輯漸進主義並非像世人望文生義般那樣含混不清。當我們妥善地管理這樣的過程，這將會是有意識、有目的、前瞻性的行政作為。**12**

　　根據 Quinn 的見解，邏輯漸進主義結合了理性規劃模式固有的分析方法，以及任何集體行為所內含的能量與不確定性的混亂真相。行政首長不可能在宣布一項勇敢的新政策後，就休息不做事，靜觀部屬機械化而精準地執行此一政策。他們必須堅決地在組織內外建立承諾，並且要塑造讓眾人願意來參與的動機。他們也必須展現出戰場指揮官的彈性應變能力。打仗要有計畫——而且通常是很詳盡的計畫——優秀的將軍都知道，當戰事遭逢出乎意料的問題且出現新的機會時，戰場指揮官必須要能隨時預備好，重新調整資源來應付新局勢。

都市與區域規劃

　　都市規劃雖然不是矯治一個城市所有問題的萬靈丹，但當民主社會面對諸如都市蔓延（urban sprawl）、鄰里環境衰敗（neighborhood deterioration）、視覺景觀（visual blight）、交通阻塞、空氣污染與水污染、洪災對環境的掠奪、穩定的稅基以及經濟成長等諸多相互糾結的複雜問題時，它卻是一個不可或缺的機制。**都市規劃（urban planning）**是市政府用來處理以上這些問題時，綜合各種因素、協調一致的基本功能。

　　此一綜合計畫是都市規劃過程所產生的文件，用來預測與推動一些可被期待及有效的成長和發展模式的方法。規劃過程牽涉到所有的利害關係人與利益團體——諸如民選官員、企業領袖、鄰里團體與公民組織。這個過程將會讓相關人等對於這個都市的未來有共同的願景——此時的光景、未來的發展方向、對下一代而言這個都市的形貌，以及要達成這些目標所要使用的方法。說得更具體些，此一綜合計畫會描述未來的交通系統、一般的土地利用模式、公共事業、公園以及公共設施。這也包括經濟發展的策略、與鄰近城鄉之間的穩定關係、環境保護、公共空間的保留，以及重要的公民活動場所的都市設計方針。

　　都市規劃有多重要呢？問一問連任美國南卡羅來納州查爾斯頓（Charleston）市長將近 30 年的 Joseph P. Riley Jr.！迥異於其他諸多把經濟計畫與金錢劃上等號的市長，Rieley 將每一個經濟計畫都視為與查爾斯頓市地方感受（sense of place）攸關的抉擇。一如絕大多數的市長，Rieley 也沒有受過都市規劃的科班訓練，但他認為市長和市府首長有必要熟悉一些都市設計的原則，因為有太多的藍圖等待他們過目。這是為何 Rieley 成立了「市長都市設計研究所」。自 1985 年創設以來，已經有超過 600 名市長參加過該研究所的都市設計研討班，每班為期兩天。[13]

　　在都市設計的議題中，也許沒有比都市蔓延更受矚目的了。除了市長和市政管理者外，關心這個主題的人還包括一些擔心因為成長失控而導致種族與經濟產生極化現象的一般社會人士、擔心因此導致對自然世界產生衝擊的環保人士，以及因

為交通阻塞等問題而憂慮生活品質下降的本地居民。也有些人認為真正的問題是，嚴重的蔓延現象使地方變得醜陋，並且伴隨著都市景觀的喪失。此刻，每天平均有1,000到3,000英畝的農地、林地與其他的非建築用地被開發。

該做什麼呢？處理蔓延現象的方法之一，是採用某些自稱為**新都市主義者**（new urbanists）的一些觀念。另一個比較不具爭議性的方法，是以整個區域，甚至是整個國家，而不再以都市做為活動空間的參考單位。讓我們簡短地討論這兩種觀點。

根據新都市主義者的見解，相較於往昔工廠煙囪導致工作場所附近不堪居住，今時今日已經不是那麼有必要再去區分工商業區與住宅區了。此際，郊區有許多服務業的專業人士是在新興產業工作，辦公大樓就蓋在商店與住宅附近。事實上，交通研究顯示，有愈來愈多的美國人士在不同的郊區間通勤，而不是在市區與郊區間往返。

很不幸地，這些郊區從何處興起的邏輯不是很明確。我們很驚訝地看見，在全美國，辦公大樓、大賣場與住家毫無規劃地散布在高速公路閘道口附近的周邊道路上。這種四處存在的「中心」，主要是拜高速公路的便利性所致。它建構出一種從汽車擋風玻璃即可看見與理解的生活方式。因此，新都市主義者開始探究，同樣的住宅、職場與商店的基本組合，可以怎樣組裝到一個小而獨立的市鎮中。這個觀念是要培養出一種社區意識，賦予城鎮較高的文化目標，而非僅只是促進交通的有效流動。

根據一群土地利用的規劃者——姑且稱之為「新區域主義者」——的見解，追求經濟發展並不需要破壞風景。他們推薦土地開發，或**區域規劃**（regional planning）時應採取的三個簡單規則。首先，也是最重要的，要發展出一種區域觀。以紐約市來說，這意味著要把從時代廣場到110英哩外的水庫之間的每一件事物都列入考慮。之所以要採取這種廣角的觀點，是因為如果讓這些集水區被任意開發，紐約市區與郊區1,000萬名居民的飲水將受到危害。

區域規劃的第二個原則是儘可能地集中開發（concentrate development）。新區域主義者鼓吹將市鎮中心建構得更密集，以便能保留至少50%的農地。如此一來，新市鎮的開發與變遷就不必然會伴隨著對空間精神的破壞。

第三個原則，是對現有的舊址做最大幅度的利用，以創造結合住宅、商業區與辦公大樓的「市內小鎮」（urban villages）。一項區域研究案發現，舊金山灣區只要把都市周邊的空地加以開發、把市中心的一些區域開發得更密集些，再善加利用閒置的土地——如廢棄的親水商圈、以前的鐵道機廠、荒廢的工業區，就可以滿足未來20到30年住宅開發的需求。

都市設計的原則

雖然以下的討論集中在密爾瓦基市（Milwaukee）的都市設計，其中的觀念與原則都有廣泛的適用性。

都市皆有一個單一訴求。都市內人民越喜愛參與活動，就會促進更有效的土地利用和交通系統，以及有創意的公共創意空間。密爾瓦基市必須鼓勵住屋、貿易與交通系統的發展應擁抱其都市傳統。這個都市必須認知本身的獨特資產，並使其成為一個主要大都會區的核心力量。

相互協調的規劃與開發，有效地整合許多不同的要素。能使鄰近居民建立社區意識的高品質住屋計畫、因對顧客友善而具有吸引力的商店街、提供休閒設施的綠地、便利的交通，以及其他諸多要件結合起來，在妥善的設計下，才能促成良好的都市建設。密爾瓦基所應該要推動的都市設計，是那些強調建築的公共品質，以及創造永續價值與公民意義的公共空間。

新建築的設計原則，應該要能延續密爾瓦基傳統建築的質感。這並不是說新建築要懷舊地模仿有歷史的建築物；那樣反而與促使密爾瓦基產生豐富建築遺產的創意性建築傳統背道而馳。超越時光限制而應該遵循的設計原則，是那些使得建物能融入社區脈絡，並且符合人性需求的。新建築的設計，應使之可以與鄰近的結構、空間與活動需求相容。視覺上有趣、符合人性需求的建築外觀，遠勝過枯燥無味又沒有窗戶的牆面——特別當這面牆面對公共空間時，更是如此。

多樣性是這個城市獨特的優點。在密爾瓦基附近處處可見豐富的混合風格，為當地帶來便利性、活力與個人認同。交通系統將整個都市綁在一起。密爾瓦基必須要致力於重整其交通脈絡，以提供機動性的選擇。行人與車輛的需求應該取得平衡，以創造一個可以清楚辨識、可以步行於其間、讓人懷念的公共區域。

結合良好的設計，與該市豐富的建築傳統，可以使得這個地方維持其獨特、具吸引力、親切的環境特色，並進一步提升密爾瓦基居民的生活品質。

以下這些設計原則清楚地表達出密爾瓦基一帶的獨特風格，特別列舉出來以推動強化，並保存這些特質的開發與重建。

原則一：與鄰里的相容性

一個有凝聚力的鄰里環境有賴於相互輝映的建築物。建築物的大小、樣貌、地點乃至用途，塑造出一種「形貌」，使鄰里的風格能被界定出來。新的開發案應該與其周遭脈絡相容。

堅守此一原則的開發案將會：

A. 與鄰里的物質特質及規模相連結。

B. 提升與周遭環境中的公共設施與休閒場所（學校、公園、大眾運

輸系統）之間的連結。

原則二：對行人友善的設計

　　都市是為了服務人群而存在，一個被設計來嘉惠行人的環境會提高人們的感受與空間感。新的開發案應被設計來創造出吸引人、舒適且維護步行安全的環境。

　　堅守此一原則的開發案將會：

A. 注意建物的地點，以保持道路的邊緣與轉角的淨空。
B. 活化建物的臨街面，以提升行人的感受。
C. 創造令人懷念的空間。

原則三：土地利用多樣性

　　密爾瓦基市區內，大部分鄰里的土地利用是高度混合的。這種多樣性使得土地被有效率地加以利用，為鄰里提供便利性，並產生獨特的都市感。

　　堅守此一原則的開發案將會：

A. 鼓勵與鄰近地區相容的混合土地利用。
B. 釐清可與鄰近地區分享用途的各種機會。

原則四：交通多樣性

　　密爾瓦基市的各鄰里之間，是透過連結道路與區塊的功能性循環網絡互相連繫。這個系統應受到維護並且改進，以容納不同的交通模式，並與行人的需求取得平衡。

　　堅守此一原則的開發案將會：

A. 創造出一個平衡的循環系統來容納各種運輸的選項（行人、車輛、自行車與電車）。
B. 讓大眾運輸系統更加舒適、便利，以提升其使用率。

資料來源：Milwaukee Department of City Development. Retrieved June 17, 2004, from www.mkedcd.org/planning/plg/des.html. Reprinted with permission.

　　「新區域主義」顯然正在擴張中。美國有 10 個州（包含佛羅里達州、佛蒙特州、華盛頓州與馬里蘭州）已經採用這些路線的成長計畫。在麻州的康乃迪克河谷，已經有 19 個市鎮結合起來要採用一致的區域發展。

　　但這也不是容易的事。首先，雖然生態、交通、污染與社會生活的問題很明確地對整個區域都有影響，但政治管轄權卻沒有反映出這樣的事實。

　　其次，如果說美國人對什麼問題比都市蔓延問題更厭惡，大概是人口密度太高的問題——為了控制都市蔓延的問題，而把更多家戶塞進高密度的口袋中。

權變計畫

　　講完綜合性、整體性的計畫，讓我們將討論的焦點轉到**權變計畫**（**contingency**

同樣的地區、同樣數目的商店與住宅。有創意的土地利用（右圖）可以保留寬闊的空間。

plan），這種計畫側重一個組織如何回應特定情境，諸如緊急變故或挫折。要發展權變計畫時，行政人員必須先找出一些無法掌握的因素——諸如意外、景氣波動、技術發展等——然後試著決定在這些因素一旦發生時，要如何將其效應降至最低。權變規劃不需要是一個很詳盡的過程；有時只是問問萬一如何要怎麼辦（what-if）的問題。權變規劃的優點是，它修正了太過信賴人為力量的傾向，對於凡事都會照計畫出現的假定加以懷疑。以越戰為例，我們毫不訝異地發現：決策者用來判定後果的技術即便不是完全不存在，也是無力的。

　　曾於艾森豪總統時代當過白宮幕僚的悲觀主義者 Emmitt John Hughes，於 1965 年拜會當時擔任甘迺迪總統國家安全顧問的 McGeorge Bundy。Hughes 想要知道，如果北越藉由強化他們自己的地面部隊來報復美國空軍的強化攻勢，要如何因應。多年之後，Hughes 仍清晰記得 Bundy 的答覆和冷靜的微笑。「只是假設這種事情會發生，」Hughes 堅持。Bundy 回答說：「我們不能去假定我們所不相信的事。」[14]

　　與此相似的是，在 2003 年 4 月 9 日開始轟炸巴格達之前的幾個月中，小布希政府中規劃者的基本假定是：戰後，伊拉克人民會瞭解他們是被解放的，也會感激美國人前去攻打他們的國家。因此，戰後維和部隊的規模應遠小於進攻時的部隊

規模。這第一個假定在副總統錢尼於戰爭爆發前三日，與 Tim Russert 在「面對媒體」（Meet the Press）節目的對談中，明顯表露無遺：

> Russert：假設你的分析不正確，我們沒有被視為解放者，而是征服者，那麼伊拉克人將會起而反抗，特別是在巴格達。你認為美國人是否已經做好準備，要打一場長期、耗費鉅資、血腥的戰爭，付出美國軍民死傷慘重的代價？
> 錢尼：嗯，我不認為事態會如此發展。Tim！因為我真的相信我們會被當作解放者而受到歡迎……。我們所讀到的報告都顯示，伊拉克人民毫不懷疑地想要推翻海珊（Saddan Hussein），所以當我們美國人前去解放他們時，他們會非常歡迎。

　　這則軼事讓我們想起德國哲學家尼采（Nietzsche）的一段警語：「一個常見的錯誤是：對自己的信念有勇氣，而不是有勇氣挑戰自己的信念！」這是很棒的哲學、很棒的政策！

　　在現今複雜的時代中，一種被稱為**情境模擬規劃（scenario planning）**的途徑也日漸受到重視，這種規劃在更早之前，已是美國國防部的家常便飯。情境模擬規劃在性質上是長程的權變規劃，牽涉到找出未來諸多可能的情境，或稱之為「未來的歷史」，然後調整既有的計畫，使這些情境中任何一項因素真的發生時，整套方案所受到的損害可以降到最低。實際上，這些情境都只是故事而已，但可能在未來會發生。情境模擬規劃的格式如下：如果狀況 A 於明天發生，那麼我們可以合理地假定在下個星期會發生狀況 B。如果狀況 B 發生了，那麼狀況 C 發生的機率就會比以前高很多。在狀況 C 出現的前提下，狀況 D 就很有可能會發生，以此類推。

　　美國國家安全會議（National Security Council）一位前資深主任說明情境模擬規劃的力量如下：

> 　　古典策略方法是從過去推演到未來的模式──將事態發展的最可能單一故事提出來討論。相反地，情境模擬規劃是從未來推回到現在，創造出決策的學習架構。這個觀念比較不重視對於未來的預測，而更在乎的是依循不同路徑，導致未來不同發展方向的力量究竟為何，以便幫助領導者認出新的機會、評估新的威脅，做出能夠更深入未來的決策。」[15]

　　然而，情境模擬規劃果真有效嗎？問問殼牌石油公司（Shell Oil）！1970 年代初期，荷蘭皇家／殼牌公司（Royal Dutch/Shell）使用情境模擬規劃來提醒有關中

東石油禁運的可能性。因此，該公司開始尋求其他的油田。1980 年代中期，該公司再度使用情境模擬規劃促成管理高層思考：萬一蘇聯在 1990 年代瓦解的話，殼牌應該做哪些事。

危機管理規劃

　　危機管理規劃是權變規劃的一種特殊類型。在我們開始討論危機管理的各種階段之前，先讓我們注意危機的不同形式。

三種危機形式　一個組織做好面對危機的準備，並不意味這個組織必須將每個想像得到可能危害他們的災難都列入計畫。這樣做既不需要、也不可能。但是組織可以採用一些方法來廣泛思考他們可能遭遇到的全面問題，並創造出策略來降低他們受傷的程度。根據美國南加大危機管理中心（Center for Crisis Management）的 Ian I. Mitroff 與 Murat C. Alpaslan 的研究，組織應該分辨出三種不同的一般危機類型。[16]

　　第一種類型是自然事故（natural accidents），例如地震。大部分而言，組織都知道要如何來預防這類危機，也大多能處理得相當妥善。比如說，自從 1871 年芝加哥大火後，芝加哥市便非常強調危機管理的規劃，來防範火災、水災、化學物質外溢，以及其他災難。第二種類型，是社會學家 Charles Perrow 所指出的一般事故（normal accidents），又可細分為三項：經濟危機（例如：大蕭條）、物質危機（例如：車禍或供應短缺），以及人事危機（例如：罷工與技術人員的出走潮）。第三種類型的危機是異常事故（abnormal accidents）──也就是蓄意造成的事故，這類意外也可以再細分為三項：犯罪危機（例如：恐怖攻擊行動）、資訊危機（例如：紀錄被毀壞），以及信譽危機（例如：製造謠言）。根據研究顯示，這種異常事故的數量正在節節上升。

　　很不幸地，大部分的管理者都受到習慣上的危機規劃模式的制約，他們不知道要如何開始想像他們不熟悉的危險，而不顯得過分偏執。Mitroff 與 Alpaslan 研發出一個「危機輪盤」（wheel of crises），幫助管理高層在思考危機時能夠不受拘束。他們做出一個輪盤，有點像小孩子遊戲用的那種附著一根箭頭的轉盤，在上面列上組織可能遭遇到的所有類似危機，並將這些危機分組歸類。詳圖 5.3。他們解釋這個輪盤如何運作：

　　　　執行者輪流轉動這個輪盤，當輪軸靜止時，他們要討論所有他們可以想像得到的一般與異常的危機。我們不去排除任何的可能性，無論有多麼怪異，因為每一種可能性都會幫助執行者推翻他們原有的基本信念，以為他們本來就知

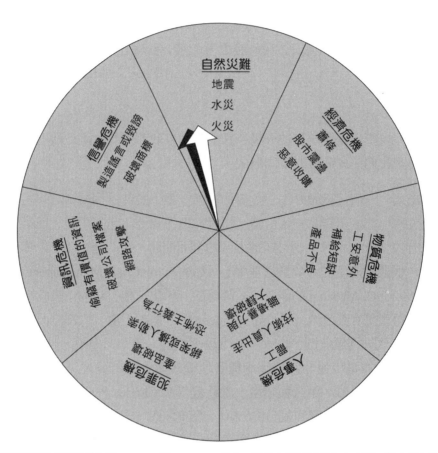

雖然組織要面對許多不同的危機，Mitroff 與 Alpaslan 指出，這些危機可以分為七大類。藉由從各類危機中至少抽取一種危機，組織可以「創造出一個危機卷宗，思索那些本來出乎他們意料之外的危難」。

資料來源：修改自 Ian I. Mitroff and Murat C. Alpaslan, "Preparing for Evil," *Harvard Business Review.* (April 2003): 114.

圖 5.3　危機輪盤

道公司會面對哪些危機。

　　下一個階段的俄羅斯輪盤遊戲，參與者必須在集合兩個異常危機後，創造出一個更加不可思議的組合危機。這會帶來更大的危害，強迫執行者接受：異常的災難通常是大規模的。這也會幫助他們將從未想過的危機與自己的公司與產業做連結。令人毛骨悚然的是，我們在 2000 年替數家排名「財星五百大」企業的主管進行教育訓練時，他們曾將汽車炸彈與劫機連結在一起，而建構出「飛行炸彈」的威脅——竟與不久之後發生的世貿中心恐怖攻擊事件不謀而合。[17]

危機管理的階段　在危機管理中，有三個不可或缺的步驟：(1) 預防；(2) 準備；(3) 防堵。[18]

(1) 預防階段牽涉到管理者採取行動，試圖預防危機發生，並偵測到潛在危機的警訊。預防階段的一個不可或缺部分是要與利害關係人建立關係，諸如員工、委託人／顧客、供應商、其他機構、其他轄區負責人、工會以及社區。開誠布公的溝通能使組織及其利害關係人更加瞭解彼此，並發展出對彼此的尊重。開誠布公的溝通也能幫助管理者在問題擴大之前，及早找出問題所在。

(2) 危機管理的準備階段，包含在問題發生時做出詳盡的規劃來加以應對。這樣的規劃過程應包含指派一組跨越各種功能的人士，在危機發生時採取行動。這個危機管理團隊密切參與擬定「危機管理計畫」的工作。比方說，位於華府的美國人事管理局（U.S. Office of Personnel Management）就有將近 200 人受指派，並且也受過相關的訓練，在災害發生時採取立即的行動，包含在 10 層樓中每一層都指派 18 名員工來處理必要時的撤離任務。

在危機發生時，組織也應指派一名發言人來替組織發聲。此一發言人通常是該組織的最高領導人。在恐怖份子攻擊世貿大樓，以及美國航空 587 班機在紐約近郊墜機的 2 個月後，紐約市長朱利安尼就是該市的發言人。然而，組織通常會指派一位以上的發言人，在最高領導人不克出面時，還有其他已經預備好的人選可以代為處理。

危機管理計畫（crisis management plan, CMP）應該是一份詳盡的書面資料，明確規範在危機發生時誰應採取什麼步驟。這個計畫應列出危機管理團隊人員，乃至外圍機關如緊急救難人員、保險公司等完整連絡資料。也應包含確保員工和顧客人身安全的計畫、電腦系統支援、修復以及保護資訊財產的程序、必要疏散時的詳細地點、必要時的替代工作地點、與媒體往來，以及對外溝通的方針等計畫。有些組織還會發行可以放在皮包裡的卡片，讓員工知曉在撤離時與撤離後所需遵循的程序。關鍵在於危機管理計畫必須要是一個活的文件，要定期檢討、演練，必要時加以更新。

危機管理計畫中的一個重要部分是通訊計畫，用來指派一個危機指揮中心，並設立完整的溝通與訊息傳遞系統。指揮中心是危機管理小組集會、蒐集資料、監看進來的情報，以及發布情報給員工、媒體和大眾的所在地。這個計畫也應該指派可供替代的通訊中心，以防原先設定的通訊中心受到破壞，並且應該包含各種通訊方法（如免費的電話中心，以及網際網路的通訊方式）。災難發生後，員工應該要有不同方法與組織取得連繫，報告他們的方位與狀況。

當然，危機管理計畫要能為特定的危機量身訂做。比方說，聯邦各機關為了處

理生化恐怖攻擊所擬定的各種步驟：提供物理學家訓練材料，使他們辨識炭疽熱的能力更加敏銳；用電腦來處理怪異的疾病模式或藥品使用；儲存抗生素；要求醫療照顧人員自願接種天花疫苗；安排訓練來測試災害計畫；並且提供有關生化恐怖攻擊的資訊（www.bt.cd.gov）。

（3）防堵階段則側重在組織對於一個真實危機的反應，以及所有後續動作。有些危機是無論一個組織的準備工作有多完善，都無法避免的。遭逢危機時，迅速反應是至關重要的。比方說，在 SARS 爆發後的 24 小時內，位於亞特蘭大的疾病管制與防治中心（Center for Disease Control and Prevention）撥打了許多通電話給該州的衛生官員與醫生團體。在 36 小時內，該中心已經發布隔離病患的方針，以避免這個疾病蔓延開來。

除了速度之外，坦誠也是一個重大的關鍵。正如 Mitroff 所指出的，「把醜陋的真相攤開來」。在防堵階段，組織應該說法一致，避免眾說紛紜，使不同的版本減到最低。組織也要致力於迅速找出真相，否則將會為自己在恢復期間製造問題。讓我們思考一下，美國郵政在 2001 年如何（錯誤地）處置炭疽病毒的威脅：

　　當含有炭疽病毒的信函污染了哈特參議院辦公大樓時，國會幕僚接受檢測並立即發給抗生素。相反的，美國郵政由於不希望停頓郵件服務，把這個危險看得不是那麼嚴重──即便已經有兩名工作人員死亡。不用說，郵政人員對於高層保護員工的遲鈍反應，是不會太快遺忘。

回應員工的情緒需求及人身安全需求，是有效危機管理的另一個要素。嘗試用事實與數據使一場災難看起來不那麼嚴重，是特別差勁的管理方式，無法讓員工感受到組織對他們的關心，以及對他們的憂慮有同理心。

與此近似，在防堵階段，組織應帶給人安全感與歸屬感。回到正常的運作模式是必要的，因為這可以使人相信一切都會恢復正常。讀者也許會聯想到本書第 1 章中，911 事件之後，朱利安尼市長和他的幕僚在思考是否要限制市區的交通時的主要考量重點，就是要讓一切恢復正常。在經過一次破壞力強大的危機後，組織甚至可能會提供諮商和其他服務，以幫助民眾面對。

最後，管理者需要從危機中學習，並且利用危機本身來強化其預防與預備的能力。一場危機提供管理者機會以改善員工、大眾與利害關係人之間的關係。藉由開誠布公、快速反應、把人們擺在第一位，一個組織可以提升其信譽，被視為一個負責任的機構。中文的「危機」是由「危險」和「機會」兩個詞結合而成。因此，中國人將「危機」視為提供轉機的危險。

❓ 公部門規劃的陷阱

　　規劃很困難，因為要處理的環境是複雜的，所要面對的未來是不確定的。然而，公共行政人員自己可能犯下一些錯誤，因而降低了機關達成目標的可能性，所以公共行政人員應該知道有哪些規劃的陷阱，然後要避開它們。（以下文字取自這些文獻：Mintzberg 等人、Bozeman 和 Straussman、Locke 等人以及 Chase。）[19]

預期現狀會持續

　　有太多管理者只會花時間應付他們眼前的問題，但情境時有變遷，管理者也必須做好準備以應付不一樣的情勢。管理者必須不斷地想著他們的方案，嘗試在問題出現之前就能預先發現，並且將同樣的態度逐漸灌輸給他的部屬。（請回顧第 1 章個案 3.1 的問題三）

　　他們必須不厭其煩地自問，有沒有什麼事情是我們可以做，現在卻還沒有去做的呢？但管理者也當承認他們沒有辦法預測每一件事──有些事情總是會出差錯。

嘗試做太多

　　我們很容易對一個問題的範圍印象深刻，而想要一次加以解決。然而，採用漸進途徑雖然沒有全面綜合途徑來得討喜，但可能更為實際。一個行政人員可以隨著形勢走向建立一套全面綜合的體系。比方說，如果無法一次解決大都市中所有的兒童保健問題，也許可以在一系列類型方案中有所成就（例如：鉛中毒檢查、滅鼠、免疫、鐮狀細胞性貧血檢測等）。

　　由於公部門的許多問題都相當棘手，公共行政人員應該發展出一種特殊技能，來分辨出何者是可能的，何者是不可能的。他們不應該把寶貴的時間與資源浪費在嘗試達成不可能的任務上。這不是說他們不應該去化解難題，而是說他們應該找出實際的目的。

投入自己的情緒

　　當管理者將自己的情緒投入計畫中，他們會拒絕改變這些計畫。規劃者應該把他們的工作看做是一件有生命的事，即使已經開始進行，仍然可以、也應該加以改進。一個必然的結果是，管理者應當刻意地在他們的計畫中，放進一些可以發揮緩衝作用的資源，並留下一些彈性的空間。

過度規劃

　　管理者不應過分關心細節。有時最好是能捨棄一些想使計畫更趨完美的努力，

因為這樣做的代價反而不符合成本概念。在你的計畫中保持彈性——隨著局勢走向而加以調整。很少有事情是不可改變的。同樣的，要付諸執行的計畫應簡單而實際。

規劃者大多傾向將額外的目標放進方案中，這些額外的目標如果能湊巧達成當然很好，但對於達成一個方案的具體目標並非至關緊要。因此，規劃者應該認出，一個方案中哪些因素是關係成敗而不可或缺的。比方說，要設定一個大規模的鉛中毒篩檢方案，一套良好的回報系統是增進檢驗人士產能必不可少的要件。這個方案中，如果能有紅十字會的無線電廂型車支援當然很好，但是這些車輛對於整個計畫的啟動並不是那麼重要！

規劃不足

儘管入侵伊拉克、推翻海珊和他的軍隊是一項大獲全勝的縝密規劃，戰後伊拉克所陷入的紛亂則暴露出規劃上的重大失誤——或者更精確地說，是未能按照既定計畫執行。[20] 在美國國務院中，伊拉克前途專案（Future of Iraqi Project）的幕僚發出一份報告，警告說：「緊接在政權改變之後的這段時期，可能給予不法之徒進行屠殺、掠奪與洗劫等暴行的機會。」然而負責前來監督戰後運作的美國國防部，則對這部厚達 13 冊的報告掉以輕心。沒有一位參與美國國務院上述專案的資深官員受邀參與五角大廈的規劃團隊。

美國國防部在入侵伊拉克 8 週前，才成立「重建暨人道救援署」（Office of Reconstruction and Humanitarian Assistance, ORHA），由 J. Garner 將軍領導。因為五角大廈堅持不理會國務院的報告，Garner 將軍和他的幕僚不得不從拼拼湊湊來開始他們自己的研究。因此，「重建暨人道救援署」只有 2 個月的時間來摸索該規劃些什麼，開始規劃，然後找人執行。「重建暨人道救援署」擬定了一些計畫要來提供難民房舍與伙食——這些供應在戰後都是不敷使用的——卻沒有去仔細思考其他的突發事件，如四處橫行的劫掠暴行。在巴格達爆發劫掠問題的一個原因，是先前美國作戰計畫中，刻意迴避對伊拉克的基礎建設加以攻擊；導致許多建築物在戰後都毫髮無損，成為被匪徒劫掠的對象。

個別的戰鬥團隊不斷地演練他們在入侵與遭遇突發事件時所應扮演的角色。然而，同樣的這些單位對於戰後的運作，卻沒有受過指導——更不用談演習。「重建與人道救援署」在伊拉克土地上，要如何與軍事指揮部門結合來發放人道救濟物資、重建與民政等事宜，也沒有任何指引可供依循。

直到 2003 年春天，美國政府仍繼續公開堅稱：在伊拉克沒有出什麼大亂子。到了 5 月，小布希總統任命沒有任何戰後重建經驗的 L. Paul Bremer 取代 Garner 將

2003 年 10 月 5 日，美軍試圖控制前伊拉克軍人在巴格達的示威遊行。在當年 5 月，美國剛解散伊拉克武裝部隊。

軍。Bremer 上任第一件大事，就是下令伊拉克 40 多萬大軍解甲歸田。在伊拉克，一個家庭平均有 6 口，開革 40 萬人等於讓 240 萬人頓時沒有收入。

　　我們要如何解釋這種規劃不足，這種對於一個決策在邏輯上可以推知的後果不願費心思量的心態？從高層開始，小布希總統寧願做出重大而勇敢的決策，而將細節交給部屬。伴隨勇敢而來的是偉大，對細節漫不經心有時卻是致命的。在做重大選擇時，應該伴隨著好奇心。好奇心產生一些疑問。一個領袖不應猶豫問以下這些問題：你們為何做這樣的假定？你們怎麼知道伊拉克人會在戰爭結束後認定美國人是解放者？萬一這事發生的話該如何？萬一伊拉克軍人突然間發現他們失業後，被激怒而想報仇，又該如何？

低估組織結構的重要性

　　一些新的、大型的方案之所以失敗，是因為沒有建立一些組織來加以支援、進行管控。這發生在許多低收入戶住屋方案上，這些方案將金錢分配給許多不同的社區團體與承包商，卻沒有先建立充分的會計與審計制度。我們要問的問題是：方案要如何處理，非正式組織的問題？組織內可以組成聯盟來主導這個方案嗎？控制的分散化（或集中化）的程度應該如何？第 7 章將會建議一些在規劃階段應該詢問的中肯問題。

小看細節的重要性

理論上，我們假設策略規劃者和高層行政人員都會將眼光放在大局面，而不太會關心執行細節，也就是計畫的實現。但這種做法會導致規劃人員做出他們自己也不懂的計畫。計畫並不只是行動方針而已——計畫並非抽象的理論。因此，如果他們要訂定出可用的計畫，規劃人員就需要熟知日常細節，要嫻熟於機關的基本運作才行。

倘若你懷疑這些細節問題是否對於計畫的良好運作帶來重要性，那就看看富蘭克林（Benjamin Franklin）的例子好了。他認為忽略細節的結果，會成為禍害的溫床：「因為少了一顆釘，而掉了那馬蹄鐵；因為掉了馬蹄鐵，而失去了那馬兒；因失去了那馬兒，而缺了那騎士。」如果這位騎士剛好是個將軍，那麼整場戰役就會失敗，如果這場戰役剛好至關重大，那麼整場戰爭就輸了。因此，丟掉微不足道的小釘子，有可能造成國家打敗仗呢！

忽視意料之外的結果

公共行政不是園藝，每次都能種瓜得瓜、種豆得豆。如果一個郡想要減少交通阻塞的問題，只要多開幾條馬路就可以減輕交通阻塞嗎？是這樣嗎？看看華府外的270 號州際道路的擴建，答案恐怕不是這麼回事！在1980 年代，這條馬路阻塞得特別嚴重，因此蒙哥馬利（Montgomery）郡向馬里蘭州申請經費來大幅拓寬這條馬路。州政府同意了，撥下來的款項其實大部分來自聯邦。到了 1999 年，這條馬路拓寬之後不到 8 年，這條高速公路又水洩不通到被某位官員戲稱為「移動的停車場」。[21]

公共政策專家稱這種現象與類似的現象為意料之外的結果（unintended consequence）。這個概念提醒我們，公共行政人員的企圖或目的，與公共政策實際的結果之間，有時會有所出入。因此公共行政人員不能正確地預測他們所採取的行動會遇到何種回應。

為何如此？首先，結果經常是許多具有不同利益、價值、影響力程度的參與者之間討價還價妥協下的產品。要預測這麼多參與者之間會如何互動和表現，是很困難的。其次，公部門的問題與挑戰本質上就是困難的。私部門擔當容易的工作（製作玉米片、蓋房子等），公部門則必須挑起艱困的工作（消除酸雨、全球維和、建造太空站、控制非法移民、終止貧窮等）。政策標的與政策結果產生誤差的第三個原因，是社會科學實際上並沒有法則（指沒有例外的定律）、很少能加以歸納，也不存在真正的理論。

第四個讓意圖與結果有所出入的原因是，偶發事件的效應。例如，1992 年一

卷不過幾分鐘的錄影帶，播出洛杉磯警察毆打非裔男性的畫面，結果竟造成全市暴動，導致 52 人死亡、10 億美元的財產損失。

政府可以效法私部門什麼？

自 1996 年以來，美國私部門的生產力（每小時的產出）每年以 2.5% 的比率在成長。由於美國勞動統計局（Bureau of Labor Statistics）在 1996 年停止測量，我們無從確認政府在這方面落後了多少。根據麥肯錫（McKinsey & Co.）的分析顯示，在 1987 年出現差距之前，政府都還能與私部門並駕齊驅，直到 1994 年這個落差持續擴大，後來的資料就付之闕如了。[22]

公共生產力不足不能在一個糟糕的時機出現。現在美國人說他們想要限制政府的成本，但他們也想要更多國土安全、管理更好的邊防、更多災難整備、在面對全球經濟衰退時有額外救助、更便宜的醫療照護，以及更佳的公立學校。這些需求不幸的伴隨著龐大的預算赤字，以及不願付更多稅的原始慾望。顯然地，美國人想要的是不勞而獲。

儘管有無數的管理改革企圖，還有許多機會可以移植私部門和公部門之間的最佳實務，政府似乎沒有辦法獲得和私部門一樣的生產力成長。讓我們簡短地回顧一下這段歷史：1993 年時，柯林頓總統展開一項大膽而率性的計畫，希望減少繁文縟節並改進政府的生產力，於是他指派副總統高爾（Al Gore）負責一項為期六個月以徹底評估聯邦政府的行動。這個專案稱為國家績效評估（National Performance Review），它是仿效德州一項公開的模式，當地的改革小組環顧整個政府機構，以找出浪費的標的和改善管理的機會。同一年，政府績效暨成果法（Government Performance and Results Act, GPRA）通過立法。自此以後，每個主要的聯邦機關都必須自問一些基本問題：我們的使命為何？我們的目的是什麼，以及要如何達成它們？我們如何衡量我們的績效？我們如何使用這些資訊進行改善？簡單來說，GPRA 迫使聯邦機關的關注焦點，從傳統的人員配置與活動水準轉向「成果」這個單一凌駕一切的議題。GPRA 要求各機關訂定目的、衡量績效且要報告成果，它也希望透過授權和團隊建立方式來改善公共管理。

8 年後，小布希總統引進一項更結構化、更針對性的改革平台，來強化機關層級的管理能力，並提升計畫績效與成果。這個「計畫評比工具」（The Program Assessment Rating Tool, PART）是一份包含 30 個問題的問卷，由管理與預算辦公室（the Office of Management and Budget）要求所有聯邦的計畫管理者負責填寫，以做為年度預算需求的一部分。這些問題包含了計畫目標、設計、規劃與成果。PART 對於如何花費公帑的問題，提供了一種形成結構辯論與框架討論的方式，同

時也藉此課以計畫管理者與政府公務員的責任。為何需要這項新工具？自從有了 GPRA，許多聯邦機關都拚命發展出一套連貫的系統，以便測量可衡量的成果。某些機關抗拒這個想法，而 PART 的擁護者發現這項新的評估工具有助於促使聯邦機關進一步馴服於 GPRA 的規定。如果想瞭解這項機制的運作狀況，以及聯邦機關的表現，可造訪 www.expectmore.gov。*

　　如今 GPRA 和 PART 這兩項方案都成為歐巴馬總統的模型，他可以擷取兩者最具成效和可資應用的部分內容。為了幫助進行這個擷取精華的工作，他任命身兼管理與預算辦公室副主任的 Jeffrey Zients 擔任聯邦政府的首任「績效長」（chief performance officer）。

　　什麼會是 Zient 的優先順序？倘若歐巴馬發布命令時的說法是一項觀察指標的話，那麼它將會是「一行一行地查看預算，刪除那些我們不需要或沒有用的，並改善有用的項目。」其中一個做法就是改善透明性和恢復政府的生產力，但這位績效長會用到多少高績效私部門組織的劇本，則還是令人存疑。

　　主管、顧問和學者們對於高績效組織的關鍵特徵和能力，都有著廣泛的共識。這些可以被歸納為以下六個主題：(1) 明確、清楚且吸引人的使命；(2) 策略性的利用利害關係人；(3) 分析目前和未來的環境威脅與機會；(4) 明確地定義成果；(5) 將活動、核心過程與資源結合起來；以及 (6) 客觀地評估績效。[23]

　　關於這套主題或這個管理途徑的稱呼，大家雖然仍莫衷一是，但**策略管理**（**strategic management**）意指一種有意識的、理性的決策過程，組織藉此塑造目標，然後加以執行與監控，若有內部或外部狀況改變時，就進行調整。我們不應該小看策略管理（或無論怎麼稱呼這些想法）應用在公部門時的困難，因為不像私部門的營運長，機關首長在形成政策時，必須和其他重要的行為者分享權力，而且他們在執行階段也欠缺完整的自主性和控制權。但應用策略管理的真正困難，就是預算過程常常不以績效做為撥款的決策主因。Tony Danker 和他的麥肯錫同事寫道：

　　　意識形態或有關特定計畫的政策歧異，在計畫首度形成很久之後，仍繼續主宰了預算決策；民眾對於計畫預算的漸增或縮減之潛在反應，對政治人物的心理帶來沉重影響；更重要地，有益於特定地區的好處，往往是預算協商過程中最重要的推動者。和我們交談的政府管理者表示，預算是有關你得到什麼而非你需要什麼。對某些計畫而言，獲得成果並不能實際影響到獲得預算；對其

---

* 譯者按：目前可查詢到的正確網址是 http://georgewbush-whitehouse.archives.gov/omb/expectmore/part.html，但網頁顯示該網站自 2008 年底就不再更新，內部網頁也不再運作，因此只能呈現一些歷史資料。

他人而言，獲得成果固然必要，但這還不夠。

　　所以預算和成果之間的關係並不那麼強，這不盡然是不良行為的後果——也就是沒有針對如何達成政府的成果，專門設計一套課責機制做為手段，而且也因為預算還需要達成美國政府模式的其他核心目標。從立法者的觀點來看，國會的存在就是要監督與控制行政權，成為公帑的把關者，並確保每一州和每一地區的利益都獲得照顧。同樣地，從行政權的角度來看，相較於全面改善政府績效，總統可能要面臨更急切與特定的挑戰，而各機關首長最終也要對總統設定的優先順序負責才行。[24]

　　將這些限制謹記在心後，接下來讓我們詳細討論前述策略管理的六項主題。

界定使命與所期待的結果

　　當機關發展一套策略性計畫時，規劃的過程也隨之開始。策略性計畫定義出行動步驟，組織藉此達成策略性目的。策略性計畫是界定組織活動以及用來達成這些目的的資源配置（金錢、人事、空間、設施）的藍圖。策略規劃大體上是長程的，可以用來界定未來 5 年內組織行動的步驟。自 1997 年起，聯邦機關受到政府績效與成果法的要求，必須發展至少以 5 年為期的策略性計畫，將這些計畫提交國會和管理與預算局（OMB）。

　　每個策略性計畫都應包含一個基於各機關法規要求（也就是依照法定授權）而擬定的**完整使命宣言（mission statement）**、一組與結果相關的策略性目的，以及對於該機關企圖如何達成這些目的的一段敘述。使命宣言解釋了一個機關為何而存在、這個機關是做什麼的，並描述該機關如何做這些事。策略性目的則是這個明確聲明的宗旨之自然產物，它解釋了該機關方案的企圖及所追求的成果。「反覆推敲出一個組織的基本目的——對其成員各自所持不同的假定加以爭辯，最後在一項基本使命上達成共識——這樣的經驗是強而有力的。當方法正確，一個使命宣言可以從上到下，驅動整個組織。這樣做可以幫助每一個層級的人下決心該做什麼，又該停止做什麼。」回想先前我們曾經引用的自然保育協會的例子（第 234 頁）。[25]

　　綜上所述，成功的政府機關與非營利組織都具備強而有力、聚焦於其使命的策略。最後，這些機關與組織乃能投入大量心力，找出他們的使命與具體目標。一個清楚界定的使命會創造出一個紀律嚴明的組織，有助於避免浪費心力於不相干以及無益的活動中。使命能不斷提醒組織，要在組織外部尋找提供服務的方法。最後，將焦點集中於使命上，可以幫助一個組織藉由創造出清楚的要件來評估新的觀念，以及藉著除去對「事情都是這樣辦的」這種習性的倚賴，培養出創新的精神。

涉及利害關係人

成功的組織在相當的大程度上，會將其策略規劃建立在**利害關係人**（**stakeholders**）的利益與期待上（正如在第 2 章已經定義過的，利害關係人是指組織內外任何與組織表現有利害關係的團體）。這些組織認知到，利害關係人對於組織所推行的方案之成敗，有很多話想說。

利害關係人的參與，對聯邦政府而言尤其重要，因為聯邦機關所面臨的政治環境相當複雜，法律上的授權經常是模稜兩可的。因此，在精心打造組織宗旨時所必須回答的基本問題——我們的企圖為何？我們要提供什麼樣的產品和服務，來達成這樣的企圖？又要如何做到這些事？——對許多政府機關而言可謂不小的挑戰。雖然法規上的要求是一個政府機關定義其宗旨的開端，國會、執行部門以及其他利益團體對於一個既定機關的使命與目的，卻可能強烈地各持己見。所有利害關係人對於一個機關的每個層面都能達成共識，可以說是相當罕見的，因為利害關係人彼此的利益往往明顯不同。

對環境加以評估

好的管理者瞭解，長期而言，組織內外許多因素都會影響他們達成組織目的之能力。但即使管理者對於這些因素保持警戒，他們通常是在趣談間、非正式的管道取得資訊。相對地，成功的組織會持續而有系統地監看其內外在環境。採取這種做法的組織顯示出其預測未來變遷，以及在潛在的問題還沒變成危機前的調適能力。這些防患於未然的組織，藉由在策略規劃過程中將環境會造成的影響事先列入考量，即便日後追求其長程目的的過程中必須做一些改變，仍然不至於失焦。

內在環境與外在環境都很重要，不可單獨抽離出來觀察。對外在環境的評估尤其重要，一部分原因是組織所無法掌控的外在環境，會強力地左右組織成敗的機會。對公、私組織而言，外在因素可以包含最新形成的經濟、社會、技術等方面的趨勢，以及新的法條、規定與司法要求。一個組織的內在因素則包含其文化、管理上的慣例，以及習以為常的工作流程。在今日，政府機關發現在預算緊縮與組織調整時，監看這些內在因素特別具有重要性。

找出所期待的結果

相較於私部門，公部門較沒有明確的盈虧底線，要聚焦討論其成效時，會遭遇幾種障礙。在發展成果導向方案的績效措施時，最常遭遇到的障礙通常是以下三個類型之一：(1) 蒐集方案績效資訊時所遭遇到的問題；(2) 影響機關成效的各種錯綜複雜的因素，以及政府機關對這些因素的無力掌控；(3) 評估機關所採取的行動之

績效，有時需要長程的架構。

1. 比方說，有些機關發現自己陷入試圖蒐集資料來「提出負面證明」的窘境，例如聯邦航空管理局（Federal Aviation Administration, FAA）要提出數據來證明該局對機場跑道的改善，降低了多少飛行意外；食品藥物管理局藉由核准新藥上市與阻止不安全的食品與藥品在市面上流通，又保障了多少人免受病痛之苦。

2. 又比方說，環保署的策略目標之一，是要保障水質的乾淨與安全，而許多影響水質的因素並非環保署職權所能管轄的（例如影響天候的自然因素）。

3. 暴露在危險物質（例如石棉）環境中罹患疾病的潛伏期，可能長達 20 年以上。因此，職業安全與健康管理局（OSHA）所採取任何減少人員接觸危險物質的行動，也許也都要花費同樣長的時間。

　　雖然有這些障礙，行政機關還是能夠藉著他們的策略性計畫來改進其成效。舉例而言，美國退伍軍人健康管理局（Veterans Health Administration, VHA）藉由嚴格評估該局提供給退伍軍人的健康照顧成果，使他們的服務得以改進。明確地說，根據退伍軍人健康管理局的報告，該局針對最重要的改進機會實施績效資訊（performance information），成功地將心臟手術的死亡率從 13% 降低到 8%。另外一個例子則是社會安全局（Social Security Administration）以全國性免付費電話提供市民諮詢服務。社會安全局使用顧客滿意度及其他績效資訊，找出方案中需要改進之處，包含提供額外的人員來處理電話諮詢。結果，占線的比率降低了，5 分鐘內得到回覆的比例增加了。[26]

　　政府機關並非單獨存在，他們在擬定宗旨之前，需要先與立法機關以及其他利害關係人諮商。再者，政府機關必須對他們在其中運行的環境保持警醒。在策略性計畫中，要試著找出會影響他們達成目標的外在因素。

結合活動、核心過程與資源

　　真正成果導向的組織——無論是公部門組織、非營利組織或營利組織——持續不斷地致力於確保他們的日常活動能支持組織使命，並且使他們更接近策略性目的。實際上，這些組織將策略性計畫的成果——特定日期所簽發的特定文件——視為整個規劃過程中最不重要的部分。這是因為他們相信策略性計畫不是一個靜止的或偶發性的事件；而是一個動態的、內涵豐富的過程。若能運作良好，策略規劃是持續性的，並能充當組織每天做每件事時的基礎。

　　換言之，一個組織的活動、核心過程以及資源，都必須緊密結合在一起，以支

持其使命，並協助達成組織的目的。這就要求組織要去評估他們哪一項方案與活動的範圍可以符合他們的使命與所想要的成果。

　　當一個組織變得更加成果導向時，他們通常會發現有必要根本地改變舊有結構與程序，以便更有效率地提供服務，來滿足顧客的需求以及利害關係人的利益。特別需要改變之處，在於組織結構、人力資源管理、預算編列以及資訊管理。比如說，許多機關的管理問題肇因於組織架構過時並且無法處理當代需求（這個主題在第 7 章中將會有深度討論）。當政府機關變得更加成果導向時，他們會發現過時的組織結構需要被改變，才能更滿足客戶的需求以及利害關係人的利益。

　　居於領導地位的組織也會致力於確保他們的核心過程能支援與使命相關的成果。這樣的組織日漸倚賴一個界定清楚的使命，來做為他們每天要做什麼、如何去做的基礎。比方說，許多成功的公私立組織都將他們的人力資源管理活動整合進他們的組織使命，而不是單單將之視為孤立的支援功能。這一種整合途徑可能涵蓋將個人績效管理、生涯發展計畫、薪資與升遷標準，與組織的使命、願景與文化結合在一起。人力資源管理是第 10 章的重點。

　　當行政機關將他們用來支援與使命的一些活動緊密連結起來後，也應該將不同層級的資金與預期達成的成果進行更好的連結。這樣一來，管理預算的官員在做出與資金有關的決策時，可以更集中注意力在機關的目的與績效上。預算編列是第 11 章的重點。

　　第 12 章的重點——資訊管理，是組織要將活動與步驟緊密地連結在一起時，另外一件必須處理的活動。現代組織管理的途徑，與新的資訊技術相結合，可以使成功變得更加可能，或者更加不可能——端視組織如何處理資訊與管理這兩個核心概念。成功的組織追求策略性的資訊管理——也就是全面性的資訊與資訊技術管理，以極大化對使命績效的改進。更具體地說，策略性的資訊管理系統提供行政機關在思考下列問題時的必要資訊：如何將其步驟緊密連結、降低花費、增進方案效率，並確保以一個較小的官僚組織達成一致性的成果。

績效考核

　　方案的績效考核（performance assessment）本質上可分為兩種類型：績效衡量與方案評估。**績效衡量（performance measurement）**是對方案的成績，特別是朝向先前已經決定的目的之進步程度，不間斷地加以監控並提出報告。方案管理或機關管理很典型地會運用績效衡量的方式。績效衡量所應處理的是方案的結果（outcomes），而不是其辦理的活動或產出（outputs）。在考核方案的結果時，機關管理不可滿足於僅僅衡量方案活動，好比標的團體中每個成員花費了多少錢——

例如每個學生的教育費用、人均社會福利支出、人均健保支出等。這些都不是對一個方案真正在該團體的結果的測量；而毋寧是對政府活動、方案產出所做的測量。雖然有許多績效衡量的重心放在產出──例如植物檢驗、逮捕罪犯、醫療花費、學校招生、軍隊規模──這些精打細算並不能告訴我們在環境保護、打擊犯罪、醫療照顧、教育與國防等領域上，到底有多少真正的成就。話說回來，我們不能滿足於計算出一隻蝴蝶到底揮動其翅膀多少次；我們必須知道它已經飛了多遠。

在從事績效衡量的時候，我們必須找出與政府行動相關聯的社會真實變化。我們所呼吸的空氣所含的臭氧比例為何？實際上發生多少起強盜案（而不是報案數量）？嬰兒猝死率有多高？懷孕率是否有上升的趨勢？三年級學生的閱讀程度如何？武裝部隊的戰鬥力如何？

另一種績效考核的形式為**方案評估（program evaluation）**。這是一種定期或經過特別安排的個別性、有系統的研究，用來評估一個方案的功效。通常是由機關內外一群與這個方案沒有關聯的專家，以及該方案的管理者一同來加以執行。一個方案評估，在全面檢視方案的各層面績效時，往往會特別重視方案目標的達成率。所以，一個方案評估（績效衡量亦同）會注意該方案的結果。然而方案評估與績效衡量的不同之處在於，前者還會注意到一個方案的其他面向：其副作用、邏輯、效率、與立法目的之一致性、公平性，以及影響效果。（例如，這個方案是否導致犯罪率降低或對其他方面產生影響，如經濟？）

比較與對照過方案考核的兩種類型（績效衡量與方案評估）之後，以下讓我們更詳細地加以討論。

績效衡量　很多人相信，政府與非營利組織因為沒有營利的底線，使得使命與績效無可避免地相互衝突，但這種想法是有瑕疵的。

> 如果對績效做出正確的瞭解與界定，績效與使命就絕對不會相互衝突。事實上，無論我們所面對的是一個企業或一個非營利組織，績效都不可能與使命脫鉤。……〔例如〕如果一個博物館的使命是社會的文化保存者，則合宜的績效衡量應該針對其館藏的內容與價值加以考核。今天，大多數博物館有一個不同的使命：文化推廣。因此，績效衡量也應該跟著改變：或者是擴大參觀的群體（方法是增加訪客的數量），或是建立一群真心想要贊助該館活動的忠實老主顧（方法是增加博物館的會員數）。[27]

現在，讓我們看地方政府、州政府、聯邦政府如何衡量績效。有效率的市長知

道選民會怎樣評價他們。選民可能不像社會科學家精善於繁複的研究方法，但是對自家門前的街道卻是瞭若指掌。這也是為何有些市長老是喜歡用一些像路燈總共多少盞，以及路面坑洞在回報後平均花多少時間填補妥當等數據，做為他們衡量的指標。績效衡量也讓這些市長得以知曉，在把錢花下去以後，他們的選民得到多少服務。

　　愈來愈多州政府從績效衡量中創造出真正實用的報告。並且，事實上所有的資訊藉著網路的便利性，都能被廣泛地利用。例如阿肯色州人力服務部（Arkansas Department of Human Services）與阿肯色州醫療照顧基金會（Arkansas Foundation for Medical Care）發表一份報告，對超過 60 萬接受醫療救助者所受的照顧做一考核。這份報告將其基層醫療人員的成果，與非營利的「國家品質保證委員會」（National Committee for Quality Assurance）的資訊做比較，或稱為建立標竿（benchmarked）。後者蒐集管理式照護機構的績效資料。在許多例子上，郡的進步都被個別記錄下來，顯示 2 年內何時服務有改進，又在何時有衰退。[28]

　　希望創造有用績效報告的政府領導人，從「政府會計標準委員會」（Government Accounting Standards Board）得到幫助，後者開發了 16 項優良績效報告的指標（有興趣者可參考該局網站 www.gasb.org）。

　　聯邦政府花費超過 2.4 兆美元在 1,213 個不同的方案上。這些方案是否都有達到所預期的成果？正如我們稍早之前談到的，柯林頓總統使用「政府績效與成果法」（GPRA）來處理這個問題，小布希總統用的方法則是「方案評等工具」（PART）。三位更早期的前總統，也都有他們自己的工具──縮寫起來也都頗為生動有趣──來回答這個價值上兆美元的問題：

➲ 1966 年詹森總統發布「設計計畫預算制度」（Planning, Programming, and Budgeting System, PPBS），用以「根本改進我們在各種相競爭資金需求的提案之間做出判斷的能力，並且對真實的績效加以評估。」這套制度是史上第一次認真地將預算與成果連結的努力，迄今五角大廈仍繼續使用這種預算制度。（有關於「設計計畫預算制度」的進一步討論，詳第 11 章。）

➲ 尼克森總統則採用「目標管理」（Management by Objectives, MBO）。這套制度試圖找出聯邦各方案的目的，以便更容易地界定每一個方案所期待要達成的成果，方案的哪一部分是多餘累贅的或沒有效率的。尼克森說：「在放棄一些已經失敗的方案時，我們不是閉眼不看既有的問題，而是將資源移做更有效率的用途。」（關於「目標管理」的進一步討論，詳第 9 章。）

➲ 卡特總統嘗試於 1977 年引介一種稱為「零基預算」（zero-based budgeting, ZBB）的概念，來迫使每一個政府方案能夠每年證明出自己的價值。卡特於 1979 年向國會和美國人民發表國情咨文時表示：「僅僅創造出一大堆政府方案是不夠的。現在我們要使優良的方案更有效率，並改善或除去浪費資源或不必要的方案。」（有關「零基預算」的進一步討論，詳第 11 章。）

很少人會爭論績效衡量背後的理念：方案只有在證明會有成果時，才能夠花用納稅人的血汗錢。然而，要讓這樣的制度能運作妥當，卻是一件很困難的事——如果採用錯誤的衡量方式，反而會產生不良的後果。在管理界中有一種老生常談的說法：「被衡量的事務，才是被管理的事務。」也就是說，如果一個人去衡量他原本不該衡量的對象，那麼這個人的管理一定很糟糕。讓我們來思考以下案例：[29]

➲ 一間醫院將低死亡率視為其首要目的。**成果**：當年長病患瀕臨死亡時，他們很快地被送去療養院。在這樣的安排下，這些病人可能死得更快，但醫院卻能將死亡率保持在低點。

➲ 警政單位以回應時間，做為他們處理汽車竊盜案的績效衡量標準。**成果**：警車盡速趕到案發現場，卻只意味著警察知道車子在何處被竊走。藉著打電話通報，並派出警員搜尋贓車，資源將可以被更有效地運用。

方案評估　聯邦政府有四種類型的方案評估：

1. **過程（或執行）評估**〔process (or implementation) evaluation〕考核一個方案被執行的程度與原定計畫的差別。對方案是否遵行法規要求、方案設計與專業標準或顧客期待等要件的考核，是這種評估的特色。

2. **成本效益與成本效果分析**（cost-benefit and cost-effectiveness analyses）將一個方案的產出或結果，以及所投入的成本（消耗掉的資源）做一比較。把這種分析用在現有方案時，其性質也是一種方案評估。成本效益分析旨在找出所有相關的成本與效益，通常是用金錢計價的方式來呈現。成本效果分析則考核達成單一目的或目標所耗費的成本，這個方法可以用來找出達成該目的最低成本的選項。

3. **影響評估**（impact evaluation）探討一個方案的目標是否能被達成。這個方法旨在將計畫參與者所遭遇到的，用量化的方式表達出來。有多少輸出單位被傳送？傳統上，當人們想到方案評估時，他們想到的就是影響評估。因為影響評估所涉及的，是對產出的直接考核，所以設計上相對容易。

4. 結果評估（outcome evaluation）考慮一個方案的長程後果——考核其對一個問題的真實效果。這些評估較難設計。比方說，當有太多其他變數——諸如其他的社會方案、不斷變動的經濟情勢、技術上的突破、社會文化的改變——都能影響到貧窮問題的長程狀態，要如何考核一個旨在消除貧窮的特定方案所產生的結果？事實上，要怎麼衡量「貧窮」呢？

　　過程評估是一個相對易懂的活動，在此不需詳細闡述。因為成本效益分析是一種分析技巧，除了是一種評估之外也還有別的含意，我們將在下一章中與其他重要的分析技巧一起討論。在此剩下兩種方案評估：影響評估與結果評估。

　　如果說有什麼方案值得做影響評估，非「先鋒專案」（Head Start）莫屬。在這個計畫誕生後的 40 年內，已經服務了 2,000 萬的孩子，花費了 400 億美元。從1960 年代中期對抗貧窮的戰役中成長，先鋒專案被創造來提供社會底層的學齡兒童健康、社會、教育以及精神健康等方面的服務。然而，這個方案是建立在一套哲學上，而不是一個冷靜的評估上。[30]

　　在「先鋒專案」開始後的前十年內，有很多研究針對此方案的影響展開調查。相關研究中，最早的有西屋公司（Westinghouse Corporation）在 1969 年為經濟機會處（Office of Economic Opportunity）做的研究，發現先鋒專案在暑假期間辦的一些方案，並未能使參與者的認知或情感發展有持續性的增進；而全年度的方案，也只能讓小學一、二、三年級的學生有些微的增進。

　　1981 年美國衛生與人力服務部（Department of Health and Human Service）委託諮詢服務與研究公司（CSR, Inc.）將先前各種不同單位對先鋒專案所做的影響研究加以綜合。諮詢服務與研究公司的結論是：剛剛參與先鋒專案的人，在認知測驗分數、社會情緒測驗分數以及健康情形的指數上，都有立即的增長。然而，先前參與過先鋒專案的學生的認知與社會情緒測驗成績，與沒有參加先鋒專案的社會底層兒童相較之下，長期而言卻沒有顯著的不同。

　　針對先鋒專案的產出所考核而得的影響評估是相當簡單的——就只是針對孩子們做測驗，然後看看他們的成績是否有進步——結果評估則比較難處理。結果評估一開始有兩種形式：示範計畫與實地實驗。**示範計畫（demonstration projects）**的原理很簡單：行政人員在推動一個全國性或者全市性的方案之前，先在幾個選定的都市或區域中試行此一方案。用示範計畫來做評估的一個好例子，是警察車隊計畫（Police Fleet Plan）。根據這個計畫，警察可以在非值勤時間將警車開回家作私人用途，如此一來，城市街道上就會有更多的警車。有興趣採用警察車隊計畫的城市，可以先在幾個警政管區試行辦理後，再考慮是否要在全市推行。都市研究所

（Urban Institute）對印第安那波里斯的警察車隊計畫所做的評估，結果相當正面：汽車竊盜案、汽車意外、戶外犯罪、搶奪皮包以及強盜案都顯著減少了。

在此提供另外一個示範計畫的例子。所得較低的父母親，為何沒有讓他們的孩子接種疫苗呢？常識會認為，那是因為他們負擔不起昂貴的接種費用。但是吉易公司（Bernard Giuyer and Associates）的報告顯示，即使提供醫療救助、免費接種以及小兒科醫師，在巴爾的摩低收入戶的兒童接種率仍然偏低，因為父母親沒空預約帶孩子來打針。[31] 示範計畫顯示，如果相關部門提出警告說，孩子不接種疫苗就要中斷提供特定的服務時，家長們就會更願意帶孩子來接種。

當公共行政人員面對的問題顯得更加複雜時，以測驗取代討論與分析，毋寧是一個好點子。更具體的，Tom Peters 建議管理者以相對廉價而快捷的引導和原型（pilots and prototypes）——也就是示範計畫——來取代企劃案與研究案。[32]

然而，結果評估的黃金標準，卻是隨機化、受控制的**實地研究（field experiment）**。其意涵如下：首先，個人與團體完全是隨機被挑選來參加一個新的計畫。其次，這個計畫是在真實運作的情況下（「在實地」）被觀察的。第三，這些特定個人或團體所得到的結果，將與一個近似而且隨機挑選的**控制組（control group）**的結果相比較。

與較具追溯性的方案影響評估有所不同，示範計畫與實地試驗（field trial）可以在一個大型公共方案開始運作之前，或在運作的同時被採用。但是示範計畫與實地研究最主要的不同之處在於，進行實地試驗時負責評估工作者可以控制輸入的變項（例如目的、人員、顧客、服務的長度、地點、計畫規模、援助以及管理等），並小心地測量產出，以確定該方案達成具體目標的程度。簡言之，其狀況近似實驗室。

讓我們思考一個實地研究的範例。有沒有什麼方案可以降低青少年懷孕的情形？基於一項近期的實地研究，我們可以說答案是肯定的。但是，在引用這個研究之前，讓我們回顧一些背景資料。研究發現，職業教育對於青少年從事冒險的性行為和懷孕並沒有影響。迄今為止，只要禁慾就好（abstinence-only）的教育方式——聯邦政府贊助和偏愛的方式——對年輕人的行為並沒有作用。然而，一項由 Michael Carrera 博士與兒童援助協會（Children's Aid Society）所研發的方案，在一項實地研究中已經被證實是成功的。這個方案不只提供傳統的性教育，也同時提供指導、準備大學入學考試、工作技能、醫療與牙齒照顧、體育與藝術創作等服務。一項對本方案位於全國 12 個窮苦地區所進行的為期 3 年的評估，發現參加本方案的年輕人比控制組中的年輕人，懷孕的比例少了三分之一。[33]

總結觀察

　　一個好的規劃系統應該幫助公共行政部門創造出合理的議程，並建構出一個強而有力的網絡，來執行並評估一些方案。規劃可以鼓勵行政人員做策略性的思考，考慮長程和短程該做什麼。它也提供一些餘地和選項，以至於環境條件變化時，公共行政部門還能利用這套規劃系統來幫助他們達成目的。它不該將一些死咬著某些數據不放的要求強加在一些機關上，讓他們忙於紙上作業，使管理者分心而無法做更重要的事。相反地，在規劃上每耗費1分鐘，應該要能使執行者省下 3 到 4 分鐘。

本 章 重 點

　　在本章，我們回顧了一些基本的規劃原則，以及政府機關可以採行並藉此得利的許多方法。我們也仔細討論了政府機關可以致力的規劃類型。本章有以下重點：

1. 規劃是方案管理的基石，而管理上的成功通常也是規劃成功的同義詞。規劃的本質是，要看清未來將會面對的機會及相關威脅，並以現在所做的決策來開拓這些機會或對抗這些威脅。

2. 一項政策是一種聲明，陳述其所要達成的各個目的，以及每一個目的之相對重要性。一項政策包括了一至多個計畫，而每一個計畫，則進一步明確指明其所要達成的目標。為了要執行一個計畫而擬定的整套具體行動，則稱之為方案。

3. 一旦目的確定後，管理者要在他們所遭遇的情況中，選擇一個最合適的規劃途徑。成功規劃的關鍵，是面對變動中的環境時，能夠保持彈性與適應力。管理者可以選擇的規劃途徑有很多。其中，最受歡迎的莫過於理性規劃模式、邏輯漸進主義、願景計畫、都市與區域規劃、權變規劃，以及危機管理規劃。

4. 漸進主義是一種保守（採取低風險）而且實際（在政治上是權宜便利的）的決策模式。這種思維鼓勵決策者面對挑戰時要採取小幅度——也就是漸進——的步伐。漸進主義者注意到，決策過程中，行政人員的典型反應是從既有的政策出發，於是他們也建議只對現狀做最小幅度的修正。

5. 邏輯漸進主義這種決策模式的基本假定是，在邏輯上行政人員從廣泛的概念到做出特定的承諾，都是具有彈性並且有實驗性的。

6. 都市規劃是一個民主社會面對諸如都市蔓延、鄰里環境衰敗、視覺景觀、交通阻塞、空氣污染與水污染、對環境的掠奪、穩定的稅基以及經濟成長等諸多相

互糾結的複雜問題時，不可或缺的機制。都市規劃是市政府用來處理以上這些問題時，綜合各種因素、協調一致的基本功能。

7. 權變計畫側重一個組織如何回應特定情境，諸如緊急變故或挫折。要發展權變計畫時，行政人員必須先找出一些無法掌握的因素——諸如意外、景氣波動、技術發展等——然後試著決定在這些因素一旦發生時，要如何將其效應降至最低。情境模擬規劃在性質上是長程的權變規劃，牽涉到找出未來諸多可能的情境，或稱之為「未來的歷史」，然後調整既有的計畫，使這些情境中任何一項因素真的發生時，整套方案所受到的損害可以降到最低。

8. 在危機管理中，有三個不可或缺的步驟：預防；準備；防堵。

9. 美國政府的傾向是偏重提供服務，對於預測問題、事先防範就做得比較不好。政府全神貫注於划槳（提供各種服務），乃至疏忽了掌舵（規劃）的工作。其結果，政府為視野狹小所苦。官僚對未來感到盲目，從一個危機到另一個危機之間一路跌跌撞撞蹣跚前進。相反的，一個具有預期性的政府會儘可能地讓他們的規劃具有遠見。

10. 妨礙政府機關進行規劃的許多障礙，經常是自己強加上去的。如果行政人員能夠認出這些問題，就能夠加以排除，促使規劃更加順暢。本章找出八種障礙：預期現狀會持續、嘗試做太多、投入自己的情緒、過度規劃、規劃不足、低估組織結構的重要性、對領導打折扣，以及忽視意料之外的結果。

11. 策略管理包含界定組織的使命、設定具體目標、發展策略使之能在環境中成功運作。策略管理過程的基本要件，不只包含策略規劃，也包含執行和評估的階段。策略管理是整套的決策與行動，來規劃並落實政策，使組織能更適應環境，進一步達成組織目的。

12. 方案是政府所採取的一套行動，其意圖是要確保非經人為努力無法達成的目標。後續發展一如原本預期的程度，乃是成功的執行。執行被視為策略規劃過程的基本要素。

13. 不同的執行工具會帶來不同的後果。這些後果應依照以下這些指標來加以衡量：行政可行性、效果、效率、公平、政治可行性。

14. 績效考核本質上可分為兩種類型：績效衡量與方案評估。績效衡量是對方案的成績，特別是朝向先前已經決定的目的之進步程度，不間斷地加以監控並提出報告。方案或機關管理者一般都會進行績效衡量。績效衡量所應處理的是方案的結果，而不是其辦理的活動或產出。

15. 方案評估，是個別地、有系統地對一個方案是否運作良好，而在特別的基礎上所做的定期評估。它們經常是由組織內外，但不負責該方案的專家來執行。一

個典型的方案評估會在考慮方案的其他績效表現的脈絡下，以及績效背景的脈絡下，檢視方案的具體目標被達成的程度：(1) 方案績效的其他層次；或是 (2) 方案進行時的當下情境。

16. 聯邦政府有四種類型的方案評估：過程（或執行）評估、成本效益分析與成本效果分析、影響評估，以及結果評估。

問題與應用

1. 各級政府的官員經常為其短視的決策而遭受批評。民選官員可能被指控說，他們所期待的頂多只有到下一次選舉，並且把狹隘的、地方的利益，放在整體的福祉之上。這樣的批評的真實性有多高？你是否看出有何解決之道？

2. 不像許多歐洲國家，美國並沒有一個羽翼成熟的全國性規劃機關，但仍有非常多機關，諸如經濟顧問委員會（Council of Economic Advisers），發揮重要的規劃功能。你認為還有哪些單位在全國性的規劃上扮演重要的角色？

3. 有論者辯稱，被設計來影響公共規劃者的一些預測，通常是誇大其詞或過分簡化，其效果與設計者所期待的截然相反。不但沒有成功地使規劃者對一些重要問題保持警醒，這種末日審判式的預測可能災難性地制約了規劃者，使他們低估了人類生存的能力。請討論之！

4. 正如本章所討論的，策略規劃意味著全面性、系統性地對一個組織外在環境加以監看。行政人員背負著組織的基本使命，試圖找出環境中哪些部分與未來的研究有關。請列出一所學院或大學面對下列每個題目時，會想要討論的 2 到 4 個問題：

   a. 經濟的。
   b. 人口統計上的。
   c. 社會文化上的。
   d. 政治與管控的。
   e. 技術性的。

我 的 最 愛

www.csmweb.com　策略管理中心（Center for Strategic Management）對公家機關與民營組織提供策略管理與諮詢服務。這個網站提供許多有用的連結，可以得到有關策略管理的更多資訊。

www.npr.gov　國家績效評估（National Performance Review）的互動網站，不僅提供有關策略管理的訊息，而且也是一個實際的套裝工具，幫助使用者做策略管理。

註 釋

1. Olaf Helmer, *Report on the Future of the Future* (Middleton, CT: IFF, 1968), 14–6.

2. David Halberstam, *The Best and the Brightest* (Greenwich, CT: Fawcett Books, 1969). 370–71.

3. Daniel P. Moynihan, *Coping: Essays on the Practice of Government* (New York: Random House, 1973), 273.

4. 採用Henry Mintxberg et al., *The Strategy Process* (Upper Saddle River, NJ: Prentice Hall, 2003), 10 的定義。

5. Joan Margretta, *What Management Is* (New York: Free Press, 2002), 91.

6. Henry Kissinger, *White House Years* (Boston: Little, Brown, 1979).

7. James Brian Quinn, *Strategies for Change: Logical Incrementalism* (Homewook, IL: Richard D. Irwin, 1980), 65–96.

8. 前揭註，頁 81。

9. 比如說，人們可以開始嚴肅地對話，讓鉅額的太陽能投資變得比較沒有需要。或者他們也可以決定說，這麼多占空間的太陽能板實在很礙眼，讓明天的太陽能產業像今天的核能產業一樣受到圍剿。海外的政治動盪可能切斷美國所賴以生產光生電壓式電池的原料。更有可能的是技術上的突破，像是聚變能和從水中分解出氫燃料，都會讓太陽能在經濟上顯得較不具吸引力。

10. Graham T. Allison, *Essence of Decision* (Boston: Little, Brown, 1971).

11. Quinn，如前所述，頁 35。

12. 前揭註，頁 58。

13. Christopher Swope, "Mastery of the Public Realm," *Governing* (November 2003): 36.

14. Halberstam，如前所述，頁 640。

15. Philip Bobbitt, "Seeing the Futures," *New York Times* (December 8, 2003).

16. Ian I. Mitroff and Murat C. Alpaslan, "Preparing for Evil," *Harvard Business Review* (April 2003): 109–15.

17. 前揭註，頁 112。

18. W. Timothy Coombs, *Ongoing Crisis Communication: Planning, Managing and Responding* (Thousand Oaks, CA: Sage, 1999).

19. Henry Mintzberg et al., *The Strategy Process* (Englewood Cliffs, NJ: Prentice Hall, 2003); Gordon Chase, *Bromides for Public Managers*, Case N16-84-586 (Cambridge, MA: Kennedy School of Government, 1984); Barry Bozeman and J. D. Strausman, *Public Management Strategies* (San Francisco: Jossey-Bass, 1990); Edwin A. Locke et al., "The Determinants of Goal Commitment," *Academy of Management Review*, 13 (1998): 22–39.

20. 以下有關規劃不足的討論，是基於這些文獻：James Fallows, "Blind into Baghdad," *Atlantic* (January-February 2004); David Rieff, "Blueprint for a Mess," *New York Times Magazine* (November 2, 2003); George Packer, "War after the War," *The New Yorker* (November 24, 2003); David Luhnow, "Amid Shortages, New U.S. Agency Tries to Run Iraq," *Wall Street*

Journal (June 5, 2003). 有關這場戰爭的規劃與進展，以及司法問題上更詳細的分析，請參考 Michael Gordon and Bernard Trainor, *COBRA II: The Inside Story of the Invasion and Occupation of Iraq* (New York: Pantheon, 2006). 以上這些作者論稱，規劃不足，使得占領伊拉克的工作成為可笑的失敗而這樣可笑的失敗，原本是可以透過妥善的規劃而避免的。

21. Neil R. Peirce, "Building Wider Roads Isn't Always the Best Answer," *Houston Chronicle* (January 24, 1999).

22. Tony Danker et al., *How Can American Government Meet Its Productivity Challenge?* (McKinsey & Co., July 2006).

23. 請參見 Government Accountability Office, High Performing Organizations: Metrics, Means, and Mechanisms for Achieving High Performance in the 21st Century Public Management Environment. GAO-04-343SP (February 2004).

24. Danker，如前所述，頁 14。

25. David Osborne and Ted Gaebler, *Reinventing Government* (Reading, MA: Addison-Wesley, 1992), 130–31.

26. U.S. General Accounting Office, *The Government Performance and Results Act: Government-Wide Implementation Will Be Uneven* (Washington, DC: U.S. Government Printing Office, 1997), 8–9.

27. Magretta，如前所述，頁 144。

28. Katherine Barrett and Richard Greene, "Plugging in," *Governing* (March 2006): 74.

29. Katherine Barret and Richard Green, "The Rise of Cost Accounting," *Governing* (March 2000): 60.

30. 回顧最新研究發現，詳 John T. Bruer, *The Myth of the First Three Years: A New Understanding of Early Brain Development and Lifelong Learning* (New York: Free Press, 2000); Alison Gopnik, Andrew N. Meltzoff, and Patricia K. Kuhl, *The Scientist in the Crib: Minds, Brains, and How Children Learn* (New York: Morrow, 1999).

31. Bernard Giuyer et al., "Immunization Coverage and Its Relationship to Preventive Health Care Visits among Inner-city Children in Baltimore," *Pediatrics*, 94, no. 1 (July 1994): 53–58.

32. Tom Peters, *Liberation Management* (New York: Knopf, 1992), 116–70.

33. Tamar Levin, "Program Finds Success in Reducing Teenage Pregnancy," *New York Times*, (May 30, 2001), A 16.

個案 5.1　一項戰略的誕生
A Strategy is Born

自從美國在 2003 年 3 月入侵伊拉克以來，一小群美國官員就認為發動這項戰爭的計畫只是適得其反，如果有更好的計畫，美國仍能打贏戰爭。這些官員相信美軍忘記了越戰的教訓，他們仿效二次世界大戰的方式進行訓練，而不是反叛亂戰或低強度戰。將軍們從未預期會在伊拉克進行游擊作戰；一旦展開作戰，他們就幾乎要全神貫注於殺死和俘虜叛亂份子，而且愈多愈好。所以，村莊遭到包圍、門被踹開，還有嫌疑份子遭到逮捕。這些做法造成伊拉克民眾的疏離，而且使叛亂團體得以招募更多新血。

截至 2006 年夏天，伊拉克都處於一種無政府狀態。在巴格達，每天有 50 個人遭到綁架，而且通常是警方所為。由於有愈來愈多綁架者的目標指向兒童，以致愈來愈少有父母允許小孩子在外遊蕩。一旦遭到劫持，受害者一般都會被賣到眾多綁架集團之一。

伊拉克的暴力並非隨機發生，而是有其特定目標和特定原因。基地組織（Al Qaeda）試圖在遜尼派（Sunnis）和什葉派（Shiites）之間展開一場全面性的宗派戰爭，他們相信這樣的戰爭才是他們獲勝的唯一希望。為了達成這個目的，這個恐怖主義團體對什葉派民眾發動自殺攻擊，希望藉此引發抵制聲浪與更廣泛的衝突。事實上，基地組織已經慢慢占領所有的遜尼派社會。

在戰爭的頭兩年，這個國家的什葉派領導人面對遜尼派的進攻時，曾克制他們的反擊，

接著 2005 年 12 月舉行的大選，結果什葉派取得政權。如今伊拉克的新領導人決心不計任何代價，要瓦解遜尼派的武裝行動。遜尼派社區的警察和準軍事單位被解散，他們還開始屠殺那裡的役齡男子。面對所有這些情況，美國人決定尋求脫身。自 2004 年夏天開始，美國的戰略目標不再是擊敗遜尼派的武裝力量，而是訓練和裝備伊拉克人，讓他們自行為此作戰。小布希總統很愛說：「等他們站起來，我們就可以離開了。」伊拉克安全部隊的素質或許不精，但數量已有擴增，而且他們占領的地區也愈來愈多。到了 2006 年夏天，在巴格達附近開車已經很難看到任何一位美國大兵。麻煩在於伊拉克化（Iraqification）的戰略，顯然是失敗的，但小布希政府卻繼續不斷鼓吹。

相較於伊拉克所有的戲劇化發展而言，或許最大的一齣戲就在華府上演，那裡非常高階的官員提倡另一個不同的戰略，也就是慢慢增加美國的存在感，並利用美軍確保民眾免於叛亂份子的威脅，而非將他們圈居在防爆高牆內。《華盛頓郵報》（*Washington Post*）派駐五角大廈的資深記者 Thomas D. Ricks，依序記載了伊拉克「增兵」戰略（"surge" strategy）的艱難過程，並且描述了逆轉此美國戰略的人物和事件。能夠促成美國艱難地中途改變戰略，其中有三位最關鍵的軍方人士：

- David Petraeus 將軍是最醒目的人士。他在入侵行動中指揮 101 空降師，自從返國後，就被派到堪薩斯州的萊文沃斯

（Leavenworth），負責指揮美國陸軍教育單位，並製作新的反叛亂手冊。這份手冊由一群熟悉這類衝突史的團隊起草，規範內容從根本上改變了美國陸軍傳統上著重俘虜與殺敵的做法，改為體認人民是寶（people are the prize）。

- Jack Keane 將軍是一位退役的前陸軍副參謀長，扮演了推動的力量。他在國防單位開展了 Ricks 所謂的「游擊戰」，以便讓最高層人士得以接受這些新想法。

- Raymond Odierno 將軍是參謀長聯席會議主席助理，他和常常位居幕後且多數時候不在指揮體系內的Keane合作，希望推銷他們這個可操作的戰略模式，儘管戰爭進行到最不堪的階段，且要求撤軍的呼聲亦不斷高漲時亦然。

將理念轉為計畫是很困難的，舉例而言，擁護增兵者就面臨頑固的利益團體與氣燄高張的自私份子。幸好 Petraeus、Keane 和 Odierno 這三人獲得四位重要的非軍方人士幫助。2006 年 6 月，小布希總統在大衛營接見同情戰爭的批評者，分別是 Elliott Cohen、Michael Vickers、Fred Kagan 和 Robert Kaplan，前三位是備受敬重的國安專家，最後一位是個有影響力的新聞記者。他們都支持戰爭，但對現行戰略提出批評。他們受邀去告訴小布希，如何可以做得更好。會談並沒有改變小布希的想法，但開始以一種鴨子划水的方式，在幕後開始改變戰爭的路徑。11 月的期中選舉後，這些努力開始產生影響，當時民主黨大勝導致小布希解除倫斯斐（Donald Rumsfeld）的國防部長職務，並以蓋茲（Robert Gates）取代之。

12 月初，Cohen 偕同 Keane 和其他數人再度會見小布希，這位教授此次決心比前一次 6 月要表現得更明確而堅定，他強調需要有一個新戰略、要更換指揮官，還要有更多軍隊。與此同時，Odierno 將軍從巴格達也做同樣的事情。身為伊拉克的第二號指揮官，他愈來愈不滿當時指揮官所追求的戰略。軍隊中的指揮鏈通常是神聖不可侵犯的，但 Odierno「做出了整場戰爭中最大膽的行動」，他越兩級直接找白宮的官員和參謀長聯席會議助理。Ricks 寫道，他這麼做「等於冒著丟掉飯碗的危險。」

Cohen、Keane 和 Odierno 的努力在 2007 年 1 月獲得回報：Petraeus 成為伊拉克新任指揮官，且承諾除了原有 126,000 名士兵外，再額外增加援兵 30,000 名。Petraeus 接手後，他的反叛亂野戰手冊成為戰略基礎。為了協助實現這項計畫，Petraeus 組成一個團隊，主要由擁有頂尖大學博士學位，同時又具備作戰經驗的軍官所構成。同樣引人矚目的還有許多異議份子、懷疑論者和圈外人，有些還是外籍人士。例如，他們包含 David Kilcullen，是一位前澳洲陸軍軍官的自由工作者，享受著擔任 Petraeus 反叛亂顧問的半神話般地位；Emma Sky 則是一位英籍中東事務專家的和平主義者，出乎她自己意外的，Sky 愛上了美軍。她說：「我愛他們，他們比他們服務的國家更棒。這就是我感受到的──美國不值得擁有這樣的軍隊。」

Petraeus 將他的模式視為他以前想要達成的境界，也就是 Frederic Remington 的牛仔畫作「狂奔」（The Stampede）。伊拉克永遠不會只是民主政治的個案研究；每樣東西都要大致就緒而做好準備，「可持續穩定」

（sustainable stability）只是一個最低標準。用 Petraeus 的話來說：「我們只是試著將野牛帶到夏安」（We're just trying to get the cattle to Cheyenne）。[*]

增兵戰略有效的原因有幾項，其中最重要的一點是運氣。叛亂團體向來是多頭馬車，而缺乏統合領導。隨著戰事推遲，獲得高層職位的卻是兇殘的基地組織成員。基地組織的槍手殺害每個不認同他們極端目標的人，例如，傳統的遜尼派部族領袖。

但到了 2006 年末，遜尼派反擊的時機來到。在阿拉伯，這項運動稱為「覺醒」（Awakening）。族長們面臨基地組織和什葉派敢死隊的腹背受敵，只好轉而求助美國拯救他們。很快地，美國官員和橫跨遜尼派心臟地帶的族長們達成協議，並進入西巴格達。這種情況成為可能，大部分是因為遜尼派的伊拉克仍是個部族社會。和一位族長達成協議——擔保安全，交給他一袋錢，他就可以理所當然地將他的部落交給你。

沒有覺醒運動，增兵可能有效嗎？Ricks

認為這個問題有點不相干，因為隨著情況進展，兩個因素會產生彼此增強作用。增兵帶來安全，使得族長們得以聚攏而來，而覺醒運動則快速地讓數以千計的潛在敵人離開戰爭。

個案問題

1. 你認為哪一個規劃模式最能代表本個案所描述的事件，是理性規劃模式（第 236–239 頁）或邏輯漸進主義（第 239–241 頁）？

2. 政府的規劃採取了很多不同的形式。從只佔非常少部分類別的清單來看，政府規劃活動至少包括：為了保育和自然資源利用的規劃、都市規劃、全面就業規劃、個人與家庭安全規劃、農業規劃，以及政府組織改善規劃。你從本個案中學到什麼教訓，可能和前面這些規劃活動有關呢。

3. Ricks 歸結增兵雖然在戰術層次成功，但戰略層次卻沒那麼穩固。你認為他的意思是什麼？Petraeus 集團要承擔任何責任嗎？

---

[*] 譯者按：Cheyenne 位於懷俄明州，1920 年代開始為了慶祝牛仔文化而舉辦騎公牛比賽。這段話同時呼應了前述那幅牛仔畫作，因此這段話意指民主可以，也應該被帶至伊拉克。

個案參考文獻：Thomas E. Ricks, *The Gamble: General David Petraeus and the American Military Adventure in Iraq, 2006–2008* (New York: Penguin Press, 2009); Kimberly Kagan, *The Surge: A Military History* (New York: Encounter, 2009).

6

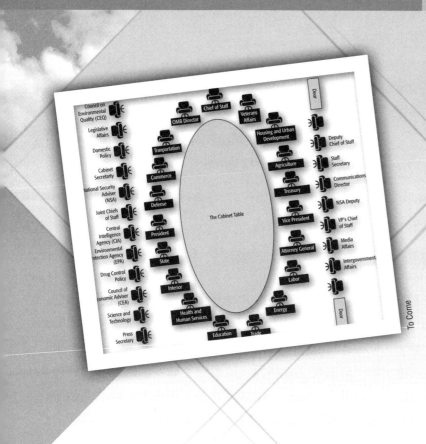

決策
Decision Making

關鍵字

pecuniary benefits　金錢效益		sensitivity analysis　敏感性分析	
pecuniary costs　金錢成本		simulation　模擬	
real benefits　真實效益		system analysis　系統分析	
real costs　真實成本		tangible benefits and costs　有形的效益與成本	
satisficing　滿意		upper limits of a decision　決策上限	

決定如何決策

　　前財政部長歐尼爾（Paul H. O'Neill）在 2008 年總統大選期間告訴歐巴馬，他需要訂定一套嚴謹的程序來吸納政策理念，向總統呈現所有事實，並以有結構的方式，透過「誠實中介者」（honest brokers）或中立協調者（neutral mediator）來監督這套程序。面對大議題，歐巴馬展現了大格局，他說希望顧問們既是團隊夥伴也是對手，以經驗和腦力見長，而且要能傾聽一項議題的多方想法，以幫助他做決策。歐巴馬的資深政治策略家阿克塞羅爾（David Axelrod）解釋道：「總統歡迎辯論，但他不容許派系主義。每個經濟團隊的成員最終都會曉得，一天結束後，我們還是要握手共同面對一切。」

　　總統選擇的國家經濟委員會（National Economic Council）主席是桑默斯（Lawrence H. Summers）。柯林頓總統創設了這個委員會，其定位相當於國家安全會議（National Security Council），是一個為了協調其他各機關意見和行動的白宮組織。國家經濟委員會被賦予搭配其他機關的任務，特別是白宮經濟顧問委員會（White House Council of Economic Advisers, CEA），該委員會網羅經濟學者負責跑數據，並向總統提出政策的技術層面建議。另一個搭配的機關是財政部（Treasury Department），一般而言透過稅務政策、國內財政和國際事務等辦公室來主導政策制定。桑默斯身為唯一擁有西廂（West Wing）辦公室的首席經濟顧問，將偕同總統控制每日的經濟會報（the daily economic briefings）。

　　就像決策過程有時會出現的混亂情形一樣，內部人士說桑默斯和他的同僚努力彼此磨合。桑默斯強迫和經濟顧問委員會主席羅默（Christina Romer）辯論，如何才能改變健康照護政策，使得經濟情況達到最好；和財政部長蓋特納（Timothy Geithner）辯論如何處理出狀況的銀行；和預算局長奧薩格（Peter Orszag）辯論財政及衛生政策議題；還有和經濟顧問委員會的經濟學家古爾斯比（Austan Goolsbee）辯論應否拯救克萊斯勒汽車。

　　內部人士說，桑默斯的好辯風格耽擱了一些行動。他表示：「我給的建議是為了決定經濟行動的正確路徑，認清所有的政治因素。」當他看到建議，他如此酷愛辯論的樣子，其實更適合去當白宮的首席經濟顧問。「我在這些事務上所採的方式，總是提出反對意見和關注點，因為你如果沒有預期會出現這些反對意見和關注點，你就沒辦法讓風險極小化。」他又補充道：「我當然喜歡找出所有的可能性，並向總統報告每一種選項，以因應各種可能狀況。」

　　奧薩格如此形容桑默斯的角色：「賴瑞・桑默斯是全世界最聰明的經濟學家之一。他讓他所參與的討論都變得更豐富，就我們現在所面對的複雜性和挑戰的重要性而言，這特別顯得彌足珍貴。」

　　蓋特納是這樣描述他的角色：「任何議題都會招來賴瑞，然後說，嗯！現在這個計畫為什麼有問題的 16 個原因都找出來了。如果他有什麼想法，特別是如果我認為它們行得通，我會告訴他，『你為什麼不找個例子反駁它啊，賴瑞，反正你對這方面是很在行的。』」但蓋特納說人格特質使得桑默斯成為經濟委員會的一位好主席，因為「他比地球上的所有人都更懂得找出案例來贊成或反對任何特定的議題，並將一些事情單純化為一套具體方案。」儘管如此，蓋特納也告訴一位訪談員說：他「完全可以自在地對他反擊回去。」

　　或許沒有一位行政主管可以將一群真正聰明的人集合在一起，去處理極為複雜的問題，卻不預期會出現意見分歧。讓我們看看下面兩個例子：

- 桑默斯、蓋特納和阿克塞羅爾不同意古爾斯比是否紓困克萊斯勒的意見，而認為可安排飛雅特做為合理的購併者。古爾斯比認為拯救金融體系是一回事，因為信用乃經濟的血脈，但政府不應自己下海經營一家汽車公司。這場辯論變得相當火爆，以致桑默斯怒氣沖沖離開會場。雖然他呈交給總統的備忘錄中，後來有將古爾斯比的反對意見納入，但桑默斯在橢圓形辦公室的決策會議上，仍將他排除在外。在會議中，當羅默表達古爾斯比的反對意見時，歐巴馬發現這些反對意見的提出人不在現場，於是找人請他過來，讓他可以親自陳述意見。雖然歐巴馬那天傍晚後來仍決定採納桑默斯支持的方案，但古爾斯比至少有機會可以表達意見。
- 當羅默發布一份報告指出，健康照護改革可讓美國企業更具全球競爭力，桑默斯挑戰她要提出支持該主張的理由。他在一場出席人數眾多的會議上又重新要求一次，但羅默打斷他的話，說她的一些幕僚認同她，且她沒有將「不良論證」放進她的報告中。桑默斯回說他沒有做「不良論證」。羅默隨後形容彼此互相「表現友善」，就像在一場學術研討會上一樣。

　　為了要避免各持己見，而且或許因此進一步增加經濟決策的複雜度，歐巴馬也新增一個經濟復甦諮詢委員會（Economic Recovery Advisory Board），由前聯準會主席沃爾克（Paul Volcker）擔任主席。這個由 15 個外部專家組成的會議，來自勞工、企業和學術各界，負責向總統建議如何在 10 年內修復這場最糟的經濟危機。就像桑默斯一樣，沃爾克是一位「厲害的反覆詰問者，善於擷取不同的觀點，再進行縝密思考。這固然會延宕決策，但這代表他的想法不會跳來跳去。」

　　歐巴馬政府試著塑造一種決策過程，以便團隊成員之間可以產出較具建設性的對話和討論，而非強大的服從眾人的壓力。在決定如何決策時，主管們必須重視數個關鍵問題：誰應被納入決策過程中？決策發生的環境型態是什麼？參與者之間的「對話方式」是什麼？以及領導者掌控決策過程和內涵的能力為何？

資料來源：Caren Bohan, "Is Obama Creating an Economic Team of Rivals?" *Reuters* (February 6, 2009); Jackie Calmes, "President's Economic Circle Keeps Tensions at a Simmer," *The New York Times AI and AII* (June 8, 2009); Jonathan Weissman, "Summers Carves out a Powerful Role," *The Wall Street Journal* p. A6 (February 2, 2009).

　　決策（decision making）牽涉到從多種可能選項挑選出一種行動路線。因此，決策無法自前一章所描述的規劃過程抽離。Herbert Simon 強調：「『做決定』這項任務，和『加以執行』這項任務一樣，普遍存在於整個行政組織之中——事實上，『做決定』與『加以執行』這兩項任務是緊密結合在一起的。」[1]

　　決策至少包含了四個步驟：

1. 找出問題（或機會）。
2. 蒐集論據。
3. 做出決策。
4. 決策的執行與評估。

本章將探討以上各個步驟。

找出問題（或機會）

　　讓我們一開始先說明清楚，不同的行政問題有本質上的差異，知道我們所處理的問題屬於哪一種類型，有助於避免代價太大的錯誤。比方說：

1. 這個問題是急迫的，或是不重要的？

2. 這個「問題」其實是其他潛藏問題的徵狀，或是導致真正問題的根源？

3. 這個問題是特例（自成一格的）或是通例（一整群類似相關問題的其中一個）？

　　面對一個問題，我們首先要問的是，這個問題何時需要下決定？有些問題是急迫的，必須立刻下決定。有些問題是可以等待的，可以延緩決策，比方說等到下個月再決定。在這種情況下，你做決策的時間點——就是下個月。畢竟，從現在到那個時候，新的資訊、出乎意料的發展，以及讓你放棄現有觀點的更好的想法都可能會浮現。

　　現在讓我們轉向第二組問題：徵狀與根源。正如圖 6.1 所顯示的，管理者所面對的許多問題，其實是源自潛在根源所呈現的問題模式的表象。因為這種潛藏的根源很少是明白可見的，所以人們很容易把其徵狀視為問題本身，並試著加以治療。因此，行政人員通常會發現他們花費許多心血在處理 A、B、C、D 這些徵狀，而沒有真正地處理根源 E。

　　有效率的行政人員知道，只有相當少數的問題或事件是單獨存在的，絕大多數是潛藏問題的表象。因此，在嘗試迅速處理問題 A 到 D 之前，他們會嘗試去挖掘出真正的問題 E。一旦 E 被解決了，A、B、C、D 以及其他根源於 E 的進一步的問題，也都會被消弭。因此，有效率的決策者要做的決策並不多。

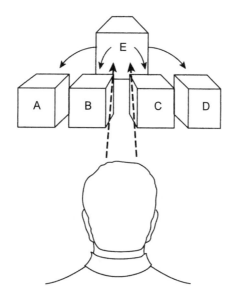

圖 6.1　有效率的行政人員要做的決策並不多，因為他們專注於問題根源（E），而不是徵狀（A、B、C、D）

　　一個好的醫生所要做的，不正是如此嗎？如果一個病患來就診很多次，每次都抱怨說他有愈來愈乾渴、癢、飢餓、重量減輕、虛弱及嘔吐的困擾，醫生所要做的不是在每一次看診時，依照當時的情形加以治療，而應試圖研判到底是什麼問題引發這些徵狀。相反的，太多行政人員老是陷入要立即加以治療，結果只能做表面解決的困境。

　　現在，讓我們來思考第三組問題：特例（sui generis）或通例（generic）。特例在拉丁文的字義上是「自成一格」，是指自己構成一類的問題。像美國太空總署（NASA）這類的機關可能就有很多特例性的問題，因為其工作中有太多需要新科技。美國軍事部隊則面臨兩個特例性的問題：要如何對待「出櫃」的同性戀人員，以及是否要讓女性加入戰鬥單位。正如我們將會在第 12 章處理到的，資訊革命在整個公部門中，創造出不少這類的問題。

　　但是我們必須小心。管理者所面對的大部分問題，都是某一種問題類型的一個部分而已——它們是通例，而且會不斷重複發生。一個沒有經驗的偵查員，會把每個案子都視為獨特個案；有經驗的則會知道，大多數犯罪行為會依照某種特定模式發展。這是為何經驗老到的探員認為，如果說辛普森（O. J. Simpson）案從一開始就沒有把他當作嫌犯的話，就是騙人的。因為每一年平均有 5,000 多名婦女被謀殺，其中 30% 是被她們的現任或前任丈夫或男友所殺害。

　　同樣地，欠缺經驗的管理者容易把太多問題都當成是獨特的。要如何告訴一位有價值的員工他沒有被升遷的理由？要如何處理一個績效良好卻有性別歧視問題的員工？要如何約束一個在每一次會議上都想主導討論方向的人？經驗豐富的管理者不必大費周章就會找到解決問題的方法。

蒐集論據

架構出一個決策

　　把問題精確地找出來後，行政人員接著要架構出他們的回應。在此，必須要特別注意所謂的決策上限與下限。

　　決策上限（upper limits of a decision）是指長期存在的限制，會決定行政人員可以做到什麼地步。一位前總統幕僚注意到其中五種[2]：

1. 允許的限制（是否合法？其他人是否能接受？）。
2. 可得資源的限制。
3. 可用時間的限制。

4. 先前承諾的限制。

5. 可用資訊的限制。

　　這份清單是不證自明的，但是第 5 點值得強調，因為行政人員在做決策時極度倚賴經驗。有經驗的行政人員相信（但卻常常不見得瞭解），過去的錯誤與成就在做決策時幾乎是絕對可靠的指針。但這是一個謬誤！行政人員必須嘗試著把整個世界視為一體、一個完整的體系，他們的個人經驗在這其中是非常渺小而且也不充分的範例。對於過分倚重個人經驗的一項修正，是使用統計分析。現代統計學奠基於機率的概念；利用從某一群體中的一個小樣本所取得的基本資訊，來判斷某種特質在該群體（例如特定的收入水準）中發生的機率。

　　決策下限（lower limits of a decision） 是指要解決一個問題時，最少需要發生的條件。比方說，德國在第一次世界大戰爆發時就知道，假設只要兩項最低條件能被滿足，就能贏得勝利：德國（條件一）對俄國採取低度抵抗，以便俄國（條件二）集中武力擊潰法國。但是當俄軍開始深入東普魯士後，德軍參謀本部幕僚還是決定從西線抽調兵力回防。於是條件二就沒有被達到，勝利的契機也就喪失了。[3]

　　Chester I. Barnard 引介一個與下限相當類似的概念，他稱之為**決策的限制性（策略性）因素〔limiting (strategic) factor in decision making〕**，這種因素「被控制以後，以正確的形式、在正確的地點與時間，會產生一個新的條件體系，這些條件是與目的相吻合的。因此，如果我們想要增加一片土地的穀物產量，我們就分析土地，我們可能得知這片土地需要施肥；此時我們可以說肥料是策略性（或限制性）因素。」[4] 如果管理者能夠發現策略性因素——能夠在正確的時間、正確的地點，用正確的量，以正確的形式來運作——那麼決策不但會變得比較簡單（因為其他因素會自動產生），也會變得更經濟划算。

　　以下範例可以說明策略性因素的概念如何運用在公共行政上：在 1990 年到 1994 年間，155 位未滿 21 歲的波士頓居民死於槍殺案。在「停火運動」（Operation Cease-Fire）開始後的 2 年之內，沒有任何波士頓青少年死於槍下。「停火運動」一開始就理解，這些相當少數具有攻擊傾向的青少年，既是這個暴力循環中的施暴者，也是受害者。從 1990 年到 1994 年，青少年謀殺案的受害者中，有 75% 在生前有犯罪紀錄；60% 曾參加過幫派活動。因為許多已經受害的人——以及可能的受害者，都是當局很熟知的對象，這個策略便是將資源投注在具有犯罪紀錄的青少年身上。

　　我們可以用下圖所呈現的一個重點，提綱挈領地來思考面對一個問題時，每一種可能的解決方式。在上層的解決方式必須要被加以排除，因為它們與決策上限互

相衝突；在下層的解決方式也必須要被加以排除，因為它們無法滿足一個成功決策的下限。這個綱要雖然不能直接提供解決方式，卻大幅限縮了行政人員必須列入考慮的可能解決途徑。

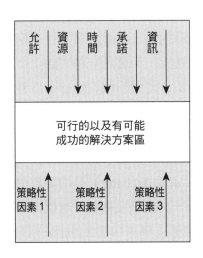

找人諮商

每個國王和女王都會找他們的顧問諮商。英國的伊莉莎白（Elizabeth）女王在 1588 年打敗西班牙，不是因為讀了一本《無師自通——打敗西班牙無敵艦隊》（*Teach Thyself to Thrash Armadas*）。不，她是跟她的部屬諮商。與那些會受這個決策影響最大的人士諮商，將你所掌握的事實與他們所掌握的相查證，更重要的是，傾聽他們所要說的（第 8 章將會更深入討論這個主題）。

有效的規劃需要多樣性的輸入。為了要達成這種多樣性，規劃者必須極度小心不要淪為某個特定顧問或專家集團的俘虜。為了強調這一點，我們可以引述甘迺迪政府的一個例子。在豬玀灣行動以災難收場後，許多甘迺迪總統身邊的人士對於高層的決策過程感到日益不安。新任勞工部長戈德堡（Arthur Goldberg）終於忍不住請教總統，為何不擴大諮商的對象，為何諮商的範圍這麼小，小到許多人的建議都是可以預測得到的？甘迺迪表示他無意冒犯，雖然戈德堡是個好人，但他的專業領域是勞工，不是外交政策。

「您錯了！」戈德堡回答：「您犯了劃分內閣官員的錯誤。」這位部長接著指出——讓總統感到相當意外——內閣中有兩位應該被列入諮商對象，其中一位是農業部長 Orville Freeman，另一位就是他本人。Freeman 曾經在海軍陸戰隊服務過，擔任過兩棲登陸的搶灘任務，因此知道這種任務有多艱鉅；而戈德堡本人曾經在第二次世界大戰期間任職於戰略服務處（中央情報局的前

身），負責過游擊行動。[5]

　　柯林頓政府也曾犯下同樣的錯誤。思考一下柯林頓在擬定他的健保改革提案時，並未邀請哪些人進入他的決策圈。首先是財政部長 Lloyd Bentsen，他在擔任參議員任內所草擬的健保法案，比柯林頓政府中其他任何官員都還要多。其次是衛生與人力服務部部長 Donna Shalala，她在自己部門的專業性無人可以望其項背。接下來是管理與預算局局長 Leon Panetta，他也是位經驗老到的立法者；以及他的副手 Alice Rivlin，曾任國會預算局局長。另一個被排擠在決策圈外的人物，是足以影響美國經濟七分之一的經濟顧問委員會的委員 Laura Tyson。正如兩位資深記者事後所觀察到的：「這些人在政府內部所提出來的問題，正是後來讓國會山莊質疑柯林頓這項計畫可信度的關鍵所在，但因為他們在大選中沒有輔選戰功，他們的建議也就沒有被加以注意。」[6]

　　這四個決策步驟——界定問題、蒐集事實、制定決策，然後執行——提供了一套不受時間限制的決策藝術導論。在進入對這套程序加以改良的現代技術之前，有些歷史觀點也是很有幫助的。人類一直都在追尋新的工具和概念來幫助自己做決策。圖 6.2 所呈現的是，對於當代瞭解這個主題有所貢獻的人物、事件和思想的範例。

公元前四世紀

柏拉圖與亞里斯多德　與柏拉圖不同，亞里斯多德尋找真理的方法，是透過對實際事務的檢驗，而不是去做理念上的沉思。事實上，他的《政治學》（*Politics*）一書第一句話就是：「透過觀察我們看到……」拉斐爾（Raphael）在他的名畫「雅典學校」（*School of Athens*）畫出兩個人的不同。柏拉圖手指向天，好像是在對亞里斯多德說：所有可以察覺之物，均源自天上的原型，政治學的偉大原理，可以被追溯到幾何學的原理原則。亞里斯多德把手平伸出去，向前看，而不是朝天看。

西元前 333 年

亞歷山大（Alexander）大帝　戈甸（Gordius）王把他的座車綁在神廟裡，由於綁車子的繩結實在太複雜了，乃有神喻說，誰能解開這個繩結，就能成為全亞洲的主人。這引發亞歷山大大帝極高興趣。他很簡單地拔出劍來，把這個繩結砍成兩半，輕鬆地達成任務。今天，「快刀斬亂麻」（cut the Gordian knot）意味著採取單純、果決、敏銳的行動解決複雜的難題。教授領薪水來分析說：「一方面……」；領導人領薪水來做決策。海軍陸戰隊針對「決策恐慌症」（decidophobia）想要蒐集更多資訊的傾向，反而拖延了艱難的決定——研發了「70% 解決方案」：如果你掌握了 70% 的資訊、做了 70% 的分析、有了 70% 的自信，那就動手吧！

Aristotle and Plato: detail of School of Athens, 1510–11 (fresco) (detail of 472), Raphael (Raffaello Sanzio of Urbino) (1483–1520) / © Vatican Museums and Galleries, Vatican City, Italy, / ©The Bridgeman Art Library

圖 6.2　歷史上的決策制定

西元前 49 年

凱薩（Julius Caesar）　義大利境內的魯比孔河（Rubicon）曾經是羅馬共和國與凱薩大帝所統治的高盧之間的邊界。當凱薩大帝揮軍過河後，他侵犯了羅馬的共和體制，而且沒有回頭路可走。因此，「跨越魯比孔河」（crossing the Rubicon）成為「破釜沉舟」的同義詞。不幸地，有時我們之所以覺得自己採取一條無法回頭的路，是因為已經把太多心血跟金錢套牢在這個案子上。在決定攸關未來的決定時，應該要忽略「沉澱成本」（sunk cost）。

十四世紀

奧卡姆（William Occam）　「奧卡姆的剃刀」（Occam's razor），經濟或吝嗇的哲學原理，主張一個解釋只應留下絕對需要的要件。重點：如果你對某個現象有兩個以上令人滿意的解釋，那就採用最短的那一個。

十七世紀

霍布森（Hobson）的選擇　英國一家名不見經傳的小店主人霍布森，在店旁有 40 匹馬出租。他採用一欄一欄換馬輪替制度，這樣他最好的馬匹就不會因為過勞而受傷。當你跟霍布森租用馬匹的時候，你所會得到的馬匹將是最接近馬廄口的那匹——不管你偏好哪一匹。因此，「霍布森的選擇」，就是：沒得選擇。

笛卡爾（René Descartes）　與培根（Francis Bacon,1561-1626）相似，笛卡爾（1596-1650）得到靈感的方法在當代決策看起來像是背道而馳；他也察覺在進行研究時，欠缺精確建構出來的方法。對笛卡爾而言，任何研究的目標都是求得確定性，而知識只能從全然的客觀中獲得。他制定出一套規則，理想上，希望能夠建構出沒有謬誤的方法，可以機械式地、普遍地加以運用。他的方法雖然在物理科學中運用得相當良好，許多當代的學者認為這套方法運用在社會科學會遇到比較多限制。這些學者指責他們有一些在研究人類互動的微妙性質時，仍堅持要秉持科學嚴謹精神的同僚，罹患了「物理學嫉妒症」（physics envy）。

巴斯卡（Blaise Pascal）　巴斯卡與律師兼數學家費馬（Fermat）通信。他們同時受某位嗜賭的紳士委託，要瞭解為何這位委託人在與人打賭三個骰子擲落後的數字時，總是輸錢。為了解決這個問題，巴斯卡與費馬聯手找出當代機率的理論。其重要性無法估計，因為這顯現出一個人可以在不確定的情況下，做出明智的決定。1921年，奈特（Frank Knight）試著將不確定性與風險做一個區分：後者的機率是可知的，因此後果也可以確定。

十八世紀

亞當‧斯密（Adam Smith）　直到今天，亞當‧斯密的名聲建築在他對於自由經濟中，理性的自我利益如何導致經濟上的繁榮興盛所做出的解釋。在二十世紀中期，一群經濟學家（人稱公共選擇學家）會採用同樣的原則，並加以應用到人們在集體決策時的行動。亞當‧斯密也提供了有關決策非預期的正面後果最有名的一個範例：他主張，每個人追求自己的利益「是受到一隻看不見的手所推動，去追求一個原本不是他所企圖達到的目的」，也就是公共利益。亞當‧斯密寫道：「我們得以享用晚餐，不是因為屠夫或麵包師傅的恩惠，而是基於他們個人的自我利益。」

圖 6.2　歷史上的決策制定（續）

策者能夠也應該完全理性地行動；賽蒙論證說，因為獲取資訊的成本，管理者只能基於有限理性來做決策，即管理者的理性是有限度的。賽蒙與卡內基技術學院的同事，對於電腦輔助決策工具的開發，有相當貢獻。

1961 年

海勒（Joseph Heller） 在海勒的小說《第22條軍規》（*Catch-22*）中，第二次世界大戰期間的美國飛行員被迫要出無數次危險任務，除非他們被診斷出有精神病，否則不能解除任務。這個規定刺激到一位拒絕飛行的飛行員，他不想在出任務時被擊殺，又不會被診斷出有精神病，因為他的思慮太清楚。如今，「第22條軍規」被用來意指一種沒有出路、無解、進退兩難的決策情境。

1968 年

詹尼斯（Irving Janis） 詹尼斯將那種重視共識勝過最好結果的瑕疵性決策稱為「團體盲思」（groupthink）。

1972 年

柯恩（Michael Cohen）、馬區（James March）與奧爾森（John Olsen） 這三位學者提出組織決策的「垃圾桶模式」。有三種不同的因素會在組織內部流動：問題、解決方案與選擇機會（或政治氣候）。各人在決策情境間流進流出，隨身帶著問題和解決方案，找尋機會之窗。因此，組織就像一個垃圾桶，參與者隨機往裡面倒各式各樣的問題和解決方案。決策也就是這個垃圾桶混和（問題、解決方案、政治氣候）出來的功能。重點：組織應該先在他們的資訊垃圾桶，找出一些稍早被丟出來沒有待處理問題的解決方案。

© CORBIS

十九世紀

霍姆斯（Oliver Wendell Holmes） 霍姆斯說：「法律的生命，並不是邏輯性的，而是經驗性的。」法官裁判的依據，不應是法條，而應是社區中理性成員的良知。從這個角度來說，霍姆斯屬於亞里斯多德學派，而非柏拉圖或笛卡爾。

1900 年

佛洛伊德（Sigmund Freud） 為何佛洛伊德這位史上爭議性最高的醫生，迄今仍緊緊抓住我們呢？他的核心概念，也是他的名聲所繫，就是隱藏在我們心中的原因，會影響我們的決定和行動。比方說，佛洛伊德認為拿破崙（Napoleon）對他兄弟喬瑟夫（Joseph）的敵意，是影響他決策的動力——這是他為何會追求與約瑟芬（Joséphine）結婚，以及決定入侵埃及的原因。

1907 年

費雪（Irving Fisher） 經濟學家費雪將淨現值（net present value）的概念介紹給世人。如果公共行政人員試圖衡量一個超過 10 年的長程計畫的成本與效益時，他們會將未來的成本與效益打折，以反映其現值。

1947 年

賽蒙（Herbert Simon） 賽蒙反對笛卡爾的概念：決

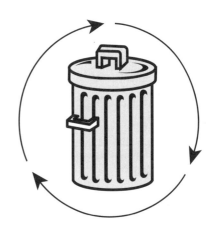

圖 6.2 歷史上的決策制定（續）

1979 年

特維斯基（Amos Tversky）與康納曼（Daniel Kahneman） 人們面對現實生活的不確定性，是否冷靜地計算其自我利益，然後理性地思索出一個最佳的決定？根據這兩位經濟學家的研究，答案是否定的。人們通常是依照慣性或詮釋來解決問題。

2005 年

格拉威爾（Malcolm Gladwell） 在《決斷兩秒間》（*Blink*）書中，格拉威爾介紹一系列個案和專家，包含可以在 2 秒內辨識出一個雕像是真跡或贋品的藝術史學家，或者可以在觀察 5 分鐘後，預測一對夫妻是否會離婚收場的心理學家。但是你的直覺是否能做出正確的判斷呢？這端視你所受的教育而定。退休救火隊員

的直覺，是歷經多年的經驗而鍛鍊出來的，所以如果他們警覺到什麼，而要遠離某個樓梯間，通常不是沒有道理的。缺乏經驗的消防隊員在火災現場的表現較差，研究顯示，因為他們缺乏潛意識的警覺。

© AP/Wide World Photos

資料來源：Robert Hendrickson, *Word and Phrase Origins* (New York: Checkmark Books, 2000); Michael Useem and Jerry Useem, "Great Escape: Nine Decision-Making Pitfalls" *Fortune* (June 27, 2005); Leigh Buchannan and Andrew O'onnell, "A Brief History of Decision-Making," *Harvard Business Review* (January 2006); and Isaac Asimov, *A Biographical Encyclopedia of Science and Technology* (New York: Avon books, 1972).

圖 6.2 歷史上的決策制定（續）

做出決策：五種分析技術

在蒐集論據與建議後，決策者應該做好準備開始對這些不同的選擇方案加以評估。在這一節中，我們將思考五種可以幫助行政人員進行此一關鍵任務的分析技巧。

1. 成本效益分析。

2. 多目標模式。

3. 決策分析。

4. 系統分析。

5. 具名團體法。

本節著重討論一種特定的思考風格。其分析方式是建立在形式邏輯上；這種方法將各種情境加以分解、孤立，然後逐一找出問題，使之容易管理。然而，採用這種方式來看問題，有其侷限性。本章最後一節將會加以討論。

成本效益分析

在一個稀有性的年代，人們更有興趣對成本與效益加以權衡。如今，聯邦政府必須要做的不只是衡量諸如更乾淨的環境、更安全的產品、更健康的工作環境，以及更好的大眾運輸系統等各種目標的效益——還要權衡這些行動的成本和其他副作用。

這類評估的方法論早在 1936 年就已經出現。在那一年，防洪法（Flood Control Act）規定要採用**成本效益分析（cost-benefit analysis, CBA）**，並建立以下政策：「為了防洪的目的，如果任何人所能獲得的效益都超過成本的話，……聯邦政府應該改善或參與改善通航水域。」

大多數的成本效益分析都涉及一些特定的共同要件：成本與效益的衡量、分配的影響、折現因子，以及決策規則。以下各段落將會一一加以檢視。

衡量成本效益　假設美國工兵署要挖掘一條壕溝。要計算挖掘這條壕溝所能得到的效果，必須事先有系統地加以分析，將成本與效益分成幾個大類再行細算。

表 6.1 列出各種類別，並附上例子。**真實效益（real benefits）**是從公共計畫案的最終消費者所獲得的效益，這代表社區整體利益的增加。然而，這樣的效益必須與從其他用途抽離過來供應此一公共計畫案的資源，也就是**真實成本（real costs）**加以平衡。

金錢效益（pecuniary benefits）與**金錢成本（pecuniary costs）**「因相對價格的變化而產生，這樣的變化導因於經濟結構自我調節，以供應公共服務。其結果，某些個人所增加的獲利，卻被另一群人所承受的損失給抵銷掉。社會整體並沒有獲利。」[7] 比方說，馬路兩側的餐廳，因幹道的興建案而收入增加；這樣的獲利並沒

表 6.1　灌溉計畫案成本與效益的主要類別		
類別	成本	效益
真實的		
直接的		
有形的	管線成本	農產量增加
無形的	荒野消失	區域的美化
間接的		
有形的	水流轉向	土壤侵蝕減少
無形的	野生動植物棲息地破壞	鄉村社會的保存
金錢上的		農用機具產業的相對進展

資料來源：R. A. Musgrave and P. B. Musgrave, *Public Finance in Theory an Practice* (New York: McGraw-Hill, 1973), 142. 獲得許可翻印。

有反映到社會整體的淨獲利，因為被其他人的成本給抵銷掉了（也就是位於其他地點的餐廳與雜貨店因此所失去的生意）。或者讓我們思考一下蓋新體育館。在計算建造一棟新體育館，或重新整修一棟既有體育館的效益時，倡議者很容易會把金錢效益，諸如門票收益與新的工作機會，視為真實效益，其實這些效益不是真實效益。週末下午棒球場賣出去的一張門票，也就是電影院沒有賣出去的一張票；無論市民選擇哪一個活動，他從荷包裡掏出來的，是同一筆錢。同樣的，體育館所「創造」出來的工作機會，也是從當地產業挖走的工作機會──畢竟，一個工人不能於同一時間在兩個地點工作。基於這些理由，我們在探討成本效益分析時，不可忽略金錢效益。

真實效益與成本可能是直接的，也可能是間接的。**直接效益與成本（direct benefits and costs）**和計畫案的主要目標直接相關。**間接效益與成本（indirect benefits and costs）**──有時稱為**外部性（externalities）**或**外溢效應（spillovers）**──比較像是副產品。無可否認地，直接與間接的界線有些模糊，需要由分析師來加以判斷。

「有形的」（tangible）這個詞彙，意指可以用金錢衡量的效益與成本；那些無法用金錢衡量的──諸如因太空計畫而得到的世界威望──則被歸類為**「無形的」（intangible）**。

以下這些事項顯示出，在衡量成本與效益，以及用以測量的技術，所會面對的問題：

‣ 政府方案常見的間接成本是**遵循成本（compliance costs）**──或者，簡單的說，官僚作風（red tape）。比方說，聯邦政府的新法律原本是要保障員工領退休金的權利，卻因為紙上作業的繁複流程，使得許多小企業決定取消他們的原定計畫。

‣ 要嚴格衡量效益是很困難的。想一想控制空氣污染的效益。有效的污染控制意味著對健康、植物、物質與財產較少的傷害。如果對這些效益的估算是一種「概算」，那麼對審美觀上的效益（諸如：天空現在很晴朗）和人類感官上的舒適（諸如：使一個人停止流淚）等估算又是什麼？

‣ 不是所有的成本效益研究結果都是效益超過成本。一項由政府支持、針對安裝特定汽車污染控制裝置，以配合聯邦政府法令要求的成本效益研究發現，控制汽車排放廢氣的成本，超出了因汽車排放廢氣所造成的空氣污染減少所得到的效益。

公共方案的分配影響　在嘗試衡量成本與效益時，我們也應注意到公共方案所產生的成本與效益分配。誰真正得利？哪些團體？要清楚地找出獲利的團體，有時並非

Maryland State Highway Administration

在成本效益分析中，衡量的標準是直接或間接的，以及有形或無形的。加州大學達維斯分校兩位研究者發現，全國有 40 萬戶人家居住在離主要幹道很近的地方，因為噪音的緣故，喪失了便利所帶來的價值。這是修築一條幹道有形而間接的成本——也因此使得增設隔音牆有其正當性。但沿著幹道長長一排不透光的牆面很不討喜。照片中所顯示的透明隔音牆，從審美觀的角度來說，是更賞心悅目的，但成本是一般隔音牆的 3 倍。因此，審美觀就是這些透明隔音牆的無形效益。

一件簡單的事。在獲得利益者之間，這些效益是如何分配的？誰真正應該負擔這個方案的成本？方案的成本要如何分派給這些應負擔的團體？**8**

折現因子　許多公共計畫案與方案曠日廢時，分析師如何看待時間因素，影響至為巨大。

為了化繁為簡，想像時間以年為單位被分成數等分，而未來的成本與效益是發生在特定的某幾年。表 6.2 的 B 欄顯示，金錢效益達 8 年之久。由於建設要花 2 年的時間，效益要到第三年才看得出來。C 欄顯示成本，一開始的時候很高，後來被逐年均攤掉了。D 欄則顯示每一年的淨效應（效益扣除成本）。

在第四年所得的 100 萬美元淨效益，是否真的有現今 100 萬美元的價值呢？不是的，未來的收益必須做一個調整，以讓我們掌握到同樣數字的金錢在未來的價值會比現在更少。原因是今日的 100 萬美元可以用來投資，在 4 年之後很確定會使投資人連本帶利得到更多。成本也同樣需要加以調整。我們稱這樣的調整——將同一筆金額在未來的價值降得比現在更低——為**折現（discounting）**。

要找出一筆金錢在未來任何一年的價值，只需要套用一個折現因子（discount factor）。公式為

表 6.2　假設性的成本效益研究（單位：百萬美元）

年 (A)	效益* (B)	成本* (C)	淨效益 (D)	折現因子 (i = 10%) (E)	淨效益的現值 (F)
1	$ 0	$ 4	–$4	0.909	$ –3.6
2	0	4	–4	0.826	–3.3
3	1	1	0	0.751	0
4	2	1	1	0.683	0.7
5	3	1	2	0.621	1.2
6	4	1	3	0.564	1.7
7	4	1	3	0.513	1.1
8	4	1	3	0.467	1.4
總計	$18	$14	$4		$ –0.8

*一般來說，在計算成本效益時，只會使用直接的成本與效益。然而，一個全面性的研究應該將間接的成本與效益也列入考慮。

$$折現因子 = \frac{1}{(1 + i)^t}$$

i 表示利率，而 t 表示年數。藉助於這個公式（或者，更有可能地，一份折現因子表或一台計算機），讓我們回到剛剛的問題：4 年後的 100 萬美元在今天的價值有多少？我們假定年利率為 6%，先套用在折現因子上，然後再乘以 100 萬美元，就得到這個數字：

$$現值 = \frac{1}{(1 + 0.6)^4} \times \$1,000,000 = 0.792 \times \$1,000,000 = \$792,000$$

表 6.2 的 E 欄提供某個計畫案前八年的折現因子，假定折現率為 10%。D 欄的淨效益受到調整來反映其現值並呈現在 F 欄中。如果將 F 欄加總，我們會發現 8 年下來的成本還是高過效益。基於這個計算的成果，這個計畫案似乎不值得去執行。但如果折現率被降到 6%，則效益將會超過成本——這就是成本效益分析中，一些百分比的重要性。

也許有人會問，為何要採用 6% 的折現率？這是個好問題，因為採用 10%、6%、3%，正如我們剛才所看到的，將會造成很大的不同。決定要採用什麼折現率，要先思考使用這筆資金的**機會成本（opportunity cost）**。機會成本是投入特定資源，在最佳的使用情形下，可以產生的價值。我們可以假定，公共計畫案所花的每一分錢，都是透過徵稅或借貸而從私部門得來。其結果，這些資源如果投資在私部門計畫案上所可得到的報酬率，便是同一筆資源被投入公部門計畫案時合理的折

現率。正因這個理由，有些人認為一張十年期的國庫券，會是相當接近機會成本的近似值，因為這正是政府需要花費在吸引私部門投資的金額。在此段文字寫就之時（2009 年 11 月 4 日），十年期國庫券的收益為 3.47%。有關折現率還有其他的因素應列入考量，但限於篇幅本書不予討論。

決策規則　即便假定效益真的高過成本，也不能就因此決定要推動此一計畫案。在此之前，還必須要仰賴**成本效益分析的決策規則（decision rules for cost-benefit analysis）**來進一步思考。

　　首先，我們可能會面對一個簡單的計畫案，只牽涉到一個是與非的決定；也就是說，決定要進行這個計畫案，或是不要進行這個計畫案。我們所想要使用的要件，是淨效益要件。我們將淨效益（net benefit, NB）定義為：

$$NB = B - C$$

　　然後使用以下的決策原則：若且唯若一個計畫案的淨效益大於零，這個計畫案才應該被執行。因此，當我們在表 6.2 看到淨效益為 − $800,000 時，這個計畫案就不應該被執行。這個公式看起來很簡明易懂，卻是相當重要的，美國工兵署在評估是否要同意核撥一筆經費，比如說用來拓寬航道時，便經常採用這個原則。

　　其次，一個行政人員可能會面對在兩個互斥計畫案中做選擇的情境。比方說，一個部門可能要在建造四種不同類型的橋梁中做選擇，其經費卻只能建一座橋梁。在這種情況下，一般原則為：在幾個互斥計畫案中只能擇一時，選擇淨效益最大的那一個計畫案。

　　另一個要件，與剛才提到的淨效益一樣重要的，是益本比（benefit-cost ratio, BCR），它被界定為：

$$BCR = \frac{B}{C}$$

　　在從互斥的計畫案中做選擇時，益本比有用處嗎？很不幸的，答案是：沒有。在四種橋梁的選擇中，其中一種是簡便的步橋，只適合輕型交通工具行駛。因為只需投入少部分的投資，益本比可能相當高。但與設計給火車與卡車通行的橋梁相較之下，其淨效益可能顯得相當貧乏。

　　第三，一個行政人員可能會面對一個目標不具效率的個案。比方說，有關區域經濟發展與失業的計畫案，其分配的結果可能是主要的關心焦點；在這種案例中，金錢效應顯得更為重要。因此，大規模計畫案的委託單位，如美國國防部與美國太空總署所必須關心的，不只是一個計畫案的成本效益分析，還包含是哪個州得到合

約、得到分包合約的企業之規模，以及牽涉到哪些工作（技術層次）。

　　第四，行政人員可能必須選擇，在特定的預算限制下，要在哪個層次進行各種計畫案。在這種情形下，所要採用的規則是，緊盯每一個計畫案的開支，讓在一個計畫案所花費的最後一塊錢，等於在另一個相似的計畫案中所花費的最後一塊錢。（正如經濟學家所指出的，邊際淨效益應該相等。）換言之，如果下一筆 100 萬美元的經費，花在計畫案 A 可以得到 120 萬美元的效益，而花在計畫案 B 卻可以帶來 130 萬美元的效益，那麼這 100 萬美元應當放在計畫案 B 而非計畫案 A。

成本效果分析　與成本效益分析緊密相關的，是成本效果分析。這個技術試圖回答以下這個問題：付出特定的代價後，得到的效果為何？**成本效果分析（cost-effectiveness analysis）**的優點在於，產出或效益不需要用金錢來表示。

　　讓我們思考成本效果分析的例子。假設投入在疾病 A 與疾病 B 的支出所挽救的生命如下表，而行政人員想要決定如何提出一個混合的疾病管制方案：

	支出	挽救的生命 （累計的）
疾病 A	$ 4,500,000	360
	1,000,000	465
疾病 B	$　500,000	200
	1,000,000	270

　　葛羅塞（Robert N. Grosse）解釋道：「如果我們只知道支出 100 萬美元的效果，我們可能會選擇一個把錢都花在控制疾病 A 的方案上。同樣地，如果我們只知道支出 50 萬美元的效果，我們可能也會選擇針對疾病 A 的方案，因為這將可以拯救 360 人，而不是只有 200 人的性命。但是如果我們得知花費 50 萬美元與花費 100 萬美元在兩個方案中所能得到的結果，我們很快就可以看出，如果我們把 100 萬美元分成兩半，兩個方案各給 50 萬美元，所得到的效果將會比全部放在一個方案上更好。」[9]

多目標模式

　　成本效益分析的侷限，在於它只能說明一個目標，通常是以金錢衡量所累積獲致的效益。為此，決策者可能希望使用針對多重目標而設計的多目標模式，來取代或補強成本效益分析。正式來看定義，**多目標模式（multiobjective model）**是一種決策技術，可以用在面對道德目標或一兩個目標無法加以量化的情境。此模式將對

策分析（solution analysis）分成三個步驟：(1) 挑選評估指標；(2) 決定每個被挑出來的指標之相對重要性；以及 (3) 衡量每一個可能選項如何滿足這些指標。

　　讓我們來思考一個典型需要成本效益分析的計畫案：垃圾處理廠。假定有四個地點被列入考慮，徵詢專家的意見，請他們依照五個指標將這四個地點依優先順序排列，結果如下：

垃圾處理廠四個預定地點排序					
	計畫案在以下這些指標中的效果				
計畫案	當地交通	土地使用規劃	鄰里的態度	社區經濟	稅基
A	4	4	3	2	3
B	2	1	1	4	1
C	3	3	4	3	4
D	1	2	2	1	2

排序：最佳 = 1，最差 = 4。

　　也可以要求專家使用一個量尺，從 –100（最負面的效果）到 +100（最正面的效果），將這幾個地點加以排序。以上表第一個指標為例，專家的評估結果可能像這樣：

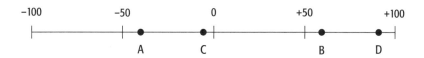

　　到目前為止，還沒有談到每一個指標的相對重要性。因此，決策者可能、甚至應該賦予每一個指標一個權重。下一個例子讓我們得以看到這個步驟是如何運作的。在對一所大學的教師進行評鑑時，你會賦予以下各個指標多大的權重？

教學成效	?
專業成就	?
社區服務	?
與學生和同事的相處	?
	1.00

注意：這些權重的總數應為 1.00。

　　假設一所大學賦予這些指標的權重如下：

指標	指標的權重	Zarkov 教授的原始分數
教學成效	0.40	70
專業成就	0.30	100
社區服務	0.15	80
與學生和同事的相處	0.15	60

如此一來，該校薩科夫（Zarkov）教授的分數套上這些指標的權重，計算出來的結果為：

$$70(0.40) + 100(0.30) + 80(0.15) + 60(0.15) = 79$$

以上這兩個範例已經被高度簡單化。在實際運用時，每一個指標都需要進一步拆解為幾個次級指標，然後需要賦予每個次級指標一定的權重。比方說，專業成就這一個指標，可以進一步拆解為研究、諮詢、出版與專業活動等四個次級指標。

如果多目標模式看起來冗長乏味，而且又相當主觀（是這樣沒錯），那麼我們要邀請讀者來思考其他決策的方式……。例如，假設你身在鐵達尼號上，有位旅客就叫他 Abrams 先生好了，他向船長建議按照姓氏字母順序來分配珍貴的救生艇，除非你姓 Aadsen，否則你很有可能會用多目標模式和他爭論一番。

決策樹

當決策情境依順序發生時，適用此一決策輔助工具。這個工具包含一套以圖解呈現決策的選項、性質的描述，以及每一個行動路線所會產生的結果。使用此一技術的第一步，是將決策所會產生的後果，以及決策者可能遭遇到的機會事件以圖解畫出來。

思考一下此一情境。一個社區在明年森林重造計畫案完工前，有遭遇山崩的威脅。如果山崩真的發生了，只會造成財產上的損失，因為人員可以疏散。財產的損失預估將達 300 萬美元；蓋一個擋土牆的成本則為 20 萬美元。這個情境的決策圖詳如圖 6.3。在繼續閱讀之前，請先琢磨一下這個圖示。

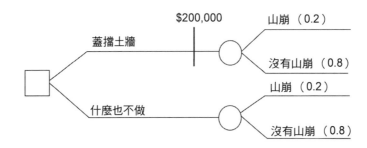

圖 6.3　山崩控制的決策樹

　　要瞭解這個樹狀圖，我們先從這個社區的第一個決策開始：要蓋擋土牆？還是什麼都不做？在圖示左側的正方形指的是：此時該做出決策。兩條分叉顯示出兩種可能的選擇：蓋擋土牆，或者什麼也不做。如果我們沿著上面這條選擇——蓋擋土牆——會發生什麼事？我們知道得付一筆「過路費」（toll），也就是蓋這片擋土牆的價格 20 萬美元。接下來我們就會遇到一個圓圈，或稱機會節點（chance node），來指明必須透過某種方法或另一種方法加以解決的不確定性。在這個機會節點，遇到兩種可能性：會發生山崩，或者不會發生山崩。因此，我們就按照這兩種可能性畫出兩條分支。再者，關於這個決策問題，我們從專家的意見或歷史資料上可以看到這兩種可能性的機率——明年有 20% 的機率會發生山崩，有 80% 的機率不會發生。在決策樹的各個枝幹上標記這些數字。最後，我們記得一場山崩所造成的財物損失約 300 萬美元。這就使得最上面的那根枝幹的償付達 60 萬美元（300 萬美元×0.2）；如果沒有山崩的話，既沒有得、也沒有失，因此第二根枝幹的償付為 0。如此一來，花費 20 萬美元修築擋土牆顯然是有道理的。修築擋土牆的期待值為：償付的 60 萬美元減去實際修築的費用 20 萬美元，亦即 40 萬美元。

　　同樣的，不蓋擋土牆也會有兩種可能性，其機率與償付從位於下方的機會節點開始展現。這株決策樹乃將所有可得的關鍵資訊都整理出來。請注意事件的發生順序：決策者必須在自然災害是否真的會發生之前，就預先做決定。你是否能看出來，為何決策者決定什麼也不做，等於花掉 60 萬美元？

　　剛才這個問題很明顯是過度簡化。這個社區也許會有其他的選項，包含建築不同類型的擋土牆（好的、比較好的、最好的）。這就需要更多的機會節點，山崩也有可能（在一定的機率下）壓垮擋土牆。為了避免這種不愉快的事件發生，決策者必須在這個圖表的右側再加一些機會節點。或者這個社區會嘗試著找到一個可信的長期性氣象預測，因為山崩在豪雨不息時更容易發生。此時就要添上另一個「收費口」（toll gate）。

　　綜上所述，一株決策樹是一張流程圖，顯示出一個決策問題的邏輯結構，包含了四個要素：

1. 決策節點（decision nodes）：指出對決策者而言，所有可能的行動路線。

2. 機會節點（chance nodes）：顯示可能介入的不確定利益及其可能的結果。

3. 機率（probabilities）：一個機會事件的每一種可能結果。

4. 償付（payoffs）：綜合每一種可能的選擇與機會結合後可能的後果。

系統分析

系統分析更像是一種馬賽克拼圖，而不是明確具體的分析技巧。這個馬賽克拼圖是由什麼組成的呢？是多種學門的枝枝節節所拼湊出來的——土木工程、社會學、生物學、經濟學與電腦科學。非常廣泛地說，**系統分析（systems analysis）**途徑鼓勵我們將問題視為一個系統——也就是，一堆互賴成分之集合體。

雖然這聽起來根本是常識——甚至是陳腔濫調——卻經常被忽視。讓我們想想一個典型的例子[10]：污水處理的基本問題是，當有機的污水被倒進河流或湖泊中，會嚴重破壞水中的氧氣，但分解污水的細菌所需要的正是氧氣，它們使用氧氣轉化的有機物質來分解無機的產品。結果，將廢水傾倒進河流或湖泊，損耗了地表水的氧氣供給。這個動作殺死了分解污水的細菌，也使得水質自我淨化的循環被打斷。現在，一位下水道工程師加入討論。他提出來的解決方案是簡單地將這些分解污水的細菌養在一個處理廠裡面，以人工方式提供它們足夠的氧氣來進入有機物質之中。如此一來，處理廠所排放出來的，大部分都是無機的殘餘物質。因為這部分不需要氧氣，所以這位工程師認為他已經解決了這個問題。

很不幸地，這位下水道工程師沒有認知到，他所處理的是一個系統，而這個系統包含大自然的河川與溪流。當前的污水處理富含無機的殘餘物——二氧化碳、硝酸鹽、磷酸鹽等——助長水藻滋生。「在極度肥沃的環境下，水藻大量滋生，而又很快死亡，釋放出污水處理技術所除去的氧氣。」

要更瞭解這個途徑，以下將討論系統分析的**四個基本步驟（four basic steps in systems analysis）**：問題表述、提出模式、分析與最佳化，以及執行。

1. **問題表述：**問題表述應該是在分析一個系統時，最困難的步驟，有時占了整個分析過程四分之三的時間。這個步驟包含對任務的細部描述，並且界定出重要的變項，以及這些變項之間的關係。想像一下要去調查都市交通系統中，一些已經被觀察到並且察覺出來的困難。在系統途徑中，人們一開始要先確定的會是，首要的目標到底是提供更好的服務、較低的費用、更少的污染，還是別的事物？分析者也要決定需要用到哪些資料：依照交通模式的乘客里程數；依性別、年齡、種族、收入的乘客里程數；以及依時間、地點的乘客里程數等等。最後，還必須找出這個都市區域的主要決策者，以及他們的動機。

2. **提出模式：**在這個步驟的場景變化是，人們從問題的真實世界，進入模式建造者的抽象世界。一個模式把真實世界的問題簡單化，來加以呈現；其目的在幫助我們思考。模式可以是對真實事物的物質重建。美國工兵署就做了一個紐奧良某一地區的模型，與實體的比例為 1:15，嘗試將卡崔娜颶風當時的情境加以重建，以

試著瞭解到底發生了什麼問題。

　　模式不需要──有時也不可能──是真實物件的比例模型。如果有一顆直徑 1 公里的彗星撞擊大西洋會如何？為了要回答這個問題，山迪亞國家實驗室（Sandia National Laboratories）在一部電腦中設計程式，而電腦的運算模式提供了一個結果。我們從以下的照片可以看出，這個結果並不好。從卡斯塔莉亞（Castalia）這顆體積大於平均的小行星所做的真實模擬來看，它遭受一塊房子大小的岩石，以每秒 5 公里的速度撞擊，請造訪 www.nasaimages.org。* 這場撞擊相當於廣島原子彈的威力。如果有小行星朝地球前進，有人提議利用核子武器擊碎，或至少可以改變它的軌道。模擬顯示這樣的撞擊可以使一顆堅固的小行星碎裂。

　　模式設計者的任務與其要精確，毋寧更要有藝術細胞；比起有條理和有系統，有創意更重要。他必須致力在兩件事間求取平衡：一方面，要把所有與事實相關的層面都包含進來；在另一方面，又要保持這個模式的簡單，使之與既存的

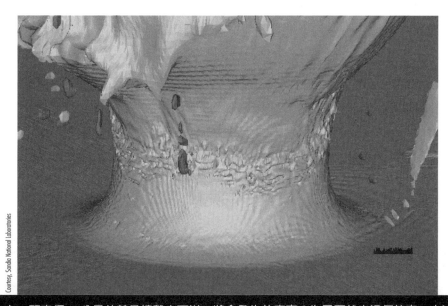

Courtesy, Sandia National Laboratories

萬一有一顆直徑 1 公里的彗星撞擊大西洋，將會發生什麼事？為了要找出這個答案，山迪亞國家實驗室〔政府所有、承包者負責運作 (government-owned contractor-operated, GOCO)〕的研究人員，在兆次運算的超級電腦中設計模式來計算此一事件。這張照片顯示出，在撞擊之後 8 秒，超高溫的海水會噴發到高空。300 英呎高的海嘯將會蓋過曼哈頓的天際線（圖中右下角的黑色物件）。彗星的碎片與水蒸氣將會遍布整個地球，導致氣候變遷，在農業上造成重大而深遠的衝擊。覺得這事太渺茫嗎？請注意，1994 年撞擊木星的彗星，直徑就是 1 公里。

---

* 譯者按：確切之網頁應為 https://archive.org/details/SVS-558。讀者可以在該網頁上看到美國太空總署（NASA）所進行的模擬撞擊畫面。

理論承載、計算的時間與可得的資料一致。最後，對一個模式的品質之測試，在於這個模式對於幫助解決原始問題的效力到底有多高。圖 6.4 是一個刑事司法系統的模式。

　　這個模式的效果如何？假設一個政治人物召集了 10 萬名警察站在街頭，無疑可以逮捕更多罪犯。但如果法庭與拘留所的基礎人力沒有隨之增加，多出來的這些囚犯只會單純地將監獄塞爆而已──這導致更嚴重的延期審判或更多的罪犯必須被假釋出獄。切記：在一個系統中，每一個成分都是互相連結的。

3. **分析與最佳化**：在這個步驟，一個分析師所要研究的模式，是能找出解決既有問題的最佳策略者。可能的選項包含電腦模擬與敏感性分析。

　　模擬（simulation）模式可以幫助使用者將大部分都市警察局真實的派遣與巡邏運作相當完整地複製出來。根據統計，事故可能出現在整個都市中，隨機於任一時間、任一空間中發生。每一種事故都被編列了優先序號，序號愈低的事故，其重要性愈高。比如說，第一優先是指有警官遭遇麻煩、重大犯罪案件有了進展，或者有人員嚴重受傷；第四優先的事故可能是消防栓蓋子被打開、有人被鎖在門外、違規停車等。當知道發生的事故歸屬哪一類別時，接著就要指派（派遣）一組巡邏隊到現場。為了要做這樣的派遣，電腦便以程式複製出接近真實警方人力調派指揮官的決策邏輯，愈接近愈好。在特定的個案之中，這樣的指派是做不到的，因為事件堆積如山；結果，事故的報告（可能只是一張抗議單子）就要跟其他一堆等著要處理的報告排隊。在可用的巡邏隊被派遣去處理一些事故之

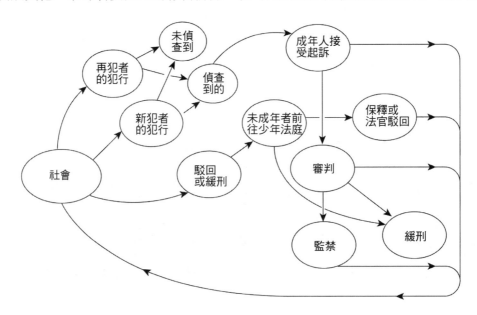

圖 6.4　刑事司法系統的模式

後，排隊等待處理的公事就減少了。

　　模擬模式被設計來研究巡邏隊的部署策略，以及調遣及任務分配方針。這個模式將運作效能的許多重要衡量尺度加以表列，包含有關派遣單的排列長度、巡邏隊出勤的次數、預防性的巡邏數量、個別巡邏單位的工作量、交叉派遣的數量等統計數字。

　　一言以蔽之，模擬提供一個工具，幫助決策者在面對各式各樣的分配問題時找出答案。警政人員應該會認為模擬模式對於處理以下這些目的時是有幫助的：

➲ 有助於在整個都市（或部分市區）進行細部的調查。
➲ 提供一套一致性的架構，以評估新技術的價值。
➲ 做為訓練工具，以增進對系統互動與每天決策所產生的後果之警覺性。
➲ 提供監督與評估實際運作系統的新指標。

　　模擬的優點之一，源自**公共系統的反直觀本質**（counterintuitive nature of public systems）。之所以說這些系統「反直觀」，是因為它們的反應不是照我們所認定的那樣。直觀之所以對理解系統行為的幫助有限，是因為人類的腦袋無法掌握所有變數的全部關係。因此，常識雖告訴我們開高速公路可以減少塞車，但就像許多都市計畫專家從經驗得到的教訓一樣，結果經常是相反的。

　　敏感性分析（sensitivity analysis）不必然需要仰賴電腦協助，這套分析被用來找出解決原始問題最好的策略。敏感性分析進行一些細微的調整，來找出在改變一兩個要素下，結果被大幅改變的程度有多大。要瞭解這套模式的運作方式，請再參考圖 6.4。假定市長要求大幅縮減整體運作經費，由於我們不會希望減少警力（可供調遣的巡邏隊），就得找出哪裡「過多」。那麼，假設在緩刑部門輸入資料的職員被裁減。結果，將等待服刑的已定罪被告之量刑報告輸入電腦的工作會被拖延，整個系統的成本反而達到新高。

　　試試不一樣的步驟：停止在夜間開庭。但是關閉夜間法庭會增加警方的實質成本，他們得在法庭做出裁判前拘留被告、提供他們食物，並且看守他們。另一個減少開銷的方式，是裁減 8% 的法官或檢察官，或 3%的警力，但這樣做可以預見的後果為何？裁減一個都市的刑事系統，對整個都市的稅基有什麼影響？

4. **執行**：系統分析途徑共分四個步驟加以討論，到目前為止我們重點討論了前三個步驟。最後一個步驟──執行──是將模式所得出的結果，轉換為真實世界中的一套行動。然而，這四個步驟很少是按部就班進行的。事實上，系統途徑是高度反覆的。比如說，這個途徑可能採以下排列組合：提出問題、選定目標、設計選

項、蒐集資料、建構模式、衡量成本與效益、測量敏感性、對原先的假定加以質疑、重新檢驗目標、找尋新的選項、重新提出問題、選擇不同或已經修正過的目標等等。[11]

團體決策技術

由於團體決策在公共行政領域中很常見，有效率的管理者應該非常擅長於影響團體決策過程。本節將有系統地討論團體決策的優缺點、團體決策過程所應利用的情境，以及幫助團體做出更好的決策的技巧。

優點與缺點　因為管理者做決策時經常要在自己獨立承擔，或者有他人協助之間做出選擇，他們應該要瞭解團體決策的優缺點。

團體有高於個人的優勢，因為團體有更寬廣的視野來界定問題，並且診斷出問題背後的原因與效應。世人大多會發展出固定的思考模式，但當不同風格的個人在團體中互動時，他們會彼此激盪，嘗試以新的方式來面對所要處理的問題，並互補他人思維模式中的缺點。（我們將界定其中幾種風格。）再者，團體可以提供更多個人所未能掌握到的知識與情報。的確，在團體中可以呈現的多樣性經驗與思考模式所引導出的解決方案，可能比由一位「專家」閉門造車所能想出的更有創意。一般來說，團體決策比較容易實踐，因為有更多人覺得他們參與其中，他們也更徹底地瞭解所要處理的這個問題（以及到底需要做些什麼）。

團體解決問題最嚴重的缺點則在於，這樣的決策過程曠日廢時而且所費不貲，這也是為什麼團體決策不應用來處理例行公事以及已經安排好的決策。更有甚者，團體的動態可能引導出妥協下的解決途徑（沒有人感到滿意），或將有價值的不同意見加以排除。最後，如果事情出錯了，責任歸屬也不清楚。

使用團體決策的時機　管理者的重要任務在於決定一個特定團體何時應該著手處理某一特定問題。很明顯的，團體成員應該考慮成員當下的工作負擔（是否工作過量？）、成員對於投入決策過程的期待（他們是否認為自己有「權利」參與？），以及團體化解衝突的技巧（團體成員可否坦白並公開地、不帶情緒地交換意見？）。

通常在以下這些情境下需要用到團體決策：

⊃ 所要處理的問題相對不確定或者複雜，而有導致衝突的潛在性。
⊃ 所要處理的問題需要跨部門或跨團隊的合作與協調。
⊃ 所要處理的問題與其解決方案會對個人跟團體造成嚴重的後果。

◒ 有明確但非即時的期限壓力。

◒ 廣為接受與承諾，對成功執行而言至關重要。[12]

　　但團體何時有智慧，何時沒有智慧呢？索羅維基（James Surowiecki）所著《群眾的智慧》（*The Wisdom of Crowds*）就很有參考價值。[13] 他認為有幾項重要前提，使得群眾比個人更聰明。第一，他說群眾需要多樣性（diversity）——必須代表很多不同的學科、觀點和專業領域。第二，必須分權化（decentralization），意指群眾要很分散，而且人們擁有本土與特定的知識可以貢獻。第三，必須有某些有效的方法可以統合（way of aggregating）所有的個人判斷。最後也是最重要的一點，必須有獨立性（independence）。換言之，對於我們所想要匯集的判斷，其個人或情境都不可以是在社會順服的壓力下，受到他人的操控。顯然地，索羅維基的群眾看起來不像組織裡面的團隊，因為大部分的團隊，尤其是組織環境下的團隊，都違背了前面四項前提。

改善團體決策　有許多技巧可以幫助個別管理者與團體做出更好的決策。比如說，**具名團體法（nominal group technique）**的設計，是要確保團體中每一個人在決策過程中都能有同樣的貢獻。[14] 因為在團體互動中，總是會有一些成員踴躍發言，而且喜歡主導團體決策過程，具名團體乃採取一系列的步驟，以確保每位參與者都是平等的：

1. 每位參與者都要寫下自己關於這個有待處理的問題的想法。這些想法通常是有關解決方案的建議。
2. 以循環發言的制度，確保每一個團體成員都能提出他們的想法。這些想法都寫在黑板上，讓所有成員都能看見。在每一個人都提出想法且寫下來給大家看之前，不會討論這些想法。
3. 在所有想法都被提出來之後，對這些想法公開討論，其目的僅止於釐清概念，不容許對這些意見發表評估性的意見。這部分的討論通常沒有強制性，也沒有特定的架構（譯者按：讓與會者自由發揮）。
4. 在討論之後進行秘密投票，讓每個與會人員都可以投票給他們所偏好的解決方案，再將所有選項依眾人偏好的程度排序。
5. 如果有需要，可以重複步驟 3 與步驟 4，以便在整個決策過程中進一步釐清概念。

第二種技術被稱為**魔鬼代言人（devil's advocate）**。指派某個人出來，扮演挑戰團體所提出的假定與斷言的角色。[15] 魔鬼代言人要強迫團體重新思考其處理問題的途徑，並且避免在開始討論解決問題的策略前，過早達成共識或做出不合理的假定。**辯證式探索法（dialectal inquiry）**與「魔鬼代言人」很類似，不同之處在於團體被指定要去挑戰問題定義背後的價值與假定。比方說，國務院可能會組織不同的團隊——例如紅隊與藍隊——就國務院對特定外國普遍持有的假定進行批判性的檢視。

第四個策略，可能是最為人所知的策略，是**腦力激盪（brainstorming）**。其核心觀念是藉著禁止批評來增進創意思考，並且產生解決方式。5 到 10 人一組的團體聚集在一起，按照一定的規則來激發一些想法。在激發想法的過程結束之前，必須強制與會者不去對別人的想法作評判或評估。想法愈不羈或愈偏激愈好。想法愈多，能得出一個超級好點子的可能性就愈大。與會者必須對其他人的想法提出建議，看看這些想法可以如何變成更棒的想法，或者兩個以上的想法可以如何加以整合。

❓ 決策的執行與評估

決策過程的第四個步驟，也是最後一個步驟，牽涉到政策的執行與評估。雖然一個政策要執行過才能真正加以評估，在這一節我們將先思考評估的問題，再將一些針對真實世界決策面臨的難題之反思列入討論。

方案評估

要記下一般執行方案評估與績效考核的流程，並非一件簡單的事。要將這個公式寫下最好的途徑，也許是說，無論採取哪一種方式，在理想上都會依循著以往的經典研究實驗的程序。這樣的步驟包含：(1) 界定出這個方案的目的；(2) 將這些目的轉化成可以測量的目的達成指標；(3) 蒐集這些指標的資料給那些與這個方案有關的人，以及與這個方案無關的人（也就是控制組）；(4) 用目的指標去比較參與方案者與控制組的資料。

界定目的　關於目的，有三件事必須謹記在心。首先，方案通常有多重的目的：只對其中一種目的加以評估，就是只做片面的評估。比方說，一個被設計來減少空氣污染的方案，關心的可能是減少許多污染源所造成的空氣污染。要加以評估，「減少空氣污染」的全面目的可以被進一步分解為許多部分，用以下這個矩陣來加以表達。[16]

在這個矩陣中，縱軸的各個 A 表示的是各種不同類型的空氣污染（也就是一氧化碳、硫氧化合物、碳氫化合物、氮氧化合物，以及微粒子），而橫軸的 B 表示各種不同的污染源（汽車、工業、發電廠、暖氣與廢棄物處理）。因此，評估者不能只用某一種單一組合的數據來衡量空氣污染的問題，而是要在許多不同的基準上思考。

其次，公共政策的許多領域都缺乏一貫的標準（或基準），以來藉此確立目的。百威啤酒（Budweiser）下一年度目標可能是：其所增加的銷售量要超越酷爾斯啤酒（Coors）所增加的銷售量。然而，公共決策者如何知道他們下一年度縮減貧窮與文盲的目的要怎麼訂出來？

第三，方案不僅是朝向官方的目標前進。比方說，一個方案原本的目標是要增進特定行業從業人員的供給（原先設定要達成的結果），結果可能造成這個行業中既有的從業人員工資降低的壓力（原先未預期到的後果）。一個好的評估者要看到方案推動下所有可能的效應。

將目的轉換成可以測量的指標　方案的目的通常是含糊籠統、泛泛而談的。讓我們看看一個都市交通方案的例子：「在安全、便捷、舒適與便利，而不造成有害副作用的前提下，連結社區每一個角落，提供社區服務、設施與工作機會。」這些目的要如何轉換為可以衡量的達成指標？Hatry、Winnie 與 Fisk 提出以下六項指標以及可以測量的例子 [17]：

1. **便利性**。測量居住地距離公共運輸系統超過 x 公里的人口比率，以及交通便利的市民比率。
2. **時間**。測量從出發點到目的地所需要的時間，以及延遲的時間。

3. **舒適性**。測量道路有多「崎嶇不平」，以及用路人對於交通舒適程度的感受。
4. **安全性**。測量與交通有關的死、傷人數與財產受損的情形，以及交通犯罪事故的數量。
5. **成本**。測量每一趟旅程平均花費用路人多少錢，整個計畫又花費市政府多少預算。
6. **環境品質**。測量交通要道沿路的噪音，以及各種交通工具所造成的空氣污染。

　　在另一個有關如何測量某件事物所帶來的衝擊（對社會的長期效應）的例子中，人們甚至可以轉而在社會指標的領域中工作。在這個領域的一項奠基作品中，Raymond A. Bauer 操作性地描述社會指標為「統計數字、統計序列，以及其他各類型的佐證，這些使我們得以用我們的價值與目的來考核我們的現況與前景的證據。」[18]

　　社會指標的發展，與評估研究步調一致。在缺乏可觀的評估研究時，曾經有人主張社會指標是實驗性評估的替代品。這樣的替代性將是不幸的，因為社會指標不能解釋為何一個方案成功或失敗。然而，「為何」通常跟「做得如何」一樣重要。

蒐集資料　評估研究所需要的資訊，可能有諸多不同的來源、需要用到不同的研究技巧。信手拈來就有：訪談、問卷、觀察、排序、官方紀錄、政府統計、日誌、物證、醫療檢查、財務證明，以及文件（比如董事會紀錄、政策行動的相關報導，以及法庭的判決書抄本）。我們不只要蒐集那些涉入方案者的資料，也要蒐集那些沒有涉入其中者〔也就是**控制組（control group）**〕的資料。圖 6.5 顯示一項推動新的外語教學法的方案，對於參與本方案之學生所產生的可供測量的效應（理解力的成績），對照於一群程度相當、卻接受傳統教學法的學生有什麼樣的差異。

資料比對　評估的古典設計，是使用實驗組與控制組的實驗模式。標的群眾的單位（例如人、選區或都市）是以隨機採樣的方法取得，使之或者接受某一方案（實驗組），或者成為控制組。測量的標準是某一方案開始前和結束後的相關指標變項（例如字彙測驗成績）。兩組的差別會被加以計算，如果實驗組學生的進步幅度大於控制組學生的進步程度，則該方案將被視為是成功的。[19] 或者，以下列模式來看，如果 $(b-a)$ 大於 $(d-c)$，則該方案算是成功的。

	之前	之後
實驗組	a	b
對照組	c	d

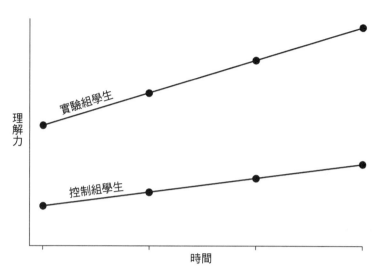

圖 6.5　特定課程作業（含控制序列設計）之半實驗性分析

　　這個模式過分簡單，容易使人迷惑。一個評估者要如何確定：除了其所觀察的方案本身，沒有其他因素會導致實驗結果的改變？舉個例子，假設有一個城市報告其犯罪率顯著下降。要將犯罪率下降的原因單單歸功於某一方案，是不可能的！在這段成長進步的期間內，許多重要方案行動被付諸實踐——比方說，擴增警力、通過毒癮勒戒方案，以及增加路燈照明等。再者，社會情境可能也有所改變——人口可能已經老化，而失業率也已經下降（詳圖 6.6）。

　　不管採用何種特定的方式進行評估，有兩件事必須謹記在心。第一，評估若要

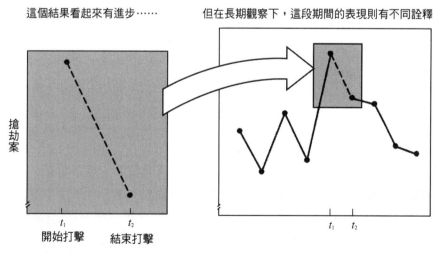

圖 6.6　時間序列資料評估與流動

有用，必須被視為一種管理工具。理想上，評估者與行政人員合作。在進行有關方案設計的決策時，評估者應該：(1) 要求行政人員詳細說明方案目標；(2) 找出哪一類資料能促使行政人員採取行動（也就是調整方案管理）。其次，因為大多數運作良好的方案在最初階段通常只能獲得小規模成就，在新方案中應該將評估一併納入；隨著方案的推展，應該要將其優缺點列入檢驗。

真實世界中的決策

本章所呈現的分析模式，現實中很少如理論上所期待的被加以落實。為何如此？首先，研究顯示成本經常沒有如實被提出來。其次，在人類決策中有特定的偏差，是固著於我們的頭腦之中的。第三，批評者指出，決策的分析途徑本身就有內在的侷限。

成本估算時的「策略性不實陳述」　2006 年，美國最有企圖心的公共工程案展開了！波士頓大挖掘專案（Big Dig）史無前例地在市中心下方開挖一條地底幹道，並且將原先在地面上的路段以綠色廊道取而代之。起初，在 1985 年，官方核定給該專案的預算為 25 億美元。在 1990 年代初期，預算追加到 75 億美元。在 2000 年之前，已經追加到 100 億美元。到了今天，大挖掘專案已經耗費了將近 160 億美元。由於這個地底幹道出現漏水問題，所耗經費還會繼續向上飆升。

儘管成本暴增 600% 是太過極端，一般公共工程案，特別是基礎建設的成本追加，並非罕見之事。事實上，這是一種常態。讓我們先檢閱一些數字，然後試著解釋這種將成本低估的模式。針對這種現象第一個有統計意義的研究，於審視 258 個交通建設案之後得到以下結論 [20]：

- 10 個案子中，有 9 件的成本是被低估的。
- 實際成本平均比原先估算的成本高 28%。
- 在五大洲的 20 個國家中，都存在著成本低估的問題；顯示此問題是一個全球共同現象。

成本低估的問題有四種解釋。第一種解釋是技術性的：成本低估，是導因於「預測錯誤」（forecasting errors），諸如技術不完備、資訊不充足、誠實狀態下所犯的錯誤、預測時的內部問題、欠缺經驗等問題嗎？第二種解釋是經濟性的：計畫案的推動者及估算者是否刻意將成本低估，以便讓官方有動機去降低成本，因而更促進公共利益呢？第三種解釋是心理性的：政治人物是否有一種「紀念碑情結」

（monument complex），正如工程師需要做工程一樣？第四種解釋是政治性的：成本的估算是否被刻意壓低，以便計畫案的推動者能讓這些計畫案能開始著手進行？

　　研究者發現，政治解釋最具有統計意義：「決定是否要推動一個計畫案的成本評估，具有高度、有系統的誤導性。成本的低估，不能被解釋為一種錯誤，而最好被解釋為策略性的不實陳述，也就是：說謊。」[21]

　　這種後果嚴重且極其昂貴的公共行政領域的政策意涵很明確：

> 　　立法者、行政人員、銀行家、媒體代表，以及看重誠信的公眾代表，不應該輕信基礎建設的推動者與估算者所提出的成本概算。另一個重要意涵是，必須發展出制度性的制衡──包含財政、專業乃至刑罰的制度，以處置一貫而可預見的估算錯誤。這種制衡的設計在其他地方早已開始，著重於四個基本課責手段：(1) 日益增強的透明度；(2) 使用性能規格；(3) 對於計畫發展與落實的相關法規明確化；(4) 即便在公共計畫案中，也將私人的風險資本列入考慮。[22]

人類決策的偏差　在圖 6.2 中曾介紹過的賽蒙（Herbert A. Simon），曾經檢討過兩種可幫助我們瞭解人們實際做決策的重要概念：有限理性決策模式與滿意決策模式。**有限理性（bounded rationality）**顧名思義是指人們的理性是有限度、有界限的。**滿意（satisficing）**意指決策者會選擇第一個滿足最低決策要件的方案選項。由於公共行政人員缺乏足夠的時間與認知能力，來獲取並判讀完整的資訊，他們只能採取滿意途徑。

　　儘管行政人員想要迴避這些現實，能做的也有限，他們至少可以更小心防範一些會導致失敗的人類決策傾向。要做出最好的決策，人們必須瞭解自己的偏差。行政人員若能注意以下偏差，就能做出較好的選擇[23]：

1. 未能蒐集資料。如果就像賽蒙告訴我們的，我們的理性是有限的；那麼，我們的警覺性也一樣是有限的。也就是說，人們在做決策時經常忽略關鍵性的資訊，然後懊惱地問自己「我怎麼會忽略了那麼重要的資訊？」有限警覺性最令人擔憂的狀況之一，會在決策者受到刺激而對某種特定結果有所偏好時發生。舉例說明：2001 年 911 事件時的白宮反恐小組召集人克拉克（Richard Clarke），於翌日早晨與副總統錢尼、國防部長倫斯斐以及國防部副部長沃夫維茲（Paul Wolfowitz）會報，討論伊拉克在這起攻擊事件所扮演的角色時，便聲稱要「對抗所有的敵人」。我們現在知道此一過度狹隘的評估是錯誤的，但在接下來的幾個月之中，小布希政府的確受到刺激，而試圖找出伊拉克與 911 事件以及恐怖主義之間的

關聯。受到投入的心力左右，與所偏好之觀點不相符的資訊就會被排除在有限的警覺性之外。那麼，決策者如何增強自己的警覺性呢？他們應對於欠缺確切證據的推論加以挑戰。「一味地接受某種建議，卻不去看相互衝突的資料，就是一種紅色警戒，意味著你的團隊成員已經淪為有限警覺性的獵物了！要指派某人扮演『魔鬼審判官』（devil's inquisitor）（負責提問題，扮演與「魔鬼代言人」相反的角色，專門提出反面論點）。」決策者通常會蒐集過多的資訊，但我們應注意的是，這種「過度搜尋策略」應該保留在那些錯誤成本異常高的情境中使用。

2. **太過偏重既得或最近發生的訊息。** 比方說，基因科技公司在 1987 年研發出新的血栓溶解劑，該公司唯一該做的事，就是取得美國食品藥物管理局的核可，然後就可以生產。基因科技公司高層太有自信，認為食品藥物管理局一定會核可，因此他們便大意地投入鉅額投資，準備量產並行銷這種新藥。畢竟，在試管實驗的研究顯示，這種藥劑的確符合食品藥物管理局的要求，真的可以溶解血栓。然而食品藥物管理局也同樣要求其他並非現成的資料──即此一藥物對人體實驗效果的臨床數據圖表。因為這些資料付之闕如，食品藥物管理局退回這項申請，該公司的股票價格應聲下跌 24%（損失 10 億美元）。該公司高層犯的錯誤是，從現有已備妥的資訊，推斷所有應該具備的知識都已完備。

3. **太過自信。** 管理者因為錯誤地將自信等同於競爭力，經常太過看重自己確信的意見──不管這個意見是自己的想法，或是部屬的意見。要求部屬隨時提供「正確」的決定，在這樣做的時候，他們也經常助長了過度的自信。比方說，當一群人被要求決定他們其實不很懂的事物的數量（「加拿大 2003 年木材出口的金額是多少？」），他們就會高估自己的精確度。

4. **忽視隨機定律。** 隨機意味著一個事件的結果，與另一事件的結果無關。行政人員在做決策時經常忽略這個原則。比方說，即便員工每個月的績效表現應該都會有所波動，有的管理者還是會把一時的下滑當作是向下沉淪趨勢的開端，然後要求員工接受一個新而昂貴的訓練課程。趨勢是不可以從單一、偶發的事件來加以詮釋的。亞里斯多德說得好：「一燕不成夏！」（one swallow does not make a summer.）

5. **不願意去審核並改進決策。** 行政人員在決策前可能會要求部屬做非常詳盡的分析，但也可能不願意去回顧分析他們最重要的決策。有些組織會不時準備一些「學到的教訓」的相關報告，但組織中的成員很少會去閱讀這些報告，更少人會做反省。

6. **只看到單一面向的不確定性。** 在每一次實驗中，當部屬被問到一場冒險如果有 80% 的成功機率時，有什麼建議，他們總是會投下贊成票。但如果改個說法，

告訴他們這場冒險有 20% 的失敗機率，他們就會投下反對票。管理者通常也一樣，只從一兩個層面加以分析後，就做出決策了。

7. **對於已經大量投資的行動方向，繼續升高承諾。**如果人們行為理性，他們會根據行動的邊際成本和利益來進行決定。換言之，往前走一步所增加的利益和增加的成本有多少？他們會忽略沉澱成本（sunk cost）。當面對高昂的沉澱成本時，人們就會過度沉溺於某些活動，儘管結果已經相當糟糕。他們在停損時會很難過，但更糟的是，他們新投入的錢也於事無補，而情況只會愈來愈糟。想想某些例子就知道了：史密斯在賭場內已經輸錢了，他承諾自己不要損失超過 500 美元，但他非常容易會加倍賭注並且說道：「只要再一把，我就可以翻回老本了。」那還用說。

系統分析的限制　在總結本章時，將系統分析——也許是典型的系統分析途徑——所面對的一些批評做一個思考。

我們可以回顧一下，系統分析始於問題的界定。值得注意的是，系統途徑最傑出的實踐者 Charles Hitch 曾經斷言，蘭德公司（Rand Corporation）從未執行大規模的系統研究，來找出令人滿意的目標。[24] 當企圖這麼做的時候，其客觀性卻值得懷疑。其他研究者也有這樣的經驗。比方一個有關水利資源的典型系統研究，其目的為：充分的污染管制、合理的灌溉開發、適度的土壤侵蝕管控以及沉澱物清除、合適的防洪控制、在乾旱季節提供最佳化的供水來降低天災的衝擊、全面開發整個流域的水利資源提供休閒活動。[25] 這些目的從何而來？這些形容詞到底有什麼意義？

蒐集資訊也是第一步的一部分。Ida R. Hoos 說道：

技術導向的分析師內心最在乎的，莫過於蒐集資訊與處理。事實上，資料的占有也一樣（可以理解），其諸多系統設計，原意是要用來處理帶來壓力的社會問題，並未能夠超越這樣的界限來處理。資訊系統具有像蛇類一樣的吞噬習性，會吞下所有分配給一個特定計畫案的資源，而偏離其原本更大的目的。[26]

關於模式，第一個必須注意到的陷阱或許是，將問題加以結構化者是作分析的人——也就是說，分析者無可避免地必須透過自己的眼睛來看問題，決定相關的變數。如果一個人假定他要對抗貧窮，他要如何建構出貧窮的程度？他又是在什麼樣的基礎上來計算？

系統本身也必須加以確定。但一個系統應包含多廣？本章之前所提到的那位下

水道工程師顯然就不夠兼容並蓄。我們也可以理解，圖 6.4 所呈現的刑事司法系統也不夠兼容並蓄。（沒有辦法顯示出犯罪率的經濟效應；比方說，居民因為犯罪率上升而遷離城市，使這些城市稅收減少。）「系統專家喜歡針對整體性高談闊論，實際上處理的卻是零零碎碎的枝微末節。」[27]

系統途徑的第三個步驟是分析與最佳化。分析師在此冒著被鎖定在取得原先研究目標的風險。這並不是自相矛盾，因為一個良好的研究是**詮釋性的（heuristic）**——那是一種有助於發現真相的方法。很明顯的，有待發掘的事物是無法預先知曉的。一個由 Albert Wohlstetter 和他在蘭德公司的副手所進行的軍事基地設置地點的著名研究，很清楚地描繪出這個問題：

1951 年美國空軍請求蘭德公司協助，在海外挑選適當地點建造新的空軍基地。Wohlstetter 的途徑不是直接回答這個問題（基地要設在哪裡？），而是去檢視這個問題背後的假定。經過一年半的分析，他和幕僚得出的結論是，增設這樣的基地風險太大，因為在海外接近蘇聯的地點停放飛機，太容易受到地面的突擊。他們進一步總結說，在海外設基地的方案比起另一個替代方案，所需耗費成本更大、威懾力更低、造成美國外交的困擾更多。而這個替代方案就是在美國境內建造更多基地，並以海外的小規模燃料補給站來補強其作用。[28]

系統途徑最後一項陷阱是讓**方法喧賓奪主**，取代了問題本身。換言之，某些專家一開始問的是：哪些問題能用我的技術處理？而本來應該要問的當然是，什麼地方出了問題？

這些專家，跟警察深夜在街燈下找到的醉漢沒什麼兩樣。當警察問醉漢他在做什麼時，醉漢的回答是他在找鑰匙。

「你的鑰匙掉在哪裡？」

「在小巷子裡。」

「那你怎麼在這裡找？」

醉漢回答說：「因為這裡有光啊！」

儘管會有這樣的決策失靈，系統分析提供了一個有用的架構，將真實決策過程中欠缺理性的本質，歸類並加以診斷。在這種意義下，系統分析提供了一個實用的基準點。

本章重點

在本章，我們檢視了管理者想要做出有效決策時，必須採取的四個步驟。本章重點如下：

1. 決策牽涉到從多種可能選項中挑選出一種行動路線。因此，決策無法自規劃過程抽離。決策至少包含了四個步驟：(1) 界定問題（或機會）；(2) 蒐集事實；(3) 制定決策；(4) 決策的執行與評估。

2. 有效的行政人員知道，只有相當少數的問題或事件是單獨存在的，絕大多數是潛藏問題的表象。因此，在嘗試迅速處理一系列問題之前，他們會嘗試去挖掘出真正的問題。

3. 在形成問題回應的架構時，必須要特別注意所謂的決策上限與下限。決策上限是指長期存在的限制，會決定行政人員可以做到什麼地步。決策下限是指要解決一個問題時，最少需要發生的條件。Barnard 引介一個與下限相當類似的概念，他稱之為決策的限制性（策略性）因素，這種因素「被控制以後，以正確的形式、在正確的地點與時間，會產生一個新的條件體系，這些條件是與目的相吻合的。」

4. 在一個稀有性的年代，人們更有興趣對成本與效益加以權衡。這類的評估方法稱為成本效益分析。大多數的成本效益分析都涉及一些特定的共同要件：成本與效益的衡量、分配的影響、折現因子，以及決策規則。

5. 直接效益與成本和計畫案的主要目標直接相關。間接效益與成本——有時稱為外部性或溢出——比較像是副產品。「有形的」這個詞彙，意指可以用金錢衡量的效益與成本；那些無法用金錢衡量的——諸如因太空計畫而得到的世界威望——則被歸類為「無形的」。

6. 機會成本是投入特定資源，在最佳的使用情形下，可以產生的價值。

7. 與成本效益分析緊密相關的，是成本效果分析。這個技術試圖回答以下這個問題：付出特定的代價後，得到的效果為何？成本效果分析的優點在於，產出或效益不需要用金錢來表示。

8. 決策分析的技術可以幫助我們避免這種心理上的陷阱，把複雜問題的結構釐清。在這種途徑中，決策不是被視為孤立事件，因為今天所做的決策將視明天所要做的決策而定。而今日所做出的決策品質，也有賴於明天會不會發生什麼事——而這些事件是我們可以掌握的機會。在這種情境下，償付矩陣或決策樹相當有幫助。

9. 系統分析的四個基本步驟分別是：問題表述、提出模式、分析與最佳化，以及執行。

10. 作業研究（或管理科學）與系統途徑有許多共同的特點，但兩者仍有不同。前者的範圍比較小，比較關心一些可以用數學模式做最佳化而呈現的問題。

11. 團體決策通常用在沒有立即期限的壓力下，面對的問題相對不確定，或者複雜而有導致衝突的潛在性，需要跨部門或跨團隊的合作與協調，或者其解決方案會對個人跟團體造成嚴重的後果。當要想成功執行，必須有廣泛的接受與承諾時，也會需要用到團體決策。

12. 要做出最好的決策，人們必須瞭解自己的偏差。行政人員若能注意以下偏差，就能做出較好的選擇：(1) 只看列單一面向的不確定性；(2) 太過偏重既得或最近發生的訊息；(3) 太過自信；(4) 忽視隨機定律；(5) 不願意去審核並改進決策；(6) 只看到單一面向的不確定性；以及 (7) 對於已經大量投資的行動方向，繼續升高承諾。

13. 執行方案評估會依循著古典的研究實驗程序。這樣的步驟包含：(1) 界定出這個方案的目的；(2) 將這些目的轉化成可以測量的目的達成指標；(3) 蒐集這些指標的資料給那些與這個方案有關的人，以及與這個方案無關的人也就是控制組）；(4) 用目的指標去比較參與方案者與控制組的資料。

問題與應用

1. 假設你要建立一個模式來預測全國 20 年後的護理人員需求。在一開始時，你必須對人口成長與新藥品的效應做出假定。還有呢？你是否認為要列表的變數無窮無盡？

2. 身為都市的住宅管理機關主管，你必須決定是要提交 A 計畫或 B 計畫給市長（但不能兩案並呈），好讓市長向議會報告。根據你的評估，A 計畫有 90% 的機會可能被市長接受，但只有 50% 的機會在議會過關。議會喜歡的是 B 計畫，你很確定 B 計畫會在議會過關，只要市長願意接受的話（可能性只有三分之一）。你個人比較喜歡 A 計畫，評估其效用為 1.00。事實上，因為你判斷這個案子是社會所期待的，即便在市長接受後，卻被議會駁回，其後續發展也仍有 0.40 的效用。當然，如果這個案子被你的老闆（市長）駁回的話，那麼其效用將只有 0.20。然而，如果 B 計畫在議會過關，對你也會有 0.80 的效用。若 B 計畫被議會駁回，那將會是最差的情況，其效用為 0。你會怎麼做？

3. 使用多目標要素幫助自己在四種類型的汽車中做決定。用一個表格來將所有的

要素列入其中，衡量其重要性。你的分析中，最後一個步驟應該是以汽車的價格來區分相關數字；你將因此得到四個成本效益比來做比較。

4. 某都市的休閒方案目的如下：「儘可能提供全體市民多樣化且容易親近的、安全的、吸引人且令人享受的休閒機會，這些機會要能對社區的身心健康、經濟與社會福祉有所貢獻，並提供一些宣洩的管道，來減少一些反社會行為所導致的事故，如犯罪與少年的觸法行為。」請為這些目的寫下一些可以測量的評估要件。

5. 寫一篇報告整理美國刑事司法系統最近的評估研究，題目的範圍縮小為：「刑罰是否使犯罪率降低？」「工作釋出方案是否讓受刑人得到更多的工作機會？」諸如此類。

6. 舉例說明美國政府最近一些非漸進性的決策。

7. 高壇市（Gothem City）每天必須處理 22,000 噸的廢棄物，逐年遞增 4%。目前，他們有 8 座焚化爐，每天可以處理 6,000 噸廢棄物。殘渣和不可燃的廢棄物則運到垃圾掩埋場，但這個空間 5 年內將會耗盡。最近有關單位提出建造 4 座焚化爐、可以每日處理 20,000 噸廢棄物的企劃案。很不幸的是，所費不貲：建造經費要 10 億美元，另外每年還需 5,000 萬美元來營運。然而，在增加焚化爐之後，也會增加空氣污染的危險，因為每年將會排放出數千噸的碳煙顆粒。請擬出一個大綱並且討論出一個分析模式，來幫助高壇市市長做決策。你還需要什麼資訊？這個決策的上限與下限為何？這個決策是單純去決定要不要建造超功率的焚化爐而已嗎？或者還有什麼其他可能的替代案？

8. 撰寫一篇報告來比較最近兩位或幾位總統的決策風格。什麼風格是最有效的？為什麼？

9. 請討論這個陳述：「經驗不僅是昂貴的決策基礎，也是個危險的基礎。」

10. 用「拯救的生命」做為衡量效益的指標時，會有什麼缺點？

11. 使用機會成本的概念，解釋為何律師比醫師更有可能從政？

我 的 最 愛

www.appam.org　這是公共政策分析與管理協會（Association for Public Policy Analysis and Management）的網站。這個協會所致力的公共政策分析與管理領域包含決策與政策制定理論、量化與其他分析公共政策的方法，以及公共政策的實踐。

www.mapnp.org/library/prsn_prd/decision.htm　這個網站提供由 Carter McNamara 博士所蒐集的免費、完整的非營利與營利組織決策的線上訓練方案。

www.horizon.unc.edu/courses/papers/anticipatorymanagement.asp　未能正確地預先考慮到變遷發生的可能性，可能引發致命的後果。「預期管理」（anticipatory management）在變動不居的年代中，可以提供一些工具，以便做出更好的決策。

www.thinksmart.com/mission/workout/mindmapping_intro.html　「心智圖法」（mind mapping）這種用視覺圖像將人們的想法和相關聯的事物整理出來的方法，是很受歡迎的腦力激盪技巧。

www.billsgames.com/brain-teasers

www.afunzone.com/brainteaserzone.html

www.ed.uiuc.edu/courses/satex/sp97/projects/PickYourBrain/BrainTeasers/
問題處理是決策過程的一個環節。請放鬆心情去逛逛以上三個網站中任何一個，試著去解開其中的一些謎題。

註 釋

1. Herbert A. Simon, *Administrative Behavior* (New York: Macmillan, 1957), 1.

2. Theodore C. Sorenson, *Decision Making in the White House* (New York: Columbia University Press, 1963), 22–2.

3. Peter F. Drucker, *The Effective Executive* (New York: Harper & Row, 1966), 132.

4. Chester I. Barnard, *The Functions of the Executive* (Cambridge, MA: Harvard University Press, 1938), 202–5.

5. David Halberstam, *The Best and the Brightest* (Greenwich, CT: Fawcett Crest Books, 1969), 90.

6. Haynes Johnson and David A. Broder, *The System* (Boston: Little, Brown, 1997), 64.

7. Richard A. Musgrave and Peggy B. Musgrave, *Public Finance in Theory and Practice* (New York: McGraw-Hill, 1973), 141.

8. J. T. Bonnen, "The Absence of Knowledge of Distributional Impacts" in Joint Economic Committee, *The Analysis and Evaluation of Public Expenditure* (Washington, DC: U.S. Government Pringing Office, 1969), 425–26.

9. R. N. Grosse, "Problem of Resource Allocation in Health" in Joint Economic Committee, *The Analysis and Evaluation of Public Expenditure* (Washington, DC: U.S. Government Printing Office, 1969), 1197.

10. Barry Commoner, *The Closing Circle* (New York: Alfred A. Knopf, 1971), 180.

11. E. S. Quade, *System Analysis Techniques for Planning-Programming-Budgeting* (Santa Monica, CA: Rand, 1966), 10.

12. J. Ware, *Some Aspects of Problem Solving and Conflict Resolution in Management Groups.* (Cambridge, MA: Harvard Business School, 1978).

13. James Surowiecki, *The Wisdom of Crowds: Why Many Are Smarter than the Few and How Collective Wisdom Shapes Business, Economics, Societies and Nations* (New York, Anchor, 2004).

14. R. A. Guzzo, *Improving Group Decision Making in Organizations* (New York: Academic Press, 1982), 95–126.

15. D. Schweiger and P. A. Finger, "The Comparative Effectiveness of Dialectical Inquiry and Devil's Advocate," *Strategic Management Journal* (1984): 5.

16. 修改自 T. J. Cook and F. P. Scioli, "A Research Strategy for Analyzing the Impact of Public Policy," *Administrative Science Quarterly* (September 1972).

17. H. P. Hatry, R. E. Winnie, and D. M. Fisk, *Practical Program Evaluation for State and Local Government Officials* (Washington, DC: Urban Institute, 1994), 27.

18. R. A. Bauer, ed., *Social Indicators* (Cambridge, MA: MIT Press, 1966), 1.

19. J. S. Wholey et al., *Handbook of Practical Program Evaluation* (San Francisco: Jossey-Bass, 1994).

20. Bent Flyvbjerg, "Underestimating Cost in Public Works Projects—Error or Lie?" *Journal of the American Planning Association* (Summer 2002): 279–95.

21. 前揭註，頁 279。

22. 前揭註，頁 290。

23. 根據 Max H. Bazerman and Dolly Chung, "Decisions Without Borders," *Harward Business Review* (January 2000), 88–97 and M. H. Bazerman, *Judgment in Managerial Decision Making* (New York: Wiley, 1986).

24. C. J. Hitch, *On the Choice of Objectives in Systems Studies* (Santa Monica, CA: Rand, 1960), 11.

25. R. H. McKean, *Efficiency in Government Through Systems Analysis* (New York: Wiley, 1963).

26. I. R. Hoos, "Systems Technique for Managing Society: A Critique," *Public Administration Review* (March–April, 1973): 162–63.

27. 前揭註，頁 161。

28. Quade，如前所述，頁 125–6。

野馬
Wild Horses

© Jeff Vanuga/Corbis

如果你過去所做的只是聚攏馬匹，而且你的全部心神都只要放在別人告訴過你的事情上，那麼這實在是一件相當簡單的決策過程。但有些人堅持必須要想更多一點。

霍爾（Ron Hall）
全國野馬驢計畫（National Wild Horse and Burro Program）專員

野馬向來被視為美國西部的獨立象徵，但今天，牠們整個群體的健康，卻必須大量倚賴政府的管理。在十九世紀中葉的高峰期，據估計有 200 萬匹野馬漫步於美國牧場。隨著開發減少了野馬和草食性動物（例如野牛）的棲息地，以及隨著馬和驢被圈養在一起，以便騰出空間給其他家畜和進行農作，野馬群體數量就開始下降。到了二十世紀初期，大部分的野馬已經消失在美國大平原（Great Plains）上，剩下的主要被發現西部遙遠的山區、沙漠和崎嶇土地上。到了 1971 年，只有大約 9,500 匹野馬還生活在公家牧場上。

民眾對於野馬遭到虐待和數量減少的關心，在 1950 年代和 1960 年代開始升高。接著，國會通過了「野生自由驢馬法」（Wild Free-Roaming Horses and Burros Act of 1971），以保護野馬和野驢免遭虐待和死亡，並對牠們在公有土地上進行管理，以達到和維持自然上的生態平衡。這部 1971 年的法律宣稱這些野生動物為「西部歷史與拓荒精神的真實象徵；牠們有助於國內生命型態的多樣性、豐富了美國民眾的生活；而且這些馬驢正快速的從美國的景象裡消失中。」自從法律通過後，野馬和野驢的數量開始增加，但牠們在公

有土地上的管理方式卻備受爭議，野馬愛護者不斷發出關懷的聲音，指野馬正遭受屠殺。

1971 年法律授權並要求內政部長對於土地管理局（Bureau of Land Management, BLM）所轄公有土地管理，以及農業部長對於林務局（Forest Service）所轄的公有土地管理，「保護與管理野生自由的馬驢，成為公有土地的一份子。」這部法律也要求部長們要管理牠們，「以達到並維持自然上的生態平衡。」在 2007 會計年度，這項計畫的資金有 3,640 萬美元，44 個土地管理局所屬地方單位在 199 個牲畜管理區（herd management areas, HMA）中，管理著大約 33,100 匹野馬和野驢，在 10 個西部州所涵蓋的面積超過 3,400 萬英畝，這 10 個州包括亞利桑那、加州、科羅拉多、愛達荷、蒙大拿、新墨西哥、內華達、奧瑞岡、猶他和懷俄明。土地管理局的內華達州辦公室，管理著「野馬驢計畫」中大約一半的土地與動物。

在 1970 年代中期至末期，數量計算結果顯示野馬和野驢的數量呈現大幅增加，而且牠們也造成牧場過度放牧的問題。國會於 1978 年修正了 1971 年的法律，以保護牧場免於野馬過度繁衍之害。1978 年的公有牧場改良法（Public Rangelands Improvement Act of 1978），要求內政部和農業部長應決定最適管理水準（appropriate management level, AMLs），維持目前野馬和野驢的存活數量，並且要確認是否出現，以及哪裡出現數量過多的情形。最適管理水準的定義是「最適數量的野馬，如此可帶來自然的生態平衡，並且避免牧場的狀況惡化。」所有牲畜管理區域的最適管理水準總量約為 27,200 匹。由於野馬數量每四年會加倍成長，且已經很少有天敵存在，於是管理野馬和野驢的數量在最適管理水準上，就成為這項計畫的主要目標。為了達成與維持最適管理水準，土地管理局主要採取「聚攏」（gather）方式，將過多的動物移出牧場。到了 2001 年，土地管理局開始執行其最新的管理策略，藉由增加移置數量來達到最

1. 牧場管理
野馬驢的牧場管理活動包括牧場條件監控、數量計算與牧場土地改良。以 2008 年 2 月而言，估計牧場上的牲口數量為 33,105 隻。

動物會定期移出牲畜管理區，以達到可以持續進行其他牧場利用的水準。土地管理局一般會使用直升機將動物驅趕到臨時性的畜欄內。2007 年，土地管理局從牧場共移置了 7,728 隻動物。

2. 短期安置
一旦動物被移出牧場，他們就被安置在短期安置設施，在被認養、販賣或移到長期安置區之前，在這裡可以獲得獸醫的照料。2008 年 6 月，進行短期安置的動物數量為 7,987 隻。

3. 認養與販賣
土地管理局允許從牧場移出的動物可以接受民眾認養。2007 年共有 4,772 匹野馬與野驢被認養。

野馬如果歷經至少三次認養失敗，或假如年齡超過 10 歲，則可以進行販賣。

被認養或販售的野馬驢，有些被當成陪伴動物，有些被當成工作動物。

4. 長期安置
被移出牧場的動物若無法被認養或販賣，就會將他們安置到長期安置設施中，以度過牠們的餘生。多數設施都坐落在堪薩斯州和奧克拉荷馬州的中西部草原上，2008 年 6 月，接受長期安置的馬匹數量是 22,101 匹。

適管理水準。自那時候開始，每年平均約有 10,600 隻動物被移置出去。

　　管理現有野馬和野驢的精確存活數量，是牧場地管理的一項關鍵要素。如果普查的數量不準確，特別是如果低估了確實的群體數量，土地管理局就會面臨該區域的野馬驢或牲畜、野生動物沒有充分飼料和飲水的風險。

　　從牧場移出後，多餘的動物就在短期安置設施中接受管理，動物在那裏準備接受認養或販賣，否則就移往長期安置設施度過牠們的餘生（參見前面的圖表）。被移出牧場的健康動物，比較好的結果是透過土地管理局的野馬驢計畫接受認養。平均而言，2001 年以後每年有 6,300 匹野馬驢接受認養。根據修正後的法律規定，土地管理局必須確保認養者能夠提供人道的對待與照料。當認養需求不足以吸收所有被移出的動物時，法律要求土地管理局儘可能採取最人道且符合成本效率的方式，來對剩下的健康動物進行撲殺；另一種方式則是在某些環境下，「無條件」賣掉牠們。自 1982 年以後，土地管理局就不曾對動物進行安樂死，但為了管理這些數量不斷成長又沒被認養的動物，土地管理局開始開放長期安置設施。不像西部牧場的動物一般生存的方式，長期安置設施利用中西部草原，普遍提供動物們充分的牧草和減少的壓力，這使得動物們活得比在野外還更長壽。土地管理局按照每匹馬每天的計算方式，付費給私人包商負責經營長期安置設施。2004 年 12 月 8 日所通過有關販賣的法律條款，要求土地管理局對於過剩的野生馬驢，如果已經 10 歲以上，或已歷經至少三次認養失敗，則無條件予以販賣。

邁向長期的可持續性

　　野生馬驢被移出牧場的數量，遠遠大於被認養或被販賣的數量，導致動物們進行短期與長期安置的數量也不斷增加，相對地照料費用亦呈現上升。自 2001 年以來，超過 74,000 隻動物被移出牧場，但只有 46,400 隻獲得認養或販賣。比起 1990 年代的平均認養率，2007 年被認養的馬驢少了 36%。土地管理局官員歸納近年來認養持續減少的原因，在於普遍對馬匹的需求減少，還有照料所需的飼草和燃料成本增加所致。2008 年 6 月，土地管理局所屬短期與長期安置設施的動物有 30,088 隻，遠比 2011 年時的 9,807 隻還多。從 2001 年到 2008 年 6 月，每隻動物所耗費的平均成本，從每天 3 美元增加到 5.08 美元。長期安置的耗費，則從 2000 年的 66.8 萬美元，增加到 2007 年的 910 萬美元。除此之外，由於長期安置設施的容量已經滿載，更多野馬必須待更久的時間在較昂貴的短期安置設施中。

　　土地管理局的野馬驢計畫能否達到長期可持續性，取決於以下兩項重大挑戰的解方：

- **如果不加以控制，短期安置設施的成本將會繼續耗盡計畫的資源。**2008 年時，土地管理局預測安置成本將占計畫直接成本的 74%。隨著安置成本繼續增加，其他牧場管理的資金就受到排擠，這可能導致野外的動物群體大幅增加。為了處理長期安置的問題，土地管理局主要希望設法增加經費來增開更多安置設施。然而，未來不太可能再增加經費了，有限的資金迫使土地管理局對於牧場管理的動物們，必須做出困難的決定以防止群體過剩，也就是

撲殺無法認養的多餘動物，或無條件加以販賣。

- **土地管理局處理無法認養動物的選擇是有限的。** 修正過的野生自由驢馬法規定，當認養需求不足以吸收所有被移出的動物時，應儘可能採取最符人道且符合成本效率的方式，來對多餘的動物進行撲殺，或在某些狀況下無條件予以販售。儘管如此，土地管理局還是選擇不採取撲殺或無條件販售多餘動物的做法，因為他們還是會擔心民眾和國會對於大規模屠殺數千隻健康馬匹的反應。不過，土地管理局這種不進行撲殺或無條件販售的做法，其實違背了法律的規定。

野馬遊說者的觀點

野馬權益的捍衛者長期以來形容牠們是牧場主人和中間商的受害者，前者寧願在牧場上養牛，後者則想要販賣馬肉獲利。很多其他為馬辯護的人士主張，馬匹有權待在那裡。更極端的團體則表示：「讓自然自己運轉，放過馬兒讓牠們自然繁衍吧！」

對於組成團體保護馬匹的人士而言，用安樂死來解決問題仍然令人厭惡，擔任律師的美國野馬保護運動（the American Wild Horse Preservation Campaign）主任派倫特（Viginia Parant）表示：「這對美國民眾而言是不可接受的。」她還指出：「野馬是美國神話（myth）的一部分。民眾想知道他們來到美國西部，還能看到成群的野馬奔馳著。這是意象的一部分。」在牛隻數量大大超過野馬的情況下，她嘲笑竟有人認為牧場遭到破壞是馬匹造成的。位於蒙大拿比靈斯（Billings）

的科學與保育中心（Science and Conservation Center）主任，本身也是科學家的科克派翠克（Jay F. Kirkpatrick）進一步指出，土地管理局沒有充分注意到生育控制這個選項，可能對馬匹群體造成「嚴重的傷害」。

生態學的觀點

環境主義者和科學家慢慢發現野馬並非受害者，而是 1,000 磅重的外來者，因為牠們不像北美野牛是土生種，而是由西班牙人帶到北美洲的馬匹後代。經過長時間後，由開墾者和美洲原住民收養的迷途本土馬隻，被混在西班牙馬一起飼養。隨著馬蹄與馬齒因應不同環境而進行演化，野馬對於南方瀕臨絕種的沙漠烏龜與沙漠鳥類，和北方的大角羊棲息地特別具有破壞力。牠們破壞了水泉，危害了草地、灌木和矮林，牠們對其他所有生存在那裡的動植物都造成負面傷害。

環境主義者面對馬匹的態度改變如此巨大，以致有些人現在願意說出幾年前還被視為異端的一些話：如果替代方案是用納稅人的錢來養馬，或任由牠們過度繁衍去傷害牧場，最後死於飢渴，那麼安樂死是可以被接受的。正如有一位野馬專家告訴墨林（Paula Morin）：

> 如果野馬團體無法或不願意接收牠們，那麼我認為比較適當的答案就是執行法律。就我個人來說，我覺得販賣比人道撲殺是個更好的選項，因為這允許我們將販賣馬匹當做一種最後手段。是的，這會使那些買馬的人可以任意處置牠們，但至少對動物而言，有些有意義的事情可以在牠們身上發生。我不認為有人喜歡野馬被安樂死這種想法，但這是有關生命的一個

事實。國內每年成千上萬的馬匹因為某種原因被殺掉，貓呀狗呀也都是如此。是的，人們喜歡馬，而且野馬很特別。但牠們是必須接受管理的動物，假如我們不管理牠們，牠們就會有問題。

另一個除了安樂死外的敏感議題，關係到販賣野馬當做肉品，儘管國內每年有 9 萬匹馬被當肉品販賣的事實。「這實在很難理解，」威廉斯（Ted Williams）在《奧杜邦雜誌》（*Audubon Magazine*）上寫道：

為何美國人相信飢餓比選擇性宰殺還人道？在澳洲，據估計有多達 26.5 萬匹野馬和 500 萬頭野驢，政府會射殺牠們。在那裡，人們認為射殺比捕捉和移置還人道，因為動物們不會感受到圍捕、圈禁和長途運輸的壓力。此外，大部分其他國家不像我們有吃馬肉的禁忌。在歐洲它被視為一項美食，澳洲的野馬、驢和其他牲畜的商業屠宰業，每年的產值就有 1 億美元。

生育控制可以做為另一項替代方案嗎？馬群的規模每四年就多一倍，而土地管理局正從事一項避孕計畫，這項計畫對 2 歲的牝馬大部分有效。協助進行避孕計畫的薛帕德（Alan Shepard）表示：結果顯示樂觀但有其限制。「最大問題是你沒辦法捉到所有的馬。」澳洲也在進行化學避孕法，但要製造出有效的藥劑來進行實地應用，恐怕要數十年後了。

至於野馬遊說者指控說牛隻比野馬造成更大傷害，這個說法如何呢？環境主義者承認牛隻造成的傷害更大，因為牛群數量更多，但牛隻提供食物和生計的來源。以棲息地破壞而言，馬的破壞力彌補了數量上的不足。當灌木叢之間的草地不見時，牛隻只能自認倒楣，但馬或驢會不斷腳踹樹木，直到最後一片葉子落下死亡為止。當牛隻吃完牧草，牧童會帶牛到別處或回家，但馬驢卻是一年到頭都在那裡。沒有圍欄，牠們就哪兒都能去。這意味著一旦馬匹沒被留意，就可能成為生態系統中最後存活的生物，只因為牠們吃東西的效率更高。但如果你讓這些馬群「自然」繁衍，最後牠們會塞爆牧場，並且讓牧場變得光禿一片，這表示草地永遠長不回來了。

總結來說，愈來愈多環境主義者認為野馬遊說者不重視維持整體生態的重要性，而且當這個團體被顯得與眾不同時，又將野馬視為一種傷害。

個案問題

1. 本章所描述的哪些決策技術和概念最適於土地管理局的情境？請說明你要如何應用它們？
2. 你要做出什麼建議來協助管理局改善它處理野馬問題的方式？
3. 你要如何模式化這個問題？

個案參考文獻：U.S. Government Accountability Office, *Bureau of Land Management: Effective Long-Term Options Needed to Manage Unadoptable Wild Horses*, GAO-09-77 (October 2008), 1–10; Deanne Stillman, *Mustang: The Saga of the Wild Horse in the American West* (Boston: Mariner Books, 2009); Jim Robbins, "As Wild Horses Multiply, a Voice for Contraception," *The New York Times* (April 21, 2005/2009); Felicity Barringer, "Mustangs Stir a Debate on Thinning the Herd," *The New York Times* (July 20, 2008); Paula Morin, *Honest Horses: Wild Horses in the Great Basin* (Reno: University of Nevada Press, 2006); Ted Williams, "Horse Sense," *Audubon Magazine* (September-October 2006).

組織

Organizing

關鍵字

實驗室

1993 年，塔克公司進行一項大規模組織重組，將公司分割為三個大型部門。這些新部門代表塔克的三個主要產品線。

塔克的總裁哈內特（Harnett）先生，在一份提交給董事會的備忘錄中，解釋了新組織的基礎：

> 我們產品的多樣性，促使我們根據我們的主要產品線來進行重組。為了朝向這個方向，我建立了三個新部門：商用客機引擎、軍機引擎，以及通用渦輪機。每個部門都由一位新任副總裁擔任主管，並直接向我報告。我相信這個新模式可透過個別管理者的投入而擴增我們的績效。它也應能幫助我們找出不賺錢的地方，這些地方可能需要給予特別注意。
>
> 一般而言，每一個部門都可以獨立運作。換言之，每個部門都有自己的引擎、製造、會計單位等等。然而，某部門在若干情況下會需要使用到其他部門或單位的服務。這是當然的，因為要提供個別部門完整的服務，就需要額外的人員和設備。

原本隸屬於全公司的實驗室，就屬於這種服務單位。從功能來看，它持續支援著所有的主要部門。但從行政來看，實驗室主管要向軍機引擎製造部門的主管報告。

從新組織開始運作一直到 1999 年 2 月，當時的實驗室主管加菲德（Garfield）先生退休，沒有太多證據顯示有什麼跨部門或跨單位的衝突出現。繼任者哈吉（Hodge）女士不像加菲德先生，她總是急於想要獲得長官的注意。哈吉的很多同事認為她在創造一個自己的地盤，只在意自己的升遷而非公司的整體福祉。哈吉就任這個職務六個月後，她就牽涉好幾次有關實驗室工作的跨部門衝突事件。

從歷史上來看，工程部門利用實驗室做為一種測試設備，以確認設計工程師所選擇材料的特性。哈吉覺得實驗室應該更介入這些材料的選擇、實驗設計，以及隨後的實驗資料評估。哈吉和通用渦輪機部門的工程部富蘭克林（Franklin）先生討論這件事，富蘭克林向哈吉提供建議，但他聲明材料選擇的最後責任，是由他的部門負責。

之後幾個月，哈吉和富蘭克林對於討論結果的執行出現好幾次意見相左的情形。富蘭克林告訴哈吉，由於她的職位是在測試實驗室，她不能對於影響材料選擇

最後決定的細部設計考量有所置喙，哈吉則宣稱富蘭克林欠缺像她具備的冶金材料專業性。

　　富蘭克林也發現，過去在加菲德管理下總能迅速處理他所提出的需求，但在哈吉的管理下卻需要愈來愈久的時間。哈吉解釋說，由於行政隸屬結構的緣故，軍機引擎單位的問題必須最優先處理。她還說假如她可以參與更多富蘭克林的問題，或許當真有緊急事件出現，她就能發覺而且可以改變優先處理順序。

　　當富蘭克林的重大計畫沒有被排入他認為應有的期程時，他和哈吉之間的緊張關係到達高峰。富蘭克林致電哈吉，討論說他需要改變期程，但哈吉建議開個會來討論這件事的必要性。富蘭克林接著告訴哈吉，這不是她應該關心的事，她的職責僅僅是在有需要的時候執行檢測即可。他進一步表示，他對於他部門所得到的拖延待遇感到不滿。哈吉提醒富蘭克林，她有提出這個問題的解決方法建議，是富蘭克林自己不願意接受。至此，富蘭克林失去耐心並且立刻掛掉電話。

　　你能否畫一張組織圖說明塔克公司的三個部門，包括實驗室的位置嗎？為何實驗室要隸屬於軍機引擎部門？你認為富蘭克林和哈吉之間的衝突，是由於個性造成，還是由於組織結構的方式所造成？請畫出一張新的組織圖，說明你會如何設計塔克公司的結構，使得實驗室可以提供各部門平等的服務。相較於原來的結構，你認為新的結構有哪些優點與缺點呢？

資料來源：Theodore T. Herbert, *Organizational Behavior: Readings and Cases,* 2nd ed. (Englewood Cliffs, NJ: Prentice-Hall, 1981), 385–87.

　　前兩章的主題規劃及決策，與**組織（organizing）**是分不開的。如果人們想要有效率地合作來管理某一個方案，個人就必須知道自己在整體中所要負責的部分為何，以及自己的角色與其他的角色之間的關係為何。設計並維繫這些角色的體系，基本上是組織的管理工作。這是一個好的定義。雖然許多管理學家對「組織」下了一些鬆散和粗糙的定義，本章將簡單地將組織視為一個真正的管理者之作為。在這種情境下，組織乃是為了達成一個方案的目標，而將必要的活動加以編組。

　　本章第一節將介紹一些重要的組織概念，其餘的篇幅都奠基在這些概念上。第二節會探討五類組織設計。第三節要思考的是，管理者要如何做組織設計。之所以需要組織設計，原因很明顯：當組織成長時，會增加一些新的部門、功能以及金字塔階層；重大的問題是要怎樣將整個組織維繫在一起。在最後一節，我們要問的是組織的總體性問題：為什麼政府會想要進行組織再造？「政府再造」是什麼意思？

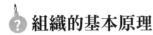

？ 組織的基本原理

　　公共行政的主題中，過去幾年很少有像組織和組織結構這樣經歷過許多變化的。當管理者想要找尋最能有效支持並幫助員工去執行組織的工作時，一些有關組織工作的傳統途徑就會受到質疑及重新評估。我們回想第 1 章所談到的，組織建構是創設一個組織結構的過程。這個重要的過程包含：

　⦿ 將工作區分成特定的職務與部門。
　⦿ 授予個別職務其應擔負的任務與責任。
　⦿ 使各個不同的組織任務協調一致。
　⦿ 將各個職務串連編組。
　⦿ 建立個人、團體與部門間的關係。
　⦿ 分配與部署組織資源。

　　公共管理者的挑戰是要設計出能讓員工達成機關使命的組織結構，而非「只要把所有的事情都拼湊在一起」，請參見漫畫。

「溫特沃斯，我可以再看一下那份
重組計畫嗎？」

「你將所有東西都混在一堆？馬修斯（Mathews），所謂『一團』（a posse）是指某種需要組織化的東西。」
評語：如果人們要有效率地一起工作，他們需要知道自己在整體的努力中，負責的是哪部分的事情，以及他們的角色和其他人的關係何在。要設計與維持這些角色系統，基本上乃屬於組織的管理功能。

　　組織結構到底是什麼呢？一個組織結構是將職務任務加以分配、組織與調和的正式架構。當管理者發展或改變一個組織的結構時，他們便致力於組織設計，此乃攸關四項基本要素的決策過程：分工（專業化）、科層組織（階梯原則）、控制幅度，以及直線與幕僚。

分工

　　無疑地，分工（division of labor）成為專門的任務，是以上四個原則的基石。但管理者要如何做呢？行政人員首先應確認，達成總體的組織目標有哪些必要活動，然後用有邏輯的方法，將這些活動劃歸至執行這些專門功能的部門。藉此，組織結構本身便成為提升專門化與分工的技術性與經濟性優勢的主要工具。然而，這個程序並不像表面上看來那麼簡單，因為管理者至少有四種方法來將組織的功能分割與配置給不同的部門，這四種方法是：目標、地理位置、流程以及客戶。

　　最普遍的分工依據當然是目標（objective）。比方說，總部設於華府的衛生與人力服務部，就是根據衛生與福利兩條軸線去架構其組織；與此相似的，美國太空總署則是分工為載人太空飛行辦公室（Office of Manned Space Flight）與太空科技與應用辦公室（Office of Space Science and Applications）。然而，這種根據用途或目標所進行的分工也可能會出現一些問題。比方說，部門間的連繫可能比起初看起來的還要複雜。慢慢地，分界變得模糊不清。比方說，在核能發電廠中，燃料、熱力與發電三個功能間找不到明確的分界線。

　　管理者另外一個可以分工的依據為地理位置（geography）。換句話說，行政單位不是按照功能而是按照區域來分配。以美國聯邦政府為例，國務院、田納西河流域管理局以及內政部（程度稍微低一點）都是按照這個指標分工的。其他部會與機關依地理位置所做的分工略有修正。比方說，衛生與人力服務部也設有區域代表，以區域社會安全委員、區域公共衛生服務辦公室等方式，來服務特定族群。

　　分工的依據也可能是流程（process）或客戶（client）。依流程而分工的部門，或者奠基於特定的技術，或者奠基於特定的裝備，也有可能兩者兼具。在此所提的技術，不僅止於硬體技術（諸如在交通維護工作中心的焊接部門），也包含軟體技術（諸如會計或作業研究）。而以客戶為基礎的機關則包含印地安人事務局（Bureau of Indian Affairs），以及退伍軍人事務部（Department of Veterans Affairs）。

　　學者 J. A. Litterer 指出，按照功能進行分工至少有三種缺陷。[1] 首先，高度專業化分工的結果，可能導致次級機關人員對自己的專業性比對整體組織的目的還要關心之本位主義。其次，員工對其專業性的興趣，也使他們與組織內部其他成員難

亞當·斯密的經典名著《國富論》（*Wealth of Nations*, 1776）一開始便討論製造別針的專業化問題。8 個男人，每個人負責特定任務時的生產量，比起各人各自承擔整個製程所有環節的任務時的生產量更大。

以溝通。第三，「許多例證顯示，從功能性的組織中一路升遷上來的人，在特定專業領域中有卓越的表現，但卻可能因此相當欠缺綜合組織全局責任的歷練。」[2] 導致一個機關可能在其內部找不到合適的人擔任行政主管。

學者 L. R. Sayles 以及 M. K. Chandler 對專業化提出第四項批評。此即，專業化——幾乎從定義上就是——與在大使命或問題導向的方案中，所需要的跨領域整合是背道而馳的：

生物學家被要求去想像高度真空對遺傳學的影響，並且要與航太工程師進行合作研究案。計畫負責人被要求搬家到一個遙遠的地點，以便更接近某特定的研發團隊，為期 6 個月，並且每隔幾年要改變他的組織身分以及他的住所。專家被要求放棄他們的專業，以便能夠加入跨領域團隊，並且從那些他們原本會忽視或認為有損他們身分的人身上學習新知識。[3]

科層組織

行政管理的第二個原則是**科層組織（hierarchy）**，其根基是**階梯原則（scalar principle）**，後者指權威與責任應當從組織的最高階層直線垂直地流向最低階層。這樣的流通通常被稱為**命令鏈（chain of command）**。在這樣的安排下，沒有透過正確管道將訊息傳遞給更高層的上級——至少在被跳過的長官眼中——被認為是一種不可饒恕的罪（a cardinal sin）。

我們在討論命令鏈之前，必須先檢討其他三個概念：權威、責任和指揮統一。**權威（authority）**是指站在管理者的地位去告訴人們要做些什麼事，或者期待他們去做什麼事。一個組織中的各個管理者必須協助決策與協調，他們也都是命令鏈中的一環，被賦予一定程度的權威，以承擔其責任。當管理者協調並整合員工的工作內容時，這些員工便承擔義務要去執行任何交辦的任務。這種去執行任務的義務

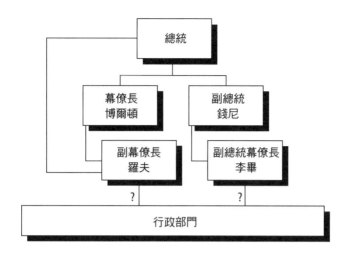

2006 年 3 月，博爾頓成為白宮幕僚長，副幕僚長則由羅夫擔任。這個職位相當於一家企業的營運長（chief operating officer, COO），負責協調與實現執行長的策略，同時提供政策上的諮詢。照道理來講，羅夫身為副手，應該向高他一層的博爾頓報告。其實不然，羅夫直接向總統報告，而且其他內閣層級的官員隸屬於他。更複雜的是，一個有實權的副總統也分享了很多博爾頓的幕僚長職責。組織結構的模糊性，到了2007 年 1 月更形惡化，當時錢尼宣布副總統不屬於行政部門的一部分，因為他唯一的憲法職責就是主持參議院院會，以及當贊成否決票數相同時介入投票。最後一個組織謎團是：誰要為李畢的行為負責？總統可以影響副總統幕僚長的作為嗎？

圖 7.1　布希的白宮（2006 年 3 月）：缺乏指揮統一

或期待便是責任（responsibility）。最後，**指揮統一（unity of command）** 的原則——費堯的 14 點管理原則中的一條——有助於維持一條鞭的權威概念。這個原則主張一個人只應向一個主管負責。如果沒有指揮統一原則，各級主管互相牴觸的要求和優先順序會造成許多問題。從圖 7.1 來看，就可以瞭解費堯提過的指揮統一原則，用在布希的白宮時，會是如何令人感到害怕。

墨頓（Robert K. Merton）是美國最重要的社會科學家之一，他對官僚體系的一份令人驚嘆但稍嫌複雜的分析中，認為人們與官僚體系打交道時所遇到的種種困難，最重要的原因不是其他因素，而是科層組織。[4] 他從組織高層管理者所下的一道控制要求開始分析起：更明確地說，他們所關切的是組織內部行為的可信賴性。因此，標準作業流程被制定出來，而高層所要求的控制則主要是各種查核，以確保這些作業程序被遵循。

這類控制往往有三種後果——都不是好的。第一，人際關係的互動量大為減少。官僚體系的整體人力因為不信任、害怕報復等因素而對此感到不習慣。第二，參與者將組織規則內化；然而，被設計來達成組織目的的這些規則，原本有獨立於這些目的之外的正面價值的。第三，原本用來決策的分類被侷限在相當少的數量。比方說，特定問題發生時，官僚體系很容易就會認為這個問題肯定是屬於某一類型。而且因為先前已經處理過這類問題，人們很清楚這回應當如何處置。細微的差

別不被重視。在這種方式下，標準作業流程固然增加，對於替代方案的尋找卻減少了。

這三種後果結合起來後，使得組織成員的行為具有高度可預測性。換句話說，參與者的行為變得更僵化！行為僵化的代價之一，是更難使組織服務對象滿意。而客戶滿意度是（或者應該是）所有組織的目的。行為僵化的另外一個代價，則是組織本身的員工更少有機會追求個人成長與成熟人格的發展。

控制幅度

與分工及階層組織密切相關的，是**控制幅度（span of control）**。這個原則關心的是長官可以有效監督的部屬數量。傳統的理論主張小一點的控制幅度，以使行政人員能夠充分地整合所有部屬的活動。絕大部分的美國聯邦政府機關，很明顯地有把控制幅度原則放在心上，將各層級主管的部屬維持在 20 人以下。但是總統如果沒有幕僚長襄助，會有超過 200 個個人、委員會、部門、機關或其他團體直接向他／她負責。

其他條件不變，控制的幅度愈大，一個組織愈有效率。舉一個簡單的例子就可以讓我們瞭解。假定一個組織有 4,100 名員工。如果這個組織在每一個階層的控制幅度是 8 個人──換句話說，每一個主管監督 8 個部屬──那麼這個組織相對會比較「扁平」一點，共有 5 個層級。如下圖所示：

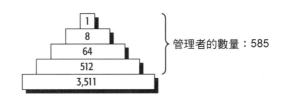

現在假定過了一段時間後控制幅度縮減到 4 人。那麼這個組織將不再那麼扁平：

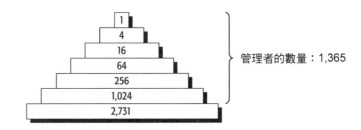

決定控制幅度的真正關鍵，不在於有多少人要向直屬長官報告，而是要向同一個直屬長官負責、一起共事者有多少人。比方說，能源部長底下有一群直接向她負

責的一級主管，每個人的部門都發揮重要的功能，部長應該要將這些部屬控制在一定的數量之內──8 到 12 人可能是極限。為什麼呢？因為這些部屬必須要彼此密切合作。思考一下，當能源部長想要開發太陽能做為解決能源耗竭的可能方案。太陽能研究的任務被交辦給研發署、太陽能技術被交辦給技術副部長室、太陽能的實際使用則被交辦給資源保護與太陽能應用副部長室。太陽能研究所進行研究並提供資金給各種層面的太陽能活動。很明顯的，這些單位的主管彼此之間必須密切與頻繁地合作。因此，小規模的控制幅度是有需要的，因為合作的問題相較於一個警官去監督巡警，是更為複雜的。每一個巡警都是可以與其他巡警分離的，而且相對自主，因為他們很少需要彼此互動，在這種情況下，比較大的控制幅度是可能的。

控制幅度的第二個缺點，可以很容易從圖 2.4 看出來。控制幅度的概念基本上假定管理者的主要關係是對下、對部屬，正如該圖所顯示的。但是圖中的方向，只是全圖的一個部分。對上面長官的關係，至少與對部屬的關係一樣重要。同樣的，與同級部門以及利益團體的水平關係也一樣重要。因此，我們需要用一個更具相關性的概念，來取代舊有的控制幅度，即管理關係幅度（span of managerial relationships）。簡言之，在公部門管理這門學問中，控制幅度是個有嚴重侷限的概念。

第 330 頁的兩個圖裡面，哪一個最能代表聯邦政府？明尼蘇達大學教授賴特（Paul C. Light）可能會說下面那個圖。他很有說服力地指出，政府處處有瑕疵，而在高層出現的瑕疵可能導致政府的運作不時出錯。[5] 證據是難以駁斥的。賴特的分析顯示，資深行政官員與總統任命官員的量，從 1960 年的 451 人，增加到 1992 年的 2,393 人，成長幅度高達 430%。

隨著官員數量增加，文官的階層也跟著擴增。在 1960 年代，任何機關從上到下分為 17 級，現在有 32 級。我們可以將這種複雜的層級與聯邦快遞（Federal Express）互相比較，在那裡送包裹的信差與坐在孟菲斯總部的總裁只差 6 個層級。

隨著組織階層的增加，大大小小的官位頭銜也陸續出現：副次長（deputy undersecretaries）、助理副次長（assistant deputy undersecretaries）以及副助理部長（deputy assistant secretaries）等一大長串的清單。2 年前，能源部創設了一個新的頭銜，聽起來自相矛盾，叫做首席副次長幫辦（principal associate deputy undersecretary）。

這些大量出現的修改，如果有任何影響的話，莫過於使得政府更難履行其職務。一份公文要 32 個階層的主管簽核的時間，當然比 17 個階層的主管簽核的時間更加曠日廢時。而資訊在這麼多額外增加的主管間傳遞的過程中，也會被扭曲。根

據賴特的分析，官僚階層變厚（thickening）的真實成本，則是因為決策點擴散所導致的責任不清問題。

也許是吧！但是更容易看得到的成本，是薪資的增加。如果管理者平均年薪為 6 萬美元，第 330 頁那種扁平組織，光是管理階層薪資上就可以每年省下 4.7 億美元。雖然控制幅度愈大，成本愈划算，同時也可能導致效率降低。也就是說，當控制幅度變得太大的時候，員工的績效會變差，因為管理者不再有足夠時間來發揮必要的領導與支持。

直線與幕僚

要瞭解這個原則最簡單的方法也許是藉由軍事編組來類推。武裝軍人站在前線（直線），執行軍事組織的基本功能；與此同時，在後方某處，幕僚單位正在進行調查、研究，並且對指揮官提出建議。幕僚只有藉著指揮官，才能影響直線單位的決定。（圖 7.2 中，幕僚的地位為何？）

在任何組織——軍事或其他類型——變得更加複雜時，管理者開始需要建議。幕僚在許多方面協助管理者。正如唐斯（Anthony Downs）所指出的，龐大幕僚群的作用就像「『外在於』直線階層的控制機制，推動一些與直線階層的慣性相牴觸的改革，並且扮演將部屬對老闆的怨恨轉移開來的代罪羔羊。」[6] 高層可以利用幕僚為團體帶來改變。幕僚的創新能力，看起來是因為其成員的技術導向。相較於直

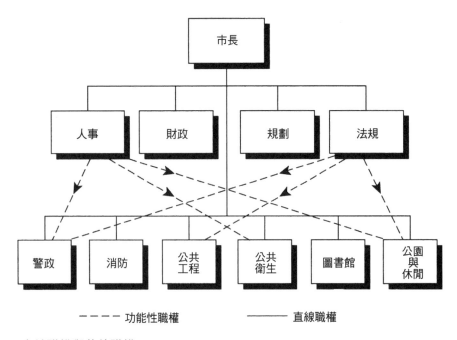

圖 7.2　直線職權與幕僚職權

線單位的主管，幕僚一般比較年經、所受的教育也比較高；創新能力也因為其激勵結構，可以幫助高階主管改進直線的績效。

瞭解**直線－幕僚概念**（**line-staff concept**）──此即，對那些主要致力於執行方案的機關及個人，以及另外一些提供建議並協助高階管理所做的區分──其重要性不應被過分強調。長官與部屬都必須知道自己扮演的是幕僚或直線的職能。在這一點上缺乏明確性的話，通常會導致紛爭。**直線職權**（**line authority**）意指居於管理地位者有正式職權，可主導並控制其直接管轄的部屬。**幕僚職權**（**staff authority**）比較狹窄，包含在幕僚的專業領域內的建議、推薦與諮商。幕僚職權是一種溝通關係；幕僚專家在技術領域中對管理者提出建議。比方說，都市的財政部門有幕僚職權與直線部門協調，要使用哪種會計格式來進行設備採購與標準化薪資服務。

為何幕僚功能會不斷增長？帕金森（C. Northcote Parkinson）的訣竅是，以開玩笑的形式來做嚴肅的思考，他曾針對此一問題提出最著名的答案。[7] 他發現在 1914 年到 1928 年間，英國海軍的船隻與人員分別減少了 68% 與 32%，在此同時軍官的人數卻增加了 78%。他也注意到，這段期間船塢工人只增加了 10%，而船塢的管理者和文書人員卻增加了 40%。後來，他在陽光普照的加州也發現同樣的問題。負責替連接舊金山與奧克蘭的跨海大橋粉刷和補漆工作的工作團隊，一開始只有 12 人，這幾年來卻增加到 77 人；儘管在這段期間，他們已經擁有更省人力的機器來幫他們做工。

帕金森認為，這樣的人員增加不是因為工作增加，而是幕僚作業的動態使然。一開始，官僚便喜歡增加部屬的人數。因此，如果文官 A 認為自己的工作量太大，他便會設法任命 B 跟 C 為他的部屬。這個行為增加了 A 的重要性，並且避免讓其他同事接手他一部分的工作。帕金森發現，時日一久，B 也會發現自己的工作量太大，當 A 允許 B 增添 D 跟 E；因此，他也會允許 C 去增加同樣數量的部屬，所以 F、G 也會加入組織當中。（也許有人會覺得很奇怪，為什麼每個層級都需要任命 2 個部屬？原因是：1 個部屬可能會分掉長官原本分內應做的一部分工作；在這種狀況下，部屬可能在分工之餘，也分享了長官一部分的權力。）

此刻，7 個官員做的是以往 1 個官員的工作內容。這是怎麼回事？帕金森提出另外一個「命題」：官員找事情給其他人去做。比方說，D 收到一份公文，但他認定這件公事應該屬於 E 的職權。於是他簽擬了要給 E 的意見，並且上呈給兩人共同的主管 B，結果 B 大幅加以修改，也沒有先跟自己同一層級的 C 商量；在 C 的看法，這事應該由他自己的部屬 F 去辦理。但是 F 卻選擇在此刻休假，把案子交給同事 G。G 草擬的一個修正案，C 簽核後，交還給 B。B 又做了些修正，再將最新

的版本交給他的上司 A。

　　那麼，A 要做什麼？此人被這些新部屬製造出來的問題所困擾（比方升遷、差假、內部管理、加薪、調動，以及辦公室事務）。當然，A 可以乾脆不批閱 B 所呈上來的公文；但帕金森認為他不會這樣做：

　　　　A 是一個謹慎的人，此際正在為他的部屬替他和他們自己所製造的麻煩而困擾——這些問題之所以會發生，正是因為這些官僚的存在所致——他不是個逃避責任的人。他很仔細批閱部屬呈上來的草案，刪除掉 B 和 G 原文中一些大驚小怪的段落，然後將這份工作交辦給原本一開始就預設應當承辦的 E，他很能幹（雖然有點愛與人爭執）。他把這個草案的英文改過一遍——這些年輕人都不懂得要怎樣寫才符合文法要求——然後終於提出他的答案，即使沒有 B 和 G，他的答案還是一樣的。一堆人花了更多的時間，製造出來的成果還是跟一個人一樣。沒有人閒著。每個人都盡了力！[8]

　　帕金森所講的故事，不能當做是異想天開而嗤之以鼻。同樣情境的真實例子，就發生在哥倫比亞特區的學區，在總監李洋姬（Michelle Rhee）到任前（請參見第 2 章的開場個案），我們可以看到下列這份員工真正頭銜的清單：社區協調員與社區組織；考勤助理、考勤官與考勤顧問；研究與考核助理，以及研究與規劃助理；員工諮商助理、員工諮商專家、員工發展專家、員工關係助理，以及員工關係專家；更不用說還有跨部會的連絡人，以及（顯然工作過量的）職位分類專家。

　　高等教育也無法自外於帕金森定律。根據一家非營利的「學院可承受力與生產力中心」（Center for College Affordability and Productivity）指出，過去 20 年來，學院和大學的全職支援性幕僚成長了一倍，但註冊人數只成長了 40%。在這段時期中，全職輔導員的人數僅成長 50%。[9]

　　近幾年來，許多美國經濟學者都試圖更嚴密地檢視，為何官僚體系會不斷增長。這些學者的研究，一開始便假定政客與官僚的行為，就像顧客與企業主管一樣。這樣的假定允許學者以方便的經濟分析，來檢視公部門中各個角色扮演者的行為與決策。因此，這個經濟學領域被稱為**公共選擇（public choice）**。

　　這個領域中最著名的是唐斯（Anthony Downs）、尼斯坎南（William Niskanen）以及涂洛克（Gordon Tullock）。[10] 根據唐斯的研究，核心的問題是：政府官僚體系並不像私部門主管那樣為紀律所約束。在公部門中缺乏競爭以及消費者選擇來限制官僚的自我利益。因為擴張是官僚的自我利益（部門擴張比其他因素都能帶來更多的升遷機會），官僚體系乃極力擴張，遠超乎公眾的期待，以及其本身

績效所能合理化的程度。這些經濟學家指出，公共官僚體系一如私部門中的壟斷市場一樣──不同之處在於官僚在乎的是更多的預算，而不是更好的績效。

當然，追求自我強化並不是直線與幕僚的發展不成比例的唯一因素。首先，而且也很明顯的，是管理者工作的高度反應性與互動性的本質。其次，從外界強加給官僚體系的新規定與命令，也意味著文書作業的增加，從而需要更多的人手。新的聯邦法規中，有關殘疾人士、雙語教育以及其他問題的規定，也導致了公立學校的經常費大增。同樣的，新的複雜科技也導致需要增添人手。逐漸地，行政主管在做決策時，必須倚賴物理學家、微生物學家、軟體工程師、系統設計師、行動研究者等專家的幫忙。

❓ 常見的組織設計

領導者─追隨者組織

人群關係中最自然者，莫過於領導者與追隨者的關係。然而這樣的關係，並非像乍看之下那樣簡單。

比如說，領導者的權威，很少會因為基於常識或尊敬所產生的服從，而得到滿足。相反的，正如韋伯（Max Weber）所注意到的，權威通常會激起追隨者其他的一些反應（愛、畏懼，乃至敬畏）。這樣的研究，使韋伯得到一個結論，認為有三種類型的正當性權威：合法、傳統與卡理斯瑪式的。**合法權威（legal authority）**與立憲政府相連結；**傳統權威（traditional authority）**則與君王及父母有關。而**卡理斯瑪式權威（charismatic authority）**則是與領導者─追隨者關係最相關。卡理斯瑪（charisma）這個字的希臘文原文意思是「恩典的禮物」。希臘人視擁有卡理斯瑪的人是天生所賜，而且有能力達成不可思議的成就。韋伯認為卡理斯瑪是領導者和追隨者之間的特殊連結，並指出卡理斯瑪式領導者的特質，使他們能強烈地影響其追隨者。韋伯也指出，卡理斯瑪式領導者通常出現在危機時期，而他們提出的激進解決方案，讓追隨者對領導者更加尊敬。事實上，卡理斯瑪式領導者對他們的追隨者常有著不可置信的影響力，追隨者會受到領導者的感召，而狂熱地獻身於領導者。從這個觀點看來，卡理斯瑪式領者似乎常帶有英雄色彩。

卡理斯瑪式領導者有著強烈、自信、動態的人格，會吸引追隨者且使得領導者創造出他們和追隨者之間的強大連結。追隨者信任卡理斯瑪式領導者、忠誠於他們，受他們感召而戮力完成領導者的願景。因此，我們可以界定「卡理斯瑪式領導」為一種領導者的行為傾向和個人特質，且會創造出他們自己及其追隨者之間一種異常強烈的關係。

卡理斯瑪式領導有用嗎？研究顯示它通常有用。一般而言，卡理斯瑪式領導者的追隨者會更投入、更感到滿足、表現得更好、更可能信任他們的領導者，而且工作也更賣力 [11]。第二次世界大戰期間在洛斯阿拉莫斯（Los Alamos）實驗室工作的傑出物理學家歐本海默（J. Robert Oppenheimer），他的卡理斯瑪式領導當然有用。位於聖塔菲（Santa Fe）外 35 英哩的一塊貧瘠臺地上，經過 20 個月不尋常、令人振奮的日子，第一顆原子彈就在那裡設計與製造出來，這個成就使歐本海默成為美國最知名的科學家。以下三段文字摘錄自科蘭特（Jennet Conant）所著的歐本海默傳記，供我們一瞥這種特殊型態的領導者—追隨者關係：[12]

• 洛斯阿拉莫斯的薪資結構是一種特別令人覺得不堪的話題，因為傑出大學科學家在這個專案所獲得的酬勞，比技術人員和施工人員還少。歐本海默認同他們提出的抱怨，在聽完一個約 20 個人團體發牢騷後，歐本海默笑著說：「有差啊！你知道你為何來到這裡，也知道來這裡做什麼，但他們可不知道呢！」接著他就掉頭走出去。在這種情況下，可以看到歐本海默散發出權力。他可以用無比認真的方式去激發群眾的情緒，或以一種巧妙姿態讓反對者無言。當出現罕見失去耐心的情況時，他那平常的懇切感就會變成令人生畏的「藍色目光」，冰冷地直瞪著過往的人。

• 無論是什麼情況，每個人都被歐本海默的魅力所折服。他樹立了風氣，然後人們開始做他們需要做的事情，而且知道如何創造還不存在的事物。「歐本海默開發了我，」威爾遜（Bob Wilson）回憶道：「他的風格，還有我們所做的事情、我們的生活、我們和人們之間關係等等如詩般的意境，都讓我感到熱血沸騰。當他在場時，我感到自己更有智慧、更多話、更熱情、更有見識、更為浪漫。」

• 他激發了愛、忠誠、努力工作與奉獻。他似乎期望不少，但他會回報你溫暖與關愛，而且只要符合他自己的高標準，他就不會使喚你該做什麼。「他將人們最好的一面都激發出來，」貝斯（Hans Bathe）說道……「洛斯阿拉莫斯沒有他也可能成功，但這樣只會有更多緊張、更少熱情，也更緩慢。就此來說，他對所有實驗室成員而言都是難忘的經驗。其他地方也有戰時實驗室……，但我從沒看過其他地方成員有這種彼此歸屬感、那麼熱烈地緬懷過去的實驗室時光，而且認為那真是他們生命中非常美好的歲月。」

官僚體系

大部分人都對何謂**官僚體系（bureaucracy）**有些概念，而到此為止，本書在

Bettmann / Corbis

一群科學家在歐本海默的卡里斯瑪式領導下從事工作。他們在新墨西哥州洛斯阿拉莫斯的高度
機密軍事設施裡，度過慷慨激昂的 20 個月，製造出第一顆原子彈，這項成就使歐本海默成為
全美最知名的科學家。請參閱第 344 頁的圖。

使用這個概念時，都還沒有正式對此下定義。在所有學者中，韋伯是提供最明確指
引的人，他在二十世紀初期相當詳盡地描述官僚結構的特徵。[13] 簡單來說，這些特
質為：(1) 基於功能專業化的分工；(2) 界定清楚的權威層級；(4) 明訂員工的權利
義務；處理工作情境的程序是有系統的；(5) 人際互動不談人情；(6) 基於技術能力
來決定升遷與選拔。

　　官僚模式不是對事實的描述，而是一種理念型（ideal type）──也就是，哪一
些組織在不同程度上是近似的。有些組織比其他組織更官僚，但沒有任何一個組織
是完美的典型。

　　這些特徵中的前兩項──分工與科層組織──在本章稍早已經花了一些篇幅討
論過了。而後面四種類型主要與人事有關，我們會在第 10 章加以討論。

　　由於社會上使用「官僚」這個詞彙時，經常帶有貶義，容我來替它講兩句
好話。首先，是關於其分工與科層組織，任何組織若沒有一定程度的專業化
（「Jones，請你負責 X 任務；Smith，請你負責 Y；López，你來做 Z」），又沒有
一個人來負責領導並承擔責任的話，我們很難想像這群人要怎樣完成一件中度複雜
的工作。想想看，如果 X 是一件艱鉅或令人不愉快的任務──卻又是完成這件專

案不可或缺的致命關鍵——如果不是擅長處理這類工作的 Jones 被指派承擔這項任務。再者，如果沒有一條命令鏈，也沒有人來負責帶領。這樣一來，整個組織的活動就會在半路停擺。

我要替官僚體系講的第二句好話，與它的其他特徵有關。你真的願意去一個可以隨老闆一時興起，就調整你的權利義務的地方工作嗎？或者到一個沒有一套處理工作情境的作業程序的地方工作？在那樣的組織裡，不會有制度學習（institutional learning）：每個人要扮演什麼角色，得自己去摸索（這也意味著每一個掌舵者都必須自己重新摸索方向）。而客戶就變得很可憐，因為他們不知道自己每天會受到什麼樣的對待。最後，老闆還可以任意任用他的親戚，讓他的朋友升遷——而不必在乎他們在專業上的能力如何。

然而，我們很難替官僚體系說第三句好話，因為其缺點實在不少。也許其最大的缺點是創新能力太低。官僚體系講究績效，但不是一個解決問題的結構。其設計是用來執行標準的方案，而不是去創造新的方案。複雜的創新需要很不同的結構配置，從不同的領域中徵召不同學門的專家，把他們融合在一個運作順利的特別小組之中。

官僚體系還有一個相關的缺點，在資訊時代顯得特別嚴重，那就是官僚體制阻礙了知識的散布。理念跟命令在總部與單位間上下傳遞，使得平行單位間很少溝通。

在這一節剩餘的篇幅中，我們將會看其他的組織結構企圖如何克服官僚體系的這些缺點。

矩陣途徑

第三種常見的組織設計被命名為矩陣途徑，是因為有一群計畫（團隊）管理者進行規劃、排定時間表、控制成本，管轄被指派到某個專案的人們；而另一群管理者發揮的是傳統的直線控制（例如技術方向、訓練，以及給予報酬），也管轄同一群人。因此，兩群主管對同一群部屬都有責任。反過來說，這些部屬也必須同時讓兩群主管滿意。

圖 7.3 顯示一個簡單的矩陣安排。五條垂直的箭頭顯示出功能的水平命令鏈；四條水平的箭頭，則是專案。在每一個方塊中的數字，是被指派去擔任這些工作的人數。因此，總共有 22 個人負責專案 C，而負責公共關係工作的人則有 33 個人。每一個專案管理者都可以被視為一個「承包商」，「僱用」直線人員來替他們工作。在專案進行期間，一些功能部門中合乎條件的人才被分配給這些專案管理者，參與他們的專案。

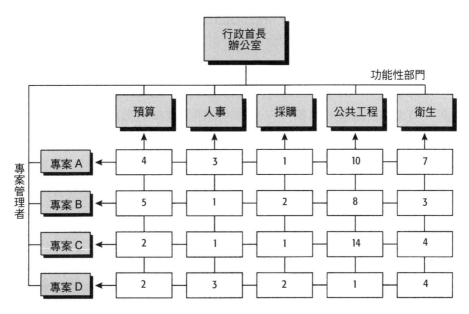

圖 7.3　矩陣組織

有許多政府機關還算是成功地運用矩陣型態，以下是兩個例證：[14]

- 政府審計署（Government Accountability Office）運用矩陣組成特定的專案團隊，以檢視複雜而跨界的議題。來自不同領域的員工，將他們的特定專業帶到團體中，而沒有傳統的那種組織疆界，會妨礙機關指派正確的人員去解決問題。

- 聯邦航空總署（Federal Aviation Administration, FAA）內部的空中交通組織（Air Traffic Organization, ATO），運用一種矩陣結構來對抗功能性本位主義（functional silos）的效應。「空中交通組織的任務就是提供空中空間服務給聯邦航空總署的顧客，執行先進的成本與績效工具與技術，並聚焦於員工績效與課責。為了在快速變動的航空環境中處理各種議題，聯邦航空總署需要在空中交通組織內部創造出一種彈性的工作環境。矩陣模式幫助減少本位主義，並推動空中交通組織員工之間的共享工作經驗。整個聯邦航空總署都將決策和支援予以體制化，因而有助於瓦解組織的各自為政狀況，促進各單位之間的專業匯聚。」

我們再次遇到這樣的問題——什麼時候要用到這種特殊的組織型態？讓我們試著從相反方向來找答案。在一個機關大量執行標準化的服務工作（如廢棄物處置）

時，不應該使用**矩陣組織（matrix organization）**。而在進行特殊、狹義的專案時（比如反托拉斯的個案），矩陣組織則可有效運用。在特殊專案終止時，這樣的編組可以從組織中解散，因為矩陣組織是一種流動組織。其一般性原則如下：當一個組織有大量的專家——而協調變得很困難時——矩陣組織也許是一種解決之道。

然而，因專案而編組的團體也有他們的問題。這樣的編組使得被調去各個專案服務的人員，很難發展出原來在功能領域中所能夠得到的專業能力。再者，經常被派遣到不同專案服務的技術人員，很容易覺得被孤立或失根。最後，當技術人員不斷被分配到各個專案，一個組織很難建立起像功能性部門一樣累積智慧的資源。

團隊途徑

何謂團隊？ 當前，無論公共組織和私人組織都試著進行授權，讓更低層級去承擔責任，並且創設讓員工投入其中的參與性團隊。這個途徑使組織可以變得更有彈性，並且對於資訊流通與資訊技術瞬息萬變的環境更有回應力。

將一個團隊與一個負責一般工作的團體做區分，是很重要的。學者 Jon R. Katzenbach 與 Douglas K. Smith 對這個概念下了定義：

> 一個組織是一小群擁有互補技巧的人（擁有專業技術、善於問題解決、處理人際關係），委身投入共同的績效目的與途徑（也就是，他們要如何共事），他們對此互相負責。[15]

這個定義有四個部分。首先，一個團隊至少需要有 3 個人。如果一個團隊不滿 3 個人，就只有 2 個人。2 個人可以是夥伴，但不是團隊；增加第三個人通常能提高生產力。一個團隊可以很大，但通常不會超過 15 人。研究顯示，團隊在 5 個人左右時最有效率。[16] 很不幸的，團隊通常人數過多，這經常是因為管理者不願意遺漏任何人。組織太大，通常會發生事與願違的狀況。如果管理者不將團隊縮小，成員自己會去做，他們會自己結黨結派。

其次，一個團隊裡面的人有同樣的績效目的，不管是要去界定、分析和解決工作流程的問題（自我管理的團隊或者品質圈），或者要去處理在伊拉克受傷的部隊（8 人外科手術團隊）。後者的目的可能是要去拯救一定比例的傷兵，他們若沒有在 24 小時之內接受關鍵性的治療可能會喪命。老師也經常會指派學生們分組做報告，此時小組成員的目的就是要得高分。

第三，雖然一個「團隊」（team）是「一群人」（a group of people），但這

兩個概念不可以互換。管理者、老師或教練可以將一群人組織起來，卻沒有辦法將他們組成團隊。「團隊」這個概念意味著有共同的使命，以及對彼此有責任感（mutual accountability）。群體會指派強有力的領導者，來對每一個人負責。在團隊中，領導權是分享的或是輪替的，使每一個成員都對其他成員負責。

第四，團隊有特殊的共事方式。組織理論學家 Robert W. Keidel 使用運動的比喻，來描述現今某些特定組織的互動、溝通以及化學反應。[17] 棒球代表第一種團隊。選手是在團隊之上，但不是以團隊來作戰。當選手擔任打擊手時，他完全是孤單一人的。當選手的薪水由打擊率決定時，他們很不喜歡犧牲打——這種打法對他們個人的分數沒有幫助——即便能讓跑壘的同伴有機會得分。（管理者發現這些牟取自我利益的百萬年薪球員通常對球團老闆最有影響力。）

「棒球團隊」也同樣適用於任何分權、基於專業自主性的個人導向組織，如律師事務所、大學教授、研發中心或外科小組。比如說，麻醉師不是來協助外科護士或外科醫師。在棒球模式中，因為每個角色的位置都是固定的，並且可以接受密集訓練來擔任那個位置的角色，所以很適合用來顯示那些建立在固定任務上而且有明確規則的組織是如何運作的。唯一的問題是，在公私領域中，這一類工作固定的組織愈來愈少。

Keidel 的第二個團隊類型是「足球團隊」，這是一種集權式的、由上到下統一發號施令的組織；教練的話就是法令。交響樂團和醫院的急救團隊都是基於此種模式。

　　在這種團隊中，每個角色也都有固定的位置。低音大喇叭手不會在低音提琴上場時取而代之，而是嚴守自己的低音大喇叭。在醫院的危機小組中，負責呼吸儀器的技術人員不會去切開病患的胸口，替病患做心臟按摩。但是在這樣的團隊中，成員們是以團隊精神在工作。每個人所負責的部分都與其他人協調一致。[18]

足球團隊不像棒球團隊，在戰術清楚而團隊又有很好的領導時，可以發揮相當可觀的速度與彈性。

最後還有「籃球團隊」——人數不多，講求藉由合作來達到速度、彈性與創新的合作性團隊。每個上陣的人都會有自己偏好的，而不是固定的位置，大家彼此掩護。這一類基於合作的籃球類型組織有：小型的爵士樂團、廣告公司、管理顧問公司，以及總統辦公室（Executive Office of the President）。因為這一類團隊的整體績效比其他類型團體的績效加起來還要高，具有協力作用，是所有團隊中最強有力

的一種。這種團隊特別適合用來處理資訊革命。彼得·杜拉克解釋說：

> 在棒球類型的團隊中，玩家是從情境中獲取資訊。每一個人都會獲得與其任務相貼切的資訊，並且獨立於其他隊友所獲得的資訊之外。在交響樂團或 [足球] 團隊中，資訊絕大部分來自指揮家或教練。「得分」與否，由他們掌握。在 [籃球] 團隊中，玩家的資訊大部分來自隊友。這就解釋了為何資訊技術改變，以及我所說的「基於資訊的組織」也必須要 [改變其團隊類型]。[19]

團隊的類型　團隊分類的方法有許多種，諸如是永久性或暫時性，是功能性或跨功能性。也可以用其所獲得的自主性來區分。自主性要問的是團隊成員可以決定要如何或何時完成其工作的處理權、自由與獨立性的程度。接下來，我們要看的是三種公部門中常見的重要團隊類型。

　　跨功能團隊（**cross-functional teams**）是由不同功能性部門中的員工組合而成，他們被要求組成一個團隊解決彼此的問題。團隊成員仍舊要向各自原本所屬的功能性部門報告，但他們也要向團隊報告，其中一個成員可能要擔任領導者。美國肯塔基州的路易斯威爾市（Louisville）所採行的「城市工作」（CityWork），以快速反應的管理者來激勵員工投入分享推薦的過程。「城市工作」的會議，通常是由各部門自己發起，一開始便召集 8 到 12 個市政府人員與管理者，包含一位首長級人士來開會。在這個團體裡面，再組成更小的團隊——跨越組織與科層界線。

　　常設團隊（**permanent teams**）演變成一個組織中的正式部門。員工們不僅在一起工作，並且被安置在同一個工作地點、向同一個主管負責。圖 7.4 提供一個市政府中一些常設團隊的重整範例。領取公司執照的流程往往是曠日廢時的事務。想要開設公司的市民需要領有執照，而這需經過許多不同的部門；在一個常設團隊的系統下，申請者只要去一間辦公室，在那裡一個小團隊會幫助申請者填寫一張表格，不需等待，也不需跑很多部門，也不需要影印，因為所有需要用到的專業，這個團隊都有。結果，以往需耗費兩、三日的流程，現在只要不到半小時就可以完成了。

　　特殊目的或**專案團隊**（**special-purpose** or **project teams**）是在正式組織結構外所創設，用來執行特別重要或者具有創意的專案。特殊目的的團隊，焦點放在特定目的上，一旦此一特別專案完成後，團隊將會解散。美國歷史上最重要的特殊目的團隊無疑是曼哈頓計畫（Manhattan Project），詳見圖 7.5。以下是幾個最近發生的例子：

圖 **7.4**　市政府的團隊結構

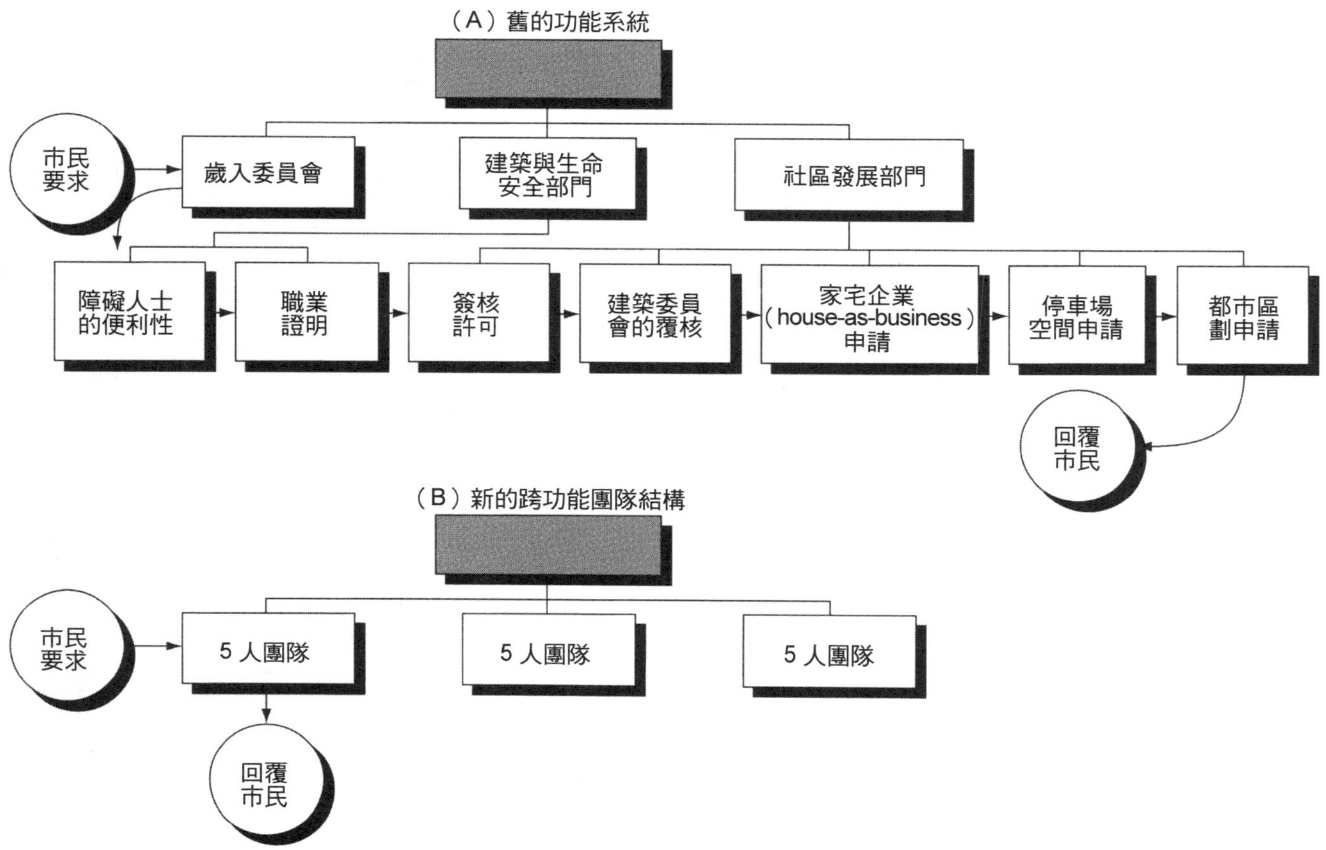

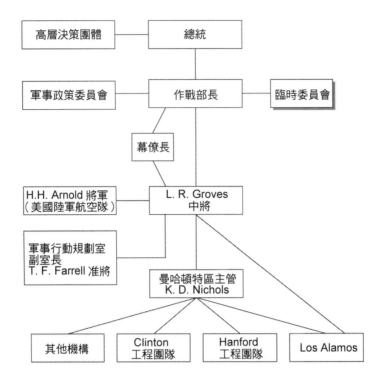

資料來源：修改自 Leslie R. Grove, *Now It Can Be Told* (Cambridge, MA: De Capo Press, 1983).

圖 7.5　曼哈頓計畫的組織圖

- 不久以前，美國海關逮捕了一艘從巴拿馬返回邁阿密的漁船。船上的「漁夫」看起來不太正常：一個穿著皮爾卡登的套頭衫，另一個則身披沙宣的夾克。海關官員在夾層中找到 1,000 磅的大麻。這些官員隸屬於南佛州的一個任務編組，成員不僅有（從全美各都市挑選來的）海關官員，也包含陸軍、海軍、空軍、海岸巡防隊、聯邦調查局以及聯邦緝毒署（Drug Enforcement Administration, DEA）。

- 在落磯山脈北部的曠野中，超過 15,000 名來自森林管理處、土地管理局、國家公園管理處、印地安人事務局、陸軍，以及許多州政府和地方政府的人員組成一支特殊目的團隊來撲滅火勢。以往，森林管理處由一個人，也就是消防局長，來負責撲滅火苗這項單一任務。其他任務，像是疏散、修復環境所受的損害、保護房舍（而不僅只是樹木）免於被火吞噬，則沒有規劃地落到其他機關與人員肩上。在新的安排中，負責人被稱為事故指揮官。事故指揮官的責任延伸到一些細節問題，諸如消防團隊是否把當地超級市場的肥皂

都買光了，以致居民都買不到。為了解決這些任務，每個指揮官都被指派帶領一組團隊，在火災季節要待在一起。每個團隊都配置有負責各種專長的成員，諸如管理飛機、管理薪水名冊，或者設計防火策略者。團隊成員是從州政府、地方政府和聯邦政府的各個機關中借調出來的。[20]

優點與缺點　你的高中教練說得沒有錯，團隊合作攸關重大。2004 年 7 月，一群沒沒無聞的球員組成希臘國家足球隊，並贏得歐洲冠軍。他們勝過許多擁有超級巨星的國家代表隊。在此 1 個月之前，底特律活塞隊在 NBA 總冠軍賽中擊敗了洛杉磯湖人隊。當時湖人隊擁有 4 位名列名人堂的大將（Shaquillie O'Neal、Kobe Bryant、Karl Malone 與 Gary Peyton），而活塞隊只有一支在 NBA 算是二軍的團隊。

學者的研究也支持你的教練。研究顯示，團隊會提高生產力與創新力。在心臟外科的個案中，團隊工作真的是攸關生死。哈佛大學的 Robert Huckman 與 Gary Pisano 分析數家醫院的心臟外科手術，他們發現同樣的外科手術、類似的程序，在不同的醫院死亡率卻差了 5 倍。通常病患在其外科醫師有較多手術經驗的醫院中，會獲得較好的治療。Huckman 指出，外科醫師與麻醉師、護士和技師之間的互動，對手術的結果有決定性的作用。他說：「以往人們總是說，如果你想要把事情做好，去找最好的外科醫師。我們的發現卻是，團隊的技術與組織才是關鍵所在。」[21]

跨功能團隊能讓組織保留一些功能性結構的優點，諸如規模經濟與深度訓練，同時又能獲得團隊關係的優點。部門之間的壁壘在團隊中被消融；團隊中的成員更加瞭解彼此的問題，也比較願意妥協（傳球給更容易帶球上籃的隊友）；在不需要把每個決定都上呈到層峰批核的狀態下，組織做決策會更快；行政經常費成本降低；最後，當責任擴大以及工作豐富化之後士氣便會提升。

就某方面而言，一項最常見對於團隊的誤解，就是成員彼此變得如此自在與熟悉，導致他們開始接受彼此的缺點，而且導致績效下滑。但證據並不支持前述說法，試以商用飛機的機組員為例，全國交通安全委員會（National Transportation Safety Board）發現資料庫中的意外事故，有 73% 發生在其中一位機組人員是第一天參與飛行任務，因為他們沒有機會透過團隊合作經驗來進行學習。此外，一份太空總署的研究發現，有與他人合作經驗的疲勞機組人員，發生錯誤的情況是經過休息過但缺乏共同飛行經驗的人員的一半。[22]

但團隊途徑也有其不利的一面。正如我們在矩陣組織中所看到的，在跨功能團隊與員工所屬的部門主管下達不同命令時，員工可能要經歷一些衝突和雙重效忠的

問題。團隊固然因為所需行政經常費較少，而能夠降低成本；但也有可能因為需要花費更多時間在會議和協調上，而增加成本。過度分權的危險也不應該被忽視。傳統上要做決策，並且在出錯時承擔責任的公部門首長，在團隊過分自主時，也會得到一些合理化的藉口。團隊成員在做決策時比較不容易綜觀全局，並且看到政治上與這個決策相關的枝節。高層管理者絕不可放棄讓團隊與機關目標互相契合。

表 7.1 所示的因素，可以幫助管理者知道如何運用團隊，以及何時要使用傳統的團體。

網絡　在企業中，網絡結構意指：組織將其主要的功能拆開給一些分離的單位，而這些單位則是由組織總部中的一小群人來居中安排的。各種服務不是集中在一個屋簷下，而是由不同組織在契約下互相合作，並且與總部連繫——大概是用電子通訊的方式——來提供。網絡途徑具有革命性，因為很難再用傳統的語彙去回答「組織在哪裡」的問題。比方說，一個組織可能以契約來外包一些所費不貲的服務，例如訓練、運輸、法律和工程，使這些功能不再屬於組織的一部分。

在政府中，**網絡組織（network organization）**指政府選擇透過其簽定契約與提供資金的權力，所創造出來的一個非政府組織網絡以執行政策。「在網絡所支撐的政府中，官僚體系被許多不同的機制所取代，這些機制的名聲幾乎都比官僚體系的政府更好（有時績效也更為良好）。在網絡所支撐的政府中，政府不再嘗試自己去做每一件事；相反的，政府提供資金給其他組織來做政府想要完成的工作。數量繁多的組織都屬於這種網絡所支撐的政府之一環。教會、實驗室、非營利組織，乃至營利公司都被要求承擔政府的一部分工作。」[23]

這種政府模式蔚為風潮的原因有二：首先，現代社會所面對的問題複雜性，是單一組織很難處理的。只要想一想美國國土安全部和疾病管制與防治中心必須管理

表 7.1　決定管理者選擇團隊結構的因素	
適合採用團隊的因素	**適合採用傳統團體的因素**
• 有明確、讓人投入的理由或目標。	• 沒有明確讓人投入的理由或目標。
• 除非眾人協力合作，這項任務才能完成。	• 人們單獨工作就可以完成這項任務。
• 可以給予團隊工作和團隊績效獎賞。	• 個人的努力和績效可以獲得獎賞。
• 有充足的資源。	• 無法取得必要的資源。
• 團隊有清楚的權威可以來管理，並且改變工作進行的方式。	• 管理階層會繼續監控，並左右工作的進行方式。

資料來源：Ruth Wageman, "Critical Success Factors for Increasing Superb Self-Managing Team," *Organizational Dynamics* 26, no. 1 (1997): 49–61.

的問題，便可略知端倪。或者，將這個問題一般化，讓我們來看看表 7.2。這個表顯示，在某些特定情境下適合採用網絡途徑來解決問題；而哪些條件又應該採用傳統的科層組織途徑。有足夠證明顯示，在二十一世紀初期，表格左邊所列的情境已經比表格右側所列者更為頻繁。

　　然而，有一種讓人樂於採用網絡模式的因素，並沒有出現在表 7.2 中。正如 Lawrence O'Toole 與 Kenneth J. Meier 近來提醒我們的，「藉由網絡模式工作的最大好處——從政府的角度來思考——一直都是政治性的。」一個由眾多行動者所組成的分散式網絡，可以讓當局不必親自介入爭議性的議題中。O'Noole 與 Meier 指出，個別網絡有一些「黑暗面」；也就是說，「個別網絡可以導致組織行為的偏差，以圖利組織較具優勢的當事人。」換句話說，有錢有勢者對於組織網絡有不成比例的高度影響力。[24]

　　採行網絡模式的比例大增的第二個原因，是數位革命（詳見第 12 章）。近來電腦科技與通訊技術的發達，使組織可以即時與外界夥伴取得連繫，這在從前是不可能做到的。這不是說政府在數位革命之前沒有採用網絡。Elaine Ciulla Kamark 提醒我們，網絡型政府的一個例子，是早在二次大戰之後就已開始而且惡名昭彰的軍

表 7.2　決定政府選擇採用何種治理模式的因素	
適合採用網絡模式的因素	**適合採用科層組織模式的因素**
• 需要有彈性。	• 穩定為上。
• 需要對當事人或客戶有分殊性的回應。	• 需要一致性、照章辦事的回應。
• 需要不一樣的技術。	• 只需要單一專業上的技術。
• 有很多潛在私部門參與者。	• 政府是具有支配性的供應者。
• 可預期的成果和輸出很明確。	• 結果不明確。
• 私部門可以填補技術上的缺口。	• 政府有足夠的經驗。
• 運用私部門的資產攸關成敗。	• 外界的能力不重要。
• 夥伴單位勢力所及的範圍與信用都比政府大。	• 政府對於處理市民在這個領域中的問題素有經驗。
• 同樣的顧客會接受到多元的服務。	• 服務相對獨立。
• 第三部門可以在比政府花費更少的成本下提供服務或達成目的。	• 由政府部門提供服務會更經濟。
• 技術的改變很迅速。	• 服務不受技術改變所影響。
• 政府中許多不同的層級都提供服務。	• 政府中只有單一層級提供服務。
• 許多不同機關都使用或者需要類似的功能。	• 只有單一機關會用到或者需要這樣的功能。

資料來源：Stephen Goldsmith and William D. Eggers, *Governing by Network: The New Shape of the Public Sector* (Washington DC.: Brookings, 2004), 51.

產複合體（military-industrial complex）。

　　冷戰期間美國政府致力於無數的合作方案，透過其內部的實驗室，研發各種複雜的武器。在此同時，蘇聯的軍火研究就是在共產官僚體系下進行的。1989 年，這場實驗告一段落。當蘇聯瓦解後，我們得知其技術與軍事能力早就落後美國。網絡型政府贏了，官僚體系的政府輸了。[25]

　　以下兩個網絡的例子則顯示，這樣的結構並不侷限於大規模的軍事工作，Goldsmith 和 Eggers 舉了下面的例子：

- 金門國家娛樂區（The Golden Gate National Recreation Area）。這個國家娛樂區從維護歷史建築，到重新繁衍出標準的海生哺乳動物，在在倚賴其他夥伴；國家公園管理局的員工只負責其所有業務的 18%。
- 亞利桑納汽車管理處（Arizona Motor Vehicle Department, MVD）。人口增加、開支卻凍結的情境，迫使亞利桑納汽車管理處找尋新的方法來因應日漸增多的需求。其結果為：亞利桑納汽車管理處的第三部門方案，將一些原本由該管理處獨自提供的服務，讓一些在當局登記有案的第三部門供應商來代勞，以改善對顧客的服務品質。第三部門方案不是將當局的某項服務出價標給某單一供應商，而是允許所有第三部門來提供服務，只要他們符合資格、得到授權，並且願意遵守該方案所規定的標準即可。這個方案的「眾多供應商」觀點，是亞利桑納汽車管理處奠定其競爭力的基石，使其可以用政府途徑來執行企業的工作。[26]

　　管理一個網絡所需要的技巧，與管理一個科層組織不同。Stephen Goldsmith 與 William D. Eggers 整理出下列技巧：全局性思維（big picture thinking）、教導、調停、談判、風險分析、契約管理、策略思維、人際溝通、專案管理以及團隊建立。這些並非過去 100 年來美國公共行政人員所重視的技巧，未來世代的公共行政人員，不但要熟悉這些技巧，也要有能力來應付不符合常規的問題。

❓ 組織設計的過程

組織圖的侷限性

　　Leon Panetta 於 1994 年年中接任白宮幕僚長時，下令說：「把組織圖拿來給我

看！」部屬的回答讓他有些沮喪，但卻不意外。沒有人手上有組織圖，無法詳述每個人在柯林頓總統的白宮內是做什麼的。至於進入「橢圓辦公室」的權限？Panetta 事後回想起來：「就我所知，任何走進大廳的人都能進去。」[27] 3 年後，當 Panetta 要返回加州老家時，白宮已經有了一張組織圖，此時已是柯林頓總統的第二個任期。政壇上的仰慕者說，這兩樣（組織圖和總統的連任）都要歸功於 Panetta。

儘管組織設計相當重要，絕大部分的行政首長並未嚴陣以待——我們甚至可以說，他們所做的只是在一張紙上畫幾個方格，除此之外，也就不多了。最後，只要多少能保護首長免於承擔太多責任，一張組織圖就算完成了。

在設計與瞭解一個組織時，組織圖絕非是無用的。大部分機關的組織圖顯示——其用意也在此——至少兩件事：工作是如何分工到每個部門，而誰又是誰的上司。再者，組織圖也暗喻其他幾件事：每個部門負責的工作之本質；各個部門如何基於功能性、區域性以及服務性，與其他的部門歸類於同一個群組；以及以一層又一層的長官部屬關係表現出來的管理層次。有些組織圖顯示出更多內容（詳見圖 7.6）。

然而，組織圖所沒有顯示的，往往是最有趣的部分——至少對那些有興趣瞭解組織設計者而言。[28] 首先，一張組織圖沒辦法告訴讀者，同一個管理階層所承擔的責任與所得到的授權到底有多大。兩個同一層級的主管，可能會得到截然不同的授權。一言以蔽之，組織圖沒有辦法顯示出分權的程度。

其次，想要從組織圖中找出一個組織內的直線與幕僚位置，是一種艱難的學術任務。在某些機關中，圖示法是用來做這種區分的。比方說，將所謂的幕僚單位畫在一個平面，把直線單位畫在另一個平面。有些單位用細線來連接幕僚單位，用粗線來連接直線單位。要解釋這些直線—幕僚間的責任、權威與關係，就像從組織圖來解釋分權的程度一樣困難。

第三，有些人把組織圖中每個單位與行政首長之間的直線距離，視為衡量其地位與重要性的標準；但這種詮釋未必一定正確。這就像想要藉由一個人的辦公室大小、管理的檔案多寡，以及停車位來推測其在組織中的地位一樣，會遇到一定的侷限。

第四，組織圖雖然顯示出一些主要的溝通管道，卻沒有將全貌顯示出來。一個不證自明的道理是：每一個組織都是一個錯綜複雜的溝通網絡；如果不是的話，它將一事無成。

第五個侷限性，與上述幾個**組織圖的侷限（limitations of the organization chart）**密切相關。組織圖不會顯示出**非正式組織（informal organization）**——此即，「結構中的某個未被正式權威指派工作、卻對正式結構有補充或修改作用的勢

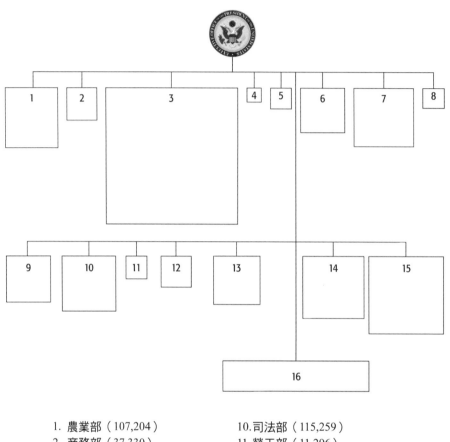

1. 農業部（107,204）
2. 商務部（37,330）
3. 國防部（670,166）
4. 教育部（4,953）
5. 能源部（15,823）
6. 衛生與人力服務部（67,240）
7. 國土安全部（150,350）
8. 住宅與都市發展部（10,660）
9. 內政部（74,818）
10. 司法部（115,259）
11. 勞工部（11,296）
12. 國務院（31,402）
13. 交通部（89,262）
14. 財政部（134,302）
15. 退伍軍人事務部（226,171）
16. 除美國郵局外，其他各獨立機關
　　與國營企業（183,008）

資料來源：依據 *Statistical Abstract of the United States, 2006* (Washington DC: US Government Printing Office).

圖 7.6 聯邦政府的組織圖，顯示部門規模

力。」[29] 因此，正式組織就包含了人們所期待要發展，並使用來追求組織和個人目標的各種關係與溝通管道。

　　一言以蔽之，若能留心某位前國務卿的建議會更好：「政府的組織或改組，對不夠謹慎的人通常會變成一種陷阱。在責任分工中所牽涉到的關係，遠比繪圖者在紙上所畫的一些方塊間的垂直與水平線條所顯示的，更加微妙複雜。」[30] 為了要避

免組織圖所隱藏的陷阱，一套徹底檢討新的組織結構的程序，將會以骨架的格式加以呈現。這個程序將有助於將在討論結構時必須注意的事項，與對於組織績效較無作用的事項區分開來的複雜任務。

組織設計的四個關鍵問題

問題一：在哪些領域中，需要卓越的專才來達成組織的目標？　所有的活動都在組織結構內進行，但我們現在要討論的是彼得・杜拉克所說的「結構中承擔重擔的環節」──亦即，關鍵活動。[31]

正如本書在個案 3.1 所提過的，聯邦危機管理局（FEMA）創設於 1979 年，是一個完全的獨立機構，但在 2002 年被合併到新成立的國土安全部之中。很不幸的，小布希政府將所有心力投注於打擊恐怖主義，卻忽略了處理全國性災難的專業性也是需要表現出追求卓越的領域之一。結果，聯邦危機管理局的某些業務被分配到其他政府部門。這個行為的結局，是將政府對災難處理的專注力稀釋掉。在此同時，聯邦危機管理局的資金也被縮減，以便更多資源能被投注於對恐怖攻擊的防範上。以往的慣例是，該局首長要由處理自然災害的專業人士出任，但整併到新部門後也改弦易轍。

第二個有關設計者未能認知到某些活動該被視為「關鍵性」因素的例子，是針對入侵伊拉克的計畫不足所做的檢討。根據 2005 年 11 月 20 日的《紐約時報》報導：「五角大廈的領導者承認，在入侵行動之後要維持伊拉克境內和平之困難，讓他們措手不及，正準備要核准一道全面性的指令，將其所謂的『維持穩定的行動』提升至可與全面作戰比擬的核心軍事使命。」我們將這段文字編譯如下：五角大廈的領導者現在承認，「維持穩定的行動」是國防部的結構中承擔重擔的環節之一。

問題二：哪些活動有同樣的屬性？哪些活動的屬性各不相同？　在回答這個問題之前，讓我們先整理出組織的活動有哪些不同的類型。根據彼得・杜拉克的見解，我們可以從組織活動的不同貢獻，將之分為四個主要類別。

第一類是高階管理活動（top-management activities）。根據彼得・杜拉克指出，這些活動包含維護對外關係、徹底思考機關的使命、在重大危機時做出決策，並且建構人力組織。[32] 第二類是產生成效的活動（result-producing activities）。這些活動最直接地促進了整個企業的績效。產生成效的活動在私部門中不難找到（只要看看那些直接與收入相關的組織即可明瞭），在公部門中卻不是那麼明顯。第三類是貢獻成果（results-contributing）或幕僚活動（staff activities）──例如，建議、教導、法律研究以及訓練。第四類是保健與管家活動（hygiene and housekeeping activities），從醫療部門到負責打掃的人員都隸屬其中。

在知道有這些類別之後，現在看看能否找出幾個一般命題，來判斷哪些活動屬於同一類，哪些是不同類別。

➲ 產生成效的活動絕不能附屬於不能產生成效的活動之下。

➲ 支援性的活動絕不能跟產生成效的活動互相混淆。空難——例如 1996 年 ValuJet 592 號班機的空難——導致許多美國國會議員要求聯邦航空管理局，不要將其使命侷限於促進航運，而應將焦點完全集中在安全管理。啦啦隊跟看門狗兩種互相衝突的角色會導致民眾的不信任。

➲ 高階管理活動與其他活動是不相容的。一位美國住宅與都市發展部的前部長指出，當總統的幕僚日漸介入每一天的決策時，他們就愈來愈沒有時間去處理廣泛、長程的政策議題（而這些沒空去處理的活動，當然是屬於高階管理活動）。當高層試著做太多事時，就會產生困惑：「一種令人好奇的倒置發生了。庶務由高層去執行，中央的幕僚全神貫注於壓制外圍的官僚，而政策卻由下層去制定。」[33]

➲ 做建議的幕僚人數不多、精簡，並且不負責處理庶務。再者，做建議的工作不應該變成一種職業；亦即，這種工作是專業人士在其職業生涯中必須歷練的環節，但不應該是他們長期扮演的角色。

➲ 保健與管家活動應該與其他活動分開，否則就會做不好。在醫院中，這種活動雖然在技術面上受到一個較高的階層來管理，但往往被忽略。沒有任何「有頭有臉」的管理者想要與這檔事扯上關係。結果，就沒有人去管理；這意味著這些工作做得既沒效率、又耗費太多。但能做些什麼呢？一個解決之道，就是將這些活動委派給某位負責類似「旅館服務」的人員去處理。

問題三：需要做什麼樣的決策才可以產生達成組織目標所不可或缺的績效呢？　有些人或許會反駁說，這個問題是無法在事情發生以前回答的。這種說法並不符合事實。雖然我們不能精確地預料到一個組織未來會面對的所有決策內容，我們卻很有可能在相當高的確定性下，講出其類型和主題。在絕大部分組織中，管理者所做的決策有超過 90% 是典型的，並且可以歸類於幾種類型之中——正如常見問題集（FAQs）可以包含讀者和顧客 90% 的問題一樣。

現在，組織設計者有兩種選擇——他們可以：(1) 試圖事先找出這些「典型」的問題，並指派組織中特定層級或單位來負責；或者 (2) 放棄做這種決策分析。如果他們選擇後者，組織中可能會有很多問題周而復始地彈跳撞擊，難以止息。

要將權威與責任加諸於不同類的決策，我們必須要先根據這些決策的種類與特色加以區分。很顯然，一個決策是在哪個層級決定的，端視決策的本質而定。根據杜拉克的分析，以下四個因素在一個決策的特質所占的分量愈大，則這個決策愈應該在更高的層級決定：

1. **未來性（futurity）**：這個決策對組織的未來影響有多深遠？
2. **可逆轉性（reversibility）**：當一個決策被證明是錯誤時，可以逆轉的速度有多快？
3. **影響力（impact）**：組織中有多少其他功能會受這個決策影響？
4. **稀有性（rarity）**：這個事件到底有多難得？

決策分析的下一個步驟是要遵循這個簡單的原則：一個決策應該在儘可能最低的層級決定，並且儘可能接近行動的現場。只有四件事情會對決策權威的分配產生限制，此即我們上述提及的四個因素。一個決策若需要長期的投入，則不容易加以逆轉，且會影響其他的功能，並且牽涉到相對稀有的現象或問題，因此需要在較高的層級而不是較低的層級做決定。

問題四：特定組織部門的隸屬關係？　說得更具體些，在組織設計的最後一個步驟中，我們想要確定 X 活動的負責人 Jones 必須和誰共事？他必須要對負責其他活動的 Smith 和 Lee 做出什麼樣的貢獻？Smith 跟 Lee 又必須回過頭來對 Jones 做出什麼樣的貢獻？「在一個組織結構中，決定一個活動的負責單位之基本原則，就是牽涉到的關係愈少愈好。同時，必須讓攸關決定活動成敗與效率的關係保持簡單、可親近，並且處於單位的中心。規則就是要讓牽涉到的關係最小化，但還要讓每個人都被當成一回事。」[34]

有效以及無效組織結構之表徵

一個有效的組織至少會顯現出七個特徵。[35] 首先是明確性。組織中所有的管理部門與個人，特別是管理者，都需要知道自己的隸屬關係、地位、若有任何需要該往何處去。其次是經濟。要用最少的心力去控制、監督，並勸導人們做事。第三是願景的方向。「組織結構應該指引個人與管理單位朝向績效表現，而不是只要求他們勞心勞力。」這裡所講的勞心勞力，是指「案牘勞形」或者「忙得團團轉」。

第四是瞭解自己的任務與共同的任務。「組織應該讓每個人，特別是每個主管跟專業人士──以及管理部門──瞭解自己的任務。……但在此同時，組織也要讓

每個人能夠瞭解大家共同的任務，整個組織的任務。」一個古老的故事說明了這個原則：有一個人路經一個工地，問其中一個工人他在做什麼。對方說：「混口飯吃。」再走幾步路，他又問另一個工人同樣的問題。這位的回答是：「你看不出來嗎？我在擔磚頭。」這人決定再找一位問問看。第三位工人放下他的鏟子，用他充滿智慧的眼睛，帶著明亮與愉悅的笑容，看著提出問題的人說：「我們在蓋一棟大教堂。」

　　一個有效組織的第五個特色與決策有關。「一個組織設計……需要經過測試，看看它是否會妨礙或強化決策的過程。一個結構若迫使決策必須要到最高層級才能決定，而不是在最低層級就可以作主時，顯然成為一種障礙物。」紐約市長彭博一旦聘用了一位委員，就會跟對方講清楚，他自己不是一個諸事過問的人。一位被他任用的官員，事後回想起他所受到的簡短訓令如下：「這是你的管區，別把該做的決策丟給上級。」市長給新的委員兩項建議：「只聘請那些比你自己還要聰明的人」以及「要改變趁早」。[36]

　　第六個特色是穩定性與調適性。穩定性意指，即使周遭環境變得一團混亂，組織仍能做它的工作。「但穩定不代表死板；相反的，組織結構需要相當高程度的調適性。一個完全僵化的結構不是穩定的，反而是無法持久的。」而第七個特色是能夠自我更新。要達成這項指標，組織必須培養出明日的領導人物。他們可以藉由減少升遷所須經過的階梯層級來達成這個目標。組織想要能自我更新，也必須能接受新的觀念。

　　沒有任何一個組織是永遠有效的。組織結構在最好的狀態下，頂多是不會妨礙組織達成其使命而已。那麼，組織設計中最常見的嚴重瑕疵的徵狀有哪些？首先是管理層級的不斷增加——賴特稱之為「日益肥大的政府」（thickening of government）。他指出：「組織的基本規則，是要建立的管理階層愈少愈好，要打造的命令鏈愈短愈好。」此理由不難理解：「每多增加一個階層，都會使得取得命令的方向與互相瞭解變得更加困難。每多增加一個階層，都會使得目標被扭曲、注意力被誤導。」[37]

　　無效組織第二個最常見的徵狀，是組織的問題重複發生。一個問題看似已經被「解決」才沒多久，就又以新的形式復發。

　　無效組織的第三個徵狀，是關鍵人士的注意力放在不相干與次級的問題上。聯邦危機管理局與美國海岸巡防署在 2005 年卡崔娜風災時的對比，就具有啟發意義。前者在這場天災中的反應是遲緩且官僚的；而這種情境要求的是能夠允許即興演出的組織結構；彈性才應該是指導原則。這是為何海岸巡防署能夠成功的原因，該署在颶風侵襲亞利桑納州之前，就已經從紐奧良以外的地區獲得必要的物資。海

岸巡防署發言人說：「我們把手冊拋開。我們接受所有來到我們當中的人，而不是等待事故管理小組來處理。我們自己動手。我們直接進入這場遊戲，留在這個遊戲當中，直到我們的工作結束。太多官僚會變成災難中的大問題。」[38]

第四個徵狀是找太多人來開太多的會。第五個徵狀是倚賴「協調者」、「助理」或那些「其工作是沒有確切工作內容的人」。根據彼得‧杜拉克的說法，這些工作「並非被設計來執行某一特定的任務，而是要去做很多不同任務中的部分工作。」

無效組織的第六個徵狀——說穿了，就是不斷的重組——在公部門中特別盛行，而這是需要特別加以注意的。

政府的重組、再造與改革

過去數十年來，國會所通過的重大行政改革法律，無論是數量或種類都呈現增多趨勢。[39] 改革案並非都是千篇一律的。第一類的改革案，是要藉由應用組織與管理的科學原則，來追求更大的效率。至於全國性的例子，可以參考 1939 年的政府改組法（Reorganization Act），以及 911 事件後三項針對美國容易受恐怖攻擊的弱點而提出的結構性改革方案（運輸安全管理局、國土安全部、國家情報總監辦公室）。第二類改革案，藉由專注於對結果與員工的監督來改善績效。這一類的例子有：柯林頓政府於 1994 年的政府改造方案中，藉由授權、團隊建立等手段，將公共管理鬆綁（請參閱第 5 章的第 255–256 頁）。第三類的改革案藉由提升審計與調查系統的功能，來打擊報稅時的欺騙行為（例如：1978 年的檢察長法（Inspector General Act））。第四類改革案藉由政府的透明度與資訊公開來增加公平性，如 1964 年的資訊自由法（Freedom of Information Act）。

在這一節，我們要仔細研究政府重組的合理性。接著我們要檢視一些牽涉到上層「再造」（reinvent）的核心概念。我們將會討論，試圖改善政府績效時容易遇到的陷阱。

重組的基本理由

談到重組，有些（不是所有的）人的企圖，是為了要迴避徹底思考前面所討論過的一些有效管理的原則。問題的端倪一旦出現，很多人就嚷著說要進行重組。也許很多人心知肚明，真的需要動這種手術的機率其實並不高。

重組的基本理由（rationale for reorganization）中，最為明顯的也許是成長。這一點可以用一則家喻戶曉的兒童故事來加以說明。在《巨人殺手傑克》（*Jack the Giant Killer*）中，巨人如果真的比正常人大很多倍，他就沒辦法跟正常人有

著同樣的型態。換句話說，如果這個巨人和正常人的身材比例是一樣的，只是身材放大 100 倍，那麼他的骨骼結構將無法承受。生物學上的設計必須遵守立方法則（square-cube law），如果巨人的體型比常人大上 1,000 倍，他的體積將增加 $10 \times 10 \times 10$，其重量也應如此；但他所占的平面空間卻只有 10×10；因此，他的骨頭橫切面擴張的比例不足以支撐起其應承受的重量。因此，當巨人想要站起來的時候，其腿骨就會斷掉。簡言之，人類的體型不適合巨大的生物。立方法則解釋了為何巨大的生物不是要像大象那樣用四隻腳走路，就是必須像鯨豚一般在海中漂浮。這個法則似乎對組織也一樣有效：大型組織所需要的型態，與小組織並不相同。[40] 比方說，如果一個組織有了很可觀的成長，那麼它將必須有截然不同的回報體制——否則它的管理者將會發現，有太多人要向他們回報，導致他們沒有足夠的時間心力，來進行有效監督。

第二個使用重組的契機，是為了要創造更大的效率，以及更有邏輯地將一些功能加以組合。比如說，某一個州可能會考慮將過去 20 年來陸續成立的環保機關加以合併。整合成單一環保機關的論點，包含這樣做可以提升該州處理多媒介環境污染問題的能力。多媒介意指構成「環境」的不同媒介（空氣、土地、地表水和地下水）。有時為了處理某個媒介的污染所做的處置，會對另一個媒介的污染問題造成負面影響。一個整合為一體的機關想必可以讓州政府更全面地處理環境問題，並且將其現有資源（如實驗室）聯合營運，以對這類問題做出更有效的回應。

第三個重組的理由，是要反映公共政策的變遷。新方案通常需要有新的行政單位來配合。這類組織單位的增添，也正是政府機關最常採取的方法。美國國務院不可能要求每個駐外使節都能負責使館的反恐安全任務，就乾脆增加一個組來執行這項任務。[41]

第四個重組的理由，是要讓政府在政治上有更大的回應能力。比方說，將一個州的各個環保機關整合成一個，比起零零散散地包含空氣管制局、水資源委員會等不同單位在內各自為政的結構，更能讓大眾看得見，也較能承擔責任。

第五個理由，是組織的環境改變了。當環境改變時，使命通常也必須跟著調整，此時組織的結構通常需要重新加以檢討。

冷戰的終結，對於美軍內部與外部各編制單位而言，意味著徹底檢討美軍結構的時間到了。當你預備在歐洲大陸與蘇聯陸軍打一場大規模的地面戰爭，或者面對洲際飛彈的核子毀滅威脅時，你會採用某種組織型態；當你預備的是不一樣的戰爭，面對的是不一樣的威脅時，你應該要採取另一種型態的組織編組。同樣的，由電腦晶片所驅動的通訊革命，對許多人而言，意味著 1935 年成立、管理由線路與「無線」（也就是廣播）所進行的通訊之美國聯邦通訊委員會，需要進行的不只是

組織上的小幅調整而已。美國國土安全部的設立，顯然是晚近美國政府所採行最大規模的重組工作。

再造的核心概念

1993 年，一位美國總統試圖使美國政府的運作更加良好，這已經是進入二十世紀以後第 11 次類似的計畫。這份企劃案——之前提到的《國家績效評估報告》主要是由副總統高爾（Al Gore）所撰寫與推動的。根據《國家績效評估報告》，以及先前無數的研究，美國政府的問題根源，在於華府擠滿了原本設計要去處理的環境已經消失的組織。從 1930 年代到 1960 年代，美國聯邦政府創設了許多大規模、由上到下、中央集權的官僚機構要來執行公共事務。他們的模式是依照那個時代的企業組織設計的：科層制的官僚組織，其任務被分散到一些簡單的部分，每個部分分擔了不同層級員工的責任，而這些責任又是由特定的規則和規定來加以界定。（請參見漫畫）這些官僚機構因為固執地堅守標準作業流程、他們的垂直命令鏈及標準化服務，顯得相當穩固——但遲緩又笨重。在今天這種瞬息萬變、資訊技術如電光火石、全球競爭艱鉅，而顧客要求又高的時代，大規模、由上到下的官僚體系——無論是公家機關或私人企業——都無法運作良好。更有甚者，許多政府組織對於創新或改進的激勵機制，都極其有限又沒有改變。

國家績效評估委員會不是只有專注於現代政府的問題，更進一步要尋找那些成功地產生成果、滿足客戶並增加生產力的組織。　國家績效評估委員會找尋有效率的企

許多部門被小人國裡一堆要怎樣和不要怎樣的亂七八糟問題綁得死死的。

評論：柯林頓總統與小布希總統都曾經對政府機關在運用財務、人力以及其他資源來進行管理工作時，所遭遇的極大限制感到憂心。兩位總統都試圖要給予政府機關更多的裁量權來辦事——簡言之，就是要使政府機關更不官僚些。這幅漫畫以及其說明在美國政府 2003 年預算案第 51 頁中也曾經出現過。

業化公共組織，並且在政府各階層中都發現了這類的組織。事實上，政府再造在州政府層級和地方政府層級，比聯邦政府層級的表現更為突出。「全國性的官員……比起區域性的官員更難藉由改革來贏得選民的獎賞。他們距離前線比較遙遠，對成效的直接監督比較少──跟公民的直接接觸也比較少──因此，績效與政治之間的連結也比較難以建立。」[42] 國家績效評估委員會也發現，其他國家的政府──特別是澳洲、紐西蘭與英國──正在進行改造。

國家績效評估委員會從澳洲的雪梨，到威斯康辛州的麥迪遜發現，許多特質是與成功攸關的。由於這些特質──或許也可以稱之為原則──早已融入本章的內容中，因此不必再以長篇大論來加以解釋。這些原則詳見下表：

政府再造的核心概念	
entrepreneurial　企業化	market-oriented　市場導向
mission-driven　受使命驅動	decentralized　分權化
catalytic　催化劑	community-oriented　社區導向
results-oriented　成果導向	customer-driven　受顧客驅動
competitive　競爭性	

許多學者與實務人士將這種全面性的改革議程，稱為**新公共管理（new public management）**，致力將公共行政的理論與實踐加以轉型。也許在這個改革議程中最基礎的觀念就是企業家精神。法國經濟學家賽伊（J. B. Say）在 200 多年前提出企業家的概念：「企業家將經濟資源從生產力較低的區域，帶到生產力較高的區域，並且從中獲利。」在這場運動中最核心的一本書《政府再造》（*Reinventing Government*）中，兩位作者奧斯本（David Osborne）和蓋伯勒（Ted Gaebler）指出，賽伊的定義對公部門和私部門都同樣適用。[43] 他們提出「企業型政府」（entrepreneurial government）的概念，意指公家機關能夠習慣性地以新的方法來運用其資源，以提升其生產力與效能。我們將於第 9 章討論的「遵循管理」（compliance management），便有一些企業型政府的傑出範例。

上表中的其他 8 個原則，進一步對企業型政府做出解釋。讓我們看看是怎麼一回事。企業型政府一方面要面對社會各界不斷增加的要求，另一方面又要面對歲入的減少，乃日漸轉型為催化劑──引導私部門採取行動來解決問題。借用任教於布魯克學院（Baruch College）的 E. S. Savas 的說法，他們掌舵而不操槳。

我們知道在私部門的壟斷經常導致沒有效率，並且會壓抑改變。奧斯本與蓋伯勒問到：那為何我要如此熱情地擁抱公共壟斷呢？鳳凰城讓它的公共工程部與私人公司相競爭的結果，該市的垃圾收運成本銳減一半。而在東哈林區，社區學校第四

學區也藉由讓公立學校彼此競爭，來刺激每一所學校改進。

在本章中，我們看到中央集權的政府比較少著重於科層組織，而較為強調團隊工作。奧斯本和蓋伯勒認為如果在公共組織服務的人——學校、公共住宅發展、公園、訓練計畫——能自己做決定的話，事情會做得更完善。我們在第 10 章中，將會看到 Bill Creech 將軍在一個強調集權與標準化的組織——國防部——如何運用分權的原則。

第 4 章討論過，受顧客驅動的政府如何使用問卷和焦點團體來，傾聽他們所服務的人民。第 5 章花了不少篇幅討論受使命驅動的政府如何建立目的之明確性，並且簡化他們的行政系統。並提及成果導向的政府，在進行績效評估時，其重點不放在輸入項，而在於結果。

想要瞭解市場導向的政府是什麼意思，只要想想某些州如何將玻璃瓶跟鐵鋁罐從廢棄物中挑出來即可明瞭。這些州不採行複雜而昂貴的回收方案，而是單純地要求購買者在購買每一只玻璃瓶或罐裝飲料時，付出 5 美分的押金，在空玻璃瓶或鐵鋁罐被繳回時，可以領回這筆押金。市場導向途徑，對污染者收取費用或課徵「綠色稅」，在環保人士中獲得不少人支持。這個觀念是去強迫生產者與消費者為他們的活動所造成的社會成本付費，並且給他們財務上的激勵，改變他們的行為，對環境造成的傷害可以因此降低。

社區所有制（community-owned）的方案建立在一個簡單的前提上：家庭與社區相較於提供專業服務的官僚，是更加投入、更加關心、更加有創意，也比較不貴的。因此，在可行範圍內，新公共管理的倡議者相信，政府應該去監督，讓許多服務可以由政府機關轉讓給社區去提供——賦予社區和家庭能力來解決他們自己的問題。比如說，企業型政府會鼓勵公共住宅的租戶自我管理。讓家長能在子女學校的經營上，更有真正參與的機會。他們也會幫助接受社會救濟的母親，扮演其子女第一個老師。第 9 章還會提到許多此類的志工活動。

改革的四個陷阱

近來關於政府改革相關討論所遺漏的關鍵要件，是有系統地考核一個改革案是否發揮作用。就某種程度來說，這種遺漏是可以理解的。立法需要時間。比如說，美國國防部於 1947 年重組國防部，但直到 1987 年高華德—尼可斯法（Goldwater-Nichols Act of 1987）通過後，先前「改革」的主要瑕疵——不同部門之間欠缺協調——才得以更正。（911 之後「急著要做一些事情來反恐」時，就忽略了這類的現實。）

有朝一日，也許會有人詳盡地檢驗過去的改革成效如何。但我們不需要另外一

個藍絲帶委員會來幫我們找出以往政府部門所做的改革中，有哪些固有的問題。以下四種明顯的陷阱是改革者可能會面對的：

金錢幻象　光是在一張組織圖中移動人員與方案，不必然節省多少錢。比方說，在加州，州政府每花出的 7 美元中，只有 1 美元是花在政府的內部運作上。州政府的主要花費大多付給學區、醫院、安養院以及建設公司。即便聯邦政府將每一個工作人員全都遣散，也無法平衡預算。

再者，改革也不便宜。信紙要重印、人員必須接受訓練，還必須聘用外部顧問人員來使新的系統能夠運作等等。績效衡量對某些政府機關可能是強而有力的工具，對其他政府機關來講，可能沒有作用卻又所費不貲。思考一下 Jane Lynch 的例子：

- 紐約州安大略郡的社會服務委員 Lynch 進入這個領域只有一個理由：服務人群。然而 Lynch 說，她擔任這個職位愈久，服務人群這件大事在她的工作中愈顯得只能排第二順位；取而代之驅動她的工作生命的，是持續不斷的文字追逐：「我們的財政法規集結成冊厚達 33 吋，食品標章也有 2 大冊，兒童支援有 1 大冊，老人醫療照護有 3 大冊，公共支援有 2 大冊，協助家庭在冬天開暖氣的計畫又要 1 大冊。然後每個星期又收到 10 到 12 份行政指導，最後還有兒童照顧，也有 150 頁。根本不可能全部讀完或劃出重點。」[44]

文化衝突　企業合併失敗的主要原因之一，是兩家公司的文化相互衝突。政府又怎麼能對這種現象免疫？將醫療照顧人員與人力資源人員擺在同一棟建築物中，並不能保證他們能夠相處得來。他們會帶來相互衝突的組織文化，然後在付費、流程、津貼以及各個日常業務中起衝突。

想一想，聯邦危機管理局和其他單位被整併入國土安全部時，發生了什麼事。聯邦危機管理局的核心管理者和人才都離開了。事實上，在 2005 年針對國土安全部 1 萬名職員所做的問卷中，只有 12% 強烈覺得他們「被鼓勵提出更新更好的做事方法」。「只有 3% 的受訪者說他們有信心在他們這個部會中，人事安排會『本於功績制原則』。」不到 18% 的受訪者強烈感受到自己「必須對達到成效負責任」。只有 4% 回答說他們確信「創意與創新能得到獎賞」。關於這些問題以及其他問題，在聯邦人事管理局針對各部門與大型獨立機關所做的問卷中，國土安全部職員的回覆都是表現水準最低者。[45]

組織去專業化　在職業運動上的卓越表現——就像本章一開始講的製作別針的典故

一樣——是建立在專業化的基礎上。一個出眾的籃球選手，比如說喬丹（Michael Jordan），跑去打棒球，就沒辦法成為職業選手。同樣的，很多職業足球員要是換了原本的攻守崗位，也會無法表現出原有的水準。在醫界，專業診所（比如說專門治療白內障）比起最好的醫院還要便宜，也更安全。那麼，政府組織為何不針對單一特定的成效來加以設計？

政府中的改革者有一種強烈的癖好，喜歡將不同的功能「整合」到一個單一組織來運作。2004 年，911 委員會建議設立一個國家情報總監的位置，授予他預算與人事權來指揮全美國 15 個情報部門。從此以後，五角大廈的官員們便反對讓這個新的情報頭子過問國防部的軍事情報活動。他們不無道理的說，這樣一來，分裂出來的第二個決策會妨礙將情報傳遞給士兵。

而 911 委員會所沒有建議的是——將聯邦調查局所進行的國內情報活動交給一個獨立的新組織。而在英國，則成立了一個特別的組織：軍情五處（MI-5），來管理境內的情報。

減少餘裕　從殖民時代開始，美國人就偏好將權力交付給政府中不同的單位。政治哲學家或許會認為這是分權制衡原則的展現，但是從組織理論學家的角度來講，卻是一種餘裕的原則（the principle of redundancy）。

工程師在做機械設施時，會製作多餘的備份，以防一旦哪個環節出錯，不至於讓整台新機器壞掉或者燒掉。同樣的，從組織的角度來講，政府機關的一個關係重大功能，不會只有一個單位來負責。從這個角度來講，Richard A. Poser 與其他專家主張，於 2005 年設立的國家情報總監，只會讓美國更加不安全。他指出，在 1973 年阿拉伯大軍壓境、兵臨以色列，發動贖罪日戰爭之後，以色列成立一個委員會來研究他們為何會遭受突擊。最後他們的結論是，問題根源在於一個過度集權的情報工作，而以色列的情報機關團隊又疊床架屋所致。[46]

點出這四種陷阱，並不意味著政府改革不應該去推行。而是要提醒有意改革者必須先想清楚，政府的整體目的為何，並且嘗試使用他們所掌握的政策工具與組織結構，來達成這些目的。將一些人才從一個機關借調到另一個機關，並非罕見之事。比如說，中央情報局便有不少人被派去聯邦調查局工作，反之亦然。

總之，如果改革看起來很急迫，以上這四個陷阱至少還可以提醒我們一件事：要謹慎從事。

本章重點

　　本章旨在找出能被政府機關用來管理並指導其運作的組織基架。本章的核心主旨乃是，不同的計畫需有不同的基架。一個機關要想成功，必須以有差別的方法來使其基架與其計畫若合符節。凡是基架不能符合其策略需求的機關，就會產生績效方面的問題。組織中的不同份子，也要能彼此一致。本章的重點有：

1. 規劃及決策，與組織是分不開的。如果人們想要有效地合作來管理某一個方案，個人就必須知道自己在整體中所要負責的部分為何，以及自己的角色與其他的角色之間的關係為何。設計並維繫這些角色的體系，基本上是組織的管理工作。

2. 組織設計乃攸關四項基本要素的決策過程：分工（專業化）、科層組織（階梯原則）、控制幅度，以及直線與幕僚。管理者至少有四種方法來將組織的功能分割與配置給不同的部門，這四種方法是：目標、地理位置、流程，以及客戶。

3. 科層組織，其根基是階梯原則；後者是指權威與責任應當從組織的最高階層直線垂直地流向最低的階層。這樣的流通一般被稱為命令鏈。

4. 控制幅度關心的是長官可以有效監督的部屬數量。決定控制幅度的真正關鍵，不在於有多少人要向直屬長官報告，而是要向同一個直屬長官負責、一起共事者有多少人。

5. 直線—幕僚概念係對那些主要致力於執行方案的機關及個人，以及另外一些提供建議，並協助管理高層者所做的區分。長官與部屬都必須知道自己扮演的是幕僚或直線的職能。

6. 許多美國經濟學者都試圖更嚴密地檢視，為何官僚體系會不斷增長。這些學者——通常與稱為公共選擇的經濟學領域淵源深厚——一開始便假定政客與官僚的行為，就像顧客與企業主管一樣。根據唐斯的研究，核心問題是：政府官僚體系並不像私部門主管那樣為紀律所約束。根據這個理論，公共官僚體系一如私部門中的壟斷市場一樣——不同之處在於官僚在乎的是更多的預算，而不是更好的績效。

7. 韋伯找出官僚結構的六種特徵：(1) 基於功能專業化的分工；(2) 詳盡界定的權威層級；(3) 員工的權利義務的規則是有系統的；(4) 處理工作情境的程序是有系統的；(5) 人際互動不談人情；(6) 基於技術上的能力來決定升遷與選拔。

8. 官僚體系最大的缺點，也許是其創新能力太低。官僚體系講究績效，但不是一

個解決問題的結構。其設計是用來執行標準的方案，而不是去創造新的方案。複雜的創新需要很不同的結構配置，從不同的領域中徵召不同學門的專家，把他們融合在一個運作順利的特別小組之中。

9. 矩陣途徑之所以這樣命名，是因為有一群計畫（團隊）管理者進行規劃、排定時間表、控制成本，來管轄被指派到某個專案的人們；而另一群管理者發揮的是傳統的直線控制（例如技術方向、訓練，以及給予報酬）管轄同一群人。因此，兩群主管對同一群部屬都有責任。反過來說，這些部屬也必須同時讓兩群主管滿意。

10. 一個組織是一小群擁有互補技巧的人（擁有專業技術、善於問題解決、處理人際關係），委身投入共同的績效目的與途徑（也就是，他們要如何共事），他們對此互相負責。跨功能團隊由不同的功能性部門中的員工組合而成，他們被要求組成一個團隊來解決彼此的問題。常設團隊演變成為一個組織中的正式部門，向同一個主管負責。

11. 在政府中，網絡組織指政府選擇透過其簽定契約與提供資金的權力，所創造出來的非政府組織網絡以執行政策。

12. 組織圖顯示——其用意也在此——至少兩件事：工作是如何分工到每個部門的，而誰又是誰的上司。組織圖沒辦法告訴讀者，同一個管理階層所承擔的責任與所得到的授權到底有多大。組織圖雖然顯示出一些主要的溝通管道，卻沒有將全貌顯示出來。組織圖也不會顯示出非正式組織——此即，「結構中的某個未被正式權威指派工作、卻對正式結構有補充或修改作用的勢力。」

13. 在進行組織設計時，至少有四個問題要問：(1) 這個組織應該像傳統的機械式組織一樣，是「密實的」（tight），還是像當前的有機組織一樣，是「鬆散」的？(2) 要設立哪些單位？(3) 哪些單位應該整合在一起，哪些單位應該分開？(4) 在哪一個環節做決策？

14. 在完成設計過程時，應該以四個設計標準來加以檢視：明確性、簡單性、調適性與一致性。

15. 組織重組有幾個理由：成長、效率、政策變遷、提高回應力，以及環境變遷。

16. 許多學者與實務界人士將這種全面性的改革議程稱為新公共管理。他們期待看到政府更具有企業家精神、發揮催化作用、有競爭力、分權化、受顧客驅動、受使命驅動、成果導向、市場導向，以及社區導向。

問題與應用

1. 並非每個人都對賦能與團隊工作感到著迷。比如說，紐約大學的社會學家 Richard Sennett 便指出，由於團隊仰賴「和諧的想像」，強調彼此之間的相互回應性，所要付出的代價是原創思維。他指出，一致性（unity）要求的是一個團隊訓令其成員堅守特定的任務，以及表面上的程序，而不在乎個人經驗與觀點。在團隊的脈絡中，你不再有一個老闆，而是一個「領導者」。這樣一來，混淆了一般的權力關係，被 Sennett 稱為「沒有權威的權力」（power without authority）。更有甚者，他認為團隊反而帶來衝突——轉而成為一種新型態的支配。你同意或者不同意？為什麼？

2. 用圖示來說明一個組織結構的優點與缺點為何。

3. 以下這些機關如果放在一個矩陣組織底下，看起來會如何：垃圾回收、圖書館、戒毒診所、州內幹道巡邏，以及大學。

4. Bertrand Russell 在《權威與個人》（*Authority and the Individual*）一書中寫道：「在現代社會以及可預見的未來，一個人如果不能主導某個大型組織，是不可能會有重大的成就。」你同意或不同意？為什麼？

5. 請站在大學、監獄、福利機關以及教會的角度，回答以下三個問題：
   a. 要達成這個機關的目的，需要有哪些卓越的能力？
   b. 在哪些領域中，欠缺績效會危害到組織的成效？
   c. 哪些價值對該組織的成員真的很重要？
   切記，首先你必須替每一個組織建立組織目的。你認為你有使這些關鍵活動成為組織結構的核心、承擔重擔的要素嗎？組織的價值是否在整個組織中受到響應？

6. 「政府如果把公民當成顧客，可能會遇到麻煩。」請討論之。

我的最愛

提醒您，在本書第 1 章「我的最愛」所推薦的一些網站，內含一些關於政府組織議題訊息的連結，相當有價值。

www.workteams.unit.edu/mission.htm　工作團隊研究中心（Center for the Study of Work Teams）隸屬於北德州大學，成立宗旨是針對合作工作團隊的各個領域進行教育研究工作。

註　釋

1. J. A. Litterer, *The Analysis of Organization* (New York: Wiley, 1973), 370–71.

2. 前揭註。

3. L. R. Sayles and M. K. Chandler, *Managing Large Systems: Organizations for the Future* (New York: Harper & Row, 1971), 15.

4. Robert K. Merton, "Social Structure and Anomie," *American Sociological Review*, 3 (1938): 672–82.

5. Paul C. Light, "Changing the Shape of Government," in Henry J. Aaron and Robert D. Reischuer's *Setting National Priorities: The 2000 Election and Beyond* (Washington, DC: Brookings, 1999).

6. Anthony Downs, *Inside Bureaucracy* (Boston: Little, Brown, 1967), 154.

7. C. Northcote Parkinson, *Parkinson's Law and Other Studies in Administration* (Boston: Houghton-Mifflin, 1957).

8. 前揭註，頁 20。

9. Tamar Lewin, "Staff Jobs on Campus Outpace Enrollment," *The New York Times* (April 21, 2009).

10. Downs，如前所述；William A. Niskanen Jr., *Bureaucracy and Representative Government* (Chicago: Aldine-Atherton, 1971); Gordon Tullock, *The Politics of Bureaucracy* (Washington DC: Public Affairs Press, 1965), and "Public Decisions as Public Goods," *Journal of Political Economy*, 79 (July/August 1971): 913–18.

11. K. B. Lowe et al., "Effectiveness Correlates of Transformational and Transactional Leadership: A Meta-Analytic Review of the MLQ Literature," *Leadership Quarterly*, 7 (1996): 385–45.

12. Jennet Conant, *109 East Palace: Robert Oppenheimer and the Secret City of Los Alamos* (New York: Simon & Schuster, 2005), 153–54, 348.

13. 引自 H. H. Gerth and C. W. Mills, eds., *Max Weber: Essays in Sociology* (New York: Oxford University Press, 1946).

14. Linda J. Bilmes and W. Scott Gould, *The People Factor: Strengthening America by Investing in Public Service* (Washington, DC: Brookings, 2009), 129.

15. Jon R. Katzenbach and Douglas K. Smith, *The Wisdom of Teams* (Boston: Harvard Business School Press, 1993).

16. 參閱 Walter C. Berman et al., *Handbook of Psychology, Industrial and Organizational Psychology, Volume 12* (New York: Wiley, 2004), Chapter 13.

17. Robert W. Keidel, "All the Right Corporate Moves," *Across the Board,* 23 (January 1985): 54–56.

18. 前揭註，頁 137。

19. Peter F. Drucker, *Post Capitalist Society* (New York: Harper Business, 1993), 88.

20. R. D. Manning, "How to Fight Wildfires," *Governing* (February 1989).

21. *The Wall Street Journal* (November 7, 2005).

22. J. Richard Hackman, "Why Teams Don't Work," *Harvard Business Review* (May 2009), 101–102.

23. Elaine Ciulla Kamark, "Public Servants for the Twenty-First-Century Government," in John D. Donahue and Joseph S. Nye Jr.'s *For the People: Can We Fix Public Service?* (Washington DC: Brookings, 2003), 141.

24. Lawrence O'Toole and Kenneth J. Meier, "Desperately Seeking Selznick: Co-Optation and the Dark Side of Public Management in Networks," *Public Administration Review* (November/December 2004): 681–693.

25. Kamark, op. cit., 142.

26. Stephen Goldsmith and William D. Eggers, *Governing by Network: The New Shape of the Public Sector* (Washington DC: Brookings, 2004), 3–7, 72–73.

27. *The Washington Post* (January 13, 1997).

28. R. D. Manning, "How to Fight Wildfires," *Governing* (February, 1989).

29. B. M. Gross, *Organizations and Their Managing* (New York: Free Press, 1986), 238.

30. Dean Acheson, "Thoughts about Thoughts in High Places," *The New York Times Magazine* (October 11, 1959).

31. Peter F. Drucker, *Management: Tasks, Responsibilities, Practices* (New York: Harper & Row, 1974). 我們已經看到這個問題有多重要——以及未能去提出這個問題會產生的可怕後果。

32. 前揭註。

33. A. L. Otten, "Bureaucracy in the White House," *The Wall Street Journal* (August 23, 1973).

34. 前揭註，頁 545。

35. 以下討論是根據前書頁 553–556。

36. 引自 Elizabeth Daigneau, "Elected Leaders Refocus on Result," *Governing* (January 2006).

37. Paul C. Light, *Thickening Government: Federal Hierarchy and the Diffusion of Accountability* (Washington DC: Brookings, 1995), 546.

38. Douglas Brinkley, *The Great Deluge* (New York: Morrow, 2006), 578.

39. Paul C. Light, "The Tides of Reform Revisited: Patterns in Making Government Work, 1945–2002," *Public Administration Review* (January/February 2006): 6–19.

40. J. A. Litterer，如前所述。

41. James Q. Wilson, *Bureaucracy* (New York: Basic Books, 1989).

42. Donald F. Kettl, "The Three Faces of Reform," *Governing* (July 1999).

43. David Osborne and Ted Gaebler, *Reinventing Government* (Reading, MA: Addison-Wesley, 1992), xix. 亦參見 David Osborne and Peter Hutchinson, *The Price of Government* (New York: Basic Books, 2004), and *Banishing Bureaucracy* (New York: Plume, 1998).

44. *Governing* (March 2005), 30.

45. *The New York Times* (October 16, 2005). 在美國聯邦政府的 30 個內閣部會與獨立機關中，美國太空總署與國家科學基金會的士氣最高。

46. Richard A. Posner, *Uncertain Shield: the U.S. Intelligence System in the Throes of Reform* (Lanham, MD: Rowman & Littlefield, 2006).

亞拉文眼科醫院
Aravind Eye Hospital

所有的組織設計都應配合他們的使命。然而在非營利部門，規模大小往往成為問題，因為許多非營利組織要用匱乏的資源處理龐大的問題（飢餓、貧窮、疾病）。幸好有些組織重新思考他們的使命，刻意縮小規模並聚焦在更狹隘的使命上，來增加獲得成功的期望。以印度的亞拉文醫院（Aravind Hospital）為例，這是一家全世界最大的白內障手術醫療機構。1976 年，一位退休的眼科醫師文卡塔斯瓦米（Dr. Goriudappa Venkataswamy）在印度創立了該醫院，亞拉文以一種支持其組織策略的方式，藉著獨樹一格的做法而獲致許多成就。

V 醫師（他以此稱呼聞名於印度窮人之間）一開始只有 20 張病床的小型非營利私人醫院，以合理的價格執行各種眼科手術。到了 1978 年，擁有 70 張病床的免費醫院開張，提供窮人免費的眼部照護。如今，這家醫院運用 4 個醫院結合起來的網絡，擁有超過 2,500 張病床，每年執行 25 萬次手術並照護 150 萬名病人。整整有 70% 的醫院病人都不用支付照護費用，V 醫師說他的核心使命就是消滅不必要的盲疾。

這一切都不是好運的結果，而是設計一個組織來支持一項策略。其中特別有四項行動值得一提：

1. V 醫師的願景和方法有許多源自亞當斯密，儘管他自己將此歸功於麥當勞的啟發。波士頓顧問公司（Boston Consulting Group）的瑟金（Harold L. Sirkin）和他的夥伴解釋了 V 醫師如何改造白內障手術模式，以適應一個快速發展中經濟體的環境。

透過排程，使得昂貴的醫療設備可以循環使用而降低每次手術程序的成本。醫師和工作人員都極有效率與生產力，平均每位醫師每年可執行超過 4,000 次白內障手術，相對於印度其他地方的醫師只能執行 400 次。如同設備的高效益運用方式，任務分工也是這個產業的一項創舉。在傳統的醫院中，外科醫師要收容病患、進行檢驗、綜合檢驗結果資訊、規劃手術、協調團隊，並監控術後照護。醫師如同交響樂團的指揮般，要監看整個手術，並對其成功與否負起個人責任。在亞拉文，外科醫師從一個手術台移動到下一個手術台，只執行白內障程序本身的作業，至於護理師團隊則在醫師進行工作的前後，留在手術台旁邊負責監控病患的照護。

2. 白內障手術是一種移除眼睛內混濁水晶體的作業，它可以用兩種方式進行：囊內摘除（intracapsular）和囊外摘除（extracapsular）。囊內摘除術是指同時摘除水晶體以及環繞其周圍的囊膜。摘除囊膜需要大範圍切開，而且沒辦法植入新的水晶體。因此，接受囊內摘除術的民眾需要較長的復原時間，而且還要戴一副像是兩個可樂瓶底形狀的眼鏡。囊外摘除術只摘除水晶體但保留囊膜在原位，

然後在原來水晶體的位置植入矽氧樹脂（silicone）或塑料水晶體。為了降低成本，亞拉文一開始只讓免付費病患接受囊內摘除術。然而，醫院使命是要讓貧窮病患獲得最高品質的照護，因此 1992 年時，院方決定自行建立工廠生產水晶體，也就是 Aurolab。如今不用再花 30 美元買一個水晶體了，它用自己的水晶體提供給貧窮病患，每個只要 7 美元。現在 Aurolab 由五個部門組成，分別是人工水晶體、縫線、儀器、刀具和藥物。

3. 亞拉文提供的優良服務，為它自己創造了需求。「市場驅動」（market driving）是一個行銷學名詞，意指創造一個未曾存在的需求（可以想想聯邦快遞和星巴克的例子）。做為一個市場驅動的組織，亞拉文必須教育它的免費病患。魯賓（Harriet Rubin）解釋道：

醫院完成這些的其中一項方法就是透過社區工作，他們的醫師和技術人員幾乎定期在做。首先，來自亞拉文的一位代表拜訪一座村莊並會見其領導者。他們一起進行周末營隊的必要規劃。接著，亞拉文的醫師和技術人員出發到這個村莊，有時候需要開車好幾天。到達之後，他們馬不停蹄地工作，檢查民眾並努力找出需送至馬杜賴（Madurai）進行手術的人。

4. 大約有 30% 的醫院病患付費，有幾個原因可以說明這很重要。馬格利塔（Joan Magretta）寫道：

付費病患對亞拉文的成就而言至關重大，它讓組織可以自給自足。這些病患被亞拉文仿照世界級的眼睛照護吸引而來。同樣地，組織支持著策略，亞拉文致力和美國最頂尖的教學醫院合作進行研究和訓練。或許亞拉文的整體成本很低，但它持續在這個領域維持領先地位，這就是它吸引付費顧客的地方，同時也是亞拉文吸引醫師的部分原因。他們工作時數較長、收入較少，換來的是精神上的報償：部分來自職業上的驕傲，部分來自組織的社會使命。因此，亞拉文透過強化策略的方式，為誘因提供帶來與眾不同的做法。

個案問題

1. 亞拉文的成功是由於每一個組織的組成份子都直接去追求組織使命。請討論。
2. 應如何說明 Aurolab 各部門分工的特徵？
3. 矩陣途徑可以在亞拉文運作到什麼程度？
4. 非營利組織維持自給自足的優勢是什麼？

資料來源：Harold L. Sirkin and others, *Globality: Competing with Everyone from Everywhere for Everything* (New York: Business Plus, 2008); Harriet Rubin, "The Perfect Vision of Dr. V.," *Wired* (February 2002); Joan Magretta, *What Management Is* (New York: Free Press, 2002); V. Kasturi Rangan, "Lofty Nations, Down-To-Earth Plans," *Harvard Business Review* (March 2004); www.aravind.org.

U.S. Navy Photo by Photographer's Mate Airman and Nicholas B. Morton

領導
Leading

關鍵字

這是你的船[*]

維繫優秀員工對企業而言是不易處理的事，但對美國海軍而言，它一直是個主要問題。有 40% 的新進人員，在他們第一個四年役期結束之前就被淘汰出局。想想看，招募一個水兵讓他或她進入九週的新兵訓練營，實在是個所費不貲的問題。此外，通過第一個役期的人員，只有 30% 續約留到第二個役期。

當艾伯拉蕭夫（D. Michael Abrashoff）擔任班福特號（Benfold）驅逐艦艦長時，他面臨海軍軍旅生涯的最大領導挑戰。儘管這艘船艦的科技令人嘖嘖稱奇，但多數水兵卻迫不及待要離開。那裡的人員愁容滿面且士氣低落，以致走在船艦上的時候，感覺就像進入一個絕望的深井。當發現到水兵竟因為看著前任艦長最後一次離開艦艇而雀躍不已時，艾伯拉蕭夫深感震撼。

他發誓這絕不能發生在他身上，他要創造出一個環境，讓水兵能夠全心投入工作以獲得最佳表現、讓他們願意服完整個出海航程的役期，甚至樂意續約延役。但他該如何做呢？命令和控制式領導一直是海軍的處事方法，班福特號的前任指揮官就忠實履行這套方法。艾伯拉蕭夫知道他需變成另一種領導者，才能扭轉局面，而且將他們的能量、熱忱和創造力開發出來。

你會推薦艾伯拉蕭夫運用哪一種領導作為，好讓船艦重回軌道並激勵員工拿出最佳表現呢？你是否相信人可以改變其領導風格呢？

資料來源：根據 D. Michael Abrashoff, *It's Your Ship: Management Techniques from the Best Damn Ship in the Navy* (New York: Warner Books, 2002).

一個組織想要成功地管理其方案，行政人員就必須先領導與激勵其部屬。人與人之間必須有良好的關係與溝通；個人和團體要能做出健全的決策；決策的實踐必須能讓眾人適度參與，並且讓他們積極投入、採取行動。因此，有效率的公共行政要求的是對於人群激勵與行為（自己的行為與他人的行為）的知識，以及和他人共事，乃至於為他人服務的人際技巧。事實上，方案管理的其他層面（規劃、決策、組織、執行）也全部都是由人來執行，也會對人有影響。這些任務執行出來的效率，有賴於行政人員有技巧地診斷出人際問題，並採取行動加以解決。

那麼，何謂**領導（leadership）**？加拿大前總理 Brian Mulroney 在追悼美國前

---

[*] 譯者按：這是艾伯拉蕭夫所寫的書名，中文版全名為《這是你的船：有效領導的十大技巧》，久石文化出版。

總統雷根時，稱之為「難以言喻的品質」。教科書也許會將領導界定為：「在特定情境下，影響一群人為達成目的而努力的過程」，但這樣的定義真的能夠抓住領導的精髓嗎？儘管領導幾乎是難以用筆墨來形容，但這種艱鉅的難度並沒有嚇阻一些有識之士來嘗試突破。法國評論家 Henri Peyre 之定義如下：

> 由一國文化所提出來的一種廣泛的理想，藉由學校教育、家庭、知識氛圍、文學、歷史，以及該國的倫理教訓而灌輸給年輕人。意志力、對所處時代的敏感度、清晰而非深刻的思維、體會群體情緒並將其熱切的期待表達出來的能力，再加上自我控制的能力，以及具備善於演出的能力……這些都是權力的構成要件，使之得以領導眾人。[1]

Peyre 的定義，在兩個典故上可以看到完整而近乎神話的版本。其一是華盛頓在美國獨立戰爭初期局勢不利於美方時，不屈不撓地率領美軍越過德拉瓦河，預備對英軍展開大突擊；其二是在 1939 年當邱吉爾再次被任命回到他從前擔任過的英國海軍部長這個老崗位時，艦隊上彼此呼應的回音：「Winston（譯者按：邱吉爾的名字）回來了。」

儘管 Peyre 所討論的一些想法看起來似乎有點英雄主義，早期的管理學者傅麗德（Mary Parker Follett）在描繪能夠激勵她的領導者類型時，也曾捕捉到類似的精神：

> 一個有技巧的領導者，不會倚賴人事部門；他之所以能掌握一個團體，靠的不是支配，而是表達。他將我們之間最好的一面激發出來，他將我們感覺上有待摸索與拼湊的問題統一且集中起來，但從來沒有在我們與他所構成的整體中置身事外。他是幫助每個人將自己剛起步的能量匯聚成形的領導者。影響我最深的人，不是自己做了什麼大事的人，而是讓我覺得我可以做大事的人。[2]

領導之所以難以界定，是因為其所牽涉到的——比起方案管理的其他任何層面都還要多——一些看不到的議題。把方案管理看做是一座冰山，露出水面的只不過是一小部分。見圖 8.1。這些可以看見的部分，正是我們在第 5、6、7 章所讀到的：計畫（通常是寫在大而華麗的三孔筆記本上）、決策（公告周知的）以及組織圖（掛在牆壁上，解釋分工、命令鏈、控制幅度等）。現在我們要潛入方案管理的水面下方，仔細檢視那些看不見而管理者必須精通，以達到成功領導的地方。

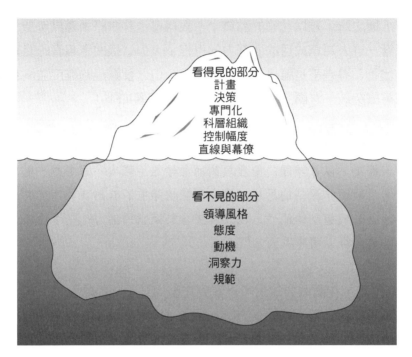

圖 8.1　方案管理的冰山圖

　　本章分成五節，每一節將討論組織所會面對的一組不同管理問題。本章特別要處理以下管理組織中的人群行為的根本問題：

1. 瞭解在不同情境中，哪一種領導風格最有效率，以及一個管理者的風格要如何與所面對的情勢和可得的資源相稱。
2. 瞭解人群的激勵機制——這一點與員工的態度與動機相關——並駕馭之，以達成團體和組織的目的。
3. 瞭解並管理溝通——這一點與洞察力有關。
4. 瞭解什麼因素會影響一個組織長期以來的行為模式或規範，這些行為模式和規範又是如何對一個團體產生哪些影響。
5. 瞭解管理變革過程的技術。

關於領導的研究角度

可以找出領導的特質嗎？

　　在過去（特別是在 1930 年到 1950 年間），有關於領導的研究最常見的途徑便是專注於特質方面；試圖從領導者的人格特質中，找出決定一個領導者是否會成功的關鍵因素。這些與生俱來的特質——諸如智能、成熟、幹勁、友善——被認為

是會隨情境而變動的。人格特質的表列愈來愈長，卻沒有產生明確的研究結果。最後，Eugene E. Jennings 對**領導特質途徑（trait approach to leadership）**做了一個縝密而廣泛的文獻檢討，下結論說：「50 年來的研究，並未能找出某一種或某一類人格特質，是可以將領導者與非領導者區分開來。」[3]

無論 Jennings 的發現有多重要，對於各種領導特質——或者領導的核心特質——的探索依舊方興未艾。Richard E. Boyatzis 以及位於波士頓的麥克貝爾顧問公司（McBer and Company）針對擔任 41 個不同管理職位的 2,000 餘名經理人員做研究。[4] 他們發現有十種技巧與管理效能的關係最為重大：

1. 關注影響力（關注終會對他人產生影響力的權力象徵）。
2. 診斷式地使用概念（使用概念來認知情境模式的一種思考方式）。
3. 效率取向（關心要如何把事情做得更好）。
4. 具有前瞻性（總是傾向要採取行動來達成某些事）。
5. 概念化（在得知一些特定組合的訊息時，能夠看出並界定出一個概念的模式）。
6. 自信（決斷力或風采）。
7. 口語表達（有效能的溝通）。
8. 對團體歷程能夠善加管理（激勵其他人在團體中有效地共同合作）。
9. 善用社會化的力量（善用各種形式的影響力來建立盟友、網絡、聯盟或團隊）。
10. 認知上的客觀（相對客觀的能力；不受成見、歧視或觀點所侷限）。

這份清單聚焦於中階主管。在此並沒有強調管理知識，因為 Boyatzis 發現這樣的知識代表稱職的瓶頸，而他所挑選的成功經理人都已經有良好的根基。

普林斯頓大學的政治科學家 Fred I. Greenstein 最近的一項研究，將當代幾任美國總統依照六個使他們成為有效能領導者的條件打分數，這些條件分別是：溝通、組織、政治技巧、遠見、認知類型，以及情緒智能。[5] 沒有任何一個總統能夠在每一項特質都拿高分，但大多數美國最高行政首長都能掌握這些特質中，真正關係重大的幾項。Greenstein 相信，美國總統最重要的特質是情緒智慧，他將之定義為：總統管理自己的情緒，並將之轉化為建設性目的之力量，而非受這些情緒所宰制，任憑這些情緒摧毀自己的領導。Greenstein 說，在他所研究的 12 位美國總統中，只有 3 位是完全免於受情緒紛亂所干擾的——艾森豪、福特、老布希——而他們沒有一位被認定為是特別強而有力的總統。另外 4 位——小羅斯福、杜魯門、甘迺迪、

雷根——則以情緒暗潮洶湧卻對其領導並無明顯的損傷出名。這 4 位總統——除了杜魯門之外，都擅長溝通，也是美國在二十世紀中，最傑出的 4 位最高行政首長。

領導風格

　　權變途徑（contingency approach）比領導特質途徑更具有實用上的優勢。由於強調行為與環境，對個人加以訓練的可能性也受到鼓勵。換句話說，人們可以透過訓練，來根據他們所遭遇的情境以及追隨者的特性，採行不同的領導風格，以提升他們的領導效能。不消說，這個途徑要求行政人員要成為夠好的診斷者，能夠認出一個環境中的線索，並且有足夠的彈性來調整他們的行為。

　　事實上，權變領導途徑很貼近本章一開始所引述的「教科書」式定義。複習一下那個定義：領導就是在特定情境下，影響一群人為達成目的而努力的過程。在這個定義中的關鍵要素為：領導者（leader）、追隨者（followers），以及情境（situation）。那麼，領導就是三個變數的功能。將之符號化，可以得到以下這個公式：

$$L = f(l, f, s)$$

從 Peyre 和傅麗德的定義中，能得到的也不會比這個公式更多！

　　可以討論的是，所有的團體目標可以分成兩大類：(1) 達成某種團體目的；或 (2) 維繫或強化團體本身。第一種目標，我們稱之為**任務行為（task behavior）**，指的是領導者任務導向的程度以及其引導部屬邁向目標達成的程度。領導者典型的任務行為有：下達指令、花時間規劃、強調截止日期，以及提供工作活動明確的時間表。領導行為的另外一個面向是**關係行為（relationship behavior）**，指的是領導者對部屬的關心程度、對他們的想法和感覺的尊重，以及雙方互信的建立。關係取向的領導者是友善的、願意開誠布公地溝通、發展團隊工作，並且追求部屬的福利。

　　我們只要使用這兩種行為類型加以組合，就可以找出幾種不同的領導風格（見圖 8.2）。這種領導行為的簡單分類很受歡迎，也有很多研究者嘗試要超越之。其中較為傑出的是已故的管理學大師 William Reddin 所做的研究。[6] Reddin 使用兩種行為——任務與關係——的幾種排列組合，開發出四種**基本領導風格（basic leadership styles）**：

1. 支持型或人際關係型：這一類管理者的任務導向低於一般水準，而關係導向則高

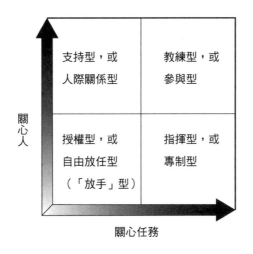

關心人

支持型，或
人際關係型

教練型，或
參與型

授權型，或
自由放任型
（「放手」型）

指揮型，或
專制型

關心任務

圖 8.2　領導風格

於一般水準。

2. 教練型或參與型： 這一類管理者的任務導向與關係導向，都高於一般水準。

3. 授權型或自由放任型： 這一類管理者的任務導向與關係導向，都低於一般水準。

4. 指揮型或專制型： 這一類管理者的任務導向高於一般水準，而關係導向則低於一般水準。

這四種領導風格的關鍵點在於：管理者的效能端視其所採用的風格，是否最適於他們所處的情境。更具體來說，要知道什麼風格才適合，管理者必須要先檢視其組織文化和組織氣候、工作本質（審計、道路維修、研發等），以及其上司、部屬與同事的風格、期待與成熟度。這些因素都有助於瞭解一個管理者採取哪一種風格是有效的，哪一種風格又是比較沒有效的。

因為領導效能是採取適合一個情境的領導風格所產生的結果，同樣的基本風格可以被理解為特別有效的，或者特別無效的。換句話說，在某一情境中成效卓越的領導風格，在另一情境中可能會導致暴動。哪種管理風格最為卓越？這完全要視情形而定。

讓我們看看以下這兩張清單，[7] 每一組詞彙都意指特定的行為。當這個行為在合適的情境中展現時，每個人都會點頭稱道，並且使用左側的字眼；但是同樣的行為模式如果在不同的情境中展現時，人們可能會搖頭，並且使用右側的字眼。

熱心的	敏感的
有彈性	柔弱
高貴的	浮華的
堅定的	死板的
講究實際的	唐突的
保守的	反動的
進步的	左派的
敏銳的	軟弱的
動態的	傲慢的

基於你個人的經驗，你是否可以想到一些實例，是有關於不同的情境會如何影響到一個人的行動的合宜性？

現在我們應該很清楚，一個行政人員的效能極大程度有賴於其掌握情境的能力。要跳脫自我，也就是說，要客觀地審視我們的情境、研究自己的行動，並不容易。有一些因素會使我們對所處的情境失去敏銳度。

首先，我們很容易會合理化自己的行為，或者自我欺騙。（「我之所以沒有完成這項工作，是因為其他突發事件」；「我之所以沒有升遷，是因為老闆有偏見。」）其次，我們看不見自己眼中的梁木，卻很容易在意別人眼中的刺。佛洛伊德（Edmund Freud）稱這種心態為投射。所以，敷衍取巧者看其他人懶散、自私自利者抱怨人家都不分享、對人不理不睬的行政人員抱怨沒有人對他有興趣。要維繫這種投射作用，行政人員必須不斷地扭曲事實。第三，我們會誤把病徵當病因（這點在第 6 章中已經討論過）。第四，我們會對某種單一價值感到著迷──認為所有問題都是人的問題、所有的工作都必須被加以滿足，或者以為所有大規模的東西一定不好。第五，我們也許會有高度的壓力。這有可能會扭曲我們對他人的認知和情感。[8]

我們可以簡短地整理 Reddin 的理論。一個行政人員可以採取四種基本領導風格：支持、教練、授權和指揮。每一種風格都可能是有效的，或是無效的──完全看所處的情境而定。因此，實際上有八種管理風格：行政與妥協者；官僚與逃兵；開明專制者與專制者；發展者與佈道家（見表 8.1）。

領導者就是激勵者

杜克籃球隊教練 Mike Krzyzewski 寫道：「我曾經聽一個高中教練告訴一個孩子說，激勵球員不是他的工作；相反的，球員自己應該表現出被激勵的狀態。這種說法讓我搖頭！這是我最不能接受的見解！我深信一個教練最主要的工作就是要去

表 8.1　四種基本管理風格之較無效與較有效的版本

基本風格	用在適當的情境中會有效	用在不適當的情境中則無效
教練	一個執行者是一個好的激勵者，他設定高標準、因材施教，並且喜歡團隊管理。	一個妥協者是一個不好的決策者，他太容易受各種壓力所影響，他急著要將各種急迫性的問題最小化，而不是將長程的政策產品最大化。
授權	一個官僚最感興趣的是跟自己有關的規則與程序，希望能夠藉由使用這些規則與程序來掌控情勢，並且是有意識地來做。	一個逃兵不管事、被動、負面。
指揮	一個開明專制者知道自己要什麼，要怎樣在不引起他人憎恨的狀況下達成目的。	一個專制者對他人沒有信心，總是不悅，並且只對眼前的任務感到興趣。
支持	一個發展者毫無保留地信任他人，並且最關心的是幫助個人發展。	一個佈道家最關心的是和諧。

資料來源：根據 W. J. Reddin, *How to Make Your Management Style More Effective* (London: Books Britain, 1987).

激勵、一個領導者的主要工作就是要去鼓舞。」**9**

　　一個行政人員的產出意指何物？不是指他們所寫下的備忘錄頁數、回電的數量、參加過的會議量，或是削減的政策數量。從根本而言，受他們影響之人的生產力，就是他們的產出。千萬別忘了，管理就是一種團隊活動。

　　行政人員要引導人們產生更好績效的方法主要有兩種：**激勵（motivation）**與訓練。美國卓越的心理學家與哲學家 William James 對於激勵的研究發現，員工只要發揮 20% 到 30% 的能力，就能夠保住他們的工作——免於被辭退。但在受到高度激勵時，員工將可以發揮其 80% 到 90% 的能力。以下簡單的估價顯示激勵與訓練可以對一個虛構的個人產生的差異。讓我們姑且稱他為 Stakhanov，並設定他的自然能力為 100。

　　首先讓我們假設 Stakhanov 有一個主管，但從來不激勵他，也不訓練他：

$$績效 = \underset{能力}{100} \times \underset{努力}{0.20} \times \underset{訓練}{0.40} = \underset{產出}{8}$$

現在假設他有一個主管會激勵他，也會訓練他：

$$績效 = \underset{能力}{100} \times \underset{努力}{0.80} \times \underset{訓練}{1.5} = \underset{產出}{120}$$

儘管我們沒辦法像上述例子一般精準地衡量激勵，但從泰勒奠定科學管理的基礎、費堯提出行政原則，以及韋伯對官僚體系做出有系統的定義時，我們便已學到很多有關激勵的概念。

　　這三位先進提供我們的是*管理的古典觀點*。這套觀點強而有力，並且給予管理者一套新的基本技術來建立高生產力，以及對員工的有效對待。在當時，美國在管理技術上獨步全球，而其他的國家（特別是日本）大量借用美國的概念。但是到了1930 年代，一種更新、更人道的觀點問世。提出這套觀點的先進之一是傅麗德，她在 1918 年曾經發表過對「有技巧的領導」之見解，這點本書業已介紹過。另一位人性管理觀的早期提倡者是曾任紐澤西貝爾電話公司董事長、績效卓著的巴納德（Chester Barnard）。

　　根據泰勒的觀察，工人主要是對經濟激勵有回應；相反的，巴納德則認知到人員激勵的複雜性。他的名著《主管的功能》（*The Functions of the Executive*）開宗明義指出，組織研究都會對個人有特定的看法——有些研究將個人看成是社會力的產品，還有一些研究接受自由意志的觀點。[10] 巴納德沒有試圖要調和這兩種立場，相反的，他將這種對立的觀點——倚賴與獨立、控制與自由、論理與直覺之間的緊張關係——做為其理論的基石。

　　巴納德另一個貢獻是非正式組織的觀念。**非正式組織（informal organization）**在所有的正式組織中都會出現，包含結黨成派，很自然地會發展出社交的小團體。巴納德指出，組織不是機器，而非正式組織是一股很大的力量，如果妥善管理則可以對組織有所助益。要瞭解非正式組織可以如何促進團隊工作的成效，組織必須開始注意員工在組織的正式結構之外所創立的非正式網絡。將這樣的網絡畫成關係圖，顯示出大多數的人都會緊密連結於一個串連 8 到 10 人的小團體中，他們彼此之間有極密切的溝通，並且覺得與對方的談話很「安全」。由於有這種非正式的網絡，資深的主管人員可能無從知道組織真正發生了哪些事。見圖8.3。

　　在這一節，我們要討論人群觀點的兩個次領域：人群關係途徑，以及人力資源途徑。人群關係運動主要淵源自羅斯里士伯格（Fritz Roethlisberger）與梅堯（Elton Mayo）的名著。他們的作品處理到芝加哥西方電器公司的霍桑（Hawthorne）廠房所進行的一系列知名研究。人群關係途徑的這套經典，主要是由以下兩本書構成：

⊃ 羅斯里士伯格等人的《管理與員工》（*Management and a Worker*, 1939）。
⊃ 梅堯的《工業化文明的人力問題》（*The Human Problem of an Industrialized Civilization*, 1946）。

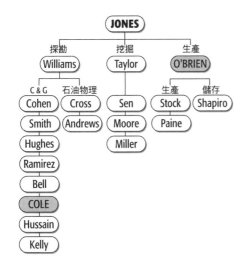

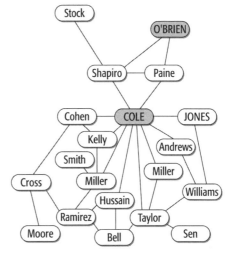

組織圖呈現的是一個組織中的正式權力結構與分工，但並不能表現出全貌。組織其實還透過非正式組織在運作。維吉尼亞大學的組織網絡分析家 Rob Cross 告訴我們，正式科層組織是靠頭銜來將員工放在各自的位置上（如左上圖）；而非正式組織則是以關係來定位每一個人。Eugenia Levenson 解釋道：「想像一下你是 O'BRIEN，是公司的副總裁，管理一個部門；從你在組織中高高在上的地位看來，日子過得好像很不錯（左上圖）。但是公司調查每個人在溝通、合作和支援的選項，並且將這樣的資訊放進一個網絡地圖程式中。結果很令人吃驚：軟體所繪製出來的盤根錯節的圖形中，你

O'BRIEN 被放到很邊陲的位置上（右上圖）。而位於核心的，則是一個微不足道的小卒：COLE。COLE 雖然不過是一個沒有什麼管理權的技術人員，但卻是整個組織中，與大老闆 JONES 有直接關係的兩個人之一──而且似乎跟每個人都有關聯。

這張網絡分析顯示 COLE 的正式職稱一文不值，卻是一個具有影響力的情報中心。管理者必須找出其組織中的 COLE，以防這種關鍵人物離開時，整個網絡會崩解。公司在這種人物退休時會遭遇到極大的危機，千萬要注意！

資料來源：Rob Cross and Andrew Parker, *The Hidden Power of Social Networks* (Boston: Harvard Business School Press, 2004) and *Fortune* (June 12, 2006): 18.

圖 8.3　辦公室如何運作

以下三本書則是人力資源途徑的經典：

○ 馬斯洛（Abraham Maslow）的《動機與人格》（*Motivation and Personality*, 1954）。

○ 赫茲伯格（Frederick Herzberg）的《工作的激勵性因素》（*The Motivation to Work*, 1959）。

○ 麥葛瑞格（Douglas McGregor）的《企業的人性面》（*Human Side of Enterprise*, 1960）。

這些名字和年代並不是太重要，但這些書裡面的觀點卻是極其有分量的──是

這些觀點永遠地改變了世人對於工作的想法，值得我們花一些時間來探討。

霍桑研究

1924 年，西方電器公司的效率專家設計一套實驗方案，研究照明對產量的效應。他們的研究假定是工廠中的照明度若調亮，產量就會提高。從員工中挑選出兩組人，一組是實驗組，在不同的亮度下工作；另一組是控制組，是在正常的工廠亮度中工作。正如預期的，在照明調亮時，實驗組的產量果然提高了。但是發生了一件怪事──而且是完全出乎意料的：控制組的產量竟然也提高了。

於是西方電器公司轉而向梅堯和他的研究團隊求助。梅堯的研究團隊開始進行一系列行為與實體上的調整：訂出休息時間、工作時間也加以調整，甚至提供熱點心。但不管對工人採取什麼措施，工作產能還是繼續提高。

研究團隊被這個結果所困擾，於是採取了一個極端的步驟：他們讓一切恢復原狀。這個調整原本是想要造成一種極端負面的心理衝擊，並導致產量銳減。但產量竟然提升到歷史高峰。怎麼會這樣？答案非常簡單，但其含意卻極其深遠，幾乎將工業革命以來整套管理的思想與做法整個推翻。這個來自哈佛大學的研究團隊在深入調查，並且訪談該公司每一個部門的員工超過 20,000 人後發現：工人的產量之所以提高，是因為實驗人員對他們所投注的注意力，使他們覺得自己對公司的重要性提高了。他們再也不把自己看做是孤立的個體；現在，他們是參與一個意氣相投、具有凝聚力的工作團隊的成員。

這個教訓是很明白可見的。影響組織產能最重要的因素，不是從工作中可以得到多少物質上的回饋，或金錢上的報酬，而是在這個工作上所能發展出來的人際關係。梅堯發現，當非正式組織感覺到自己的利益與管理者的利益相衝突，而他們對工作與環境的控制能力又微不足道時，則產量會一直低落。

儘管霍桑研究被批評，其研究設計以及資料分析上有不充分之處，這樣的研究發現的確影響了很多經理人。如果組織管理者對於提升工人的產值有興趣，那就應該更加注意處理人際關係的方式──特別是上司與部屬的關係。這就是**人群關係途徑（human relations approach）**的精髓：改善上司與部屬之間的關係可以增加工作人員的滿意度（士氣），再進一步會導致生產力的提升。

一言以蔽之，管理的新目的、黃金關鍵，應該就是士氣。要維繫高度的生產力，行政人員唯有發展出一些方法來使工作人員滿意，讓他們對工作、老闆以及整個組織的感覺很好。精通如何使人感覺很好者，已經取代了冷酷的效能專家。

行為科學有一些進步。發現非正式組織──更廣泛的說，工作人員的人性──是管理思想的一個真實突破。後來的研究發現，士氣不是萬靈丹。員工高興了，接

重訪霍桑效應

當代社會科學最有發展性的觀念之一是**霍桑效應（Hawthorne effect）**的現象——亦即人們在接受社會科學家的研究時，會改變他們的行為，因此危害到這份研究的準確性。霍桑研究團隊使用當時的統計方法，所以能找到的生理與物質因素和產量之間的相關性並不多。所以他們得到的結論是，無法計量的「人群關係」才是導致產量變化的原因。

後來 Parson、Franke 以及 Kaul 等人的研究否定了霍桑研究的許多論點。Parson 找到有力的證據，證實西方電器公司霍桑廠房的員工是有系統地接受到相關的資訊——也就是得知他們產能提高比率的結果。這些工作人員也收到不一樣的金錢報酬：他們工作的速度愈快，得到的金錢就愈多。得到資訊的回報，以及金錢的報酬，兩者結合起來（而非環境的改變）似乎提供了霍桑廠產能提升的原因。

Franke 與 Kaul 的研究發現更令人驚訝，基本上翻轉了霍桑研究的原始發現。利用更周密的統計技巧以及電腦運算，Franke 跟 Kaul 發現工作產能與「管理紀律」之間有明確的相關性。

在實驗期間開除兩位工作人員的事件，也大大地解釋了產能為何改變。「人群關係」的確部分左右了產能的改變，但不是以「人道對待」的方式，而是以簡單的紀律。Franke 與 Kaul 也與 Parson 一致地認為，團體獎賞的激勵作用，對於提升產能是有價值的。

晚近，加拿大麥克馬斯特大學（McMaster University）的經濟學家 Stephen R. G. Jones 也加入這一場論爭。Jones 指出，他將 1927 年到 1932 年間霍桑廠房的實驗室，在 5 位女工工作地點所蒐集到的資訊，運用他自己較為複雜的統計運算之後得到的結果顯示，「互賴」是關鍵性因素。他表示：「工業社會學的人群關係途徑，並沒有被霍桑研究的原始資料所駁倒。」

也許這個故事給我們最大的教訓，就是社會科學研究者應該要避免熱情地擁抱某種在科學上還沒有被證實的立論，只因這個立論與他們自己的價值一致。

資料來源：R. H. Franke and J. D. Kaul, "Hawthorne Experiment—First Statistical Interpretation," *American Sociological Review* (October 1978); H. M. Parson, "What Caused the Hawthorne Effect?," *Administration & Society* (November 1978); S. R. G. Jones, "Worker Interdependence and Output: The Hawthorne Studies Reevaluated," *American Sociological Review* (April 1990).

下來卻沒有一個鐵則可擔保他們會有迫切感而更加努力地工作。所以開始有一些醒悟，而學者也開始要尋找新的方針來改善組織的效能。

人力資源途徑

對員工的激勵之研究，始於泰勒有關科學管理的著作。回顧第 1 章，科學管理是為了要增進效率而對員工的工作所進行的系統分析之一。員工有良好的績效，乃得到經濟上的獎賞。這種對於付費的強調，關係到經濟人（economic man）的概念——個人為了要得到更高的酬勞會更努力工作。但自從霍桑研究樹立新的里程碑之後，在管理者心中，經濟人的觀念逐漸被一種社交性的人所取代。經濟性的報酬——諸如可以滿足社會需求之友善的工作團體——似乎是比獎勵金制度更重要的工作動力。從那時候起，工人才被視為人來加以研究，社會人（social man）的概念於焉誕生。

人力資源途徑（human resources approach）帶有經濟人與社會人的觀點，並進一步主張一種全人（whole person）的觀點。人力資源途徑主張，員工是很複雜的，並且受到很多不同的因素所激勵。人力資源途徑的倡議者，如馬斯洛、麥葛瑞格以及赫茲伯格都認為，早期的管理途徑試著藉由經濟性與社會性的報酬來操縱員工。他們則相信，管理者可以藉由確保員工能夠滿意，並且能有重大貢獻，來提升組織的績效。人力資源途徑為當代員工激勵的觀點做好了奠基的工作。

馬斯洛的需要層級論

這個故事的下一章，跟霍桑的案例一樣，開宗明義就提出一個問題。金錢想必是刺激人努力工作的主要因素之一，但當人們被問到對他們而言，他們的工作帶來的最重要的東西是什麼時，金錢經常是排在第三或第四，甚至第五順位。「工作完成時的滿心歡喜」、「一種投入的感覺」、「個人問題的同理心瞭解」以及「工作穩定」等因素，反而排名更前面。這是為什麼呢？

廣泛地說，我們可以說人類的動機或需要所構成的模式，遠比我們所能想像的還要複雜。在 1950 年代早期，美國心理學家馬斯洛花了很多心血來建構出一套需要層級論（hierarchy of needs）。根據馬斯洛的見解，一個人在特定時刻的行為，通常是由他最強的需要所決定的。如果這是真的，那麼行政人員似乎有必要理解那些對人們而言通常最重要的需要。馬斯洛找到五種需要（見圖 8.4）：

1. 生理需要。在馬斯洛的公式中，生理層級的需要（如食物、衣服與遮風避雨的處所）是最底層的需要。滿足這種需要在社會上通常跟金錢有關。但是當這種基本

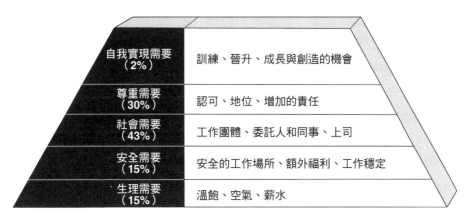

自我實現需要 （2%）	訓練、晉升、成長與創造的機會
尊重需要 （30%）	認可、地位、增加的責任
社會需要 （43%）	工作團體、委託人和同事、上司
安全需要 （15%）	安全的工作場所、額外福利、工作穩定
生理需要 （15%）	溫飽、空氣、薪水

幾年前，史丹佛研究所的一群研究人員探索在美國人中，或在馬斯洛的五個層級中各層級的比率有多少。其研究發現整理在上圖的括號之中。

圖 8.3　美國公共政策各學派及其發展史

需要被滿足後，其他層級的需要就會變得更重要，而會激勵並主導個人的行為。

2. **安全需要**。在物質需要之上，馬斯洛放上安全需要，或安定需要。和其他需要不同的是，安全需要是一種個人可能有所察覺，也有可能是潛意識而不容易被察覺出來的。你會想要一份虛幻、不切實際，並且懲罰失敗者的工作嗎？或者你會真正滿意一份條列清楚的工作之精確性、井然有序、有制度呢？（記得美國小說家 Sinclair Lewis 的名作《庸俗的商人》（*Babbitt*）嗎？對書中主角而言，「唯一令他有感覺的事，就是從棕色的西裝換到口袋裡灰色的鈔票。」）一個人怎樣回答這些問題，就顯示安全動機對他而言有多重要。據聞，有些組織過度強調安全動機，煞費苦心地提供各種額外的福利方案。[11] 儘管這樣的強調可以讓員工的行為更加可被預測，卻不必然能使他們更有生產力。而且如果他們的工作需要創意——在公部門，相當高比例的工作人員是知識工作者，他們的工作往往需要創意——過度強調安全需要反而會阻礙創造力。

3. **社會需要**。一旦生理需要與安全需要都得到滿足，社會需要就成為具有主導性的需要。這些需要反映出期待被同儕接納，並且獲得友誼的欲求。在組織中，這樣的需要有助於促進良好的人際關係。說得更明確些，良好的社會關係使得各種往來成為可能，有助於加速工作的流程，並且允許人們完成在正式結構中不可能做到的事。但是一旦閒聊（無所事事的聊天、八卦）取代了工作，或是這種需要變成團體迷思（groupthink）的集體結果時，社會關係也可能會產生不利的一面（請參照第 6 章的討論）。

　　911 委員會提供了這種現象的極壞範例。該委員會堅持要有一致通過的報

告。一致通過的壓力，造就了團體迷思與精打細算的討價還價（horsetrading），要求委員們要去接受他們認為是次佳，甚至第三、第四佳的選擇。國會跟大眾沒有聽取多元報告與不同意見的機會，被引導接受補救 911 情報網失敗的方法只有一條。更重要地，這個委員會掉進一般官僚主義的圈套中，重視過去的問題更甚於未來的問題。由於預測尚未發生的威脅很困難，他們所提出的報告主要在於如何預防 911 事件的重演。這種機率其實很渺茫——特別是美國政府已經目睹整起事件的發生，調整了安全機制，現在飛航乘客受到更多的監視。

　　這種思維模式在研究團體動態時屢見不鮮，當意見一致變成最重要的價值時，經常會無視於對其他行動路徑的實際評估。而且所有的決策層級都無法避免這種社會一致性所導致的扭曲。團體迷思的重要病徵之一是壓力：「團體迷思的受害者會直接施壓給那些懷疑團體共同幻想的人，或是那些質疑少數當權派所喜歡的政策選項之正確性的人。這種做法會強化追求上下一致的規則，又想要留住忠誠的成員。」**12**

4. **尊重需要**。假定一個人在組織中的社會需要也被滿足了，接下來居首位的將會是第四種需要：尊重。當一個行政人員做出這種抱怨時，背後所表現的是這種需要沒有被滿足：「我們已經把一切都給了我們的部屬——良好的薪資、愉快的工作

2004 Wadsworth/Cengage Learning

金錢是激勵人的因素之一，在馬斯洛的需求層級論中是最基本的一個層級——需求層級告訴我們一些事實，那就是：會被薪資激勵的，不會是最優秀的人，也不是一個人最優秀的一面。金錢也許有時候可以驅策一個人去做什麼，或者影響一個人的心智，但是沒有辦法驅策人的靈魂；唯有一個人信賴他的組織、組織中的同仁以及組織的宗旨，或者對於那些追求自我實現者極其重要的原則與價值時，一個人才會交託出他的靈魂。

條件、甚至情感上的交流——有些人還是不滿意。」換句話說，這正是因為員工的其他三種基本需要都被滿足了，第四種需要才會冒出來。而且就像社會需要一樣，如果行政人員沒有找出解決的辦法，這種需要可能會造成一些組織上的問題。

　　儘管尊重需要的形式有很多種，在此我們只討論其中一種——認可。任何一種形式的尊重需要對公共行政人員所發出的訊號都是一樣的：做點事情來讓員工覺得自己很重要！William James 所舉的一個例子，特別能掌握到認可的重要性：

　　　　我們不只是群居性的動物，喜歡看到自己的同類，我們還有一種與生俱來的習性，希望自己能被自己人注意，而且是受到讚許性的注意。對一個人而言，任何身體上的懲罰都比不上在社會中失去重心，被所有的人全然視若無睹，更為殘酷。如果我們說話時沒有人理睬、我們做什麼事情都沒有人在乎時，而我們所遇到的每一個人⋯⋯都當作我們不存在一樣，我們會產生一種憤怒與無能的沮喪；因為這些事情會使我們感覺到，無論我們所遭遇到的困境有多艱難，都沒有比不值得所有人的注意還要嚴重。[13]

　　這段令人動容的話有什麼樣的組織意涵？很簡單：人們會尋求上司的支持。

5. **自我實現的需要。** 根據 Saul W. Gellerman 的見解，尊重需要多少是自我設限的。[14] 一旦人們得到自己認為應得的，這個需要的強度就會下降。在這個時候，我們就會看到馬斯洛的第五個層級，也是最後一個需要的浮現：自我實現。自我實現到底是什麼？在他的《人性能到達的境界》（*The Farther Reaches of Human Nature*）一書中，馬斯洛給了我們一個答案：

　　　　自我實現的人毫無例外地會投入外在的事物中，他們全力以赴、為某件讓他們覺得非常寶貴的事情而努力——他們秉持一種古老的意識、類似神職人員的意識，追求他們的志業與職業。他們所從事的是，命運召喚他們去做他們所愛的工作，對他們而言，工作跟喜樂是分不開的。[15]

　　一個受到特別多研究、與自我實現的需要相當接近的動機，是成就的渴望。思考這個現象，也許可以幫助我們更加瞭解自我實現。一個簡單的例子可以幫助我們把受到**成就動機**所激勵者，與受到社會激勵者與尊重激勵者區別開來。[16] 當受委託要造一艘船時，一個受成就動機所激勵的人，會在造船過程中得到滿足。對工作的濃厚興趣與馬斯洛的見解一致。一個受社會動機激勵的人，會在與其他

人一起造船的過程中感到很快樂，但比較不在乎這艘船的適航性。而受尊重動機所激勵的人，在乎的則是他個人在這個案子中所扮演的角色為何，以及成功所帶給他的回饋。

一個受成就動機所激勵的人，會給自己定下有點難度但可能達成的目的；他們偏好可以明確掌握自己績效資訊的情境；他們習慣去想，怎樣可以把事情做得更好。那麼，一個管理者要怎樣對待這種成就導向的員工呢？Levinson 提供了這樣的指導方針：行政人員「應該對人們提出要求，期待他們達成合理的目的，甚至有些不太合理的目的。他應該尊重他們有能力照自己的方式去完成這些目的，只要他們受到充分的保護與支持。他也應該認可他們對達成集體目的的貢獻，接著，要遵循 Diogenes 的格言：『不要擋住他們的光芒。』」[17]

馬斯洛的理論對管理科學的貢獻相當卓著，因為馬斯洛——比他的前輩們更精確地——說出對不同的人要用不同的管理方法的道理〔用白話說，就是「各有所好」（different stroke for different folks）〕。還有兩件事：(1) 同一個人，在不同的時間點，可能需要不同的對待方式；以及 (2) 管理者不能期待沒有抱怨，而必須預期要去面對各式各樣的抱怨。

回到我們的章首個案，艾伯拉蕭夫想創造一個組織，成員們對工作是如此投入與熱心，所以都很願意拿出最佳表現。但他知道領導者不能用命令方式讓人更有凝聚力、表現更佳。在班福特艦上的時期，他發現達此目標的唯一方法就是一次一個船員，一種馬斯洛絕對會肯定的方法。因此，他擔任指揮官後，採用了相當不同於按照準則指揮的做法：他在自己的船艙區和個別男兵、女兵坐著談話。身為船艦領導者，艾伯拉蕭夫想要從人的角度去認識每一個人、瞭解他們的好惡，還有他們想如何改變船艦。更重要地，他想知道什麼才能激勵他們。從這些第一手的交談中，他明瞭他們和他一樣都想要有卓越表現。他還獲得其他更有價值的發現：對於如何改善船艦的運作，他們的想法不但有用、聰明，而且重要。這些由下而上的好主意，都立即獲得執行。

為了釋放每個人的創造力和做事訣竅，艾伯拉蕭夫使用願景和價值領導，而非命令與控制。當船員看到他是在玩真的，於是回報他的是幹勁、熱忱和全心投入。這位年輕艦長也開始下放職責，好讓人員能夠學習與成長。他的哲學是，如果你所做的只是下達命令，那麼你所得到的只是指令接收者。他想要在各個階層都開發強有力的領導者，並幫助人員瞭解他們是讓船艦成功的人。在他的領導下，班福特艦創下績優與人員留任的空前紀錄。總之，艾伯拉蕭夫展現了前述教練型或參與型的領導風格，也展現了馬斯洛需要層級理論的效用。

麥葛瑞格：X 理論和 Y 理論

　　麥葛瑞格受到霍桑研究與馬斯洛的作品影響甚大。[18] 他的經典大作《企業的人性面》，超越有關管理者可以藉由注意工作人員的社會需要與自我完成的需要而獲得利益的觀點。麥葛瑞格認為，管理者必須把他們對人性的看法從他所說的 X 理論，轉化為 Y 理論。這兩個理論就成為管理學中極其重要的關鍵字。

　　根據麥葛瑞格的見解，抱持 **X 理論（Theory X）**的管理者認為他們的部屬本質上就是：

- 不喜歡工作的。
- 沒有雄心壯志的。
- 不負責任的。
- 抗拒變革的。
- 寧可被領導也不要去領導人。

　　相反的，**Y 理論（Theory Y）**對人性有另一套假定。抱持 Y 理論的管理者認為他們的部屬本質上：

- 願意工作。
- 願意承擔責任。
- 能夠自我引導與自我控制。
- 有創造力。

　　Y 理論不僅只是 X 理論的反面（儘管這是許多觀察者的結論）。麥葛瑞格並不想要將這兩套假設硬生生分成強弱兩種模式。相反的，他認為 Y 理論是整合不同假定的觀點。這點可以從麥葛瑞格描述 Y 理論的矛盾特質看出來：

　　　Y 理論的核心原則就是整合性的；創造一種條件使組織成員可以最適當地達成他們的目的，引導他們的目的朝向整個企業的成功發展……整合的概念與自我控制的概念（也）意味著組織會更有功效地達成其經濟目標，只要能夠做出具體的調整來滿足組織成員的需求與目的。[19]

赫茲伯格：滿意因素與不滿意因素

　　赫茲伯格在他那本開創性的大作《工作的激勵性因素》中，發表他和他的研究

團隊針對動機所做的實證調查結果。[20] 他們發現五種讓人員對工作感到滿意的決定性因素：成就、認可、工作本身、責任與升遷（見圖 8.5）。意義重大的是，這些因素都與工作滿意度有關。此外，他們也發現了五個因素會導致對工作感到不滿意：公司政策與行政、監督、薪資、人際關係與工作條件。

這些發現引起非常多的聯想。一方面，消除不滿意因素可以減少員工的不滿意，但沒辦法激勵這些工作人員達成更高水準。另一方面，認可、挑戰與個人成長的機會是強而有力的激勵因素，並且可以提升高滿意度與績效。管理者的角色，就是要避免那些使員工不滿意的因素——圖 8.5 下半部所列舉的七種因素——並且使用上半部的五個激勵因素來滿足更高層級的需要，驅策員工向更高的成就與滿意度邁進。

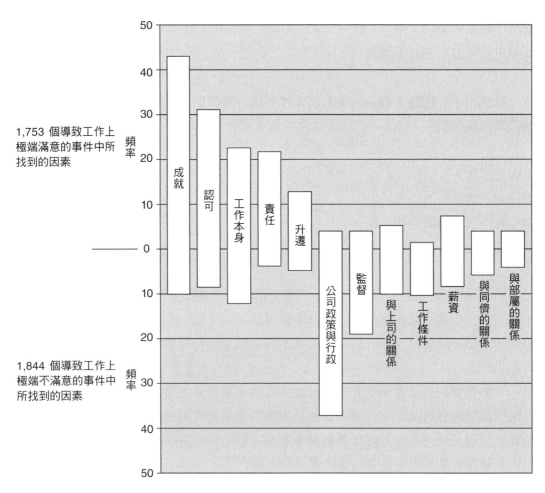

資料來源：F. Herzberg et. al., *The Motivation to Work* (New York: John Wiley & Sons, 1959).

圖 8.5 滿意因素與不滿意因素的構成要件

正如我們在這一節所看到的，不少學者嘗試著要回答這個問題：激勵員工的因素為何？儘管這些學者各自有不同的理論和發現，他們的內容其實頗多近似之處。他們之中，很少有人能辯駁或增補羅斯里士伯格的論述：

> 人在工作的時候，與在其他生活領域中並沒有什麼太大的不同。他們不完全是邏輯的產物。他們有感覺。他們喜歡感覺到自己很重要，也喜歡他們的工作被認可是很重要的。儘管他們會在乎薪水的多寡，但錢真的不是他們最關心的事。有時他們更在乎的是，自己的薪水是否精確地反映出他們所做的不同工作，在社會上的相對重要性。他們的上司如何對待他們，有時甚至比他們是否得到社會公認水準的薪資更重要。
>
> 他們喜歡在被肯定的氣氛中工作。他們喜歡被讚美而不是被責備。他們不喜歡被迫承認錯誤——至少不要在公開場合。他們喜歡知道別人期待他們做什麼，以及他們距離老闆的期待有多遠。他們喜歡在一些會影響他們的變革發生前，先得到警示。
>
> 他們喜歡覺得自己跟上司有交情。他們喜歡能夠表達自己的情感而不受到誤解。他們喜歡被傾聽，讓自己的感覺與觀點被當作一回事。他們喜歡受到諮詢並且親身參與那些會影響到他們個人的行動。簡言之，員工跟大多數的人一樣，希望被看做是某個團體不可或缺的一份子。[21]

儘管所有的研究和理論並未完整地呈現出所有想要激勵員工的領導者所需知道的一切知識。儘管理論有助於指引我們，也可以將複雜的真相很便利地加以濃縮，激勵還是（至少一部分是）一種沒有完全被揭露出來的藝術。在第 10 章，我們將再討論有關工作滿意度的人力資源制度。

❓ 領導溝通

激勵與一個領導者有效溝通的能力息息相關。事實上，若缺乏有效溝通，就沒有領導。我們稍早討論過的領導風格，特別有賴於強而有力的溝通。讓我們回想一下，領導意味著影響人群做出改變，朝願景或組織可期待的未來邁進。領導者透過溝通，將組織的願景分享給其他的人，鼓舞並激勵他們為組織的願景而努力，建立價值與信賴，以促成有效能的工作關係、達成目的。

邱吉爾曾經說：「如果最古老的抱怨是：『沒有人問過我』；那麼第二古老的抱怨就是：『沒有人告訴過我』。」懂得組織領導的邱吉爾在這裡告訴我們的是，

要好好想想該怎樣溝通。執行一個政府方案所處理的溝通是相當驚人的。根據一項調查顯示，在美國政府工作的人員每天所接受到的訊息平均為 190 則。本書中所討論的每一種管理功能都少不了溝通。當一個管理者要進行規劃時，便要蒐集資料；寫信、寫備忘錄、寫報告；與其他管理者開會，向他們解釋這個新的計畫。當管理者要領導時，他們要與部屬溝通，並且激勵他們。當他們要帶領組織時，他們蒐集有關這個組織狀態的資訊、並且與人討論新的結構。溝通技巧是每一種管理活動的根基。

在公部門，由於公眾經常會介入方案規劃與執行的過程中，溝通的問題更加複雜。比方說，當幾年前麻薩諸塞州引起眾多爭論的「瓶子法案」（bottle bill）[*]，在騷亂中立法通過，這個法案何時生效並不確定，州政府光處理詢問這個法案的電話就應接不暇。結果，州政府提供了全州的免付費熱線電話。這條熱線不但很快地成為一個教育工具，更成為公共官員和州政府官員處理對於這項法律的問題與抱怨之間的關鍵性連結。

溝通的本質不在於說什麼、寫什麼；而在於分享。**溝通（communication）**因此可以被界定為資訊與想法從 A 傳達到 B，而被 B 所瞭解的過程。溝通不是單單地發送出訊息而已，因為 A 總是想要激勵或是影響 B 的行為。一旦 B 察覺 A 所想要溝通的──也就是「與」A 一起進行的活動──那麼 A 就成功地與 B 溝通了。未能明辨溝通與說話不同，還繼續以為溝通就是說話與寫字那麼簡單的管理者，所要冒的風險就是犯以下的各種錯誤。

使用官樣文章

第一種錯誤，是使用委婉曲折與喋喋不休的語言，使人難以理解。這種做法在官僚機構早就司空見慣，乃至產生一種特殊的詞彙來形容這種狀態：「官樣文章」（gobbledygook）。（這個詞彙起源於二次世界大戰期間，有人異想天開地改寫公火雞扯破喉嚨叫聲的形容詞── gobble ──用來形容官僚的醜態。）

思考一下某位管理者辦公桌上一封信最後一段文字講到美國聯邦管理與預算局第 A-21 號通告（OMB Circular A-21）──一套有關各大學執行聯邦資助研究案退還款事宜的法規彙編──「由於資料是改善執行綱領及立法機關阻撓執行的核心議題，我們相信檢視貴機關所蒐集的那些用來防止這些意外的效應的資料是有必要的。」這段話到底想要說什麼？看不懂沒關係，該作者顯然不想用讀者所能理解的方式來溝通。對他而言，所謂的溝通不過寫幾個字而已，沒了！

---

[*] 譯者按：指規定民眾繳納小額現金做為酒瓶、飲料瓶押金的法律，以鼓勵消費者回收空瓶。

工作側寫
Mike Krzyzewski 教練：善於溝通的人

Brian Bahr/ALLSPORT

　　巴納德在他的名著《主管的功能》中指出，一個成功的組織不可或缺的要素是良好而直接的溝通，因為溝通將每個人凝聚在組織的目標上。Mike Krzyzewski 教練是一位恪遵巴納德教導的領導者。他擔任杜克籃球隊的教練超過 20 年，把杜克隊打造成全美最受矚目的隊伍之一，在 1991 年和 1992 年，連續兩年贏得全美冠軍，並且從 1986 年起總共 8 次躋身全美前四強。在他的名著《用心領導》（*Leading with the Heart*）中，他討論了領導者如何運用溝通來把組織推向巔峰。

　　他解釋說，杜克隊不但運用進攻與防守系統，還有一套溝通系統。人們總是將談話視為理所當然之事——畢竟，我們都不斷在講話。「但領導者不應該假定人們在工作時也會彼此交談。事實上，在業界，一個員工在上班時跟團隊隊友的交

談，比休息時間還要少。」為了這個緣故，領導者的功能之一，就是要提醒人們記得要彼此交談。他也輔導球員進行集體談話，因為他們可能會發現一些他從旁無法注意到的事。在比賽暫停的空檔，他會徵詢球員們的建議。雖然老手們比較善於給意見，他認為還是值得對新手們做同樣的事。為什麼呢？「因為當總教練詢問一位球員有什麼寶貴的意見時，就是立即給他一種信任感，這會回過頭來使整支隊伍更為強大。這樣的溝通在我們的團隊中處處可見。」

　　Krzyzewski 也同樣注意到非語言溝通的重要性。有些人也許會好奇，一個教練怎麼在 20 秒的比賽暫停中傳遞出這麼多訊息？想想以下的例子：在 1999 年的一次比賽中，杜克隊的表現出奇地差。球員們沒有做好準備就上場。就在上半場只剩幾秒就要結束時，教練要求暫停。「我走到他們中間，看著這群球員，然後走開，坐在板凳上不發一語，不瞧他們一眼。在一刻，我決定要以不指導的方式來指導。而我也相信他們都收到我所要發出的訊號。」的確如此，杜克隊最後贏了！

　　場外，非語言性的溝通也對他招募球員有所幫助。但不是我們所想的那樣。在與球員和家長進行前幾次晤談時，當家長說話時，他會觀察球員的表現。「我研究他們的臉部表情，並觀察他們的反應。我

不會把獎學金給那些當他的母親提出問題時，眼睛卻轉來轉去的年輕人。我要找尋的是那些尊重父母的孩子，因為他們比較有可能會把我的話當成一回事。」

Krzyzewski 也深諳語言的力量，在杜克隊首次贏得全國大學運動協會錦標賽之後不久，媒體開始談論杜克「捍衛全國冠軍」等話題。他馬上召集球隊會議。在更衣間內，他把球員們召聚過來，告訴他們：「我不希望這個團隊中的任何一個人允許媒體來替我們設定團隊目標，或替

我們定義夢想……我們不是要捍衛全國冠軍的封號。『捍衛』這個字眼，意味著我們要處於守勢保護它。才不是呢，弟兄們！我們贏得另一次全國總冠軍，不是靠過去的名聲。我們得走出去，靠著自己的能耐一次一次贏回來。我們沒有在捍衛什麼，我們要去追求全國總冠軍，重點在追求！」

資料來源：Mike Krzyzweski, *Leading with the Heart* (New York: Warner Books, 2000), 38, 71–74, 124, and 210.

每一個公共行政人員的桌子上都應該刻上一句古老的格言：「一道命令若是有可能被誤解，就一定會被誤解。」這樣做或許會有破壞公物之嫌，但要如何迫使行政主管用明確、直截了當的方式來書寫？

與其在這個問題上糾纏，不如來看一個比較容易回答的問題：行政人員為何老會去用一些官樣文章？一個理由是要避免不愉快：我們不是將沒有能力的員工開革；我們只是「將他們挑出來」或者「沒有留住他們」（注意到，在這裡用的是複數：『我們』，而不是單數的『我』）。我們也從來都沒有刪減預算，我們只是「向下修正」。工會沒有示威，他們只是採取了一些「維護工作的動作」。監獄只是「矯正的場所」。

另外一種使用官樣文章的原因，是為了將俗不可耐的想法包裝起來，看起來比較令人動容些。

錯失的機會：文字的力量

使用官樣文章真實的悲劇是會錯失一些機會。用對文字，可以刺激人採取行動。一個令人印象深刻的研究證實了以下論點：一個人言談的品質，會決定此人是否能成功地成為一個領導者。[22] 這個研究也建議：

1. 要將一個訊息的意義傳遞出去，需要發展創新的途徑。需要溝通的，不只是感覺與想法，訊息也要能被記住。一般而言，能夠牢記的訊息必須簡短。

2. 選擇發表意見的時間點，也會導致一個領導者的影響力有所不同。在討論中最早發表的意見，以及較晚發表的意見，通常比在討論中所發表的意見容易被接受。

3. 所採用的媒介也會影響訊息的傳遞。白紙黑字的親筆信函，仍舊比電子郵件與傳真更有影響力。有誰會將印表機列印出的書信加框保存呢？[23]

4. 風格仍然會影響管理者的效能。

　　最後一點值得加以強調。令許多管理者感到驚訝的是，有很多溝通是非語言性的；大部分的理解是來自臉部表情、聲音、舉止、姿勢與服裝所表達出來的非語言性訊息。一項研究發現，說出來的話語、聲音（音高、音調與音色），以及臉部表情的分量分別為 7%、38% 與 55%。[24] 這項研究的意涵，在一個管理者必須決定是要送出書面還是口頭訊息時，顯然是有幫助的。這兩種類型的訊息各自有其優缺點。書面訊息可以永久保存，做為執行時的工作參考與行動方針。再者，他們可以充作法律文書的紀錄，儘管時日一久，要保存大量的書面溝通紀錄可能也要耗費不少經費。一般通則是，備忘錄應該儘量少用，只用來提醒、澄清與確定某些重要原則與事項即可。

　　使用書面訊息最重要的原則是，清楚明白與簡潔有力。據說當年拿破崙為了要確保所有從總部發出去的訊息都符合這兩項標準，特別在幕僚中安置一位不太聰明的上尉，他的工作是要閱讀所有發出去的訊息；如果他能夠瞭解某一文件上的訊息，那麼法國陸軍中所有的軍官應該都不會有困難。儘管今天任何機關都不可能安排這種職位，發出書面訊息的人在擬稿時，至少要把讀這份文書的人放在心上。

　　即便如此，讀者未必能夠精確掌握作者的意思。音調與微妙的差別很難用文字表達出來。因此，在某些特定的狀況，口語溝通更受青睞。相較於書面溝通，口語溝通最大的優點——至少在執行時——就是這種溝通是雙向的。當說話者的訊息有歧義之虞時，聆聽的一方可以馬上追問（諸如，「如果我沒有理解錯的話，你的意思是……，對嗎？」），在此同時，上級可以有機會接收，而非只是傳遞資訊。

　　在一對一的對話中，上司的角色是幫助部屬將其所認知的情境與問題表達出來。要做到這事的方法之一，是*再繼續追問一個問題*：「當上司認為部屬已經將他針對某一問題想要知道的部分都說完了，上司應再問其他問題。他應該要藉由向部屬提問，試著維繫思想的交流，直到雙方都覺得已經探索到這個問題的盡頭，而感到滿意。」[25]

　　最後，在面對面接觸時，聆聽的一方要抗拒過早對溝通內容做評估的誘惑。根據羅傑（Rogers）與羅斯里士伯格的見解，願意溝通的人應該在不必承擔過多的義務與不受偏見影響的情形下被聆聽，從而受到鼓勵將他們的立場完整地聲明出來，

而不被對方的反應打斷。[26]

 領導團體與團隊

　　工作團體可以做為個人與更大組織之間的關鍵性連結——在這裡，個人找到自我實現、友誼以及保護，免於整個組織帶給他的不確定性與沒有人情味等感受。這一節所要處理的是，管理者想要有效地參與乃至領導工作團體，所需要知道的一些原則。也許第一件該知道的事，就是沒有任何團體能夠「在遇到新的挑戰時，馬上就能勝任愉快」，要求他們立刻產生效能只會導致大家都很沮喪。所以，我們一開始要來思考團體發展的階段。接著，我們要注意到功能性團體的一些關鍵特質。瞭解這些特質可以幫助我們理解，為何有時候「夢幻團隊」會敗給「無名小卒」。

團體發展的階段

　　一個團體可以被定義如下：2 人或更多人為了達成某種目的，而有規律地互動。典型的組織要經歷一段時期的演進與發展，儘管沒有固定的模式是所有的團體都會依循的，但團體的發展通常會經歷四個階段：

1. 第一個階段是**組建（forming）**。正如字面上意義所要表示的，團體的成員彼此結識，開始測試哪些行為對其他成員而言是可以被接受的，哪些行為又是不被接受的。
2. 接下來，在**風暴（storming）**階段，團體成員開始對於該做什麼，以及如何去做產生爭執。這個階段的特徵是衝突與敵對。一個團體除非能超越這個階段——有些團體做不到——否則是不可能成為一個高績效團隊。領導者要鼓勵每個成員都來參與。
3. 在**正軌（norming）**階段，衝突已經化解、一團和諧。每個成員都承擔特定的責任，每個人對於這個團體如何運作也都有同樣的看法。在這段期間，領導者要強調合一，並協助釐清團體的規範與價值。
4. 最後，這個團體開始**產生績效（performing）**——此即，朝向達成目的而邁進。團體成員面對問題、解決問題，以達成任務。

　　在第四個階段，這個團體開始真正具有生產力——甚至開始產生樂趣。但領導者不應因此自滿，因為若缺乏有效的領導，隨著組織經歷脫軌（de-norming）、懶得爭辯（de-storming）與分崩離析（de-forming）等階段，產能可能開始下滑。一方面我們必須瞭解，團體是從近乎混亂的局面中開始，歷經不同的階段，才能夠走

到自我導向的地步；另一方面我們也不可以忘記，團體是可能會走回頭路──有時衰退的速度會和興起的速度一樣快。

團體的重要特性：規範、角色和凝聚力

領導者應該致力於建立高績效的**規範（norms）**──亦即團體成員所共同接受對於其行為的期待與方針。規範發揮重要的功能，讓團體成員之間的互動因為有可以遵循的路徑而穩定下來。所以當一個管理者認定某些規範阻礙了團體的效能時，他在著手改變之前，必須要先檢視這些規範的目的為何。

管理者也應認可潛在問題是與**角色（roles）**相關的──亦即，個人的特質與社會對其行為的期待。角色要有所發展，這樣一來，一個團體中除了正式被指派的領導者外，也會出現一個或數個非正式的領導者。還有一種角色是社會游離者（social deviant）──這是指一個人不願意去遵循團體中的某個重要規範。更嚴重的話，當一個成員未能遵循團體中許多規範，致使其他成員不能容忍時，他就會成為社會孤立者（social isolate）。這類角色通常有助於找出團體中有哪些規範。在光譜的一端，領導者通常可能會非常堅持團體的規範；但在另一個極端，社會孤立者可能會冒犯幾個甚至許多個團體規範。

Kurt Rambis 是 1980 年代洛杉磯職業籃壇的大將，現在則是湖人隊的助理教練。在最近的訪談中，他曾經講述關於球員角色如下：

> 我最愛的是投籃，但湖人隊要找的是一個善於防守和搶籃板球的球員。我在這個角色中自得其樂，因為我也樂於做這些工作……這使得整個團隊具有競爭力，這也實現了一群想要得分的男人所組成的團隊所想扮演的角色。
>
> 對自己角色的自覺，是成功的重要環節。如果魔術強森（Magic Johnson）只是想要再投出一顆三分球，沒人會覺得有必要說什麼。但是他卻成功扮演了帶動整個團隊的角色。我們一個重要的特質就是展現出無私的一面。每個人都覺得有必要去掩護他，而這種心態就使我們的球員願意做出犧牲。[27]

團體中的人們發展出行為模式，或者有利於、或者有害於該功能性團體達成其使命的能力。你或許也曾親身經歷過團體中某甲善於講笑話來化解僵局，使彼此間關係恢復和諧；某乙能夠提供技術性的資訊；某丙則留心掌握時間，以確保整個組織能免於拖延議程，在截止期限前完成任務。

最後，管理者需要理解**團體凝聚力（group cohesiveness）**的重要性──此即團體成員受團體與其使命吸引，並且被激勵要留在其中的程度。至少有五種因素可以

促進團體凝聚力：

1. 互動：一個團體能聚集的人愈多，團體的凝聚力就愈強。

2. 共同目的：當團體成員都同意這些目的時，這個團體就會更團結。

3. 個人吸引力：當成員有同樣的態度和價值觀時，他們就會樂於在一起。

4. 競爭：一個團體若與其他團體相互競爭，有助於該團體加強凝聚力。

5. 成功：獲得勝利並且從外界得到掌聲，也會建立凝聚力。

　　一旦我們開始欣賞規範、角色、團體凝聚力的重要性，就能理解在 2004 年，由 NBA 籃球明星所組成的美國奧運籃球代表隊，為何只得到季軍，還輸給立陶宛國家代表隊；而沒有任何職業球員入列的 1980 年美國奧運曲棍球隊，能夠擊敗實力堅強的蘇聯代表隊，在最後得到冠軍。夢幻團隊之所以失敗收場，是因為其領導者沒有建立一個互信的文化，放任這些超級明星競相爭豔，使得衝突愈發嚴重。

　　講到衝突，值得注意的是，有些衝突是健康的。當團體中的人們一味追求和諧，典型的結果就是帶來更大的問題。因此，一定程度的衝突有助於更好的決策，因為多元的觀點能被提出來。在高層管理團隊中，過低的衝突往往會與不良的決策相關。然而，太強烈、對人而不對事、未經妥善管理的衝突，可能會傷害團隊的士氣與產能。過多的衝突也可能具有破壞性，會撕裂人際關係，使得健康的理念與資訊交換受到干擾。團隊領導者必須找到一個衝突與合作的平衡點——亞里斯多德的「中庸之道」。

領導變革

　　想想看，如果不是**組織變革（organizational change）**——任何策略、結構、技術、人員以及文化上的改變——管理者的工作會容易許多。規劃會變得簡單，因為明天將與今天一樣。決策會變得簡單，因為所要處理的問題都一樣，並且在問題相同時，標準作業流程（SOP）就可以被訂定出來。組織設計將變得無關緊要，因為在一個靜態、可預期的環境中，沒有必要去調適。因此，領導變革是公共行政中最關鍵的主題之一。

　　公部門組織變革的例子多得不可勝數。警政首長試著要改變他們部門的文化、學校負責人試著要改變他們社區的優先順序、財稅官員試著要改變他們辦公室所使用的技術、大學運動教練試著依照聯邦的新規定來改變女子運動課程等等。雖然這些案例都各不相同，對領導者的主要問題都是一樣的：我該做什麼來增進成功落實變革的機會？

組織變革的兩個途徑

要改變他們的組織，領導者不能簡單地下命令說：「要更有創意！」「要勇於冒險！」「提升服務品質！」。這類「清楚明白」的命令之所以沒有作用，是因為這些命令需先被中階主管落實，而他們：(1) 在乎的是如何維繫自己的權力基礎；(2) 擔心自己是否能滿足這些新的任務、程序或技術的要求；以及 (3) 對組織的不同目的感到興趣。

領導者的角色應該是：儘可能使更多人去創新，並投入會導致所期盼的變革之專案。至少有兩種方法可以這樣做。其一是採用哈佛大學的 John P. Kotter 所提出的八階段計畫性組織變革模式（你將會發現 Kotter 的模式，與 James Bryan Quinn 的邏輯漸進規劃模式有一些共同成分）。組織變革的另一個途徑是**組織發展**（**organizational development, OD**），其焦點放在文化上的改變——畢竟這是策略、結構與技術改變的根基所在。組織發展是一種有計畫、系統性的變革過程，採用前述霍桑研究的行為科學知識（稍早討論過）。

有計畫的組織變革　John Kotter 認為對領導者而言，認清變革過程要經歷一些階段是很重要的，每一個階段都很重要，也都需要一定的時間。領導者要想成功地在組織的各個層面或某些部分做出改變，就必須要注意到以下一些重疊的階段：[28]

1. **建立急迫感**。危機或威脅會消融人們抗拒變革的心態；但在很多沒有公共危機的個案中，領導者必須想辦法讓其他人警覺到變革的必要性。領導者要小心地審視他們的環境，找出潛在的威脅或機會之後，要想辦法廣泛且大力地溝通這項資訊。比如說，William Bratton 於 1990 年就任紐約市交通警察主管時，他發現沒有任何高階警官搭乘地鐵。「他們通勤上班，出入乘坐本市所提供的汽車，舒適地與地下鐵的生活隔離開來……這些高階管理者欠缺地鐵乘客普遍對治安有所憂慮的感受。為了要粉碎這些高階警官的自滿，Bratton 開始要求交通警察局的所有幹部——從他自己做起——搭乘地鐵上班、赴會以及參加夜間活動……很明顯的，即便在地鐵中發生的重大犯罪並不多，整個環境散發出令人恐懼與脫序的氣氛。交通警察的高階管理者親眼目睹這些醜陋的真相後，再也不能否認他們的警政方法有必要加以改變。」[29]

2. **形成強而有力的指導聯盟**。變革的過程想要繼續進行，就必須有一種共同分享的信念，認為組織變革是有必要的，也是可能做得到的。低階行政人員——特別是那些偏好改變的人——他們的投入，也是具有關鍵意義的。通常最反對改變的是組織外部的人。在公部門，一個組織的策略改變會影響到其他組織——無論

是居於夥伴關係或競爭關係的組織都一樣。「這些利害相關者如果對現狀感到滿意，又有足夠力量做出抗議，他們通常會反對該組織的改變。Bratton 的因應策略是，廣泛地與自己勢力範圍下的獨立勢力結盟，孤立那些會反對他進行改變的外部勢力。」[30]

3. **發展出一套令人信服的願景與策略。** 領導者有責任形塑並表達清楚一套令人信服的願景（vision），來指引改變的努力，並發展出一套策略來達成這個願景。一幅令人高度期待的未來美景，可以激勵人們進行改變。

4. **廣泛地與眾人溝通願景。** 在這個階段中，主張改變的聯盟代表應該要建立典範，將需要改變的新行為示範給員工看。他們至少需要花費超過原定 10 倍以上的心力來與眾人溝通為何要做這些改變。除非組織中大多數人參與其中也願意幫忙，乃至有所犧牲，否則變革是不可能的。

5. **賦予員工能力以採取行動追求願景。** 這是指排除變革路途上的障礙，這通常牽涉到修正那些妨礙或破壞改革努力的系統、結構與程序。

6. **創造短期可見的成功局面。** 領導者要規劃出可以看見的績效改善，讓這些事情順利成就，並且與那些有功於改善績效的員工一同慶祝。大規模的變革需要時間，而變革過程中如果沒有短期成就可讓員工認可並慶祝，大家就會忘了最初的熱情。舉個例子，Philip Diehl 接管美國造幣廠（U.S. Mint）不久，便公開設立一個短期目標，要在 6 週內處理 95% 的訂單。

7. **鞏固既有成就並創造更大的變革。** 領導者調整那些與願景不符的系統、結構與技術，聘任並晉升那些可以幫助他們落實改革願景的員工。

8. **將變革制度化，使之融入組織文化中。** 這個階段是徹底實踐，使這個變革能夠牢固的階段。舊有的習性、價值、傳統與心態要被徹底換掉；新的價值與信念要被灌注到組織文化中，使員工認為這樣的變革不是什麼新花樣，而是組織運作中一個正常、整合於其中的部分。

組織發展 一種帶來組織文化變革更直接的方式，被稱為組織發展。組織發展的領域在 1970 年代問世時，原本是為了要建構更有效的人際工作關係，這個概念後來被擴大解釋，今天這種紛亂的環境中，組織中的人們可以怎樣改變為一種學習型的組織文化。組織發展不是一種按部就班來解決特定問題的程序，而是一種組織的人為與社會系統的根本改變，特別是在組織文化方面。[31]

最受歡迎的組織發展技巧有：

◻ **調查回饋（survey feedback）：** 這種技術透過對回饋團體所做的調查資訊，來評

估態度與觀點，找出其中不一致之處，並且解決這些差異。

⊃ **敏感性訓練（sensitivity training）：** 一種透過非結構性的團體互動來改變行為的方式。

⊃ **團隊建立（team building）：** 幫助團隊成員瞭解其他成員怎樣思考與工作的活動。

⊃ **團體間發展（intergroup development）：** 改變不同的工作團體對彼此原本抱持的態度、刻板印象與觀點。

⊃ **過程諮詢（process consultation）：** 一個外部顧問可以幫助管理者瞭解，人際互動的過程如何影響到一件工作是怎樣被執行的。

採取行動以減少對變革的抗拒

不管一個領導者採用的是有點混亂的八階段模式，或是比較直截了當的組織發展途徑，某些來自員工的抗拒是必然的。領導者若認為這種對變革的抗拒是不正常的，他們可以採取什麼行動呢？嗯，這端視所遭遇到的情境本質而定。

如果一個人或團體在某次變革中很明顯會輸掉——而他們又有相當可觀的能力來抗拒——那麼領導者就應在落實變革之前談判出一種正式或非正式的協議。這個行動的缺點是可能所費不貲。我必須付出多大的代價，來換取這個團體的默許？萬一這個協議誘使組織中其他人要求同樣好處又該如何？

如果變革必須快速採行，例如在遭遇危機時，也許需要採取某種高壓措施，比如不讓某人升遷或將之調職。高壓措施的負面是會使得員工憎恨領導者，其結果是這項變革可能會被破壞。

第三種克服抗拒的行動是溝通與教育。溝通讓員工得知變革的必要性，以及變革會有哪些可預期的結果，藉此來預防一些錯謬的謠傳、誤解與憎恨。一項研究發現，最常被引用來解釋變革為何失敗的理由是，員工對於變革的想法是來自於局外人。[32]

? 總結觀察

儘管有些人懷疑領導的真實性與必要性，所有政府方案都需要領導者來監督方案的目標是否被達成。的確，領導通常是影響一個方案成敗的最關鍵因素。比方說，研究指出，學校校長的領導之於學生學習效果的成敗；牧師的領導之於一個教會的出席人數與奉獻金額；軍人對於他們上級的連、營、師級指揮官的信任之於全軍的士氣與精誠團結，在在都是最重要的因素。研究也發現，州長比州政府各機關更善於創新（55% 比 36%），而每一任總統的風格與績效，都會在立法、政策與

方案上造成很大差異。同樣的，針對企業與工業部門的研究也顯示，領導是確保一家公司生存與繁榮的關鍵性因素。[33]

今天公部門所遭遇的複雜問題是前所未有的——有毒廢棄物、教育、愛滋病、海外競爭、法規鬆綁、禁藥、恐怖主義以及財政壓力——這些都使得政府介入調整顯得更為迫切需要。因此，當前更需要具有非凡創意的政府部門領導者，透過重大的改變來推動整個組織。Kotter 聲稱：「若說今日美國有領導危機，殆非危言聳聽。」[34]

為何如此呢？這個時代之所以嚴重欠缺領導者，原因之一可能是無論在一般學校或高等教育，乃至未來的雇主，都告訴年輕人說，社會需要的是技術人員與專業人員，而非領導者。John W. Gardner 說：「許多從研究所和專業學校畢業的年輕人，都有技術能力可以提供領導者很好的建議；但在承擔領導者角色方面，卻欠缺準備。」他認為只有通才，方能對付當代領導人物必須面對的層出不窮問題以及選民壓力。[35] 另一個眾所認同會導致嚴重欠缺領導者的原因是，公務員經常要承受尖銳的批判。一位年輕人可能會問說：「誰需要這麼辛苦？我寧可當會計師、工程師或心理諮商師。」第三個導致欠缺領導者的原因很簡單：他們不安於位。有太多行政高層不願意去面對變革的問題。在大型政府機關中，官僚主義根深蒂固，看不到自己在變革中的利害關係時，這個問題會變得更加嚴重。

然而，潛在的領導者總是存在的。James MacGregor Burns 寫道：「領導是這個世界上受到最多觀察的現象之一……。」[36] 這個原因很明顯，在任何時間與空間中，領導者都是至關緊要的——他們會對公共事務帶來衝擊。有心領導的人（而不只是主管）不會因為他們必然要面對的問題、錯誤與爭戰而退縮。正如老羅斯福在1910 年於索爾邦（Sorbonne）大學所發表的演講指出，領導者就是那些願意進入這個競技場的人：

> 真正有意義的，不是那些批評的人，也不是那些指出強人是怎樣跌跤，或是指點行事者怎樣可以做得更好的人；功勞是屬於那些真正進入這個競技場，滿頭滿臉被塵土、汗水和血弄得髒兮兮的人，那些英勇奮戰的人，那些一再犯錯、有所欠缺的人。因為沒有犯錯和缺點，就不會有成就；功勞屬於那些真實投注心力的人；那些知道偉大的熱情和偉大奉獻為何物的人；那些將自己的生命奉獻給高尚目標的人；那些成功時懂得什麼叫豐功偉業、失敗時至少知道什麼叫敢作敢為的人。他的地位是那些既不知什麼叫勝利，也不懂什麼叫失敗的冷漠、膽小之徒難以望其項背的。

本章重點

　　本章解釋有效的領導者如何運用人群關係途徑與人力資源途徑，激勵部屬產生超出預期的績效表現。我們同時也檢討另外四項與領導密切相關的議題：風格、溝通、規範與變革。本章重點如下：

1. 方案管理就像冰山一樣，有小部分是在水面上讓人看得見的，更大的部分在水面下，是看不見的。我們從一個方案管理中所看到的，只是其可以看得見的部分──計畫、決策、組織圖等。但在水面下，有很多其他因素是管理者需要去理解的──這些要素也影響了員工會如何工作。要去瞭解這些看不到的層面，就是要去瞭解一些與領導攸關的重要事項。

2. Eugene Jennings 對領導特質途徑做了一個縝密而廣泛的文獻檢討，下結論說：「50 年來的研究，並未能找出某一種或某一類人格特質，是可以將領導者與非領導者區分開來的。」

3. 權變途徑由於強調行為與環境，對個人加以訓練的可能性也受到鼓勵。可以討論的是，所有的團體目標可以分成兩大類：(1) 達成某種團體目的；或 (2) 維繫或強化團體本身。第一種目標，我們稱之為任務行為，指的是領導者任務導向的程度以及其引導部屬邁向目標達成的程度。領導行為的另外一個面向是關係行為，指的是領導者對部屬的關心程度、對他們的想法和感覺的尊重，以及雙方互信的建立。

4. 我們只要使用兩種行為類型──任務與關係──加以組合，就可以找出 4 種不同的領導風格：支持或人群關係、教練或參與、授權或放任、指揮或專制。管理者的效能端視其所採用的風格，在其所處的情境中是否合適。

5. 行政人員要引導人們產生更好的績效有兩種基本方式：激勵與訓練。William James 發現，員工只要發揮 20% 到 30% 的能力，就能夠保住他們的工作，免於被辭退。但在受到高度激勵時，員工將可以發揮其 80% 到 90% 的能力。

6. 泰勒、費堯和韋伯是古典管理觀點的先驅。這套觀點強而有力，並且給予管理者一套新的基本技術來建立高生產力，以及對員工的有效對待。但是到了 1930 年代，一種更新、更人性的觀點問世。人群觀點有兩個次領域：人群關係途徑，以及人力資源途徑。

7. 霍桑研究與人群關係途徑密切相關，其教訓是很明白可見的：影響組織產能最重要的因素，不是從工作中可以得到多少物質回饋或金錢報酬，而是在這個工作上所能發展出來的人際關係。當非正式組織感覺到自身利益與管理者的利益

相衝突，而他們對工作與環境的控制能力又微不足道時，產量會一直低落。

8. 人力資源途徑主張，員工是很複雜的，並且受到很多不同的因素所激勵。馬斯洛的需要層級論主張，一個人在特定時刻的行為，通常是由他最強的需要——如生理需要、安全需要、社會需要、尊重需要與自我實現的需要——所決定的。麥葛瑞格的 X 理論與 Y 理論則主張，人們想要把事情做好，而且工作與休閒娛樂一樣自然且健康。赫茲伯格的作品則界定出能導致工作滿意與不滿意的因素。

9. 溝通的本質不在於說什麼、寫什麼；而在於分享。溝通因此可以被界定為資訊與想法從 A 傳達到 B，而被 B 所瞭解的過程。溝通不是單單地發送出訊息而已，因為 A 總是想要激勵或是影響 B 的行為。一旦 B 察覺 A 所想要溝通的——也就是「與」A 一起進行的活動——那麼 A 就成功地與 B 溝通了。未能明辨溝通與說話有所不同，還繼續以為溝通就是說話與寫字那麼簡單的管理者，所要冒的風險就是使用官樣文章，並且低估語言的力量。

10. 一個團體可以被定義如下：2 人或更多人為了達成某種目的，而有規律地互動。典型的組織要經歷一段時期的演進與發展，比如說以下四個階段：組建、風暴、正軌與產生績效。

11. 任務編組是用來處理組織正常功能無法處置的一些問題與專案。它們可以成為解決複雜且具挑戰性的問題之強有力工具，但它們用來處理一些現實問題時，比如說刪減經常費，也一樣有效。

12. 領導變革是公共行政中最關鍵的主題之一。

13. 要改變他們的組織，領導者不能簡單地下命令。這些命令之所以沒有作用，是因為這些命令需先被中階主管落實，而他們：(1) 在乎的是如何維繫自己的權力基礎；(2) 擔心自己是否能滿足這些新的任務、程序或技術的要求；以及 (3) 對組織的不同目的感到興趣。領導者的目的應該是：儘可能使更多人去創新並投入會導致所期盼的變革之專案。

14. 變革的過程要經歷一些階段，每一個階段都很重要，也都需要一定的時間。領導者要想成功在組織各個層面或某些部分做出改變，就必須要注意到以下一些重疊的階段：建立急迫感；形成強而有力的指導聯盟；發展出一套令人信服的願景與策略；廣泛地與眾人溝通願景；賦予員工能力以採取行動追求願景；創造短期可見的成功局面；鞏固既有成就並創造更大的變革；將變革制度化，使之融入組織文化中。

15. 組織發展的焦點放在文化上的改變——畢竟這是策略、結構與技術改變的根基所在。組織發展是一種有計畫、系統性的變革過程，使用的是可以回溯到我們

稍早之前已經討論過的霍桑研究的行為科學知識。

問題與應用

1. 剛進入克利夫銀行（Cliff Bank）銀行所屬投資金融部門不久的馬克・蘭茲塔德（Mark Landstad），有著一位老練的團隊夥伴叫做妮可・科林斯（Nicole Collins），她看起來是個可靠的戰友。不過，當馬克需要她幫忙找尋一份他負責的重要資料，做為他們共同簡報的準備時，她裝作不知道。會議時，妮可突然拿出資料，而且她的分析讓與會者讚嘆不已。受到這種搞小動作打擊的馬克，怯生生跑去找老闆尋求建議，但這位老闆面對人際關係動態的問題，卻是鐵板一塊。馬克要如何處理這位會暗箭傷人的同事呢？〔資料來源：Bronwyn Fryer, "When Your Colleague is a Saboteur," *Harvard Business Review* (November 2008).〕

2. 文學是一項極佳媒介，能夠在領導者一生之中提供其周延而複雜的圖像——領導人物所面對的挑戰，特別是心理上與情緒上的挑戰，都伴隨著那些高階主管。Joseph Conrad 最著名的短篇故事〈神秘分身〉（The Secret Sharer）是一個很好的例子，並且可以上網閱讀（www.gutenberg.org/dirs/2/2/220/220.txt）或參閱《袖珍本康拉德選集》（*The Portable Conrad, Penguin Books*）。這個故事講述一個年輕船長第一次指揮一艘船。他所潛藏的懼怕在一段公開聲明中洩漏出來：「每個人在自己心中都有一個秘密建立的理想人格的概念，我不知道對自己這個理想人格的概念，能夠保持信心到什麼時候。」

3. 對於 Richard Boyatzis 整理的領導者技能與特質，你有什麼補充嗎？若能找幾個人成為一個小組，讓每個人仔細寫下雇主一切令其痛恨的作為，這樣會更好。再請你的組員寫下雇主一切令其喜悅的作為。然後討論這兩張表。想要成為一個博士級的領導者，就別去做第一張表上面所條列的事，一定要做的是第二張表所條列的事。

4. 以下五種行為模式對於管理者與職場專家而言是最困擾的。請研討出一個行動計畫來處理這些行為模式。
    * 發牢騷者（whiner）總是不斷在抱怨，並且無中生有地挑毛病。
    * 叛徒（traitor）總是想鑽營升遷的機會，一直在想辦法讓你看起來很蠢，以便暗中破壞你的地位。
    * 好管閒事者（busybody）是職業性愛撈過界的人，總以為自己無所不知；但，事實通常並非如此！

- 敷衍取巧者（slacker）善於玩弄文字遊戲，但實際上卻通常一事無成。
- 諾博士（Dr. No）是一個完美主義者，他總是想辦法做好每件任務，以避免事情出錯。當事情出錯時，他就失去希望，讓每個人都知道他的感覺，並且通常會將別人的希望與創意一併滅絕。

5. 馬斯洛的需要層級論中，哪一點可以激勵你？你又會如何去激勵你的員工？

6. 很多年來，某州負責維護該州首府的政府建築物環境整潔的設備維護小組，績效都不出色。身負最終責任的州務卿所施加的壓力或勸導，好像都沒有任何作用。你有什麼建議？

7. 週五下午下班前，你突然被交付一項任務，要求你儘快完成幾張有一定難度的工程圖。你感覺唯一可以執行這項複雜任務的員工，是一個具有獨立性、直言不諱，並且不願意加班的人。你要怎樣使這位員工去執行超出他工作職責的任務？

8. 傑克森（Ronald Jackson）就任森特維爾（Centerville）市經理的第十天早上 8 點 10 分，他的內線響起。電話那端傳來秘書急促的聲音：「傑克森先生，有 5 位清潔隊員想見您，他們看起來很生氣。」

   傑克森那天的行程滿檔，而且他和這些清潔隊員的層級差了 6 階，但他還是讓秘書請他們進來，因為他篤行開誠布公的政策。

   在該市所有員工中，清潔隊員的工資和所需技術都最低。眾所周知，無論陰晴寒暑他們都得從事吃力而骯髒的工作。這 5 位員工都是非裔美國人，他們抱怨他們的白人主管總是指派他們去跑最辛苦的路線，而且從來不允許他們駕駛垃圾車。他們希望改變這種狀況，愈快愈好！

   傑克森顯然遇到難題。這些清潔員的牢騷很明顯表達出遭受種族歧視的弦外之音，而且情勢可能升高。他不願意去破壞那些介於他和這 5 位憤怒清潔隊員之間各層級主管的威信，但他也得罪不起在這些員工背後的工會。況且，這些員工已經用盡各種管道投訴。

   假設你就是傑克森，現在是早上 8 點 12 分，你要如何處理這個狀況？你會確切說什麼話？

我 的 最 愛

www.hbsp.harvard.edu　在《哈佛管理時訊》（*Harvard Management Update*）的一個定期專欄中，編輯會將一些特別有價值的網站，推薦給對新資訊有興趣的管理者，這些資訊的標題從新的工作空間，到團隊管理，到人力資源管理，到財務管理，到知識管理，到生涯規劃。只要點選你感到有興趣的標題，就可以看到這些網站的簡介。你也可以直接將這個網站加入連結。

註 釋

1. 引自 *Time*, (July 19, 1974).

2. Mary Parker Follett, from *The New State* (1918), 引自 David K. Hurst, "Thoroughly Modern-Mary Parker Follett," *Business Quarterly*, 56, no. 4 (Spring 1992): 55–58.

3. E. E. Jennings, "The Anatomy of Leadership," *Management of Personnel Quarterly* (Autumn 1961).

4. R. Boyatzis, *The Competent Manager: A Model of Effective Performance* (New York: Wiley, 1982).

5. Fred I. Greenstein, *The Presidental Difference: Leadership Style from FDR to George W. Bush* (Princeton, NJ: Princeton University Press, 2004).

6. William Reddin, *How to Make Your Management Style More Effective* (Maidenhead, England: McGraw-Hill, 1987).

7. 前揭註。

8. 前揭註，頁 141–47。

9. Mike Krzyzewski, *Leading with the Heart* (New York: Warner Books, 2000), 211–12.

10. Chester I. Barnard, *The Functions of the Executive* (Cambridge, MA: Harvard University Press, 1938).

11. Saul W. Gellerman, *How People Work* (New York: Quorum Books, 1999).

12. Irving L. Janis,"Groupthink," *Psychology Today* (November 1971).

13. Williams James, *The Works of William James,* ed. Frederick H. Burkhardt (Cambridge, MA: Harvard University Press, 1988).

14. Gellerman，如前所述。

15. Abraham H. Maslow, *The Further Reaches of Human Nature* (New York: Viking, 1971), 43.

16. David McClelland, *The Achieving Society* (Princeton, NJ: Van Nostrand Reinhold, 1961).

17. Harry Levinson, *The Exceptional Executive* (Cambridge, MA: Harvard University Press, 1968), 243.

18. Douglas McGregor, *The Human Side of Enterprise* (New York: McGraw-Hill, 1960).

19. 前揭註，頁 49。

20. Frederick Herzberg et al., *The Motivation to Work* (New York: John Wiley & Sons, 1959).

21. 引自 M. McNair,"What Price Human Relations?" *Harvard Business Review* (March–April 1957).

22. Barnard M. Bass, *Handbook of Leadership* (New York: Free Press, 1990).

23. J. Falvey, "Deaf, Dumb, and Blind at the Helm," *Wall Street Journal* (April 10, 1989).

24. A. Mehrabian, *Silent Messages* (Belmont, CA: Wadsworth, 1971).

25. Andrew Grove, *High-Output Management* (New York: Random House, 1983), 76.

26. C. R. Rogers and F. J. Roethlisberger, "Barriers and Gateways to Communications," *Harvard Business Review* (July-August, 1952).

27. 引自 *Fortune* (June 12, 2006), 122. 重點是本書作者所添加。

28. 探討組織變革的文章很多，通常彼此衝突，有時還不夠具有確實性。晚近試圖從不同研究者的觀點中找到共同點的嘗試，請參考 Sergio Fernandez and Hal G. Rainey, "Managing Successful Organizational Change in the Public Sector," *Public Administration Review* (March/April 2006), 168–76. 本文中所提出的八個階段引用自 John P. Kotter, *Leading Change* (Boston: Harvard Business School Press, 1996).

29. W. Chan Kim and Renee Mauborgue, "Tipping Point Leadership," *Harvard Business Review* (April 2003), 64.

30. 前揭註，頁 69。

31. Wendell L. French et al., *Organizational Development Transformation: Managing Effective Change* (Burr Ridge, IL: Irwin McGraw-Hill, 2000).

32. Peter Richardson and K. Keith Denton, "Communicating Change," *HRM*, 35, no. 2 (June 1996): 203–16.

33. 請參閱 Bernard M. Bass, *Handbook of Leadership: Theory, Research & Managerial Applications* (New York: Free Press, 1990).

34. Philip P. Kotter, "Why Transformation Efforts Fail," *Harvard Business Review* (March–April 1995).

35. Gardner 引自 Kenneth Labich, "The Seven Keys to Business Leadership," *Fortune* (August 18, 1987).

36. James MacGregor Burns, *Leadership* (New York: Harper & Row, 1985).

個案 8.1

首日
Day One

Jacqueline Gibson 女士開著車子在自由港大道上奔馳，遇到交通號誌要變燈時便加速前進。這天的午後有點涼，清爽的空氣使得生活顯得單純又甜美，前提是你必須沒有太多心事。很不幸地，Gibson 就是有心事的人。

她回想最近發生的事。兩週前，加州州長辦公室通知她，已經任命她為主管環保局水資源處的次長。她所要帶領的水資源處負責確保：河川、湖泊、河口以及海水都可以垂釣與游泳；以及地下水可以安全飲用。除了這兩項任務之外，水資源處還必須負責：水庫、自來水管的工程與建造，並且向全州各市鎮收取水費；還有監督污水道處理與海水運送。她這個職位要負責督導水資源處的三大部門以及在其中服務的 990 個員工。

2002 年 11 月 9 日星期一早上，她抵達州政府辦公大樓，上了位於 4 樓的水資源處。她自我介紹後，被引導到她的新辦公室，是深色木製的環保辦公室。接待者告訴她，環保局長已經替她安排好，要在 9 點 15 分與其他次長見面。

她在指定的時間前往位於 1 樓的州政府金色會議廳，在場已經有 7 位官員環坐在一張華麗的黑色噴漆會議桌旁。她一進入會場，所有官員都起身迎接，身材矮小但精力充沛的局長向她介紹其他 5 位次長，以及局本部的副局長 Gilberto Sanchez。當大家就座後，每位次長逐一向她簡報他們各自部門所負責的事項。Gibson 女士接著表達，希望能與他們發展良好關係的期盼。在上午 10 點左右，局長宣布散會，並且在離去時對 Gibson 投以溫暖的笑容。

接著她回到辦公室，想要查閱前任留給她的檔案。令她驚訝的是，竟然沒有任何檔案！怎麼可能呢？這個處主管的業務有那麼多耶！稍後，她看到主管空氣資源處的次長快步經過她那房門敞開的辦公室，但沒有探頭進來看看。中午時分，她獨自外出點了一份沙拉、辦了點雜務。

她在下午 1 點 30 分左右回到辦公室，交代助理開始增購文具、整理用品。查閱一下電子郵件，發現沒有什麼大事，也沒有什麼事需要立即採取行動加以解決。下午 2 點 45 分，她開始與手下 3 個科長個別談話。每一位都恭敬地告訴她，「所有事情都在掌握中。」每場會談都不到 10 分鐘就結束。下午 3 點 45 分，副局長經過她的辦公室，探頭進來問她情況如何。她答覆說：「還不錯，Gilberto！你不進來坐嗎？」他走進辦公室，再一次歡迎她加入團隊，並且說聲抱歉，他還在開會，溜出來一下，現在必須回去繼續開會。

Gibson 女士回到自己的辦公桌，千頭萬緒、不知從何處入手。雖然她並不很清楚到底應該怎樣為州政府工作，但她覺得她對這些議題早就很嫻熟了。她擁有海洋生物學的學士學位和公共行政學的碩士學位，曾在國家資源保護委員會擔任過志工，並且在專業上與環保局長熟識多年。

　　最後，她把車子開上州首府的高速公路時，她下了一個決定：今晚，她所做的事，就是要一步一步成為本州水資源部門貨真價實的領導者。

個案問題

1. 美國總統就任後有 100 天的黃金時間，向國人證明自己的領導能力。Gibson 女士不可能有這麼多時間。她必須快速而有效地在這個關鍵的交接期掌權。有沒有任何她可以採用的特定策略？或者她應該採取什麼行動？

Graham Lyth Photography

執行

Implementation

關鍵字

benchmarking　標竿

backward mapping　由後推進的策略

case management　個案管理

case-processing pipeline　個案處理流程

competitive negotiation　競爭性談判

complexity of joint action　聯合行動的複雜性

compliance management　遵循管理

critical path　要徑

critical path method (CPM)　要徑法

divestment　撤資

expediter　推動者

follow-up　後續追蹤

franchise　特許

Gantt chart　甘特圖

grant　補助

implementation　執行

incentives　誘因

ISO 9000　ISO 9000

management by exception　例外管理

management by objectives (MBO)　目標管理

metaphor of "games"　「賽局」的隱喻

micromanagement　微觀管理

participative decision making　參與式決策

partnership　合夥

practical drift　實務的漂移

privatize　民營化

program evaluation review technique (PERT)　計畫核評術

quality circle (QC)　品質圈
reengineering　再造
scheduling models　排程模式
sealed bidding　秘密競標
streamlining　簡化

total quality management (TQM)　全面品質管理
voluntary associations　自願社團
voucher　抵用券

紐約市警局的反恐單位

除非目標被轉換為行動，否則就不能稱為目標，只能叫做夢想。

彼得‧杜拉克

2001 年 11 月，就在蓋達組織（Al Qaeda）第二次成功攻擊紐約市的幾週後，新任命的市警局局長凱利（Ray Kelly）決定紐約市警局要打一場自己的反恐戰爭。1993年當世貿中心（World Trade Center）被一個後來知道是蓋達組織的團體攻擊時，聯邦政府就已出面提供保護，後來兩架飛機摧毀雙塔時，聯邦政府也出面負責。凱利相信，該是紐約市警局站在第一線保衛紐約市的時候到了，而不是再依賴美軍或警員口中所謂「三個字母的傢伙」（three letter guys）─中情局（CIA）、國土安全部（DHS）、聯邦調查局（FBI）和國安局（NSA）。

具體來說，凱利採取了三項大膽的行動：建立一個反恐部門；大量擴充情報部門（基本上，它向來是提供來訪貴賓從事隨扈服務），並聘請中情局前資深官員柯恩（David Cohen）負責運作；以及增加和聯邦調查局合作之聯合反恐任務小組（Joint Terrorism Task Force）的員警人數。然而，列出這三項行動，並無法表現出凱利所面臨挑戰的嚴峻性。根據柯恩所言，凱利主掌警局的最初日子，每件事情都處於緊繃狀態，但看起來沒什麼事情是達不成的。柯恩表示：「那種情況就像如虎添翼。」

儘管紐約市警局擁有 5 萬名員工以及將近 40 億美元的預算，凱利基本上試圖將這個地方型警局轉型為一個可在國際規模上競爭的組織。凱利和柯恩認為，如果要讓紐約市重回安全，他們必須打造一個不同於聯邦機關的組織，也就是一個官僚體制極小化但彈性極大化的組織。結果基本上就是打擊犯罪和情報蒐集的綜合體，自從那個時候開始，這種混合途徑就被稱為「情報導向警務」（intelligence-led policing）。記者迪基（Christopher Dickey）解釋道：「目標應該是去蒐集資訊

與情報、辨識風險，然後透過選擇性介入來管理風險，以防止威脅發生。有時候這意味著拘留嫌疑犯，但利用資訊和恐嚇的方式來瓦解潛在的陰謀詭計，甚至可能更有效。有時候，他們要做的就是選定一個難以打擊，或者看起來像是難以打擊的目標。」

這類警務計畫都是凱利每天早上八點整召集晨會，和情報部門、反恐部門主管開會擬定的。因為凱利從不缺席晨會，柯恩因而也都全勤出席。經由這些會議，柯恩表示：「我們創作了自己的劇本。」

為何一個城市需要自己的中情局？有人會說紐約市沒有別的選擇，因為恐怖份子盯上了紐約，鎖定了這裡，迪基形容道：「就像指北針微顫著指向地磁北極。」想想看 1998 年由馬修・柏德利（Matthew Broderick）主演的翻拍電影《酷斯拉》（*Godzilla*），多數美國民眾對該片都興趣缺缺，但海外蓋達組織的支持者卻很愛看。酷斯拉橫行紐約市，重踩之下到處斷垣殘壁的景象，迷惑並啟發了他們。有一位被捕的恐怖份子領導者警告說要攻擊「酷斯拉電影裡的大橋」，偵訊者還得去租電影來看，才發現他指的是布魯克林大橋（Brooklyn Bridge）。

此外，類似聯邦調查局和中情局這樣的組織，過去從不分享重要資訊。因此，紐約市警局開始用自己的方法蒐集情資，派遣員警與倫敦、巴黎、安曼、蒙特利、聖多明哥（Santo Domingo）、新加坡、台拉維夫（Tel Aviv）及其他外國城市的警局夥伴合作。一旦該部門自己蒐集到重要資訊，它就可以具備優勢地位來和聯邦調查局、中情局打交道。「沒有資訊分享這回事，」柯恩說道：「只有資訊交易。」

語言是關鍵所在，如果沒有人會講方言，紐約市警局就無法在移民社區內安插情蒐人員，密探人數就會少了許多。如果紐約市警局沒有人會談論到聊天室其他成員所知道的同一街頭和學校，他們就無法讓網路情報單位（Cyber Intelligence Unit）成功的在聊天室進行網路巡邏。一份紀錄搜尋顯示，大約有 2,500 名警局員工會說外國語。警局的華裔發言人可以自由轉換福建話和北京話；西班牙裔的語言學專家會說薩爾瓦多、瓜地馬拉、宏都拉斯、波多黎各等各國腔調的語言。紐約市警局的員警也會說俄羅斯語、法語、德語、波斯語、德利語、普什圖語。相對地，中情局、聯邦調查局、美軍和美國國務院由於有嚴格的忠誠調查程序（security clearance procedures），因此語言是他們的弱項。

雖然語言對於獲知情報而言非常重要，但反恐部門還是設計了其他行動作業來防止未來的攻擊。例如：

➲ 海克力士行動（OPERATION HERCULES）。每一天，不同管區的員警會到隨機挑選的路段進行武力展示，以嚇阻任何可能計畫攻擊的人士出現。重裝備「海克

力士小組」（Hercules team）也隨機到處巡迴城市，以保護高價值的目標和基礎
建設，還可以破壞恐怖份子的行動規劃細節。利用這種戲劇效果是因為員警「必
須讓自己看起來無所不能、無所不知。」

- ➡ 紐帶行動（OPERATION NEXUS）。紐約市警局也參與反恐事業。一項稱為
紐帶行動的計畫，從 2002 年開始，「將員警和可被恐怖份子利用的事業結合
成網絡。他們對那些販售過氧化氫（hydrogen peroxide）或硝酸鹽肥料（nitrate
fertilizer）等化學物質，或可製造土製炸彈原料的公司，都需要提升警覺心。但
是，那些自助式倉庫（可能藏匿零件和化學物質）、殺蟲劑（毒物和噴霧器）、
丙烷器賣家（罐子本身可以做為現成的爆裂物）、手機賣家（可做為定時器和啟
動器的移動裝置）……，大約有 80 種不同類別的事業，都會引起警方的注意。」

- ➡ 火爆行動（OPERATION KABOOM）。在沒有任何窗戶的反恐局（Counterterrorism
Bureau）總部內，特別專案小組（Special Project Group），或所謂的「紅細
胞」（red cell），正在謀劃恐怖攻擊的情節。他們的構想是讓幾個沒有特殊
爆破經驗的警員，看看他們如何透過網路資訊，還有從距離曼哈頓數小時車
程的供應處集合起來。他們應用的模式是 1996 年 6 月愛爾蘭共和軍（the Irish
Republican Army）在英格蘭曼徹斯特引爆的大型炸彈案。令人不安的是，這
個小組能夠在賓州攜帶著 1,200 磅的硝酸銨——當年愛爾蘭共和軍使用的數量
——而沒有發生意外。

除了語言技巧和各種檯面上、檯面下的活動，反恐單位還擁有制敵機先的科
技。地面上，數千名員警穿戴「個人輻射探測器」，可以非常有效地對於潛在危險
的射線進行精確探測。這個城市除了有 300 平方英哩土地，另外還有 165 平方英哩
河道，任何地方都可以成為大規模毀滅性武器的良好投入點。反恐船艇在水面上看
起來就和一般警艇沒有兩樣，但艇上攜帶的機密科技，卻使其與眾不同。然而，最
高科技的工具就在城市上空 1,000 英呎高，提供即時情報給地面上的員警。迪基描
述了在一個寒冷的冬夜，他乘坐紐約市警局未塗裝直升機上的經驗：

早晨是清新的，但如果你是在 2001 年 9 月 11 日待在這裡，總會讓人覺得
有點心碎。當時紐約上空也有兩架警察直升機，有著非常好的視野，但不像
我們這架。這是一架集合了打擊犯罪、反恐、維護秩序於一身的最先進科技玩
具，它巨大的鏡頭可將任何街道上的景觀放大 1,000 倍，然後再用數位放大兩
倍；它可以從幾英哩遠的地方觀看犯罪過程，它可看進窗戶感測屋頂或沿著走
廊跑步的人體體熱，它可以探測偷放在車底的發信器，可以做這麼多事情，使

得戴著頭盔觀看螢幕、運用膝上遊戲搖桿移動影像的人……常有點覺得無言。「它實在是一個神奇的工具，」他繼續說著。螢幕左方是一幅曼哈頓地圖。他點擊東邊上方的一個地址，那是我的住址。機腹上的攝影機隨後快速移動、對焦，第二個螢幕就這樣從一英哩遠的地方，呈現出我家建築物的影像，但那是如此鉅細靡遺地從令人驚異的高空角度來看。當直升機轉身瞄準目標時，攝影機和感測器就這樣維持鎖定著這個地方。

評估一下紐約市警局將目標轉換為行動的成效如何。除了個案提到的行動之外，你還可以推薦哪些行動？紐約市警局所採的途徑有哪些限制或缺點？迪基嚴厲批評那些「極為不切實際、管理不良且高度軍事化的全球反恐戰爭，」他認為紐約市警局反恐計畫的成功，提供了另一個替代途徑。你同意或反對呢？

資料來源：Christopher Dickey, *Securing the City: Inside America's Best Counterterrorism Force—The NYPD* (New York: Simon & Schuster, 2009).

思考時，有一半重點在於一開始就要明白想追求什麼。在進行本章之前，我們先來回顧一下方案管理的結構。好的方案管理始於對大目標及達成大目標之小目標，投以謹慎注意力。對小目標投以謹慎注意力的意思是，要對達成每個小目標的其他可能策略多加評估考慮。尤其政策規劃者要去詢問，不同的策略可能產生何種不同的效果。方案管理的整個過程都涉及決策。我們假定現今的行政人員對理性決策的工具和技術非常熟稔，本書第 6 章的重點就在探討這種決策的取向。

然而，事情還沒結束，除了決策，還有三個極其重要卻異常困難，但也經常相當刺激的任務要達成：組織、領導和執行。一旦清楚知道該做什麼，政府機關不能將所有事情丟到一起，就以為事情會自動完成。方案和政策，就像保安官手下的民兵隊，必須經過一定程度的組織，還有前一章提到的領導，才能發揮功效。

假定執行之目的乃為了實踐上述目標，那麼**執行（implementation）**的定義就像字典上所寫的：「實行、達成、實踐、產生、完成。」但是被執行的東西是什麼呢？當然是政策，不過更精確來說，這種政策就是第 5 章所定義的方案。

談到執行，政策和方案之差異非常重要。現今政府的最大問題，不在於決定出字面上合理的政策，而在於如何將政策目標轉化成具體的特定行動。簡言之，好的解決之道（亦即政策），永遠多於適當的行動（亦即方案）。

本章一開始將談到執行的三種觀點。第一種觀點來自 Jeffrey L. Pressman 與 Aaron Wildavsky 那本頁數稀薄的經典之作《執行》（*Implementation*），不過這本

書的副標題卻極為冗長：「華府的偉大期望如何毀於奧克蘭，或者為何聯邦政府的計畫奏效那麼讓人訝異，彷彿成了經濟發展局的英雄事蹟，被兩位試圖在頹毀的希望基礎上建立道德的人所傳頌著」（*How Great Expectations in Washington Are Dashed in Oakland; Or, Why It Amazing that Federal Programs Work at All This Being a Saga of the Economic Development Administration as Told by Two Sympathetic Observers Seek to Build Morals on a Foundation of Ruined Hopes*）。如副標題所指，《執行》這本書將執行視為非常困難的過程。第二種關於執行的觀點，來自 Eugene Bardach 的公共行政經典之作《執行的遊戲》（*The Implementation Game*）。第三種觀點則將執行視為可被管理的過程，而本書的見解就是根據此觀點。

執行的管理有兩要素：策略和戰術。策略（strategy）一詞，是從軍事借用過來的，指的是大型的重要決策。這是一種重要的大問題：誰來打這場仗？我們是否送地面部隊進入科索沃？或者要從 5,000 英呎的高空來轟炸塞爾維亞？或者兩者都來一點？還有另一個問題：如何從事戰爭？使用經濟制裁（「經濟戰」）？叢林戰？傳統武力？或者熱核武器（「全面戰爭」）？和策略相對的戰術（tactical），指的則是更細節的問題：要用哪種口徑的武器？戰鬥車輛要塗什麼顏色？把誰納入智囊團，把誰剔除？等等問題。

這種策略—戰術的區分有個問題，就是有時從事情結束後來看，戰術細節反而可以回頭證明策略的正確與否。如同明茲伯格所說，亨利・福特之所以敗給通用汽車，只是因為他拒絕將福特汽車漆上黑色以外的顏色。

不過，策略與戰術的區分還是有用的。本章第二和第三部分就會探討執行的兩個策略問題：

⊃ 誰來執行方案或計畫？舉例來說，是由哪個或哪些政府機關？哪個或哪些政府層級？

⊃ 如何來執行？舉例來說，要強調效率或效果嗎？該用強迫手段（如規章、指揮和控制）？還是用非強迫手段（如誘因、規勸）？

最後一部分討論各種技術性的考量——有些是由執行者自由選擇，有些則是強制性的要求。

執行的三種觀點

聯合行動的複雜性

在簡報室裡什麼都很簡單，困難的部分是在要採取行動的外面。無數小事件

（都是些無法預測到的）累積起來，會讓情勢變得很複雜，其所得到結果也經常出乎意料。第 7 章所提到的官僚機器，基本上非常容易管理，但是請記住，很少有方案只涉及一個單位。方案通常會涉及很多行動者，每一個行動者都有可能造成摩擦；換言之，方案執行會牽涉到不同的個體，即使最不重要的人都可能會造成事情延宕，有時甚至讓事情出錯。

如果公共行政領域充滿不確定和偶然，那麼執行更是一個造成不同優先順序、衝突價值、混亂、精疲力竭和不信任的領域。所有這些因素結合起來會造成**聯合行動的複雜性（complexity of joint action）**。Jeffrey L. Pressman 與 Aaron Wildavsky 的一項著名研究，最能呈現出這種現象。Pressman 與 Wildavsky 發現，在執行新方案，或者進行方案修正所遭遇的困難中，有兩個問題最重要：參與者的多樣性，和觀點的多樣性。[1] 這兩種因素結合起來，會延宕（在許多情況下甚至阻礙）行政單位為了執行方案，確保聯合行動順利所做的努力。想想經濟發展局（Economic Development Administration, EDA）對奧克蘭所做努力的分析，就能清楚明白這一點。

表面上來看，為了幫助加州奧克蘭失業的非裔美國人而做的努力，一開始相當成功，華府有很多認真有力的官員非常重視這個計畫，因為如果奧克蘭不能快速獲得有意義的援助，這城市可能會被暴動所摧毀。官員從國會爭取到數百萬美元的撥款以資助就業計畫，此外奧克蘭許多企業人士和政府官員也都大力相助。許多對行動造成阻礙的官僚障礙也都被弭除，對政府方案來說，實在很難找到比這更順利的起頭。然而，之後短短 3 年，這方案卻大大失敗。先不說已經砸下的鉅款，光是嚴重失業者能得到的新就業機會就少得荒謬。怎麼會造成這樣？

答案就在於，即使政府方案被設計成以簡單直接的方式來執行，最後還是會涉及龐大的政府和非政府組織與個人。從經濟發展局在奧克蘭的就業計畫這個案例，他們認為，將計畫參與者限定在經濟發展局、其他聯邦政府機關和奧克蘭市，這種做法太過簡化。經濟發展局的參與者包括最初的任務小組、經濟發展局在華盛頓的作業部門、單位領導者、西雅圖的地區辦公室和奧克蘭的現場辦公室。其他參與的聯邦政府機構則包括政府審計署、衛生教育暨福利部（Department of Health, Education, and Welfare），還有勞工部和海軍。奧克蘭市的參與者則包括市長、市政府行政人員、奧克蘭港區（Port of Oakland）、世界航空公司（World Airways）、幾位該市的黑人領袖、保守團體和奧克蘭港區的承租人。

有些參與者（例如勞工部）會加入是因為他們對該計畫的某些重要部分握有裁判權，有些（例如海軍）則是因為他們覺得自己的利益會被侵犯，其他人（例如奧克蘭的非裔美國人）則是刻意被經濟發展局納入方案中，以爭取當地支持。

每個參與團體都有自己獨特的觀點，因此他們對緊急性的看法也不同，雖然大家都同意這項政策的目標（幫助失業的少數族群發展就業機會）和達成目標的方式（提供公共的就業機會）。不同的觀點會造就或摧毀計畫。Pressman 與 Wildavsky 提出幾點理由，來說明為何同意方案目標的參與者，還是會對達成目標的手段有不同意見（或者無法配合）：

1. 與其他部門的利益不相容。例如，衛生教育暨福利部就認為經濟發展局這個訓練計畫會搶走其部門在該區訓練機構所擁有的稀有資源。
2. 雖然利益不直接衝突，但是較偏好其他計畫。許多經濟發展局成員認為鄉村地區和小型城鎮（非都會地區）才是該局的業務重點所在。
3. 同時進行其他計畫。奧克蘭港區的建築師和工程師延誤了海軍航站的廠房計畫，就是因為他們手邊還有其他計畫在忙。
4. 所依賴的人缺乏緊急意識。
5. 對領導和適當的組織角色意見分歧。
6. 對法令和程序有不同看法。例如奧克蘭港區和經濟發展局對每個地點的填土掩埋品質，就各有其工程上的做法。[2]

　　Pressman 與 Wildavsky 將一套機率模式，應用在方案計畫執行時可能有的悲觀結論，請參見表 9.1。這個計算方式是根據一般機率理論的乘法模式，舉例來說，如果在 A 點的同意機率是 0.8，B 點是 0.7，C 點是 0.5；那麼 3 個點都獲得同意的機率就是 0.28：

$$0.8 \times 0.7 \times 0.5 = 0.28$$

Elinor R. Bowen 進一步利用這種機率理論，提供了一較樂觀的觀點。[3]

表 9.1 以方案完成的機率，代表參與者同意程度

對每個清除點的 同意機率%	清除 70% 後的 成功機率	將機率降低到 50% 以下的 同意次數
80	0.000000125	4
90	0.000644	7
95	0.00395	14
99	0.489	68

資料來源：Jeffrey L. Pressman and Aaron Wildavsky, *Implementation* (Berkeley, CA: University of California Press, 1973), 107. 當然這張表假設每個決策都是獨立不相干的，但你覺得這種假設能被保證嗎？

她對 Pressman 與 Wildavsky 的模式提出四點補充。首先，應該要有持續性（persistence）。不要因為某些參與者拒絕同意，就認為這案子到此結束。執行機關可再三詢問。第二，應該認為方案的每個部分可以被整合成一套，而不是每個都得個別決定。第三，善用「一窩蜂效應」（bandwagon effect），特別去支持那個有可能贏得大家同意的提案，然後順勢把其他提案帶進來。看看之前那個機率理論的乘法算式，如果某提案在 C 點也被同意之前，先讓 A 點和 B 點被同意；那麼 C 點被同意的機率，就會略高於 0.5。

最後，Bowen 也提到 Pressman 與 Wildavsky 這種簡化法的不一致性，他們將官僚體系分解成許多獨立的行動體，認為每個行動體都可能在執行的過程中脫軌演出。然而對於政策，他們卻抱持整體觀，也就是說，政策的每個環節都必須被同意，這樣政策才算成功執行。對 Pressman 與 Wildavsky 來說，如果沒有同意一開始的整個方案，這種同意就不算同意，所以在他們的執行模式中，看不見部分勝利。然而，真實世界是這麼運作的嗎？

Bowen 的看法對須執行方案的人，提供了一套經驗上合理的戰術：持續力、整合成套、善用一窩蜂效應、將政策簡化。

將執行視為一種賽局系統

Eugene Bardach 使用**「賽局」的隱喻（metaphor of "games"）**來分析執行過程。[4] 他認為賽局架構可以將注意力放到參與者、參與者的賭注、策略和戰術、所掌握的資源、遊戲規則（界定勝利的狀況）、公平的遊戲規則、參與者的溝通狀況，以及賽局結果的不確定性，藉此來說明方案的執行過程。

這種做法，賦予「執行」一種有具洞察力的定義：將必要的要素集合起來，以產生特定方案性的成果，並且排除不相干的賽局，因為在這些賽局中，有些要素與方案無關，或者有可能阻礙方案進行。Bardach 界定出一些常見的執行賽局，如下所示：

🡒 門面主義（tokenism）。「在公開場合中表現出對方案要素很有貢獻，但私底下只願意承諾一些貢獻。」

🡒 大規模抗拒。隱瞞重要的方案要素，或者故意超出行政機關所能處理的負荷，造成懲罰或不合作。

🡒 好賺的錢。這是私部門玩的遊戲，希望透過交換一些沒什麼價值的方案要素，大賺政府的錢〔在美國華府地區，顧問被稱為「環城快道搶匪」（Beltway Bandits），因為他們很多人的辦公室就位於環城的 I-495 公路旁〕。

- 供人爭取。執行方案的指令，通常會界定出主要負責單位，並提供適量的預算，但卻無法清楚說明還有哪些相關要素及預期目標。「在這種困惑的狀況下，一些有潛力的委託團體就會設法爭取少數明確的要素，使之變成政治資源。」

- 往上堆。旁觀者看到方案朝著預定方向順利進行，「有人就將之當成新的政治資源，可以將自己的目的和目標一股腦兒全堆到這上頭。」將太多額外目標堆到方案上面，會使方案變得更龐雜。

- 頑強。任何人都能玩這個賽局，因為只需要有阻撓方案的能力和意志，就能讓自己的要求得到滿足。由於沒有人真正想扼殺該方案，所以大家玩這套賽局的結果，也不過就是這樣。

- 地盤。所有官僚組織都想奮力確保其他組織所進行的計畫中，有一部分被認為踩在「他們的」管轄範圍。

- 不是我們的問題。雖然各官僚想擴大自己的權限，「但是只要他們發現方案會加重他們的工作負荷，或者讓官僚陷於爭議中，那麼這種擴大自己權限的動力就會消失無蹤。」

將執行視為可被管理的過程

毫無疑問地，公共政策的執行是複雜的過程，絕對比決策者所想像的更複雜，而且，執行過程無疑地也會涉入許多賽局。但是分析到最後，就會發現執行是一個可以被管理的過程。事實上，「更好的管理」，這個詞當然是所有曾親吻過嬰孩的政治人物最喜歡的詞。但是他們在公部門，真的做到這一點嗎？從下面三部分，我們就可一窺端倪。

❓ 第一個策略問題：誰來進行這項方案？

民營化（privatize）這個字一直到 1983 年才出現在字典中。廣義來說，這個字象徵政府滿足社會需求所扮演之角色的新思維。E. S. Savas 是美國關於民營化首屈一指的專家，他將民營化定義為在活動進行或者資產擁有權上，降低政府的角色，或者提高私部門角色的一種行為。[5] 更精細、技術性的民營化定義，請參考下列的連續圖：

所謂民營化的意思，就是沿著這條連續圖，從左邊移轉到右邊，從一種安排方

式移轉到另一種安排方式的意思。

　　為了因應對民營化的日益關注，國際城鎮管理協會（International City County Management Association, ICMA）從 1982 年起持續追蹤次級地方政府對另類服務的使用狀況。這種趨勢有趣之處在於其過去幾年幾乎沒什麼改變，幾乎所有回答國際城鎮管理協會調查的政府，都曾使用至少一種另類的服務。雖然對民營化的政治支持聲音漸大，反對聲浪漸小，但最常見的服務類型還是直接的公共服務。涉及創造利潤的組織或府際外包的民營化是最常見的另類服務，而且使用這種服務的比例在這段期間從 15% 上升到 20%。近幾年使用率上升最多的服務類型是公部門與私部門混合的服務。**6**

　　我們可以從 fedspending.org 這個網站提供的資料中，理解聯邦層級的民營化程度，而該網站是由 2006 年聯邦籌資、課責與透明法（Federal Funding, Accountability, and Transparency Act of 2006）明令設立。2006 會計年度的聯邦支出為 2 兆 8,720 億美元，其中將近 15% 的支出是委外契約，另外 17% 是補助款。（隨著 2008 年至 2009 年大規模刺激方案的通過，這個圖像出現了明顯改變，詳情將於第 11 章討論。）

　　現在讓我們思考一下前面連續體所顯示的不同選擇。我們從左側的政府運作開始，跳過府際關係（因為第 3 章已經詳細討論過），然後簡短討論政府透過協同或透過第三方來達成其目標的六種方法。最終，我們來到連續體的最右方，政府為了特別的目標而選擇撤離它的職責，而其背後是假定將事情留給市場去做的話更有意義。

政府運作

　　粗略而論，政府可以透過四種方式來影響社會和經濟，進而達成公共目標：(1) 管制，(2) 服務，(3) 金錢，和 (4) 賦稅。

　　首先，不像私部門，政府有權制定權威性的規章，而且利用國家的立法權來為這些規章背書；簡言之，他們可以進行管制。即使我們隨便看一下四周，也可以發現各級政府管制的幅度與重要性：

➲ 價格管制（電力、地方的電信服務）
➲ 訂定價格下限（農作物、最低工資）
➲ 確保平等機會（禁止就業歧視）
➲ 管理勞動行為（加班）
➲ 明訂合格條件（職業證照）

- 提供償付能力（金融機構、保險、年金計畫）
- 管控市場參與者數量（廣播執照、計程車牌照）
- 限制所有權（媒體、航空公司）
- 要求上市前申請許可證（有毒化學物品、藥物）
- 確保產品安全（藥品、玩具、食品）
- 制定產品特徵和技術（汽車安全標準）
- 劃定服務地區（地方電信服務）
- 建立績效標準（汽車排放標準）
- 管控有毒物質排放與其他污染物（二氧化硫排放交易）
- 明訂產業界線（保險、銀行和股票經紀界線）
- 公共資源配置（頻譜分配）
- 建立標準（電信網路互聯）
- 管控不公平的國際貿易行為（反傾銷）
- 提供資訊（產品標示）
- 限制共有資源（漁獲）

　　政府的第二項工具——服務，或許是多數民眾想到政府運作時會想到的地方。政府直接提供民眾服務的事項，從國防到教育到休閒遊憩，從消防和治安到航空管制。這種直接提供服務引發了一個重要問題：哪一個部門最能產出可欲的結果。根據奧斯朋（Osborne）和蓋伯勒（Gaebler）的分析，一般認為政府最適合執行的任務有：[7]

　　政策管理
　　管制
　　落實公平性
　　防止歧視
　　防止剝削
　　促進社會融合

他們認為下列任務特別適合由非營利部門進行：

　　社會任務
　　需要志工人員的任務

創造利潤不多的任務

促進個人責任

社區推廣

促進對於他人福祉的承諾

最後，奧斯朋和蓋伯勒認為下列任務歸諸給私部門為佳：

經濟任務

投資任務

創造利潤

促進自我滿足

第三，除了管制與服務，政府也提供金錢給公民、組織與其他政府。正如我們在第 11 章會看到的，聯邦政府徵收的所有稅收中，約有 56% 會以**移轉性支付**（**transfer payment**）的形式回流給公民。移轉性支付是個人不需提供服務或財貨就能獲得的一種所得。在美國體系中，有三種最重要的移轉性支付，分別是福利、社會安全（Social Security）和失業保險。相對於金錢的移轉，所得重分配也包含大量以實物進行的所得移轉（income transfers in-kind）。有些實物的所得移轉包括食物券（food stamps）、醫療照護（Medicare）和醫療救助（Medicaid）、政府健康照護服務，以及國民住宅補貼。

第四，政府也利用稅法來鼓勵和遏阻某些行為。例如，各種抵減允許個人和企業投入於政府偏好的活動——風險投資、購買住宅或慈善捐贈，讓他們可以將原本要繳稅的資金保留下來。這類抵減常被認為造成租稅漏洞（tax loopholes），但較適切的名稱是**稅式支出**（**tax expenditure**），因為針對一項活動減少租稅，相當於透過一項支出計畫直接補助這項活動。表 9.2 顯示 2006 年 10 種最大宗稅式支出。政府既收稅但也可以減稅，舉例來說，倘若政府想要遏阻某些活動——例如使用碳燃料和香菸產品，政府可以對這些活動增稅。現在讓我們看看政府達成其目標的一些間接方法。

外包

範圍　今天所有類型的政府都會將各種財貨和服務外包出去。公部門會把道路和橋樑的設計、建造及維修外包給私部門和非營利部門。還有核武製造、囚犯管理、囚犯運送、資訊科技、公立學校管理、教育、訓練、社福對象的安置、失業者的就業

表 9.2	2006 年最大筆的稅式支出	
排序	稅式支出	金額（10 億美元）
1	雇主支付醫療保險津貼和醫療照護之抵免	125.0
2	退休金提撥和收益的淨抵免（全額）	104.6
3	自用住宅貸款利息扣抵	68.3
4	資本利得（不計農業、林業、鐵礦）	48.6
5	慈善捐贈扣抵（全額）	45.5
6	自用住宅以外非營業之州與地方稅扣抵	43.1
7	機器與設備之加速折舊（一般租稅方法）	36.5
8	房屋銷售以外的資本利得	35.3
9	兒童抵稅額[a]	30.4
10	自用住宅之淨租金估算抵免	28.8

註：[a] 只限不可退稅的部分。
資料來源：Budget of the U.S. Government, *Analytical Perspectives*, Fiscal 2006, Table 19.1

方案、兒童扶助政策的執行以及其他社會服務。美國有 80% 的大城市會把汽車拖吊服務外包，有一半的城市將垃圾清運工作外包。過去數十年，隨著社會不斷爭論政府「製造或購買」的決策，公家機關轉向「購買」服務的機會愈來愈多。[8] 可想想看：

○ 聯邦政府的承包商多於聯邦政府員工，比例超過二比一。1990 年和 2001 年間，聯邦政府層級的外包服務增加了 24%。

○ 現今州政府所有花費中，大約有 15% 到 20% 用於外包。1996 年到 2001 年間，州政府外包給私人企業的比例增加了 65%。

優點與缺點　外包的第一個優點是，提高效率。雖然不一定總是如此，不過這卻是常見的理由。市場競爭使得財貨和服務的生產更有效率，而壟斷（如政府官僚體系）是無法面對這種降低成本和提升消費價值的競爭壓力。

　　第二個優點是，外包讓公共行政人員從日常不變的繁瑣中解脫出來。當政府不再陷於「做」的負荷時，就能專心去辨別社會大眾的需求與需要，去找出能在社會中產生最大效益的人和事，去思考長久弊病的解決方式，去發現並揭開方案中相互重疊或者不一致的地方。

　　第三個優點是，外包能增進彈性。在某些狀況下，外包比由政府執行更容易開創新方案，因為法令和利益團體的壓力會阻礙政府官僚執行新方案。

　　看到這些優點時，公共行政人員也應注意到外包可能的缺點。有些缺點很明

顯，例如愈來愈多的外包使得公部門的界線愈來愈難定義，此外，第 4 章所討論的傳統內部控制和外部控制的類型，也因為外包而減少其重要性。另外，隨著外包案件和轉包工人的增加，如何實現理想的行政責任，也成了一個難題。

第二個缺點是，實際成本可能增加。除非有足夠的防制措施，否則沒什麼誘因可促使承包商控制成本。因此外包單位的官員必須監督承包商的工作狀況，而監督本身也是種成本。舉例來說，2002 年能源部的一份內部報告就有這樣的結論：從 1989 年開始，支付給承包商清理核武計畫之廢料的費用根本就已經失控，這段期間約有 600 億美元是浪費掉的。[9]

第三個缺點是，外包讓政府活動更擴張，但人民卻不會感覺到政府擴張。

至於外包競標者之間的勾結，則是第四個缺點。我們之前談到，效率的動力來自於競爭，但有時候競爭卻不存在。在某些狀況下，根本不會有競爭。此外，外包也可能被濫用，例如有些承包商是政府外包官員的好友，他們能獲得內幕優勢及差別待遇。有些承包商則將計畫分割轉包出去，以利用不具競爭性的小包商的競標規則。簡言之，人類腦袋想像得到的任何機會，都有可能被外包濫用，所以，濫用的機會實在太大了。

第五個缺點是，因為政府把太多技術事務外包出去，所以本身就不再有足夠的人力資源──或者說腦力──來有效監督承包商。當然美國太空總署裡還是有很多優秀人才，例如它就曾僱用火箭首席專家 Werner von Braun。但是過去幾年來，這機關將許多最先進的業務外包出去，使得許多承包商覺得自己交手的對象已經不再與自己實力相當，政府機關不再是優秀無比的大巨人了。

第六個缺點是，有些業務根本就不適合外包給私部門。什麼不適合，當然以當事人說了算。假設有人提議將美國和中國的外交政策，外包給「蘭德公司」（Rand Corporation）或者柏克萊政治科學家組成的國際財團，應該多數人會覺得這在民主國家來說不妥當。另一方面，當年紐約市長朱利安尼提議將紐約市立 500 個加油站中的 85 個賣出去時，卻很少人說這不妥當，或者說這會危害到美國政府。

過程　美國聯邦政府有兩項主管外包的法令：1949 年的聯邦財產暨行政服務法（Federal Property and Administrative Services Act），以及 1947 年以國防為導向的軍隊採購法（Armed Forces Procurement Act）。這兩項法令都透過聯邦採購法規（Federal Acquisition Regulation, FAR）來實行，監督單位是總統辦公室之下的「聯邦採購政策辦公室」（Office of Federal Procurement Policy）。

聯邦採購法規建立兩套方法來達到「充分且公開的競爭」，這兩種方法就是秘密競標與競爭性談判。**秘密競標（sealed bidding）**的特色是嚴格遵守正式程序，目的是為了使所有競標者站在相同立足點，有相同機會來競標。在以下四種條件符合

狀況下，通常會採用秘密競標。第一，時間允許進行邀請、呈遞及審核等秘密競標的程序。第二，獎勵方式是建立在價格基礎上。第三，不需要與競標者討論其投標計畫。第四，能合理預期會有一組以上來競標。

負責承辦外包的單位進行秘密競標時，一開始要先發出「招標書」（Invitation for Bids, IFB）以說明招標規則。主管機關必須在報紙或該產業期刊上公開刊登招標書，以及直接寄招標書給承包商。此外，若採購金額超過 25,000 美元，也需要在聯邦政府的《每日商訊》（*Commerce Business Daily*）中刊登。秘密競標結果揭曉後，政府就必須將標案發包給標價最低者。

相反地，**競爭性談判（competitive negotiation）**的過程較彈性。如果上述四個條件有一項不成立，負責採購外包的單位就以競爭性談判來決定承包商。和秘密競標不同的是，該單位會和有意爭取的廠商面談，評估其提出的計畫，並考慮一些非成本因素，例如廠商的管理經驗、技術方式和過去的表現。進行競爭性談判時，一開始政府要發出需求規格書（Request for Proposals, RFP），裡面至少必須載明該單位的需求、該標案的進行時間和條件、投標廠商應該明列在企劃書中的資訊，以及該單位會用來評估企劃書的因素。

在起草合約書時，有些條文特別重要。例如「變更」的條款，讓政府可以根據承包商的表現來做單方面的變更，只要這些變更還在合約範圍內。對固定價格的承包商進行的標準變更，包括以書面方式改變製圖、設計或規格、運送或包裝的方式、運送的地點。這種變更不一定對承包商不利，因為在變更導致工作成本或時間增加的狀況下，承包商有權利做「公平性的調整」。另一重要的條款是「任意終止合約」。這條款允許政府在任何時間無需任何理由的狀況下終止合約，以符合政府最大利益。

如圖 9.1 所示，最後階段是爭議解決。遠在有憲法之前，政府就已經進行採購外包，所以政府合約一直有解決爭議的方法。一開始承包商要將自己的主張提交給該政府單位。與爭議有關的條款對**主張（claim）**的定義如下：「承包方根據其權利，以書面方式要求或主張特定款項之支付、合約條件之調整或詮釋，以及根據合約的其他補助。」如果承包商與政府無法協商出解決方式，該政府單位就必須針對承包商的主張，提出書面的解釋和回覆，如果沒做到，承包商最後可以向合約申訴行政委員會或美國聯邦索賠法院（U.S. Court of Federal Claims）控告該行政單位漠視其主張。

補助

廣義來說，**補助（grant）**是一種形式的贈與，它附帶使受贈者負擔某種義

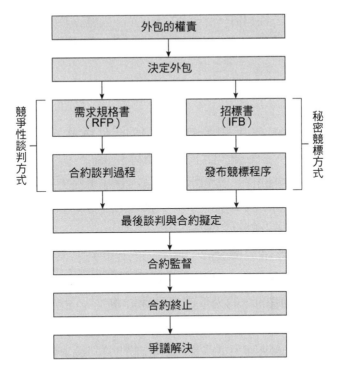

圖 9.1　公共外包過程

務，而讓贈與者提出期望。國王授與作曲家的補助，和免稅的慈善機構提供給科學研究者的補助，就是明顯的例子。不過跨政府的經費或資產轉移，也算一種補助。從贈與土地給大學的補助時代到現在，聯邦政府的補助一直都是提供經費給州政府、地方政府、公共和私人機構，以及個人，用以支持聯邦政府認為有用的計畫的一種方法。近年來，支持公益的私人企業也會獲得補助，而本小節所要討論的就是這部分。

政府對私人企業的補助方式，包括補助其生產，透過降低製造成本幫助企業創造利潤機會。兩種最主要的補助形式是薪資補助，以鼓勵僱用弱勢員工，還有一種是資本補助，以鼓勵在窮困地方設廠。

特許

所謂**特許（franchise）**，就是指政府確保顧客獲得某項服務或產品的管道，而不需為此付費給生產者。最典型的例子，就是政府指定某私人企業為供應者，而顧客通常在某種價格管制下去購買該物品或服務。舉例來說，收費公路（以及沿線的汽車服務和餐廳）就是一種特許，一般的公用事業，如電力、瓦斯和水、市內電話服務和有線電視，以及公車運輸也都是特許。

以上例子都屬於獨占性特許，因為政府不允許其轄區內有數種各有其電力線路的公用事業。但是某些產業則被允許有非獨占性或數種特許，例如計程車業和拖吊業。

合夥

相較公部門和私部門之間的外包、補助和特許等分責關係，在**合夥**（**partnership**）關係中，公私部門共同承擔風險和責任，以滿足特定關鍵社群的需要，所以將之定義為合夥關係。共同承擔風險，意味著雙方都會損失一些資源。這種關係鼓勵公私部門一同參與具風險事業，讓雙方不會單獨冒險。共同分擔責任，包括案子的合作團體代表共同做決策。

現在公私部門合作參與經濟發展之現象，已經受到愈來愈多關注，尤其在大都市，要單一部門獨立提案，來處理複雜的都會經濟發展計畫，勢必有所侷限。最明顯的例子就是美國巴爾的摩的大型商業重建計畫：「內港」（Inner Harbor）計畫，這個計畫包括興建世界貿易中心、新辦公大樓、新住宅區、小艇碼頭、水族館、劇院、大學、公園綠地等，這些都由公私部門共同投資合作興建。

紐約市公園及休閒處（New York City Department of Parks & Recreation）曾以特別創新的方式來使用合夥關係。紐約市政府面對日益縮減的維修經費，再加上看到由市民主導的公園復甦計畫做得非常成功，於是就發起了一項計畫，鼓勵市民、社區和私人企業支持維護其所在地附近的公園。結合公私部門的資源，例如小額補助、技術支援、社區組織，將數千個投入公園改善計畫的團體組合成夥伴關係，凝聚民間和鄰里對公園的維護力量。經過 5 年後，到了 2000 年，這項合夥關係已經累積了將近 5 萬個支持公園計畫的名單，另外還有超過 3,200 個組織對這個計畫有興趣。

如果希望這種合夥關係能成功，像巴爾的摩及紐約市，那麼公私部門雙方都要有新技術和新的彈性及適應能力。當地行政人員需提供所需專業能力，以評估可能的共同計畫，並與私部門參與者談判合約事宜。私人企業則需發展與當地政府協商的能力，並瞭解自己不能履行合作條款的侷限所在。

在今日的經濟和高科技環境中，合夥關係特別重要。根據前伊利諾州州長 Jim Edgar 的說法，對政府來說，合夥關係很吸引人，因為私人企業有三種東西是政府需要的：資源、知識和大眾支持。

➲ 即使經濟成長，社會大眾也不願意將更多資源投注於政府，如果公共機關想要做些什麼，透過私部門來募集經費，會比透過市議會或立法機構來取得更容易。

⊃ 在政府工作的人很優秀，但是如 Edgar 所言：「我們無法具備所有的專業。」透過建立新的合夥關係，公共管理者可以藉此獲得智慧與技術的新資源。

⊃ 如果政府官員單獨發展新方案，就得獨力將新方案推銷出去，但如果政府外的人員一開始就參與設計方案，他們也會在行銷過程中成為夥伴。[10]

　　同樣地，公部門也有些東西是私部門需要的。加州環境技術認證計畫（California Environmental Technology Certification Program）是和私部門合作的一項計畫，以研發並推廣新的污染防制及清潔產品。確定有效果的產品能得到州政府的正式認證，使得這些產品更容易推廣，讓市場廣為接受。[11]

抵用券

　　在補助制度中，政府補助生產者，並限制顧客只能選用被補助的私人企業，這些企業包括醫療、住宅、大眾運輸或其他財貨和服務。而在**抵用券（voucher）**制度中，政府補助顧客，讓他們得以享有市場中相對免費的選擇，例如政府不以補助方式給建造低成本住宅的建築廠商，而是提供顧客（民眾）抵用券，讓他們得以承租自己挑選的房子，所以政府和顧客都要出一些錢。

　　1990 年，密爾瓦基市開始實施抵用券制度，讓低收入父母利用抵用券，將孩子送進私立學校。小布希剛就任總統時，他宣布的教育計畫就包括抵用券制度。倡導抵用券制度的人認為，富裕的人有機會挑選孩子要上的學校，例如較好的私立學校，或者搬到教育制度較佳的地區。而提供低收入家庭抵用券，讓他們也能選擇學校，就能迫使公立學校和私立學校因為招生競爭的壓力，而改進其教育方式。不過也有批評者認為，教育抵用券將公立學校的資源都吸乾了。

自願服務

　　從美國建國之初，**自願社團（voluntary associations）**就是美國社會動態發展很重要的一部分。托克維爾（Alexis de Tocqueville）說，「各年齡層的美國人，永遠都在組織社團。」托克維爾認為，讓人民與其鄰里，甚至更大的世界結合，使得美國人更能充分獲得資訊，也更有安全感、更富裕、更能管理自己，並造就一個更公平、穩定的社會。

　　今天，自願社團執行了許多政府不願意或無法執行的人道服務。許多社區團體致力於改善鄰里生活品質的綜合性社團，彌補市郡政府官僚體系的服務鴻溝。

　　自願服務不只限於減輕都市問題，例如毒品、遊民、髒亂、塗鴉、失業和年輕人與老人的孤寂感。例如，2005 年卡崔娜颶風摧殘灣岸地區（Gulf Coast），美國

人就不只捐款援助，也奉獻自己實際出力幫忙。辛辛那提大學（The University of Cincinnati）就派遣醫生和護士到路易斯安那州的拉法葉提（Lafayette）。科羅拉多的一間教會也載送好幾車的大學生去巴頓魯治（Baton Rouge，譯者按：路易斯安那州首府）。全國各地數千位民眾湧至灣岸地區，幫助卡崔娜颶風的倖存者。自願社團和慈善團體說，傾囊相助的善心民眾人數多到前所未見。美國紅十字會說，該地區的志工人數約有 26,000 人，「救世軍」（Salvation Army）光在密西西比州和路易斯安那州就超過 1,000 人。專門幫志工與需要志工之慈善團體配對的「志工配對組織」（VolunteerMatch）說，每天表明願意當志工的郵件就成長 3 倍，一天達 3,000 封。[12] 根據「民意調查公司」（Opinion Research Corporation），約有 87% 的美國人認為，政府做得不夠時，的確就得倚賴志工協助。另有 50% 的成人則做過志工。[13]

撤資：出售公共資產

根據 Savas 的說法，政府資產的**撤資**（divestment）發生於五個方面，第一，是將政府的資產或事業賣給私人買主。

> 美國政府擁有據估價值 4 兆美元以上的房地產。政府賣掉不再需要的土地、建築物、設備或其他資產，避免未來部會擴張，這是很常見的事。紐約市政府最近就賣掉了兩個廣播電台和一個電視台。自從 [1862 年] 公地放領法（Homestead Act）之後，聯邦政府層級最大的私有化發生在柯林頓政府時期，當時柯林頓政府賣掉國有的鈾濃縮廠、氦廠、電力行銷機構，另外油田也賣給集團。[14]

第二種撤資方式則是將股份賣給社會大眾，就像原來美國國營的貨運鐵路公司美洲大陸鐵路公司（Conrail）於 1987 年進行民營化。第三種方式則是將企業賣給管理者或者員工，例如英國國有的國家貨運公司（National Freight Company）。第四種方式是將事業或資產賣給使用者或顧客，例如可將國有土地賣給牧場主人或伐木工人。鄉村地區的電力或水力系統也可賣給當地使用者組成的合作社。

第五種是合資企業。「透過合資企業形式，私人企業投入資本、知識並承擔營運掌控，而獲得一半股份；私人資本留在共同資金中，而政府不因為讓出股份而獲得直接報酬……。或者也可以將股權在不同階段各釋出一小部分，稱為『溝槽式』釋股（trenches），日本和德國的國營電訊公司就是以這種方式來進行民營化。」[15]

對公共行政的啟示

　　雖然政府的直接行動只佔政府總體活動的一小部分，但它向來有著不錯的成效。原因在於它消除了交易成本，讓我們解讀一下這句話。市場上的個人自願交易，有時候被稱為**交易成本（transaction costs）**，它被廣義地界定為所有和交易有關的成本，包括尋找價格、品質、服務紀錄和產品耐久性的資訊成本，加上簽約和履約的成本。如果你是獨自住在島上的魯賓遜（Robinson Crusoe），你永遠不會產生交易成本，因為你自己生產每樣東西，而在島上不會有任何交易（至少在「星期五」出現前）。如果政府不再到處尋覓服務供應商與監督他們的績效，而是開始自行提供服務，那麼同樣也不會出現交易成本，此時唯一的成本就是生產成本。所有跨越體制疆界的協商成本都被內部化，所以成本就被消除了。

　　無論政府直接或間接執行計畫，公務員都需要知道運用不同工具的不同結果。以下的結果特別值得探討。[16]

- ➲ 行政可行性（administrative feasibility）。設定和運作這項計畫的困難度如何？目標的界定是否有足夠的明確性，使得政府和那些生產者之間的目標能夠一致？需要多大型的組織？
- ➲ 效能（effectiveness）。計畫是否在特定時間內產生預期成果？它是否到達預計的標的團體？它是否回應了政府的方向？
- ➲ 效率（efficiency）。相對於成本的效益是如何呢？（第 6 章討論過成本效益分析。）這個計畫易遭舞弊的可能性多大？有沒有足夠的廠商可以彼此競爭？
- ➲ 平等（equity）。計畫效益是否平等地分配至不同的地區、所得、性別、種族、年齡等類別？使用服務的人為了獲得好處而直接付費的程度為何？
- ➲ 政治可行性（political feasibility）。計畫是否吸引與維繫那些在計畫領域中擁有利害關係的行為者？依賴諸如承包商和非營利組織等第三方的間接工具，通常比政府直接行動的工具更難以管理，但卻也較容易付諸實踐。利用現有結構和關係的工具──例如稅務結構或價格系統──需要的行政最少，但表現出來的標的效能最差，而且也難以吸引政治支持。

？ 第二個策略問題：如何進行方案？

　　要進行方案當然有很多方式，但是本節要討論的只有三種：個案管理、全面品質管理，和遵循管理。前兩者在政府中很常見，第 3 種較少見。雖然第 3 種從字面看來有點艱澀難懂，但卻是最創新的管理方式。

個案管理

　　許多公部門採用**個案管理（case management）**：醫院裡的病人、社福單位裡的福利受益者、勞動關係處理的勞資糾紛、住宅行政辦公處的公寓建案、基金會的獎助提案等等，都是採用個案管理。雖然這些組織可能涉及不同事業，但是將其個別領域的術語去除後，會發現其基本處理階段都非常類似，可以用**個案處理流程（case-processing pipeline）**[17] 來討論。從圖 9.2 可以看出，所有個案都會經過幾個明顯界定的階段，現在就讓我們來看看這概念要如何應用。

取得　　很明顯地，對任何個案處理的方案來說，最重要的是讓個案進入處理流程中。或許最常見的方式就是有人申訴。例如鄰居或老師懷疑有兒童受虐。除了有人申訴報案，也包括個案自己出現，也就是說申訴人或申請人自己帶著要求來到政府組織（亦即發放執照或提供補助的組織）。比等著個案上門更積極的方式，就是主動擴展業務範圍，也就是要員工去尋找新個案。例如職業安全衛生局（Occupational Safety and Health Administration, OSHA）的員工，定期進行廠房視察。

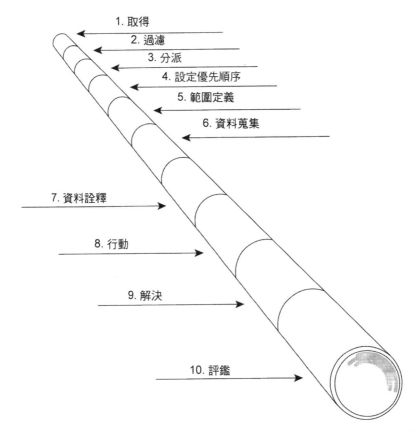

圖 9.2　個案處理流程

　　取得階段有兩點需要考慮。個案確認是集中進行，或者以分權方式進行？個案只涉及單一單位的員工，或者仰賴其他單位來轉介？

過濾　個案管理的過濾階段就是要決定潛在個案的資格。有時潛在個案無法符合法令規定或資格要求。幸好不是所有的受虐兒申報都嚴重到需要發出逮捕令，以及需做後續分析和回應。

　　標準愈精確，過濾過程就能愈一致。然而過濾標準也不能太僵化，使得相關單位反而違反行政責任的重要原則：彈性。

　　過濾過程主要是為了避開兩種錯誤。一是接受不適當的個案，這種錯誤很常見，而且代價很高。第二種則是錯誤地拒絕潛在的個案。在兒童保護方案中，這種錯誤可能是極為嚴重的。

分派　一旦進入個案管理的流程，個案就變成承辦案件之一，然後會分派到處理單位，指定一人或多人來處理。個案管理的責任就是要確保這些過程儘快進行，而且不會有個案在過程中遺失。

設定優先順序　不論承辦人的頭銜為何，調查員、偵查員、聽證官、社會工作者、律師、調停人或其他，承辦人都必須決定個案的優先順序。因為公部門不可能即時滿足所有個案處理，所以一定要設定優先順序。對兒童保護方案來說，下列目標的優先順序為何？

1. 儘快結案。
2. 趕在 X 日前將所有案子結束。
3. 儘可能使兒福政策影響所有公民的生活。
4. 在 Y 天內對每個新個案做出明確回應。
5. 儘快處理更重要的個案。
6. 公平地處理每個案子（如果能慢慢來的話）。
7. 儘快處理所有案子。

每個目標可能有的負面影響為何？

　　個案處理方案可視為複雜的等候系統。通常新個案會發生在隊伍最後面，經過行政服務後，會移動到另一隊伍，等到該項步驟完成，又移動到下一個隊伍，依續下去，直到個案最後執行完畢。個案管理必須決定各個步驟或服務最有效率的順序。

範圍定義 在兒童保護方案中，最常見的問題是，要把關注焦點放在全家人或只有孩童身上。如果可以做決定的話，主管機關會以較廣的方式來界定個案，提供個案全家人各種諮商管道、日間照護和其他服務，例如教導母親有關家庭預算的技巧、家庭衛生，以及如何準時送孩子到校。例如，紐約市的社工人員應該要確保曾被通報有兒童受虐或被忽略的家庭中的所有孩童，都過得很好；但是有三分之一的個案卻沒被這麼處理。在強制執行的個案中，例如職業安全衛生局所處理的個案，就要靠審慎的判斷來決定罰則輕重。在這種狀況下，個案的範圍也要被界定。

資料蒐集 資料蒐集指的包括發出傳票、進行測試、進行訪談，並執行其他能蒐集到資料的活動，以幫助承辦人決定該如何處理個案。

資料詮釋 資料詮釋指的是對資料進行審視與分析。在社會服務機構中，這種過程稱為「評估」（assessment）。在法律執行機構中，則稱為「相當理由之決定」（determination of probable cause）。在醫療和公共健康機關，則是「診斷」（diagnosis）。根據專家說法，如果孩童沒有祖母，或者母親與男友同居，或母親有毒癮史，那麼社工員就可判斷，這孩子很可能處於生死攸關狀態。

行動 在執法或權威組織中，行動的意思通常指召開公聽會或進行審判，以得出結果或判決，但是對社會服務機構來說，個案管理的行動階段通常指的是進行服務或治療計畫，以得到對案主有益的效果。管理重點在於確保社工員在這重要階段，具有清楚的指導方針。

　　想像以下這種狀況。孩童被試探性地帶去與施虐的母親相處，結果回來時帶著嚴重燙傷，有人可能說這代表母親不適合帶小孩，但這種做法不在制度的決策規則中，手冊裡的說法可能是：「如果你判斷孩子處於立即的危險中，就要把他／她帶離家庭。」

解決 有時候在兒童保護方案中，行動階段必須對決策予以持續監督或審核，而不是做完決定就算了。在這些例子中，可能得經過很長一段時間案子才會結束或解決。

　　根據組織不同，其所採取的解決方式也會不同，包括罰款、入監服刑、認罪協商、合意判決、釋放、協議等。解決階段也可能代表個案被移轉到另一機構或司法體系。但不管如何，解決階段代表個案不再屬於進展階段。

評鑑 由於前面 9 個階段必須選擇性地加以監督，因此個案處理流程的最後一階段就是評鑑。但是要找到好的績效評量工具，實在很困難。個案承辦人一定得和其他

人共同處理個案，也可能得一天處理好幾個難易等級不同的案子，所以評鑑承辦人的績效表現就變得非常困難。不過至少可從兩方面來評鑑，一是處理的時間，這是主管和客戶最關心的部分。**產出時間**（throughput time）是指從一開始接受個案到最後解決階段的時間。**直接處理時間**（direct handling time）則是不同承辦人實際花在處理該個案相關活動的時間總和。

　　管理階層也會試著設定適當的品質評鑑標準，這套標準會從方案的最後產出結果來考量。在特定的個案管理脈絡中，「適當」的意思是什麼？**標竿（benchmarking）**（亦即對類似計畫進行比較）的幫助很有限，因為不會有兩個方案一模一樣。

　　標竿的概念很簡單：找出其他組織中績效最佳的計畫，將這些計畫用於自己的組織。例如，退伍軍人事務部費城辦公室就使用標竿程序來改善其作業流程。這套程序要仰賴保險業專業聯盟所提供的資訊，藉以改善其相關作業的時間，例如回覆時間、受益人的變更、請領壽險保險金等。同樣地，國防配給站（Defense Distribution Depot）也會仿照類似的私人貨運業，如聯邦快遞、美國包裹運送公司（United Parcel Service）的配送績效。

全面品質管理

　　除了個案管理，另一個和計畫運作相關的廣泛概念就是全面品質管理。

何謂全面品質管理　全面品質管理（total quality management, TQM）是一種管理方式，根據事實和資料，透過組織的全面努力，持續改善品質。這種管理的執行方式，在諸多管理大師的教誨下，有了很大的進展，這些人包括：克勞斯比（Philip B. Crosby）、康威（William E. Conway）、朱蘭（J. M. Juran）、戴明（W. Edwards Deming）（見表 9.3）。從本章討論的角度來看，品質改善和全面品質管理的基本目的及過程相同，只是名稱不同。對後者來說，很多術語都會被冠上「全面」二字，例如全面品質卓越、全面品質領導力。

　　美國早期對「全面品質管理」的興趣和努力都發生在私部門，當時企業受到日本公司的競爭壓力，開始檢視日本企業的管理方式。1970 年代末期和 1980 年代初期，更激烈的競爭促使美國將注意力放在「全面品質管理」於改進品質上所扮演的角色。對日本經營之道的興趣的提升立刻伴隨著一些研究，這些研究指出只要改善品質，美國企業也一樣能降低成本。

　　「全面品質管理」可以應用在公部門嗎？畢竟要界定四門轎車的品質很容易，然而要如何界定政府機構的成功要素？答案之一就是從客戶觀點去找出最重要的服務面向，有數種方法可以做到這點：

表 9.3　戴明的十四要點：簡要版

1. 管理必須持續表現出對產品和服務改善的堅持，也就是每天花時間於品質管理上。

2. 要著重於改善過程，而非找出缺失。

3. 不再只將獎賞反映在價格上。要找出最佳品質並致力達成，以獎勵單一供應商。

4. 持續找尋降低浪費和改善品質之道。

5. 認真看待訓練。

6. 低階主管要能不畏懼並相信自己可以問問題，並告知高階管理階層需要改進的狀況，而後者則必須採取行動。

7. 讓員工組成一個團隊，使他們可以解決或預見問題。一般來說，員工之間經常存競爭關係，而其目標也常相互衝突。

8. 除去口號、告誡、數字目標以及勞動力的目標。這些絕無法幫助員工做好工作。讓員工設定自己需要的口號。

9. 除去工作準則和業績額度。業績只著重於量，而非質，它只會造成無效率和高成本。

10. 除去阻礙員工對其表現感到自傲的障礙物。員工會急於做好工作，如果達不到就會難過。錯誤領導的主管、不良的設備、有缺陷的材料都是障礙物，管理階層必須除去這些障礙物。

註：楷體字是戴明的話，只略做改變。其餘則是將其觀點予以改述。

資料來源：W. Edwards Deming, *Out of Crisis: Quality, Productivity, and Competitive Position* (Cambridge, MA: MIT, 2000).

- ⊃ 非正式的諮詢——在等候室、去消費者協會或透過現有的消費者或利益團體。
- ⊃ 績效或申訴的現有資料。
- ⊃ 利用消費者調查或者現有的市場研究資訊。倫敦的布倫利區（Bromley）利用「品質之輪」（quality wheel）做為服務團隊的檢查表，這樣就不會漏失任何可能的成功因素（見圖 9.3）。
- ⊃ 瞭解類似組織的成功要素。
- ⊃ 把自己當成客戶，親自走一趟服務流程，從客戶觀點來觀察。

　　經過數年經驗，顯然「全面品質管理」可以應用於公部門。雖然存在於私部門的競爭壓力可以創造更多，但政府管理者已經把「全面品質管理」視為解決政府管理問題的良方。參與「全面品質管理」的州政府和地方政府，不再只是幾年前的十多個，現在成了上百個。「全面品質管理」的基本原則被應用在各類機構和部門，例如心理健康、汽車等。現在全美各市政府、郡政府和州政府都有品質管理的單位、品質服務主管和卓越品質的部門。

中心主題　「全面品質管理」的主題很簡單：證明品質的重擔不在審查的主管身上，而在服務提供者身上。換句話說，達到品質標準的責任是員工，而非主管。「全面品質管理」是指把官僚階層的思維改變成管理哲學。傳統上，組織採用的目

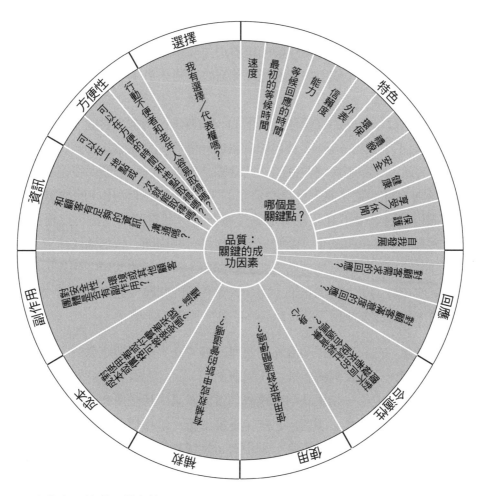

圖 9.3 布倫利區的「品質之輪」

標是達到「可被接受的品質水準」，在公部門這種概念就變成「政府差事嘛，差不多就行了」這種蔑視的想法（諷刺的是，這種想法曾經代表相反的意思：以前工匠手藝若被說成接近政府標準規格，反而是種讚美）。

根據新的公共管理哲學，糟糕的績效和馬虎的服務，肯定是不被接受的。各部門員工必須瞭解其他部門的問題，別對自己的績效表現太過樂觀，並且要和其他部門以團隊精神共同合作。

那些用來激勵員工增加生產力的目標、口號、圖畫和海報都要拿掉。這類規誡只會讓人憤恨，因為增加生產力所需進行的多數改變，根本不是員工所能控制的。雖然不應該給員工設定數字目標（例如每週要開出 10 張超速罰單），但組織本身應該有永不終止的改善目標。

「全面品質管理」哲學可能會讓傳統高階主管好幾晚睡不著，因為他們傳統

的控制手段被拿掉，員工和其上司有權告訴高階管理者問題所在，以及需要改正的地方。當然，由於這涉及公司無數的經濟損失，所以員工必須能無所畏懼地提出疑問，陳述有問題之處，或者表達意見。簡言之，阻止員工帶著尊嚴做好工作的障礙，都必須予以排除。

品質圈是執行「全面品質管理」哲學的一種方法，所謂**品質圈**（quality circle, **QC**）就是從員工中找出 6 至 12 位自願者組成一團體，定期討論和解決影響其共通工作活動的問題。此團體每週要挪出一些時間來聚會、提出問題、找出解決之道。這種概念認為，員工比其他人更清楚自己的工作，也更能做出好的建議來改善績效。品質圈也讓決策權下降至較低階的組織層級。品質圈的成員可以自由蒐集資料、進行調查。在許多組織中，團體成員會接受一些訓練，包括團隊建立、問題解決以及統計品質控制，以幫助他們更能面對問題，快速解決問題。此外，該團體的注意力不是放在員工個人的問題上，而是大家共同的問題。通常會有一位協助者幫助引導討論，品質圈會運用到第 7 章談到的許多團隊工作概念。

持續改進的概念　在北美，企業偏好的管理改善方式，是找個應急的方案，這裡那裡到處修修補補，來個大翻轉設計（「大贏面」）。然而有些人認為，持續的改善比較能產生有效的成果。如果真的想達成創新的承諾，那麼所有政府機構中就必須有持續改善的習慣，而且必須能自己維持這種習慣。這種概念所根據的假設是，每次改善一點點，長期持續累積下來，就很有可能成功。目標是要順利地達成改變，並且學習如何使未來的改變也能順利達成。

組織用來進行持續改進計畫的方式，可以從非常結構化的使用統計上流程管制工具，到依賴腦力激盪和粗估略算分析的簡單建議系統。本章要討論的則是另一種：PDCA 管理循環模式（Plan-Do-Check-Act，計畫－執行－檢核－行動）。

PDCA 管理模式也稱為「戴明循環」（Deming Wheel），這個概念傳達了持續改善過程的後續及連續的特質。在循環的「計畫」（plan）階段，就是去界定出改善領域（又稱為主題）以及相關的具體問題，這階段也會使用一種或多種問題解決技術來進行分析，這些技術分散在本書各處，例如外包流程圖（圖 9.1）、具名團體法。另外，圖 9.4 中還有 3 種技術。員工使用這些工具與腦力激盪來達成改善。持續改善的應用方式之一，就是找出對策，來消除問題成因或者阻礙解決的障礙物。

在 PDCA 管理模式的「執行」（do）階段指的是去做改變。專家通常建議先進行小規模的改變，並將任何改變以書面記錄下來。「檢核」（check）階段則是去評估在執行時所蒐集到的資料，目的是為了確認原本的目標與實際成果之間是否相

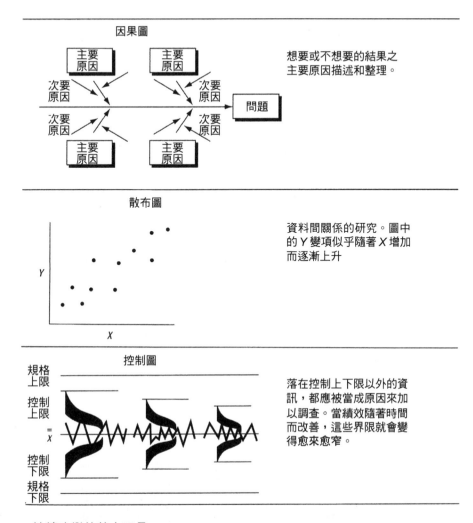

因果圖

想要或不想要的結果之
主要原因描述和整理。

散布圖

資料間關係的研究。圖中
的 Y 變項似乎隨著 X 增加
而逐漸上升

控制圖

落在控制上下限以外的資
訊，都應被當成原因來加
以調查。當績效隨著時間
而改善，這些界限就會變
得愈來愈窄。

圖 9.4　持續改變的基本工具

符合。「行動」（act）階段是指讓改善成為新的標準程序，並且應用到整個組織
的類似過程。一個循環完成後，又必須再次開始重新循環，這點非常重要；也就是
說，要再次界定新的改善領域，找出具體問題、執行改變等等。

國際品質標準　全球經濟促使美國的全面品質管理更為重要。許多國家對 ISO 9000
品質保證的普遍架構予以認同並背書。**ISO 9000** 是品質管理制度的國際標準程
序，由國際標準化組織（International Organization for Standardization）於 1987 年制
定，並於 2000 年修訂過。在全球 150 個國家（包括美國），有數十萬個組織被授
予 ISO 9000，代表他們對品質的堅持。歐洲國家取得此認證的數量最多，不過近年
來取得最多新認證的是美國。

近期取得 ISO 9000 的一個有趣組織是，亞利桑那州鳳凰城警察局的記錄與身分處（Police Department's Records and Identification Bureau）。現在執法機構的可信度備受質疑，該處想要清楚表達其所提供給執法人員和社會大眾的資訊非常公平和精準，所以申請了 ISO 9000 認證。以下兩個例子說明如果警察人員和社會大眾從政府單位獲得的資料不符合標準，會產生什麼悲慘結果。[18]

- 有位女性在市中心的停車場停車，回來時發現車子不見了，於是報警處理。稍後她和丈夫發現原來是自己跑錯停車場，於是這對夫婦打電話給警察，請他們將他們的車子從失竊車輛系統中移除。不料這輛車沒有從失竊系統中移除，數月後丈夫駕車時，被警察以槍指著腦袋，在 12 歲兒子面前被扣上手銬。
- 兩名持槍歹徒挾持了一輛車。受害人立即打電話給警察局，警官接受她的報案，卻沒有把車輛通報進報案系統中。幾個小時後，該輛車因為小違規被警察攔下來，但是從移動式資料終端機掃描車牌時，卻得到該車輛沒問題的回應。前一名警官沒有提供完整資訊所造成的疏失，有可能造成接近該車輛的警察同仁處於險境，因為裡面是持槍的歹徒。

遵循管理

上述談到進行方案的方法，包括個案管理和全面品質管理，都不能說明管制責

2003 年 7 月，亞利桑那州鳳凰城警察局的記錄與身分處成為美國第一個擁有 ISO 9001:2000，以認證其品質管理的執法單位。在一個每週 7 天每天 24 小時都要做出攸關生命財產重大決策的「產業」來說，掌握準確、完整和及時的資訊絕對非常重要。

任的特性，這種責任牽涉的是義務而非服務的傳遞。為了更全面均衡地說明執行方式，我們現在就來看看社會管制的核心目的：對社會的風險予以消除或控制。

在《管制的技巧》（*The Regulatory Craft*）一書中，哈佛大學甘迺迪政府學院（Harvard JFK School of Government）的 Malcolm K. Sparrow 提及 13 個直接遭遇到風險控制挑戰的機構。[19] 遵循管理的主要目標是透過仔細規劃、控制和鎖定目標，以平衡有限資源。遵循管理有三個核心要素：第一，把焦點重心放在結果，從這點來看，其很明確地拒絕了傳統根據生產力的產出來評斷績效的原則。其堅持找出更有意義的指標來評斷機構的表現，並且以特定具體問題大幅減少的程度，做為成功管理的指標。

第二，採用問題解決的取向。這牽涉到有系統地界定出重要危害、風險或者不遵循的模式，其強調風險評估，並排定優先順序，以做為資源分配決策的理性基礎，而且讓這種分配可受公評。它要針對每個問題執行有效的、創意的、合適的解決方式。

遵循管理的第三個核心要素是投資於協助夥伴關係。這類和產業、工會、員工、公會以及其他各級政府機關的合夥，就是要透過協力的議程設定和優先順序來產生共同目標的意識。

為了更具體說明這三要素，我們來看看以下兩個**遵循管理（compliance management）**的實例。

- 1990 年代初期，波士頓許多兒童和青少年被殺，許多分析顯示，處於風險狀態中的人多半集中在幫派組織中，這些幫派許多成員在刑事司法體系中都赫赫有名。「停火運動」將執法重心放在成員會參與暴力行為的幫派，並且透過資訊傳播讓他們知道，做出暴力行為將會面臨極為嚴重的後果。執法單位最具體的威脅方式，就是將所有資源與重心放在一特定幫派中，並保證一定會對該幫派祭出嚴懲。這種威脅遠比時下流行的「絕不寬容」這種說法更有可信度。執法單位曾兩次執行這種威脅，卯勁全力，團結行動，利用所有可能的法律權力和制裁手段，掃蕩整個幫派。經過第二次行動後，與幫派有關的暴力行為立刻大幅驟降。[20]

- 美國勞工部的薪資與工時處（Wage and Hour Division, WHD）負責在 650 萬個勞動場所執行勞動法律。在成衣業的外包層級中，不遵守最低工資、職業安全或其他勞動法律，乃稀鬆平常。為了解決 22,000 個縫紉承包商這種不守法的問題，並對更多產業造成殺雞儆猴之效，薪資與工時處集中所有力量於幾個從這些廠商購買成品的零售商。善用既有的法律，薪資與工時處動員媒體和輿論力量，抵制這些沒有對承包商善盡監督之責的廠商。為顧及其公開形象，零售商和廠商最後

與薪資與工時處達成遵從協議。[21]

　　既然現在已對遵循的運作有所瞭解，你也許會想處理一下本章結尾的第二個問題了。

戰術考量

　　另一個瞭解執行的好方法，就是不將它視為一套策略管理決策，而是將它視為一套工具組合。計畫執行和控制有關，因此就像其他事務一樣需有個工具箱。基本上，公共行政人員想做的事情，不外乎利用這些工具，在許多不同脈絡和組合下塑造執行過程，以完成他們的任務。我們將從其中一個最基本的工具談起，也就是排程模式。

排程模式

　　排程模式（**scheduling models**）促使企業各活動能協調進行，將資源做最妥善利用。這些模式對各種活動都有用，從排定高階主管的分公司考察行程這類瑣事，到太空計畫中複雜的活動排程。雖然有許多種排程模式，但在此我們將討論三種：**甘特圖**（**Gantt chart**）、**要徑法**（**critical path method, CPM**）、**計畫評核術**（**program evaluation review technique, PERT**）。

　　1917 年甘特（Henry L. Gantt）發展了一種條狀圖來描述已完成之工作與預定目標的比較過程。圖 9.5 就是應用基本的甘特圖技術來整理所進行的計畫。

　　甘特圖也可重新設計成要徑圖，這種作法有數種好處。第一，以流程計畫的網絡圖來取代長條圖，可以從網路圖看出事件和活動如何相關。在要徑圖和計畫評核

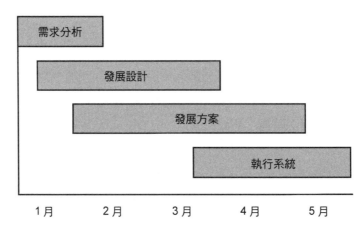

圖 9.5　甘特長條圖

術圖中，事件（例如開始測試的那個點）經常以圈圈來表示，活動代表的是計畫的時間要素，通常與各種不同的事件相連接，在圖中以箭頭來表示。因此，要徑圖能反映所有重要的方案成就，比較能接近方案真正的複雜度。

由於多數事件依賴一個或多個更早之前的事件，因此這圖顯示的是促成最終目標的各事件之間的相互關係。在計畫之間的是**要徑（critical path）**，也就是系統流程計畫中最長的時間。為了決定要徑，事件就要以順序的方式來加以組織。沿著要徑所畫的第一個點，是預定計畫的最後一個事件。從最後的事件開始，往後依序畫出相關事件，最後畫到第一個事件。接下來，把所有預期的時間總加起來，以得知網絡每個路徑所需的時間。完成的日期就視花費時間最久的路徑而定，由於這路徑的總需時間最長，所以稱為要徑（圖 9.6 中的粗黑箭頭就是要徑）。

瞭解要徑對決策者很有幫助。如果一個活動位於要徑上，那麼活動任何的失誤或延遲，就會拖延整個計畫的完成時間。相反地，活動若不位於要徑上，那麼一些失誤通常不會影響計畫完成的最後期限，因為要徑和非要徑之間還有很寬鬆的時間差。

計畫評核術的優點顯而易見，包括強制進行審慎的規劃、允許進行實驗、鼓勵參與規劃過程、允許進行有效的控制等等，但是也不是沒有侷限。許多有才能的行政人員認為，通常不可能透過這種排程控制的技術來等著問題自動浮現：要預期問題，非得近距離觀察不可。

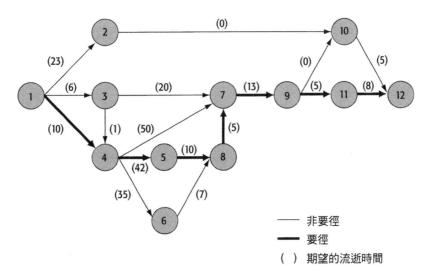

圖 9.6　計畫評核術網路圖

由後推進的策略

圖 9.6 建議一種很典型的執行方法：找出要達成的目標，也就是圖中標號 12 的圈圈，然後界定出要達成目標的執行步驟。Richard F. Elmore 稱此方式為「前進繪圖」（forward mapping）。[22] 然而，由於公共行政長官通常無法控制所有因素，所以前進繪圖法經常會出現 Pressman 與 Wildavsky 研究中所目睹的問題。每個計畫都很獨特，因此也很難預測出各事件之間的時間差。

為了解決這個問題，Elmore 建議**由後推進的策略（backward mapping）**，在這種方法中，公共行政長官應該從末端開始，也就是指那些第一線進行日常決策的真實行政人員。這種觀點強迫上層長官從會影響決策能否往所欲方向進行的角度來思考。之後就逆向推回去做計畫，以確保整個系統的架構方式能達成所欲之行為。

逆向運作其實不是什麼新奇的東西，想想以下這個微妙的問題：如果一個人有兩個桶子，其中一個容量是 4 夸脫，一個是 9 夸脫，那麼要用哪個桶子才能從河裡舀出 6 夸脫的水呢？多數人遇到這問題，都會先從 2 個空桶子開始，試完這個，再試那個，不成功之後又重新試一次。他們採取的就是前進方式，從被給予的情境去設法達到想要的結果。除非是特別有天分的人，或者有機會從數學課堂上學到遠多於日常運算所需之數學能力的人，才不會將太多時間浪費在細節上，而懂得從逆向方式來進行。*

在許多實際狀況中，逆向運作很有幫助。例如，假設你正在寫一份報告，說服你的長官接受你的想法，你可能會以前進方式來進行，在報告中呈現所有你覺得很棒的細節和數值，然後洋洋灑灑交給長官。或者你也可以試試逆向進行，告訴自己：「我現在要做的是去說服長官，如果要他們被我說服，那必須做到什麼？嗯，應該要能處理他們的反對意見，那麼他們的反對意見會是什麼呢？」藉由逆向運作，亦即由目標往前推論，你就會寫出一篇具說服力的報告。想像所欲結果，預期可能有的阻礙，通常能有效防止方案失敗。

在《千方百計》（*Whatever It Takes*）這本書中，圖赫（Paul Tough）描述了康拿大（Godfrey Canada）如何使用由後推進的策略來創建哈林兒童區（Harlem Children's Zone）。1990年代期間，康拿大在上曼哈頓地區運作了幾項針對年輕人

---

* 我希望讀者利用由後推進的策略實際嘗試解決這個問題，並自行發現解答會多快就出現。對那些自我信心不足的人來說，以下可以參考傑克的解法。顯然地，假如傑克的 4 夸脫桶子內有 1 夸脫的水，他只要將裝滿 9 夸脫的水倒 3 夸脫到小桶子，剩下的就是 6 夸脫的水。問題解決啦！所以他要如何在 4 夸脫的桶子內裝 1 夸脫的水？如果他的大桶子有 1 夸脫的水，就可以將水倒入小桶子內。很快地，他就會發現答案很簡單：只要裝滿 9 夸脫的水再倒入 4 夸脫的桶子內兩次就可以了。

的計畫，包括課後補救中心、預防蹺課、青少年反暴力訓練。但他愈來愈不確定他整個計畫加起來會怎麼樣，而且開始懷疑如果他「反轉方程式」（reversed the equation），會有什麼後果發生。

　　如果不是先提出一套有意義的計畫再試著了解計畫成效以及計畫的相容性，而是先從他想達成的成果為起點，再從這個點回過頭來從事作業，情況會是如何呢？當他進一步依循自己受到的思考訓練，他領悟到他真正在意的並非個別計畫的結果：重要的是他能給那些受服務兒童帶來哪些整體效應。他太熟悉所謂的「遞減」現象，一群貧困兒童雖然獲得某項計畫的援助，一旦計畫終結就立刻回到令人失望的狀態。[23a]

　　為了打破這個循環，康拿大反省了一系列問題：他對於貧困兒童的目標為何？答案是讓他們成長為主流美國中產階級生活的全方位參與者。達到這個目標需要做哪些事情？答案是維持青少年的生活、從高中畢業、進入大學、從大學畢業。還有，必須提供什麼才能幫助他們完成上述目標？現在事情變得有趣了。

　　他相信在窮困的社區中存在著一種引爆點。如果房屋出售或參加公宅計畫的家庭中，有 10% 加入他這些計畫，他們的參加不會對鄰居們帶來太大影響，而報名的兒童頂多被覺得是特殊個案……。但倘若，例如有 60% 的家庭加入計畫，參與就變得很正常，隨之出現的價值也會被認為理所當然：一種責任感、一種可以自我改進的信念、一種對於未來的希望。康拿大的理論就是近朱者赤，所以與其等待居民自行尋找他所提供的服務，不如由他的招募人員挨家挨戶拜訪……。他們會設計有組織，甚至是很有趣的計畫出來……。

　　他為他的偉大實驗挑選了一個實驗室場地，位於哈林區中心一個佔地 24 個街區的地帶，可以容納大約 3,000 名兒童，他們之中超過 60% 生活在貧窮線之下……。他和他的人員開發出一套追隨兒童生命成長的新穎、整合的計畫：為擁有三歲以下兒童的哈林區居民提供育兒課程，為 4 歲兒童提供特別的幼兒園學前密集班（intensive pre kindergarten），公立學校學生的課堂輔助與課後輔導，以及青少年的家教中心。康拿大的目標是建立一個緊密的安全網，而不會讓社區裡的孩子被遺漏掉。[23b]

　　進入哈林兒童區的生命幾年後，康拿大碰到困難（正如 Pressman 和 Wildavsky 可能預測到的）。具體來說，身為計畫關鍵要素的學校校長，在一些情況下不是那

麼配合。然而，彭博市長的新任教育局長克雷恩（Joel Klein）卻很願意合作。他指引一條更快更容易的推動方法：開放特許學校（charter schools）。該兒童區還收到慈善家的慷慨解囊，而且繼續成長。2007 年 7 月，當時歐巴馬還是個聲名鵲起的候選人，他在華府的一場演講中提到都市貧窮問題，並以哈林兒童區當做模範，表示他當選總統後將傚效這個策略。這是康拿大的策略首度端上美國政治最高層次的檯面上，到了 2008 年，每年有超過 7,000 名孩童接受該組織其中一項計畫的服務。

再造

　　全面品質管理與一種新管理概念——**再造**（**reengineering**）——非常類似，兩者都是藉由重新思考流程來提高生產力，不過再造較有可能找出新穎的解決之道，因為它是從一個破除因襲的問題開始。

　　全面品質管理的基本問題是：「我們如何能做得更便宜、快速或更好？」但再造的基本問題是：「這是我們應該做的事嗎？」

　　再造就是重新設計組織流程，以達到顯著的績效改善。重新設計時必須對流程進行完整評估，把焦點放在大幅降低提供服務的成本和時間。以下例子可說明這概念：

　　　在美國麻薩諸塞州兒童保護的舊制度中，疏於照料兒童的父母通常都能逍遙法外，直到父母一方出面求援。但隨之而來的執法過程既昂貴又費時，並且因為州政府預算經費岌岌可危，使得這套制度也搖搖欲墜。這套制度後來進行改造，將類似特徵的個案聚集起來。對於特定個案該採用什麼行動準則，全都輸入電腦中，所以可以不需經由人為干預，直接搜尋資料庫，然後採取行動。州政府將社工員從執法過程中抽離出來，現在需要社工員的時機，是在執法之後又出現的兒虐申訴，而非執法之前的申訴。2 年之後，有 85% 的兒虐案件都不需要社工員介入。交付罰款的個案增加 30%，而已經 2 年都沒有進展的繳款率從 59% 增加到 76%。[24]

簡化　　從成功的再造經驗中可找出幾個政府再造的設計原則。其中較重要的是簡化。**簡化**（**streamlining**）指的是削減組織架構，移除不重要的管理層級，以結果而非功能來進行重組，這裡所說的*結果是指顧客、產品和流程*。

　　簡化的做法也可以消除工作流程中的無用空間及時間延遲的狀況，例如美國國防部差旅制度的再造。雖然美國國防部可以很快運輸數千噸的人道援助物資和數十

萬部隊，但是派遣員工進行平日業務出差卻一直都非常困難，直到採取流程再造後情況才改善。過去，國防部出差人員在搭上巴士之前，得經過重重核准程序，填寫一堆文件。甚至出差回來事情也很麻煩，一般出差者得花 6 小時準備各種收據文件來核報開銷。

　　國防部成立了任務小組來再造繁瑣的差旅制度，目標是讓其更省錢、更有效率、對當事人更方便。這套再造系統減少了出差前的程序，將原本驚人的 13 道程序縮減成 4 道。原本審核差旅申請及收據核銷的預算部門是各服務指揮處的預算單位，現在則轉移到各處的主管。所以出差者只要透過差旅處就能安排好所有細節，因為差旅處會替出差者準備每次的「應支出費用」預估。出差者出差前後只需要有這份文件。有了主管簽名，這份文件就成了有效的旅行文件，在出差旅途中，這文件可做為行程記錄，因應不同計畫而做出修改後，又可成為支出記錄。所有旅行支出，或出差者先以支票支付的現金，都可以由政府發行的旅行卡來支付，透過政府電子經費的轉帳，政府就能直接支付旅行卡公司。[25]

再造的侷限　　再造衝擊最大的是員工。當再造把員工當成只是組織的一個小螺絲釘，隨時可被替換時，當然沒有人願意被再造。沒有人喜歡聽到這種話：「扛起傷者，射殺走散者」，這種話會讓員工覺得自己像戰俘，不再是組織的重要資產。

　　再造的其中一項重要評估顯示：在 497 個大企業中有 50% 指出，再造最困難的地方在於處理組織中瀰漫的恐懼和焦慮。管理者擔心過去數十年的資歷會化為烏有，每個人都擔心會失去工作。因此，再造的「軟性」層面（亦即要能讓員工信服）必須與「硬性」層面（例如設置新電腦）相互平衡。

　　組織再造失敗，不能怪罪於技術或員工，而是要怪罪於管理本身。管理者經常犯兩種錯誤，第一，沒有投入足夠的時間以員工都聽得懂的方式，來解釋他們正在做的事。再造的目標必須充分傳達解釋給組織各層級的員工。當組織被迫進行瘦身，而須與員工重新修改工作合約，甚至資遣員工時，這種溝通特別重要，因為能降低員工疑慮。

　　另一致命錯誤是持續採用過時的思維。如果你打算自動化，那就不要去鋪一條牛走的小徑，也就是說，不要試圖進行簡化或者改善原本不合邏輯或無效率的路徑。直接修整，然後使其自動化。

目標管理

　　目標管理（management by objectives, MBO）是一種管理技術，通常用於發展和實行戰術計畫。目標管理可以提供管理者共有的目標和方向感，確保他們可以根

據清楚的目標來挑戰自己的工作生涯。

　　密西根大學的 George S. Odiorne 對目標管理的定義如下：「簡言之，目標管理制度可以說是一種過程，高階管理者和低階管理者藉此過程找出共同目標，以目標所要達成的結果來界定彼此的職責範圍，並將之當成各單位運作的指導方式，評估成員的貢獻。」[26]

　　例如，衛生與人力服務部部長與某單位的主管見面，雙方都同意來年的工作目標是酗酒問題。[27] 但是目標管理的做法，不只是彼此同意將「重心」放在某件事上，部長和單位主管的對話範圍更大，並且界定出以下幾個重點：

⮕ 找出額外 10,000 個酗酒者，視其為「可被改善的」。
⮕ 只有處理酗酒者全面的問題，包括就業、福利和健康的酗酒處理中心才能獲得政府補助。
⮕ 目標不只是透過方案去處理這 10,000 個酗酒者，而是確保他們能恢復正常生活，也就是治療一年後能開始工作。
⮕ 要追蹤方案，並且每一季都要提供資料。

　　如我們所見，在目標管理的過程，組織所有管理者和部屬都要坐下來一起設定目標、分享資訊、討論能達成目標的策略，並且定期聚會來審視進度。因此，目標管理的基礎建立在目標、參與和回饋上。一般來說，有效採用目標管理的組織會比沒有採用的組織多了 44.6% 的生產力。而且若高階管理投注於目標管理的話，也就是說從高層開始設定目標，那麼生產力平均可提高 56.5%。一般來說，採用目標管理的組織，有 97% 的機會表現優於沒有採用的組織。[28]

　　不過，目標管理也非無缺點，首先，目標管理涉及很多文書作業，需要管理者擬定年度計畫和目標，每一季或每半年都要寫書面報告，評估目標達成進度。另一缺點是，管理者經常不願意對員工的表現給予回饋意見。第三，管理者和員工有時候對目標的意見很難達成一致，而且當員工被迫接受他們不想要的目標時，就不會對目標做出承諾，也不會盡力。最後，由於目標管理著重於數字，也就是容易評量的目標，因此員工可能會忽略其工作中無法數字化但卻很重要的部分。

走動式管理

　　在《亨利五世》（Henry V）第一幕第四景中，戰爭前夕，國王偷偷到英軍營出巡。他穿著平民的罩袍，趁著黑夜非常低調地探查民兵的感受。多數劇作評論家認為這幕可彰顯出國王的偉大，因為從中可看出國王樸實、謙虛和民主的本質。不過除了這點，這幕也提到了執行很重要的面向。

　　這種走動式管理（management by walking around, MBWA）的成效如何呢？這點是所有管理者亟欲知道的。直接從屬下得到答案，是最簡單的方式。要如何讓部屬將自己正在進行的工作坦然告訴管理者，而且不會覺得受到管理者過度打擾？管理者如何讓員工能真實地看出自己看似精力充沛的舉動，其實是因為很憂心，或者如何以清晰坦然的態度來討論工作士氣的問題？亨利五世找出一種方法。

　　亞金科特戰役（Battle of Agincourt，譯者按：亦即前兩段所提及，與亨利五世有關的戰役）之後 588 年，紐約市人力資源部主管 Barbara Sabol 決定親自到該市社福業務的前線走一趟。她穿著毛線衣、牛仔褲、戴著圍巾和假髮，假裝是社會福利申請人，以一年的時間親自體會與龐大官僚體系周旋的經驗。她說她遇到多次尊嚴掃地的窘境。她曾遞交許多私人文件卻被搞丟了，還有被叫去不負責該業務的單位、排隊等好久卻仍一無所獲，坐在蟑螂滿地爬、只有破爛椅子和電話的等候室。雖然她稱讚多數員工很盡責，不過也提及自己被辱罵、錯誤指引以及受到非人性化對待的遭遇。

　　她從此經驗學到非常多。只要想找工作的人一進入福利辦公室，市政府就該在他們領到福利救濟金之前（通常約 30 天）幫助他們找到工作。而且應該重新調整員工訓練，進行更廣泛的電腦化，那些領取福利金又有工作的人，應該在福利程序上給予優惠，以鼓勵人們就業。還有，領取福利津貼者在回答問題時，應給予隱私權。

　　總結來說，評估重要指標的方式包括定期員工聚會、團體領導人每週報告（問些統計數字以外的問題），以及進行走動式管理（不一定要披上袍子或戴假髮）。

其他考量

　　另一執行技術就是採用「推動者」。**推動者（expediter）**的工作是要確保方案中每個人都有達成目標所需的資料或設備，並且幫助方案參與者能相互合作、促進資訊交流。推動者可以是組織內的一個單位，也可以是個人。管理與預算局計畫協調處就是這類單位的例子。如果市長派遣一個他信任的助理去對無效率散漫的建築部（Department of Building）進行建築申請案的簡化，這就是以個人為推動者。對特定法案有興趣的立法者也可以做為推動者，使用其影響力來消除執行過程中的障礙。不論推動者為個人或單位，這職位代表著總統、州長、市長、部門主管和其他主管所認為該做的事情，都由這個人直接越過層級，代表其辦公室讓事情完成。

　　最後，行政人員自己也必須成為推動者，也就是他們必須**後續追蹤（follow up）**。在便條紙旁邊寫句措詞嚴厲的話，很難確保事情能順利達成，行政人員必須持續追蹤，以瞭解其命令是否被貫徹執行。後續追蹤不容易，但非做不可。如同小

羅斯福所言：「總統的建議理論上很重要，但有半數會被閣員當成耳邊風，如果總統問第二次，對方會說已經在調查研究，如果問第三次，聰明的閣員會至少給點建議。但除非很重要的事，否則總統哪有閒工夫事事追問三次。」[29]

行政人員也應該設法製造執行計畫的**誘因**（incentives）。曾有個惡名昭彰的例子，就是缺乏誘因，而使得社會福利制度中對受益者提供的綜合津貼，變成極為沒效益的事情。

另一改善執行的方法就是**參與式決策**（participative decision making）。當面對決策時，日本組織的高階長官會將決策交給由「適當者」組成的委員會。現在組織的決策過程變得很緩慢，至少在美國如此，雖然最後還是能得到共識。要讓決策成為好決策，就必須讓參與執行的人也參與決策過程，讓他們事先就同意決策。

總結觀察

幾年前《華爾街日報》出現的一則漫畫，可以用來總結本章。一隻小小鳥準備從巢穴旁的懸崖俯衝而下，牠問媽媽：「有什麼指示可遵循嗎？或者只要張開翅膀跳下去？」這句話多麼傳神地表達出公共管理課程中，教導計畫執行時的典型做法。當然，多數公共行政人員知道有時非得展翅跳下去，也就是從自己的錯誤中學習。但是同時也可以透過策略、戰術和本章所提到的一些概念來讓過程飛得平順些。

還有一點與管理潮流有關。從第 5 章的願景陳述到本章的再造，管理理論和趨勢變得更紮實和快速，而且很明顯地，遠比公務人員所能掌握的更快速。

有時候許多潮流很可能沒有生產力，也帶給人壓力，但不表示它們毫無價值。理論之間的競爭可以產生更有用的想法，讓管理者更有經驗和創意來採用新觀念並重新整合且分析修正，以便符合自己組織的需要。新的管理政策的問題在於它們會妨礙關鍵性的思考（這會有用嗎？我們要怎樣重新打造它，好讓它符合我們的狀況？等等）。不幸地，潮流也讓許多管理者相信，簡單的新提案就能提供簡單的答案來解決複雜相互關聯的組織問題。這類不加思索的態度可能會在機構運作的各層面，造成許多不受歡迎的結果。

本章說明如何使方案執行這項艱鉅的任務做得不那麼困難，我們仔細討論了三個執行的核心議題：誰來進行方案、如何進行，以及哪些戰術考量最重要。本章得出的結論重點如下：

1. Pressman 與 Wildavsky 認為，在執行新的社會方案時，有兩個問題最重要：參與者的多樣性，和觀點的多樣性。這兩種因素結合起來，會延宕（在某些狀況下甚至阻礙）行政單位為了執行方案，確保聯合行動順利所做的努力。

2. Bardach 使用「賽局」的隱喻來分析執行過程。他認為將注意力放到參與者、參與者的賭注、策略和戰術、所掌握的資源、遊戲規則、公平的遊戲規則、參與者的溝通狀況，以及賽局結果的不確定性，藉此說明方案的執行過程。

3. 在最後分析中，執行是一個可被管理的過程。

4. 民營化象徵政府滿足社會需求所扮演之角色的新思維。民營化是指在活動進行或資產擁有權上，降低政府的角色，或者提高私部門角色的一種行為，也就是沿著連續圖從左邊移轉到右邊。以下順序乃根據市場取向的提高：外包、補助、特許、合夥、抵用券、自願服務及撤資。

5. 外包有下列好處：提高效率、讓公共行政人員從日常不變的繁瑣中解脫出來、增進彈性、促進社會和經濟目標。缺點或侷限則包括很難實現理想的行政責任、成本可能增加、政府活動更擴張、競標者之間的勾結、缺乏人力資源來監督承包商，以及某些業務根本不適合外包給私部門。

6. 聯邦採購法規（FAR）對於聯邦各機構的採購案，有一致的政策和程序規定。秘密競標要嚴格遵守正式程序，相反地，競爭性談判則更有彈性，可使機構進行面談、評估對方條件，並利用價格和其他因素來獎勵承包商。

7. 許多公部門組織會涉及到個案處理，雖然這些組織可能牽涉到不同的事業，但其處理階段都非常類似，可以用個案處理流程來加以探討。所有個案都會經過幾個明顯界定的階段：取得、過濾、分派、設定優先順序、範圍定義、資料蒐集、資料詮釋、行動、解決和評鑑。

8. 全面品質管理是指根據事實和資料，透過組織的全面努力，持續改善品質。證明品質的重擔不在審查的主管身上，而在服務提供者身上。

9. PDCA 管理循環模式（亦即戴明循環）傳達持續改善過程的後續及連續特質。在循環的「計畫」階段，必須界定出改善領域以及相關的具體問題。在「執行」階段，執行改變。在「檢核」階段，要評估執行時所蒐集到的資料。在

「行動」階段，要將改善變成新的標準程序，並且應用到整個組織的類似過程中。

10. 遵循管理的主要目標是透過仔細規劃、控制和鎖定目標，以平衡有限資源。其特色是把焦點重心放在結果、採用問題解決的取向、投資於協力夥伴關係。

11. 微觀管理和例外管理應該區分開來。微觀管理是指執行長自己埋首於細微枝節中，將注意力從組織目標轉移到細節，因而損害員工的工作士氣。而例外管理是指執行者將重心放在設定議題、掌握氛圍、訂定架構，鋪陳出組織運作的原則方針，然後將多數工作授權給員工，只決定會影響到任務的大小議題。

12. 排時程模式促使企業各活動能協調進行，將資源做最妥善利用。這些模式對各種活動都有用，從排定高階主管的分公司考察行程這類瑣事，到太空計畫中複雜的活動排程。

13. 由後推進的策略指的是公共行政長官應該從末端開始，也就是指那些第一線進行日常決策的真實行政人員。這種觀點強迫高階長官從會影響決策能否往所欲方向進行的角度來思考。之後就逆向推回去做計畫，以確保整個系統的架構方式能達成所欲之行為。

14. 再造是重新設計組織流程，以達到顯著的績效改善。重新設計時必須對流程進行完整評估，把焦點放在大幅降低提供服務的成本和時間。

15. 目標管理是一種過程，高階管理者和低階管理者藉此過程找出共同目標，以目標所要達成的結果來界定彼此的職責範圍，並將之當成各單位運作的指導方針，評估成員的貢獻。

16. 其他重要的戰術考量或執行工具包括走動式管理、設立推動者角色、後續追蹤、誘因和參與決策。

問題與應用

1. 在美國幾乎每個人都會面對到的政府部門是汽車監理所（Department of Motor Vehicles），對多數人來說，去監理所是個惡夢，排隊長龍、付錢、和櫃台後臭著臉的人員交涉。大家排成長龍等著領牌照或更新牌照，只希望排到窗口時能把事情辦妥。

為了更具體解決問題，政府機關界定下列六項議題，並做了初步研究：

• 客戶想要以更快、更多樣化的方式來獲得服務和資訊。

• 客戶在監理所開門前 1 小時抵達排隊，使得整日的客戶量持續累積，消化不完。

- 許多需要檢查員的程序，其實對快速服務客戶沒有直接幫助。
- 客戶沒有被清楚告知，他們需要什麼資料，也不知道哪些業務是透過自助式服務或郡辦事處。
- 許多監理站來客量超出所規劃的客戶量。
- 許多人第一次和第二次時無法通過駕照考試，徒增監理所的業務量。

　　透過本章提供的技術和工具，以及其他你能想到的觀點，你覺得可以如何讓州政府的監理所擺脫官僚巨獸與隊伍長龍的形象？

2. 有一種橫跨美墨邊界走私毒品特別殘暴的方法，就是眾所周知的闖關（port running）。闖關者會將 500 磅重的毒品放在汽車或小卡車內，不做太多偽裝或掩飾就開車到預先選好的邊境檢查站。如果查驗人員要求驗證身分、花太多時間、要求檢查行李廂，或想攔停車子進行第二次檢查，司機就會加速離開，必要時甚至將其他車輛撞離車道，並撞倒查驗人員或任何愚蠢到還停留在車道上的人。他們絕不會在乎車輛的損傷，因為車上的貨品更有價值。闖關者挑選的檢查站，都位於邊界半英哩內就可消失在人口稠密區的地方，使得追捕變得幾乎不可能。

　　1995 年 1 月，警局副局長朗恩（Mike Lane）組成一個小組負責處理這個問題，該小組對此想出很多點子。執法官傾向追捕與扣押；查驗人員很自然地更關注於改變查驗程序；情報小組想要深入瞭解走私集團並給予迎頭痛擊。但這些方法多數都已經在做，而且做得不夠多。此外，他們的職責不在進行逮捕或瓦解走私集團（雖然假如有幫助的話，他們獲准可以這麼做）；他們的責任是解決闖關問題。

　　假定你隸屬於朗恩的小組，在從事行動計畫之前，小組必須決定應該如何評估績效。如果不是根據逮捕和扣押的數量，那麼我們如何知道是否有進展？闖關事件的數量降低顯然很好，但即使如此仍存有詮釋的空間。你的計畫是什麼，還有你要如何評估是否成功？你的計畫替代方案是什麼，還有為何計畫會被拒絕？

資料來源：Malcolm K. Sparrow, *The Regulatory Craft* (Washington, DC: Brookings, 2000).

3. 你認為一個機關可以不用透過標竿來進行成功的全面品質管理嗎？
4. 討論成立新機關來執行方案的優缺點。
5. 找出下列網路圖中的要徑。

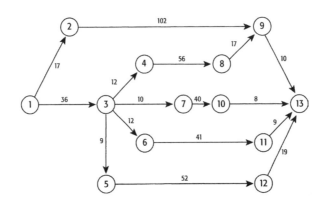

我 的 最 愛

www.eval.org　美國評鑑學會（American Evaluation Association）是國際性的專業評鑑協會，致力於方案評鑑、人員評鑑、技術評鑑和許多評鑑的應用與探討。

www.wmich.edu/evalctr/ess　西密西根大學評量中心（Evaluation Center at Western Michigan University）的評量支援服務（Evaluation Support Services）網站，目的是增加評量的使用量和改善評量品質。

註 釋

1. J. L. Pressman and A. Wildavsky, *Implementation* (Berkeley: University of California Press, 1973).

2. 前揭註，頁 99–102.

3. Elinor R. Bowen, "The Pressman-Wildavsky Paradox," *Journal of Public Policy*, 2.1 (1982).

4. Eugene E. Bardach, *The Implementation Game* (Cambridge, MA: MIT Press, 1977) .

5. E. S. Savas, *Privatization and Public Private Partnerships* (New York: Chatham House, 2000).

6. *The Municipal Yearbook 2004.*

7. David Osborne and Ted Gaebler, *Reinventing Government: How the Entrepreneurial Spirit Is Transforming the Public Sector* (Reading MA: Addison-Wesley, 1992).

8. Katherine Barrett and Richard Greene, "Short on Oversight," *Governing* (May 2006) : 80; Robert D. Behn and Peter A. Kant, "Strategies for Avoiding the Pitfalls of Performance Contracting," *Public Productivity & Management Review* (June 1999) : 470–89.

9. Joel Brinkley, "Energy Department Contractors Due for More Scrutiny," *New York Times*, (November 24, 2002), 28.

10. *Governing* (June 1995).

11. *Ford Foundation Report* (Winter 1997).

12. *Wall Street Journal* (September 8, 2005).

13. *Time* (December 27, 1999). 法國為 19%，德國為 17%，日本為 11%。

14. Savas，如前所述，頁 130。

15. 前揭註。

16. 根據 Lester M. Salamon and Michael S. Lund, *Beyond Privatization: The Tools of Government Action* (Washington, DC: Urban Institute, 1989). 在思考政策工具選擇時，還可參考另一份描述其特性的有用清單：E. S. Savas, *Privatization and Public Partnerships* (New York: Chatham House, 2000), 92–102.

17. S. R. Rosenthal and E. S. Levine, "Case Management and Policy Implementation," *Public Policy* (Fall 1980).

18. David M. Amari, "Phoenix Police Department Counts on ISO 9001:2000—24/71" *Management Systems* (May–June 2004) : 33–38.

19. Malcolm K. Sparrow, *The Regulatory Craft* (Washington, DC: Brookings, 2000).

20. 前揭註，頁 171–80。

21. 前揭註，頁 86。

22. Richard F. Elmore, "Backward Mapping: Implementation Research and Policy Decisions," in Walter Williams, ed., *Studying Implementation* (Chatham, NJ: Chatham House, 1982).

23a. Paul Tough, *Whatever It Takes: Geoffrey Canada's Quest to Change Harlem and America* (Boston: Houghtion Mifflin Co., 2008), p.3.

23b. 前揭註，頁 4–5。

24. *Governing* (February 1994).

25. Richard Koonce, "Reengineering the Travel Game," *Government Executive* (May 1995): 28–34.

26. George S. Odiorne, "MBO: A Backward Glance," *Business Horizons*, 21 (October 1978): 14.

27. R. Brady, "MBO Goes to Work in the Public Sector," *Harvard Business Review* (March–April 1973)

28. R. Rodgers and J. E. Hunter, "Impact of MBO on Organizational Productivity," *Journal of Applied Psychology*, 76 (1991): 322–26.

29. G. C. Edwards II, *Implementary Public Policy* (Washington, DC: Congressional Quarterly Press, 1980): 155.

個案 9.1

友善炮火
Friendly Fire

1994 年 4 月 14 日早上 11 點 30 分，美國 F-15 戰鬥機在伊拉克北部誤擊兩架美軍黑鷹直升機。直升機上 26 名聯合國維和人員喪生，其中包括 15 名美國人。當天早上直升機奉命降落在伊拉克邊境的小村落接運人員，載他們去伊拉克安全區。當天任務是一項更大組織任務的其中一部分，這項大任務就是 1991 年 4 月開始進行的「安樂行動」（Operation Provide Comfort），目的是救援數十萬受苦的庫德族（Kurdish）難民。

執行像「安樂行動」這種複雜的綜合任務，需要非常高度的專業與整合能力。之前 1,000 多天的經驗，透過標準化、計畫和充分協調，才能處理深具挑戰性的整合任務。1994 年 4 月 14 日，這套機制卻失靈了。在《友善炮火》（*Friendly Fire*）一書中，美國軍事學校領導與組織中心的前主管，現在任教於哈佛商學院的史努克（Scott A. Snook），分析了導致這場意外的諸多因素，包括個人、團體、組織和跨層級。以下討論就是根據他的嚴謹分析：

事實經過

當天早上 7 點 36 分，美國空中預警控制系統（Air Force Airborne Warning and Control System, AWACS）的飛機從距伊拉克邊境 400 英哩的土耳其伊錫瑞克（Incirlik）空軍基地起飛，做為當天空軍 52 架聯合突擊行動的前導飛機。9 點 22 分左右，2 架黑鷹直升機從距

伊拉克 150 英哩的土耳其境內起飛，這時預警控制系統前導飛機的雷達已經鎖定住 2 架直升機，這套預警控制系統認為直升機的儀器上至少有 2 個 IFF 的頻道，所謂 IFF 就是敵我識別系統（Identification Friend of Foe）。

11 點 20 分，F-15 戰鬥機的飛行員也從土耳其起飛，進入了伊拉克北部領空，並且通知了預警控制系統。2 分鐘後，F-15 戰鬥機的雷達也鎖住了 40 英哩外的直升機。他們使用「敵我識別系統」儀器來詢問直升機駕駛，但是直升機上的「敵我識別系統」已經被轉移成適合土耳其領空，而非伊拉克的訊號。F-15 將雷達上的訊息通知預警控制系統，得到一個「淨空」回應，表示這系統的雷達沒有在那個地方發現任何東西。11 點 25 分，黑鷹的「敵我識別系統」訊號又出現在預警控制系統的雷達範圍內，但是沒人把這項新訊息傳達給 F-15 戰鬥機。

11 點 28 分，F-15 的前導機飛行員對直升機進行「視覺查核」，也就是飛到其左邊 1,000 英呎，又飛到其上面 500 英呎，以肉眼來做判斷。飛行員將直升機誤判為俄羅斯製的辛得斯（Hinds）直升機，也就是敵軍伊拉克所使用的直升機。第一架前導機的駕駛員問第二架 F-15 飛行員，也就是負責掩護支援他的僚機，請求再進行一次視覺確認。僚機沒有做視覺確認，但卻在雷達上做出 "Tally 2"（譯者按：看見兩架敵機逼近）的訊息，使得第一架前導機的飛行員將之視為確認指令。11 點 30

分，F-15 戰鬥機發射一枚飛彈，數分鐘後，第二架 F-15 戰鬥機也開火射擊。狂囂著飛過 2 架燒燬的直升機殘骸，F-15 的飛行員露骨地在無線電中叫嚷著：「全都死了，沒人可以活著。」

哪裡出差錯：第一關

為什麼 F-15 飛行員會誤認美國直升機？因為他們受訓時所看到的美國直升機照片是從地面往上的仰角照片，從來沒看到由上往下俯看的直升機模樣。再者，F-15 飛行員沒理由認為眼前所見除了伊拉克的辛得斯直升機外，還可能是其他直升機，因為他們從未被告知這領域內會有自己的直升機通過。

除了欠缺適當訓練和周延的任務簡報外，一連串的社會互動也是這次意外的原因之一。前導機的飛行員是個上尉，而僚機飛行員則是位階高於他的中校，因此他很自然將這個 "Tally 2" 訊息解讀成正面的確認。中校軍階高於上尉，但是在這趟飛行中，卻讓資淺的軍官在前方當成前導機，資深的反而尾隨在後。

在任務行動中，這種相反的層級安排很罕見。由於這種權力倒置的狀況不常見，我們不清楚他們到底是如何運作的。或許，這種角色顛倒的做法除了想藉機含蓄地鼓勵上尉比平常更有決斷力外，也可能要鼓勵他別怕承擔風險，勇敢做出判斷，因為他有信心如果判斷錯誤，後面更有經驗的中校會找出錯誤。

為什麼空中預警控制系統的同僚不幫忙？在被擊落之前，2 架直升機明顯地位於控制系統的雷達上長達 4 分鐘。原因就在於負責那次監視任務的技術員是第一次執行任務，而平常坐在旁邊的資深技術員剛好移到另一側的雷達區。這兩人第一次合作，以前從未共事過。當時指揮官表示，他不知道雷達的嗶聲代表什麼意思，在聽證會中，他坦言自己太過無知。被問及他的雷達知識時，他回答：「長官，我的專長領域不在此，值班時我就像豬在看手錶一樣，有看沒有懂，我不知道那些小小的嗶聲代表什麼意思。」

這就是責任擴散的有害結果。當天值班的指揮官覺得，總有其他人要擔負更大的責任，而在該次意外中，那人就是擊落友機的 F-15 飛行員。

再者，當班的空中預警控制系統的主管部屬比例非常高：9 個長官監督 6 個屬下。技術員或許以為如果他看錯雷達，一定會有長官出面糾正，這又是另一個責任擴散的例子。

軍隊與空軍在安樂計畫之間缺乏整合，可從直升機在安全區卻持續使用錯誤的敵我辨識系統看出來。不知何故，2 年前有人訂下政策，規定在安全區外，所有的飛機都要使用同一種碼，在安全區內則用不同碼。但是這種改變卻沒有傳遞給直升機飛行員。為什麼沒有？有一種說法是因為在空軍體制內，直升機不被認為是飛機。這是溝通破裂的絕佳例證：在兩種不同的文化中，飛機這個關鍵字眼，卻代表著不同的意義。

哪裡出差錯：第二關

雖然之前的分析解釋了部分謎團，但是史努克不認為這足以解釋整樁誤擊意外。他認為我們還應該從跨層級來看：「我們應該找出個人、團體和組織之間的運作機制，我們對整起

意外的解釋應該要能符合其動態過程，將組織的真實性整合進來，也就是說除了瞭解每部分的問題外，也要看到組織全局的問題。」

彼得・聖吉（Peter Senge）在其《第五項修練》（*The Fifth Discipline*）中解釋看到全局的重要：

> 我們都喜歡玩拼圖、喜歡看到完整出現的圖像。人類、花朵或者一首詩的美，就在於其全貌能被看見。「完整」（whole）和「健康」（health）這兩個英文字的字根相同，都來自古英文的 hal（hale 和 hearty）。所以不足為奇地，今日整個世界的不健康狀態可視為是，來自於我們沒有能力看見世界的全貌。
>
> 系統思考就是一種看見全貌的訓練，透過這種架構，去看事物之間的相互關係，而不只是個別事物；看見改變的模式，而不只是靜態的「快照」。

為了將這樁擊落意外當成有機的整體來探究，史努克建立了一個因果脈絡圖。這裡引用的圖 9.8 不是因為圖中所有細節對本書很重要，而是因為這是系統思考的絕佳例證，而且讓我們知道，把意外歸咎於人為疏失實在太過簡化了。史努克使用這個圖，從細節來回顧整起意外，將之視為一整體的動態過程，並提出一套跨越時間和各層級的運作機制，他稱之為實務的漂移（practical drift）。

這套機制是這樣運作的。一開始設計操作系統時，將之視為緊密的結合的系統，結合（Coupling）的意思是組織安排的相賴層次。鬆散結合表示各要素之間的連結關係很薄弱，或者倚賴關係很小。緊密結合代表兩要素之間

沒有空隙或緩衝，一方改變會直接影響另一方。當緊密的結合系統被設計出來時，就有一套防衛機制可避免最壞的情況發生。

但要開始執行這些美麗的設計時，才發現實際上不可行，於是各單位就採用自己的變通方式，結果變通方式成了永遠的做法。在黑鷹意外中，新的簡報官告訴新成員，我們這裡通常怎麼做事。隨著一代一代傳述做法，到後來整個制度變成了鬆散的結合系統，反而自己的做法變成更具強制性。大家對最初那套緊密的結合邏輯愈來愈不熟悉，在這種逐漸鬆散的協調模式中，每個單位開始遵循自己獨特的做法，並假定其他單位依然遵照當初的規則行事。

可以想見，悲劇發生後，整個系統被重新設計，置入更嚴格緊密的保護機制。然而，諷刺的是，這些太嚴謹的保護機制反而使得各單位又被迫進行「實務」的調整，整個循環繼續下去。

意涵

在任何計畫的執行過程中，主管必須對「實務的漂移」現象所產生的危險有所警覺。更具體來說，史努克建議他們應該問問以下問題：

1. 你最近擊落過什麼「友軍直升機」？原因是什麼？個人失誤或制度設計有誤？是因為「實務的漂移」現象或其他機制？

    例如，沃恩（Diane Vaughn）在《挑戰者號發射決策》（*The Challenger Launch Decision*）一書中，將該次太空任務的失敗歸咎於「變異的常態化」（normalization of deviance）。她說用來

圖 9.8　意外擊落黑鷹應因果圖

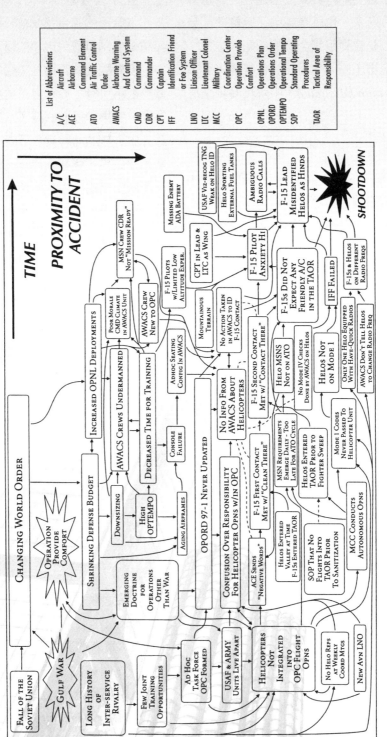

資料來源：Scott A. Snook, *Friendly Fire* (Princetion, NJ: Princeton Press, 2000), p. 21.

將火箭推進器間的空隙密封填實的做法標準產生技術上的變異，這種現象經過長年累月竟被視為正常。在挑戰者號發射前一年，工程師和主管一起發展了一套情境定義，根據這定義，他們即使面對出錯狀況時，也能好像沒事發生一樣繼續做下去。這就是變異的常態化所產生的問題。

2. 你有任何管理者像空中預警控制系統的指揮人員，「像豬在看手錶，什麼都不懂嗎？」

3. 你手邊有任何重要任務，出現 3 個和尚沒水喝的情況嗎？

4. 有任何情境，會讓美軍的黑鷹直升機看起來像敵軍直升機嗎？

5. 你的組織中長久以來都有「軍中對立」的情形嗎？

6. 如何從這些悲劇中學習？你學到了嗎？重點是放在學習或者政治責任的歸咎？

個案問題

應用最近的新聞標題、歷史故事和個人經驗，你可以說明多少前述「意涵」中的問題呢？

資料來源：Scott A. Snook, *Friendly Fire* (Princeton, NJ: Princeton University Press); *Peter M. Senge, The Fifth Discipline: The Art and Practice of the Learning Organization* (New York: Doubleday, 2990), 68.

第三篇　資源管理

Graham Lyth Photography

人力資源管理
Human Resources Management

關鍵字

affirmative action programs　矯正歧視措施

arbitration　仲裁

assessment center　評鑑中心

bargaining unit　談判單位

bona fide occupational qualification (BFOQ)　真正
　職業認證資格

certification　驗證

Civil Service Reform Act of 1978　1978 年文官改
　革法

collective bargaining　集體談判

compensation　薪資報酬

disparate impact　差別影響

disparate treatment　差別待遇

emotional intelligence　情緒智能

end-run bargaining　最終回合談判

fact-finding　實情調查

five-factor model of personality　人格的五因模式

Hatch Act　赫奇法

impasse　僵局

Intergovernmental Personnel Act of 1970　1970 年
　府際人事法

job action　工作行動

job rotation　職務輪調

management development　管理發展

mediation　調解

merit principle　功績原則

Merit Systems Protection Board (MSPB)　功績制
　保護委員會

Office of Personnel Management (OPM)　人事管
　　理局

on-the-job training　在職訓練

organizational culture　組織文化

patronage　恩庇

performance appraisal　績效評核

position classification　職位分類

rank-in-person approach　品位制

rule of three　三人原則

Senior Executive Service (SES)　高級主管制

sexual harassment　性騷擾

spoils system　分贓制

symbolic manager　符號式管理者

test reliability　測驗信度

test validity　測驗效度

Title VII of the Civil Rights Act of 1964　1964 年
　　民權法第七篇

紐哈芬市消防員

2003 年底，康乃狄克州紐哈芬市（New Haven）有 77 位消防員參加升任小隊長（lieutenant）官階測驗。43 位參加考試的白人中有 25 位通過（58%）；19 位黑人中有 6 位通過（24%）；15 位拉美裔中有 3 位通過（20%）。由於只有 8 個缺，分數最高者才有資格升官，結果 6 個通過考試的黑人消防員裡面沒有一位符合資格。

市律師獲知這些結果，並且發現該市擁有將近 60% 的黑人和拉美裔人口後，於是建議市的文官委員會（Civil Service Board）駁回測驗結果，並警告如果測驗結果成立，市可能遭受少數族裔消防員提出的種族歧視訴訟，委員會於是表決不認可這項考試。考試成績有機會獲得升遷的消防員因而提出訴訟，他們宣稱在 1964 年民權法和憲法平等保護條款的規定下，他們的權利已遭到侵害。訴訟發起人 Frank Ricci 是一位閱讀障礙者，他說他盡全力準備考試，而且花錢請人錄下研習教材好方便他邊聽邊學。

美國地方法院對市下達裁判，指出該市避免歧視少數族裔消防員的做法是「種族中立的」（race neutral），因為「所有測驗結果都被作廢，沒有一人獲得升遷，而且每一種族的消防員都必須參加另一次選任過程。」

消防員對地方法官的裁判提起上訴，案子於 2007 年送到第二巡迴上訴法院的三位法官合議庭中。言詞辯論結束後，有一位上訴法官 Sonia Sotomayor 告訴 Ricci 的律師說：「我們不認同不合格的人員被僱用。但如果你的測驗總是讓特定群體落居通過率的底部，他們永遠也無法獲得升遷。若能設計出一種公平的測驗，用更實質的方式來測量知識，那麼為何不讓這個市有機會看能不能開發出這種測驗呢？」

最後，Sotomayor 法官和她的同僚決定維持地方法官的判決。

2009 年 6 月，最高法院以 5 票對 4 票得出有利於白人消防員的判決。Antonin Scalia 法官對於地方法官宣稱將考試結果作廢是種族中立的說法嗤之以鼻。「稱為中立只因為你在否定輸家的同時也否定贏家？這叫做中立？」

一些私人雇主表示，這項判決可能驅使他們利用測驗來做出僱用和升遷決策。但判決也促使其他人更仔細審視他們目前的測驗，以確保測驗沒有偏見。判決對私部門的影響可能不如政府機關，因為私部門的雇主較不會拿測驗當做職務升遷的單一或最主要標準。諷刺的是，很多城市在僱用最優秀的消防員和警員時，公務員考試被認為是最公平的方法，同時也開啟更多少數族裔進入公家機關的大門。考試被認為是一種以不問膚色的方式，來對那些過去明顯有明顯歧視現象的組織，進行衡量績效和升遷少數族裔進入內領導階層的方法。問題在於，基於莫名所以的原因，造成少數族裔的測驗結果仍不如白人。

但使用多選題測驗法來衡量消防員的知識記憶，是否最能預測他們在一場超大火警中的反應能力？申言之，任何消防局小隊長或大隊長的最重要技能是完美的判斷、從容的指揮態度，還有在壓力下做出生死交關的決策。

無論如何，紐哈芬市的官員已確認他們的紙筆測驗有所缺陷，還有別種值得信任並可減少不利於黑人和拉美族裔的方法，來選任消防小隊長與大隊長。那種方法大量依賴評鑑中心制（assessment centers），應試者要在模擬真實狀況的情境下接受評估，來觀察他們能否進行處理。支持這個想法的人士表示，評鑑中心制比紙筆測驗更能測量領導與溝通技能，以及應試者處理緊急狀況的技能。（本章可以學到更多有關評鑑中心制的內涵。）

除了只是狹隘地探討消防員升遷最佳方式之外，本個案還引發另一個更廣泛的議題，也就是在 2009 年 7 月的最高法院同意權聽證會（confirmation hearings）上對 Sotomayor 時所提出的。[*]威斯康辛州的民主黨籍參議員 Herb Kohl 問了一個有關 2028 年的有趣問題。根據最近的最高法院判決，那時候有些類別的矯正歧視措施可能不再被允許。在 2003 年「古魯特控告保林格」（Grutter v. Bolinger）一案中，歐康諾（Sandra Day O'Conner）大法官贊同根據種族採取差別待遇的大學入學許可制，但僅限於目前的世代。這種政策「必須有時效限制」，她補充表示：「法院希望 25 年後就不再需要對特定種族採取優惠措施，來促進現今他們被認可的利益。」甚至如果目前的人口變化趨勢不變的話，到了 2023 年，18 歲以下黑人、拉

---

[*]譯者按：個案中的 Sonia Sotomayor 法官於 2009 年 5 月 26 日獲美國總統歐巴馬提名為聯邦最高法院大法官，並於同年 8 月 6 日獲得參議院同意任命。

美裔和亞裔等非白人族裔將占多數。到了 2042 年，他們就會占全國人口多數。事實上，今天有一些大州，這些少數族裔人口已經占多數。

繼種族隔離之後允許反歧視，以及在多元性的名義下進行無限期歧視，兩者有什麼差別？2003 年紐哈芬消防局升遷制度的有效性如何呢？美國的軍隊如何處理這些議題呢？

資料來源：Ed Stannard, "Firefighters Exam at Center of Supreme Court Case," *Hispanic Business News* (June 29, 2009); Ronald Dworkin, "Justice Sotomayor: The Unjust Hearings," *New York Review of Books* (September 24, 2009); Suzanne Sataline and Stephanie Simon, "Cities Yearn for Clarity on Bias in Hiring," *Wall Street Journal* (June 30, 2009); Jess Bravin and Suzanne Sataline, "Ruling Upends Race's Role in Hiring," *Wall Street Journal* (June 30, 2009); Adam Liptak, "Justices to Hear White Firefighters Bias Claims," *New York Times* (April 10, 2009); Adam Liptak, "Supreme Court Finds Bias against White Firefighters," *New York Times* (June 30, 2009); Lani Guinier and Susan Strum, "Trial by Firefighters," *New York Times* (July 11, 2009).

如圖 10.1 所示，人力資源管理（human resources management, HRM）的三個主要目標都是為了吸引有效率的人力到組織中，使其發揮其潛能，並能長期留住人力。多數政府和非營利組織會僱用人資專家來執行這些功能。人力資源專員（HR specialists）的重心放在人力資源領域的其中一部分，例如招募員工或處理薪資與福利事務，而人力資源通才（HR generalists）的責任就不只這些，從實際意義來看，**每個公共行政人員都需成為人力資源通才**。

請注意圖 10.1 左上方的表格。注重結果取向的組織，不管公家機關、非營利或營利組織，都要一直確保其日常人資活動能支持組織的任務，並且讓組織更能達成策略性目標。也就是說，人力資源要努力確保其核心流程能支持與任務有關的成果。這種組織會愈來愈仰賴清楚定義的任務，以做為其每日行動與執行方法的基礎。例如許多成功的公私組織都會將人資管理整合入組織任務中，而不是將之視為獨立的支援部門。這種整合包括將個人的績效管理生涯發展計畫，與薪資和升遷標準納入組織的任務與願景中。

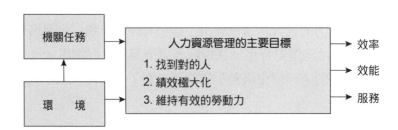

圖 10.1 人力資源管理的一般架構

在探討人力資源管理之前，我們要先來回顧一下美國在這方面的發展。不過本章一開始所要回顧的這部分，從歷史的角度來說，並不是歷史，因為這種美國傳統稱之為公共人事管理（public personnel administration）的領域，並沒有經過改革，而是一個累積的過程。也就是說，許多始於華盛頓的做法至今都還被沿用。所以，要探討二十一世紀早期的人力資源管理，我們就要從十八世紀晚期開始談起。

如圖 10.1 所示，某種人力資源管理活動是否有效，取決於與活動有關的環境。這裡所說的環境可分成外部要素和內部要素。在本章第二節，我們會討論環境的內外要素，這時就可以很清楚看到環境是很重要的因素，會決定哪種人力資源做法最適合、人力資源管理是否有效，以及該機關或公共行政人員是否能成功。

之後本章會探討圖 10.1 所界定的三種活動。第三節會談到資源規劃、招募與測驗、分類及薪資報酬。第四節則會談到訓練和管理發展與晉升，第五節則談到紀律、牢騷與勞動關係。

美國公共人事管理之發展

路徑依賴（path dependency）是一些經濟學家的看法，他們認為社會的技術變遷與其過去的路徑有關。[1] 技術的路徑依賴有個著名例子，就是 QWERTY 鍵盤，這種鍵盤現在已經沒有使用了，不過 100 年前則很常見。美國公共人事管理的發展也可說是路徑依賴，所以若能瞭解過去，就能幫助瞭解公共人事管理的現況。圖 10.2 說明的是政府人事管理的歷史概述，重點放在忠誠度和工作才能，做為挑選員工的標準，其角色的變遷。[2]

早期

1789 年紐約短暫蓬勃發展成為國家首都。豪宅以儘可能的精雕細琢來修復，街道擠滿懷抱希望的官員。對政府來說，華盛頓總統的睿智領導非常重要，因為新政府的組織架構可不是一樁小事。在組成新政府時，華盛頓的重點有兩個：對《憲法》的忠誠度（當時這份文件在某些地區還具爭議性），以及品格適合度（從其家世背景、學歷、榮譽心和評價來看）。

為了幫助評估「品格適合度」（fitness of character），華盛頓開始實施參議員禮貌（senatorial courtesy）的傳統，也就是說總統提名某人入閣時，除非獲得那人家鄉參議員的同意，否則無法任命。另外 1789 年有個前例，讓總統有權力單方面解聘由參議員所認可的閣員。如果總統找內閣需要參議員核准，那麼解職也需要嗎？最後國會同意解除職務屬於總統特有的權力。

1828 年那場選舉就像大地震，傑克森（Jackson）壓倒性地贏過現任總統亞當

紳士政府：守護人時期

上層階級掌管美國初期的政府。華盛頓任命剛結束駐法大使任務的傑弗遜（Thomas Jefferson）擔任國務卿。有財經專才的漢彌爾頓（Alexander Hamilton）則擔任財政部長。

好人政府：改革時期

1881 年 7 月，總統加菲爾德在華盛頓火車站被一位求官不成的人射殺身亡，選民開始將分贓制視為邪惡制度。2 年後國會通過潘德爾頓法案（Pendleton Act），建立了美國公共人事的功績制，授權總統建立文官制度委員會來徵選優秀人才。

| 1789-1829 | 1829-1883 | 1883-1906 |

平民政府：分贓時期

傑克森於 1829 年就任總統，將平民百姓帶進白宮，惹得權貴家族厭惡不滿。政黨忠誠度變得非常重要，政府職位被當成酬庸黨員的工具，這就是所謂的分贓制，傑克森的支持者認為此制度是聯邦人事制度的必要「改革」。

資料來源：Frederick C. Mosher identified the first five periods in *Democracy and the Public Service* (Cambridge: Oxford University Press, 1968), 54–55; Dennis L. Dresang, the sixth period in *Public Personnel Management and Public Policy* (New York: Addison Wesley Longman, 2003), 27.

圖 10.2 美國公共人事管理的發展

行政政府：管理時期

小羅斯福總統想找一個與 Taylor、Gilbreth 夫婦和市政研究局不同的公部門管理方式，他轉向公共行政專家布朗洛（Louis Brownlow）求助，並邀集了一群人才，採用最先進的管理原則來治理聯邦政府。布朗洛委員會於 1937 年發表了一份很重要的報告，強調要提高白宮人員的管理能力，並將人事管理更密切合入總統的一般管理中。

權力分享政府

第二次世界大戰之後，1953 年國會再次請求前總統胡佛進行類似布朗洛委員會的研究。值得注意的是，那份研究報告並沒有提出什麼核心關注點，例如人品、分贓制、改革、選才、科學管理和行政原則。1950 年代之後數十年，各方勢力興起連帶地影響到公務員的管理，這些勢力包括專業人員、工會、少數族群、女性、公共管理者、承包商和消費者。

| 1906-1937 | 1937-1955 | 1955-迄今 |

效率政府：科學管理時期

1906 年，紐約市政研究局成立，以鼓勵政府進行科學管理。成立此局的基本觀念是公私部門並沒有差別，都須進行科學管理。科學管理之父泰勒最出色的追隨者是 Frank 和 lillian Gilbreth，他們有 12 個子女，全以科學管理的原則和技術來處理家務，其中有 2 名子女寫了一本書《十二個較便宜》（*Cheaper by the Dozen*），描述和 2 位效率專家生活的情形。

© CORBIS

圖 10.2　美國公共人事管理的發展（續）

斯（John Adams）。選舉時種下的恩怨，使得總統當選人傑克森抵達華盛頓時，拒絕依照傳統去拜訪亞當斯總統。傑克森的就職被認為開創了美國的新時代。偉大的新民主潮流讓過去美國民主未曾觸及的廣大群眾開始參與政治。更快速的職位輪替成了常態，傑克森坦誠地宣告他對此種做法的信念，並撤換了許多政治任命者。他接受了紐約州長馬西（William L. Marcy）所界定的規則：勝者為王，開始酬庸。

　　恩庇（patronage）是指政治人物利用權力進行黨派任命，提供執照、契約、特許、榮典和其他好處給其政治支持者或親朋好友。雖然美國早期的幾任總統也曾行使過不設限的恩庇權力，但毫無節制的黨派任用則始於傑克森。政治對手指控傑克森開啟了**分贓制（spoils system）**，也就是以政府職位來酬庸其友人或政治支持者。但傑克森辯護說，這是「職位輪替」，他認為政府公職其實很簡單，任何具普通能力的公民就能勝任，因此頻繁的人事更迭可以提高公共服務的效率，避免政府官員與民眾脫節。分贓制變得日益嚴重，酬庸官職在內戰時期達到高峰。

　　雖然聯邦政府一直到林肯時期才廣為使用分贓制，但地方政府官員早就利用酬庸職位來建立和維持政治機制。尤其紐約和賓夕法尼亞的州政府和地方官員，得靠透過歐洲移民的集體投票來保住位置，因此他們就利用酬庸職位做為獎賞。

　　厭惡這套機制的改革者呼籲要回到傑克森之前，以人品為標準的時期，1870年代末，開始出現公務員改革協會，1880年代初期，俄亥俄州民主黨籍參議員潘德爾頓（George P. Pendleton）提出一套法案來終止分贓制。但是該法案通過機會很微渺，因為有勢力的參議員從分贓制獲得太多好處。

　　後來發生了劇烈變化，使得支持潘德爾頓的人大為增加，強化改革者所提出的建言。1881年7月2日，一名求官不成的人在華盛頓火車站射殺總統加菲爾德（Garfield），因此，分贓制與投票者心中的邪惡念頭開始脫離不了干係。極力認同分贓制的共和黨員，在1882年的國會大選慘敗。隔年，國會幾乎無異議地通過潘德爾頓法（Pendleton Act），以公共人事行政的功績制來取代分贓制，稍後我們會再仔細看看這部法律。

　　如果分贓制與投票者心中的邪惡有所關聯，那麼功績制（merit system）就與許多改革者心中的科學管理概念有關。如我們在第1章所見，威爾遜在其1887年的文章中，呼籲政治必須和行政分開。威爾遜認為，政府行政應該與技術、流程和科學有關，換句話說，應與政治毫不相干。功績制就是將政治與行政管理區分開來，並以此當基礎，來建立科學管理的潮流。[3]

　　由私人慈善組織所資助的市政研究局成了鼓勵政府內部進行科學管理的非政府組織。對當代人事管理來說，科學管理所遺留下來的主要精神就是**職位分類（position classification）**。工業工程的先鋒，例如泰勒和 Frank 與 Lillian Gilbreth

（見圖 10.2）認為，組織應該根據一個最能有效達成目標的方法來界定職位的權責。

私部門使用職位分類來提高生產力，公部門主要用來確保公平的薪資報酬。如果工作內容類似，其薪資待遇就應該相等：同工同酬。

如第 1 章所述，新政（New Deal）和第二次世界大戰讓羅斯福政府學到，在現實操作上，政府行政和政治很難完全區分開來。於是想找出政府管理新途徑的羅斯福轉向布朗洛委員會（Brownlow Committee）求助。1937 年，委員會提出一項很重要的報告，重點如下所述：

➲ 將人事管理與總統的一般管理緊密結合。
➲ 建立總統辦公室，其核心成員為白宮人員和預算局（Bureau of Budget）。
➲ 將所有機關統一聯合起來，將獨立的管制委員會納入 12 個內閣層級的部會中。

共和黨主導的國會對新政和第二次世界大戰的回應，就是組成兩個委員會，都由前總統胡佛（Herbert Hoover）領軍。第一個委員會（創立於 1947 年）避開政策的問題，而第二個（創立於 1953 年）則不避諱地提出兩個大膽的建言，當時雖然未獲採用，卻對後來造成影響。第一個建言是提出「高級文官」（senior civil service）概念，預示了 1978 年的文官改革法（Civil Service Reform Act, CSRA），這套法案建立了高級主管制（Senior Executive Service, SES）。第二個建言是指出政府應與私人企業相競爭，此點預示了 1980 年代雷根政府的民營化。

權力分享政府

根據 Dennis L. Dresang 的看法，1950 年代之後的主要政府發展「浮現了多重核心和多重權力來源，並對公務員的管理造成影響」。[4] 在諸多權力來源中，我們要討論下列五種：專業人員（「技術官僚」）、工會、少數族群與女性、公共管理者和承包商。

專業人員 政府是專業人員和技術人員的主要雇主，1950 年代結束之前，36% 的專業人員都為政府工作，自從 1960 年之後，所有政府員工當中有三分之一是專業人員和技術人員。公共服務這種漸增的專業化傾向有兩種意涵：第一，公共行政長官和管理者對人事任用的控制權愈來愈少。因為人力資源專員會進行職位分析，也就是說會有系統地蒐集與該職位相關的資料，擬定職位說明書。工作說明書（job description）是將該職位的基本任務、責任和權限以書面方式來陳述。工作規範

（job specification）則經常做為職位說明書的獨立部分，並明確規定執行某工作所需具備的資格與條件。例如中型城市的直升機飛行員的職位，規格其中一項可能規定需有某種執照、相關法律和規定的知識、懂得飛行程序和導航技術、操作無線電設備的技術、有能力執行安全審視、處理維修紀錄、能偵測出飛機故障、瞭解地面狀況、至少 1,000 小時的螺旋槳飛機的飛行經驗。市政府管理者不太可能對這種工作規格有意見，因此，管理者對市政府直升機飛行員的挑選過程，就不像對其他技術性較低的人員的任用那麼有影響力。

專業化增加的另一意涵是再次造成行政—政治之間的爭議。當行政主管質疑專業人員的判斷時，專業人員很容易將之歸為政治干預。「專業人員本來就會堅持自主性與專業性。政治官員有迎合選票的傾向，而專業人員希望在決策過程具主導性，兩者本來就會產生衝突與不信任，也很可能導致兩方的挫折，因為政治人物和專家都需要彼此。」[5]

工會　在美國的私人勞動力中，工會成員數已經降到 8.5%，但政府員工中卻仍有 38% 參與工會。如果潘德爾頓法是創造文官的標竿性法律，那麼甘迺迪（John F. Kennedy）總統於 1962 年發布的 10987 號和 10988 號行政命令，就是造成公務人員大批參與工會的里程碑。當然，1912 年的拉佛拉鐵法（Lloyd-LaFollette Act）賦予聯邦政府公務員有權利結社、進行請願、表達需要，但是對於結社和協商條件的限制，大大削弱了這種權利。然而甘迺迪這兩項行政命令的確首次讓工會有權以集體方式和聯邦政府管理者就某些議題進行談判。此外，這兩項行政命令也鼓勵了1960 年代和 1970 年代許多州政府和地方政府的類似活動。今天，全美國除了 6 個州外，其他各州的公務員都可以進行集體談判。

工會成員的政治影響力大小，視行政區域與專業屬性而有所不同。以都市工業為主的州和較大都會區，公務人員工會在政策決定上占有一定角色。而工業化較低的區域，他們的參與比較少。公立中小學校教師中約 80% 隸屬於美國教師聯盟（American Federation of Teachers, AFT）或者全國教育協會（National Education Association, NEA）。另有超過 60% 的人參與某種政治的集體協商協定。到了 1970 年代，警察成了公部門中工會參與度最高的單位之一。

集體談判的範圍很廣，多數與薪資福利、津貼、公平、工會年資、工作狀況、個人安全感有關。成立工會的警察成功地幫自己爭取到比沒有工會的地區更好的薪資。在 16 個談判情勢較佳，且對於未解決之爭議有強迫性的仲裁規定的州，警察工會甚至爭取到更好的待遇。雖然沒有一州允許警察罷工，但警察罷工的確發生過，通常是以「藍色流感」（譯者按：因警察多著藍色制服）的形式（同一天請病

假）來進行。警察的集體談判是非常分散化的，警察工會的成員幾乎都以單一城市或鄉鎮的警察為主，很少有跨地區的警察聯合起來談判。

今日的美國有三個很有力量的公務員工會，並有無數規模較小但為許多（當然不是全部）公務員代言的工會。這三個工會是全美州郡市公務員聯合會（American Federation of State, County, and Municipal Employees, AFSCME）、美國政府雇員聯盟（American Federation of Government Employees, AFGE）和美國教師聯盟（American Federation of Teachers, AFT）。

少數族群與女性　1964 年的民權法（Civil Rights Act of 1964）為少數族群和女性大大開啟了機會之門（見照片）。這法案包含 11 篇，其中最重要的在第七篇，這部分有很多值得討論，但我們在此只討論禁止歧視種族、膚色、性別和國籍的部分。一開始此法案只應用在私部門員工，但 1972 年國會提出修正案，將涵蓋範圍擴展到州政府和地方政府的員工。聯邦政府將其民間機構納入 1978 年卡特（Jimmy Carter）總統的文官改革裡，關於平等僱用的法令中。

最高法院在 1971 年「美國 Griggs 控告杜克電力公司」（Griggs v. Duke Power Company）案中，同意平等僱用符合憲法原則。在這椿控告案中，一群黑人員工認

AP Photo/Peter Cosgrove

阿波羅號時代的太空人主要是由軍人和戰鬥機駕駛員所組成，且清一色是男性，後來在公眾要求改變性別結構的壓力下，美國太空總署於 1978 年徵選出 6 位醫師、科學家和工程師，成為美國首批女太空人。但直到 1989 年，太空總署才挑選了一位擁有飛行員資格的女性，成為後來的太空梭指揮官，她就是申請成為太空人的32歲空軍軍官柯林斯（Eileen Collins）。第一位飛行太空的女性是 1963 年的俄羅斯太空人特列什科娃（Valentina Tereshkova）。第一位美國女性太空人是 1983 年的萊德（Sally Ride）。但直到柯林斯於 1999 年 7 月 19 日擔任太空任務指揮官之前，無論是美國或俄羅斯都還沒有相同紀錄。

為杜克電力公司要求黑人提供高中文憑或智力測驗成績才能取得某些以前只給白人的職位，提出異議。雖然這公司過去有公然歧視黑人的紀錄，但法院認為這種做法早已消失。這案子真正的爭議點在於，這項工作要求似乎與「工作優良表現之間，沒有存在著顯而易見的關係」。因此最高法院推翻初審法院的判決，認為這兩項要求的確讓黑人比白人更難取得資格，因此具違法事實。這個案子傳達出的訊息很明顯：工作條件必須與工作表現有關，如同一位法官所言，鏟煤不需要懂得如何翻譯羅馬詩人的作品。1964 年的民權法將功績概念置入功績制中，就像最高法院對電力公司控訴案的詮釋一樣。

公共管理者　1970 年代中期，一些州政府體認到應該對其人事制度進行大規模評估，以確保每個人都能適得其所。這些改革的共同主題，就是要強化公共管理者的人力。由於專業人員、工會和少數族群及女性造成的影響，使得管理者的人手愈來愈吃緊，因此也限制了各單位達成任務的能力。

　　卡特總統 1976 年競選總統時，其主要政見就是改革聯邦政府的官僚體系。州政府和地方政府正在進行的改革行動，以及尼克森總統任內發生的文官委員會濫用現象，正好使 1970 年代末期成了改革的好時機。稍後我們會提到 1978 年改革的特色。現在先來看看這些改革如何重塑了管理的重要性及公共服務的價值。

　　以卡特的改革為基礎，柯林頓和小布希政府都進一步強化行政管理。柯林頓政府曾推動「再造政府」，正式名稱為國家績效評估，該計畫將人事管理的許多功能授權給各機關管理，許多讓管理者綁手綁腳的人事法令和規則都一併取消。

　　布希於 2002 年所提出，並由國會通過的國土安全法（Homeland Security Act），主要基本精神就是讓聯邦政府的人事行政單位擁有更大的彈性。布希政府強調，政府和工會在工作分派與勞動條件上的談判，永遠與瞬息萬變的恐怖份子威脅無法相容，所以國土安全部門的人員不得適用勞工集體談判的法令。

　　國土安全法也涵蓋適用於其他部門和機關的條款。例如為了強調人力資源在策略管理上的重要性，每個機關都有人力資本長（Chief Human Capital Officer, CHCO）。此外，機關管理者現在有更大的彈性來處理員工僱用、提早優退和支付員工進修等事宜。或許更重要地，許多人將這些改革視為未來趨勢。

承包商　雖然第二次胡佛委員會（Second Hoover Commission）的目的是，為了縮減甚至廢除與民間企業競爭的政府活動，但是直到卡特政府（1977 年到 1981 年）時期，總統才首次公開考慮仰賴私人企業的好處。雷根政府時期（1981 年到 1989 年）的民營化，包括出售政府事業，以及將工作外包給私部門，這些做法都日益成為趨勢。

公共人事管理民營化的意涵為何？首先，很諷刺的竟然是，讓機關管理者增加了工作量。因為要外包，所以必須設計招標流程，鼓勵企業來投標，還得就合約進行談判，監督承包商的表現。這裡特別要討論的是人事業務的外包。更具體地來說，關於如何僱用員工及員工待遇等規定。主管機關必須監督承包商的聘僱作業，以確保承包商能符合轄區的法令要求，並遵守政府政策。

第二，民營化意味著降低公部門的勞動力，所以勢必有資遣與組織再造等現象。如果有些員工有參與集體談判之組織，這些問題可能會變得很複雜。可以理解地，工會非常在意民營化對成員造成的負面影響。另外，不足為奇地，政府的集體談判愈來愈常涵蓋工會保護相關法令，而且民營化時，也要將工會的諮詢意見納入考量。

第三，日益增加的民營化對之前提到的趨勢有所助益，這趨勢就是讓公部門的勞動力更加專業化。想想看，那些容易被承包商取代的工作通常是藍領類，以及公私部門常見的文書行政職位。當人事管理者不再需要管理這些職位時，剩下的工作就愈來愈專業了。

人力資源管理的環境

如本章前言所述，政府機關的環境可被分成外部與內部環境。外部環境包括許多可能的要素──經濟趨勢、技術趨勢、社會趨勢、政治法律趨勢和國際趨勢。雖然每個要素都可能影響該機關和個別公共行政人員的成敗，不過我們在此僅就幾項要素來討論。現在就來檢視下列的外部環境，找出具體焦點：

- 文官制度改革，仔細看看 1978 年的文官改革法。
- 其他與人力資源管理有關的主要聯邦法律，尤其是 1964 年的民權法。
- 影響公務員權利的立法或法院判決，試著界定出公務員在政治活動、言論自由和隱私權的權利。
- 人口趨勢，試著整理出美國人口組成在種族和年齡結構方面的改變。

概略審視完人力資源管理的外部環境後，接著要來看機關的內部環境（internal environment）。雖然組織有許多內部環境，但影響人力資源管理有效性最大的還是總體的組織文化。因此，本節就來討論組織如何決定員工所共享的意義，以及員工如何回應。

文官制度改革

所謂分類文官是指人事機構管轄下，以功績制來處理人事的官僚體系。在聯邦政府中，分類文官制度多由白領、非專業的終身職所組成，他們的聘僱必須符合傳統的文官作業程序。

在文官制度中，考試比學問更實際，每個職缺都有清楚的職位描述，而考試就是滿足這些職位描述的最佳利器。通過筆試後，如果有需要還得通過口試。如果筆試和口試都通過，就會被列入合格名單中，這份名單是根據考試成績列出來的。聯邦法律要求各機關必須從名單前 3 名到 5 名中挑選需要的人，且不能跳過退役軍人。在許多功績制中，還有更進一步的職位要求，例如警官就有身高體重的限制，特定職位也可要求高中或大學畢業，許多職位也要求需有證書或執照（例如律師或醫生）。這些要求都必須與工作直接相關。

功績制可以不同方式來進行。在許多組織裡，無黨派或跨黨派委員會或小組負責掌管通則性的方案方向和執行上訴功能，而將日常的人事行政作業的責任留給人事主管（通常由委員會或機關首長來任命）。另有些組織的人事主管直接向最高行政首長報告，並且負責通則性的方案方向，而文官委員會或小組則扮演監督、諮詢或申訴角色（或三者兼具）。

文官系統之外的政府職位不一定透過任命，許多機構有自己的晉用和職涯制度。這些制度所涵蓋的對象包括白領職員、一般性的專業人員和準專業人員，這些人在該機關和其所屬的職業都是終身職，但職位不一定能終身擁有。會僱用他們是因為需執行進步性或有計畫性的發展。在這類制度中，如果太多次無法升遷，或者說被忽略太多次，可能會被解僱，也就是所謂的「往上走或往外走」。

這種職涯制度的典型模式就是軍官。事實上，許多聯邦組織採用軍隊制度，例如外交服務處（Foreign Service）、公共衛生處（Public Health Service）、聯邦調查局（FBI）、中情局（CIA）和田納西河流域管理局（TVA）。另外許多州警局、地方警局和地區消防隊也採用類似模式，只是採用的程度不同。和文官制度不同的是，這種職涯制度強調的是個人而非職位。正如墨舍（Frederick C. Mosher）所說：「在海軍工作的非專業文官，很可能會說『我在海軍工作』，如果他是軍官，則會說『我是海軍軍官（或者上將或上校）』。」[6]

職涯制度對管理者來說有幾個挑戰。職涯制度中的員工，例如海軍軍官必須與組織中其他人共事，而這些人可能沒有能與之匹敵的職業地位。如果在同一計畫中共事的人有著截然不同的兩套僱用制度，可能會發生很大的摩擦。

批評者長久以來認為，美國的人事制度讓美國總統很難將有才能的官員整合成團隊，以執行新方案。為了克服此問題，卡特總統和文官委員會的主席坎培爾

（Alan K. Campbell）發展出整套改革提案。在國會經過激烈奮戰後，加上卡特投入了龐大政治資本，**1978 年文官改革法（Civil Service Reform Act of 1978）**終於出爐。新法最主要的改革是組織部分。文官委員會被分成兩個單位：**人事管理局（Office of Personnel Management, OPM）**及**功績制保護委員會（Merit Systems Protection Board, MSPB）**。雖然許多人事功能被授權到地方機關，聯邦政府的人事管理局還是有招募、訓練、績效評估和政策領導等一般性責任。而功績制保護委員會則確保公務員的權利，使其能獲得公平待遇，避免揭發弊端的人受到報復。

除了結構性的改變外，此法也為最高階的文官設立獨立的人事制度。**高級主管制（Senior Executive Service, SES）**包含將近 7,000 位高階行政首長。大約有10%的高級主管是政治任命者，也就是從功績管道以外的方式被挑選出來，他們效忠於總統。其他就是常任文官，他們效忠的是聯邦政府，而不是總統。此法讓這些主管較容易從某一職位轉任到另一職位。

該法的第三個重要成就是重申了美國公共人事行政的基礎原則：**功績原則（merit principle）**。簡單來說，員工招募、薪資待遇、升遷和留任都應根據其個人功績，也就是員工的能力、教育、經歷和績效表現。這種功績原則拒絕恩庇（政治賄賂）、情誼、親屬、種族和宗教等任用標準。

最後，文官改革法將聯邦政府的勞動關係納入更廣泛的法律中。根據此法案也成立了聯邦勞動關係署（Federal Labor Relations Authority, FLRA），讓聯邦員工的集體談判有更紮實的法律根基。雖然學者認為人事管理局、功績制保護委員會、高級主管制和功績制造成做法上很大的不同，但沒人可否認此法的重要性。

其他主要聯邦法律

概要　聯邦政府頒布了許多與人力資源活動有關的法規，並因此擴大了其對人力資源管理的影響力。表 10.1 是這些法律的摘要說明。[7] 多數法令的基本目的是要確保雇主和員工有相等的機會。

由於這些法律的目的是，為了矯正過去的不公平現象，許多組織已經採用**矯正歧視措施（affirmative action programs）**，以確保組織有所改變。這些方案會進行額外的努力讓少數族群得知就業機會、提供特別的訓練課程給殘障者，或特別關注種族或性別混合的員工的升遷狀況。

其中最重要的法是 **1964 年民權法第七篇（Title VII of the Civil Rights Act of 1964）**。此法律禁止種族、膚色、宗教、祖籍或性別歧視（條文內容可從以下網站找到：www.eeoc.gov/laws/vii）。第七篇禁止工作場合的歧視、性騷擾和歧視孕

表 10.1	影響人力資源管理的聯邦法律	
年	**法律**	**描述**
1963	平等給付法 （Equal Pay Act）	在類似工作 環境執行類似工作的人，不得因為性別不同而給付不同報酬。但若從事不同工作者不在此限。可比較價值（comparable worth）概念之目的是要將同酬的原則加以擴大解釋，男性與女性所執行的工作雖然不同，但若對雇主具有相同工作價值，也應該同酬。明尼蘇達州、紐約州、新墨西哥州和南達科塔州都採用了此原則。雖然有此法令，但還是很多女性賺的錢比男性少，請參閱：http://www.aflcio.org/issuespolitics/women/equalplay。這網站計算出女性工作一輩子與男性的報酬落差有多少。
1964	民權法第七篇 （Civil Rights Act, title VII）	禁止種族、膚色、宗教、國籍或性別歧視。工作場合中的性騷擾也是種歧視，通常的補救方式是給付欠發的工資、復職和擔負律師費用。
1967	就業年齡任用歧視法 （Age discrimination in Employment Act）	禁止歧視 40 至 65 歲的員工，並且對法定退休年齡予以限制。不過州政府的員工不能因為雇主違反此規定而控告雇主。
1990	美國身心障礙者法 （Americans with Disabilities Act）	禁止雇主歧視員工的身體或心理缺陷，或者有長期疾病者。組織也需要合理安置這些員工，但同樣地，州政府的員工不能因為雇主違反此規定而控告雇主。
1993	家務與醫療休假法 （Family & Medical Leave Act）	雇主須提供 12 週的無薪休假給員工，以應付家務和醫療所需。在這點上，州政府的員工可以控告違反此規定的雇主。勞工部對此法令的問題解答請參見：www.dol.gov/esa/whd/fmla。

婦，並允許組織採行矯正歧視措施。該法一開始並沒有包括性別歧視，直到法令通過前 2 天，維吉尼亞州眾議員 Howard Smith 又添補了 3 個字，目的不是為了提倡女性平權，而是要破壞這項法律，他當時錯以為沒人會支持禁止歧視女性的法律。

證明歧視　第七篇所說的歧視包括解僱、拒絕聘用、不予升遷，或者因其種族、膚色、宗教、性別和國籍之故減少其機會。這個法令使用於整個僱用過程，從宣布職位空缺到離職後的推薦函。其所涵蓋的內容包括人員配置、薪資、福利和工作條件。第七篇中規定原告（亦即申訴人）可以有兩種方式來證明受到歧視：(1) 差別待遇（刻意歧視）和 (2) 差別影響（某些規定造成歧視副作用）。

1. 為了證明受到**差別待遇（disparate treatment）**，申訴人必須證明她／他因為性別、種族、膚色、宗教和國籍而受到不同的對待。有三步驟，第一，申訴人提交證據，證明雇主因為上述特質而歧視她／他，這步驟稱為「證據之形式有罪」（prima facie）。"prima facies"（「初步印象」）指的是所提出的事實或結論應

被認定為真，除非辯方提出證據來反駁。申訴人不需要證明歧視行為存在，只需要建立一推定，認為歧視的確發生過。由於我們處理的是意圖，所以申訴人提供證據之責任很大，如果上訴到法院，責任則在公平僱用委員會（EEOC）。例如，如果有個警衛剛好是黑人，他先被責罵，接著被停職，然後降級，最後被解僱，他能宣稱這都是因為他是黑人嗎？

　　第二步驟，就是辯方需提出證據，證明其決定是正當的，不是因為歧視。最後申訴人必須證明雇主的確有歧視行為，方法是直接說明雇主提供的理由都只是託辭。

2. **差別影響（disparate impact）**是指當雇主的規定雖然表面上沒有歧視，但事實上會影響到某種具保護身分的人。提出差別影響歧視案也有三步驟。第一，申訴人必須提出「證據之形式有罪」，同樣地，他／她也不需要證明歧視存在，只要說明他／她受到的差別影響，也就是說，要說明雇主的做法讓許多少數族群的員工被排擠在外。第二，辯方必須提出證據，證明這些做法都是與工作有關的必要措施。最後，申訴人必須證明雇主的說法都是託辭，或者舉出其他較不歧視但也能達到相同效果的做法。

　　這就是 1971 年「Griggs 控告杜克電力公司」案所發生的事：杜克電力公司在北加州的杜雷普（Draper）有座蒸氣製造廠。在工廠中，黑人長久以來都只能擔任低薪部門的工作。這很明顯是差別待遇，但開始實施民權法第七篇之後，電力公司開始將所有工作開放給黑人。但此時電力公司卻新增一政策，規定若想從低薪的勞力部調到煤礦處理、操作、維護和實驗等部門需有高中文憑。不然，黑人就要接受智力測驗、機械性向測驗，如果能達到與一般高中畢業生相同的成績，才能調職。由於這地區的黑人沒受過什麼教育，這項規定讓他們很挫折。以前拒絕黑人是因為他們是黑人，現在則因為他們沒受什麼教育而拒絕他們。黑人勞工於是提出申訴，認為教育程度和測驗分數與鏟煤能力無關。最高法院認為文憑和測驗規定不合法，除非雇主可以證明這與工作表現有關，或者是產業所需。因此雖然電力公司沒有故意歧視，但此舉也是非法的。

為歧視指控做辯護　如上所述，若是產業所需或職位所需，組織可以建立差別性的職位條件。這稱為**真正職業資格（bona fide occupational qualification, BFOQ）**。例如，天主教學校可以拒絕聘請非天主教徒的老師。

　　第七篇還允許另外兩種辯護理由：年資和功績。假設體育處長總是在總教練職位出缺時，挑選最資深的助理教練成為總教練（我們可以假設這所學校的隊伍可能沒什麼競爭力），由於多數資深助理教練都是男性，所以多數總教練也是，這種狀

況也為第七篇所允許。

如果雇主可以證明他們中意的人的確最具資格，那麼也不違法。測驗結果、教育或生產力可以用來代表功績，因為這些的確與工作有關。最具資格的人應該被僱用或升遷，但要如何評定功績？現在來看看「詹森控告聖塔克拉拉郡運輸局」（Johnson v. Transportation Agency, Santa Clara County, 1987）案：該郡過去從來沒有女性擔任過無線電調度員。在一次測驗中，詹森（Paul Johnson）的分數高於喬伊絲（Diane Joyce），但最後喬伊絲獲得僱用。此案上訴到最高法院，以裁決較不具資格的女性是否應比更具資格的男性獲得升遷機會。最高法院判決可以，因為詹森在調度員的考試分數為 75 分，喬伊絲為 73 分，2 分之差還不足以證明詹森會是個比喬伊絲更好的調度員。

這個案子的重要意義是，在討論較不具資格者反而勝過更具資格者，並獲得升遷時，或許要先問問這個測驗的效度以及分數差距。事實上，員工測驗通常不是評估在職表現的好方法。

矯正歧視措施　民權法第七篇既沒有要求也沒有禁止矯正歧視措施。這類方案有三個法源，首先法院有權根據第七篇要求組織建立此方案來彌補過去歧視的影響。第二，詹森總統於 1965 年所頒布的 11246 號行政命令（Executive Order 11246）禁止聯邦承包商的歧視。此命令對工作場合造成很大影響，因為三分之一的員工都是由與聯邦政府作生意的廠商所聘僱。如果女性或少數族群在工作場合的比例不足，雇主就必須設立目標和時間表以匡正這項缺失。但這些方案只有在符合「顯著的國家利益」且「嚴密的調整」的狀況下才能實行，以使其對白人男性的損害降到最低。第三，組織可以自願地採用矯正歧視措施，來彌補過去的缺失，或者讓少數族群能享有公平機會。

矯正歧視措施當然是個敏感的議題。尤其白人男性抗議這種方案是另外一種逆歧視（reverse discrimination）。最近最高法院有兩個歧視案例特別有趣，因為這是由白人女性所提出的，更重要的是，她們控告的理由是根據多樣化原則，而不是彌補過去不公平的原則。

2003 年 6 月 23 日，最高法院做出一項分裂判決（split decision），同意密西根大學的一項入學方案，但駁回另一個。在「葛雷茲控告布林格」（Gratz v. Bollinger）案中，以 6 比 3 駁回此案，這是一個用於大學入學許可的評分制度，這制度讓黑人所得到的加權比重甚至高於大學入學測驗的滿分。但「古魯特控告布林格」（Grutter v. Bollinger）一案，最高法院以 5 比 4 投票通過，密西根大學法學院係以入學委員會的決議，而非以數字評分來決定入學許可。

不幸地，法院的判決不夠清楚到足以闡明矯正歧視措施所能接受的方式，因此會造成更進一步的法律訴訟。在葛雷茲案的判決，法院認為入學方案不符合憲法精神，因為其對少數族群申請者的評分制度太鬆，使其太像是一種種族保障配額。在著名的「加州大學董事會控告巴基案」（Regents of the University of California v. Bakke, 1978）判決中，法院已經排除保障配額的做法，但是種族可以做為一項加分因素，但只能是眾多因素的其中一部分。密西根大學認為其做法符合巴基案判決的規定，因為其不只是對種族給予加分，不同的非學業特質也都能獲得加分，例如區域、運動表現、校友人脈，還有種族。但法院多數大法官認為（書面判決由首席大法官 William Rehnquist 執筆），密西根大學的這套方案太過廣泛，違反憲法第十四修正案所說的平等保護原則，也就是種族差別待遇。

在章首個案所提到的古魯特一案中，法院認為該大學法學院的入學方案也考量了種族因素，但不像大學部入學一樣使用分數制。此判決由大法官歐康諾執筆，她說，法學院的方案符合憲法精神，因為「這是對每個申請者的資料進行高度個人化的整體評估」，而不是僵硬的計算公式。相反地，大學部的那套評分制度則是非個人化的機械性制度，不夠嚴謹到符合法院的「嚴謹審查標準」，唯有這樣才能符合憲法精神的種族分類。

從法律觀點來看，巴基案判決的最大進步就是歐康諾大法官說服了多數法官，真正具公共利益的是種族多樣性，而非對過去的不公平予以彌補，而且以此理由做為憲法禁止歧視的例外做法，才具說服力。「各種族成員有效地參與市民社會，這樣國家的夢想才能不分割地整體實現。」法院對一位前軍隊長官的簡短作證印象深刻，這位長官說，在軍官體制中，種族多樣化非常重要。

歐康諾大法官承認，矯正歧視措施具有種族歧視性，但仍主張此方案對確保種族多樣性仍有需要，但必須將對其他被排除的人，例如白人和亞裔美國人的損害降到最低。

古魯特一案的判決非常地驚險過關，多數那方只要有一位大法官採取保守立場，就有 5 票通過廢除矯正歧視措施。平權機會沒有因此被廢止，真是值得感謝。

性騷擾　許多女性在其職業生涯中，都經歷過**性騷擾**（**sexual harassment**）。根據最近調查，在聯邦政府工作的女性中，有 44% 在過去 2 年內經歷過性騷擾。

1980 年，公平僱用委員會發表了一項準則，將性騷擾視為民權法第七篇所示之性別歧視。此準則界定出兩種性騷擾違法的情況：第一，*交換利益*（quid pro quo）性騷擾，也就是必須順從對方的性要求才能得到或保住工作。另一種是*敵意的工作環境*，在此環境中充滿性別冒犯的行為，使得員工在此工作變得不合理地困

難（unreasonably difficult）。這種行為所創造出的敵意環境可能延伸非常廣，很難明確定義。一開始，法院經常認為粗鄙的言語、諷刺、釘在牆上的清涼美女圖也算工作環境的一部分，民權法第七篇的規定，不足以使男性員工突然變得自重，直到後來有個具指標性意義的案件出現。佛羅里達造船廠共有 1,000 位技術工人，其中只有 7 位女性，其中一位女性焊接工出面指控，那些暗示性的猥褻海報、素描和卡通使得其工作場合充滿敵意。佛羅里達法院同意她的看法，認為即使男性很享受這些裝飾物，但已經對女性造成汙衊的工作氣氛。

　　1993 年最高法院制定了敵意工作環境的檢驗標準。在「哈里斯控告福克堆高機公司」（Harris v. Forklift Systems, 1990）案，最高法院認為性騷擾的準則在於「該環境是否會讓理性的正常人感到敵意或汙衊」。沒有什麼數學精細方式可以算出敵意環境的程度，但是可透過騷擾行為的「次數」和「嚴重性」來判斷其是否具「身體上的威脅或羞辱」，或者是「不合理地干擾」工作。

公務員的權利和責任

　　法院和立法機構及行政首長都很積極界定公務員的行為限制。我們先來看看公務員的政治權利，然後來看最高法院如何詮釋憲法第一條修正案，關於公務員的言論自由及隱私權。

政治權利　1939 年的政治活動法（Political Activities Act），亦即**赫奇法（Hatch Act）**，對全美公務員參與政治的限制提供了基礎。公務員對這些限制當然不悅，幸好 1993 年通過修正案，使得今天多數聯邦政府公務員可在政黨擔任職務，可以替同黨候選人工作、可以拉票、散發競選傳單，只要不占用工作時間、場所及設備。然而這種修正沒有影響到赫奇法，因為各州政府早已將其納入州法中。

　　1970 年代，行政首長對其黨派所做的決定會影響到公務員的生涯，這可從兩個有趣例子看出來。在「阿布德控告底特律」（Abood v. Detroit）案的判決中，最高法院認為在有組織工會的單位工作的公務員，不能被強迫繳納要用於政治活動的費用。

　　在「艾羅德控告柏恩斯」（Elrod v. Burns）案的判決中，大法官布倫南（William Brennan）寫道，這樁基本保護權受到侵犯的例子，也就是共和黨的員工被民主黨的郡政府開除一案，有三件事須確定。第一，法院必須決定這是否實質侵犯到員工自由。在這案子中，這些員工因為其政治立場而被終止職務。第二，如果郡政府能提出令人信服的理由，例如該職位涉及政策決定，那麼有些侵犯就具合法性。第三，假定郡政府的行為具令人信服的公共利益，那麼法院就必須決定這種做

法是否太過，而且能否在不過於干預員工權利的狀況下達成目標。布倫南大法官認為，該郡政府在第三項方面沒做好。在艾羅德案中，公文遞送員和其他低階員工被開除，單純只因為他們屬於不同政黨。[8]

言論自由　政治活動不侷限於赫奇法所涵蓋的政黨政治活動。「皮克林控告教育委員會」（Pickering v. Board of Education, 1968）案，就是因為伊利諾州一場衝突所引起。當時一位名叫皮克林的公立學校教師，因為在當地報紙寫了一篇批評教育委員會太過重視體育的文章，而遭到開除。最高法院推翻皮克林這項判決，認為應該要維護公務員身為公民的權利，與政府雇主之利益之間的平衡。為了將個人權利放在一旁，法院認為政府雇主必須證明其執行功能和提供有效服務的能力因此受到嚴重威脅。這件事可從五方面來陳述：

1. 對管理方向和紀律的負面影響。
2. 對員工之間和諧氣氛的負面影響。
3. 破壞了員工雇主之間的關係，勞資雙方需有忠誠度和信任才得以維持。
4. 對工作績效的負面影響。
5. 對機構的功能造成破壞性影響，包括損害社會大眾的信任。

　　最高法院不認為這件案子有造成上述五種影響之任一種，所以命令學校必須恢復皮克林的教職。

　　政府員工如果在工作場合表現出不當行為，就不受憲法言論自由的保障。最高法院在 2006 年 5 月 30 日的判決，認定公務員如果被舉報在工作方面有不當行為或言論，就該受到懲戒，此不違反第一修正案。

　　在「賈西堤控告賽巴羅」（Garcetti v. Ceballos）這項 5 票對 4 票的判決，可做為案例討論。洛杉磯一位負督導之責的區檢察官賽巴羅，曾在備忘錄中質疑副警長是否已經取得搜索票。賽巴羅辦公室內其他檢察官不同意賽巴羅的評斷，法官則裁定該案應繼續進行。賽巴羅再度被指派。後來他提出聯邦訴訟，主張其主管將之降級，以懲罰他在備忘錄中和法庭上對搜索票的質疑。

　　在這案子中，賽巴羅認為他應受第一修正案言論自由的保障。不過最高法院多數大法官並不同意，「當政府員工依其職責做出任何評論時，他不是以公民的身分說話，所以不受第一修正案的保障，憲法不會讓其溝通方式免於雇主的懲罰。」多數法官清楚區分與工作相關的言論及公民身分的言論。當員工以公民身分對公共議題發表看法時，第一修正案需仔細平衡言論與其結果之間的利益。然而，當員工只

是執行職務時，就不需要做這麼審慎的評估。

隱私權　雖然憲法沒有提到隱私權，但在「格里斯沃德控告康乃狄克州」（Griswold v. Connecticut, 1965）案，最高法院將第一、第三、第四、第五和第十四修正案的要素結合起來，確認個人隱私權屬於憲法所應保障之權利。對公務員來說，隱私權牽涉到四種議題：(1) 毒品檢驗；(2) 搜索；(3) 性別取向；(4) 生活安排。

(1) 關於*毒品檢驗*，從員工的觀點來說，或許最重要的問題是檢驗誰。所有公務員？某些職位的人？或只有被合理懷疑者？1986 年，雷根總統頒布「12564 號行政命令」，建立了聯邦政府的毒品檢驗準則。根據此命令，人事管理局將檢驗對象的權力留給各機關長官自行決定。各機關可以對任何被合理懷疑者，也就是有跡象顯示可能吸毒的員工進行檢驗。此外，各機關也可自行界定出敏感的職位類別，例如與公共衛生、國家安全或者只是與機關資源利用有關的職位，然後指定其中某些職位或全部職位需進行毒品檢驗。

(2) 最高法院處理「歐康諾控告歐塔加」（O'Connor v. Ortega, 1987）案的搜索爭議。州立醫院在調查所屬性騷擾和所屬瀆職時，有權搜索他的抽屜和辦公室嗎？法院判決根據第四修正案，即使醫院沒有相關搜索政策，也沒有知會當事人會這麼做，這樣的搜索仍然是合理的。法院認為，公家雇主必須能夠取得工作相關資料，調查工作場所可能發生的違法事件。

(3) 關於性別取向，法院一直支持許多機關視同性戀者具「安全風險」（security risk），所以不能位居處理機密資訊的職位，以免被黑函恐嚇威脅。但是若員工已經是公開的同性戀呢？那麼有心人士就無法以揭密黑函來恐嚇她／他。但這還有個問題：聯邦政府中不具公務員身分的職員所身處的制度，與所謂「不問，不說」（don't ask, don't tell）的制度沒什麼不同，這是軍隊所創造出來的制度，以回應柯林頓總統的行政命令。保持低調、不引人注目，我們就不會找你麻煩。相對於聯邦政府的做法，有十多個州政府和許多大城市對其同性戀員工的隱私採取非常保護的立場。

　　當歐巴馬競選總統時，他信誓旦旦要反轉法律規定禁止的美軍同性戀者公開服役的「不問，不說」政策。但 2009 年 6 月 8 日，最高法院駁回一位同性戀士兵對該法的挑戰，歐巴馬政府卻對這項禁令的合法性背書。歐巴馬政府在簡報中表示，較低審級的法院所持的禁止觀點較為恰當。代表政府在最高法院出庭的首席政府律師（Solicitor General）陳述：「傳統上在軍事事務領域上強烈

要求服從的原則，一直受到立法和行政部門的認可，因此上訴法院對此的主張較適當。」辯護書又補充道：禁止同性戀者公開服役，「和政府對軍事紀律與凝聚力的合法利益之間，有著合理的關聯性。」

　　但就在 3 個月後，有一篇刊載於國防部所屬頂尖學術期刊的論文，卻不贊成該結論。[9]「經過審慎檢視後，沒有科學證據可支持下列主張：同性戀如果公開服役會對於單位凝聚力產生負面影響。」相反地，普雷卡許（Colonel Om Prakash）寫道：「該是政府檢視如何廢除禁令的時候了。」這篇論文也指出這項法律的成本——大約 12,500 名同性戀男性與女性因為該禁令而遭開除，而且該文也認為禁令傷害了它所想保護的單位凝聚力。然而，任何法律修正都須取決於國會。

(4) 許多地方政府對員工的生活安排採取關注政策。具體來說，他們希望員工住在工作所在地區內，為什麼？通常是要確保員工所領取的薪水是由該城市的納稅人所支付，也就是說，希望員工自己就是當地的納稅人。很明顯地，這些政策經常讓公務員很挫折，尤其是大都會地區位於市中心的公務員，在「麥卡錫控告費城文官委員會」（McCarthy v. Philadephia Civil Service Commission, 1976）案，美國最高法院處理的就是此問題，結論是支持市政府對居住地的規定。

人口趨勢

　　除了政治和法律環境改變外，人力資源管理者也要關心社會趨勢，特別是種族多樣性和勞動力的年齡結構（老年工作者相對於年輕工作者的比率）。

　　美國人口普查局（U.S. Census Bureau）預測 2005 至 2025 年間，白人的人口將成長 13.2%，黑人成長 25.7%，拉丁裔（這可能包括西班牙等各種族）為 58.3%，亞裔則為 61.7%。光是這些數字還很難反映出愈來愈多的種族通婚趨勢。事實上，有些人口學家認為從長期來看，美國人口膚色將因為普遍的通婚而偏向褐黃色，而非展現明顯的多元膚色差異。另有些人則以非科學的方式，將這種趨勢稱為「老虎伍茲現象」（Tiger Woods Phenomenon，譯者按：世界頂尖高爾夫球名將 Tiger Woods 的母親是泰國人，父親是黑人）。

　　這些數字也沒有反映出白人定義的轉變：歐巴馬的母親是白人，他認為自己是黑人；新墨西哥州長李察森（Bill Richardson）的父親是白人，他認為自己是拉美裔，這樣誰是白人呢？儘管有這些種族認定的困難，美國普查局告訴我們，美國到了 2050 年將是少數種族占多數的情況——也就是說，黑人、亞裔、美洲印第安人和拉美裔等各族群人口加起來，將使白人變成少數種族。德州和加州已經是這種情況了。

根據大部分的人口統計學家指出，我們所知的種族類別，在未來 50 年將不會持續下去。那些想要維持種族界線的人士將會落後那些主要透過選擇（choices），而比較不是由政府來定義種族的社會 5 或 10 年。非裔美人包括非洲奴隸後裔、晚近來自非洲的自願移民，還有來自加勒比海的人士。事實上，2007 年公布的一份皮優研究調查（Pew Research Survey）發現，超過三分之一的黑人受訪者表示，不能再認為黑人是單一族裔，因為他們的社區已經非常多元。[10]

同樣的，單一類別「拉美裔」涵蓋了非常不同的團體，例如古巴裔美國人、多明尼加裔美國人、瓜地馬拉裔美國人、墨西哥裔美國人，以及來自阿根廷——但不是來自巴西的移民。如前所述，快速增加的種族通婚進一步模糊了這個圖像。57% 的第三代拉美裔美國人和 54% 的第三代亞裔美國人和不同的種族團體通婚。另一個模糊了這個圖像的事實是，許多拉美裔美國人——和阿拉伯裔美國人——在 2000 年的普查時，從 63 個種族類別中挑選的是「白人」或「其他」。[11]

再來看出生於 1982 年至 2002 年的 Y 世代，他們這代人的種族結構與前一代非常不同。根據人口普查局，18 歲以下的人口當中，認為自己隸屬於多種族的人，是成人的 2 倍。

我們現在就等著看這股趨勢會如何發展，但至少就現在來看，趨勢很清楚：對種族各異的勞動力進行有效管理，仍是管理階層的挑戰。公共管理者必須懂得傾聽、解決衝突、協商談判和溝通。他們或許需要提供支持團體或諮商師給來自少數族群背景的員工，避免讓他們覺得自己不受到重視，想離開組織。當然，公共管理者也要監督部屬的行為，持續提供正面強化，讓組織能更包容並有效利用種族多元性。同時，管理者必須對侵犯種族的員工給予負面回饋。關於政府的種族多元計畫，請見本章最後「問題與應用 5」。

公共行政人員必須關注人口趨勢的另一原因，是因為不同世代有著截然不同的工作價值觀和風格。現代社會要求四種不同時代的人共處於同一職場：傳統世代（1945 年前出生者）、嬰兒潮世代、X 世代，以及跨越千禧年的 Y 世代。Y 世代又稱為回聲潮世代（echo boomers），因為他們的父母是嬰兒潮世代，另外又稱為網際世代（net gen），甚或「為什麼世代」（generation why，因為他們經常質疑既有現狀）。這群誕生於 1980 年代至 2002 年的 Y 世代，應該是公私部門管理人員最有興趣瞭解的一群人，因為他們的期望、技能和工作態度差異最大。根據長期觀察這群人的專家表示，這群千禧 Y 世代的特徵如下：[12]

◗ 喜歡結構，希望組織給予清楚的規則以供遵循。

◗ 不喜歡處理模稜兩可的事情，但這卻是當他們擔任管理者時所必須面對的。

Richard Perry/The New York Times/Redux Pictures

在未來幾年內，組織在處理種族多元方案時，到底該對種族給予多大重要性，這項議題將讓法院變得很難決定。法院的角色或許有點過時，而且其「非黑即白」的種族詞彙也顯得怪異。而不構成釋憲理由的人口多元性，卻可能決定了美國的命運。《千禧 Y 世代的興起：下一世代》（*Millennials Rising: The Next Generation*）的作者 Neil Howe 就這樣描繪 Y 世代：「他們可以半黑、半白、半亞裔，你無法知道他們到底是什麼種族。」

⮞ 堅持己見，希望被傾聽。

⮞ 渴望別人對其成就給予回應及讚賞。

⮞ 喜歡在職場中變成重要人物，有影響力，願意貢獻其多元經驗。

⮞ 對社會責任表現出強烈承諾。

⮞ 或許能充分融入團隊取向的企業文化，但也可能因為合作性太強，而缺乏獨立思考和領導力。

　　還有另外兩個趨勢值得注意：邁入老年的嬰兒潮世代人口愈來愈多，而後代的年輕人口卻非常少。從 2000 年到 2015 年，老化的工作人口約每年增加 4%，而年輕工作人口的比例卻逐年萎縮中。政府遠比其他部門更深刻感受到這種趨勢的迫切性。沒有足夠的年輕人來填補空出的職缺，170 萬的聯邦員工在未來退休潮將創造出龐大的人力短缺。根據美國政府審計署（General Accounting Office）署長 David Walker 的說法，退休潮和相關的人事議題將是美國政府最大的「高風險」問題，但政府對此問題所能做的卻很有限。[13]

　　為了彌補未來人力供需短缺的問題，聯邦政府、州政府和地方政府需要合作擬出行動計畫，這計畫涵蓋員工生涯的所有階段：招募和篩選、績效管理、薪資福利、訓練和發展、領導力培養、生涯管理、留任和退休。在我們討論這些階段之前，要先來討論人力資源管理環境中的最後一面向。

組織文化

　　到目前為止，我們已經探討了影響人力資源活動的外部環境力量，但還有內部環境力量也會影響人力資源，這力量就是組織文化。

　　組織文化（organizational culture）可被定義為組織中主流的價值體系。當組織的價值和信仰被內化到成員心中時，可有下列好處：文化讓組織成員的溝通更輕鬆更有效益、促進組織的決策和控制、提高合作與投入度。簡言之，組織文化幫助組織克服大型官僚制度產生的離心現象，讓成員有團結感及共同目標。

　　這種過程可以透過人事遴選過程來加以鼓勵，也就是挑選個人價值與組織文化一致的人進入組織。另外也可以藉由社會化過程來進行，也就是讓新成員學習符合組織文化的價值觀和行為。或者在組織的關鍵事件點上，不斷重複提醒組織文化，重申其重要性。還有透過模範人物也能鼓勵組織文化，也就是挑選出能傳達組織價值的員工，加以表揚。

　　強健的組織文化根植於強健的傳統，但是傳統雖然很重要，傳統本身卻不能確保形成強健的組織文化。頂尖管理顧問公司麥肯錫（McKinsey & Company）的分析師曾研究 30 家以強健組織文化著稱的企業，這些企業都會參與員工的「情緒能量」。雖然有些企業，例如西南航空公司（Southwest Airlines）和全美最大修繕零售商「家得寶」（Home Depot）的表現很出色，不過分析師認為美國海軍陸戰隊（Marine Corps）更勝一籌。

　　由於體認到軍隊與公司的明顯差異，美國海軍陸戰隊界定了四種管理措施，這些措施非常成功，讓許多公私組織也想起而傚效。第一，許多組織在灌輸員工組織文化時，多半只有簡短說明，甚至抱著敷衍馬虎的心態；但是海軍陸戰隊卻投注極大心力來反覆灌輸其核心價值（榮譽、勇氣和承諾），指派最優秀的人來負責招募工作，並擔任新兵訓練指揮官，透過招募及訓練過程，密集灌輸其核心價值。第二，許多組織會從前線員工中找出潛在領導人，並將其餘人視為追隨者，但海軍陸戰隊不做這種區分，他們訓練每個前線人員的領導力，這種做法可以大為提高士氣。第三，多數公私部門的管理人拒絕投注時間和心力在組織後半部的人身上，認為他們若不稱職就乾脆離職。但海軍陸戰隊會花時間來照顧表現中下的成員，即使要犧牲個人時間也在所不惜。第四，海軍陸戰隊鼓勵自律，視自律為打造有力組織

文化的重要因素。他們要求每個上前線的人都要秉持著榮譽、勇氣和承諾來行動。

　　總結來說，組織文化對組織能否成功有很重要的影響。有系統地將文化有條理地編纂起來並以符號來加以象徵，讓每個人都能看到「我們在這裡的行事之道」，就能讓文化對員工行為和工作環境產生正面影響。有強健文化的組織，人人都能知曉並支持組織的目標。若組織文化薄弱──或許「和平工作團」（Peace Corps）可做為例子──那就不會有清楚的目標。因此組織文化不僅能與人力資源管理互補，而且還能幫助組織有任務感，亦即第 5 章所討論到的策略形成過程。

　　接下來的問題是，公共管理者要如何改變文化？組織的價值體系不能透過傳統的技術，以傳統的方法來形塑。為了使組織文化有所改變，管理者必須採取**「符號式管理者」**（**symbolic manager**）的做法。波曼（Bolman）和迪爾（Deal）解釋了這個途徑如下：

　　符號式管理者相信管理者最重要的工作就是激勵──給予人們一些他們深信的事物。人們會向具備獨特認同感的組織付出他們的忠誠，而且他們會覺得自己所做所為真的很重要。有效的符號式領導者會全心全意讓他們組織成為同業的佼佼者，而且也會將這股熱情傳達給其他人。他們會運用生動的、有形的符號，讓人們可以感受到組織使命。他們處處可見又充滿幹勁，他們創造出口號、訴說故事、號召團結、給予獎酬、在最意想不到的地方出現，而且會走動管理。

　　符號式領導者對組織的歷史和文化都很敏感。他們會對於組織的傳統和價值做出最佳利用，使其成為建構文化的基礎，藉以提供凝聚力和意義感。他們表現出來的願景，傳達了組織的獨特能力和使命。

　　組織文化當然不是沒有弱點。成員共有的重要信念和價值可能會干擾組織、成員或大眾的需要。甚至組織文化也可能導致成員以不適當方式來思考和行動（例如警察太過蠻橫），或者阻礙了正面效果的實現。由於文化不容易也無法快速改變，所以不要輕忽這種可能性。

找到對的人

資源規劃

　　人力資源規劃是對人力資源的需求進行預估，並且找到對的人將之放在所預期的職缺上。人力資源規劃始於三個關鍵問題，第一，有什麼興起的新技術嗎？這些技術會影響到工作體系嗎？第二，未來 5 至 10 年內可能需要的工作量如何？第三，離職率有多高？要如何避免過高離職率？回答這些問題可以幫助界定組織人力資源策略的方向。或許組織需要重新界定職位和所需的技術，開始招募並訓練

員工，找尋具新技能的人，或者提供新訓練給既有的員工。事先預測人力資源的需求，可以讓組織準備妥當，更有效率地達成目標，而不是被動等到事情發生再來回應。

　　例如田納西河流域管理局就會預測每個事業單位要達成目標所需的技術和人力（需求數量）。一旦確認出數量，規劃人員就會預測，在人員死亡、退休、辭職等正常耗損的狀況下，既有人力（供給數量）對所規劃之未來目標的達成能力。需求數量與供給數量之間的差距，就是「未來落差」（future gap）或「多餘狀況」（surplus situation）。掌握這種資訊，就能讓規劃人員發展策略與實際執行的方案。之後，人力資源規劃人員必須與員工溝通這套行動方案，並視組織的需要來持續評估及更新方案。決定了技術差距或過剩這類相關資訊後，田納西河流域管理局就發展出一套勞動力方案，以執行跨組織的人力招募與訓練計畫，因應各事業單位未來員工減少的狀況。因此，人力規劃人員可以提供更穩定的勞動力。[14]

招募

　　招募不只是在布告欄公告招募考試的辦法，而是要透過各種可能的管道，找到勞動力市場中，具資格的合適候選人。積極的招募方案包括下列要素：

- 以清晰易懂的語言來撰寫招募公告。
- 在能觸及各種人的媒體宣傳物中刊登招募訊息，也可使用其他媒體，例如廣播和電視。
- 建立親民的職業資訊中心。
- 拜訪大學、高中和社團組織。
- 利用流動或店頭的招募中心。
- 持續與少數族群或女性組織做接觸。

　　2001 年，人事管理局（Office of Personnel Management）用招募單一窗口（Recruitment One-Stop, ROS）做為電子化政府的一項首要方案，以吸引最優秀和最聰明的備選者成為聯邦公務員。「招募單一窗口」的目的，是要簡化聯邦職位的申請程序。透過一系列強化 USAJOBS.com 這個網站的做法（該網站是聯邦政府提供職位與就業資訊的單一窗口），聯邦政府改善求職人找工作的效率，並提供以下網站特色來服務求職者：更有效率的職位搜尋法、清晰簡潔、易懂及有趣的求才資訊、「撰寫一次使用多次」的基本履歷格式，可適用於各種職位、機關和制度。履歷搜尋功能讓聯邦政府管理者及人力資源專家，可以很有效率地以低成本方式來搜

尋候選人，並且即時對申請狀況進行網路追蹤。

如果招募進行順利，雇主就可以有幾位合格的應徵者。評估應徵者資格最常使用的工具就是審核其應徵申請表、面試、筆試，另外人力資源專家也可能交叉使用這些方法，以有效預估應徵者未來的表現。**測驗效度（test validity）**指的是評選工具的分數，與應徵者未來績效表現的關聯程度。有效的甄選程序所提供的分數，可以吻合該應徵者日後的績效表現。

應徵表格的目的是要蒐集應徵者的教育、工作經歷和其他背景資訊。研究顯示，這些個人資料清單，有助於有效預測其未來工作表現。但要小心避開一點，不要去問與工作無關的事情。為了遵守防止種族或性別歧視的「矯正歧視措施」，應徵表格不可以問一些可能對這些「受保障團體」在求職上造成反效果的問題。瞭解應徵者之背景的問題，絕對必須與工作明確相關。

幾乎在每個組織的每個職位上，都會採用面試來挑選人員。面試提供雙向溝通管道，讓雙方能得到一些由其他方式無法獲得的相關資訊。雖然面試廣泛被使用，但這方法卻不太容易成功預測應徵者的未來表現。研究人員對於這問題找出了許多原因。例如，面試人員通常對應徵者所要應徵的職務內容不夠瞭解，他們通常在還沒蒐集到足夠相關資訊時，只根據面試前幾分鐘的印象就做出決定。他們也會根據個人偏誤來提出問題（例如他們本身可能對少數族群或外貌不佳者有偏見，或偏愛找尋與自己類似的人）。另外，面試人員也可能自己說太多，花太多時間討論與職位無關的事情。[15] 後面的全球觀點解釋了日本和法國如何甄拔他們的高階公務員。

測驗

許多組織會採用筆試，例如智力測驗、性向測驗和人格測驗。好的測驗不只有效，而且很可靠。**測驗信度（test reliability）**指的是雇主可以藉由這套測驗，以相同的方式測試出相同的特質。如果兩人具有相同技能，做這項測驗時應該會得到相同的分數，有些測驗有信度但缺乏效度。例如，兩位爭取某職位的應徵者所接受的一項測驗，或許可以測出他們的技能，但這項測驗所測出來的技能卻與職位無關。另外有些測驗有效度卻缺乏信度。雇主必須確定所採用的測驗既有效度又有信度。

有用的測驗工具必須既有效度又有信度。例如大學入學測驗就被認為具有信度，因為某人若在週二做測驗得到 650 分，那麼週四再做一次，也會得到類似的分數。此外，大學入學測驗也具有效度，因為其分數與外部環境（在此是指從事學術的性向）有關，而且這測驗的確能有效預測學術成就。雖然效度是更重要的指標，但是沒有信度就不可能有效度：如果在週二考了大學入學測驗，得到 650 分，週四再考一次，若只得到 400 分，很明顯地 SAT 測驗就不適合用來評估學術

全球觀點
公務員招募的兩種方式

許多國家採用兩種擇才招募方式的其中一種。第一種，稱為「官吏制度」（mandarin system），這是一種官僚制度，只有在候選人準備展開職業生涯時來找有潛力的候選人。「官吏制度」傳統上指的是東亞官僚體系挑選文官菁英的方式，以現代意義來說，則是指「任務生涯」（corps-career）制度，這種制度包括公務體系中的中低層級人員。在公務體系中，招募通常由中央統籌辦理，具高度淘汰性，通常根據嚴苛的入選考試。通過考試的候選人會快速進入政府中的優秀職位。這些新進人員都是具高等教育背景的通才，他們會進入生涯體系的升遷制度中，而不是執行特定任務。法國和日本是這種官吏制度的最佳例證。

在日本以及一些民主國家，進入政府公務部門是所有優秀學生的夢想。因為在這些國家中，公務體系對高階的政策具很大的影響力。這些頂尖的學生得到的是未來 30 年的機會，他們知道自己有機會爬到最高層。

在日本，從頂尖學府頂尖科系（東京大學法律系）畢業的高材生，湧入有影響力的財務省、郵政電信部門、文都省和經濟產業省（METI）。這些部門的人大約 55 歲退休，他們被稱為「天下り」（amakudari，意思是從天而降者），他們在退休後，經常能空降到大型企業擔任顧問要員。

西歐國家在這方面與日本類似，在法國最優秀的學生會通過高等研究院（grades écoles）的考試，尤其是國家行政學院（École Nationale d'Administration, ENA），然後進入五大國家部會機關之一，這是法國文官體系中的菁英部門。法國總統席哈克（Jacques Chirac）是國家行政學院的畢業生，而其對手社會黨黨魁喬斯本（Lionel Jospin）也是。在英國，牛津（Oxford）和劍橋（Cambridge）（合稱 "Oxbridge"）大學的畢業生到了文官體系，就自然擁有「官吏」頭銜，這種頭銜乃呼應了中國滿清革命前的官僚體系。

第二種方式則是公開招募制度，這種制度較有彈性，也較分權化，愈來愈有市場取向的特色。澳洲的制度就和美國一樣，允許從任一層級進入科層體系中，且沒有年齡限制，這種做法透過高級主管制體系來補其不足，這個體系的目標是從文官當中挑選優秀者，組成政府的菁英團隊。

表現。因此，信度是最基本的門檻標準。

　　現在的基本問題是，測驗必須實際上能得知應徵者有效執行工作所需的技能。鑑於對筆試能否成功測試出這些技能有諸多疑慮，現在愈來愈多部門或顧問公司採用另外的測驗類型，讓候選人實際從事一旦被聘僱或升遷所必須執行的工作。例如報考警察者會被要求試著處理與民眾的聯繫、執行點名、回應模擬的民眾報案狀況。結果發現少數族群在這方面獲得的分數與白人差不多，證明許多少數族群有能力擔任這項工作，而這是傳統筆試無法量測的。

　　但是這種模擬的「表現測驗」也有問題：所費不貲、比筆試更難執行。由於這種測驗是由人而非機器來評分，因此經常被認為不夠客觀。現在許多測驗專家建議「所羅門式」的折衷方式：也就是筆試與表現測試兩者並用，來進行招募和升遷的人才挑選。

　　在過去 25 年，有些研究者調查了挑選人才所使用的人格測驗的效度，結果發現人格測驗對未來工作績效表現的預測能力很低。然而，這些研究也發現，在人格分類上，目前還沒有哪種分類法能被廣為接受。因此，實在不可能確定特定的人格結構和不同職業的績效標準之間，是否具有一致且有意義的關係存在。

　　近幾年，許多人格心理學家對於人格的構造和概念有了趨近的想法。一般來說，研究者同意在分類人格屬性時，有五種要素可用來做有意義的分類。這五大人格面向如下：

外向	熱誠的、有活力、外向、善於表達、愛熱鬧、群居性、社交性、活潑、精力充沛、支配性、獨斷的、有野心的、勇敢的
順從	合作的、樂於助人、和藹、熱誠、友善、同情、理解、善體人意、謙恭有禮、慷慨、溫柔、隨和、誠實
盡責	有條理、簡潔、效率、自律、精準、謹慎、準時、熟慮、果斷、可預測、注重效益、邏輯的
神經質的	防衛性、焦躁、不安、情緒不穩、易怒、激動、忌羨、緊張、焦慮、恐懼、易受騙、干擾性強
對各種經驗持開放態度	沉思的、智識的、有洞見、複雜的、敏銳的、開朗、聰明、好奇心、好問、創意、創新、成熟

　　Murray R. Barrick 和 Michael K. Mount 研究，以上要素對五種職業類別（專業人員、警察、管理者、業務員和技術人員）的工作表現的影響。[16] 結論顯示，只有一項要素對所有職業類別有一致性的影響，就是盡責。至於其他要素，則會依職業不同而有不同的相關性。外向要素在評估是否具管理潛能上具強烈影響。整體來說，這些研究結果顯示這**人格的五因模式（five-factor model of personality）**在徵

才時的確有些用處。

近幾年，透過對**情緒智能（emotional intelligence）**的研究，對於人格有了新的洞見。情緒智能包括下列四項基本要素：[17]

1. 自我意識：正確評估自己優缺點的能力，具有健康的自信心。
2. 自我管理：對破壞性或傷害性的情緒具掌控能力，能夠平衡情緒，不會讓憂慮、焦急、恐懼或憤怒影響思考，或干擾該做的事情。
3. 社會意識：瞭解別人與同情他人的能力。
4. 關係意識：與他人有所聯繫，建立正面關係，回應他人需求與影響他人的能力。

研究顯示，工作表現與高情緒智能有正面關係，不管哪種職位皆然。或許讀者還記得 Fred Greenstein 就認為情緒智能是總統領導力的關鍵特質。

雇主喜歡採用人格測驗。在《財星》（*Fortune*）雜誌的 100 大企業中，有 89家企業利用了人格測驗中的其中一種（Myers-Briggs 性格分類指標）。這些指標說明什麼呢？「雖然這些人格指標很盛行，還有這些測驗所要決定的東西，亦即人格也很重要，但是人格測驗卻沒被審慎評估。」Annie Murphy Paul 在其著作《人格崇拜》（*The Cult of Personality*）中如此寫道。Paul 是《今日心理學》（*Psychology Today*）的前任編輯，她認為這些測驗能評估人格類型的說法是虛假的：研究顯示，單一個人在做這些測驗所得到的分數不穩定，會隨著年、週，甚至小時而有所改變。（「有人在下午是個很好的直覺思考者，但早上卻不是，」有研究者如此說道。）而且，鮮有證據顯示，測驗分數和管理效率或團隊建立具相關性。[18]

選才

完成了競爭性的測驗後，就能根據測驗分數擬出一份名單，分數排名前面的候選人名單就會呈交給長官來做挑選。這過程稱為**驗證（certification）**。根據功績擇優的概念，只有某部分的候選人會被挑選出來，否則如果將所有測驗合格的人都挑選進來，就會將選才的競爭功績原則變成測驗「及格—不及格」的制度了。

人事制度通常會遵循**三人原則（Rule of Three）**，此原則讓負責任用的主管可以從最符合資格的前三人中挑選人才，而不會跳過既有的資深員工。為什麼有這種三人原則？第一個理由，要克服筆試測驗無法充分評估人格或個性的缺失，因為光就測驗結果找到的人，可能在智識方面符合，但卻有嚴重人格問題。第二個理由是要讓負責任用的主管更能參與人事決策過程。

不論徵才的過程為何，管理者最終還是要面臨挑選一人來填補職缺的決定。管

理者在找的是什麼？一言以蔽之，優點。杜拉克這麼寫過：

> 任何人若想在組織中放置一個人……，以避開組織弱點，到頭來只會落得平庸下場。以為真有全才、真有人只有優點沒有缺點，……是為了解決平庸……但厲害的人就有厲害的缺點。有高峰就有深谷。沒有人樣樣都行。沒有所謂的「好人」，哪裡好？這才是問題。[19]

分類與薪資報酬

在所有政府層級中，文官體系最基本的事項就是職位分類。簡單來說，**職位分類（position classification）**包括界定每個職位的權責、再根據職位的相似性來加以分類。為了說明公共人事管理的重要性，請參考圖 10.3，從該圖可以看到，所有聯邦政府的白領工作被劃分成 23 種職組（occupational groups）。每種職組又包含了數種職系。例如人事管理局就將「調查」職組分為 20 種職系。請注意在這張圖中，最後一項是邊界巡守員。人事管理局根據調查者責任的範圍與複雜性，不辭辛勞地加以細分，將邊界巡守員歸類為 GS-5、GS-7、GS-9 或 GS-11。

好的人事制度可以幫助行政人員，對權責與其他人事之間的關係做出更好的決策。畢竟，要建立良好的薪資報酬制度，就必須對每個職位的權責有所瞭解（亦即要同工同酬）。而有效的考核與招募也必須對其所考核和招募的單位有清楚認識。要決定執行某職位需要的資格，也一定得先瞭解該職務的細節。

雖然評估單一職務的權責沒有太多困難，但若要評估與比較不同的職務就有困難。有多少部屬被監督？要花多少時在監督上？誰要被監督？期望有多少創新？要客觀衡量這些要素顯然不容易。

有些人批評職位分類的做法已經過時了。雖然這種做法可以公平對待員工，消弭不公平的偏寵現象，但是職位分類不一定與第 7 章所討論的成熟組織所執行的活動有關係。在這類組織中，工作環境變得很學院式，對嚴格的職位分類體系來說，其組織形式過於自由。在這類組織中，職位分類（或職務等級）可能被**品位制（rank-in-person approach）**所取代，也就是以個人能力和經驗做為各種人事決策的基準（例如，薪資報酬的設定）。這類制度包括軍隊和大學教職員。品位制的概念代表了個人之等級與其在特定時間所執行的職務無關，而是與其個人本身有關。

和職位分類一樣，公務人員的**薪資報酬（compensation）**也很重要，而且這也是公共人事行政經常有爭議的部分。根據第 8 章所討論的動機，對員工來說，足夠且公平的報酬是非常重要的。如果員工認為薪資制度不公平，就會產生衝突。

1949 年分類法（Classification Act of 1949）建立的一般俸給表（general

圖 **10.3** 聯邦政府的白領職位分類：說明例子

序號	職組
0000	綜合
0100	社會科學、心理學和福利類
0200	人力資源管理類
0300	總務、文書和事務管理類
0400	生物科學類
0500	會計和預算類
0600	醫療、醫院、牙醫、和公共衛生類
0700	獸醫醫療科學類
0800	工程和建築類
0900	法務類
1000	資訊與藝術類
1100	商業和工業類
1200	著作權、專利和商標類
1300	物理科學類
1400	圖書館與檔案類
1500	數學和統計學類
1600	儀器、設備和服務類
1700	教育類
1800	調查類
1900	品質保證、檢驗和分級類
2000	供應類
2100	交通類
2200	資訊科技類

序號	職業
1801	一般性檢驗、調查和遵循查核
1802	法規符合性檢查和支援
1810	一般性調查
1811	刑事調查
1815	空中安全調查
1816	移民調查
1822	礦場安全與護衛生
1825	航空安全
1850	農產倉儲檢查
1854	菸酒和槍械檢驗
1862	消費安全檢驗
1863	食品檢驗
1864	公共衛生檢疫
1881	海關和邊界保護封鎖
1884	海關巡邏官
1889	進口入專員
1890	海關查驗
1894	報關與清單
1895	海關與邊界保護
1896	邊界巡守員*
	*更多細目請自行參閱相關文件

schedule），是日後四分之三世紀聯邦政府公務員薪資的根據基準。這套通則根據白領公務員的責任、工作困難度和資格，將薪資分成 15 個俸等（grade）。每一等都有 10 個俸階（step）。同一俸等內的晉升根據的是固定的俸表，不過有「高品質績效表現」的員工可以獲得「品質晉級」。

行政機關中的高級主管的薪資，是根據主管薪資表來計算。廣義來說，這個主管薪資表被分成 5 層：第一層為內閣成員；第二層為主要部會的副部長；第三層為總統顧問、主要獨立機構的首長和次長；第四層為助理部長、副次長和行政部門的一般顧問；第五層為副助理部長、行政官員、專員和處長。這些高級主管涵蓋了行政體系中多數的管理和決策職位，這些職位不需要參議院的認可。

聯邦政府付給公務員的薪水大致能與私部門的待遇相提並論。但聯邦政府所提供的其他福利卻比私部門高出 76%。為什麼？和私人企業相比，1920 年代文官或軍人的薪資都不具競爭力，但國會決定不調整薪資，而是將成本放到未來（這樣眼前的納稅義務人才不會注意到），所以規劃了太過優惠的退休制度。

表 10.2 是美國 2009 年的一般俸給表。這一般俸給等級可分為 10 俸階，使得每一俸等內的員工有薪資差距且有機會提高薪資。在許多州政府和地方政府中，薪資水準主要是透過集體協商來制定（本章末將對此詳論）。

現在美國退伍軍人健康局（Veterans Health Administration）可以更快聘請到護士和藥劑師，美國國家標準技術院（National Institute of Standards and Technology）更容易留住優秀人才，美國通貨監理署（Office of the Comptroller of the Currency）更敢積極地倡導員工在職進修和自我提升，這些有部分是因為採用了能與私部門一較長短的薪資制度，而且這套制度無須受限於一般的文官法規。這套制度也對員工績效採取獎勵措施，尤其在升遷和任務指派上。更新的薪資報酬制度讓管理者有權限設定薪資，而且這套制度也會讓表現不佳的員工無法調薪。美國國土安全部新改變的薪資制度就包括這些會讓員工焦慮的特色。特別是工會強烈認為，這套制度將會讓主管有機會偏袒。

最後，我們應該注意到有些公部門為了爭取到優秀人才，會提出相當高的薪資報酬。例如以重建波士頓和紐約市地鐵系統而備受讚譽的 Bob Kiley，最近就被倫敦市地鐵局以超過 50 萬美元的高薪聘請來拯救倫敦地鐵系統。

？ 績效極大化

訓練和管理發展

訓練有多重要？看看許多標題就可回答這問題。在達美航空（Delta Air Lines）

表 10.2　2009 年一般俸給資表—2009 年 1 月生效的一般俸給表，增加了 32.9% 的金額

俸等和俸階之年度薪資標準

俸等	階 1	階 2	階 3	階 4	階 5	階 6	階 7	階 8	階 9	階 10
GS-1	$17,540	$18,126	$18,709	$19,290	$19,873	$20,216	$20,792	$21,373	$21,396	$21,944
2	19,721	20,190	20,842	21,396	21,635	22,271	22,907	23,543	24,179	24,815
3	21,517	22,234	22,951	23,668	24,385	25,102	25,819	26,536	27,253	27,970
4	24,156	24,961	25,766	26,571	27,376	28,181	28,986	29,791	30,596	31,401
5	27,026	27,927	28,828	29,729	30,630	31,531	32,432	33,333	34,234	35,135
6	30,125	31,129	32,133	33,137	34,141	35,145	36,149	37,153	38,157	39,161
7	33,477	34,593	35,709	36,825	37,941	39,057	40,173	41,289	42,405	43,521
8	37,075	38,311	39,547	40,783	42,019	43,255	44,491	45,727	46,963	48,199
9	40,949	41,314	43,679	45,044	46,409	47,774	49,139	50,504	51,869	53,234
10	45,095	46,598	48,101	49,604	51,107	52,610	54,113	55,616	57,119	58,622
11	49,544	51,195	52,846	54,497	56,148	57,799	59,450	61,101	62,752	64,403
12	59,383	61,362	63,341	65,320	67,299	69,728	71,257	73,236	72,215	77,194
13	70,615	72,969	75,323	77,677	80,031	82,385	84,093	87,093	89,447	91,801
14	83,445	86,227	82,009	91,791	94,573	97,355	102,919	102,919	105,701	108,483
15	98,156	101,428	104,700	107,972	111,244	114,516	121,060	121,060	124,332	127,604

班機於德州墜毀造成 14 人死亡後，出現了這個標題「聯邦航空管理局對稽查員的訓練課程竟然過時」。當「聯邦緝毒署突襲錯誤目標」的標題出現時，美國司法部官員被迫承認許多緝毒人員的執法經驗不足，有些甚至在大學剛畢業就從事這項工作。「市政府要為不良的訓練負責」，在「肯頓市政府控告哈里斯」（City of Canton v. Harris）案中，最高法院判決，市政府和郡政府必須為員工訓練不足負起賠償責任。還有，在社區團體控告警察局有種族歧視之後數月，媒體出現了這個標題「警專學校的新生必須接受 12 堂種族敏感性的教育訓練」。

適當的訓練，當然不只可以降低這種半夜突襲無辜百姓臥房的失誤而已。第一，它能提供員工有機會改善自己。特定的訓練和發展計畫，可以幫助降低組織中無意義職務的數量。降低這類職務的數量，提供機會提升職務內容，可以提高員工士氣。再者，訓練課程可以幫助矯正許多少數族群面臨的狀況，也就是因為技術不足而無法擔任公職的狀況。最後，訓練幫助員工準備好迎接其獨一無二的公職工作。隨著政府持續扮演技術進步的中樞角色，帶領社會進步的領導角色，這類工作勢必愈來愈多。

基於上述理由，管理者不應該把訓練視為浪費時間的花俏活動。相反地，他們應該將其單位內的員工發展視為其重要任務，使其與提升員工士氣和方案管理居同等重要位置。他們也應該注意到目前既有可直接採行的訓練課程。正式就職前的訓練或許是最基本的，但不表示最不重要。眾所周知，這種職前的職務熟悉訓練活動，可以讓員工更快速地更有生產力。**在職訓練（on-the-job training）**基本上是讓沒有經驗與技能的新進員工，向其他員工學習工作內容。

對行政、專業和技術人員來說，在組織內外都有許多訓練課程可供選擇。例如各種工作坊和機構〔例如在維吉尼亞州有個聯邦行政主管學院（Federal Executive Institute）〕，還有專業會議、大學和專科課程、管理發展課程、實習課程和休假進修的制度。**1970 年府際人事法（Intergovernmental Personnel Act of 1970）**對州政府和地方政府的員工開啟了在職訓練課程，並提供補助金。同樣地，勞工部的公職生涯課程（Public Service Careers Program）和司法部的執法援助局（Law Enforcement Assistance Administration），也試圖強化州政府和地方政府的訓練課程。由於州政府和地方政府的現職訓練課程落後於聯邦政府，所以這種跨府際的訓練趨勢，值得讚賞。

在提供員工生涯發展上，**職務輪調（job rotation）**也不該被忽略，這是一種將員工從一職務調到另一職務，使其能獲得刺激，具有更多元經驗的制度性做法。Herbert Kaufman 提供了很好的例證，來說明這種訓練方式。[20] 他發現美國林務局（Forest Service）的調職不是等有職位空缺時才做，而是每 3、4 年就讓各層級的

員工熟悉其他員工的不同職務內容，瞭解不同的專才。根據林務局的說法，這是「讓人員有機會發展、調整和擴展」。這種做法可以培養出一群人，未來的高階主管就能從這群人當中拔擢，這種優點非常明顯。有些機構則是在單一功能的專長中，讓主管一步步往上晉升。

管理發展（management development）是一種訓練，專門針對改善個人在管理基本原則方面的知識與技能。如果有人真的認真考慮管理職位，那麼管理發展就是個人生涯議題中非常重要的部分。請記住，每個人所需要的管理發展都不一樣，因為每個人所經歷的責任層級都不同。因此管理技術需要持續培養與發展。

評鑑中心（assessment center）是一種技術，根據員工在一系列模擬的管理任務中的表現，來挑選具有高度管理潛能的員工。例如，評鑑中心可以提供一系列管理情境的任務給一群申請者，要求他們在 2、3 天內完成。有一項技術叫做「籃中」（in-basket）模擬法，要求申請者扮演管理者角色，決定該如何在 2 小時內處理其籃子中 10 張便條紙所寫的事項。2、3 位受過訓練的裁判小組，會觀察申請者的決策，和評估其所反映出來的人際互動、溝通和解決問題的技能。

評鑑中心已被證明能有效預測管理職位，有些組織現在利用評鑑中心來僱用技術員工。想法是要看看應徵者是否具有足夠的「人際能力」，以便能融入工作環境。評鑑中心很重要，因為它們能比筆試提供更有效的方式來評估人際互動能力。

第一個採用這種評估程序的是德國軍隊，第一次世界大戰時用來挑選軍官。首次用於美國聯邦政府則是 1969 年的國稅局。最近幾年則有愈來愈多美國和加拿大的司法機關採用這種方式。例如美國國務院的職前見習訓練就透過模擬情境和危機來訓練新進人員，假設美國觀光客在不友善的國家遭挾持，要如何談判讓人質被釋放。受訓外交人員也會參與數天的研討會，模擬大使任務的每個環節。講師全是資深的外交部官員，以獎懲並施、有鬆有緊的方式來極大化受訓人員的績效表現。這種道理很簡單：訓練愈接近真實狀況，在國外出現意外的機會就愈少。一般說來，研究證實，評鑑中心是很有效的遴選新人方式，而且也適用於組織中的人員升遷。[21]

晉升

多數政府機構會給予新進員工試用期，通常是 6 個月。在這段期間，主管必須對新人多加照顧注意，給予指導、使其能適應工作。理論上，試用是測試遴選過程的最後階段，因為在這段期間主管可以予以解職，被解職的人沒有申訴或要求復職的權利。不過試用期間解職的狀況很少見，顯然地，很少管理者會有勇氣做出這種定生死的事情。

　　組織要提供員工職業生涯的升遷機會，但這不排除從外面找人來填補職缺，以防止組織太過相似，或者為了延聘特別傑出的人才。

　　在州政府和地方政府中，員工之間常有激烈的升遷競爭。除了透過考試，績效評比也可以藉由產值來表現（例如第 9 章所討論的目標管理），另外評比的特性和敘述方式也可以用來當做參考。將工作事項的清單加以核對，或者目標評估，例如根據寫作能力、進取心和敏捷度這些特性的量表來評估員工。敘述的方式則讓管理者可以更彈性地討論員工的優缺點。不過這些評估方式很難做比較而且很耗時，所以不像目標管理那麼盛行。

　　這種根據員工工作效率來進行的評估稱為**績效評核（performance appraisal）**。對績效評核（如公務體系所實施的考核）的批評是，評核是週期性而非連續性的。主管不應該等到年終才告訴員工他表現不佳。表現的好壞應該在當下就與員工討論。

維持有效的人力

留住最優秀的員工

　　各級政府都致力於僱用最優秀和最聰明的新世代、修補美化他們的網站、簡化申請流程、在就業博覽會上設置攤位、下報紙廣告，還有派徵才幹部到大學校園。不幸的是，很多這些努力就像是開著澡盆的水龍頭，卻沒有塞住流出口。太常見的情況是那些最優秀最聰明的人才，一旦被吸引到公部門服務也待不長久。例如，退伍軍人事務部的新索賠案專員（new claims specialist）有很高的流動率，某些地區辦公室的耗損率甚至達到 49%。訓練這些員工至少需要 18 個月，但退伍軍人事務部卻沒有將它訓練的員工留下來。國務院雖很容易就可以不斷吸引新進人員，卻在留任中階的外事官員時面臨嚴重問題。[22]

　　留住優秀員工的關鍵在於提供一個有回報與彈性的環境——包括金錢的和個人的。全國公共行政學會（National Academy of Public Administration, NAPA）的一項研究發現，一旦達成合理的俸給一致性（pay compatibility），「非金錢的議題就愈來愈重要……。大多數造成員工留任或離開組織的因素，其實都在他們直屬上司的掌控之下。員工想要訓練、職涯發展機會、公開溝通、彈性的工作安排方式。他們想要在決策和設定目標時有所參與。」[23]

　　有一項蓋洛普（Gallup）有關管理行為和組織效能的研究，也獲得類似的結論。研究發現，下列 5 個問題的回答，和員工的留任有關：

我是否知道工作上對我的期望為何？

我是否擁有可讓我做好工作的材料和設備？

每天我是否有機會發揮出最佳表現？

我的上司或其他同事是否在乎我這個人？

工作時，我的意見是否被看重？[24]

波士頓顧問公司（Boston Consulting Group, BCG）一項進行 8 年的研究，顯示有些最成功的公司，同時也擁有最明智的雇主。雖然研究人員最初是要研究高績效公司的特質，而非探討人力資源，但他們很快就發現所有表現最頂尖的公司，都對他們的員工採取了非凡的進步政策。這些組織展現了兩項獨特的特徵。首先，他們對於本書之前討論的傳統人力資源議題——甄補、薪酬、訓練、績效評估等等，付出特別的關心。其次，他們設置的人力資源系統特別在意工作滿意度。這些系統的背後道理很簡單：「滿意度高的員工不僅表現較佳，而且他們也會成為較優秀的團隊成員、工作夥伴、指導人和同事。他們更能合作、更充滿活力與創新，也更忠誠於雇主。基於這些理由，組織將注意力放在影響工作滿意度的因素，並且對此投入資源，最符合組織的利益。」[25] 除了薪酬外，這些因素還包括：工作結構、人力配置和工時的彈性；健康生活、孩童照顧和長者照顧等個人福利；對個人和團隊貢獻的報償和肯定。

美國聯邦政府在這些方面的表現如何呢？根據哈佛大學公共政策講師 Linda J. Bilmes 和 IBM 公部門副總裁 W. Scott Gould 指出：表現不如預期。[26]

● **工作和人力班表（Work and Staffing Schedules）**。世界上許多國家和美國許多州都允許比美國聯邦政府更大彈性的工作和人力安排。加拿大允許公務員的工作時數有彈性，另外替代性的工作安排，例如遠距工作，也相當普遍。雖然猶他州採用了一週工作 4 天制，其他很多州和地方政府也在實驗聯邦政府仍然禁止的彈性上班制。主要被允許的「替代」做法是縮短每週時間（compressed work schedule, CWS），它允許員工在 9 個工作天上班 80 個小時，如此一來就可以隔週休禮拜五。另一種縮短工作天數的計畫，就是員工每天工作 10 小時，每週工作 4 天。管理者贊同這些計畫可以降低缺勤狀況，因為員工可以在平常上班日安排時間休假，來完成一些必要的個人事務。然而，比起位居領導地位的民間組織，這種彈性還是相當受限的。

● **遠距工作（Telecommuting）**。透過電子通訊連結，從遠端登入取代實體通勤的工作方式，對政府而言似乎是絕佳妙計。員工可以節省通勤時間，更別提交通花

費、購買午餐和相關的個人費用。這種做法對環境也有好處，但迄今為止，不到 40% 的聯邦政府員工利用遠距工作。

- ⇨ **工作分享（Job Sharing）**。位居領先地位的公司利用工作分享來滿足工作力環境。最值得注意的是，它讓家有幼兒的婦女保有工作，而和另一個彈性上班的員工分享工作；它也讓半退休狀態的人保留部分工時（如此還可以同時訓練新員工）；它還可以在不需要全職工作時避免冗員。聯邦政府可利用工作分享的好處來處理所有這些狀況，但上司需要接受訓練以瞭解如何運作，以及如何管理工作分享之員工的職涯發展。有個開始展開這項做法的機關是司法部，它設置了一個工作分享電子布告欄，員工可以表達參與工作分享的興趣或瀏覽其資訊。

- ⇨ **全人健康（Wellness）**。雖然聯邦公務員可獲得健康保險津貼，這些津貼亦可透過各種健康生活津貼加以補充。這種津貼的設計是同時從預防和矯正治療兩個層面，以強化員工的身心靈健全。例如，對於那些因個人問題而影響健康和工作績效的員工，有一種計畫可以讓他們獲得各種免費的保密諮商和轉介服務。這種計畫也可以處理其他許多問題：戒菸、推廣運動、體重與體適能管理、預防注射和減低壓力計畫。這類性質的某些計畫，在國稅署和空軍的文職與非制服人員身上，已經證明相當成功。

- ⇨ **孩童照顧（Child Care）**。居領導地位的民間組織瞭解，所謂孩童照顧不僅要在公司裡面設置嬰幼兒日間托育中心而已；它還要創造出一種氛圍，讓公司知道父母親在需要的時候必須有照顧孩童的彈性。「父母的責任必須獲得完全的肯定。家長可以不用為了在工作日參加親師會而去捏造要預約看牙醫。」根據政府審計署表示，提供聯邦公務員在工作場所或其附近的孩童照顧服務，可以降低缺勤並讓員工更專注於其工作職責。

紀律和牢騷

　　公共人事管理有兩項很敏感的層面，就是訓練員工的紀律和傾聽他們的抱怨。申誡、停職、降級、調職或解僱明顯地對員工的職業生涯有負面影響。因此，很少管理者會喜歡見到要祭出這些懲罰紀律的情況發生。不過也不能忽略社會大眾，亦即納稅人期望見到有效率的政府。

　　若情況出錯，給了員工理由抱怨，那麼受到影響的人自然就會開始發牢騷。即使對敞開辦公室大門歡迎部屬進入的政策引以為豪的行政人員，在員工進來抱怨時，有時也會不高興。因為部屬抱怨，就代表管理者在某種程度上未能盡好主管之責。不論行政人員是否認為紀律和牢騷很重要，他都必須在心中牢記幾項重點。

　　在紀律方面，行政人員應該努力讓員工的績效提升。只有在員工都能清楚瞭解

紀律政策和績效標準，並且主管能公平地執行這套標準時，績效改善才有可能發生。此外，採取紀律行動時要審慎地根據事實來行事。如果把事情搞錯了，不僅對員工不公平，也會讓行政人員臉上無光，尤其當員工決定反駁，訴諸其他第三公正單位來重新審視時，更會如此。

組織紀律有多種形式，口頭和書面申誡最常見。如果主管可以說清楚：(1) 申誡的目的單純只是為了矯正員工行為；(2) 若雙方都能互相尊重，那麼這些紀律形式才能發揮功效。不過行政人員還是不應輕易地訴諸這些紀律行動。員工的行為嚴重到需要申誡嗎？如果答案為是，那麼是否有更間接、更不那麼正式的申誡可以採用？對有適當敏感性的員工來說，或許深思熟慮過的一個暗示就足以讓他明白了。

如果申誡還是沒用，或許就需要更嚴厲的紀律行動：停職、降級、調職和解僱。在這種狀況下，行政人員或許需要求助於人事單位。

解僱意味著開除，這不包括政府因為經濟理由而資遣公務員的狀況。公共行政人員和私人企業主管一樣，會盡量避免解僱員工。理由很清楚：這種過程一定不愉快且很難進行，尤其當行政人員無法提出解僱員工的完整書面理由時。即使被解僱的員工無權上訴要求復職，行政人員也得面對突來的外部壓力，包括立法者、有影響力之友人和專業團體的壓力。內部也會面對來自其他部屬的壓力。

集體談判：六個關鍵性問題

集體談判（collective bargaining）是指工會和管理階層，以能維繫或者更強化雙方關係的方式，試圖解決利益衝突（見圖 10.4）。這種過程看似不像人力資源管理的工具，例如資源規劃、測驗、職位分類、薪資報酬、訓練發展和績效評估，而且也不像紀律這種「必要之惡」。最高法院最優秀的大法官之一布蘭迪斯（Louis V. Brandeis）（1856–1941），之所以不把這種方式視為優先行動的理由，就是「不要假定雇主和員工的利益一定是敵對的，所謂敵對就是說，對一方好的；對另一方則一定不好。事實上卻正好相反。雖然兩者利益不同，但卻有可能同時雙贏或雙輸。」

勞動關係是有效之人力資源管理很重要的面向，這點另從以下理由可看出：今日公部門的工會是美國成長最快速的工會。如本章稍前所述，公務員成立工會的比率遠比私部門的產業工人還高。在公部門，地方政府員工擁有最高比率的工會會員：42%。

很明顯地，對公部門管理者來說，瞭解集體談判的過程成了其職責。像集體談判這種複雜又重要的過程，實在很難簡化成幾個問題，不過還是有六個特別重要的問題要加以瞭解。[27]

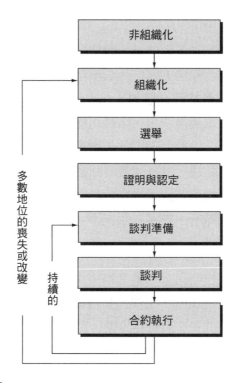

圖 10.4　集體談判過程

誰代表管理階層來談判？　市政府內的談判架構是非常分權化的，也就是說，除非特例，否則談判都是由單一資方代表來進行。談判只限於市政府管轄權內的事項，市政府官員通常不願施展其政治自主性和決策權威性。這種談判和私部門的談判有何不同？在私部門中，通常是單一雇主和單一工會談判，但有時也有多雇主的談判。在這種狀況下，多方雇主與相對應的工會各自在談判桌上組成一個談判單位。這種集中化的談判在貨運、建築和新聞產業最常見。

　　而在公部門中，市政府行政首長最常扮演主要談判者，並有人事處長或市政府律師陪同。如果談判變得更複雜，市政府可能會僱用勞資關係專家做為主要談判人。

　　和私部門的狀況相比，公部門的主要談判人雖代表公部門，但通常缺乏權責來和工會達成最後且有約束力的協議。政府機關很難將決策權完全交給特定行政官員。許多州議員者和市議員對於他們認為那些影響有效政府運作的重要事項，往往杜絕讓出其立法權威，畢竟他們認為他們直接對選民負責。

　　決定「誰是管理者」這個問題可能會在三方面對談判過程產生負面影響。第一，在談判過程中管理部門可能會將責任推給其他官員。工會幹部經常在集體談判中面臨被敷衍的狀況，政府官員將責任推到其他人身上，推說他對這項議題才有具

體決定權或者才有經費可運用。

　　第二，由於公部門的談判是多方進行，包括社區公民、政府官員、媒體和正式的談判者，所以經常變成政治的角力運作。公部門的工會因此經常有機會在正式談判之前、中間和之後，參與**最終回合談判（end-run bargaining）**，也就是說，直接訴諸立法部門，讓他們做出最後決定。市長可能對警察工會的要求做出讓步，以換得在州長初選時獲得支持。由於公部門的工會在各方面都具有政治實力，因此民選官員通常會比企業主管更願意接受這種最終回合的談判。

　　第三，有些政府機關不願意將決策權交給勞動關係的代表，這會導致政府資方在談判桌上對勞動關係不夠瞭解。在某些狀況下，如果工會對沒經驗的資方談判代表占便宜，就會影響到納稅人。

誰代表工會來談判？　員工自己可以透過選舉來決定希望由誰代表參與談判。但首先要有足夠的員工數（通常是 30%）來決定是否要先進行選舉。他們也必須決定選票上要有哪些工會，還有哪些員工有資格投票。贏得多數票的工會就變成員工的談判代表。

　　當然，除非每個人知道誰有資格投票，否則就不會有選舉。誰會進入代表團中？答案通常是州政府的員工關係委員會，不過有些州則是文官委員會或勞動部門。聯邦政府則是利用聯邦勞動關係局（Federal Labor Relations Authority, FLRA），這個單位是根據 1978 年文官改革法所成立的。一群允許和雇主談判的員工就是**談判單位（bargaining unit）**。

　　受到單獨認可的談判單位可以建立在機構、工廠、設備、功能或其他基礎上，以確保員工之間有清楚的共同利益，也為了能有效提升談判運作的有效性。決定社群共同利益的標準包括共同的職責和技術、類似的工作環境、相同的監督主管和工作場所。同樣地，有些職位會被排除在談判單位外，例如牽涉到機密的員工、管理和監督人員、人事雇員和專業人員（除非投票贊成加入）。

　　在美國聯邦政府中，約有 60% 的員工隸屬於各種勞動組織的 2,589 個談判單位。有 87% 的員工涵蓋在勞動契約內。華盛頓州界定其談判單位有 117 個。以機關為單位所組成的談判單位有個好處，就是可以讓組織的目標或使命在談判決策時扮演重要角色，但這種做法可能導致公平性的嚴重問題，因為有些職位團體的成員是在不同的機構工作。另一方面，以單一工會來代表廣大的職業團體，在凝聚力的維繫上可能會有問題。

勞資雙方要談判什麼？　不足為奇地，公務員最想談判的就是薪水。但只有僱用他們的政府單位同意時才能這麼做。美國最大的政府單位——聯邦政府——卻不允

許。全美只有不到一半的州政府同意公務員就薪資進行談判。而地方政府公務員則有機會就薪水談判，因為絕大多數市政府同意將薪資納入談判桌上的議題。

　　幾乎每個政府單位都不允許進行集體談判的議題有二：挑選員工的過程和標準，以及機關的使命。為什麼？政府不同意就遴選的標準與過程進行談判，傳統上認為是因為政府要保護其選賢的制度。再者，有些人認為，工會若影響了聘僱的過程和標準，將可能危害到對矯正歧視措施的政策。而不准對機關的使命進行談判，是根據行政責任的理想性，這點在第 4 章已論及。被選出來的官員都應該要制定公共政策。「如果將問題擺在集體談判桌上，且經常是關起門來，就很容易讓大眾失去對政策的主要掌控力。」**28**

　　和私部門的談判一樣，聯邦政府和被認可的工會在談判時也必須在合理的時間進行，雙方秉持著最大誠意，針對指定的議題進行集體談判，這些議題可能從特定的人事政策和做法、工作環境到相關的法令規定。雙方准許就被允許的議題進行談判，但文官改革法並沒有要求對何謂被允許的議題做協商。被允許的議題包括職位的數量、種類和等級，以及工作計畫或職務輪調；工作場所的技術；執行工作的方法和手段等。

如果無法達成協議，談判者會如何？　僵局（impasse）是指勞資雙方對僱用條件之間的協商陷入僵局。陷入僵局時可藉由調解、實情調查或仲裁來解決，不過這些解決方式有爭議性，也會受到相當大的注目。美國有 38 個州將這些解決方式予以制度化。僵局的解決方式可能是結合了調解、實情調查和仲裁（有 20 個州採取此方式）。有 31 個州明文規定公部門在協商時採用實情調查的機制，數量僅次於調解，有 35 個州規定以調解來解決。

　　調解（mediation）會牽涉到中立的第三方，可將之想成婚姻顧問，它沒有法律權威性，只能協助雙方達成共識。在公部門所使用的僵局解決方式中，調解是最不構成干擾的，可說只是談判過程的附屬品。有效調解的關鍵要素是經驗，要有相關的訓練和知識。有效的調解者需有毅力，例如不要接受雙方的拒絕答案，扮演積極角色，給予雙方壓力，讓他們能提出妥協的方案，而不只是來來回回各說各話。如果雙方對自己較沒信心，或者內部人員有衝突時，調解較易成功。

　　實情調查（fact-finding）和仲裁都涉及中立的第三方，其可以透過準司法的聽證會來評估勞資雙方的談判立場。如果雙方無法達成共識，就會將實情調查者所得到的報告刊登在當地媒體上，讓公民瞭解誰應該為這持續難解的爭論負責。然而，這些建議不見拘束力，最後決定一般還是留給民選的立法機關。

　　仲裁（arbitration）也是涉及公正的第三方，但其決定具有法律拘束力。這種

方法的另一種做法是最後提議的挑選仲裁。也就是說仲裁者從勞方或資方所提議的解決方式中挑選一種，或者就不同的議題一項一項來解決。不管採取哪種做法，仲裁者可以只選擇其中一方的最後提議，不需要妥協或區分雙方差異。[29]

在解決僵局上，實情調查和仲裁的做法可以很成功，因為這些做法給予雙方解決差異的期限。此外，光是這些程序就足以給雙方壓力，因為他們會怕中立仲裁者不瞭解他們的立場，而做出對自己不利的仲裁。

這些解決方式也有缺點，例如實情調查者的建議和仲裁者的決定可能無法解決勞資雙方真正的差異。此外，這些方式可能使談判者更加鞏固原有立場，因為雙方會以為他們可以從第三方獲得更好的結果。談判代表除了要誠實地努力解決談判的差異外，他們也要花時間和心思來面對實情調查者或仲裁者。

公務員可以罷工嗎？　再次重申，集體談判的目的是為了達成新契約，如果這條路行不通，而且仲裁也失敗，勞方可能使出最後手段：罷工。

罷工權被許多人認為是有效進行集體談判的重要手段，但公部門通常明文禁止罷工。禁止罷工的基本論點在於，公家單位所提供的服務，例如警察或消防單位對民眾福祉有重要影響，其任務的中止會對人民身家財產造成莫大負面影響，還會導致社會失序。他們所提供的「必要服務」可以有多種解釋，有些人認為所有公家服務都是必要的，然而有些人認為許多公務員的職務，例如文書工作或技工根本不算是必要的。另一種禁止罷工的論點是，相對於納稅人而言，工會手上這個武器的力量太過強大了。此外，工會也不應該犧牲其他也靠政府稅收過活，但卻無法罷工的人的利益。

雖然有這些論點，但公部門的確發生過大型罷工。罷工量最多的是發生在教育界，其中 7 州的罷教天數占了 90%。這 7 州是加州、伊利諾州、密西根州、紐澤西州、紐約州、俄亥俄州和賓州。若罷工者或被解僱者沒有得到資方承諾將予以赦免或復職，罷工經常會延長。

因此法律並沒有禁止罷工。法律也沒有敵視參與罷工的員工，但若有人訴諸法律，法律卻不會對所有罷工者一視同仁。有人認為法律禁止罷工可以達到威嚇作用，遏止某些罷工行動，而法令也會對罷工者造成些警惕效果。但是藉由立法禁止罷工的做法一直不成功。在奧勒岡州、俄亥俄州和伊利諾州，這些允許公務員罷工的地方有罷工，但在其他不允許的地方仍然有罷工，例如 2005 年聖誕節前夕，紐約市大眾運輸局（New York Metropolitan Transit Authority）的員工就發起了長達 60 小時的罷工活動。紐約的「泰勒法」（Taylor Law）禁止大眾運輸的員工罷工，據此紐約市政府和紐約州政府官員要法庭給予罷工者重罰。一位布魯克林的法官同

意對工會處以 250 萬美元罰鍰,並將工會會長處以 10 天拘役。就在罷工進行後 3 天,在薪資、退休金、健康醫療福利等罷工訴求沒有達到任何進展的狀況下,運輸局的員工返回工作崗位上班。

因為許多政府機關禁止員工罷工,所以就發展出另一種形式的**工作行動(job action)**,罷工只是工作行動的其中一種,其他工作行動還包括許多警察在同一天染上「藍色流感」,或者消防隊員在同一天起了「紅疹」(red rash)無法上班。同樣地,教師也可以同時請病假,清潔隊員可以故意讓工作速度變慢。因此,到底什麼算是公務人員真正的罷工,或許不是那麼容易可以確定。

在聯邦政府層級中,1981 年 8 月 3 日發生的事可視為罷工歷史的分水嶺。當時有 17,500 名成員的專業空中交通管制員協會(Professional Air Traffic Controllers Organization, PATCO),其中有 13,000 名離開工作崗位進行罷工。雷根總統立刻召開記者會表示,凡是沒有在 48 小時內返回工作崗位的員工,一律開除。他說,「我來唸唸這些員工當初就職時的宣誓詞:『我不會參與任何反對美國政府或機關

AP Photos/Henny Roy Abrams

紐約市大眾運輸局員工的合約在 2005 年 12 月 16 日到期。在與紐約大眾運輸局的談判陷入僵局後,工會領導人決定在 12 月 20 日發起罷工。全美最大運輸系統的關閉造成數百萬地鐵和巴士乘客,在嚴寒中以徒步、騎單車或者擠入通勤火車上班,或在聖誕節的購物潮中上街購物。以上照片可看到上千紐約人徒步走過布魯克林橋進入下曼哈頓區。

的罷工行動，在我任職公職期間，更不會這樣做。』」

雖然國會在 1955 年就把類似罷工視為犯罪行為，但聯邦政府員工還是經常有罷工行動，包括近幾年的郵政人員、國會圖書館員工和政府印刷局。但這次雷根決定確實執行該法律。這是有理由的：研究顯示，禁止罷工的法令沒有被嚴格執行，導致罷工發生次數愈來愈頻繁。

專業空中交通管制員協會的會長 Robert Poli 認為，雷根只是虛張聲勢，不會真的開除管制員。當然雷根不只是做做樣子，他真的開除了超過 11,000 名罷工者。政府啟動了緊急應變計畫，以使空中交通系統持續運作，並僱用新人來取代這批罷工者。

2006 年初，雷根所開除的聯邦工會提出新要求，要求簽訂更大的合約。有近 6 個月的時間，聯邦航空管理局（Federal Aviation Administration, FAA）和國家航管協會（NATCA，這是專業空中交通管制員協會解散後的後繼組織）進行談判。當時航空業的財務吃緊，而聯邦政府的空中交通管制設備又需要升級更新，所以聯邦航空管理局努力限制這份優渥合約。但這次工會的立場遠比 1981 年那次更強烈，因為 1996 年政府立法通過公務員有權利就薪資和福利進行談判。這是總統和國會所授予的重要力量，因為多數聯邦政府的工會成員薪水都是政府決定的。因此不足為奇，管制員的待遇在 2005 年就提高了 75%。今天更達到平均年薪 166,000 美元。1996 年談判時有個規定，若聯邦航空管理局和國家航管協會的談判陷入僵局，國會就會介入做出最後決定。但假如國會沒能在 60 天之內採取行動——且這真的可能發生——那麼聯邦航空管理局的條件就會佔上風。無疑地，工會寧願在現有合約規定下繼續進行談判。

如何執行合約？　雖然集體談判可能因為重新修訂合約而告一段落，但勞動關係卻沒有終止。合約的條文還需要加以詮釋，最重要的是，除了參與談判者之外，其他人也要瞭解新的合約內容，這些人包括所有員工、第一線主管、中階主管、工會幹事和高階主管。不幸地，由於訓練資金不足，這項工作經常做得不夠好。而訓練不足不只是因為經費不足，「時間也是個問題，尤其是那些真正懂合約內容，也就是參與談判者的時間。」[30]

然而有些政府機關願意支付這類訓練費用，讓日後合約能夠有效且更少爭議地被遵循。例如明尼蘇達州政府認為，這類訓練或許可以節省日後合約有效的壽命期，於是透過明尼蘇達大學產業關係中心（Industrial Relations Center）的協助，工會代表和州政府人事局的人一起舉辦系列研討會，來討論勞資雙方研擬出來的新合約[31]。

　　然而，大家知道新合約內容還不夠，還必須同意才行。有時候合約用語很模糊（故意或無意不得而知），總得有人來詮釋合約。另外，合約文字有時候表面上很精準，但還是可能有人會提出談判者當初研擬合約時所未考慮到的問題。同樣地，這時候又需要加以詮釋。例如州政府同意支付員工上大學或進修相關課程的學費，但什麼課程才是與工作相關？要相關到什麼程度？有些人可能認為任何好的大學課程都與工作有關，畢竟大英帝國也由那些主修希臘和拉丁語的人治理得很好。

　　不足為奇地，勞資雙方對許多合約的詮釋意見相左。有人若做了什麼讓另一方覺得違反合約精神的事情，不高興的一方就會要求停止。當然受侵害的一方可以去找另一方，說服對方停止作為。這種方式有用，但還不足以避免以正式程序來處理這種糾紛。

　　處理糾紛的正式程序通常包括四個步驟。第一是口頭討論，參與者包括員工、其第一線主管、相關工會幹事。如果討論無法解決爭議，下一步就是以書面方式訴諸部門主管。如果部門主管的決定無法讓雙方滿意，第三步驟就是以書面來向主管的人事或勞動關係單位申訴。

　　若這些步驟都無法解決，就會由仲裁者來決定是否違反合約。多數合約會規定仲裁者的挑選程序，通常是雙方列出可能擔任仲裁者的名單，然後雙方輪流剔除這份名單，直到最後留下的那人就被邀請當仲裁者。通常擔任仲裁工作的人，稱為**糾紛仲裁者**，與前面討論到的集體談判仲裁者不同，雖然糾紛仲裁者有很大的裁量權，但通常他們會以談判者雙方的「意圖」來做為主要根據。如果仲裁也不能解決糾紛，就會訴諸：(1) 組織或管轄單位的傳統做法；(2) 其他地方的一般性做法。

　　針對工會幹部處理公部門合約糾紛的調查顯示，如果資方談判者在談判協商過程中，被勞方認為親切通融，而非好鬥逞強的話，就會降低日後合約糾紛的比例。另外，糾紛比率會下降或增加，也可從工會幹部認為其工會成員對政府資方的態度屬於好鬥或合作而定。這份研究也發現，如果有非正式的溝通管道，申訴的糾紛比例就很少。讓人驚訝的是，集體談判的透明度對日後合約糾紛沒什麼影響。對合約用語的爭議也會隨著雙方關係的好壞，呈現相同模式的增減。[32]

總結觀察

　　本章認為，人力資源管理是由所有管理者所執行的一組活動，而不僅限於人力資源部門的工作。組織的人力資源是組織效能的最基礎來源。此外，每個管理者也可以透過卓越的人力資源管理技能，來讓自己的生涯發展更有效。尤其管理者若可以使其人力資源管理與組織策略相互配合，就會發現自己能比同儕更上層樓。

很少有成功的管理者將其員工的招募、甄選、訓練和發展，完全交給人力資源部門來負責。雖然多數組織的人資部門在這些活動上扮演正式角色，但成功的公共行政管理者一定會竭盡所能找到對的員工，並且極大化他們的績效表現。他們有很好的理由這樣做，因為公部門將會愈來愈知識取向，因此人員的有效管理將愈來愈重要，畢竟，關鍵資訊和知識就在員工身上。

本章重點

本章重點放在政府的人力資源管理。人力資源管理包括人力資源規劃、招募、績效評估、管理發展、薪資報酬和勞工關係。這些活動沒有一個可以在真空狀態下進行，每一項都必須符合組織的使命和環境。本章重點如下：

1. 美國的公共人事管理的發展歷經六個時期：紳士政府：守護人時期（1789–1829）、平民政府：分贓時期（1829–1883）、好人政府：改革時期（1883–1906）、效率政府：科學管理時期（1906–1937）、行政政府：管理時期（1937–1955），以及權力分享政府時期（1955–迄今）。1950 年代之後數十年，多元權力興起成了政府特色，這特色也影響到了公務員的管理，這諸多的權力來源包括專業人員、工會、少數族群與女性、公共管理者、承包商和消費者。

2. 1978 年文官改革法將文官委員會分成兩個單位：人事管理局及功績制保護委員會。此外，這法案替高階文官設立了獨立的人事制度。高級主管制包含了 7,000 位高階行政首長。第三，該法重申了美國公共人事行政的基礎原則：功績原則。最後，該法案將聯邦政府的勞動關係納入更廣泛的法律中，並且成立了獨立的聯邦勞動關係署。

3. 1964 年民權法第七篇禁止種族、膚色、宗教、性別或祖籍歧視。此外也禁止性騷擾和歧視孕婦，此法案也准許雇主採用矯正歧視措施。

4. 民權法第七篇中規定，原告可以有兩種方式來證明受到歧視：差別待遇和差別影響。被告有三種不同的辯護方式：真正職業資格、年資和功績。

5. 性騷擾包括不受歡迎的性暗示、要求給予性好處，和其他口頭或身體的性接觸。性騷擾有兩種主要類別：交換利益和敵意的工作環境。

6. 其他影響到人力資源管理的聯邦法律包括 1963 年平等給付法、1967 年就業年齡任用歧視法、1990 年美國身心障礙者法，和 1993 年家務與醫療休假法。

7. 關於言論自由方面，最高法院認為，最重要的是必須維護公務員身為公民的權

利，與政府雇主之利益之間的平衡。為了將個人權利放在一旁，政府雇主必須證明其執行功能和提供有效服務的能力因此受到嚴重威脅。

8. 雖然憲法沒有提到隱私權，但在「格里斯沃德控告康乃狄克州」案，最高法院將第一、第三、第四、第五和第十四修正案的要素結合起來，確認個人隱私權屬於憲法所應保障之權利。對公務員來說，隱私權牽涉到四種議題：毒品檢驗、搜索、性別取向和生活安排。

9. 在未來 20 年，有三項重要的人口趨勢會影響公部門的勞動力：日益增加的種族多元性、愈來愈多的老年嬰兒潮人口、愈少愈少的年輕人口。

10. 組織文化是組織中主流的價值體系。當組織的價值和信仰被內化到員工心中時，可有下列好處：文化讓組織成員的溝通更輕鬆更有效益、促進組織的決策和控制、提高合作與投入度。簡言之，組織文化幫助組織克服大型官僚制度產生的離心現象，讓成員有團結感及共同目標。

11. 符號式管理者定義並使用記號及符號，以基本的方式來影響組織文化：首先，他必須清楚傳達出組織改變的願景，製造出興奮期待的氣氛，讓員工能衷心相信。第二，他要留心每天日常的活動，確保這些活動能強化該願景。符號式管理者要確定組織中的符號、儀式和口號都能符合新的價值觀。更重要的，不只坐而言，更要起而行。

12. 人力資源規劃是對人力資源的需求進行預估，並且找到對的人將之放在所預期的職缺上。人力資源規劃始於三個關鍵問題，第一，有什麼興起的新技術嗎？這些技術會影響到工作體系嗎？第二，未來 5 至 10 年內可能需要的工作量如何？第三，離職率有多高？要如何避免過高的離職率？

13. 招募不只是在布告欄公告招募考試的辦法，而是要透過各種可能的管道，找到勞動力市場中具資格的合適候選人。

14. 測驗效度指的是評選工具的分數，與應徵者未來績效表現的關聯程度。有效的甄選程序所提供的分數，可以吻合該應徵者日後的績效表現。測驗信度指的是雇主可以藉由這套測驗，以相同方式測試出相同的特質。

15. 人格的五因模式是指：外向、順從、盡責、神經質的、對各種經驗持開放態度。研究結論顯示，只有一項要素對所有職業類別有一致性的影響，就是盡責。至於其他要素，則會依職業不同而有不同的相關性。

16. 完成了競爭性的測驗後，就能根據測驗分數擬出一份名單，分數排名前面的候選人名單就會呈交給長官來做挑選。這過程稱為驗證。

17. 在所有政府層級中，文官體系最基本的事項就是職位分類。簡單來說，職位分類包括界定每個職位的權責、再根據職位的相似性來加以分類。

18. 管理發展是一種訓練，專門針對改善個人在管理基本原則方面的知識與技能。如果有人真的認真考慮管理職位，那麼管理發展就是個人生涯議題中非常重要的一部分。

19. 根據員工工作效率來進行的評估稱為績效評核。對績效評核（如公務體系所實施的考核）的批評是，評核是週期性的，而非連續性的。

20. 在紀律方面，行政人員應該努力讓員工的績效提升。只有在員工都能清楚瞭解紀律政策和績效標準，且主管能公平執行這套標準時，績效改善才有可能發生。此外，採取紀律行動時要審慎地根據事實來行事。

21. 集體談判是指工會和管理階層，以能維繫或者更強化雙方關係的方式，試圖解決利益衝突。

22. 在公部門中，政府方面的談判，不可避免會因這項事實而更加複雜：有效政府希望透過行政部門就能解決談判事項，但責任政府的目標卻是希望負責撥款的立法部門也能加入。工會方面的談判則會涉及如何決定出談判單位，要以所屬單位或職業來將員工分組等問題。

23. 工會會想把談判內容擴大，除了要談薪資外，他們也想談更多工作條件。而資方通常要儘量把談判範圍縮小。

24. 談判失敗時通常會有兩種選擇：第一是罷工，雖然聯邦政府和多數州政府禁止罷工。第二是透過調解、實情調查和仲裁來解決。讓外人參與後面三種方式可能會引起一些問題，不過尤以仲裁的問題最大。為什麼？因為公民可能必須面對仲裁者秉持理想行政責任時的可能負面後果。

問題與應用

1. 發展一套用來問應徵者的問題（界定出其所應徵的職位）。請一位同學扮演應徵者，上課之前對他進行面試，讓同學評定你的表現。

2. 挑選一公部門的工作，並從下列測試應徵者是否具能力且適合該項工作的測驗中，決定你要採用的方式：(1) 筆試；(2) 表現測驗；(3) 根據其應徵申請書上所填寫的學歷和經歷來決定；(4) 口試；(5) 面試；(6) 體能測驗；(7) 健康檢查。你對每種測驗方法看重的程度為何？請準備說明並捍衛你的決定。

3. 你同意杜拉克認為工作技能的最重要面向在於僱用嗎？你能想到其他同樣重要的要素嗎？

4. 找出一個你所熟悉的組織，然後替管理者設計一套績效評核表格（提示：第 8 章的領導特質清單或許是個很好的開始）。你會以這些特質來決定原始分數

嗎？為什麼會或為什麼不會？

5. 多樣性意味著勞動力包含了具各種特徵或者隸屬各種文化團體的人。從個人觀點來看，多樣性是指涵蓋與自己不同的人，這些不同的面向包括年齡、種族、性別或民族。如果你是某些組織，例如聯邦調查局、中央情報局或國家安全局的高層管理者，你會如何看待這個多樣性的議題？更具體來說，你會如何回答下列三個問題：

- 為什麼多樣性方案會讓貴單位的其他優先議題造成衝突？
- 你的組織如何定義多樣性？
- 你能以例子具體說明你的多樣性招募計畫將如何運作嗎？你會做些什麼來執行這套計畫？

我的最愛

www.ipma-hr.org　這是國際人事管理協會（International Personnel Management Association）的網站，從這個網站可以連結到政府單位和其他人力資源的網站。

www.fmcs.gov/aboutfmcs.htm　這是美國聯邦調解局（Federal Mediation & Conciliation Service）的網站，在 1947 年由國會成立，以促進更穩定和諧的勞工管理關係。該網站有閱覽室，並提供許多個案研究。

www.aad.english.uscb.edu　這個網站對矯正歧視措施提供了各種不同意見，不只是採取單一贊成或反對的立場。網站目的是要對此議題的爭論提供各種不同的聲音。

www.afscme.org　全美州郡市公務員聯合會是美國州政府和地方政府公務員的最大工會。

註 釋

1. 參見 Douglas C. North, *Institutions, Institutional Change, and Economic Performance* (New York: Cambridge University Press, 1990). 對路徑依賴理論的批評參見 Stan J. Liebowitz and Stephen E. Margolis, *Winners, Losers & Microsoft: Competition and Antitrust in High Technology* (Oakland, CA: The Independent Institute, 1999).

2. 以下討論是根據 Frederick C. Mosher, *Democracy and the Public Service* (New York: Oxford, 1968) and Dennis L. Dresang, *Public Personnel Management and Public Policy* (New York: Longman, 2002).

3. Dresang，如前所述，頁 25。

4. 前揭註，頁 27。

5. 前揭註，頁 28。

6. Mosher，如前所述，頁 123。

7. 若要更詳細瞭解自治市政府所遵從有關日常人力資源功能的法律程序，請參見 P. Edward French, "Employment Laws and the Public Sector Employer: Lessons to be Learned from a Review of Lawsuits Filed against Local Governments," *Public Administration Review* (January/February 2009): 92–103.

8. Philip J. Cooper, *Public Law and Public Administration* (Itasca, IL: Peacock, 2000), 477.

9. Om Prakash, "The Efficacy of Don't Ask, Don't Tell," *Joint Force Quarterly* (October 2009): 88–95.

10. 參見 June Kronholz, "Racial Identity's Gray Area," *New York Times* (June 12, 2008).

11. 參見 Gregory Rodriguez, "Mongrel America," *Atlantic* (January/February 2003): 95–97; Ruth La Ferla, "Generation E. A.: Ethnically Ambiguous," *New York Times* (December 28, 2003); Peter H. Schuck, *Diversity in America* (Cambridge, MA: Harvard University Press, 2003).

12. Ronald Alsop, "Schools, Recruiters Try to Define Traits of Future Students," *Wall Street Journal* (February 14, 2006); Danielle Sachs, "Scenes from the Cultural Clash," *Fast Company* (January/February 2006).

13. Kelly K. Spors and John J. Fialka, "Filling a Public-Service Void," *Wall Street Journal* (September 19, 2002).

14. David E. Ripley, "How to Determine Future Work Force Needs," *Personnel Journal* (January 1995).

15. James M. Jenks and Brian L. P. Zevnik, "ABCs of Job Interviewing," *Harvard Business Review* (July–August 1989).

16. Murray R. Barrick and Michael K. Mount, "The Big Five Personality Dimensions and Job Performance: A Meta-analysis," *Personal Psychology*, 44 (1991)

17. Daniel Goleman, "Leadership That Gets Results," *Harvard Business Review* (March–April 2000), 79–90; Daniel Goleman, *Emotional Intelligence: Why It Can Matter More Than IQ* (New York: Bantam Books, 1995).

18. Annie Murphy Paul, *The Cult of Personality* (New York: Free Press, 2004). 另可參見 Malcolm Gladwell, "Personality Plus," *New Yorker* (September 20, 2004).

19. Peter F. Drucker, *The Effective Executive* (New York: Harper & Row, 1966), 72–73.

20. H. Kaufman, *The Forest Ranger: A Study of Administrative Behavior* (Baltimore, MD: Johns Hopkins University Press, 1960).

21. James Rudner, "Pre-Employment Testing and Employee Productivity," *Public Management*, 21, no. 2 (1992): 133–50.

22. Linda J. Bilmes and W. Scott Gould, *The People Factor: Strengthening America by Investing in Public Service* (Washington: Brookings, 2009), 160. 另可參見 Katherine Barrett and Richard Greene, "The Future Is Now," *Governing* (November 2007).

23. National Academy of Public Administration, Human Resources Management Panel, "A Work Experience Second to None: Impelling the Best to Serve" (Washington, 2001), page xi.

24. Marcus Buckingham and Curt Coffman, *First, Break All the Rules: What the World's Greatest Managers Do Differently* (New York: Simon & Schuster, 1999), page 33.

25. Bilmes and Gould，如前所述，頁 163。

26. 以下資訊主要來自於 Bilmes and Gould，如前所述，頁 163–68。

27. 接下來的討論主要是根據 Benjamin Aaron et al., *Public Sector Bargaining* (Washington, DC: Bureau of National Affairs, 1988); Ronald D. Sylvia and C. Kenneth Meyer, *Public Personnel Administration* (Belmont, CA: Wadsworth, 2002); William H. Holley, Jr., and Kenneth M. Jennings, *The Labor Relations Process* (Fort Worth: Harcourt Brace, 1997); Dennis Riley, *Public Personnel Administration* (New York: Longman, 2002); Michael R. Carrell and Christina Heavrin, *Labor Relations and Collective Bargaining* (Upper Saddle River, NJ: Prentice Hall, 1998); Alan E. Bent and T. Zane Reeves, *Collective Bargaining in the Public Sector* (Menlo Park, CA: Benjamin Cummings, 1978).

28. Riley，如前所述，頁 138。

29. 事實上，仲裁的形式有多種，「可能是強迫的（法律規定）或者必須遵守的（合約規定）。仲裁的結果可能對雙方或只對工會具法律拘束力，或者，也可能只是建議性質。另外也必須區分兩種不同的仲裁，一是利益仲裁，也就是仲裁的結果會被納入談判之後的合約中，另一種是糾紛仲裁，這是源於合約糾紛而生的仲裁。另外，也要進一步區分以下兩種仲裁，一是仲裁者可以在某些議題上支持一方，在其他議題上支持另一方，另一種仲裁是指仲裁者在糾紛雙方所提出的最後提議中挑選其中一種」（Sylvia and Meyer，如前所述，頁 264）。

30. Riley，如前所述，頁 148。

31. Michael Garvey and George E. O'Connell, "From Conflict to Cooperation: A Joint Labor-Management Training Program," *Public Personnel Management* (September/October 1976): 347–52.

32. Michael J. Duane, "To Grieve or Not to Grieve," *Public Personnel Management*, 20, no. 1 (April 1991): 83–90.

個案 10.1

明日之星獎

The Star Award

身為西達科塔州稅捐部審計局長的你，必須決定部屬中誰能獲得新的績效獎金。立法機關支持聯邦政府編列這筆預算，人事單位現在也頒布了相關規定。你手邊有申請表格和說明手冊，月底前你必須把人選交給稅捐部的長官，由他們交給人事部門。

西達科塔州立法機關編列這筆獎金預算的動機有二：第一，重量級的立法者認為，州政府員工工作不夠努力，立法者不斷接到民眾申訴，指州政府公務員工作時態度散漫，因此他們認為修正過的公務員薪資不足以吸引有能力的員工，也無法激勵現有的員工。

第二，西達科塔州政府的預算已經連續 2 年沒用完。自然地，立法者就刪減了預算 2 次。但是現在預算仍有剩餘，因此議員就決定將部分預算用於獎勵州政府的「明日之星」。

「明日之星獎」將提供 5,000 美元獎金給每個單位績效前 20% 的員工，在下個會計年度分期給付 12 次。這筆獎金是要該給那些不只傑出而有才氣的明日之星。每個單位的主管必須決定挑選的標準。為了確保這筆獎金會被列在會計年度一開始的 7 月薪資中，每個主管都必須在 6 月 20 日之前提出「明日之星的人選名單」。

你所管轄的審計局有 15 名員工，其職責和職位分類各不同，從第一級文書到資深審計員都有。此外，可以想見他們都各自擁有其才能、熱誠和效能。以下幾位是最可能獲得績效獎金的人選：

- Larry Beck 是資深審計員，資歷有 23 年，他是你手下懂最多且最有效能的員工。每個人都想向他請益，大家都向他看齊。但是再過 2 年，他就要退休了，他自己知道，如果要的話，他仍可以成為績效傑出的明日之星。但是最近他卻意興闌珊，雖然稅捐部每個人都認為他是你單位的明日之星。

- Jim Beatty，第三級審計員，他有會計方面的高等學歷，能攬下你單位裡的艱鉅任務。他瞭解稅務工作的細節，能與部門的法律顧問及檢察長辦公室合作，向他們解釋錯綜複雜的稅務狀況，並且幫助部門制定策略。而且面對知識不如他、不懂他工作複雜度的同事，他也不會擺架子。

- Rachel Gonzalez，第一級審計員，剛從法學院畢業，滿腔熱情就任公職。她是個幹勁十足的人。事實上她也立過幾次大功，細心地找出許多企業的稅務問題，這是其他審計員沒發現的。不幸地，她卻也揪出了眾議院議長堂兄弟所開設公司的帳務問題，該公司拒絕承認錯誤，最後法務部門決定庭外和解。該公司願意支付 Rachel 所算出的稅額（包括利息），但認為他們沒有違反任何稅法，所以不該繳罰金。Rachel 是個很有勇氣的明日之星，但如果這事被議長知道，或許會引起一些政治問題。

- Martha Rutledge，第二級行政助理，在

稅捐部工作 35 年，知道大大小小所有事情。沒有她，工作難以順利進行。事實上，她的確也讓審計部門的日常工作得以順利進行，讓你能專心於長期的策略性思考。你信任她的能力和判斷，她就像你的左右手。當然，她領的只是一般行政助理的薪水。你不敢相信哪天她若怠惰時，你該怎麼辦，事實上你也知道，她非常盡心盡力，多領一份獎金也不會改變她的工作態度，她每天一樣會盡忠職守到下班為止。

- Samantha Black，第一級文書。2 年前剛畢業，以優異成績通過公務員考試。你很快就任用她，她也果然很快融入成為團隊一份子。她是個有能力且活潑積極的員工。每個審計員都想把行政文書工作交給 Samantha。此外，部門其他人也都聽過她的才能而想挖角，她拒絕了幾個升任文書二級的機會。但你的單位目前卻沒有文書二級的職缺可以給她，讓她得以升遷。

其他員工也都很優秀專業，他們聰明盡責。不過就像稅捐部或州政府的其他主管，你手下當然也有一些隨時可讓他走人的員工，不過大致說來你有能幹的團隊，不用你太花心思就能做好份內工作（除了偶爾讓你惹上一些政治麻煩）。你的員工認真工作，得到的待遇卻不成正比，如果這筆獎金是為了獎勵績效好的員工，那麼你單位裡有 90% 的人都有資格領取，但你只有 3 到 4 個名額。

個案問題

1. 在呈交名單之前，想想下列幾個問題。多數人會同意在決定僱用和升遷人選時，下列六個要點非常重要：
   - 能力
   - 經驗
   - 正直
   - 知識
   - 動機
   - 判斷力

   你如何排定這些要點的優先順序？以理由來支持你的論點。

2. 在此個案中，你會挑選誰？

個案參考文獻：Robert D. Behn, "Manager's Choice," *Governing* (June 1998): 55.

AP Photos

公共財務管理
Public Financial Management

關鍵字

accounting　會計

accrual accounting　權責會計

activity-based costing　作業基礎成本會計

audit　審計

baselines　基線

budget calendar　預算行事曆

capital budget　資本預算

cash management　現金管理

ceilings　上限

Congressional Budget and Impoundment Control Act of 1974　國會預算暨截留管制法

Congressional Budget Office (CBO)　國會預算局

consumption tax　消費稅

cost accounting　成本會計

current services budget (or base budget)　既有服務之預算（或基礎預算）

debt management　債務管理

deficit　赤字

federal budget cycle　聯邦預算循環

fiscal year　會計年度

flat-rate income tax　單一所得稅率

fund　經費

horizontal equity　水平式平等

impoundment　截留

incrementalism　漸進主義

line-item budgeting　逐項預算法

line-item veto　逐項否決制

obligations　債務款項

off-budget items　不在預算項目內	regressive tax　遞減稅
Office of Management and Budget (OMB)　管理與	strategic sourcing　策略採購
預算局	surplus　盈餘
outlays　費用支出	tax coordination　稅賦協調性
performance budgeting　績效預算法	tax efficiency　稅賦效率性
political strategies in the budget process　預算過程	tax overlapping　稅賦重疊性
中的政治策略	uncontrollables　不可控制項目
program budgeting　方案預算法	user fees　使用者付費
progressive tax　累進稅	vertical equity　垂直式平等
proportional tax　比例稅賦制	zero-based budgeting (ZBB)　零基預算法
purposes of budgeting　預算目的	

幫我籌款

　　在 2008 至 2009 年這段 60 年來最嚴重的衰退期間，壞消息充斥著整個美國：整體來說，各州面臨的預算短絀，從 2009 到 2011 會計年度加總起來至少有 2,300 億美元。（對多數州而言，這段期間涵蓋了從 2008 年 7 月 1 日到 2011 年 6 月 30 日。）同樣重要的是這些預算必須平衡，唯一的例外是佛蒙特州，不像聯邦政府，該州政府不允許有赤字預算。

　　加州是這個新面臨艱苦時代的典型代表，州長阿諾・史瓦辛格（Arnold Schwarzenegger）建議每項州計畫都要實質刪減 10%。但其他顯而易見的補救措施卻沒有被端上檯面：無論是否處於危機，增稅在加州仍極不受歡迎。而且，由於增稅需要立法機關三分之二多數決，他們很容易予以阻撓。例如，當史瓦辛格提案堵住遊艇和私人飛機的賦稅漏洞，如此約可微幅增加 2,100 萬美元收入（這個州共需要 160 億美元），用《經濟學人》雜誌的話來說，有些議員「的反應就像他要提案徵收長子稅一樣」。佔加州預算 10% 的監獄，由於獄警工會的勢力使得刪減開支成為幾乎不可能的事。若欲刪減幼兒園至 12 年級（K-12）的教育支出，又會遭有力的教師工會反對。如此一來，刪除預算的主要標的就必須落在大學和健康照護計畫。無怪乎《經濟學人》在 2009 年 2 月 19 日的一篇文章中，就以「無法治理的州」為標題，並配上一幅《魔鬼終結者》（The Terminator）的劇照。

　　然而，一個州能刪減的預算有其限制。《聖荷西信使報》（San Jose Mercury News）發現加州若裁掉所有員工，就可以解決一半的問題。此外，由於全美國各

州和地方政府都在 2001 年的衰退後做出最大程度的裁減開支，導致沒有多餘項目可刪，所以州實在很難削減開支到平衡預算的狀況。

正如前面所言，削減開支並非對付預算赤字的唯一藥方。州長和議員們也可以考慮帳目的收入面。他們看到的是令人沮喪的數字：整體而言，2009 年銷售稅的收入比前一年下降了 3.2%，營利事業所得稅下降了 15.2%，個人所得稅則下降了 6.6%。加州由於其稅法而造成打擊特別嚴重，具體來說，1% 的所得者繳納將近全州一半的所得稅。因為富人的許多所得來自獎金、資本利得和股票選擇權，加州的現金流於是隨著市場而起伏。因此，當市場嚴重衰退，加州的財富就會跟著大幅下滑。

倘若銷售稅和所得稅都是多變的，隨著經濟循環的高峰和谷底而起伏，那麼財產稅即為一種總是維持穩定的收入來源。但 2008 至 2009 年的衰退期間，這種情況卻出現改變，當時的房地產價值滑落而喪失抵押品贖回權的情況增加。就在房屋銷售衰減、財產價值縮水、喪失抵押品贖回權的情況升高，以及稅收減少的完美風暴下，州的預算赤字增加速度，無可避免地比二次世界大戰以來的歷次衰退都來得快。

儘管許多（如果不是多數）經濟學家都認為不應在衰退期間增稅，但仍有半數的州在 2009 年的時候增稅。這些政策和聯邦政府想利用 7,870 億美元的刺激方案來增添經濟動力的做法背道而馳。值得注意的是，這些資金中約有 2,460 億美元流到各州，預計要彌補醫療成本、避免教育預算刪減，並且幫助解決基礎建設的問題。但隨著 2010 年經濟開始復甦，這筆錢也開始消失了。

那麼，州和地方政府可以用什麼更有創意的方法籌錢呢？來自賭場的收入是不是個好點子？佛羅里達州的溫特黑文（Winter Haven）市實施一種「意外處理費」（accident response fee），也就是當警察或消防員駕車抵達事故現場所收取的服務費用。這是個好主意嗎？在此同時，奧瑞岡州正在考慮收取一種里程稅（mileage-based tax），亦即不論機動車輛的燃油效率如何，駕駛們一律根據行駛里程數在加油站付這個稅。這公平嗎？何種政府企業可以提高額外的收入？

有些議題更超出 2008 至 2009 年的衰退之外。削減支出的傷害是否比削減稅負還少？所有銷售與所得稅都有抵免，你可以建議要刪減哪一種嗎？請注意稅法草擬於數十年前，當時製造業才是美國的主要經濟引擎，而不是服務業。現今還需要徵收滑雪券和手機鈴聲的稅嗎？什麼時候稅法本身變成經濟成長的絆腳石？

最後，各州自己要為財政危機的嚴重性負責到什麼程度？顯然地，有些州的表現比其他州還佳。例如，幾乎所有州都有雨天基金（rainy day fund, RDF），就像儲蓄帳戶一樣，RDF 設在預算盈餘的時候，等預算短絀時再拿來使用。設有 RDF

的州，當出現經濟危機時，狀況很明顯比未設的州還好。不用說，史瓦辛格州長就沒有 RDF 可用。

資料來源：Abby Goodnough, "States Are Turning to Last Resorts in Budget Crisis," *New York Times* (June 22, 2009); Neal Peirce, "Trickle down from a Downturn: State Cuts That Sting," *Houston Chronicle* (January 28, 2008); Amy Merrick, "States' Budget Woes Are Poised to Worsen," *Wall Street Journal* (June 3, 2009); *Economist* (February 19, 2009) (April 5, 2008), (November 15, 2008); Peter A. Harkness, "Tackling Taxophobia," *Governing*, March 2009.

公共財務會涉及政府如何配置長時間稀有資源的研究。財務決策與本書其他章節討論的決策有兩點不同：財務決策的成本和效益是：(1) 要經過長時間才會看出來；(2) 通常無法事先明確得知。例如調高稅率對企業效率造成怎樣的影響？沒有人可以明確知道。

政府財務資源管理的核心是預算，管理者投注許多時間和精力來編製預算。預算通過代表了政策規劃過程的重要關鍵時刻，因為很少人能在沒有經費的狀況下構思重要計畫。

然而預算之所以重要，還有其他的理由。由於預算是官員配置和籌措資源以達成社會目標的重要手段，所以預算可以回答政治的基本問題：誰得到多少錢？為了什麼目的？由誰支付？在這層意義上，預算可說提供了 X 光，掃描一群自由之人的價值和優先順序。此外，由於價值和優先順序因人而異，所以我們可以確信，預算過程必然是場殘酷的政治鬥爭。近幾年，這種鬥爭愈來愈激烈。理由是因為各級政府的花費和稅收日益攀高。1950 年聯邦政府的經費占國內生產毛額（gross domestic product, GDP）的 15.6%。到了 1983 年將近 24%，之後開始緩降。2007 年則占了 GDP 的 20%。這段期間，州政府和地方政府的經費占國內生產毛額的比例，從 1951 年的 6.1% 上升至 2003 年 13.3%。

由於政府預算龐大又複雜，所以有時似乎不容易理解。不過若從聯邦政府預算的四個基本階段來看，就可以避開其複雜度。從下表可以看出這四個階段：

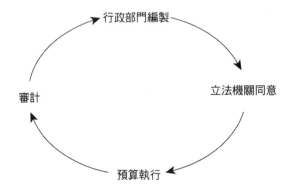

本章第一部分就會討論這四個階段，首先來看這個預算循環圖，然後再來討論州政府和地方政府的預算狀況。接著我們來討論預算的目的，以及預算的怪異政治世界。緊接著，來看這可怕的字眼——課稅。正如開場個案所指出，政治人物真的很害怕這個字眼，這一點也不誇張。他們會竭盡所能避開這個字眼，就算非用不可，也會使用狡猾的字來代替，例如「擴增收入」（同樣地，他們也會傾向將其最愛的支出計畫說成「投資」）。本章最後一部分則來看公共財務管理一些持續出現的問題。

聯邦政府的預算循環

政府計畫（第 5 章的重點）和預算之間有強烈關聯。嚴格來說，計畫只是目標陳述，一張紙、一個影子。一直要到有了預算，計畫才有生命，才變得重要。從這角度來說，預算賦予計畫生命。但還不只這樣，由於預算必須揭露眾多不同計畫之間所分配到的經費，所以預算也提供了最明確的方式來決定國家政策的優先順序。

還記得第 6 章提到的機會成本嗎？機會成本是指對一個人或團體來說，放棄某種可能性的內含成本，簡言之，就是選擇某個而不選擇另一個所產生的真正成本。每年總統都會重複面臨這些選擇。他經常會發現，在某些方面挹注經費，會被某些人指責，政府沒有將經費用來照顧他的特殊利益。

沒有什麼是能被大家一致接受的刪減預算的公平方式。說到要刪減大眾運輸的補助，總統可能就會以修辭性的問題來解釋他的決定：要求偏僻鄉村地區的人繳稅讓居住紐約或芝加哥的人能準時上班，這樣公平嗎？但紐約人和芝加哥人卻覺得這道理不通，因為他們的稅金也用來提供飲水和農作補助，嘉惠了偏遠鄉村地區的人。

瞭解這點後，我們來看看這互相重疊的**聯邦預算循環（federal budget cycle）**：行政部門編製、立法機關同意、執行和審計。

行政部門編製

整個行政部門歷經數月的規劃和分析後，總統向國會提出預算書為此階段掀起高潮。例如 2009 會計年度的預算，可能從 2007 年春天就得開始進行編列（見圖 11.1）。

會計年度（fiscal year）是指會計年間的 12 個月份，通常用於政府單位，以方便記錄留存、課稅、使用經費和一般的會計作業。政府的會計年度可以依政府決定始於任何時間。在美國，政府的會計年度通常始於 10 月 1 日，結束於 9 月 30 日，這規定適用於聯邦政府和一些州政府，但也有州政府和多數的地方政府的會計年

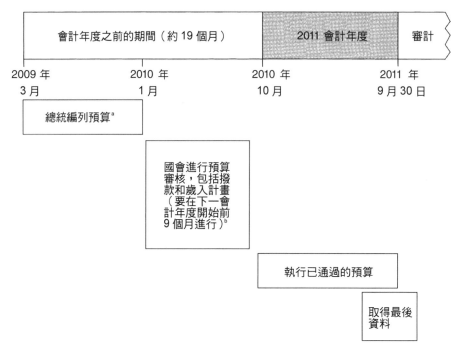

a 總統的預算通常在 2 月的第一個週一提交給國會。
b 如果沒有在 9 月 30 日前完成撥款，國會就會啟動臨時撥款〔也就是「繼續決議案」（continuing resolution）〕。

圖 11.1 預算過程的主要步驟

度始於 7 月 1 日，結束於 6 月 30 日。還有些州的會計年度與日曆年度一樣。會計年度通常是以結束時的西元年為準，例如聯邦政府 2011 年的會計年度就是指始於 2010 年 10 月 1 日，終於 2011 年 9 月 30 日的期間。

做法是這樣的：春天時，各機關評估其方案，界定其政策議題，編列預算計畫，但也要同時注意到重要的修正方式和計畫的創新性，以及其他的長期計畫。6 月初，提交初步計畫給總統，讓總統評估。大約同個時間，總統會收到財政部（Treasury Department）準備的收入預測報告，以及經濟展望預估報告，這是由經濟顧問委員會（Council of Economic Advisers）和管理與預算局共同準備的。或許是因為名稱的關係，管理與預算局局長在這過程中扮演特別重要的角色。

評估完收入預測報告和支出預測報告後，總統要編列總預算，以及 15 個月之後開始的會計年度之會計政策綱要。之後會將臨時性的政策決定和預算計畫中的上限（ceilings）提供給各機關單位，以做為夏季時準備其最後預算書的指導原則。這裡所說的上限是指總統或管理與預算局所設定的最高預算限度。若政府支出高出收入，就會產生**赤字（deficit）**。若收入高於支出，則是**盈餘（surplus）**。

再回到預算過程，各機關的預算書在秋季時會被管理與預算局詳細審閱，之後連同管理與預算局的建議書，一併呈交給總統做最後決定。有個例子可說明一個聯邦機關（FBI）如何提出它的要求，請參見第 534 頁。

在總統辦公室中，就輔助總統來處理聯邦政府的重要性而言，首屈一指的單位應該是**管理與預算局（Office of Management and Budget, OMB）**。1921 年成立時，這個單位原本被稱為預算局（Bureau of the Budget），到了 1970 年擴大職權，改名為管理與預算局。今天這個單位處理的事務，不只是蒐集和分析總統提交給國會的國家預算的數據，而且還是一個行政的組織和運作單位，替各部門的組織重組進行規劃，發展更好的方法以替政府計畫蒐集更好的資訊，並審核內閣希望總統納入立法方案中的各種提案。管理與預算局的員工超過 600 名，幾乎全是正式的職業文官，許多人具有高階專業技術和重要資歷。

立法機關同意

過去數十年，總統的預算書通常只是廣泛描述了預算優先順序和歲收及支出的建議，但 1974 年國會決定在監督政府上要扮演更重要的角色，所以通過了**國會預算暨截留管制法（Congressional Budget and Impoundment Control Act）**，規定總統的年度預算書需由國會來決定是否採用。該預算法目的是為了能掌控**截留（impoundment）**，所謂截留是指拒絕行政部門動用國會所撥下來的經費，並要求國會訂出決議，來提供歲入基礎並訂出支出的上限。這項決議也包括 13 個主要聯邦機關的費用限制的支出類別，這些機關包括軍事、農業和交通。

該法律的目的是要強迫國會，在分別對各機關預算審核且撥款完成後，也要監督這些機關是否符合整體預算架構，於是要通過第二項決議來制定具拘束力的最後目標。這個預算法案訂定了時間表要國會做出重要的會計決策。所有的議案都要在預算年度開始之前進行，亦即 10 月 1 日，不過這規定經常沒被遵守。

立法機關同意預算的第一步驟，就是總統必須在 2 月的第一個週一，將預算書提交給國會，圖 11.2 可以清楚看到相關的數字。接下來數週，眾議員和參議員的預算委員會必須舉辦聽證會，來審核總統的評估和預測。4 月 15 日，預算委員會排定時間報告第一次的預算決議，這項決議內容是說明主要預算類別的稅收和支出的整體目標。國會應該在 5 月 15 日前完成第一次的預算決議。

根據第一次決議訂出來的綱要，表示國會要開始同意各機關的授權及撥款法案。第二次預算決議要在 9 月 15 日前完成，這項決議會對支出的類別訂出明確的支出上限。不過國會發現預算爭論很激烈且耗時，所以通常會直接採用第一次預算決議的文字。9 月 25 日，國會要完成一項委任授權與撥款項目變更之調和法案

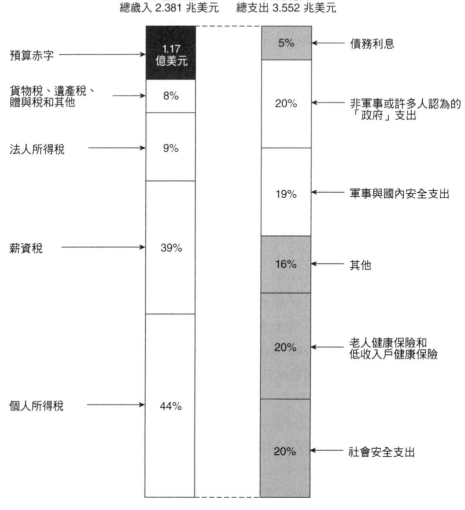

來自何處
總歲入 2.381 兆美元

如何花掉
總支出 3.552 兆美元

預算赤字 → 1.17 億美元

債務利息 ← 5%

貨物稅、遺產稅、贈與稅和其他 → 8%

非軍事或許多人認為的「政府」支出 ← 20%

法人所得稅 → 9%

軍事與國內安全支出 ← 19%

薪資稅 → 39%

其他 ← 16%

老人健康保險和低收入戶健康保險 ← 20%

個人所得稅 → 44%

社會安全支出 ← 20%

註：「裁量性支出」（discretionary spending）是指總統和國會打算花費的支出。而強制性支出（mandatory spending）則是他們必須支出的部分，除非修法。陰影的部分是強制性支出。

圖 11.2 美國 2010 會計年度，聯邦政府預算的細目

（reconciliation bill）。10 月 1 日之前則要完成所有 13 項撥款法案。

近年國會發現不可能在會計年度開始前通過所有撥款法案，例如 2006 年 12 月，國會只通過 11 項年度支出法案中的 2 項（與國防和國土安全有關的法案）就休會了。所以只好訴諸「繼續決議案」（continuing resolution），直接授權撥款給還沒通過一般撥款程序的機關單位。這種繼續決議案愈來愈成為包裹式的撥款法案，將幾個議案包裹成一套法案，原則上只要符合整體預算決議的支出層級就行了。

根據國會預算暨截留管制法設立了**國會預算局（Congressional Budget Office, CBO）**。該局會提供各種支出方案的經濟效益給國會議員，並且提供總統對欲進行之政策的成本資訊。後面這項資訊對國會來說，比預測未來經濟趨勢這種艱難任務更有幫助。國會預算局會分析總統的預算書和經濟預估值，其所算出來的結論經常不同於行政機關的預算值，這樣才能讓國會議員有與行政官員進行預算辯論的根基。

執行

一旦預算通過，不管是透過遊說推銷、理性分析或兩者兼具，總統都必須簽署或否決國會的全部預算法案，不能只同意或否決其中幾項。

根據法律，藉由分配預算的制度（apportionment system），行政機關就有預算權威性和預算資源可利用。透過總統的授權，管理與預算局局長會每季或依據不同的政府活動，來撥款或提供預算資源給各單位。有一個個別機關如何在內部配置這些資金的例子，可參見第 1 章所提聯邦調查局的結束個案。

超過分配之經費時，就不能產生更多債務款項。**債務款項（obligations）**指的是訂單的數量、所簽訂的合約、提供的服務，或該機關在這段期間所做的其他承諾。有時在這段期間，就必須支付款項，通常以開支票方式給付。分配預算制度的目的，是要確保各單位能有效及有條理運用既有的權限，降低重新要求或增加權限的機率。

由於支出涉及了購買當前或未來所需的資源，因此「支出」不必然與政府提供服務所需要的當前成本一致。例如，今年購買的路鹽（譯者按：使道路積雪快速融化的鹽）可能明年使用。因此政府的真正成本，應該是這段期間所使用的資源量，有些來自於當年度的經費，有些則是上年度的經費。所以，*若只看經費支出，就會對政府運作的成本有不正確的觀點。*疑惑嗎？圖 11.3 的例子可以幫助說明這種差異。

圖 11.3 顯示起初預算權限和最後服務成本之間的交易過程，以及需要的資訊管理。首先，*預算權限*讓機關單位有資金可以開始刊登公告。第二，當機關單位下了訂單，例如向印刷廠訂紙，就會發生債務款項。第三，印刷廠送紙到該單位時，就要記錄庫存量。第四，當機關付款支付這些紙時，就會有費用支出。第五，當機關用這些紙來刊登公報時，就會出現成本。

現在我們要來看看預算權限（可能是透過撥款、借款或合約權限而產生），是如何讓機關單位承諾將來或當下會使用這些費用。預算權限訂定機關經費支出的上限，在這權限內的支出，不需要再獲得額外授權。圖11.4 說明了 2009 年聯邦預算

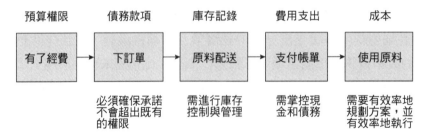

資料來源：U.S. General Accounting Office, *Managing the Cost of Government: Building an Effective Financial Management Structure, Vol. II, Conceptual Framework* (Washington, DC: U.S. Government Printing Office, 1985).

圖 11.3　管理的財務資訊

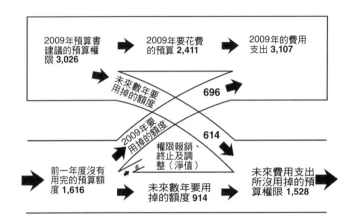

資料來源：*Budget of the United States Government, Analytical Perspectives, Fiscal Year 2009* (Washington, DC: U.S. Government Printing Office, 2008).

圖 11.4　2009 年聯邦政府從預算權限到費用支出的關係（單位：10 億美元）

的預算權限和費用支出的關係。當年預估會支出的主要費用，是根據 2009 年的預算提案而規劃的，但有 19% 則是根據前一年沒用完的額度來規劃。因此，每一年的費用支出都不一樣，可能由當年度或前年度的預算權限來決定。

審計

　　審計（audit）是預算過程的最後階段。每個機關要（透過自己審核或預算控制系統）確保其所產生的債務款項和最後的費用支出結果，符合其預算權限和撥款法令，並且不違背債務款項和經費支出等相關法令規定。如圖 11.3 所示，**費用支出（outlays）**是指償付債務款項的費用，通常是以開支票、現金或電子轉帳等方式來給付。管理與預算局審核方案和財務報告，追蹤各機關的方案進度，以便得知方

案的目標。此外，政府審計署（Government Accountability Office, GAO）會代表國會，定期稽查、審核和評估政府的計畫，並將審計結果和修正建議提交給國會、管理與預算局和相關單位。

　　為什麼要進行審計工作？基本理由是要確保預算的執行方式與通過的預算內容一致。各單位在執行預算書內的計畫時，要能在會計年度結束前，確實符合經費支出模式，如果不符合，後續是否會有適當的程序來做改變呢？審計也要決定是否審計控制能：(1) 防止詐騙和浪費；(2) 確保其能符合現有合宜的法律。聯邦政府在花費預算時，出現愈來愈多大規模、複雜的浪費、欺騙和濫用現象，以下是幾種各政府層級常見的偷錢方式：[1]

○ **幽靈錢（ghosting）**是指透過幽靈資源所偷到的錢，也就是沒有將經費用來取得真正的資源。方法之一就是利用幽靈員工，將人頭放在薪資帳冊上。

○ **圍標（bid rigging）**是一種採購做法，在採購合約上進行不正當的壟斷。假定有段高速公路要修繕，某潛在承包商事前就設定了得標商及金額，其他廠商則屈從不競標。廠商相互勾結，因為他們知道自己可從其他計畫得利，這種共謀作為增加了廠商利潤，但也提高了政府成本。

○ **「誠實」牟利（"Honest" graft）**是指個別員工利用進一步的訊息，來產生私人利益。最懂得解釋這個概念的是 George Washington Plunkitt，他是紐約市在二十世紀初期的政治老闆。這個詞是由他創造的，他說，「有一種所謂誠實牟利的做法，我就是例子之一，整件事可以這麼說，我看見機會，把握住機會。我來以例子說明吧。我們這夥人在紐約市很有力，會參與許多公共改善計畫。例如，有人告訴我某地方將蓋個公園……我就去那裡將附近所有的地買下來。然後等相關單位公告之後，這塊原來沒人要的地就會變得搶手。我這種出好價賣地，替我自己的投資和洞見創造利潤的做法，不是很誠實嗎？」[2]

○ **假公濟私（diversion）**是指公共資產或公務員的服務被拿來做為私人之用。

○ **偷工減料（shoddy material）**是指提供低品質的原料和用品。承包商提供低於特定品質的東西給大眾使用，以賺取中間的成本差價。

○ **回扣佣金（kickbacks）**是指付給官員的錢，這些官員有權利挑選服務承包商、決定哪家銀行可以承辦公家存款，以及誰可進入公家機關工作。藉由安排或故意簽訂高報酬的合約，政府官員就可以得到某個比例的回扣佣金。

瞭解聯邦預算：處理繁複概念的指引

　　如前所述，歐巴馬總統在 2009 年 2 月向國會提出 3.6 兆美元的預算案。如果

這筆金額看起來好像不到 9,900 億美元，那是因為多數人都沒有太多處理百萬、十億和兆元的機會。

為了能搞懂這數字的大小，我們可以把 1,000 美元的紙鈔堆成一疊，每疊 100 張，就是 10 萬美元，這疊錢約有半吋高。如果這疊千元美鈔能堆到帝國大廈那麼高，總額就是 60 億美元，若歐巴馬的預算以千元美鈔來表示，那就表示有 599 疊，每疊約是帝國大廈的高度。

另外一般人很難理解預算的原因，是因為其包含了 19 萬項帳目。要花多少時間才能讀懂那些科目名稱（許多名稱都很長），瞭解納稅人的錢會被怎麼用？假設有納稅人想瞭解這些科目內容，想知道納稅血汗錢是否被好好運用，光瞭解 190 項，就要花上多少時間？更何況 19 萬項。

由於預算的規模龐大又複雜，大家或許納悶這是怎麼編製出來的。之所以有這種疑惑，是因為政策制定者通常以各種方式來簡化預算過程。預算制度不是每年從無到有，而是根據前一年的預算狀況來進行修正。每年的預算戰爭，就是始於仔細計算既有計畫持續不變所要支出的成本、調整工作量產生的成本（例如增加客戶數量），以及通貨膨脹的影響。這個用以預估的基準有多種名稱：基礎預算（base budget）、**既有服務之預算（current services budget）**、持續服務之預算，或重複之預算。

另一種「簡化的」工具則是**漸進主義（incrementalism）**。多數的預算過程都集中於對基礎預算進行微調。這裡增加6%，那裡刪減 4% 等。

第三種幫助簡化的做法是許多重要的政府作為是**預算外項目（off-budget items）**，亦即不會出現在總預算額度中。例如一些有資格增加自己盈餘的公營企業、公共機構政府企業和企業型態的組織，就是採取這種作法。例如高速公路信託基金（Highway Trust Fund）的經費可以被單獨用於特殊目的，不能轉移到其他方案中，也可用來簡化預算過程。

在聯邦政府的預算中，信託基金意味著法律規定該筆基金只能單獨用於特殊目的。最大的信託基金是公務員和軍隊退休人員基金、社會安全基金、醫療和失業保險基金。這些基金的財源是社會安全捐和一般基金的貢獻。另外也有交通和銀行存款保險基金，這些是向使用者收取費用而成立的。

簡化預算過程的最後方式是所謂的**不可控制項目（uncontrollables）**，這種項目約占了聯邦預算的四分之三，比例之高令人驚訝。法令規定的老人醫療照護、醫療救助、食物券、失業保險、退休金和農業價格補助等都在其中之列。另外，國債的利息支出也是，如果政府希望下一年再繼續借這些錢，今年就一定得付利息。由於這些項目屬於不可控制，立法機關又不願意修改當初的法令，所以只能以預算

協商來非正式地處理這高達十分之六的預算。試圖讓這些項目降到十分之四會比改變整體更來得簡單些。圖 11.2 的不可控制項目出現在該圖右欄的法定項目中，當然，更簡單的預算不一定是更好的預算，本章稍後會加以詳述。

　　或許，預算最複雜的部分，嚴格來說，在於它是一整個袋子而非一份文件。如果你對預算很疑惑，請別錯過第 539 頁的圖。

州政府和地方政府的預算過程

州政府、地方政府和非營利組織的預算：概況

　　雖然聯邦政府的預算編製過程令人害怕，因為其延伸的週期、一系列的期限、跨年度的預測、國會還會定期地介入等等因素令人畏懼，但州政府、地方政府和非營利組織的預算過程也好不到哪裡去。其預算過程大致遵照前面提及的一般模式，編製、同意、執行和審計，不過各單位的制度也差異頗大。我們來簡短說明。

　　從州政府開始。多數州政府將預算責任單獨交由行政部門來執行，但有些州則有立法代表來參與，組成預算委員會。但有一州，阿肯色州的預算則全交給立法機構來進行。聯邦政府的預算週期始於 10 月，但美國許多其他政府機關並不是這樣，所有州政府（除了阿拉巴馬州、密西根州、紐約州和德州）的會計年度始於 7 月，阿拉巴馬州和密西根州正好與聯邦政府的會計年度週期吻合，但紐約州始於 4 月，而德州則始於 9 月。

　　州政府的預算可以採用年度預算或雙年度預算。有段時間，州政府的立法機構通常隔年才開會一次，所以一次就會對州政府撥款 2 年的經費，亦即雙年度預算。州政府的預算通常是以一年度來進行，全美人口最多的 12 個州當中，有 8 州採取單年度，4 州採取雙年度的方式來編列。年度編列的州政府包括加州、佛羅里達州、喬治亞州、伊利諾州、密西根州、紐澤西州、紐約州和賓州。採取雙年度的則是北卡羅萊納州、俄亥俄州、德州和維吉尼亞州。

　　對城鎮來說，州政府或地方政府的法令要求在編列預算時應遵守某些步驟，而且每一步驟要在規定時間內完成。這些規定就是**預算行事曆（budget calendar）**。表 11.1 是某個小城市的預算行事曆。幾乎所有地方政府都是由行政單位來編列預算，不過採取委員會形式的市政府則不會清楚劃分行政與立法的界線。許多地方政府的會計年度始於 1 月。

　　如前所述，聯邦政府每年要徵收並花費超過 2 兆美元。這比州政府和地方政府的總預算多出一些。以下是州政府和地方政府歲入的主要來源，依重要性依序排列：營業稅、府際歲入、財產稅、個人所得稅和公司所得稅。經費支出的 7 大項

目，依規模順序來排列則是：教育、福利、高速公路、公共衛生、債務利息、總務和警力。美國各城市的支出排名不太一樣，例如明尼亞波里（Minneapolis）市花了很多經費於鏟雪（可以想見），以及對公園的維護（這點就不太能理解）。而休士頓則必須在因應暴風雨的排水工程上，花費相當多的經費。

非營利組織（NPOs）的預算議題在某些部分與政府不同，因為非營利組織靠的是進行某些地區性活動，來獲得補助款或捐款，而非靠稅收或由使用者付費。補助款可以來自政府、其他非營利組織或基金會，捐款則通常來自個人。組織的補助和個人的捐款可用來進行特定計畫或維持整個組織的運作。這種做法會產生一些問題：

在稽核時，會面臨的問題是要如何掌握每個方案的總成本，使其符合每個補助款的預算成本。由於共有的成本要分配到各方案裡，而各補助單位的會計年度又不同，所用的財務術語也不同，因此在稽核時就會有很多困難。例如政府的補助款可能是要用來支付電話和印刷成本，而地方政府的補助款的名稱卻是**溝通成本**。如果同一方案有數個補助單位，或者一個補助單位同時補助多個

表 11.1　某小型城市的預算行事曆

樣本城市
預算行事曆
會計年度終止於 9 月 30 日

日期	事件	規定或行動
7 月 20 日	第一次預算工作會	訂出部門／方案目標。決定預算形式。
8 月 4 日	第二次預算工作會	草擬預算和文件，包括歲入計畫。
8 月 11 日	定期會議／第三次預算工作會	長期的預測，資本的費用支出和對預算增加進行分析。
8 月 25 日	定期會議／第四次預算工作會	郡地區健康中心、商會和其他機關進行預算報告。
9 月 1 日	特別會議／第五次預算工作會	水利／下水道單位進行預算報告，於 9 月 8 日召開公聽會。
9 月 3 日	媒體刊登	媒體刊登於 9 月 8 日針對預算召開公聽會的消息。
9 月 8 日	定期會議	針對預算提案召開公聽會。
9 月 15 日	特別會議	對預算法令進行一讀。
9 月 22 日	定期會議	對預算法令進行二讀並投票表決是否通過。

資料來源：Earl R. Wilson and Susan C. Kattelus, *Accounting for Governmental and Nonprofi t Entities* (Burr Ridge, IL: Irwin, 2002), 496. © 2002 The McGraw-Hill Companies. 重製獲得許可。

方案時，情況又會更複雜。[3]

州政府和地方政府預算：具體細節

在執行預算的階段，州政府和地方政府就像聯邦政府的層級一樣，也要在預算的經費內達成計畫目標，整個步驟會涵蓋到整個會計年度中。不論該級政府的特定政治狀況如何，是否有特別的結構阻礙，州政府和地方政府財政官員的使命都相同。他們必須規劃、管理大眾的錢，並為此負起責任。對多數財政官員來說，這代表要監督會計系統、管理現金流量、注意支出的決策，偶爾還要瞭解資本市場。

會計　所有的預算階段（不只有執行）都要進行記錄。**會計（accounting）**是一套制度，以條理的方式來記錄、分類和報告財務交易活動狀況。

最古老的會計種類就是現金會計。在收到資金時要記錄收據簽單的異動，開出支票時則要記錄支出。其他種類的會計還包括權責會計與成本會計。**權責會計（accrual accounting）**是記錄債務款項發生時所支出的費用（例如開出支票時就要加以記錄，而不是等到銀行付了才記錄），以及記錄所賺取的收入（例如稅收發生時就要記錄，而不是等到納稅人繳稅後才記錄）。**成本會計（cost accounting）**也就是**作業基礎成本會計（activity-based costing）**，著重的是提供財貨與服務的

預算的原始意義

對每個人來說，預算很常見——家庭預算、公司預算、社團預算等——因為收入與支出必須加以預測。從歷史上來看，英文的預算這個字（budget 是從中世紀法文 bougette 演化而來），指的是英格蘭國庫大臣用來裝政府所需之資源，以便呈交給議會的羽毛袋。後來，這字又被拿來指涉裝在袋子裡的文件，而非袋子本身。照片顯示一位財相（Chancellor）提著傳統預算「袋」（現在用的是真正的紅色公文箱）準備向下議院說明預算（財相是一個很有權力的職位，相當於美國財政部長和預算局長的結合。）

ANDY RAIN/epa/Corbis

成本（例如去年修繕 1 英哩街道花了多少成本？）。

　　許多地方的資訊科技已升級，所以現在更容易追蹤單一作業的所有成本。但別誤會，這項任務可不是真的很簡單。想搞懂提供某服務的成本，就必須真正瞭解到底提供了多少服務、參與的人有誰。假設你現在想知道，大雪過後剷除街道積雪的成本。在你居住的城市，沒有人全職做這項工作，所以你得先瞭解清潔隊員花在鏟雪的時間有多少，以及成本是多少。還有除雪機的維修和倉儲成本又是多少？要用掉多少燃料？鏟雪機的折舊率有多快？然後還必須瞭解所有的間接費用，例如電腦時間、管理的人事成本，以及在市政府中清潔隊所占的空間比例有多少（這也很難處理吧）。政府的預算總是把事情搞得很困難。再來，假如你於 2005 年買了一堆沙子和路鹽，但是那年冬天卻很溫暖沒什麼雪，使得沙和鹽的庫存增加許多，所以 2006 年的預算中就不會有沙和鹽的成本，但這不表示當年度使用的沙和鹽是免費的。**4**

　　雖然有這些困難，但還是有愈來愈多資深行政人員採用成本會計的資料，理由很簡單，因為好處多多。例如猶他州計算出每戶每天使用州政府設施的成本是 68 美元，相較於使用郡政府設施只有 42 美元。掌握這點後，州政府開始調降自己的發展方案，轉向與郡政府承包合作。

　　雖然政府會計作業與企業的會計作業有很多類似之處，但有個差異很值得注意。在企業會計中，所有的資源都來自同一餅乾罐，但在公部門中，資源可能來自數個餅乾罐，每個餅乾罐稱為**經費（fund）**。每筆經費都有自己的帳目，所以都是獨立的實體，就像是各自不同的企業。這種設計的目的是，要確保組織都會將每筆經費用於該筆經費所指定的用途。這就是為什麼大學校長不能把獎學金的經費拿來擴充教職員的俱樂部。

現金管理5　　州政府和地方政府的現金流量加總起來每年將近 1 兆美元，因此，**現金管理（cash management）**非常重要。

　　現金來自稅收和費用，然後以補助款和退款，或者存放於其他地方的方式（存於支票帳戶、短期投資或長期投資），在各級政府間轉移。把錢存在哪裡，要視政府何時需要這筆錢而定。這些錢最後會被拿來支付給公務員、承包商、廠商、政府公債持有人、退休者和補助款的受款人。

　　短期和長期投資的區別很重要，前者是政府日常運作的一部分，後者則可以用來資助信託基金的活動。2002 年美國公務員的退休金超過 2.1 兆美元，這些錢必須進行投資，而這正是信託基金的顯著例子，可以讓州政府和地方政府借鏡。

　　在考慮政府的投資政策時，管理者通常必須確保基金和投資報酬很安全。但問

題在於決定何時能安全賣出以賺取利潤，因為通常最安全的投資，所獲得的收益最少。在過去，政府掌管現金的管理者只能侷限在少數幾項可接受的投資選擇（例如美國財政債券），但近幾年來，可被接受的投資項目增加許多，投資的方式也更多元化，使得現金管理的操作愈來愈成熟，有位資深操作者如此寫道：

> 以前打電話到傳統銀行領取紙鈔，以便下次招標使用的做法，已經被疲憊的財政官員棄置了，現在他們可以直接洽詢一大群股票經紀人、證券商和銀行家，這群人努力想銷售近期的附買回交易（repurchase agreements）的金融商品、政府－證券共同基金和其他最新的產品。當然，現在即使最真誠的金融機構、銀行家和互儲銀行也不敢保證基金的安全性，所以不管做什麼投資，都不是簡單的事。[6]

採購　為了讓方案能順利完成，州和地方政府 2007 年的花費總額高達 1.9 兆美元。其中 31% 用於薪資，其餘則是用於設備儀器、供應品和各種服務的採購。採購的項目從發電機到迴紋針都有。

公部門採購的運作方式和私部門很類似，都是以最低價格購買到最高品質且最大量的東西，這種精打細算的任務很艱鉅，而且在民營化和外包方面也要做出決定，第 9 章已討論過這兩個主題。

> 政府採購正逐漸發展成團購，也就是相互合作的政府組織聯合起來進行採購：

> 賓州的採購官員喜歡鋪陳出這種情境：想像你正要舉辦家庭野餐，你需要番茄醬，很多的番茄醬。難道你要開車到鎮上的每家便利超商，買進所有的小包裝番茄醬嗎？不會，你會去超市以更好的價格買更大瓶的番茄醬。

> 這是常識，但也是多年來州政府和地方政府才搞懂的採購策略。現在有些公家的採購人員明白，只要好好監督政府的支出狀況，以最好的價格挑選到合適的廠商，就能幫政府省下大筆錢。[7]

這種概念就稱為**策略採購（strategic sourcing）**，許多州政府視其為透過聰明採購來省錢的策略。私部門採用這種策略已經數十年，但公部門卻直到 2002 年德拉瓦州首開先例，才開始採取這種策略。現在全美有 24 個州政府要不是正在探詢某種形式的策略採購，就是已經開始執行。Zach Patton 寫道：

　　採用策略採購會面臨很多挑戰。因為這需要更集中化的掌控及更透徹的資料蒐集。而且對於已經習於面對少數廠商而過於安逸的公務員來說，這會讓他們害怕。但隨著更多州政府採用這種方式，且體會到所能節省下的巨大金錢，他們就愈能找到克服障礙的方法。因此，策略採購很快就變成州政府採購的黃金律則。[8]

債務處理　由於大型城市和郡在財政方面的結構都很龐大，連小型政府單位也可說是資本額數百萬美元的企業，因此我們可以說政府的融資是「鉅額融資」（high finance）。在籌措資本時，州和地方政府都有自己的市場，就是免稅的公債。免稅的意思是，這些公債的利息不會被聯邦政府或州和地方政府課所得稅。因此，在金融市場中，政府所支付的利率是最低的。

　　對多數政府機關來說，大規模的融資計畫不會每天發生，機率也不會超過一般家庭買房子或送小孩去唸大學的機率。許多財政官員仰賴財經顧問來設計和處理政府債務，或進行債務管理。什麼是**債務管理（debt management）**？想想這點：州政府和多數地方政府不會將現有的歲入拿來進行資本計畫（capital projects），所以就產生債務管理。債務管理的目標是要籌措所需的費用，以使納稅人負擔最少，最不會影響到金融市場或整體經濟的方式來進行政府建設。這些建設包括興建大學、蓋校舍和監獄，或者心理健康機構，這些建設通常都要透過公債的收入來進行。公債購買人等於提供了州政府和地方政府進行建設所需要的資金。而政府日後則會把本金連同約定之利息還給公債購買人。

　　州政府和地方政府一般會提供兩種公債：一般性公債（general obligation bonds）和收益性公債（revenue bonds）。一般性公債有國庫的「完全信用擔保」，確保公債持有人一定可以拿得回錢。這種公債承諾一般用途的歲入將會拿來償還公債，而且也保證公債持有人對國家歲入具第一順位的償還權利。由於這種公債保證相當高的安全性，因此購買人願意接受比證券投資更低的報酬率。

　　州政府和地方政府也發行收益性公債，政府保證這種公債會有特定的報酬率。和一般性公債不同的是，收益性公債沒有國庫的資源在背後支持。

　　除了有長期的公債債務外，政府也可能有短期債務，通常是 1 年或 1 年以下的債務。財政管理者通常會用短期借款來應付緊急事故，或因現金流量問題產生暫時性無力付款的問題。對公共行政人員來說，若要經常性透過短期借貸來平衡預算，恐怕不是明智之舉。

資本預算　州政府、地方政府、外國政府和私人企業所擁有，而聯邦政府所沒有的

是什麼？答案是資本預算。**資本預算（capital budget）**將長期用於建築物、橋梁、道路、車輛、電腦之類的長期投資，與當前營運費用區分開來。雖然聯邦政府以各種類別來區分預算（例如國防、能源、所得安全法案），但其做法仍結合了所有資本與營運費用。因此，興建水壩的財務會計做法與白宮廚房購買馬鈴薯的會計做法竟然一樣。

而城市則以不同的方式來處理其資源。他們有一套專為日常營運費用（例如薪水的支付）而設計的營運預算制，這些費用是透過歲入來支付的。但是他們也有資本預算，以做為城市實體建設的變動之用（例如蓋新學校或大眾運輸系統），而這些是透過借貸來支付的。雖然營運預算制和資本預算制之間有著重要的關係，但是資本計畫具有某些特色，使其能很自然地與營運費用區分開來。這種區分有兩項特色最為重要。[9] 首先，由於資本計畫的生命期較長，所以其對社會具有長期影響，因此，在規劃時就要以長期觀點（5、6 年）來規劃。第二，由於許多當前的營運決策有被取消逆轉的可能性，所以延後資本計畫（這通常比延後當前服務更容易）意味著，在沒有獨立預算的狀況下，城市經常會忽略重要的資本支出。

聯邦政府應該有資本預算嗎？有些反對者認為，聯邦政府若有資本預算，就會被拿來當成更多超支的藉口，說是要花更多錢於公共建設，所以會超支。他們害怕有了資本帳目，就更容易將那些不在預算之列的營運費用，偽裝成資本費用。另有其他反對者則關心，資本預算對社會福利計畫造成的負面影響。評估具體資產，例如道路、公共建物的資本費用很容易，但是資本預算卻會讓賑窮濟乏或以政府貸款讓年輕人上大學的費用更難計算。最後，有人擔心若以企業模式來運作美國，會模糊了聯邦政府在穩定經濟扮演的角色。整體的會計政策應該與整體經濟的需求相關，例如在不景氣時，讓政府產生赤字是很適當的。

任何財政制度都有可能遭到濫用，特別是像美國的預算制度會被當成政治操弄的工具。有許多與企業相似的預算制度，既不能當成過去弊病的萬能藥，但也不會對國家的財政優先順序造成威脅。要改變預算制度的理由，應該是要使國家真正的財政狀況能更真實地反映出來。

預算編列的目的

沒錯，預算編列是件很慎重的事，但我們也要經常提醒自己，有時某些行政程序最後會變成目的。諷刺大師 Charles Addams 就曾嘲諷，預算官員對任何主動提案都斷然拒絕的現象：

　　　　預算過程的發明人是一群有虐待狂的外星人，他們長得就像大貓，這些外星貓教導埃及的法老王如何編列預算，於是法老王將之做為建造金字塔時的懲罰……真慘，這些外星貓將母艦停在銀河系某處溫暖的地方，在那裡休息，結果卻被吸入了太陽……好幾年過去，預算編列的真正目的消失了，現在由於象形文字被錯誤詮釋，使得預算編列成了控制支出的方式。[10]

　　事實上，預算編列有數種有價值的目的，但它也一定必須是為了達成目的的手段，而目的就是達成組織的任務。但具體來說，預算的目的是什麼？每個世代對這個問題都有不同的答案。A. Schick[11] 寫了一篇深具影響力的文章，認為一般所接受的**預算目的（purposes of budgeting）**是為了控制、管理和規劃。他將控制界定為對行政經費支出進行嚴格的立法控制，最常見的方式就是以支出項目來分配經費，例如簽字筆、半噸貨車、薪資和無鉛汽油等。財政稽核則是為了確保這些錢的確用到這些經過認可的項目。在進行預算決策時，這種資訊的關注點是放在政府所購買的貨物或服務上，例如人事、差旅、供應品，而不是政府活動的達成上。

　　「管理」強調的是正在進行活動的效率。重點在於讓相關行政人員為其活動負責，可藉由工作績效評量來進行（當機關花費 X 元時，需要填幾種表格？）。

　　最後是規劃，這點從 1968 會計年度的預算公告中就可看出端倪：「聯邦預算共有兩部分的計畫：一是特定計畫，與軍事和平民有關，目的是為了提升國防安全、國際合作和國內進步。另一部分是與整體支出和收入有關，目的是為了幫助穩定經濟發展和成長。」[12] 從這裡可以清楚看到規劃所強調的是方案，以及收入與支出之間的關係，以便達成計畫目標。

　　我們應該要來看看上述要點的整體發展，但不是每個階段分開來看，而是要去看其相互結合的影響，因此今天的預算功能是這三個目的的整合。現在就來看看預算的目的如何形塑其不同的預算形式。

逐項預算法

　　一說到預算這個字，一般人腦海中浮現的是一組項目及其對應的數字。事實上，控制支出的**逐項預算法（line-item budgeting）**是預算過程的核心。逐項預算的目的是為了確保支出能在立法機關所規定的額度內。成本類別表（cost categories）用來記錄所有的支出，而後援的簿記系統則包含了充裕的細節資料，以確保每項支出都能符合法令。逐項預算的製作者和維護者要仰賴會計技能，亦即以有系統的方式追蹤收支的能力。他們必須能夠回答出這個問題：錢是怎麼用掉的。

　　不幸的是，逐項預算法已經變成束縛，造成在採購時硬要符合所有細部規則。

最近，軍事基地的預算變成編列 3 年，且包含數百種項目。假設價格為 100 美元的排水管防臭瓣開始漏水了，而這漏水會讓政府每週損失 50 美元，所以照道理說，應該要儘速替換，但由於法令規定，申請更換的過程要數個月，所以顯然漏水這段期間造成的政府成本比更換費用多了好幾倍。然而，如果指揮官能不理會逐項預算法的規定，直接更換來處理這種突發狀況，政府就可以省下更多錢。

在看下一種預算形式前，我們應該區分逐項預算法與逐項否決。1997 年 1 月 1 日，美國總統前所未有地進行了逐項否決制（line-item veto）。「好幾年來，不管哪個政黨當總統，都會挫折憤怒地重捶這張桌子，因為我們必須簽署某些浪費公帑、有稅務漏洞的法案，」柯林頓總統在簽署某項新法時這麼說，「逐項否決制讓我們有機會改變這種現象。」[13] 這部法律讓總統可以拒絕國會所做的某些支出與稅務決策，而不是只能透過否決整個法案來表達反對立場。

除了北卡羅萊納州州長外，其他州的州長都有類似權力。但總統的逐項否決制的壽命很短：最高法院很快就判決這種做法違憲，因為它違反分權的原則。

績效預算法

Oscar Wilde 曾經這麼定義犬儒者，「他們知道所有東西的價錢，卻不知道價值。」或許這是當年小羅斯福總統連任時，為了對抗政府的犬儒主義而提出**績效預算法（performance budgeting）**的概念。1939 年，預算局從財政部轉型成為新成立的總統行政辦公室的一個單位，其任務是要「讓總統知道各機關所提出之工作、確實執行之工作或已完成之工作的狀況。」這種概念是基於不同機關的工作方案應該加以整合協調，國會所撥下來的款項應該被運用得更具經濟效益。所以預算局會避免各機關重複使用相同經費的狀況。

州政府曾想瞭解一個問題，而這問題 40 多年後仍繼續困擾著各級政府：公家花的錢值得嗎？逐項預算法的結果，應該讓政府可以告訴大眾，某個機關共花了譬如 19,872,403.91 美元，其中有多少用於薪資和福利、多少用於各種材料和供應品、多少用來支付合約費用。而績效預算法應該讓政府能夠告訴大眾，這 19,872,403.91 美元做出了多少公共服務。如果是城市的清潔部門，那麼其績效評估方式就是他們收了幾噸垃圾、每噸成本多少錢、每收一次垃圾要花多少錢，並將這些數字與前幾年的單位成本、其他城市相同清潔單位以及私部門的清潔費用做比較，就可以知道該清潔單位的績效如何。

如前所述，傳統的績效預算法是想根據政府機關的直接產出或活動來編製預算。但政府機關的存在並非為了產出（outputs），而是為了成果（outcomes）。公共衛生機關的存在不是為了衝高疫苗接種數量，而是為了降低嬰兒死亡率；人力發

展機關的存在不是為了讓員工接受他們的訓練計畫，而是要讓他們有能力留在更好的位子上；至於環保機關的存在不是為了大量的工廠稽查率，而是為了改善環境條件。新績效預算法（New Performance Budgeting, NPB）[*] 希望讓真正的績效去影響預算決策。

若想建立績效預算法的支持力量，其關鍵基礎在於提出可信的績效資訊和測量。正如前面所述，要測量的不僅集中在機關的活動，更要放在這些活動所導致的社會後果。預算過程常偏向於重視輸入項（機關所購入的資源）或直接的產出（機關的活動或任務）。相對地，績效預算測量的是成果（機關的活動產生預期效應的結果或程度）。表 11.2 說明了產出和成果在 9 項政府基本功能之間的不同。

表 11.2　9 種政府功能的產出和結果		
功能	**產出（或活動）**	**成果（或結果）**
消防救火	執行檢查的次數、接到火警報告電話的次數、縱火調查、提供教育課程的時數、在其服務轄區內所保護的財產價值	國際標準組織（ISO）對火災保險的評等、因火災造成的金錢損失、火災相關的傷亡人數、火災造成的交通事故數量、有報案與未報案的火警數量
警察	巡邏時數、請求協助或報案的電話回應率、逮捕數量	犯罪事件造成的死傷數和財產損失、破案率
初等和中等教育	上課日數、學生升級或畢業的人數	測驗成果、父母／學生滿意度、畢業生的就業率
公共衛生	蒐集到的疾病資料、視察的地點分析、執行的教育方案	死亡率、發病率、各類型傳染病的案件
固體廢棄物管理	收取及處理的廢棄物數量、服務居民人數	乾淨街道的比率、市民滿意度評比、環境標準的達成率
稅務部門	報稅處理、處理時間、匿報率	整體的報稅率、納稅人的遵守狀況、對待納稅人的一致性
環保	核發的執照數、執行的播音數	多少居民住的空氣品質符合政府標準的地區、多少居民住在地下水符合飲用水標準的地區、固體廢棄物之排放或製造，占該年度廢棄物的比例
市區清潔	蒐集的垃圾噸數、清理的道路英哩數、服務的居民數量和商業顧客數量	定期透過視覺檢查所得到的街道乾淨度、市民滿意度調查、公共衛生的一般指標
青少年司法	進入青少年司法體系的人數、各種違法案件的數量、工作人員的負荷	青少年累犯的比例、青少犯離開居法體系後就學或就業的狀況

---

[*] 譯者按：原文為 performance budgeting (NPB)，但從本段文義及括弧內的英文縮寫可知，此處應為 New Performance Budgeting 之誤。

　　機關的績效目標、預算呈現及其淨成本報告書三者之間的連結關係愈密切，整個機關的績效管理就愈強化，且和績效計畫相關的預算和財務資料，其可靠度就愈高。預期績效和預算需求兩者之間的關聯性愈明確且密切，就愈能讓預算討論更有內容，而且立法機關和行政機關就愈能將焦點放在預期的成果上，而非輸入項或交易項。

方案預算法

　　聯邦政府在還沒有完全熟悉績效預算法時，就在 1960 年代初期發展另一套更廣泛的預算法。在甘迺迪政府時期，擔任國防部秘書長的麥納瑪拉（Robert McNamara）在國防部採用一套「規劃－方案－預算制度」（Planning-Programming-Budgeting System, PPBS）。逐項預算法只限於課責的領域，績效預算法僅限於效率領域，而**方案預算法（program budgeting）**則試圖將預算過程延伸到各機關或方案之間的配置議題上。這不表示之前沒有經費配置，事實上立法機關一直根據各區選民的稅收與被影響機關的狀況，來執行配置的功能。這種方案預算法的擁護者希望達到的是讓預算過程注入更多理性，做法是一開始規劃出目的及目標，然後發展出達成目標的方案，最後則是對每項方案編列預算。

零基預算法

　　在預算過程中有許多決策都是以增加或減少的方式來進行，亦即比去年的預算多一些或少一些。但**零基預算法（zero-based budgeting, ZBB）**則非如此，這種預算法可說是 PPBS 預算制度近期的另一種預算法。根據零基預算法，在檢視方案目標時，採取的是「好像一切再次重新開始」的態度，亦即每個方案都有自己的預算循環週期。

　　零基預算法牽涉到三個基本步驟。第一，所有當前或準備提案的方案，都要以決策包裹的文件來加以陳述分析。這些文件是要幫助管理高層以方案的目的、結果、績效評量方式、其他替代方案和成本效益等因素，來評估每個方案。接著，整套方案是透過成本效益分析（見第 6 章）來加以排名。最後根據這些排名來配置資源。

　　零基預算法的確強迫高階管理者更加注意每天的日常運作，因為他們必須排出具體支出的項目。但這對一般的預算目的而言，也可能過於瑣碎。不論如何，稱職的管理者應該要熟悉組織內的方案，零基預算法可以當成有用的資源配置手段，來標示出特別需要注意的方案。至於其他活動則可以用較去年增加或減少的方式來編列預算，或者使用如下的類似表格來編列預算：[14]

去年預算	下列因素改變造成的預算改變			今年預算
	數量	品質	通貨膨脹	

圖 11.5 總結了到目前為止的預算討論，從圖中可看出政府機構如何運用四種方式來處理預算資訊：逐項預算法、方案預算法、績效預算法和零基預算法。

預算政治學

這一節要先來探討共和黨和民主黨之間的預算鬥爭，這兩黨的拉力戰宛如歌舞伎的戲劇表演般精彩，甚至還更令人難解。

「刪減」是真的刪減嗎？

民主黨揮舞著數據而非刀劍，指控共和黨亂砍對飢童和孕婦的補助。而共和黨則炫耀地揮動自己的數據，說自己事實上增加了對這群人的補助。更令人困惑的是，這兩者的說法都正確。

但沒有一方是完全正確。事實上，任何的支出提案只能藉由衡量標準加以評斷：如果提案沒有真的落實成為法令並被執行，那麼未來的聯邦經費支出將會變成怎樣？沒有衡量標準，就不可能得知任何的支出變化會有什麼效果。會計人員稱這種衡量標準為**基線（baselines）**。

當國會進行「應享權利」（entitlement）立法時，也必須考慮到外在因素，例如經濟狀況以及受決策影響之對象的行為。應享權利立法的成本要視各種因素而定，例如通貨膨脹、失業率、人口和所得趨勢，以及有資格受益者能從中受益的程度。至於未來的狀況，國會議員進行這類立法時也只能加以想像。

對未來經費的假設要整合入國會預算局和管理與預算局所提供的基線預測中。基線會整合關於通貨膨脹及法令規定的負荷量變化，例如領取福利救濟金的人口可能會增加。一旦預測出基線值，任何立法或行政行動所產生的支出，若與基線值不同，就會被當成政策變化，例如假設基線預測的開支會從當前的 1 億美元，增加到 5 年之後的 1 億 4,100 萬美元。現在假如參議員 Foghorn 努力要「控制快失控的開支」，於是建議進行政策變化，將預估的基線值降到 1 億 2,500 萬美元以下。這個降低的值還是比當前的數字高，但已經少於基線值。當這種情況發生時，政治人物既可以說他們的做法刪減了支出預算，但也可說是增加了支出預算。

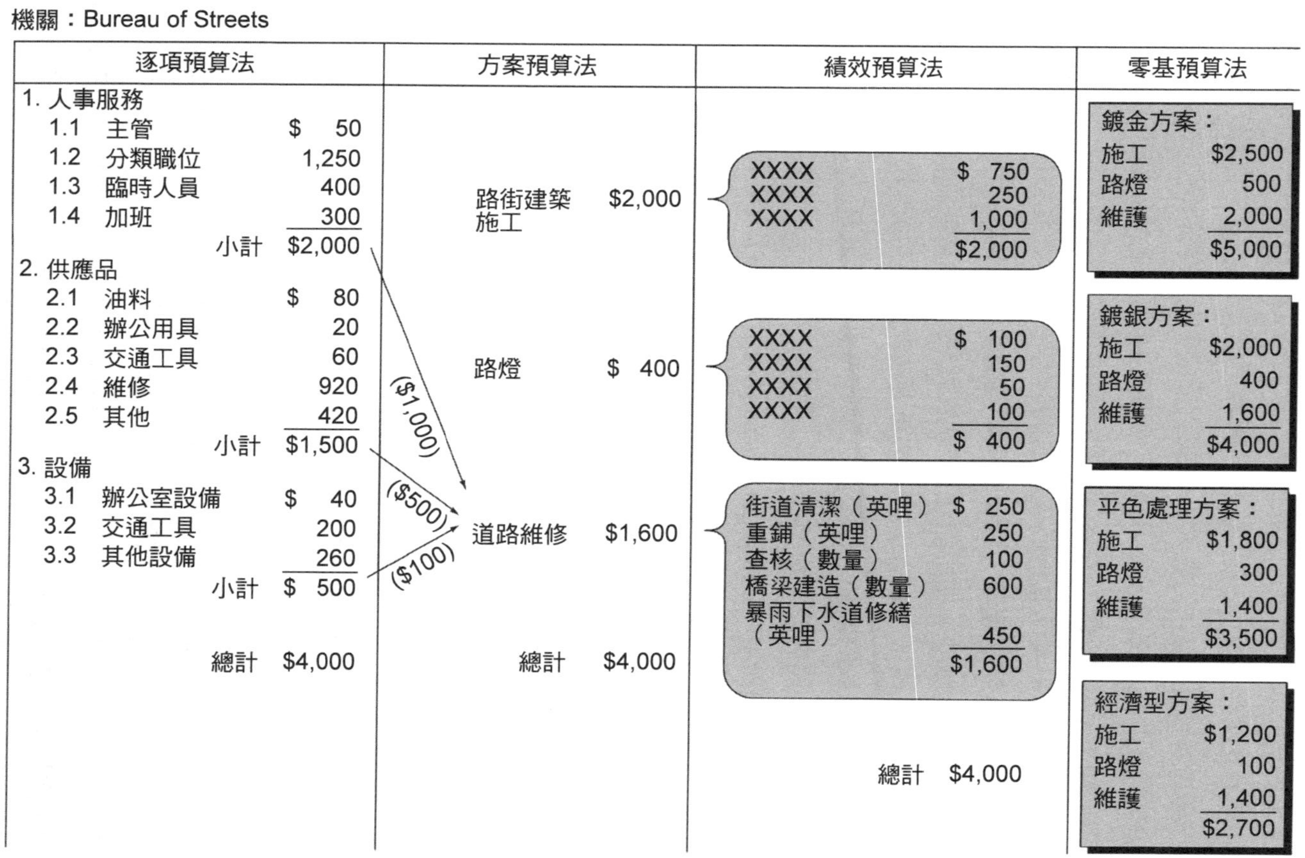

機關：Bureau of Streets

逐項預算法	方案預算法	績效預算法	零基預算法

逐項預算法

1. 人事服務
1.1 主管 — $ 50
1.2 分類職位 — 1,250
1.3 臨時人員 — 400
1.4 加班 — 300
小計 — $2,000

2. 供應品
2.1 油料 — $ 80
2.2 辦公用具 — 20
2.3 交通工具 — 60
2.4 維修 — 920
2.5 其他 — 420
小計 — $1,500

3. 設備
3.1 辦公室設備 — $ 40
3.2 交通工具 — 200
3.3 其他設備 — 260
小計 — $ 500

總計 — $4,000

($1,000) ($500) ($100)

方案預算法

路街建築 施工 — $2,000
路燈 — $ 400
道路維修 — $1,600
總計 — $4,000

績效預算法

XXXX — $ 750
XXXX — 250
XXXX — 1,000
$2,000

XXXX — $ 100
XXXX — 150
XXXX — 50
XXXX — 100
$ 400

街道清潔（英哩）— $ 250
重鋪（英哩）— 250
查核（數量）— 100
橋梁建造（數量）— 600
暴雨下水道修繕（英哩）— 450
$1,600

總計　$4,000

零基預算法

鍍金方案：
施工 — $2,500
路燈 — 500
維護 — 2,000
$5,000

鍍銀方案：
施工 — $2,000
路燈 — 400
維護 — 1,600
$4,000

平色處理方案：
施工 — $1,800
路燈 — 300
維護 — 1,400
$3,500

經濟型方案：
施工 — $1,200
路燈 — 100
維護 — 1,400
$2,700

圖 11.5　四種預算法（單位：1,000 美元）

預算和政治策略

Aaron Wildavsky 曾根據對美國國會的分析，界定出機關單位在預算審核過程中所會使用的策略。這種**預算過程中的政治策略（political strategies in the budget process）**也可轉移到其他政府中。有兩種機關的策略普遍存在。第一種是培養積極的顧客，以助於與立法和行政機關打交道。顧客可能是那些直接被服務的對象（例如農業部所提供的特定法案中的農人），或者那些銷售服務給特定機關者（例如與高速公路局作生意的道路承包商）。如果機關不能找出這些顧客，並加以培養，將發現預算聽證會變得很困難，因為很難動員到積極的支持者。

第二種普遍的策略就是，發展其他政府官員的信心。機關管理者必須避免在聽證會中或被要求提供資訊時受到驚嚇。官員必須說明書面報告的內容，也必須視其聽眾調整其所傳遞訊息的複雜度。如果無法直接取得結果，機關或許會報告內部進行的活動，例如檔案管理或所做的調查。信心很重要，因為在預算過程中，許多捍衛預算的成功要素來自於官員的判斷，而不是生硬的事實。如果有信心，官員的判斷就會被信任，如果沒有，就會被懷疑。

另一種策略，稱為權變策略（contingent strategies），這種策略要視預算的環境而定，特別是與下列有關的討論：(1) 要將機關的方案降到目前的支出水準（預算基礎）之下；(2) 增加機關的方案幅度；(3) 將機關的方案擴展到新領域。這些權變策略有些看似奇怪或反常。雖然如此，它們還是會被使用，而且應該被確認出來，因為預算選擇牽涉到的是政府行動的很重要部分。光有策略和聰明的雄辯術還不夠，如果預算的基礎要素，亦即邏輯、公正性、數學和內部一致性有缺陷的話，策略和雄辯術就變得毫不重要了。

捍衛立基

如果立法者決定將方案的經費降至目前的額度之下，行政人員可以有幾種回應方式，以下是回應策略：[15]

1. **研究。**官員可以辯稱，除非徹底考慮過所有後果，否則不該草率行動（例如刪減計畫經費）。利用深入研究來拖延他們的刪減行為。
2. **刪除受歡迎的計畫。**挾著強烈的民意支持來回應國會對經費的刪減或全額刪除（至少讓新聞媒體報導，造成民意壓力）。例如若要刪除學校樂隊或運動課程，行政人員可以動員足夠的民意來反對。
3. **悲慘的後果。**官員可以舉出刪除經費可能造成的悲慘後果，例如威脅到影響所及者的生命、逼使供應商關門、造成西方文明的結束。

官員面對預算遭刪減可採用的策略之一，就是指稱受到波及的是很受歡迎的方案。照片中的父親和孩子失望地看著太空博物館，該館因為預算危機而於哥倫布日那個週末關閉。

4. 全有或全無。官員可以承認，只要刪減經費，整套方案就無法運作，所以乾脆全部刪除。

5. 你來挑選。行政人員可以說，該機關的所有活動都很重要，該機關長官無法放棄任何一個。因此提議要刪減的人應該直接點名要刪減的項目，藉此將政治責任明確歸咎到那些人身上。

6. 我們才是專家。機關可以辯稱，想刪除預算的人沒有這部分方案所需要的專業能力。

擴大立基

　　機關在設法延續既有計畫，或者捍衛該計畫時，可以採用下列策略：

1. 聚攏。將方案預估的數據，例如工作量、價格、成本等，聚攏成最高的百、千或百萬，創造出顯著的彈性空間。

2. 「如果跑不動了，就鉻鍍一下。」預算報告時，佐以大量數據、圖表、表格和最先進的管理工具。以報告展現出來的高品質形式，來轉移報告內容的缺點。

3. 點綴。些微增加預算項目，可以在基本的要求都準備妥當之後，透過難以發現的一般性類別，或是跨委員會的類別來增加預算項目。這些細微的超支分布得很分散，所以不容易被看出來。

4. **數字遊戲**。機關行政人員可以將國會議員的注意力，由支出的增加轉移到具體的工作事項，而不是所要求的經費，例如運作的設備、維護的公畝數等等。

5. **工作量或存貨**。行政人員可將其經費要求建立在更大的客戶需求上，或者說要先未雨綢繆，進行存貨。這種論點通常很合理，可被接受。

提出新方案

　　方案和機關創造出制度的動量。提出的新方案若會擴大機關運作的範圍，就會面臨一些挑戰，因為新方案還沒有動量。以下這些策略是新方案所獨有的特色：

1. **老東西**。行政人員可以將新方案偽裝成現有業務的延伸，所以對機關來說只是業務成長，而不是增加了新東西。

2. **臨門一腳的經費資助**。先從小經費開始進行，或許將之當成先導方案或示範方案，或者可行性研究。逐年多增加些預算，直到該方案正式運作，並建立起其顧客群，再正式編列經費預算。

3. **自給自足**。新方案支持者有時會主張，新方案產生的利潤高於成本。這說法可能是真的，也可能不是真的。

4. **花錢是為了省錢**。若進行新方案就能讓政府某個單位的成本下降。至於是否能真的能降低其所說的成本，那又另當別論。

5. **危機**。將新方案與災難或可怕的問題連結在一起（例如愛滋病、經濟發展、遊民、能源危機等，雖然關聯性可能很薄弱），所以不太可能降低新方案的經費。

6. **錯貼標籤**。將新方案的真正本質與其他政治上更有吸引力的方案混合。例子很多，譬如軍事設施看起來像高爾夫球場，可能引發爭議。大學宿舍或辦公室的屋頂可以增設椅子方便觀賞足球場的比賽等。

7. **起而效法**。其他單位的行動，導致我們單位也有這種需求，但這需求是目前計畫所無法滿足的。如果學校圖書館關閉了，而老師又持續指定參考書，那麼當地公立圖書館可以主張，需要新方案來處理學生要求協助的工作。

8. **受命**。有些外部單位（法院、聯邦機關、州政府等）或許會正式要求進行某些活動，使得經費需求增加。機關可以不需要重新分配現有的經費，而是直接要求新的經費。

9. **跟得上競爭**。機關經常將自己的方案與其他機關的相比較，並且據此要求增加新方案（很少因為比較後發現別人也有類似方案，而提案要求刪除方案）。

10. **規模很小**。提出方案者可以說要求不大，所以不需要全面審核，而且其所需預

算不多，因此不值得耗費時間審查。

 課稅

　　如法國財政部長 J. B. Colbert 所言，行政人員和立法者面對課稅的難題，就像拔鵝毛一樣：怎樣讓鵝的哀號聲最少，卻能拔到最多鵝毛。雖然政府有多種不同的方法來拔毛，但對於稅的定義還是有共同的邏輯和語言，而且也以稅率的方式來課稅。在這一節，我們會討論評估各種歲入的方式、各種稅務結構的優缺點（包括所得稅、銷售稅和財產稅等），以及聯邦稅務體系可能的改革方式。

評估歲入方式的標準

　　在本章第一節，我們提到了聯邦政府、州政府和地方政府的主要歲入來源。在這一節，我們想討論每種來源的優點，在開始分析之前，我們先來注意 3 種實用概念，財政官員在研擬稅務制度時，都應該熟悉這些概念：稅賦公平性、稅賦效率性和稅賦重疊性。

稅賦公平性　公平的稅賦首先應該公平地對待處於相同經濟狀況的人。根據此原則所發展出來的稅賦分配方式，就提供了所謂的**水平式平等（horizontal equity）**。

　　公平的稅賦也要以不同的方式對待不同的人，這種原則稱為**垂直式平等（vertical equity）**。這種做法的正當性是什麼？首先，應該以納稅人繳稅的能力來分配稅賦。例如高所得的人應該繳更多稅，如果的確如此，那麼稅賦就是累進式的。不過有些美國保守人士呼籲要對所得採取**比例稅賦制（proportional tax）**，也就是每一所得層級都繳相同比率的稅。例如不管收入多少，所有人都應繳 30% 的所得稅。這種稅稱為「單一稅率」（flat tax）。**遞減稅（regressive tax）**是指隨著所得增加，要納稅的比率減少：也就是說所得越高，付出的就成比率地減少。這種稅的最好例子就是食品的銷售稅。假如四口家庭的年所得是 2 萬美元，如果他們每年花費 8,000 美元於食品上，而食品的銷售稅是 5%，那麼他們在食品上每年繳的稅就是 400 美元，占其年所得 2%。再來比較另一個家庭，夫妻兩人都是專業人士，沒有小孩，家庭年所得是 12 萬美元。他們吃得很好，每年食品費用也是 8,000 美元，但其所得中有多少比例用來繳納在食品方面的稅？顯然地遠遠少於前面的四口之家。因此以上三種稅當中，有能力者多繳稅的原則最接近**累進稅（progressive taxation）**。

　　第二種正當化稅賦公平性的概念是「受益者原則」。在某種意義上，此原則是將自由市場的做法應用在稅賦分配上。以直接索費，或**使用者付費（user fees）**的

方式來接受政府財貨物，迫使個人揭露其支付這些財貨的意願。美國海岸防衛隊（U.S. Coast Guard）每年要花費 13 億美元，雷根總統於 1981 年提案，要求美國船隻和遊艇主人付錢來支付海岸防衛的服務。雖然這原則在國家層次會面臨許多限制（要怎樣要求公民支付如國防這種社會服務？），但地方政府卻能應用在許多方面，例如停車、娛樂、收垃圾、圖書館、公用事業等，不過在應用時還是有些侷限。因為許多福利，例如消防和警察，是集體累積而成的，很難計算出使用者該付多少費。而且有時候政府的目標正好與這種原則相反，例如公共救助（public assistance）就是一例。

稅賦效率性　另一種發展稅賦制度的有效概念是**稅賦效率性（tax efficiency）**。基本上這個概念包括兩件事：經濟效率和行政效率。經濟效率關心的是稅賦對私部門造成的影響，亦即它是否干擾私人財貨的相對價格、消費或儲蓄的模式，以及休閒的模式。理想上，這些效果必須很小。

　　行政效率關心的是要如何容易收到稅款。有些城市甚至需要市政府人員去突襲那些沒有繳納營業稅的店家。因此不難在媒體上看到那些欠稅市民誇張咆哮，而官員拿出欠稅清冊，將沒繳稅的店家鎖上大門。

　　要納稅人服從繳稅的成本也不可忽略。從效率的觀點來看，單一稅率的國民所得稅（假設是 20%），會比累進稅率好，因為後者有許多漏洞且涉及許多免稅額。

稅賦重疊性　**稅賦重疊性（tax overlapping）**和**稅賦協調性（tax coordination）**的概念不難理解。在像美國這樣的聯邦政府體系，常會有 2 個以上的政府層級使用相同的稅基。例如紐約市所有人都適用三種層級的個人所得稅。此外，像美國這種相對流動的社會，公司和個人在相同政府層級的不同地區（例如不同城市）參與經濟活動，賺得應納稅之報酬的現象也很常見。

　　雖然不可能完全消除這種重疊性，但官員若關心經濟效率性和納稅不公平的狀況，就不會忽略這種重疊性，因此有必要去協調各政府層級的稅賦制度。幸運地，每個層級的政府通常只採用一種最主要的稅賦制度。

　　另外，相同層級政府間不同地區的協調也很重要。例如不同地區的菸稅若不同，會導致跨州的香菸走私現象。

稅收來源

　　以上三種概念的知識（稅賦公平、稅賦效率和稅賦重疊），可以幫助行政人員和立法者瞭解不同稅收來源的優缺點。但他們也必須知道每種來源的特性。圖 11.6 整理了主要稅收來源的特性。

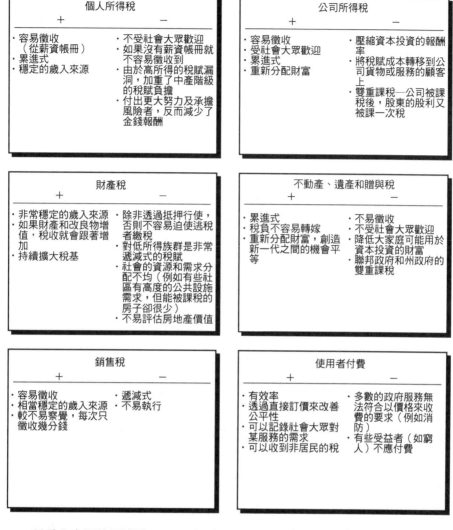

圖 11.6　6 種稅收來源的優缺點

稅收不只是政府歲入的唯一來源。事實上，城市的非稅歲入變得愈來愈重要，在 1960 年代結束前，占市政府整體歲入的一半。一般來說，市政府的非稅歲入包括使用者付費和州政府及聯邦政府的補助。由於後者已經在第 3 章討論過，因此接下來討論的是使用者付費。

從資源分配和公平性來說，使用者付費制度都有顯著的優點。如 William Vickrey 所說，如果價格與成本密切相關，「就有很大機會可以善用資源，降低平均費用，改善服務，因為這些都是訂價策略本身固有的彈性，而訂價策略可說與經濟效率有關。」**[16]** 以下例子可用來說明 Vickrey 的看法：

⊃ 使用者付費可以防止都會地區水電的過度浪費。

⊃ 收費可以在使用者間分配設備資源。例如公園或戶外音樂會的場地空間有限，如果要求使用者付費就可以讓需求維持在供給量之內。

⊃ 收費可以幫助控制可能會損害空氣、景觀或造成污染與壅塞的活動。例如市中心車位的昂貴稅捐就是基於這種理由。使用者付費就公平性來說，也是個優點。

聯邦政府稅賦改革

　　幽默作家包可華（Art Buchwald）曾說，「稅賦改革就是將稅賦從那些過去被課稅的事物上拿掉，而對以前未被課稅的東西課稅。」雖然如此，關於稅賦改革的辯論聲音仍沸沸揚揚，在華府、50個州議會、上千個市議會不斷出現。

　　反對聯邦改革所得稅賦的理由有六個，如下所述：

1. 不公平。如果納稅人賺大錢，按照比例他必須繳納比沒賺錢時更多的稅。
2. 很難要求納稅人遵守。即使那些設計稅賦法律的人，也要靠專家來幫他們報稅，因為聯邦所得稅太複雜了。
3. 具干擾性。每年總有許多國稅局侵犯民眾權利的可怕事件出現。
4. 會阻礙儲蓄與投資，間接降低就業機會和所得的成長。
5. 無法課徵到地下經濟，例如毒品與犯罪獲利的稅收，導致誠實者繳更多稅。
6. 會提高貨物和服務的售價，損害美國產品在世界市場的競爭力。

　　基本上，目前的所得稅制有兩種做法。有人呼籲之前提及的**單一所得稅率**（**flat-rate income tax**）。若採用這種制度，每個人不論收入多少，所繳納的稅率都一樣，幾乎沒有例外或僅少數例外，報稅方式則是以明信片郵寄申報書。1996年美國總統大選時，候選人（包括當時在任的柯林頓總統）都提出自己的單一稅制方案。

　　另一種做法是一般的**消費稅**（**consumption tax**）。消費稅被譽為很有效率的稅賦工具。消費稅比較不像所得稅有可能扭曲經濟行為。所得稅的邊際稅率太高，可能會減少工作認真賺錢的誘因。而消費稅不會使其所賺的薪資被課到稅，而是有消費時才會被課稅。消費稅可徵收的範圍很廣，理論上，買任何東西都應該課稅，但實際上卻有點複雜（見以下的「什麼是零食？」專欄）。

　　關於消費稅的論辯是一項政治爭議。個人免稅額的採用，以及高所得高稅率的做法意味著所得稅是累進式的，而消費稅則是固定稅率，也就是窮人的消費稅占其總所得的比率高於富人，所以從這角度來看，消費稅反而是不公平的稅，事實的確

如此，雖然許多經濟學家認為，政府對此狀況最有效的做法，應該是給予窮人現金福利，而不是去扭曲稅賦制度。

過去 30 年，工業國家逐漸轉向一般消費稅。而 1965 年富國所課徵的一般消費稅只有國內生產毛額的 3.5%。之後 30 年，成長了雙倍達到 7%。

歐洲的銷售稅是所謂的加值稅（value-added tax, VAT）。原則上加值稅和零售銷售稅沒有什麼經濟差異，這兩種都能課徵到相同的稅收。不同之處在於加值稅的課徵方式較有效率。若採用零售銷售稅制度，生產者、大盤商和零售商彼此交易時不會課稅。相反地，加值稅是在生產鏈過程課徵的，而有註冊的中間商（不是最後的消費者）則可以提交收據向稅務機關要求退稅。

這使得加值稅很難被逃稅。生產貨物後，賣家要證明他們購買原料時已經付過稅，這樣才能減少政府對其銷售額的課稅。相反地，若是零售銷售稅制，稅收的責任完全落在最後購買的消費者身上。如果沒從消費者身上課到這筆稅，那麼整體增值項目的稅收就會消失。隨著稅額增加，逃稅的誘因就會增加。多數經濟學家認為，10% 是不會引起大規模逃稅的最高銷售稅率。

 什麼困擾著聯邦預算過程？

預算過程就像齣複雜的政治劇，影響華府很多年。總統每年 2 月初的提案內容

 什麼是零食？

銷售稅的問題之一，就是該對什麼課稅。根據加州法律，零食（snacks）不算食品（food），所以應該被課以銷售稅。正式來說，下方左欄算是零食，而右欄則是食品，沒錯，真的就是這麼劃分。

零　食	食　品
麗滋餅乾	蘇打餅
爆米花	沒有爆開的玉米花
叮噹圈餅	甜甜圈
格蘭諾糕餅棒	格蘭諾穀片
仿豬皮脆片	豬皮片
巧克力棒	巧克力碎片
薄馬佐餅（matzo，猶太人吃的一種未發酵餅）	薄馬佐麵包
蛋黃鬆餅	鬆餅
單片派餅（有包裝）	整塊的派餅，裝在盤子的派
含果仁的糖果棒	堅果

雖然鉅細靡遺，但這還只是開場而已。接下來數月國會必然出現想大展身手的國會議員。但這些政治還不足以困擾預算過程（事實上我們也難以想像沒有政治介入的預算編列），因為還有三個具體的問題更讓人困擾：赤字、不可控制的支出和指定經費用途。

指定經費用途　雖然多數美國人很熟悉肉桶支出（pork barrel spending）這個詞，這是指政治人物會設法得到政府經費來嘉惠其選區選民，以獲得他們的支持，不過「指定經費用途」（earmarking）則不太一樣，這個詞指的是將某特定計畫所需之特殊經費的條款穿插入法令中。指定經費用途受到批評，是因為這些撥款經常是因應個別國會議員的要求，沒有經過其他議員的審查就直接附加上去。當然，替選區爭取經費和建設是議員的角色之一，但是批評者認為，指定經費根本沒有善用納稅人的錢。他們也擔心這是另一種遊說費用，讓遊說團體的優先性高於其他人。由於指定經費用途是國會議員個人的努力成果，所以遊說者只好被迫說服某個議員讓其法案往前進行。

讓我們看看眾議院撥款委員會通過的 2010 會計年度的 6,363 億美元國防支出草案。它涵蓋超過 1,100 項指定經費用途，總計超過 27 億美元。捍衛指定經費用途的人士會說：「那又如何？這金額不到預算 1% 的一半。」但支持者忽略了指定經費用途的行政成本。Jame D. Savage 檢討國防預算草案中這 1,100 個項目，伴隨著方案的政治、預算與計畫管理，將需要大量的交易與機會成本。

交易成本包括為找尋與獲得資訊而耗費的時間、能源和資源，行為者之間進行談判和協議的成本，以及委託人與代理人之間的監督及完成履約成本。機會成本反映了我們投入時間、能源和資源於一項方案而帶來的潛在利得，卻因進行另一項方案而放棄這個利得的一種成本和損失。

舉例來說，海軍研究所（Office of Naval Research）獲得一項 300 萬美元的指定用途經費，這到底意味著什麼？它表示這 300 萬美元不能花在海軍已核定要支援美國海軍和海軍陸戰隊的優先計畫。「顯然的，指定用途經費不只是報紙和國會研究人員的議題；它也應該是公共行政與公共政策學者的重要研究議題。」[17]

不可控制之支出　1990 年的預算執行法（Budget Enforcement Act of 1990）創造出兩種聯邦支出的類別：強制性支出（mandatory）（不可控制的）和裁量性支出（discretionary）（可控制的）。強制性支出包括根據受益資格的定義，以及津貼或支付法令的建立所造成的支出，而不是直接透過撥款過程所造成的支出。這類支

出來自社會安全和老人醫療照護。國會和總統控制所花的經費，但是他們行使控制權的方式是間接擬定定義和規則；如果狀況符合這些定義規則，政府就有義務資助符合資格的個人、企業或其他組織。國會和總統不可以提高或減少特定某年的這方面經費，除非修改領取這些費用的資格和規則的法令，但對於像社會安全或老人醫療照護等計畫來說，修改相關法令簡直比登天還難。由於這些花費是發生在年度撥款之後，所以國會和總統不太有能力行使年度控制權。

　　裁量性支出是指聯邦政府的其他支出，包括透過年度撥款過程和 13 項撥款法案而進行的支出。這些支出是用來支付聯邦方案和聯邦官僚系統的運作，例如國防部、國土安全部、漁業暨野生動物署（Fish and Wildlife Service）、國稅局和環境保護署等都屬於裁量性支出的範疇。這個範疇是由支出的形式，而非對國家的重要性來界定。換言之，自由裁量不代表該項支出不重要，或者國家可以沒有方案而正常運作。這只代表這些支出是透過傳統的撥款程序，而且不是自動會有的支出。

　　我們來比較這兩種支出的成長率。1975 年到 2005 年間，國防支出和國內的裁量性支出分別成長 563% 和 674%。同段時期，社會安全支出成長 816%。老人醫療照護是 2,361%，醫療救助 2,676%，農場價格援助 3,166%。1962 年總統和國會控制了將近 70% 的預算，到了 2007 年則降至 34%。見圖 11.2。

　　多數強制性支出是國家債務的利息支出。如果聯邦政府想繼續參與國家和國際資本市場，就必須支付這筆利息帳單。但總統和國會仍有其他強制性支出形式的選擇。第一，他們可以限制應享權利，這主要是限制一項方案的支出總額，而不是限制一般撥款的方式。第二，他們可以讓這些方案不那麼慷慨，或者，至少侷限一些會使方案過於慷慨的活動，例如可以要求須有額外歲入才能提高津貼。第三，可以要求申請應享權利之前先進行資產調查（means-tested），以確保只有真正需要者才能享有這些權利的津貼。

　　2006 年 2 月，小布希總統簽署了一份法案，讓強制性支出的成長緩慢下來，預計未來 5 年可以減少 400 億美元。這是近 10 年來首次藉由法令來降低強制性支出。但用數學算算看，這等於在一年 2.77 兆美元的預算中，減少不到 80 億美元。

　　相較於爆炸性成長的強制性支出，2006 會計年度整體裁量性支出的成長卻低於通貨膨脹率。這些預算決策所代表的意涵不應該迷失在這些數字謎團中，所以我們要來考慮下列兩個事實：

● 根據《紐約時報》（2004 年 6 月 26 日）報導：「多數時候，美國國家公園管理局（National Park Service）是組織的理想願景受到政府漠視的可悲例子。雖然美國國家公園快速成長，且深受社會大眾支持，但華府卻長期不願支出相關費用。

公園的運作經費少得可憐，近年來該維修卻不斷延宕的項目愈來愈多⋯⋯現在，這些被擋住的維修成本預估約在 41 億美元至 68 億美元之間⋯⋯來公園的人當然注意到損壞的路面、破舊的建築物，這些就是該修卻沒修的結果。而這個夏天遊客也將會發現連公園管理者也大量減少⋯⋯這也可能代表法令將無法確實執行，緊急狀況的服務品質也將下降。當人們在談小型政府時，可不是指減少國家公園的巡守員啊。」

○ 根據《華爾街日報》（2005 年 11 月 2 日）報導：「危險獄卒的工作愈來愈難做了。由於法律日趨嚴苛，⋯⋯聯邦和州政府的囚犯去年共有 150 萬人，比 1995 年成長 51%。而同段時間的獄方管理者才成長 8%，共計 23 萬 9,000 人⋯⋯。實際上，由於每一班的獄卒人數很少，所以輪班的狀況也很不平衡。因此，以 17 或 18 名獄卒來管理 1,000 名囚犯是常有的事。」

預算赤字　我們討論過預算做為控制、管理和規劃的機制的重要性。但聯邦預算也是一種機制——在公私部門之間配置資源的機制。這些決策也是凱恩斯派經濟理論的核心。英國經濟學家凱恩斯（John Maynard Keynes, 1883–1946）強調，公共預算在規範有效需求上具重要角色。簡單來說，如果政府想穩定經濟，亦即提升經濟成長率和降低失業率，那麼就要運作預算赤字。這種赤字會讓進入市場流通的貨幣，比政府從市場流通所取走的錢還多，因此有錢消費的公民，就會製造更多財貨和服務的需求。相反地，如果政府想降低過熱經濟的通貨膨脹，就應該運用預算盈餘，從市場流通中取出的錢要多於投入公共支出的錢。預算盈餘會使留給人民的錢變少，所以會紓緩整體經濟需求。

　　雖然不是所有經濟學家都是凱恩斯派，但多半也都同意要在經濟不景氣時，採取預算赤字的做法。但如果經濟快速成長時，採取預算赤字，結果可能就不好，或者很糟糕。

　　為什麼會這樣？傳統答案是，赤字會讓已經擴張的經濟更熱，導致通貨膨脹。拜全球化之賜（有些政治人物嘲笑這是便宜的外國進口貨），所以現在通貨膨脹的威脅似乎不像以前那麼明顯。

　　今日對經濟成長的地區，實行預算赤字的主要關注點，多半在於其對美國生產力造成的反效果，所謂的生產力是指勞工每個工時所能生產的服務或財貨的數量。我們現在來看看赤字和生產力是如何產生關聯。當政府需要資助預算赤字時，就必須向金融市場借錢，就像學生要借錢來唸大學一樣。因為政府借了錢，所以就影響到其他借款者可借到的錢，預算赤字就會降低對人力資本（學生教育）和物質資本（企業投資於新設備）的投資。今天的低投資意味著未來會有低生產力，所以預算

赤字通常被認為會壓抑生活水準的成長。

　　不管好或壞，現實就是如此：自從 1980 年代初期雷根主政，預算赤字就一直是美國的經濟特色，除了1998 到 2002 年這段期間外。雷根曾承諾要使龐大的政府組織縮小，降低稅賦以刺激經濟成長，結果他發現在政治上降低政府開銷遠比降稅更難做到。於是開啟了大量預算赤字的時代，這時代不僅橫跨了雷根政府時期，也延續到整個老布希政府期間和多數的柯林頓政府期間。

　　現在我們需要釐清「預算赤字」與「聯邦債務」之間的差異。當我們談到赤字，我們的焦點是一次放在一年，但說到債務，則是指這些赤字長期累積的結果，例如若說累積的債務有 4 兆美元，那麼這個金額就是逐年所借貸的累積金額。若某年政府的預算結餘是 1,000 億美元，那麼隔年就要把 1,000 億美元從 4 兆美元中扣除，所以現在的聯邦債務不是 4 兆美元，而是 3.9 兆美元。相反地，假設現在有 4 兆美元債務，而某年的預算赤字是 2,000 億美元，那麼到了該年底，債務就會增加到 4.2 兆美元。

　　所以當你想到政府、債務和借款時，請記住，赤字是指單年度，而債務是指逐年累積的結果。每年的赤字可能上下波動，無法從中看出長期趨勢，但我們可以去看整體累積的債務占國內生產毛額（GDP）的比例。

　　圖 11.7 顯示，美國政府債務占 GDP 的比例。從 1950 年代到 1970 年代，債務—GDP 比（debt-GDP ratio）有下降之勢。雖然政府在這段期間有出現預算赤字，但金額很小，所以政府債務數字的增加速度還是低於整體經濟。由於 GDP 是對政府提高稅收的粗略衡量指標，所以債務—GDP 比就反映出經濟狀況。1980 年代初期預算赤字膨脹時，政府債務增加的速度就快於整體經濟，因此，債務—GDP 比就會開始上升。

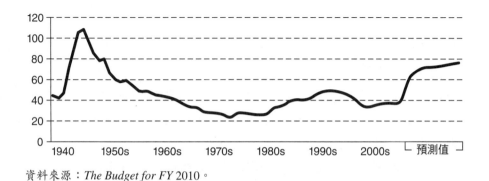

資料來源：*The Budget for FY* 2010。

圖 11.7　1940–2010 年聯邦政府債務占 GDP 的比例

美國的債務—GDP 比和其他工業國家相較之下如何？以下是世界幾大經濟體的比例：

美國　　60.8
日本　170.4
德國　　62.6
英國　　47.2
法國　　67

本章重點

本章檢視了美國公共財務系統的狀況，並指出其對公共管理的意涵。本章重點如下：

1. 政府財務資源管理的核心是預算。管理者投注許多時間和精力來編製預算。預算通過代表了政策規劃過程的重要關鍵時刻，因為很少人能在沒有經費的狀況下構思重要計畫。

2. 聯邦政府預算的四個基本階段是行政部門編製、立法機關同意、執行和審計。

3. 整個行政部門歷經數月的規劃和分析後，總統通常在 2 月的第一個週一，將預算書提交給國會，為此階段掀起高潮。2006 會計年度的預算，可能得從 2004 年春天就開始進行編列。

4. 1974 年國會決定在監督政府上要扮演更重要的角色，所以通過了國會預算暨截留管制法，規定總統的年度預算書需由國會來決定是否採用。此法並設立了國會預算局。該局會提供各種支出方案的經濟效益給國會議員，並且提供總統對欲進行之政策的成本資訊。

5. 預算權限讓機關單位有經費可用，當該單位下訂單購買某物品時就會有債務款項。當原料送達該單位時，就要記錄庫存，機關單位支付購買該物品的帳單，就會有費用支出，當該單位使用了這些物品，就會產生成本。

6. 多數州政府將預算責任單獨交由行政部門來執行，但有些州則有立法代表參與，組成預算委員會。大部分州政府（除了阿拉巴馬州、密西根州、紐約州和德州）的會計年度始於 7 月。州政府的預算可以是年度預算或雙年度預算。

7. 聯邦政府每年要徵收並花費超過 2 兆美元。這比州政府和地方政府的總預算多

出一些。以下是州政府和地方政府歲入的主要來源，依重要性依序排列：營業稅、跨政府的歲入、財產稅、個人所得稅和公司所得稅。經費支出的七大項目，依規模順序來排列則是：教育、福利、高速公路、公共衛生、債務利息、總務和警力。

8. 會計是一套制度，以條理的方式來記錄、分類和報告財務交易活動狀況。最古老的會計種類就是現金會計。在收到資金時要記錄收據簽單的異動，開出支票時則要記錄支出。其他種類的會計還包括權責會計與成本會計。權責會計是記錄債務款項發生時所支出的費用，以及記錄所賺取的收入。成本會計也就是作業基礎成本會計，著重的是提供財貨與服務的成本。

9. 資本預算將長期用於建築物、橋梁、道路、車輛、電腦之類的長期投資，與當前營運費用區分開來。雖然聯邦政府以各種類別來區分預算（例如國防、能源、所得安全），但其做法仍結合了所有資本與營運費用。

10. 預算目的是為了控制、管理和規劃。控制可被界定為對行政經費支出進行嚴格的立法控制。「管理」強調的是正在進行活動的效率。規劃強調的是方案，以及收入與支出之間的關係，以便達成計畫目標。

11. 控制支出的逐項預算法是預算過程的核心。逐項預算的目的是為了確保支出能在立法機關所規定的額度內。

12. 逐項預算法強調課責，績效預算法強調效率，方案預算法則強調各機關或方案之間的經費配置。

13. 傳統的績效預算法是根據直接的產出或政府機關的活動來編列預算。但是政府機構的存在不是為了產出而是結果。新績效預算法（NPB）則是希望讓實際的績效影響預算決策。

14. Aaron Wildavsky 曾根據對美國國會的分析，界定出機關單位在預算審核過程中所會使用的策略。第一種是培養積極的顧客，以助於與立法和行政機關打交道。第二種策略就是發展其他政府官員的信心。另一種稱為權變策略，這種策略要視預算的環境而定，特別是與下列有關的討論：(1) 要將機關的方案降到目前的支出水準（預算基礎）之下；(2) 增加機關的方案幅度；(3) 將機關的方案擴展到新領域。

15. 有三種實用概念是公部門的財政管理者在發展稅賦制度時要熟悉的：稅賦公平性、稅賦效率性、稅賦重疊性。

16. 比例稅賦制，也就是每一所得層級都繳相同比率的稅。累進稅是指所得稅的比率隨著所得增加而增加。遞減稅是指隨著所得增加，要納稅的比率減少。

17. 對經濟成長的地區實行預算赤字的主要關注點，多半在於其對美國生產力造成

反效果，所謂的生產力是指勞工每個工時所能生產的服務或財貨的數量。

18. 當我們談赤字，說的是每年度的赤字，但說到債務，則是指逐年累積起來的債務。

19. 1990 年的預算執行法創造出兩種聯邦支出的類別：強制性支出（不可控制的）和裁量性支出（可控制的）。強制性支出包括根據受益資格的定義及津貼，或支付法令的建立所造成的支出，而不是直接透過撥款過程所造成的支出。這類支出來自社會安全和老人醫療照護。

20. 整個預算過程，從機關開始編列到會計年度結束，歷時約 30 個月。許多無法事先預見的事件可能在這段期間發生。這就是為什麼預算有時候會涉及後門支出、重新編列、移轉和追加撥款。

問題與應用

1. 以下兩個陳述說明的是本章討論的哪些原則？
   「西達科塔地方政府的徵稅平均成本約占當地所得稅收的 4%。」
   「隨著科技進步和經濟成長，對於納稅能力的強調，由財產變成所得。今天，財富反映在個人所得，而非實際財產上。」

2. 對於地方政府籌稅的限制，有人認為可以透過取消免稅額來處理。P. S. Flores 提到下列享有財產稅免稅額的福利和慈善團體：YMCA（基督教青年會）、兄弟會、青商會、工會、退伍軍人協會、同濟社、孤兒院、人道協會、醫院、退休和養老院。你會刪除以上哪個團體的免稅優惠？理由何在？

3. 你會如何詮釋以下數據？這些數據是好消息或壞消息？
   • 當雷根就任總統時，全美最富有的 1% 納稅人所繳的稅占所有所得稅的 18%。當他卸任時，富人所繳的稅占了 27%。
   • 當雷根就任總統時，全美最富有的 5% 納稅人所繳的稅占所有所得稅的 38%。1988 年時，富人所繳的稅占了 46%。

4. 在圖 11.6 沒有明確提到的兩種稅是奢侈品稅（如對珠寶、毛草、昂貴跑車、私人遊艇和飛機的課稅），以及罪惡稅（如菸酒、石油、汽油和槍械的課稅）。你認為課徵這些稅的立即和次要影響是什麼？

5. 一般認為，績效預算法乃建立在一關於動機的常識理論上：表現好的人應給予獎賞，表現不好要給予懲罰。這類獎賞和懲罰會激勵機關的上層管理者及第一線員工，讓他們力求表現。而且這也會讓各個機關的績效普遍獲得改善，這種說法聽起來很合理，是嗎？你的看法如何？

我 的 最 愛

www.omb.gov　管理與預算局（The Office of Management and Budget）的網站包含總統每年所提出的預算案,以及卷帙浩繁的補充資訊。

www.cbpp.org　預算與政策研究中心（The Center on Budget and Policy Priorities）進行研究與分析,以協助有關預算和賦稅政策提案的公共辯論。

www.gao.gov　美國政府審計署的網站,裡面包括預算議題、投資、政府管理、公共服務、健康照護、能源議題等報告,幾乎聯邦政府所有重要領域都可在裡面找到。

www.cbo.gov/　國會預算局的網站,包含了當前預算書、經濟預估、裁量性支出的狀況,以及以前的預算資料。從中也能找到有用的研究、報告和證詞。

www.access.gpo.gov/su docs/budget/　如果你很想知道政府花在一項特定計畫（包括秘密行動）的確切金額有多少,你可以搜尋這個網站。美國聯邦政府的全部預算書也都在這個網站中。

www.virtual-u.org　虛擬大學（Virtual U）在 2000 年開始上線營運,利用模擬大學校長真實世界的 10 種場景闖關,讓玩家測試,以及給那些具備真正實力者鍛鍊自己的管理技巧。有一個你可以玩的情境是「平衡預算」。這表示你能做一些校長的事,諸如聘請與解聘教授、操弄薪資等級、調漲或調降學費、調整各系支出、讓更多學生擠進宿舍、增減財務補助,甚至大力尋求宗教團體捐款。

註 釋

1. John L. Mikesell, *Fiscal Administration: Analysis and Applications for the Public Sector* (Belmont, CA: Wadsworth, 2003), 156–58.

2. William L. Riordon, *Plunkitt of Tammany Hall* (New York: E. P. Dutton, 1963), 3.

3. Earl R. Wilson and Susan C. Kattelus, *Accounting for Governmental and Nonprofit Entities* (Burr Ridge, IL: Irwin, 2004), 513.

4. Katherine Barrett and Richard Green, "The Rise of Cost Accounting," *Governing* (March 2000).

5. 以下對現金管理、採購和債務管理的討論主要取自：J. E. Peterson, "Managing Public Money," *Governing* (June 1991).

6. 前揭註，頁54。

7. Zach Patton, "Buy by Data," *Governing* (June 2006): 44.

8. 前揭註，頁 44–45。

9. L. L. Moak and A. M. Hillhouse, *Concepts and Practices in Local Government Finance* (Chicago: MFOA, 1975).

10. Charles Adams, "Beware the Ides of April," *Policy Review* (Spring 1996): 201.

11. A. Schick, "The Road to PPB: The Stages of Budget Reform," *Public Administration Review* (December 1966).

12. 前揭註，頁 243。

13. *Houston Chronicle* (April 10, 1996).

14. R. E. Herzlinger, "Managing the Finances of Nonprofit Organizations," *California Management Review* (Spring 1979): 67.

15. 預算政治學的其餘討論乃根據 Mikesell，如前所述，頁 62–67。

16. William Vickrey quoted in S. Mushkin, ed., *Public Prices for Public Products* (Washington, DC: Urban Institute, 1972).

17. James D. Savage, "The Administrative Cost of Congressional Earmarking: The Case of the Office of Naval Research," *Public Administration Review* (May/June 2009): 448–57

個案 11.1

危險的謀略
Dangerous Stratagems

有四分之三的州，財政首長（treasurer）或財務長（chief financial officer, CFO）是由公民進行全州選舉產生。某些州，例如紐約州和德州，主計長（comptroller）是選舉產生並行使著許多財務長的職權。大約有三分之二的地方政府置有「財務官」（financial officer）、「財務主任」（financial director）頭銜的官員，或擁有廣泛職權的類似頭銜。「金融巫術」（financial wizardry）並非財務長的主要名稱；而是當州長或市長發現他們的預算不平衡時，他們就會尋求財務長提供可能的謀略。過去幾年來，太多市和州的政治人物——更別提華府的那些人了——愈來愈依賴 9 種危險的

謀略：

1. **拖延資產的維護與汰換，然後依賴著希望。** 2007 年 8 月 1 日，明尼亞波里市內橫跨密西西比河的 I-35W 橋梁突然倒塌，造成 13 個人罹難。7 個月之後，一個聯邦委員會表示，未來 50 年光是維護與更新美國國內的地面交通，就要耗費 2,250 億美元。為了確保安全與可信賴的道路、橋梁和運輸系統，加上水路系統、污水處理廠、水壩，甚至學校等等，在在需要長程規劃。不幸的是，大部分政治人物寧願快速的維修。

2. **出售資產。** 在經濟困難的時期，出售土地、建築或多餘的資產，都是相當普遍的事情。加州房地產是該州最大的資產，根據州長辦公室的估算，廉售州財產將會募資超過 10 億美元。具體而言，史瓦辛格州長為了預算平衡而提議出售七項州的財產，包括：聖昆丁州立監獄（San Quentin State Prison）、牛宮（Cow Palace）飯店、德爾馬展覽場（Del March Fairgrounds）、橘郡展覽場（Orange County Fairgrounds）、凡圖拉郡展覽場（Ventura County Fairgrounds），以及洛杉磯紀念體育場（Los Angeles Coliseum）。相對於紐約州斯皮策（Eliot Spitzer）想要部分出售或證券化未來的州營彩券收益，史瓦辛格的計畫顯得相當直截了當。

3. **租賃而非購買設備**。譬如美國空軍需要 100 架波音 767 型飛機做為空中加油機。直接購買這些飛機的成本大約是 200 億美元，這會略微增加這一年的赤字。因此，基於政治理由，國會和總統可能較偏好以 12 年為期租賃這些飛機。儘管總成本會比空軍購買整批飛機高很多，但該方案卻使每年所攤提的預算減少很多。

4. **拆東牆補西牆**。大多數預算都由數個科目所組成，最受矚目的科目稱為普通基金（general fund）。當普通基金出現問題，政治人物就會開始思考用預算外基金（off budget fund）做為替補的資源。紐約州平衡 1992 年預算的方式，就是將伊利運河（Erie Canal）的成本，從普通基金（「預算內」）轉移到高速公路局（Thruway Authority）（「預算外」）。同樣地，麻州 2003 年將會議中心和停車場的管理（兩者皆為「預算內」）移轉到州的退休基金（「預算外」），顯示他們節省了 1.75 億美元。

5. **對員工摳門**。對預算問題的反應常常只有象徵意義。David Osborne 和 Peter Hutchinson 寫道：「領導者下令咖啡壺不能插電、大砍差旅預算，還有禁止聘請顧問。為了節省能源，他們迫使員工夏天忍受燠熱、冬天忍受寒冷的辦公室，有些甚至宣告盆栽非法。密蘇里州州長去年還下令政府建築物裡面的燈泡，必須每隔一個就必須旋開。」

6. **齊頭式刪減而非鎖定目標刪減**。2008 年時，史瓦辛格州長提議加州預算一律刪減 10%，這意味著每一個州屬機關，從警察、衛生到文化藝術的年度預算都必須刪減 10%。就在同一年，愛荷華州州長卡佛（Chet Culver）宣布一項沒那麼激烈的一律刪減 1.5% 計畫，而且他說教育和醫療照護「一樣躲不過」。我們很容易理解概括、齊頭式的成本刪減為何如此受到歡迎，因為它可以避免做出困難而令人不悅的政治選擇。

7. **數字遊戲**。預算實際上只是一種預測，也就是預期收入和支出的必要說明書。但每份預算都建立在假設上，財務長只要更改那些假設，就能讓它看起來較好或較差。如果他們預期有 1,000 名學生要入學註冊，但卻假設（為了預算的目的）只有 900 人，於是就降低了估計的基數，而減少新增費用 10%。雷根在 1982 年使用過的方法，就是透過玩弄數字來讓預算「運作」的一個典型例子。為了合理化大幅度減稅，他的預算局長史塔克曼（David Stockman）預測 1982 年的成長率是 5%。理論上，這到了 1986 年將可創造出 280 億美元的盈餘。結果，該年度的國民生產毛額下降了 2%，於是緊接著出現了二戰以來最大規模的赤字。歐巴馬政府的 2010 會計年度預算中，也提出自己版本的玫瑰色情境（rosy scenario）。[*] 它預期 2009 年的經濟成長率只會衰退 1.2%，但是黨派立場中立的國會預算局（Congressional Budget Office）卻假設會衰退 3%，兩者

---

[*] 譯者按：「玫瑰色情境」是雷根時代創造出來的詞彙，就是指經濟成長所增加的稅收將可支應減稅帶來的收入減少，因此亦有中文翻譯為「玫瑰色騙局」。

實在差很大。

8. **借錢**。即使當法律規定禁止普通基金進行借貸，政府還是可以找到借錢的方法。州和地方政府借錢的主要手段是發行債券。加州已經證明借錢政治在民主與共和兩黨都行得通。2003 年時，議會最後通過了 990 億美元的預算，其中有 107 億美元來自借貸而這或許已經違憲了。選民讓民主黨籍州長戴維斯（Gray Davis）離職（罷免）後，史瓦辛格立即贊成再借支 150 億美元，做為他「預算平衡計畫」的一部分。與此同時，東岸的紐澤西州面臨 35 億美元的短缺，而且已累積了 320 億美元的債務。州長柯贊（John Corzine）於是提議增加道路使用費，並利用這筆未來的使用費收入來發行多達 380 億美元的債券。雖然發行債券是各州借錢的主要方法，史瓦辛格後來嘗試了另一種方法，也就是實施一部法律，州可以要求各個市、郡和特區提供 8% 的財產稅收入做為貸款。根據這部法律，州必須在 3 年內償還本息。於是他要求了 20 億美元，讓全州上上下下的地方官員大感不悅，結果只是讓問題多拖了 3 年。

9. **使用會計花招**。會計提供政治人物許多誘惑，他們可能做出「讀我的唇」的「不加新稅」誓言。由於我們無法列出所有的花招，所以這裡只列出四種：操弄支出和收入的時間點；預算通過後才提出資金需求；做出錯誤假定；以及做出可疑的承諾。

我們的第一個例子，牽涉到假裝甚或要求你預期下年度的收入要在今年進帳，或假裝今年預計的花費，技術性地成為來年的花費。舉例來說，學區（school districts）原預期 5 月時（本會計年度）可獲得學校補助款，但州告知要到 7 月（下一個會計年度）才給，如此使得本年度的開支看起來較少。與此同時，零售商正常是在 7 月時（下一個會計年度）繳交 6 月份的銷售稅，但州要他們 6 月繳納，使得本年度的收入看起來較多。在麻州，州長派翠克（Deval Patrick）提議要計入新設賭場執照費的 9 億美元收入，但立法機關甚至都還沒核准設立那些賭場呢！

謹慎的總統和州長都會認知到自然災害可能發生，而允許列在預算中準備。其他人只是假設什麼也不會發生，因而減少向立法機關請求的支出金額，2 個月後一旦發生洪災或其他事故，又不負責任地要求立法機關補充經費。戰爭發生時也是這麼做。

另一種讓赤字預測看起來變少的會計花招，牽涉到 1969 年制定通過的最低稅負制（alternative minimum tax, AMT），這個制度是為了防止富人利用節稅方式而不用繳納任何所得稅。雖然這是為了打擊富有的納稅人，但它並未隨著通貨膨脹而調整。這表示它可能影響到數百萬中產階級的納稅人，如果他們繳這些稅，政府的稅收可以增加數十億美元，而這是過去對預算的錯誤假設所帶來的結果，但它也很可能意味著納稅人加以反抗。所以白宮和國會每年都同意根據通貨膨脹調整最低稅負，使得額外收入從未真的實現。

最後，我們來看看一種相當新穎的會計花招：隨收隨付制（pay-as-you-go, PAYGO）。它的運作方式如下：總統承諾「國會只能當它在別處省了 1 元，才能花費 1 元。」因此，隨

收隨付制提供政治人物一種很方便的談論話題，而納稅人則錯誤以為預算改革是很安全的。從 1991 年到 2002 年，隨收隨付制以成文法的方式存在，且在 2007 年重出江湖。但它從來就沒有效果，因為國會嚴格限制它運用在預算中的額度，而且在確實運用 PAYGO 的個案中，也很容易遭投棄權票。

個案問題

1. 找出每項策略的缺點。（提示：你認為債券評等機構對於加州的 2003 年預算會有何反應？）

2. 哪一項策略最危險？哪一項最不危險？為什麼？

3. 請舉出每項策略的最近例子。

個案參考文獻：David A. Stockman, *The Triumph of Politics: The Inside Story of the Reagan Revolution* (New York: Harper and Row, 1986); David Osborne and Peter Hutchinson, *The Price of Government* (New York: Basic Books, 2004); Jackie Calmes, "Obama Bans Gimmicks, and Deficits Will Rise," *New York Times*, February 20, 2009; Keith B. Richburg, "Governors Seek Remedies for Shortfalls," *Washington Post*, January 13, 2008; Stu Wu and Bobby White, "California Cities Irked by Borrowing Plan," *Wall Street Journal*, May 22, 2009; http://gov.ca.gov/Fact-Sheet/12305.

Silvrshootr / iStockphoto.com

資訊管理
Information Management

關鍵字

改變成真

　　行政院長毛治國率領 100 多位官員，浩浩蕩蕩地參加國家發展委員會主辦的「網路發展趨勢研習營」，目的是要向「婉君」（網軍）取經。「婉君」這個名詞的出現，來自 2014 年 11 月 29 日的九合一選舉時，競選首都市長的候選人柯文哲在廣大網民、鄉民和庶民的助攻下，在虛擬的網路世界中所向披靡。無論連勝文陣營打出何種廣告、進行何種選戰攻勢，鄉民們總能加以惡搞並極盡揶揄之能事，使連勝文陣營一路挨打，最後選舉結果慘敗 85 萬票。

　　國發會舉辦的這場網路研討會，主要邀請的講師都是在虛擬世界中享有高度知名度的人物，例如市長選戰前力挺柯文哲的「翟神」翟本橋、推廣開放政府理念不遺餘力的徐子涵等等，研討會的目的就是希望迎合毛治國接任閣揆時所提出的「三箭」，也就是資料開放（open data）、大數據（big data）和群眾外包（crowdsourcing），在在反映出電子化政府（e-government）或電子治理（e-governance）的概念提出至今，其內涵已有相當大的變化。前考選部部長林嘉誠就在一篇報紙投書中表示：

> 　　電子治理係 2000 年之後的概念，全球推動電子化政府多年之後，由於資訊科技瞬息萬變，電子化政府之外，e 化民主、e 化參與、e 化選舉，已是必然的潮流。政府部門由早期電子化政府偏向行政管理面，轉變為多元、兼顧政治及行政面向的電子治理。網路社會、婉君（網路鄉民）問政模式、公民社會、開放政府直接參與等蔚然成風。占領華爾街、北非民主革命，均顯現無遺。民主國家地方政府的間接民治走向半直接民治，i-voting 盛行，均改變政治現象。加上全球經濟發展出現：不少國家經濟成長不佳、所得分配差距拉大、年輕一代相對剝奪感升高，沒有希望的明天，利用網路表達憤怒，抗議性投票此起彼落。

　　本屆縣市長選舉獲得全國最高得票率的台南市長賴清德，也在讀者投書表示，

　　如果我們觀察台灣目前電子化政府的發展，大約可以分為以下幾種不同功能：

1. 資訊揭露：根據《政府資訊公開法》，所有政府機關網站都提供此一功能，各機關發布的各項業務資訊。
2. 資料查詢：例如法務部建置的全國法規資料庫（http://law.moj.gov.tw/）
3. 服務提供：例如監理服務網（https://www.mvdis.gov.tw/）提供的網路選號，

或電子戶政系統，提供民眾線上申辦戶政業務。

2011 年 9 月 20 日，巴西、印尼、墨西哥、挪威、菲律賓、南非、英國與美國共八個國家，簽署成立「開放政府夥伴關係」（Open Government Partnership），根據該官方網站的聲明，[*]這項政策提案是要致力於：

1. 增加政府活動資訊的可得性；

2. 支持公民參與；

3. 透過我們的政府來執行最高的專業廉潔標準；

4. 增加新科技的管道以達到公開與課責。

上述聲明顯示，開放的政府需要民間的參與合作，從而幫助課責的達成，此乃因為「透明性」這項概念，本身蘊含著公民和政府之間的課責關係存在，放到更大的架構來看，則可看到制度邏輯、資源和社會行為者三者構成的反貪制度變遷（Misangyi, Weaver, and Elms, 2008: 750–770）。例如，美國白宮根據這個夥伴關係協議，公布一份行動計畫報告，根據該份報告，歐巴馬總統強調三項支持開放政府的獨立因素：

1. 開放政府促進課責，並以此改進績效。用最高法院大法官Louis Brandeis的話來說，就是「陽光是最佳的消毒劑。」

2. 透明性使民眾可以找到「快速搜尋並加利用」的資訊。基於此理由，總統要求各機關「裝備新科技」，且「徵求民眾回饋，以找出對民眾最有用處的資訊。」

3. 在許多領域，政府在擬定政策、規則和計畫時，都應該密切參考各種不同民眾團體的知識、專業和觀點。誠如總統所言：「知識存在於社會各層面，政府官員得益於擁有可獲得這些廣布知識，以及因而帶來的集體專業和智慧的管道。」（White House, 2011）。

英國內閣辦公室亦公布一份公開政府夥伴關係行動計畫，該計畫提及「開放政府」面臨的五項重大挑戰，分別為（Cabinet Office, 2013: 6）：

1. 改善公共服務；

2. 增進公共廉潔；

3. 更有效地管理公共資源；

4. 創造更安全的社區；

5. 增進企業課責。

---

[*] 請參考該聲明網址：http://www.opengovpartnership.org/about/open-government-declaration。（2013年 12 月 10 日查閱）

事實上，政府並非沒有開放資料的認知和作為。2012 年 11 月 8 日，行政院第 3322 次會議決議[*] 就指出：「政府開放資料（Open Data）可增進政府施政透明度、提升民眾生活品質，滿足產業界需求，對於各級政府間或各部會間之決策品質均有助益，可見其重要性，請研考會積極規劃，落實推動」。行政院組織改造後，就由研考會和經建會所合併成立的國家發展委員會，負責推動政府資料開放的業務。

資料來源：Cabinet Office (2013). *Open Government Partnership: UK National Action Plan 2013 to 2015.* Retrieved Dec. 10, 2013, from: https://www.gov.uk/government/uploads/system/uploads/attachment_data/file/255901/ogp_uknationalactionplan.pdf White House (2011). *The Open Government Partnership: National Action Plan for the United States of America.* Retrieved Dec. 10, 2013, from: http://www.whitehouse.gov/sites/default/files/us_national_action_plan_final_2.pdf Misangyi, Vilmos F., Gary R. Weaver, and Heather Elms (2008). Ending Corruption: The Interplay Among Institutional Logics, Resources, and Institutional Entrepreneurs. *Academy of Management Review,* Vol. 33 (No. 3): 750-770.
陳志瑋，2014，〈政府開門─建立透明化政府的政策工具〉，《警察通識》，「102 年發揚公務倫理暨端正警政風紀學術研討會」特刊，頁 50–70。
林嘉誠，2015 年 1 月 13 日，「柯文哲開放政府 賴清德東施效顰？」聯合新聞網，網址：http://udn.com/news/story/7339/638715。（2015/1/21 查閱）

沒有一個公共行政管理者會將所屬員工的甄選和發展的工作交給人力資源主管，也沒有一個機關首長會不經任何協商，就接受預算主管的下年度經費分配。那麼，公共行政管理者為何要讓資訊長管理他們的資訊呢？資訊管理牽涉到每個管理者就像人事和預算議題一樣多。

雖然科技的趨勢可能會更增添資訊管理的需要，但這個需要本身並不是現在才出現。政府本來就很了解資訊的價值，就像任何和政治人物打交道的人都會不斷聽到：「資訊就是權力」。正如考夫曼（Herbert Kaufman）30 年前在《聯邦機關首長的行政行為》（*Administrative Behavior of Federal Bureau Chiefs*）所觀察到的，公共管理者花大部分的時間於累積與吸收資訊。[1] 他們需要有關他們環境的資訊，包括現在和未來。他們也需要下級機關所面臨的問題、可得的方案、這些方案的可能影響、執行所需的內部行動、外在產出和所需花費等等資訊。此外，由於公共組織比私人企業更需面對複雜問題，公部門需要的資訊量可能就更大了。

為了明瞭管理者如何利用資訊來進行監控與決策，我們必須區別資料和資訊，以及資訊和知識的不同。**資料（data）**是原始、未經歸納和分析的事實。**資訊（information）**是指有意義的資料，而且可以轉換接收者的理解。也就是說，管理者可真正用來它來詮釋與理解組織和環境中的事件。達拉斯市（City of Dalas）資料處理部主管摩根（David Morgan）如此解釋其中的區別：「我隨時可以告訴你哪

裡有巡邏警車，但我無法告訴你哪裡需要巡邏警車。我們是有資料，但我們沒有那個資訊。」摩根認為，當你將有用的資料，以有助於計畫管理的方式加以運用時，你得到的就是資訊。**²　知識（knowledge）**則是指資訊體，或者是從取得和整理大量資訊之後所得到的理解與認識──例如，醫學知識。

當明瞭這些差異後，讓我們快速瀏覽本章的 6 節內容。第一節探討公共管理者如何取得資訊。資訊取得可能被認為是相當直接簡單的事情，它由於近年來巨大的科技進展而變得更容易。但在我們這麼假定時，我們應該提醒自己，到最後資料永遠是由人類個人來決定如何處置。公共管理者也應該瞭解，他們周圍的人們通常會基於善意而過濾資訊，例如，為了節省他們老闆的寶貴時間。不過有時候，下屬會過濾掉壞消息。為了有效地取得資訊。公共管理者必須學習如何防止這類的資訊過濾。

第二節的主題是資訊處理，它也非常重要。厲害的公共管理者會變得很熟練於搜尋與找出模式。他們知道如何探查自己的過去經驗，如此他們就能更快速地找到問題。他們知道問題不會整整齊齊地出現在我們面前，他們必須能在千頭萬緒的資訊片段中琢磨出線索才行。

第三節討論政府機關如何以一種有用的格式，確保獲得授權的使用者（否則不行）能可靠而一致地存取資料。當政府有能力且確實蒐集了愈來愈多人民的資訊，確保資訊安全性就變得愈來愈重要了。（請回顧第 9 章結束個案描述紐約市警局反恐單位的強大監控科技。）

第四節檢視公共管理者獲得資訊和知識的管道──包括從機關內部和外部。第五節討論個人為了提供更佳資訊而可以使用的策略和技巧。

不要期望這五節可呈現出超有用的資訊科技（information technology, IT）最新發展，還有為何它們應該如此？再說一次，管理資訊的有效方法就和柏拉圖一樣古老，他運用對話錄（蘇格拉底使用的問答法）做為探知真理，或至少我們不知道，但可能同樣有用的一種妙招。不只如此，現今研究者對於新科技如何改變公共行政的看法並無共識。加爾森（G. David Garson）認為資訊科技的研究已經陷入一種互相拉扯的處境，一邊是烏托邦者（utopians）將 IT 看做一種強大的正面力量，它可以帶來更有效、更有回應力的政府；另一邊是反烏托邦者（dystopians），看到的是諸如政府支出更浪費，以及公民和員工更缺乏隱私等負面結果。**³** 第六節將同時從樂觀與悲觀立場討論 IT 在政府中的未來。

❓ 資訊取得

資訊革命已橫掃公部門，沒有哪個公共行政人員可以逃離資訊的影響。取得資

訊、處理及交換資訊的成本大幅降低，改變了公共行政的理論和應用。

這波資訊革命的核心是電腦技術和通訊科技加速發展之趨勢。透過**摩爾定律（Moore's Law）**可以輕易說明這一點。摩爾（Gordon Moore）是英特爾（Intel Corp.）的創辦人之一，英特爾的整合處理器占個人電腦的 75%。1966 年摩爾預測運算成本每隔 18 個月會下降 50%，因為電腦的處理能力正加倍發展。摩爾說得沒錯，每隔幾年，電腦的能力（每一晶片裡的電晶體數）便會提升 2 倍多。因此，你的筆記型電腦不僅可以愈來愈小，也愈來愈便宜，而且甚至比 1990 年代初期《財星》500 大企業所使用的大型主機電腦更有效率。事實上，如果汽車製造商也能達到和電腦廠商相同的能力提升與成本降低，那麼不用 1,000 美元就能買到配備齊全的 Lexus 或賓士。

根據摩爾定律，抓取資訊的方法將會日新月異。為了瞭解這項新科技在今天有何用途，讓我們來看看以下三個例子：

- ⊃ **虛擬城市系統：**什麼東西有 800 英哩的路徑，涵蓋 46 平方英哩，而且能使用於個人電腦中？答案是波士頓各街區的城市錄影調查系統，此套市區道路視覺資料庫包括所有的建物結構、建物位置，以及市政府資產。為了建立這套系統，得先有一輛裝備著全球定位系統技術及 8 架錄影機的貨車穿梭在城市內，並以每秒 30 個鏡頭的速度進行拍攝。交通局每天使用這套錄影系統回答大眾的交通問題，核發許可證，並決定何處需設置垃圾收集箱。這些資料也幫助市政府解決停車罰單的申訴案件，例如，某市民對停車標誌的解讀有疑義時。簡言之，這套系統將實況帶入辦公室中。

- ⊃ **光學影像計畫：**在邁阿密戴德郡（Miami-Dade County）的 23 個交通法庭內，每年 100 萬個案件的文件資料冗長又折磨人。現在這些都由電子系統取代，透過電子化的方式來掃描、歸檔、記錄日期和儲存。所有的紙類文件都被掃描進系統中，每天可達 1 萬筆。所有的資訊被以相關格式處理，案件則朝向電子化方式。

- ⊃ **智慧電郵：**想出偉大的主意相當困難——更何況要捕捉它們以建立知識庫。這就是為什麼內隱知識系統（Tacit Knowledge Systems）要創造能在專門知識出現時即加以捕捉到的應用程序。內隱的軟體和伺服器產品可以搜尋電子郵件和文件內容——任何數位的資料——以建立持續改變中的知識庫。這些資訊如何被使用？譬如你是地區的助理律師，你的案子被分配給一位你對他毫無所悉的法官。用這套內隱知識系統，你只要鍵入法官的名字，他審判過的案子就會立刻出現。這套軟體不只提供法官曾審理過的人名清單，它也能提供審判案件的細節資料，例如，頻率、審理時間以及案件類型等等。

請記住，以上三個例子顯示今日的技術如何幫助我們獲得資訊。至於未來，則留給科幻小說作家來想像。事實上，與其搜索未來，不如回溯尋找低科技的資訊蒐集方法，或許會更有效益。

正式報告系統的例子：印度的英國文官制度

在印度，英國運作的文官制度仍是一套大型且成功的報告系統之有用範例。[4] 它的歷史悠久：從十八世紀末到第二次世界大戰，印度為英國殖民地這段期間，在組織架構或行政政策上皆未有何基本改變。它的系統精簡：即使在人口稠密的遼闊地區，公務員絕不會超過 1,000 位。這套系統僱用的不是高薪、資歷深厚的專業人士：多數英國人都相當年輕，超過 30 歲就是稀有動物了。它當然也不是技術取向：多數公務員單獨派駐在偏遠地區，要和距離最近的同胞見面，得花上一、兩天路程。而且這套系統很簡單：它的組織架構是完全扁平的。每個地區的公務員都直接向他們的主管，也就是每省的政治秘書（political secretary）報告。每位政治秘書底下約有 100 人向他報告。

為什麼這種資訊系統能夠成功？其顯著成效是因為設計的方式，為確保每位成員都能取得工作所需的資訊，地區公務員每個月得花一整天撰寫完整報告交給位於省會的政治秘書，這份報告如下表：

	問題一	問題二	問題三	問題四
期望目標				
結果				
說明				
展望				
計畫				
計畫有關政策的問題：未來的機會、威脅與需要：				

當政治秘書收到這份資訊，便會寫上完整的意見送回去。

非正式網絡的例子：艾森豪的白宮

由於管理者對某議題的觀點會受到其職位的影響，所以有經驗的管理者會根據資料來源過濾訊息，以防止這種偏誤。唐斯（Anthony Downs）在他的經典著作《官僚內幕》（*Inside Bureaucracy*）書中，指出**溝通系統中的反扭曲要素**（**antidistortion factors in the communication system**）[5]，包括：(1) 多元的內部資

訊來源與重複之職責；(2) 各層級直接溝通或廢除這些層級；(3) 防止扭曲的資訊（例如，在整理摘要細節時，儘量少用技術性的術語行話說明）；以及 (4) 來自外部的資訊來源。

很少總統像艾森豪那樣恪遵唐斯的這四項建議。不過他身旁的助手認為，他堅持在做決策之前廣納各方意見的做法，事實上卻是造成他懦弱的原因之一，而且他對外界聲音的過度重視使得他的決策過於平庸。但艾森豪自己卻覺得這是優點。歷史學家安伯洛斯（Stephen E. Ambrose）寫道：

> 在行動之前，他想聽各種法律層面的意見，考慮各種後果，這代表他厭惡唯唯諾諾的人。在討論刪減經費的內閣會議上，駐聯合國大使洛奇（Henry Cabot Lodge, Jr.）建議刪減各州高速公路的補助經費。艾森豪回答：「依我之見我們應該花更多錢於高速公路上。」洛奇只好含糊地說出：「我撤回提議」。艾森豪不喜歡見到這種反應，他告訴洛奇：「這是開放式的討論，」還提醒洛奇：「在某些個人意見上，我也曾對你們這群人讓步。」
>
> 艾森豪會積極找尋各種相左的意見。當他執政時，加拿大揚言，即使美國不加入計畫，也會自己建造聖羅倫斯河道（St. Lawrence Seaway）。艾森豪想參與，但他知道反對聲浪很大，因為其手足密爾頓・艾森豪（Milton Eisenhower）和其財政部長漢佛萊（George Humphrey）是賓州和俄亥俄州鐵路局與煤礦公司的代言人，而這些州反對興建這條河道。但艾森豪認為，賓州和俄亥俄州是將自己的利益置於美國長期的公共利益之上，不過他仍堅持要聽這些反對聲音。當年 4 月底，他告訴密爾頓他瞭解自己：「或許只是聽到了支持者的聲音，」所以他決定邀請鐵路局人員到白宮，他願意聆聽他們暢談 3 小時，鐵路局人員認為河道將會耗費美國超過 20 億美元。而支持者則認為花費不到 5 億。艾森豪告訴密爾頓：「面對這種衝突，你得深入探究找出事實，因為雙方的立場都太情緒化，帶有太多偏見。」[6]

最後，艾森豪決定加入加拿大，這條河道並於 1959 年完工（其中有個水閘是以艾森豪來命名）。這故事的重點是：管理者不能被動地坐在辦公桌後面等著正式報告系統將他們所需的資料呈上。他們必須積極利用內部網絡（如藤蔓般的網絡）或外部網絡來蒐集資訊，而且必須長年深耕經營外部網絡。

1950 年代艾森豪主政的白宮資訊管理方式，與 2000 年代小布希在白宮管理資訊的方式非常不同。根據伍德沃德（Bob Woodward）的說法，小布希政府裡的紙條備忘錄經常未確實傳遞到該閱讀的人手中，要不就是等到時效已過才出現。簡報

只會說些新聞閱聽人想聽到的事情。爭議性的資訊很少呈現讓總統知道，事實上，小布希總統自己也很少要求聽這些資訊。伍德沃德曾如此批評：「白宮整個氣氛就像皇宮一樣……有令人愉快的故事，誇張的好消息，隨時都是歌舞昇平景象。」[7]

有用資訊的特徵

何謂高品質資訊？首先，正確的資訊才有用。在仰賴資訊做決策之前，你必須知道資訊是正確的。例如，在醫院裡，劑量 0.1 和 1.0 的差異，可能就是健康和腦部損傷的差別。完整的資訊才有用。不完整或有遺漏的資訊難以辨識出問題，也無法找出解決之道。例如，參眾兩議院對 911 攻擊事件的聯合調查發現，「有份很中肯且持續的情報」顯示可能有恐怖份子會以飛機當做武器，在美國製造恐怖攻擊。但是美國境內使用飛機當成武器進行攻擊這種線索，卻不夠穩定且比較難以確認。（參見圖 12.1）

你可以有正確且完整的資訊，但這些資訊若與你正面臨的問題無關，對你而言就無關緊要，也不是很有用。中情局（CIA）和國家安全局（National Security Agency, NSA，簡稱國安局）的設計還是當初為了對抗冷戰時期的另一強權（當然，蘇聯現在已不存在）所進行的情報蒐集功能。但問題是，現今蓋達組織的恐怖份子已經不會參加布達佩斯美國大使的派對，所以臥底情報人員透過這種傳統情報蒐集方式無法獲取有用的情報。現在的恐怖份子也不會在俄羅斯北部的新地島（Novaya Zemlya），建造可以讓衛星拍攝到的大型軍事設施。

即時的資訊才有用。為了使資訊具即時性，在需要確認問題並找出解決方式時，必須想辦法取得資訊。如果你曾說：「早點知道就好了！」表示你瞭解即時資

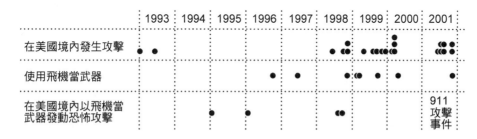

資料來源：報告的文字部分來自眾議院情報委員會（House Permanent Select Committee on Intelligence）和參議院情報委員會（Senate Select Committee on Intelligence）的聯合調查："Joint Inquiry into Intelligence Community Activities before and after the Terrorist Attacks of September 11, 2001" (Feb. 2002), 198-215. 以下網址可下載 PDF 格式檔案：http://www.gpoaccess.gov/serialset/creports/911.html http://www.fas.org/irp/congress/2002_rpt/911rept.pdf。

圖 12.1　從 1998 年起，顯示出恐怖活動或恐怖意圖的資訊

訊的重要，也知道未能擁有即時資訊所付出的機會成本。評估研究證實，通常在事後才會發現計畫行不通——而非事前——但此時已經投入 100 億美元。

　　最後，具經濟效益的資訊才有用——也就是說，其所獲得效益大於付出成本。多數的資訊成本都很明確，但有些會被隱藏起來。明確的成本包含：

⊃ 取得成本（acquisition cost）是指獲取原本沒有之資訊的成本。
⊃ 處理成本（processing cost）是指將原始資料轉成有用資訊的成本。
⊃ 安全成本（securing cost）是指資料能以可使用的格式，被具有權限的使用者使用，且可靠並一致地取得該資料之成本。
⊃ 存取成本（accessing cost）是指取得已經儲存之資料的成本。常見誤解：一旦組織有了資料，那麼取得資料就是簡單又容易的事。其實不然，首先，你得能夠找得到資料，再來還必須說服擁有資料者願意跟你分享資料。
⊃ 呈現成本（presenting cost）是指以可被立即理解且說服的形式，將資料從一人（或一團體）傳遞給另一人（或團體）的成本。

　　有些成本是隱藏的。行政管理者不應被電腦化的驚人好處迷惑，而忽略相關的間接成本（indirect cost）。現今管理者會把員工在個人電腦使用上沒有生產力的行為——稱為「瞎混」（fiddling）——加以量化記錄。有些瞎混的作為，最終讓員工更有生產力，例如，花時間在學習新程式或將不小心刪除的檔案重新製作。但多數的瞎混純粹是在敷衍拖延——就像削尖鉛筆一樣，而這會讓組織耗費時間與薪資成本。

　　例如，員工要花時間救回資料、等著電腦跑程式或列印報告、幫助同事處理電腦問題、檢查或處理資料格式、下載和學習新軟體、整理或刪除舊資料，以及其他活動（如玩電腦遊戲）。幾乎所有的電腦使用者都會耗費時間在一些過度技巧性的問題上——例如，花好幾小時在電腦上畫出的統計圖表，卻能輕易地在紙板上呈現，這種問題稱為：「矽谷命令」。換言之，如果電腦能做的（如透過電腦接收傳真），就一定要用電腦做。電腦裡有各種設計與構思——保證讓你做到完美——可以讓你愛怎麼試就怎麼試。

　　最後，還有資訊負荷過多的問題。假設有個高階主管有套電腦程式，可以讓員工在上面提供任何意見批評。很可能主管為了從這些意見中找到偶爾的建設性看法，或者為了採用員工的建議，而忽略了其他更具優先性的工作。

　　電子郵件的問題更多。電子產業協會公共事務處副處長羅森克（Mark Rosenker）的意見，或許表達了愈來愈普遍的共同看法：「電子郵件是極有價值的

服務，但當它氾濫時，就變成垃圾郵件。我懷疑我們是否把電子郵件變成垃圾郵件。我每天甚至得花 1 小時在這些垃圾郵件中搜尋真正的信件，或者利用鍵盤刪除一封封垃圾信，有時還不小心讀取垃圾信。」[8]

　　在討論資訊處理之前，最後還有兩點關於資料取得的說明。人們傾向認為組織如果有更多便宜、快速與有效的資訊，他們就可以做得更好。儘管很多情況是可以產生較佳的績效，但殘酷的現實是：即使資訊改善了，有時候對人們行為的影響也是有限。誰不知道抽菸或不繫安全帶上路的風險？但還是有幾百萬人這麼做，彷彿這些資訊不存在似的。多數管理者面臨的真正問題不是資訊不足，而是組織即使擁有良好資訊也不願意改變。如前所述，現今多數管理者已淹沒在資訊中，所以他們比以前更需要不斷問自己四個問題：要達成組織使命，我需要哪些資訊？我獲得的資訊中有哪些是不需要的？有哪些資訊是我目前沒有但應該要有的？以及有什麼資訊是我擁有卻忽略掉的？最後那個問題應該讓證交會（SEC）那些調查馬多夫（Bernard L. Madoff）金融詐騙案的人來問。證交會的檢察長凱茲（H. David Katz）在一份嚴厲批評的報告結論中，指出有許多「紅旗」明顯的犯罪證據，從 1992 到 2009 年都被這個機關忽略。[9]

　　第二點是，如果資訊賦予權力，那麼缺乏資訊就會令人無力。2001 年 911 事件之所以可能，是因為缺乏良好資訊而非缺乏強有力的軍事設施。只要數十萬美元，一群恐怖份子對美國造成的傷害，就比日本一整個戰鬥機群在 1941 年 12 月 7 日於珍珠港造成的傷害更大。國會的情報委員會對於聯邦調查局和中央情報局在攻擊前後所採行動的報告，可視為資訊管理的個案研究教材：

➲ 從 1990 年卡漢（Rabbi Meir Kahane）暗殺行動中取得的 16 箱伊斯蘭恐怖行動計畫，多年來保管在紐約市警局卻不曾開封。

➲ 中情局和聯邦調查局彼此沒有對話；兩個機關也都沒有和移民與歸化署（Immigration and Naturalization Service, INS）及國務院有所對話。

➲ 阿拉伯檔案被幾個工作過度的語言專家翻譯錯誤。

➲ 禁止僱用有犯罪前科者的政治正確原則，使中情局和聯邦調查局因此無法招募能提供恐怖份子情報的人士。

➲ 美國的大學激烈抗議移民與歸化署依法的追蹤留學生基本資訊的作為。

➲ 白宮拒絕提供來自蘇丹有關蓋達組織的重要資訊。

➲ 多年來聯邦調查局和移民與歸化署都無法破解恐怖組織募集資金的資訊。

➲ 有 3 個重要的全國性委員會提醒要嚴肅對待恐怖主義，但政府都置若罔聞。

➲ 反恐預算遭到刪減。

◆ 有敏銳的聯邦調查局探員深入研究可能的劫機模式，遭到總部拒絕，且他們也無法獲悉其他人的研究成果。

◆ 中情局沒有通知國務院在馬來西亞追蹤到兩名恐怖份子，結果他們取得簽證而且成為 911 的劫機犯。

 處理資訊

　　處理資訊（processing information）是指將原始資料轉化成有意義的資訊，以應用在決策上。在本小節中，我們先探討在處理資訊時組織層次可能出錯的地方，及個人層次可能出錯的地方。之後會談到兩種可以幫助主管處理資訊的新技術：資料探勘與資料倉儲。

在組織層次和個人層次上，可能出錯的地方

　　管理者應該問問自己，誰需要資訊、何時需要、如何需要──即應以什麼形式提供資訊？──這些問題之所以很重要，因為組織浪費很多時間在錯誤處理資訊上。請看以下兩個例子：

◆ 長久以來，醫生要求床位的問題一直困擾著大型社區醫院。住院中心的職員告訴醫生，沒有多餘病床可使用，但管理者卻經常可以找到床位，問題就在資訊處理的功能出差錯。各樓層的護士未在第一時間通報住院中心是否有空床位，住院中心要知道是否有床位，得透過結帳櫃台確認病人已經繳清款項後才會通報床位。而要到每天早上 5 點，住院中心才會收到櫃台的「床位數」報告。改善這個問題，只要讓各樓層的護士在病人出院離開樓層時，直接將資料輸入電腦，讓住院中心的電腦螢幕同時顯示訊息，這樣就能解決。

◆ 在某些組織中，A 單位在使用 B 單位提供的資訊前，得先花數小時來「翻譯」這些資料，因為 B 單位提供的資料是會計部門需要的「平均」狀況資料。但 A 單位需要的是整體和極端狀況，所以會計部門能拿到真正需要的資料，但卻沒人想過該告知 B 單位，A 單位所需要的資料。

　　不論是透過正式報告系統或非正式網路取得資料，管理者都須意識到某種**詮釋資訊的落差**（pitfalls in interpreting information），而你可能聯想到第 6 章結尾所提到人類決策的偏差。沒錯，在詮釋資訊時，以下五種落差和那六個偏差相當接近：

1. 人們以為資訊愈精準愈有情報價值，但不盡如此。例如氣象預報員說到氣壓時，總是精準到百分之一吋，但這種資訊對誰有幫助？

2. 人們很少以邏輯的方式來思考極不可能發生的事，這說明了為何彩券會盛行，還有人害怕被雷擊中。

3. 人們會被資訊的樣子所影響。從電腦列印出來的資訊看起來比午餐時聊到的相同資訊更具可信度。強調某計畫的效益而非其風險，通常能讓這計畫更為人接受。但如果員工不希望這計畫被採用，只要強調其風險即可。其實兩者的資訊相同，卻因強調重點不同，而有不同的結果。

4. 人們通常會根據某些參考點來做判斷——不管這些參考點是否與工作相關。參考點可能是一長串資訊中的前幾項資訊、說話者的「專業程度」，或者數據。

5. 人們不喜歡表現出無知。通常得有極大的勇氣和自信才能誠實說出：「我不瞭解，請再說一次」或者「畫張圖給我看」或「這是什麼意思？」相反地，我們會不自主地一直點頭，以「嗯，啊」回應對方，假裝知道對方說什麼。

資料探勘和資料倉儲

　　有項工具可以幫助管理者從一大堆資料中找到所需的資料，這方法就是**資料探勘（data mining）**。資料探勘是從眾多資料中找出其未知模式和關係的一種過程，利用複雜的演算法尋找資料中已有的模式，但以不複雜的方式替管理者找到所需的資料模式（演算法只是一組規則，以有限步驟解決問題）。以下這個有趣例子可以說明資料探勘如何應用在籃球上：

　　　IBM 電腦公司以一套稱為「進階球探」（Advance Scout）的資料探勘軟體幫助一些 NBA 球隊。這套軟體讓教練可以問「這些問題」，例如：「如果以某種選手陣容上場，或者採用某種戰術，結果會如何？」「何時要多利用三分球戰術？」「這種策略可以贏球嗎？」所有的教練根據球員表現和統計數據，都能知道球隊為何贏，為何輸。這種資料探勘技術讓他們可以快速得到上述問題的答案，且能自動幫助找出輸贏之間差異的模式。而且這套「進階球探」易於使用，它只要問使用者簡單問題，即可提供建議，幫助使用者獲知答案。[10]

　　資料探勘通常將資料分成兩組，找出其中一組的模式，並將此模式套用到另一組檢視是否可行，以檢驗其效度。這些資料通常來自**資料倉儲（data warehouse）**，裡面儲存了大量資料，這些資料錯誤或重複的部分，都已經被清除完畢，準備好進行資料探勘分析。資料倉儲可對公共行政人員產生極大效益，如下

述例子：

　　直到最近，愛荷華州的刑事司法系統的管理仍處於猜測的程度。例如，假設立法機關想改變輕罪的刑罰，但相關機關卻無法預測這種改變會如何影響監獄的床位數。州政府也無法準確預估每年要花多少錢替受刑人請辯護律師的費用。這些問題不在於缺乏有用的資料，因為資料確實存在，只是散落在該州各法庭的電腦內——而每個郡也有一處或多處地方存有這些資料。現今個別電腦裡的刑事司法資訊都能存放於愛荷華首府第盟（Des Moines）的某部電腦內。決策者可快速地搜尋資料倉儲，以得到任何問題的答案。[11]

　　資料倉儲將資訊整合，使其更容易搜尋，並提高資訊的價值。對成果取向的政府而言，取得分析性的資料是州政府和地方政府首長的期望。刑事司法的資料倉儲和醫療救助不同，追蹤「從福利到工作」計畫（譯者按：亦即從依賴到自主）所需的資料倉儲也與追查逃稅者的資料庫不同。不足為奇地，現今幾乎每一州都至少有一資料倉儲計畫正建立中，或正在籌劃階段。

確保資訊安全

　　確保資訊安全是一種過程，要確保資訊能被有權限者——其他人不能——以有用的形式，可靠且一致性地加以取得。[12] 資訊安全會遭到好幾種方式的威脅：病毒、內部人員濫用網路、筆電遭竊、內部人士未獲授權進行存取、系統遭到滲透、專利資訊遭到竊取，還有蓄意破壞等等。

　　不幸地，有些公共行政科系的學生對資訊安全有兩種錯誤假設。第一，他們認為對國防部來說安全性很重要，但對多數民間機關來說，安全性便不是那麼重要。事實上，2006 年 5 月 3 日在退伍軍人事務局一位員工位於華府之外地區的家裡遭竊，被偷走電子檔案後，全美 2,650 萬個退伍軍人被迫處於風險中。被偷走的資料內容包括社會安全號碼、出生日期，這些資料足以被拿來進行詐欺犯罪。此案只是許多知名案件中的小案件。例如 2005 年 2 月，美國銀行承認遺失了一份電腦資料，裡面有 120 萬筆聯邦政府的員工個人資料。目前，法律的防護機制非常少，無法減緩這類案件的發生率。隱私權法要求退伍軍人事務局採取適當的技術和行政措施保護這些資料，但徒法不足以自行。它是一項沒有救濟方式的權利。

　　最近，電腦間諜侵入五角大廈價值 3,000 億美元的聯合攻擊戰鬥機計畫（Joint Strike Fighter Plan），那是國防部有史以來最昂貴的計畫。入侵者能將有關設計和電子系統的巨量資料複製並取出，因此可能更容易對這種戰鬥機進行防禦。類似意外也發生在美國空軍的空中交通控制系統遭到破壞。這類案件顯示美國及其潛在敵

人，已經就緊密聯繫世界的資料網絡進行開戰了。

　　雖然退伍軍人部、美國銀行和國防部的安全問題都遭到公開，但各州和地方政府的很多資安問題都不易獲得重視。例如，2007 年前 3 個月，公共行政人員必須處理 7 個州、3 個市、1 個市立大學，還有加州 1 個水區的安全問題。但對於想向選民擔保他們能夠保護公民所要求之個人資訊的政府而言，這些事實也無法發揮真正的警示作用。

　　另一種錯誤概念是資訊安全性代表駭客——例如，身在烏克蘭的某人企圖入侵美國系統——是真正的問題所在。事實上，現今技術已讓人可以透過很小的儲存裝置下載愈來愈多資料——例如拇指型行動碟、外接的筆記型電腦儲存設備或電腦硬碟——輕鬆走出大門而不會被發現，所以真正的安全問題不只有駭客。這種狀況最可能發生在非安全性的環境中，因為在這種環境中，離開辦公室所攜帶的東西，通常不會被懷疑——即使這東西裡有上百萬筆個人資料。這種內部威脅還未受到該有的重視，內賊可能對組織（包括公部門和私部門）造成災難性的損失。

　　當資訊系統愈來愈分布於整個組織及跨越所有地理疆界，確保資訊安全的任務就變得更加複雜。除了這類系統的分布，資訊安全管理者還面臨了網路管理與運作、電腦操作以及應用程式開發等外源化（outsourcing）所帶來的挑戰。與此同時，很多組織都不願增加資安單位的編制來因應愈來愈大量的服務需求。如果資訊安全要維持在足以保護組織的程度，資安管理者就必須找到新的方法，將維持資訊可得性、資訊處理資源、確保資訊完整，以及保護資訊機密的各種責任，都予以下放出去才行。

　　只有當組織很清楚界定資源提供者和使用者的職責、明確指定相關責任、讓擁有相關技術的人員去執行安全政策，以維護足夠必要程度的資安，控制才能發揮作用。此外，面對外源化的情況，任何授予責任的要求，都必須明訂於委外契約中。對於所有的資訊，組織都必須能指定一位「所有人」，使其擔負其責任，且他要能訂定和資訊安全有關的適當決策。

　　有許多步驟可以確保資料和資料網絡，其中最重要的是驗證（authentication）和授權（authorization），生物辨識（透過獨特、可辨識的人體特徵，例如虹膜掃描進行確認）、防火牆（設在組織內部網路和外部網路之間的裝置）、個人電腦和電子郵件伺服器的防毒軟體，以及資料加密技術。全國各州資訊長協會（National Association of State Chief Information Officers）有一份標題為「維持公民信任」（Keeping Citizen Trust）的研究簡報，建議好幾個方法來讓資訊長在隱私權議題方面保持全盤掌握。它們包括設定安全標準使隱私政策嵌入 IT 系統，換言之，在計畫初期就設計隱私保護機制。這份研究簡報可在 www.nascio.org 獲得。

在聯邦層次，歐巴馬總統在 2009 年 5 月 29 日的演講中，以鮮明姿態列舉出他的虛擬安全計畫，他宣布將設置一個高階的白宮虛擬安全職位，負責的這個官員同時向國家安全會議和國家經濟會議報告。支持者認為這項安排可確保虛擬安全成為一項重大的安全與經濟議題，但唱衰者則認為新任官員除了要取悅太多老闆外，成就不了什麼大事。

取得資訊和知識

內部管道取得資訊

公家單位的行政首長、管理者和員工會使用 6 種資訊技術取得和分享資訊：主管資訊系統、決策支援系統、專家系統和群組軟體。**主管資訊系統（executive information systems, EISs）**是管理資訊系統，用來幫助管理高層進行策略性決策的工具。這些系統通常建立在軟體上，可讓使用者輕易取得大量的複雜資料，且能以即時的方式分析和呈現資料。執行資訊系統以快速簡化的方式取得資訊，而**決策支援系統（decision-support system, DSS）**則是藉由成熟的模型和工具取得資訊分析，以幫助管理者瞭解問題和可能的解決方式。此外，執行資訊系統的範圍很廣，准許管理者取得組織的各種資訊，而決策支援系統則範圍較窄，主要目標是幫助管理者解決特定的問題。以下是具體例子：

- 專為急診室醫生設計的決策支援系統。這系統蒐集了 17 種不同的生理資訊，例如血壓、呼吸率等。這套資料庫內有來自 200 多間急診室的數十萬筆病歷紀錄（有 100 種疾病），利用這套資料庫所建造的決策支援系統，可幫助醫生診斷並分析使用不同治療方式的存活率。將病人的最新健康狀況輸入系統中，系統會提出建議，根據統計資料，給予某種治療的預估成效值有多大，以幫助醫生做決策。[13]
- 資本計畫可以是休閒公園、學校建築、灌溉設備、通訊塔——或任何需要可觀的時間來規劃、籌資和建造的東西。通常政府會發行公債取得這些計畫的經費。公債銷售的時間必須是需要這筆經費時便有經費可用。決策支援系統可列出幾種可能性，幫助管理者決定公債銷售的時間，以替資本計畫挹注經費。[14]

專家系統（expert systems）是為了解決利用一些規則便能處理的問題。但這些規則通常很複雜，只有一小群專家能勝任。馬里蘭州蒙哥馬利郡（Montgomery County）的專家系統，可幫助郡政府員工快速確定他們的退休津貼，也可幫助接到

成人求救電話的社工員。德州奧斯汀（Austin）的專家系統，可幫助開發商看透繁複的地方區劃和建築法規。加州美熹德郡（Merced County）的專家系統，可幫助負責社福的人員知道該詢問申請者什麼問題。這套系統接著還可讓該人員瞭解申請人符合哪些計畫的申請資格，以及申請者可以獲得的津貼總額。雖然它看起來很簡單，但電腦螢幕背後所需過濾的這些法規就超過 5,000 條。因為政府裡面到處都是專家，例如稅務審計、建築物檢查、車隊維修專家等等，所有專家系統的潛在應用是很大的。

在公共行政領域中，專家系統也可應用在執法上。例如在馬里蘭州蒙哥馬利郡的警探面臨無法處理的案件時，會求助於**住宅竊盜專家系統（Residential Burglary Expert System）**，這套成熟的電腦系統融合十多位高階竊盜警探的經驗，將之應用在資料庫中數千筆已偵破或未偵破的竊盜案件。[15] 這套系統提供所有可能由同一人所為的案件，也將可能嫌犯的特徵加以描繪，例如：「年輕男性，有吸毒傾向，住在西南郊區的犯罪現場附近，是個業餘竊犯，有共犯。」也可將資料庫中符合這些特徵，可能犯下該起案件的名單列出來。住宅竊盜專家系統能在數秒鐘執行這些可能得由數位警探工作數週才能完成的工作。

當代資訊科技也認知到許多組織和管理活動都牽涉到一群人共同合作解決問題，來滿足顧客的需要。**群組軟體（groupware）**是一種在電腦網路或藉由網際網路運作，來連結不同辦公室或跨越全球人員或工作團體的軟體。這種軟體能讓管理者和團隊成員分享資訊，並且在同一份文件或圖表上同時編修，而且可以看到其他人在上面做的修改和提供的意見。

內部管道取得知識

本章已經討論很多有關資訊的主題，但除了界定知識是「一整套資訊，或從一整塊有組織的大量資訊中獲得領悟與理解」外，卻很少提到知識。就像我們看到的，很久以前就已經了解資訊的重要性（請回顧印度的英國文官體系），但直到最近幾年，管理者才真正體會知識是一種重要的組織資源。**知識管理（knowledge management, KM）**意指系統性地發現、組成和獲得組織的智慧資本（intellectual capital），並且塑造一種不斷學習與知識分享的文化，讓組織的活動都可以建立在已知的基礎上。因此，知識管理允許組織內的個人可以挖掘組織內其他人已知的事物，使他們可以更聰明、更有生產力地做事。知識管理可當做一種團體的大腦；員工可以不用一再地解決相同的問題，取而代之的是彼此幫忙挑戰問題。員工不用自己一切重來所節省下來的時間，就可用來投入於破解真正的新問題。大多數大型跨國企業都已經有正式的知識管理計畫，讀者可造訪以下網站瀏覽政府的涉入狀況

（www.km.com）。[*]

　　知識管理怎麼運作呢？假設瓊斯（Jane Jones）在她那一州東北部地區的一個都會型大郡中，擔任交通局高速公路工程師。她剛開發了一套智慧型交通系統，可紓解高速公路系統的塞車問題。布雷克（Bob Black）任職於在該州西南方，也遇到類似的瓶頸。如果這個州具備一套知識管理系統，那麼布雷克就可以登入州的內部網路，在鍵盤上搜尋就可以得到瓊斯所做的詳細報告，包括工程設計、同事的電話號碼，以及他可以根據自己需要而重複利用的作品。[16]

　　上面兩位工程師的例子是虛構的，但私人企業中已經配備這些系統的先驅者，卻已經嘗到許多甜頭，包括更快的計畫轉換、根據更完善（而非道聽塗說）的議題掌握度所做出的明智決策，以及更高品質的解決方案。至少有一家私人企業的投資報酬率就很可觀。根據數據公司（Data Corp.）所做的一項研究顯示，博思顧問公司（Booz Allen Hamilton consulting company）知識管理系統的投資報酬率是令人咋舌的 1,400%。[17]

　　這對政府有何啟示？至少知識管理系統可讓政府機關掌握某些制度性知識（institutional knowledge），包括 (a) 大廳下方放了三扇門卻無人知道，或 (b) 每當有經驗的員工離開公部門，這些知識也跟著離開。甚至只要給一組員工獲得管道取得其他人在相關工作的類似工作產出，就可以從擴大生產力而增加更大利潤。有一位顧問就是用這種方式說道：「人們不用再花費半天時間忙著追逐自己的尾巴。」[18]

　　資訊科技在促使資料和資訊進行跨組織儲存與傳播方面扮演著重要角色，但科技只是更大管理系統下的一環。設計這種系統並無所謂的範例可言，但擁有知識管理計畫的多數組織，都享有某些共同的特徵，例如：

- ➲ 他們不遺餘力地記錄員工的經驗。資料庫可能包含了過去產出和結案的報告，來供組織員工共同分享。我們可將它想成一個「知道什麼」（know what）資料庫。另一個普遍的資料庫，是政府各個功能領域（治安、交通、公衛等等）和作為（財政、人力資源管理、契約管理、協商、勞資關係等等）的所有組織專家，將之編成一個名錄。我們可將它想成一個「知道誰」（know who）資料庫。不管是誰使用這兩種資料庫，都可以根據功能、時間、專家、局處和其他許多條件來進行排序。
- ➲ 雖然知識管理不要求像學習型組織一樣可能要求的文化大變革（cultural sea

---

[*] 譯者按：根據譯者於 2014 年 12 月 30 日查詢的結果，顯示該網站已經不存在。

change），但具備有效知識管理系統的組織，擁有的文化會支持並提供誘因來分享知識和資訊。倘若任何人即使是最資淺的員工打電話給組織內任何一個地方的同事，會產生一種回應的倫理，該通電話將會被立即回覆。

◐ 有些組織受到「非我所創」（Not-Invented-Here, NIH）症候群所苦。這是一種拒絕來自組織外部點子的一種心態，因為「如果這個點子這麼棒，我們早就已經自己做了。」擁有知識管理系統的組織，就毫不猶豫地從組織外部去尋找最佳的點子和實務，並將它們帶回來給組織。

◐ 「垃圾進，垃圾出」（garbage in, garbage out）是流傳於程式設計師之間的一個老諺語。要開發有意義的知識管理登錄系統，其中一項最大挑戰就是如何確保正確而即時的資料可得性（data availability）。1990 年代中期，許多組織用資料庫、儲存空間和專家清單，希望建立精巧的知識管理系統。當因為系統內的資訊不正確、過時或普通人都看不懂，導致系統無法替組織創造出價值，這時許多管理者就會變得沮喪。要解決這個問題很簡單：讓擁有該主題第一手知識的人負責評估輸入項，確保它是有用的形態、透過相關的關鍵字就可取得，而且要定期清理系統。[19]

　　總之，讓知識管理系統有效運作的是人，組織內縱使有聰明人卻沒有雅量與他人協力，他們也無法從系統中獲得太多好處。無疑地，運用知識管理的組織，會招募有團隊精神的人，並且會慷慨獎勵那些分享自己所知的人。

外部管道取得資訊

　　2002 年 12 月 17 日小布希總統簽署了**電子化政府法（E-Government Act）**。當時媒體並不關注這個消息，因為焦點都擺在伊拉克的戰鼓聲，而這項法案也未引起黨派的激辯。然而，光是簽署法律這項動作，便代表總統跨出了一大步，宣布聯邦政府邁入資訊世紀。電子化政府之目的要讓民眾和企業更易接觸政府資訊和服務，鼓勵跨部會的資訊技術交流，改善服務，合併重複性系統，簡化文件工作，提高生產力並節省成本。最終，要打造一個以民眾為中心的聯邦政府，只要連上網路便能得到失業津貼的訊息、對空氣清淨法規草案提供意見、或者申請某種重要執照。民眾可以省時，政府可以省下更多資訊科技費用。

　　政府愈來愈重視將電腦和通訊系統整合成有效率且一致性的網路。網絡（network）是一連串讓資訊移動的管道。有四種類型的外部網路值得注意：機關對機關的網路、政府對政府的網路、政府對民眾的網路，以及全球網路。

1. 伊利諾州使用機關對機關的網路簡化該州的僱用程序。過去州政府的人事單位是以郵寄方式通知符合資格之應徵者前來參加面試，好讓各單位能從中挑選適合的人出任空缺職位。

2. 市政府、郡政府和州政府各自網絡上的應徵申請函愈來愈多，所以他們正開始將這些網絡相互連接，以改善各單位之間的溝通和資訊交流狀況。

3. 州政府和地方政府也仰賴網絡建立政府和民眾之間的電子連繫，以下是三個政府對民眾之網絡連繫的例子：

- 週一亞利桑那州溫斯洛（Winslow）市的某個陰涼處，溫度約為華氏 106 度（譯者按：攝氏 41 度）。如果不用排隊 45 分鐘就可以申報你的拖板車，這對你產生什麼價值呢？亞利桑那州的車輛處提供你 3 個選擇，只要 3 分鐘就能搞定：透過網路或電話，進行電子程序的車輛登記。使用者可以連上州政府網站（servicearizona.ihost.com），依螢幕上的指示步驟，便能列印出收據。

- 1999 年 9 月佛洛伊德（Floyd）颶風侵襲北加州西北部之後一週，州政府利用網站協調紓困措施，提供媒體資料，並與各處的緊急資源進行連結。州政府的程式設計師在 3 年前拂蘭（Fran）颶風發生後，建立了實務模型圖，並以此模型快速標示出佛洛伊德颶風的位置。

- 隨著網路加速發展，世界各城市都想和市民有更好的連繫。加拿大蒙特婁政府的網站清楚標示市政府和政府之資訊。但和其他城市不同的是，蒙特婁的網站——稱為 Ville de Montreal —— 在多元語言的市民之間創造出一具實體感之網路社區。該網站畫面清晰、簡潔、有條理。首頁（http://www.ville.Montreal.qc.ca）的速度很快，經常更新對使用者有用的訊息，在這網站中最受歡迎的連結之一是 Bibliothéque de Montreal —— 這是法國以外的最大法語圖書館。

網路化的政府從多層級之煙囪型官僚組織，轉變成整合的水平式組織，參見圖 12.2。由於許多政府計畫相互依賴，所以這種轉變非常有意義。例如，聯邦失業保險和職業訓練計畫相關，而這些計畫又與州政府的社會扶助計畫有關。在此狀況下，便可相互分享資料庫而非複製同樣的資料庫。也可藉此讓資訊流通更快速，減少文書作業的瓶頸，讓公共行政人員可在今天做出決策，不用等到明天。

4. 最後一種需注意的網絡是全球網路。現今跨越全世界就像跨越大廳一樣容易，因為網際網路透過共享的軟體標準將網絡聚合成一巨大系統。許多人認為網際網路是理想化的商場，但思考一下它的歷史，事實上網路起源於美國國防部的先進研究計畫局的網路系統（Advanced Research Projects Agency Network, ARPANET），這套系統之目的為連接遠端電腦，以做為武器發展、軍事指揮和

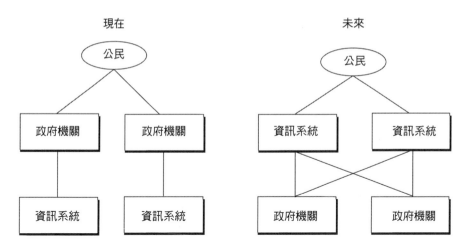

圖 12.2　從官僚式的煙囪層級到網際網路化政府

管制，以及純粹研究之用。政府早期投入許多經費研發，才造就今日可以便利地將家庭電腦連接上電話線。國防部撤出這類研發後，便由大學和科學社群接手繼續發展。

　　現今網際網路為州政府和地方政府提供了理想化的橋梁機制，使其不相容的電腦系統和網路之間也能進行資訊交流。為了更明白網際網路對政府的影響，我們來看看政府層級中的笨重部分。或許地方政府的運作沒有比市府公債市場更傳統且文件氾濫，例如，在過去，馬里蘭州的蒙哥馬利郡在銷售公債時，需特別在 15 樓郡府首長辦公室的會議室內進行，還得特別設立專用電梯讓競標者可以直接到達 15 樓。所有的郡府首長都要出席。但現今郡府將這類交易放到網路空間裡進行，競標和確認只需幾分鐘便能完成，無需數小時。郡府官員站在電腦螢幕前，看著競標者進入，激烈的競爭讓認購的證券商開始降低價格。郡府人員再也不需要穿梭於書面競標的各式文件中。[20]

🅠 呈現資訊的藝術

　　雖然我們討論過的溝通技術給予公共行政人員有力的新方式來傳遞資訊，但並不保證資訊會以有效的方式呈現。有些專家相信，在某些狀況下，技術確實會降低溝通的有效性。尤其是 PowerPoint 一直都是這類批評矛頭所針對的對象。這是全世界最盛行的資料呈現之電子化方式──約 4 億份 PowerPoint 的資料流傳著，很少政府能在沒有它的狀況下做出決策──或許我們應該聽聽看批評者怎麼說。（參見專欄：PowerPoint 的認知風格）

PowerPoint 的認知風格

2003 年 8 月，美國太空總署（NASA）對哥倫比亞號（Columbia）失事意外進行調查的調查小組發表報告，說明為什麼太空梭會墜毀。如所預期，報告指出太空梭的隔熱泡棉是意外主因。但該小組也提到另一不尋常的罪魁禍首：PowerPoint。小組認為 NASA 太依賴透過 PowerPoint 說明複雜的資訊，而不是用傳統紙筆所撰寫的技術報告。當 NASA 工程師評估可能的翼損時，他們以複雜難解的 PowerPoint 投影片說明這項發現——投影片內容密密麻麻布滿小點，幾乎難以辨識。「不難理解為什麼高階管理者看到此 PowerPoint 投影片卻未發現這是攸關生死的狀況。」該小組說道。

耶魯大學政治學榮譽退職教授，且是《量化資訊的視覺呈現》（*The Visual Display of Quantitative Information*）一書的作者 Edward Tufte 認為，PowerPoint「慣常地干擾和支配內容，且使之變得瑣碎……標準的 PowerPoint 方式讓格式優於內容之上，違背了讓事事皆成為銷售賣點的商業主義態度。」

在政府或商業環境中，典型的 PowerPoint 每頁約可顯示 40 字。每張投影片的資訊如此少，所以需要很多張投影片。聽眾得忍受無止盡的簡報，許多人在第 5 張投影片出現前便已經睡著。當資訊以這種方式呈現時，很難讓聽眾瞭解內容，並評估資訊間的關係。我們忍不住想，如果以微軟 PowerPoint 來處理蓋茨堡宣言（Gettysburg Address）或金恩博士的「我有一個夢」，它們會變成什麼樣貌。

然而，政府單位還是有擁護 PowerPoint 的人。國務卿鮑威爾（Colin Powell）在 2003 年 2 月便使用 PowerPoint 簡報向聯合國說明伊拉克擁有大規模毀滅性武器。但本書寫作時，這些武器尚未被發現。或許 Tufte 切中要點了。

當然並非每個在政府工作的人都著迷 PowerPoint。2005 年 8 月一份由最新安全任務小組所做的報告也呼應了 Tufte 之看法。該小組指出，每次索取資料時，拿到的都是 PowerPoints，連隨附的相關文件都沒有。從這點可以看出批評者指控 PowerPoint 的基本問題在於：這套軟體會將複雜、細微甚至很棒的想法矮化成乏味的官僚語言。

此外，要記得很重要的一點是，絕不要將 PowerPoint 簡報想成就是完整的提案，它只是幫助將較長篇幅的訊息予以快速而有效的濃縮。不幸地，許多管理者已經放棄撰寫文件；他們只會撰寫簡報，那只是沒有細節、沒有論證支持的摘要。總之，貧乏的投影片簡報，代表的是簡報者而非簡報工具的錯。難道爛書是印刷機的

錯嗎？難道糟糕的講課是不好的黑板或上課筆記的錯嗎？如果說無能的簡報者和 X 有關，因此 X 是無效的，這種說法只是一種謬論，因為無能的人和什麼事情都有關。

如果 NASA 的管理者沒有瞭解到安全問題，或許是因為他們忍受了這類過長的簡報後而頭腦不清。

資料來源：Lee Gomes "PowerPoint Turns 20," *Wall Street Journal*, June 20, 2007; David Feith, "Speaking Truth to PowerPoint," *Wall Street Journal* July 31, 2009; Edward Tufte, "The Cognitive Style of PowerPoint" 讀者可在下列網站看到該篇文章：www.edwardtufte.com.

> 主要目標和成功的關鍵因素：
> - 什麼造就國家的獨特性
>   - 源自於自由
>   - 人人皆平等
> - 分享願景
>   - 新誕生的自由
>   - 民有、民治、民享

雖然 PowerPoint 飽受批評，但我們仍可說在靈巧的專家手中，這還是有力的武器——不過對真正手巧的人而言，傳統的紙筆所呈現的資訊也可以很有力量。但對手不那麼巧的人——PowerPoint 的呈現方式反而可能弄巧成拙。所以，為了對抗弄巧成拙的慘狀，我們必須整理專業簡報者的意見，學習如何成功傳達重點。[21]

1. 別照著投影片上的字唸，它們不是給簡報者看的卡片，你可以在簡報完後再提供資料給聽眾。

2. 為了版面一致性，只用一些字體或標準的顏色。以不引人注目的方式將組織的識別標誌放在投影片的角落，來強化組織的認同。

3. 放映每張投影片時要說個引人入勝的故事。可以從衝突、阻礙或問題開始，讓聽眾明白你解決問題的方向。並確保你的話語有連貫性。

4. 以圖飾文。要談污染嗎？那就放幾張死鳥、煙塵甚至烏黑的肺部照片。影像容易讓人記住。

5. 簡潔是美德。讓黑點成為標題，刪掉不需要的鋪陳、文章或連接詞。使用大字型，別害怕留白。

6. 除非特別強調某種解釋，否則別濫用音樂、影像或動畫，勿製造過多感官負荷。

7. 別讓投影片更換過快。讓投影片留在螢幕上的時間長到足以產生效果。

　　組織中有效的資訊呈現也代表著管理者謹慎思考如何呈現資訊。呈現資訊不像看起來那麼簡單。尤其專家很容易陷入自己的知識泥淖中，而在傳達時忽略了要說的重點。Richard Saul Wurman 曾提及：「熟稔易生困惑。」[22] 有時候只是問專家現在幾點，他卻會告訴你該如何打造一座鐘。解決之道就是讓專家提供進入每個想法的門把。

　　有效簡報的基本原則眾所周知，願意紮實準備的人一定可以做得好：起頭有力、單一主題、提供好例子、以談話式的語言來陳述，且結尾有力。但如果你在向老闆做重要資訊簡報時，老闆覺得無聊或分心，該怎麼辦？雷根總統時期有一位預算局長史塔克曼（David Stockman）便遇過這種狀況。他描述所遇到的挑戰，及如何將訊息傳達給總統：

　　　　為了說服總統，事情真如我說那麼糟，我發明了一種多重選擇的預算問答遊戲。一般的預算簡報不會這麼做，但我覺得很有用。

　　　　這問答遊戲將整個預算分成 50 種支出項目，然後給總統 3 個刪除預算的選擇，從微幅調整到大幅刪減都有。每種選擇下方皆說明刪減會造成的影響（例如有多少人將被迫在雪地求生），及可能的政治影響（例如之前在某委員會中以 27：2 的懸殊比例挫敗）。

　　　　這項練習讓總統能有條理地仔細去看這 9,000 億美元的預算。也讓他親自體會刪減預算的骯髒甚至血腥的過程。一旦總統親自參與，便會瞭解預算不是與過多官僚冗員或者檔案櫃有關，而與政治爆炸性有關，是補助、經費或權利等龐大複雜的網絡。

　　　　總統很喜歡這種問答方式。之後他每天都拿著筆認真回答。他會聆聽高階官員與經濟團隊的看法，與他們討論相關政策及政治的交錯影響。最後並公布了他的選擇。

　　　　結果他很少選擇大筆刪除，多半是微幅調整。[23]

　　有些呈現或分析資料的方式比其他更好。良好分析與不良的分析方式造成結果截然不同。想想 1986 年 1 月挑戰者號（Challenger）太空梭事件。挑戰者號的工程師使用之數據圖不完整且令人困惑，結果造成 7 位太空人喪命（其中一些圖表參見圖 12.3）。相同的資料——冷熱溫度對結合火箭的 O 型橡皮墊圈的影響記錄——可以更清楚的方式呈現，參見圖 12.3 下方。

　　現在來討論組織外的資訊散播，即從政府到民眾的資訊傳遞。這些資訊方案通常以特定主題的形式呈現（例如，產品包裝或州政府獵鹿季節法的修訂）、或是長

久以來具核心地位的議題（如自然資源的保護），或者沒有特定目的之新聞發布
（如人事變動）。

　　在地方政府層級，資訊傳播特別重要。來看看佛羅里達州湖郡（Lake
County），郡採用多媒體的積極方式，教育民眾資源回收：[24]

⊃ 透過地方有線電視、門把掛牌等方式讓社會大眾知道政府宣布的訊息。

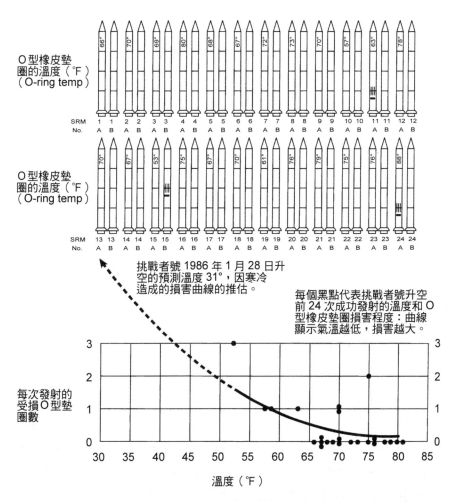

如此二圖所示，資料呈現的方式有時候會攸關生死。太空梭固態燃料火箭推進器的製造者
Morton-Thiokol 準備了上圖，試圖說明推進器損害與發射溫度的關係。但這個事實背後所
呈現出的雜亂混淆圖表卻危害了那些太空人。Tufte 重新畫了關係圖，讓事實一目瞭然──
根據以往經驗，溫度越低時，越可能造成損害，而且過去沒有一次升空像挑戰者號預計升
空那天的 31℉ 低溫。（約攝氏 0 度）
資料來源：*Report of the Presidential Commission on the Space Shuttle Challenger Accident* and
Edward R. Tufte, *Visual Explanations* (Cheshire, CT: Graphics Print, 1990).

圖 12.3　有效地呈現資料：相同資料的兩種不同做法

➲ 郡府員工四處演說，向民眾說明資源回收的細節。

➲ 散發手冊，說明接受回收物品的企業或非營利組織。另外也特別強調佛州的固體廢棄物管理法已經通過。另外的手冊則列出應該回收的物品種類，包括具體的處理方式。

➲ 郡府也發行了標題為《回收報告》（*Recycling Report*）的時事通訊。1990 年秋季發行內容主要是關於資源回收的問與答，還有關於回收物品的事實與圖表，以及重複使用的建議。並創造出「雷賓回收者」的角色，幫助宣傳此計畫。

➲ 時事通訊也包括回收熱線的電話號碼，讓民眾可以打電話詢問公私部門的回收活動和訊息。

　　資訊長不是唯一能幫助行政人員更有效管理資訊的人。到處都有政府的公共事務部門，在組織以外的地方呈現資訊時，他們可以扮演很好角色——尤其對社會大眾和媒體。有人這麼說過：好的公共關係不會拯救壞的計畫，但壞的公共關係卻會摧毀好計畫。Kelly Rossman-McKinney 和 R. Dee Woell 曾描述：「好的計畫可能因為沒注意到公共關係，或操作時不專業洩漏了計畫的問題而毀了該計畫。公共關係的最基本原則，便是和民眾進行雙向溝通。要去傾聽民眾的擔憂，和他們分享政府的作為，並讓他們瞭解政府為什麼做這些事。」[25]

　　公共行政人員要如何避免糟糕的公共關係摧毀其優秀計畫呢？答案是：仔細考慮以下溝通的 8 個 C（參見表 12.1）。

❓ 展望未來：電子化政府何去何從？

　　廣義來說，電子化政府是指公部門數位資訊科技的所有應用。二十一世紀最初 10 年，資訊科技已成為公部門基礎建設的一部分，未來可能如何演變呢？

　　我們有理由相信未來會是漸進而非激烈的改變。首先，近年來 IT 支出的成長已經趨緩，從 1980 到 2000 年，全世界 IT 支出的複合年成長率是將近 12%。然而，自 2000 年以來，這個成長率平均起來只有 3%。根據專家解釋，他們相信這麼快速下滑是由於 IT 的許諾已經大部分獲得實現；他們相信，沒有什麼新的科技進步能驅使 IT 的客戶們去更換他們已經擁有的電腦科技。[26]

　　或許有人不認為近年來的成長率下滑，象徵 IT 快速成長已經永遠走到盡頭，因為最近 10 年出現過兩次衰退。但即使有強健的經濟，政府若要擴張 IT 仍會面臨兩項限制。第一個涉及到「數位一無所有者」（digital have-nots），就算在電子化政府有效運作的地方，它也無法自動帶來更多的公平和開放。公共服務上線對那些

表 12.1　溝通的 8 個 C	
訊息的內容 （Content）	傳遞的訊息引起注意嗎？訊息真正傳達出你的意思嗎？能讓你的聽眾產生共鳴嗎？能讓你的活動濃縮成一句讓人難忘的名言嗎？
一致性和持續性 （Consistency and continuity）	不論訊息如何傳統、傳遞給誰，訊息都必須一致，若訊息沒有一致性和持續性，其可信度便會降低。
訊息的脈絡 （Context）	訊息傳遞的時間是聽眾能注意到的時間嗎？要怎樣才能讓聽眾群更注意到訊息？
顧客的益處 （Customer）	目標聽眾，亦即你的顧客，總是想知道他們能從中得到什麼好處。讓你的聽眾看見益處。
溝通的管道 （Channels）	選擇對你的聽眾最有效之管道。千萬別仰賴網路教育那些只看得懂食物標籤的貧窮者（2003 年美國農業部便這麼做）。多數年收入低於 15,000 美元者並沒有網路。
聽眾的能力 （Capability）	你的訊息是否加以適當包裝，能接觸到目標聽眾？如果你想接觸到墨裔美人，讓他們知道器官捐贈，文宣資料便應使用西班牙文。如果你想接觸長程駕駛的卡車司機，不要花太多預算在電視廣告上。
訊息者的可信度 （Credibility）	傳遞訊息者必讓聽眾覺得具有可信度。如果想說服青少年別酒後開車，可以找曾酒後開車撞死小孩的青少年現身說法，會很有震撼力，也可找受害者的母親。
呼籲起而行 （Call）	告訴人們，你要他們行動。起而行的方式可以很簡單：「讓我們知道你的想法」，然後提供方法讓人表達意見。要確定有管道讓人們表達意見。

資料來源：修改自 Kelly Rossman-McKinney and R. Dee Woell, "Why Public Relations Is Important Even to Public Administrators," in Peter Kobrak, *The Political Environment of Public Management* (New York: Longman, 2002), 258. ©2002 by Addison-Wesley Educational Publishers, Inc. 獲 Pearson Education 之重製許可。

沒有能力購買電腦或和科技無緣的人，其實沒有什麼用處。而在大部分國家中，最高度依賴公共服務的人——老人和窮人——也是最不可能使用網際網路的人。倘若所有服務都必須同時以線上與離線方式提供，節省下來的可能就無法配合新科技的成本。此外，私部門組織可以堅持他們所有顧客都必須使用網際網路，但政府卻必須保持所有的溝通管道暢通才行。即使在擁有高電腦使用比率和網際網路滲透率的國家，仍會有少數民眾希望使用其他服務管道。但如果只有非常少數的民眾會線上使用，電子化政府的重要性將是如何呢？

　　另一項限制電子化政府擴張的因素，牽涉到行政主管本身。按理說，資訊科技是一種行政改革工具的說法是有誤的，因為它假定高層管理者希望他們的組織改變，而且他們願意使用 IT 來影響這種改變。Timothy L. Kraemer 和 John Leslie King

不認同上述說法：「經驗證據顯示 IT 最常被應用在強化現有的組織配置和權力分配，而非改變它們。」[27] J. E. Fountain 也獲得類似結論，她研究過美國聯邦機關的網際網路應用之後發現，「即使最有創意地應用 IT，典型也都只用在運作的表面和跨域過程（boundary spanning process）中，而且他們接受 IT 也是因為這完全不會傷害到深層的政治關係結構。」[28]

透明性和生產力

　　然而，即使是最嚴苛的批評者也必須承認，電子化政府的一項巨大好處，就是它使我們獲取政府任何層面的資訊都更加容易。如今幾乎所有可供民眾利用的政府文件都全部上網。顯然地，僅提供資訊並不能保證好政府，但它確實可以使得貪腐更為困難。將法律、規章、預算書細節和立法辯論過程上線，光是因此使可讓外界人士提出更犀利問題，就可以減少行政不當的行為。

　　或想想看電子化政府如何避免可能導致災難後果的灰色或貪腐的私人行銷活動。2008 年 12 月，證券交易委員會（Securities and Exchange Commission）將他們收到來自所有公營事業和共同基金的管理報告，全部以簡便的網路管道開放。過去這些報告都堆藏在難以取得的文件帳簿中。現在各公司以單一格式的「公司淨利」（company net profit）和「淨所得」（net income）提出報告。值得注意的是 2002 年世界通訊（WorldCom）和 2004 年恩隆（Enron）的倒閉案，還有進行中的次貸危機（subprime mortgage crisis），發生這些事件的部分原因都是由於錯誤且高度投機的資訊，被隱藏在複雜而卷帙浩繁的檔案中。顯然地，網路帶來開放官僚、資料民主化和減少貪腐的力量，已被認為是巨大的好處。

　　政府的 IT 對生產力的貢獻度多大呢？當然假如讀者詢問公部門高層管理者，為何資訊對他們的運作而言是如此重要，讀者可能得到和詢問企業主管得到的答案一樣：它能降低營運成本並改進服務。想想看以下的例子：

- 如果一個城市運用手提電腦來評估公園維護團隊的績效，資料蒐集過程可以明顯加快，而讓公園管委會委員用到較新、較有效的資料從事工作。
- 透過投資於電腦，國稅局如今更有辦法抓到稅務詐欺案件，而其金額是政府該項投資的 6 倍。
- 聯邦航空管理局運用電腦教學系統來訓練技術人員，估計每年節省數百萬美元的訓練成本。
- 佛羅里達州將民眾申請救助的方法自動化，如今任何人申請續發食物券、貧困家庭臨時援助（Temporary Assistance to Needy Families）或醫療救助津貼，都可以

在州營辦公場所或 2,500 家任何一家「夥伴機構」（partner agencies）（教會、圖書館、老人中心、遊民中心等等），一天 24 小時快速而便利的透過線上完成申請。如此一來，州減少僱用員工而每年節省了 8,300 萬美元。

　　不幸地，批評者對於每個 IT 幫助政府成本降低的例子，通常可以找到至少一個反例。例如：

- 德州在 2005 年 9 月生效的一部法律規定，各機關受命須將 IT 基礎建設的職責交給資訊資源部（Department of Information Resource）。透過整合 31 個資料中心的運作，該州將可節省金錢——理論上而言。到了 2009 年 1 月，這項價值 8 億 6,300 萬美元的計畫遭遇麻煩。各機關回報工作受阻；數千份檢察長辦公室建立的檔案因某個伺服器毀損而遭破壞；其他機關回報多個備份失效導致資料遺失。
- 加州青年與成人矯正局（Youth and Adult Correction Agency）必須取消 4,000 萬美元的整合電子囚犯紀錄系統（integrated electronic inmate records system），因為計畫實施初期就出現無數狀況。
- 伊利諾州高速公路收費局（Toll Highway Authority）於 1993 年開始設置電子收費專用道。到了 1995 年，在系統運作了 40% 且已花費 14,750 萬美元的情況下，該局決定放棄這套系統，改採另一套他們認為比較好的系統。
- 明尼蘇達州聖保羅市（St. Paul）花費 160 萬美元在一項最新進的人力資源軟體開發計畫後，由於被認為其運作和維護費用太高而遭取消。

　　上述所有例子的問題在於它們至多提供的只是軼聞證據，指電子化政府有或沒有降低成本、改進服務。實際上，我們沒有很努力找出電子化政府的總體效果，澳洲雖曾做過這樣的努力，但答案卻是正反兩面兼有。澳洲的知識經濟國家辦公室（National Office for the Information Economy）於 2002 年調查 38 個電子化政府計畫後發現，多數計畫似乎都降低了成本，而且對官員、使用者或雙方都更便利。但有 24 個計畫原本預期要達到特定的成本降低或收益提高目標，政府每投入 108 美元卻僅節省 100 美元。[29]

　　在美國，政府審計署調查 24 個大型機關後發現，有 226 個 IT 計畫處於高度風險，這些計畫在 2007 會計年度要求的資金總數為 64 億美元。各機關將大多數計畫列為高風險的原因是，一旦計畫延遲或失敗，就會傷害到機關的基本運作功能。[30]

　　為何政府不能像企業運用 IT 一樣，獲得降低成本、取悅顧客和增加收益的相

同好處呢？高失敗率的一個原因是野心太大或不切實際的成本降低目標（請回顧德州的整合計畫）。另一個原因涉及到公部門的本質：很少有競爭者，而且很少將失敗結果歸咎給管理者，這兩個特徵都不太需要多說。Amazon.com 必須勝過其他線上書商，才能賺到讀者的錢，而 Google 則必須打敗 Yahoo!。除非這類公司網站徹底提供了傑出的清楚與便利性，否則消費者就會棄它而去。但假如政府提供的線上繳稅服務緩慢、笨拙或完全停滯，你卻沒有別的選擇。官僚失靈的結果又會如何呢？這些都不會涉及破產；它們可能關乎撰寫自我合理化的備忘錄，最糟糕不過調職到別的地方。官僚們力言只要再多點時間和金錢，就能修復他們製造出來的 IT 問題。在私部門，用較少成本做更多事情的無情壓力，迸發資訊科技創新的火花，然而公共行政人員卻可能被誘使用價格過高、過度承諾和設計過度複雜的系統。

　　這麼多私部門成功而公部門失敗的另一個原因，僅僅是不良的專案管理所導致。雖然有許多因素可以解釋那些運用 IT 有最佳表現的組織，但最重要者莫過於高階管理者在少數關鍵決策時所採的領導角色。相對地，當高階管理階層逃避肩負 IT 主管的決策責任，災難經常會接踵而來。正如密蘇里州資訊長所言，當事情都丟給 IT 管理者自己時，他們會奮力達到「耀眼的目標」。[31] 當然，IT 管理者才是做成無數有關 IT 管理決策的正確人員，包括技術標準的選擇、IT 營運中心的設計，以及組織所需要的技術專業。但有關決定 IT 對組織使命所產生之影響的策略性抉擇，就不應留給 IT 部門去做。

承擔責任

　　為了幫助非技術部門主管避免前面所提到的 IT 錯誤，麻省理工學院的 Jeanne W. Ross 和 Peter Weill 找出六種管理者應該承擔責任的決定。[32]

1. **要花多少錢在資訊科技上？** 高階管理者應界定資訊科技在組織中扮演的策略角色，然後決定達成目標所需經費。但事實卻並非如此。管理者擔心花費太多或太少，所以會詢問同性質組織所花的資訊經費。他們以為，如果採用這種標竿，其他的資訊科技問題便迎刃而解。然而，組織仍無法發展出能達成目標的資訊科技平台。請看以下例子：

　➲ 聯邦快遞（FedEx）的規模是優比速快遞（UPS）的 2/3，但兩者花在資訊科技的經費卻相同。這表示資訊科技對聯邦快遞更重要嗎？不，這代表聯邦快遞的使命和 UPS 不同。UPS 強調的是效率、一致性和可靠性，所以需採行集中化、標準化的 IT 環境。相反地，聯邦快遞強調彈性，以滿足各種客戶的需求，所以採取較昂貴的分權化資訊管理，以符合其企業使命。

2. **哪些計畫要用到資訊科技的經費？**任何組織都有很多使用 IT 的機會──有些計畫比其他計畫更有價值。因此，高階管理者必須排定優先順序。「把這種決策交給資訊管理者，意味著讓資訊管理者決定什麼是組織的重要議題──或者更糟糕的，讓資訊管理者努力達成高階管理者認為重要的每件事。組織核准且核撥經費的計畫一一列出後，多數資訊部門竭盡所能，但通常會造成進度落後，甚至使資訊部門負荷過重，而士氣低落。」[33]

3. **在組織中，哪些資訊能力要予以集中化和標準化？**高階管理者需強化一個觀念：要以跨越單位界線的方式來思考，而不是創造出一個個獨立不相干的單位。每次各單位採購技術服務或產品時，若未先察看其他單位的狀況，或瞭解目前採用的標準，就可能把自己孤立起來，重複相同的做法，增加政府的成本。許多政府有防護措施避免這種狀況，但這種浪費的事情仍時有所聞。

　　若以分權化的模式，讓各單位執行自己的資訊科技功能，容易產生重複和浪費資源的現象。例如，倘若一個網路已足夠，那麼替 22 個單位建置 22 個區域網路，成本將會增加許多，而且這種做法無法集中腦力。你必須分散專業人員到全州各處，這意味著難以掌握類似兒童福利這樣的大型計畫。只有高階管理者可以防止政府這種能趨疲（entropy）現象：讓各單位各行其事，政府會變得分權化。

　　雖然許多州政府和市政府想透過集中化的 IT 作業，來擺脫數量龐大卻無法分享資料的系統和硬體，但有些人認為未來或許會出現新的模式。例如，聯邦式的模型愈來愈受歡迎。在這模型中，以包羅萬象的 IT 部門整合必要功能──如電子郵件系統和其他「公用程式」（utility）服務──各單位則負責處理和自己業務有關的應用程式。一旦整合可以帶來金錢價值，集中化就有它的道理。然而，例如衛生單位使用的應用程式只有自己使用，這個程式留在該單位就很合理了。

4. **我們的資訊科技要做到多好？**如前所述，有用的資訊──準確、完整、相關與即時──需要付出成本。組織管理者得決定根據其手邊的經費及想達成的效益，最需要以上何種資訊特色？否則該單位所得的服務重點卻非切中所需，而因此浪費成本。

　　對某些機關而言，最重要的服務是無法通融的。假如美國 12 個聯邦儲備銀行（Federal Reserve Banks）的電腦系統故障，他們絕不會爭論他們能承受多少資料的遺失；他們只會要求 100% 修復。同樣地，經營政府發行之樂透彩券的公司，對於資料的回應時間也絕對不能妥協。「美國大部分的合約都規定顧客必須在五秒鐘內拿到彩券──而光是列印就要三秒鐘。彩券公司也承擔不起電腦當機。州政府規定彩券系統若不能運作，每分鐘要罰款高達 1 萬美元。這等於強迫

規定即使有水災、龍捲風、大停電、通訊中斷，不管需耗費多少成本，也必須讓電腦繼續運作。」**34**

　　但有些組織則能容忍偶爾緩慢的回應速度。我們來看有關美國交通部的行政服務中心（Administrative Services Center）的例子。該中心運作的性質，意味著當它的企業資源規劃（Enterprise Resource Planning, ERP）系統若發生短暫當機，也只會造成不便而不會停止運作。（ERP 可幫助組織掌握重要活動，例如庫存控制、零件下單以及追蹤訂單。）

5. 我們能接受何種安全和隱私風險？就像可靠性和回應性，安全性也是 IT 系統的特色，它視其願意投入的經費來決定所提供的保護程度。在這種情況下，還需考量其他得失：提高安全性不僅代表成本增加，也意味著更不便利。Ross 和 Weill 用他們自己的大學來說明：

　　　　因為麻省理工學院特別吸引那些想展示自己能力的駭客，所以他們發展出最先進的安全系統，可以成功遏制駭客的連續攻擊。該套系統的防火牆與多數組織限制外人進入內部系統的做法不同。這套系統雖提供更大的保護力，但這種非標準式的做法，意味著 MIT 不能安裝大部分的商用套裝軟體以供使用，例如選課和學生統計事務（student count）。**35**

6. 如果 IT 方案失敗，我們該責怪誰？為了避免像前述加州、伊利諾州和明尼蘇達州所經歷的災難結果，高階管理者應從組織裡指派一位「主事者」，要其負起責任以實現 IT 方案的好處。「這些主事者需要權限來指派計畫的資源，他們也需要時間來監督計畫的建立和執行。他們應定期與 IT 人員聚會，安排使用者的訓練課程，和 IT 部門共同建立清楚的標準以確認方案是否成功。這些主事者能確保新的 IT 系統傳遞真正的經營價值。」**36**

切記：光是新 IT 系統並無價值；價值要來自新穎或重新設計過的組織流程。這也是為何高階管理者需要指派一位主事者和 IT 部門或顧問共事的原因。

❓ 總結觀察

　　雖然大家都在談智慧資本，但少有管理者能掌握知識的本質，更遑論管理知識。因為他們對知識有所誤解，也不懂組織該如何使用知識。事實上，知識類型有兩種，有些知識是正式、有條理、可以計量且明確。這種類型的知識當然與費堯及泰勒有關。另一種知識是具內隱性的，經常由主觀的洞見、直覺和個人判斷

構成的。巴納德（Chester Barnard）曾在其《主管的功能》（*The Functions of the Executive*）一書中討論過這種知識。有效的公共行政關鍵之一在於有能力領會這兩種知識——外顯的和內隱的知識。

第 1 章所討論的管理原則、第 6 章討論的分析工具，以及各章討論的最高法院判決所涉及的都是外顯知識。這些知識易於表達。但另一種內隱知識則不易表達，帶有高度個人色彩。由於難以格式化，所以也很難溝通傳達，如哲學家博蘭尼（Michael Polanyi）所說：「我們所知遠甚於我們所說。」**37**

內隱知識也深植於行動和個人對特定脈絡的投入中，例如下棋、拉小提琴、經營組織或領導國家。戴高樂（Charles de Gaulle）在首次擔任法國總統前 27 年時，曾寫過一本書《刀劍之鋒》（*The Edge of the Sword*）。他在書中定義了三種主要的領導特質：描繪出正確道路的智慧和直覺，以及說服群眾跟隨的權威。可以理解地，學院都強調領導力的智慧面，但真正的領導人自知直覺的重要性。戴高樂這麼寫道：

> 讓人類心智與真實能進行接觸的唯一方法便是透過直覺，一種融合本能與智慧的能力。智慧可以提供我們理論的、一般性的抽象知識，但唯有直覺才能給我們實際、特定及具體的感覺。沒有智慧，就沒有邏輯推理，無法做出具充分資訊的判斷。但沒有直覺，就不會有深刻的體悟，也不會有創意的動力。直覺讓我們與自然更親近，因為直覺，我們可以深入事物的秩序，參與秩序當中隱匿的和諧感。**38**

戴高樂認為，領導者規劃行動時的心智狀態，與藝術家獲得靈感的時刻可以相互做類比：「藝術家不會拒絕使用其智慧，他可用方法和知識作畫，但除非他擁有直覺性的才能（我們可稱之為靈感），他才有能力開啟創意力量。因為光是直覺，就能與自然接觸，而透過自然，生命火花才能被點燃。」**39**

我們每天使用的語言承認直覺所扮演的角色嗎？我們稱那些做出好決策的政治領導人、組織首長、外交官、軍人或企業主管，具有「現實感」、有「天賦」、「本領」、或者他們有「願景」、還是有「個人風格」。

所以，在領導力當中，理性和直覺並非對立的，它們代表領導力核心的創意張力，關於這點戴高樂和巴納德在 1930 年代曾論述過。在這層意義上，領導力就像右側這幅有名的畫作，乍看之下是個花瓶，再看仔細，變成面對面的兩個人。**40** 花瓶代表的是定義明

花瓶人臉圖

確及精準結構的知識觀點——容易理解、根深蒂固於西方的管理傳統。而人臉代表的是直覺——難以理解、經常改變、充滿問題與希望。公共行政人員的挑戰便是需要同時保有這兩種觀點。

本章重點

本章重點是組織內的資訊與知識管理。我們闡述了資訊所具有的策略重要性，並且探討了能更有效管理資訊的方法。本章重點如下：

1. 討論明茲伯格以下有關管理的敘述（BK Business Books, 2009）：「就像傳統信件，電子郵件也受限於文字的貧乏特質：沒辦法聽到聲音，沒辦法看到姿態，沒辦法感受到存在——即使使用圖像也令人討厭。電子郵件就是限制了使用者表達感情的、微妙的和複雜的互動。管理是所有有關訊息的事實內容的事務⋯⋯。電子郵件的危險，在於它可能給管理者一個被接觸的印象，但唯一真正被接觸的其實是鍵盤。」[*]

2. 資訊革命已橫掃公部門，沒有哪個公共行政人員可逃離資訊的影響。這波資訊革命的核心是電腦技術和通訊科技加速發展的趨勢。

3. 資料（data）是指原始、未經整理、分析過的事實。資訊（information）則是有意義的資料，會改變接收者的理解——即是管理者用來詮釋和理解在組織或環境之內所發生事件的資料。至於知識（knowledge）則是資訊體，或因為取得和整理大量資訊之後所得到的領域和理解——例如，醫學知識。

4. 高品質的資訊是正確、有相關性、即時且具經濟效益的資訊。

5. 唐斯指出四種在溝通系統中的反扭曲要素，包括：(1) 多元的內部資訊來源與重複的職責；(2) 各層級的直接溝通或者刪除這些層級；(3) 防止扭曲的資訊；(4) 資訊的外部來源。

6. 資訊處理是指將原始資料轉化成能應用到決策的有意義資訊。

7. 不管組織透過正式的報告系統或資訊網絡得到資料，管理者皆應意識在詮釋資料時的人為偏差或弱點。

8. 資料探勘是從眾多資料中找出其未知模式和關係的一種過程。資料探勘通常將資料分成兩組，找出其中一組的模式，並將此模式套用到另一組檢視是否可

---

[*] 譯者按：這段文字和「問題與應用」第三點完全相同，因此本段應是原作者誤植。

行，以檢驗其效度。這些資料通常來自資料倉儲，裡面儲存了大量資料，而這些資料錯誤或重複的部分，皆已被清除完畢，準備好進行資料探勘分析。

9. 在確保資料和資料網絡安全方面，可採取多種步驟。其中最重要的包括：認證與授權、生物辨識法、防火牆、個人電腦和電子郵件伺服器的防毒軟體、資料加密。

10. 公家單位的行政首長、管理者和員工會使用六種資訊技術以取得和分享資訊：主管資訊系統、決策支援系統、專家系統、群組軟體和知識管理。[*]

11. 知識管理即是有系統地去發掘、整理和利用其組織的智慧資本，以強化知識分享的文化，好讓組織活動建立在已知的事物上。

12. 專家在呈現資料時要避免照著投影片上的字唸、只用一些字型或標準的顏色、要說個引人入勝的故事、以圖飾文、簡潔是美德、勿製造過多感官負荷、別讓投影片更換過快。

13. 公共行政人員應避免糟糕的公共關係毀了其優秀的計畫，仔細考慮以下溝通的 8 個 C：訊息的內容（content）、一致性和持續性（consistency and continuity）、訊息的脈絡（context）、顧客的益處（customer）、溝通的管道（channels）、聽眾的能力（capability）、訊息者的可信度（credibility）、呼籲起而行（call）。

14. 電子化政府意指公部門所有數位科技的應用，它雖大幅改善透明性，但對於是否增加生產力則見仁見智。

15. 雖然許多因素會決定組織對 IT 的使用是否很有成效，但其中最重要的是高階管理者在重要決策上是否居領導角色。有六種管理者應擔負責任的決策：(1) 該花多少錢在資訊科技上？(2) 哪些計畫需使用資訊科技的經費？(3) 在組織中，哪些資訊能力要予以集中化和標準化？(4) 我們的資訊科技要做到多好？(5) 我們能接受何種安全和隱私風險？(6) 如果 IT 方案失敗，我們該責怪誰？

16. 在領導力當中，理性和直覺並非對立的，它們代表的是領導力核心的創意張力。

---

[*] 譯者按：實際上應該是五種，本書第 586–587 頁所提到的六種資訊技術，若再加上知識管理也只是五種。

問題與應用

1. 何謂「婉君」？從 2014 年 318 太陽花學運到柯文哲競選台北市長的過程中，真的有所謂「婉君」存在，以致執政的中國國民黨深深覺得必須學習「婉君」，來找回青年人的心，並挽回社會形象的劣勢嗎？

2. 政府想向網民取經來贏得「婉君」的心，是否代表近年來推動的電子化政府，還有哪些不足的地方？

3. 討論明茲伯格以下有關管理的敘述（BK Business Books, 2009）：「就像傳統信件，電子郵件也受限於文字的貧乏特質：沒辦法聽到聲音，沒辦法看到姿態，沒辦法感受到存在——即使使用圖像也令人討厭。電子郵件就是限制了使用者表達感情的、微妙的和複雜的互動。管理是所有有關訊息的事實內容的事務……。電子郵件的危險，在於它可能給管理者一個被接觸的印象，但唯一真正被接觸的其實是鍵盤。」

4. 找一個政府機關，並替其概述一套知識管理系統。指出這個組織之知識管理系統能符合知識管理四個特色的地方。

5. 當我們替組織設計網絡時，我們替他們設計的是管理重要資訊，或是管理重要關係？

6. 「新的資訊科技讓員工的行為更可以被看見。」請解釋這句話，並討論其對員工及上司的意涵。

7. 「個人電腦的最大威脅是管理者太過認真看待電腦，以為待在辦公室看著電腦螢幕上的數位影像，便能進行管理。」請討論這句話。

8. 對某大城市的兒童保護系統、或反毒活動、或環保署的有害廢棄物管理、或未來數十年內美國聯邦通訊委員會所扮演的角色進行研究，並替其擬出一套資訊策略。

9. 「管理者需要更多方法傳遞其所具備的形象和印象。這說明了現今對管理的策略願景、文化、直覺和洞識有了新的認知與興趣。」請解釋這句話並加以討論。

10. 本章認為，電腦革命讓決策更加民主，這是好事嗎？

我 的 最 愛

www.mot.cprost.ca/~iamot/index　技術網站管理之國際協會（The International Association for the Management of Technology）的網站提供了各種計畫的資訊，包括由西蒙福雷斯特大學（Simon Fraser University）和滑鐵盧大學（University of Waterloo）所提供的資訊，這網站的目標是要連結工程、科學和管理領域，以說明組織的策略和實務需求。其時事通訊也可由網站取得。

www.intelligence.com/all.asp

www.news.com/

www.slashdot.org

www.tbtf.com/

www.techsightings.com/

資訊革命日新月異，很難停留於眼前現況。以上列出的這些網站都能幫你追蹤所有的資訊進展。

www.utexas.edu/computer/vcl/journals　另一種掌握最新資訊革命的方式便是連接上所有的電腦雜誌和期刊，這個網站可以提供此服務。

註 釋

1. Herbert Kaufman, Administrative Behavior of Federal Bureau Chiefs (Washington, DC: Brookings, 1981).

2. 引自 Rob Gurwitt, "The Decision Machine," *Governing* (May 1991): 51.

3. G. David Garson, *Public Information Technology and E-Governance* (Raleigh, NC: Jones and Bartlett, 2006).

4. Peter F. Drucker, *The New Realities* (New York: Harper & Row, 1989). 另請參閱 Philip Mason, *The Men Who Ruled India* (New York: Macmillan, 1987).

5. Anthony Downs, *Inside Bureaucracy* (Boston: Little, Brown, 1967).

6. S. E. Ambrose, *Eisenhower: The President* (New York: Simon & Schuster, 1984), 79–80.

7. Bob Woodward, *State of Denial* (NewYork: Simon & Schuster, 2006).

8. *Fortune* (July 11, 1994), 60.

9. David Stout, "Repeat details how Madoff's Web Ensnared SEC," *NewYork Times September* 3, 2009.

10. "Data Mining: Advanced Scout," IBM Research Web site, www.research.ibm.com/xw-scout.

11. Christopher Swope, "Info Central," *Governing* (January 2000).

12. 以下討論主要根據 Riva Richmond, "How to Find Your Weak Spots," *Wall Street Journal* (September 29, 2003); 以及 Ellen Perlman, "Online Privacy," *Governing* (September 2003): 29–46.

13. *Washington Post* (June 14, 2001).

14. Efraim Turban and Jay E. Aronson, *Decision Support Systems and Intelligent Systems* (Upper Saddle River, NJ: Prentice Hall, 1998).

15. John Martin, "The Computer Is an Expert," *Governing* (July 1991).

16. Marilyn J. Cohodas, "Harvesting Knowledge," *Governing* (December 2000): 66.

17. 前揭註。

18. 前揭註。

19. Ethan M. Rasiel and Paul N. Friga, *The McKinsey Mind* (New York: McGraw-Hill, 2002), 74–82.

20. Diane Kittower, "E-Bonding," *Governing* (July 1999).

21. 專業溝通的文獻非常多，以下是高度推薦的部分：Granville N. Toogood, *The Articulate Executive* (New York: McGraw-Hill, 1996)以及Gene Zelazny, *Say It with Charts: The Executive's Guide to Visual Communication* (New York: McGraw-Hill, 1996).

22. R. S. Wurman, *Information Anxiety* (New York: Doubleday, 1989), 125.

23. David Stockman, *The Triumph of Politics* (New York: HarperCollins, 1986), 98.

24. *P.A. Times*, July 1, 1991.

25. Kelly Rossman-McKinney and R. Dee Woell, "Why Public Relations Is Important Even to Public Administrators," in Peter Kobreak, ed., *The Political Environment of Public Management*

(New York: Longman, 2002), 257.

26. Randall Stross, "Are the Glory Days Long Gone for IT?," *New York Times* (August 9, 2009). 另請參閱 Bruce Rocheleau, "Whither E-Government?," *Public Administration Review* (May/June 2007): 584–88.

27. T. L. Kraemer and J. L. King, "Information Technology and Administrative Reform: Will E-Government Be Different?," *International Journal of Electronic Government Research* (August 2005).

28. J. E. Fountain 引自 Kraemer and King，如前所述。

29. Edward Lucas, "The Electronic Bureaucrat," *Economist* (February 16, 2008).

30. 調查資料可查閱下列網址：www.gao.gav/gov/cgi-bin/get rpt? GAO-o6-647

31. 引自 *Governing* (November 2002): 27.

32. Jeanne W. Ross and Peter Weill, "Six IT Decisions Your IT People Shouldn't Make," *Harvard Business Review* (November 2002): 85–91. Copyright (c) 2002 by Harvard Business Publishing. 獲得重製許可。

33. 前揭註，頁 87–88。

34. 前揭註，頁 89。

35. 前揭註，頁 90。

36. 前揭註，頁 91。

37. Michael Polanyi, *Personal Knowledge: Toward a Post-Critical Philosophy* (Chicago: University of Chicago Press, 1962).

38. Charles de Gaulle, *The Edge of the Sword, trans. Gerard Hopkins* (New York: Criterion Books, 1960), 20–21.

39. 前揭註，頁 21。

40. 視覺幻象的隱喻法修改自 John Seely Brown and Paul Duguid, "Balancing Act: How to Capture Knowledge without Killing It," *Harvard Business Review* (May–June 2000): 80.

個案 12.1 美國陸軍
The U.S. Army

就像我常告訴我的孩子們：「你沒必要自己去犯每項錯誤。我犯的錯夠多了，如果你讓我告訴你犯哪些錯誤，還有如何避免它們，以後你還會有犯許多錯誤的機會。」

前陸軍經驗學習中心
（Center for Army Lessons Learned）主任
Orin A. Nagel 上校

美國第一個有系統應用管理原則的組織不是通用汽車，而是美國陸軍。從 1899 到 1904 年間，作戰部長（Secretary of War）Elihu Root 對陸軍的組織和效率進行徹底改革，建立了陸軍戰爭學院（Army War College），並且引進了一般的人事原則（一群軍官以執行詳細行政責任、規劃、補給和協調的方式協助指揮官）。

從 1946 年後，美國陸軍在資訊技術方面也很先進，那年陸軍公布了電子數值積分計算機（Electronic Numerical Integrator and Computer, ENIAC），這是世界第一台具廣泛使用目的且可操作的電腦。現在很少有機關比美國陸軍更能體現學習型組織的精神。[1] 本個案欲檢視二十一世紀美國陸軍管理其資訊的三種重要方法。

行動後報告（AARs）

團隊利用知識的最有名例子即美國陸軍使用的行動後報告（After-Action Reports, AARs）。這些報告一開始來自訓練模擬課程，讓團隊參與模擬戰爭，盡可能獲得與訓練相同的學習。有一支 3,000 名士兵的軍旅移師到位於加州的全國訓練中心（NTC），那裡有模擬戰鬥課程，還有位於中心的解碼單位。

行動後報告對於團隊效率很有幫助，所以逐漸地也被用到非訓練的情境中。今日，整個軍隊都採用行動後報告，這不是因為高層要求，而是因為部隊發現這能幫助事情完成。軍隊突然面臨一種新的後戰爭伊拉克作戰方式——這當然不是之前受訓所經歷過的那種傳統

---

[1] 自 1990 年彼得・聖吉（Peter Senge）出版《第五項修練：學習型組織的理論與實務》（*The Fifth Discipline: The Theory and Practice of Learning Organizations*）後，管理者開始思考學習型組織（learning organization）的概念。根據聖吉所述，其他特色如下：

- 員工和領導者都共同對學習做出承諾，並以系統思考方式面對問題。他們相信他們可以改變環境。
- 領導者鼓勵開放的和廣泛的溝通。相對地，傳統組織的管理者會將財務和其他資訊握在手上，不讓「不需要知道的人」接觸資訊。
- 學習型組織不僅允許「寬裕的時間」（slack time），而且也需有這種時間來學習。（傳統組織的管理者則認為這種想法違背效率的目標。）
- 員工都相信團隊和合作是成功的關鍵。
- 領導者創造出組織未來的共享願景，並且讓成員都能朝此願景努力。學習型組織的文化是組織成員皆同意此共享願景。

戰爭——但連基層軍官（中尉或上尉）都能發現行動後報告和知識分享可改善該單位下次的行動表現。

行動後報告有 6 種特色值得注意：第一，雖然被稱為行動後報告，但事實上是循環週期式，在整個作戰過程或演練過程中，會持續進行這種循環。行動後報告的作法包括簡短的指示聽取報告、周延的規劃和評估會議，而每個人都會做詳盡的筆記。每個作戰計畫或演練行動後報告的循環始於高階指揮官草擬「作戰指令」。這份作戰指令的文件包含四部分：任務（下屬單位必須採取什麼行動）、目的（為什麼該任務很重要）、指揮官的期望（高階領導者在想什麼，這很重要，即使事件不如預期般發展，下屬也能明白該追求什麼目標），以及最終狀態（預期結果是什麼）。指揮官和下屬指揮官分享這些指令，並要求每個人進行「回饋簡報」——即以口頭說明該單位對任務及其扮演角色的瞭解程度（以確保每個人都在狀況內）。

行動後報告的第二特色是具實驗性。由於行動是如上所述之訓練準備後的結果，所以行動變成一種學習性的實驗。領導者對將會發生之事進行個人與集體的預測，界定出可能產生的挑戰，讓計畫能解決這些挑戰。所以當軍事單位採取行動時，他們不只是執行計畫，也在觀察和測試該計畫。

第三，行動後報告是非情緒化且具平等主義。上校可以指出上尉犯的錯，反之亦然。

第四，他們焦點明確。在行動後報告的會議中，高階指揮官會界定出兩、三項他認為對下次模擬訓練最重要的課程。如果單位每次的訓練焦點過多，會變得負荷過重。如果把焦點放在未來不太可能應用到的課程，士兵訓練完便會忘記。

第五，多層次進行。高階指揮官界定出學習的課程，會議結束後，各部屬指揮官會召集各單位執行自己的行動後報告。

第六，行動後報告是反覆進行的。曾執行過行動後報告的人最瞭解在第一次執行時所出現的多數課程多半不完整或完全錯誤，代表該單位事前以為行得通，其實不然。他們知道必須反覆操練才能得到禁得起各種考驗的動態解決之道。

陸軍經驗學習中心（CALL）

陸軍管理資訊系統的第二特色是位於堪薩斯州的陸軍經驗學習中心（Center for Army Lessons Learned, CALL），此中心成立於 1985 年。最初的角色是要從國家訓練中心（NTC）學習課程，後來隨著軍事任務擴展到「戰事以外的任務」——例如，介入索馬利亞、波士尼亞和海地的內政，救火任務、水患控制，以及其他國內的災難救助——陸軍經驗學習中心也從這些經驗受益良多。

陸軍經驗學習中心所根據的模式包含三個步驟。第一，高階領導人決定未來需要什麼知識，以及這與當前既有知識間的落差，而這落差就是陸軍經驗學習中心的任務焦點。

第二，觀察和蒐集知識。陸軍經驗學習中心的觀察小組是任何軍事行動時的第一線部隊，他們會在場蒐集新操練計畫的資訊，包括新技術、新問題，以及有麻煩的地方；區別出有效與無效的方法；和其他人分享其發現。目標是要避免讓任何士兵在明日的戰場發生相同的錯誤（或許還是致命的）。

陸軍經驗學習中心派出去的觀察員是誰？他們是特定主題的專家，例如，調度專家、通訊專家、語言專家、工程或補給專家。他們受過訓練，知道如何有效率地蒐集知識。他們可以從單一事件蒐集到各種不同觀點的知識、透過觀察、訪談和數位影像記錄的方式蒐集。他們遵循根據結果所做出來的決策，然後回頭去找導致這項決策的理由和邏輯。藉由這種方式，就能蒐集到內隱知識和外顯知識[2]。然後將資訊送回中心，由另一群專家加以分析，這群專家負責將來自各觀察員的大批分散資料加以綜合分析，然後從中整理出有用的新知識。其對資訊的初步詮釋會放上網路，讓其他專家給予批評指教。

第三，創造出知識產品。2002 年到 2005 年間，陸軍經驗學習中心記錄了 6,200 項來自戰地和訓練地的第一手觀察資料，並根據這些資料衍生了 400 份報告。Nancy M. Dixon 如此寫道：

> 6 個月之後遣送第二波部隊進入海地前時，陸軍經驗學習中心已發展出第一波部隊面臨的 26 種情境。這些情境成為主要的訓練工具，情境包括：真實事件的影片，所以第二波部隊進入前已對該地有所熟悉，從某種意義來說，要讓他們好像已經去過那裡。

賦權給士兵做出維基風格的貢獻

陸軍知識管理的第三個例子只是一項為期三個月的試驗計畫，但對許多政府機關而言卻頗具參考意義。2009 年 7 月，陸軍開始鼓勵從士兵到將軍的所有人員，上線集體改寫七份指導著陸軍生活所有層面的戰地準則。這個計畫使用和線上百科全書維基百科（Wikipedia）一樣的軟體，它有可能帶來數百條陸軍準則的「維基化」（wikified）。該計畫目的是帶入更多有戰場歷練之官兵的經驗與建議，而非依賴那些陸軍學院和研究中心出身，向來只會編寫準則的專家。

不令人意外的，由上而下、集中化的體制自然抗拒這種做法，他們擔心賦權給指揮鏈中的人員做出貢獻，將因此失去控制權。然而陸軍似乎願意犧牲某種程度的控制權。在這個試驗下，全世界每個人只要擁有可登錄陸軍網路系統的身分卡，就可以編修每份準則的現行版本。如同維基百科一樣，這些修改都會立即出現在網站上，儘管每份準則都有個團隊要負責審查新編修的內容。和維基百科不一樣的是，這裡沒有匿名的撰寫者。

有關如何領導一個連的先進知識[3]

一個率領大約 70 至 200 名士兵的年輕上尉連指揮官，身處複雜、常具有危險性，而且不斷變遷的環境中。2000 年春天，一群軍官開發並運作了 www.CompanyCommand.com（CC），它透過有關領導士兵和建立作戰整備單位的持續對話，使其成為一個連結過去、現在和未來連隊指揮官的平台。CC 領導人的使命就是提供同袍最先進、世界級的資源。

---

[2] 就像本章總結觀察所指出的，知識可能是外顯的或內隱的。外顯知識的認知者本身是有意識地在察覺相關的知識狀態，然而內隱知識的自我意識則是隱晦不明的。請參閱 Michael Polanyi, *Personal Knowledge* (Chicago: University of Chicago Press, 1958)。

網站的使用狀況快速增加，到了 2002 年，CC 團隊將網站「贈送」給陸軍。結果該網站被放在陸軍位在西點軍校的伺服器上，並賦予 "army.mil" 的網址，但其使命和團隊領導人都維持不變。

CC 建構在連結（connections）、對話（conversations）和內容訊息（content）三個基本原則上，它可以用一種彼此增強的模式，促使這個專業論壇的成員增進有關連隊指揮的知識。更具體來說：

- 連結連隊指揮官到任何可以提供他們專業知識的地方。擁有連結不僅意味著可以接觸資訊，它更表示他們能夠明瞭其他人還知道什麼。一個高度連結的專業社群，可以知道誰知道什麼。

- 連結使得對話變成可能。透過來來回回的對話，情境和信任都可建立起來，而彼此也因而分享與創造了知識。反過來，對話會創造出可帶來關係和學習的連結。

- 內容訊息因對話而茁壯。內容訊息可以同時是對話的主題和最終產品。例如，若有 5 位擁有掩護行動經驗的連隊指揮官彼此交談，對其他許多人而言，對話的結果就是有價值的內容訊息。為了使它有用處，內容訊息必須是目前的、豐富的，而且和連隊指揮官的立即需要有關。

關係、信任和專業社群的感覺，都是建立有效連結和對話條件的關鍵因素。再者，每次正面互動都是一個增強的過程，它創造出更強的關係、更多的信任，以及更緊密的專業社群感覺。

以下例子說明了關係所導致的內容訊息，是如何經由有價值對話所激發。CC 領導人運用他們和曾在阿富汗服役之指揮官的關係，開發出一套登記系統，讓那些首度開赴阿富汗的連隊指揮官可獲得有價值的連級內容訊息。接著，他們建置面對面的對話系統，讓過去和未來的阿富汗指揮官使用，這些對話會成為該登記系統的內容訊息。在對話進行中，新的關係就會形成，人們也會發展出所需的信任，而帶來聽起來可能很愚蠢的知識，例如「嘿！你有沒有訂購老鼠夾？阿富汗的營帳會引來老鼠，老鼠又會引來蛇類，而你一定不希望營帳內出現蛇，所以你需要很多老鼠夾來防止鼠類。」

誰會想到阿富汗的士兵需要老鼠夾？不會是從未到過那裡的指揮官。如此重要的知識片段，只會出現自關係、信任、內容訊息、對話和情境的交互作用中。

個案問題

1. 其他政府機關或非營利組織可從美國陸軍學習到什麼？而管理者又能從行動後評估的過程學習到什麼？

2. 雖然有些組織相當有效地運用 AARs，但大多數都還在努力掌握這種經驗學習活動的真正價值。為何很多 AAR 流程都失敗呢？

3. 本章介紹的哪些概念或觀念可被陸軍應用？請解釋如何應用？

4. 本個案介紹的哪些概念或觀念可被其他政府組織應用？請列舉。什麼樣的聯邦組織

---

³ 這個部分大量取材自 Nancy M. Dixon 及其他人。

可能因為「維基化」而受益最多？

5. 根據某些專家所言，最成功的知識管理計畫不是由上而下、強勢地展開，而比較是由下而上地發展。你認為為何後一個途徑比較會成功呢？

6. Kent Greenes 是 Company Command 計畫的顧問，請討論他下列這段敘述：

　　關係也有助於最有力的知識移轉型態，這種型態是從一個人的大腦直接傳遞到另一個人的大腦，也就是在一段對話中，透過來回交流的接觸而進行溝通。被編碼成內容訊息的知識，無論是寫下來或放在媒介上，其被分享前的傳遞都是比較沒有效果的。獲得知識移轉後，假如人們擁有的環境脈絡和經驗都非常類似內容訊息的供應者，他們就能讓這項內容訊息為己所用，只不過更常見的情況是他們只能應用其中一部分而已。不幸的事實是，只要你將內容訊息編碼，它就會遺失若干意義。因此，對話是轉移知識的最有力方法。

個案參考文獻：Noam Cohen, "Care to Write Army Doctrine?," *New York Times* (August 14, 2009); Marilyn Darling et al., "Learning in the Thick of It," *Harvard Business Review* (July–August 2005); 84–92; "Special Report American Military Tactics," *Economist* (December 17, 2005): 22–24; Nancy Dixon, *Common Knowledge* (Cambridge: Harvard Business School Press, 2000): 106–8; Nancy M. Dixon et al., *CompanyCommand: Unleashing the Power of the Army Professional* (West Point, New York: Center for the Advancement of leader Development and Organizational Learning, 2005); David A. Garvin, *Learning in Action* (Cambridge: Harvard Business School Press, 1999): 83–90; Greg Jaffe, "On Ground in Iraq, Captain Ayers Writes His Own Playbook," *Wall Street Journal* (September 22, 2004); Interview with Lieutenant General Stephen W. Boutelle, *Military Information Technology* (July 2004); Lee Smith, "New Ideas from the Army," *Fortune* (September 19, 1994).

索 引